Hans-Werner Goetz

Proseminar Geschichte: Mittelalter

3., überarbeitete Auflage

22 Abbildungen
13 Texte

Verlag Eugen Ulmer Stuttgart

Prof. Dr. Hans-Werner Goetz, Jahrgang 1947, Studium der Geschichte und Anglistik an der Ruhr-Universität Bochum, Erstes Staatsexamen 1974, Promotion 1976, Habilitation 1981. Seit 1990 Professor für mittelalterliche Geschichte an der Universität Hamburg. Die Forschungsinteressen berühren neben verfassungs- und sozialgeschichtlichen Problemen vor allem die Vorstellungswelten und Lebensformen der mittelalterlichen Menschen, die mittelalterliche Geschichtsschreibung und das Geschichtsdenken. Buchveröffentlichungen u. a. über die Herzogtümer (1977), die Geschichtstheologie des Orosius (1980), das Geschichtsbild Ottos von Freising (1984), das Leben im Mittelalter (1986, 62002), Frauen im frühen Mittelalter (1995), Geschichtsschreibung und Geschichtsbewußtsein im hohen Mittelalter (1999), über Stand und Perspektiven der modernen Mittelalterforschung (1999) sowie über Europa im Frühen Mittelalter (2003).

Anschrift des Verfassers:
Universität Hamburg
Historisches Seminar
Von-Melle-Park 6
20146 Hamburg
E-Mail: hans-werner.goetz@uni-hamburg.de

Bibliografische Information der deutschen Nationalbibliothek

Die Deutsche Nationalbibliothek verzeichnet diese Publikation in der Deutschen Nationalbibliografie; detaillierte bibliografische Daten sind im Internet über http://dnb.d-nb.de abrufbar.

ISBN-13: 978-38001-2861-7 (Ulmer)
ISBN-10: 3-8001-2861-6 (Ulmer)
ISBN-10: 3-8252-1719-1 (UTB)
ISBN-13: 978-3-8252-1719-8 (UTB)

Wollgrasweg 41, 70599 Stuttgart (Hohenheim)
E-Mail: info@ulmer.de
Internet: www.ulmer.de
Lektorat: Antje Springorum
Herstellung: Jürgen Sprenzel
Umschlagentwurf: Atelier Reichert, Stuttgart
Druck und Bindung: Pustet, Regensburg
Printed in Germany

ISBN-13: 978-3-8252-1719-8 (UTB-Bestellnummer)

UTB 1719

Eine Arbeitsgemeinschaft der Verlage

Beltz Verlag Weinheim · Basel
Böhlau Verlag Köln · Weimar · Wien
Wilhelm Fink Verlag München
A. Francke Verlag Tübingen und Basel
Haupt Verlag Bern · Stuttgart · Wien
Lucius & Lucius Verlagsgesellschaft Stuttgart
Mohr Siebeck Tübingen
C. F. Müller Verlag Heidelberg
Ernst Reinhardt Verlag München und Basel
Ferdinand Schöningh Verlag Paderborn · München · Wien · Zürich
Eugen Ulmer Verlag Stuttgart
UVK Verlagsgesellschaft Konstanz
Vandenhoeck & Ruprecht Göttingen
vdf Hochschulverlag AG an der ETH Zürich
Verlag Barbara Budrich Opladen · Farmington Hills
Verlag Recht und Wirtschaft Frankfurt am Main
WUV Facultas Wien

Inhaltsverzeichnis

Vorworte . . . 11

1 Einleitung: Geschichte – Mittelalterliche Geschichte – Studium der mittelalterlichen Geschichte. Zum Aufgabenfeld und zur Theorie der Geschichtswissenschaft . . . 17

1.1 „Geschichte" als Gegenstand der Lebenswelt der Menschen und der Geschichtswissenschaft . . . 18

1.2 Funktion und Aufgaben der Geschichtswissenschaft . . . 25

1.3 Besonderheiten der Mediävistik – Das Mittelalter als Epoche . . . 29

1.3.1 Begriff und Epoche . . . 29

1.3.2 Funktionen der mittelalterlichen Geschichte . . . 30

1.4 Zur Situation der Mittelalterforschung . . . 33

1.5 Organisationsformen heutiger Mittelalterforschung in Deutschland . . . 35

2 Arbeitsmaterialien . . . 40

2.1 Darstellungen . . . 40

2.1.1 Arten historischer Darstellung . . . 40

2.1.2 Bibliographie wichtigster Nachschlagewerke, Sachwörterbücher, Handbücher, Überblicke, Zeitschriften . . . 44

2.1.2.1 Einführungen in das Studium der Geschichte . . . 45

2.1.2.2 Einführungen in das Studium der mittelalterlichen Geschichte („Proseminare") . . . 45

2.1.2.3 Kurze Einführungen in die mittelalterliche Geschichte . . . 46

2.1.2.4 Gesamtüberblicke: Allgemeine und politische Geschichte . . . 47

2.1.2.5 Einzelne Sachgebiete . . . 61

2.1.2.5.1 Kirchengeschichte . . . 61

2.1.2.5.2 Rechts- und Verfassungsgeschichte . . . 65

2.1.2.5.3 Sozial- und Wirtschaftsgeschichte . . . 67

2.1.2.5.4 Kultur, Mentalität und Vorstellungswelt . . . 70

2.1.2.5.5 Kunstgeschichte 70
2.1.2.5.6 Literaturgeschichte 71
2.1.2.6 Zeitschriften 73

2.2 Quellen 80
2.2.1 Definition und Stellenwert 80
2.2.2 Quellensammlungen 84
2.2.2.1 Die Monumenta Germaniae Historica (MGH) 85
2.2.2.2 Quellensammlungen zur deutschen Geschichte außerhalb der MGH 88
2.2.2.3 Quellensammlungen zur außerdeutschen Geschichte 89
2.2.2.4 Quellensammlungen zur Kirchengeschichte 91
2.2.2.5 Quellensammlungen zu anderen Sachgebieten 92
2.2.2.6 CD-ROM-Versionen und Internet 93
2.2.2.7 Regesten 93
2.2.3 Mittelalterliche Quellen: Verfasser und Eigenarten 95
2.2.4 Die einzelnen Quellenarten des Mittelalters 98
2.2.4.1 Historiographische Quellen (Geschichtsschreibung) 98
2.2.4.1.1 Merkmale und Eigenarten 99
2.2.4.1.2 Formen und Gattungen 107
(1) Formale Gruppen: Annalen, Chroniken, Historien 108
(a) Annalen 108
(b) Chroniken (und Historien) 109
(2) Inhaltliche Typen mittelalterlicher Chroniken 111
(a) Weltchroniken 112
(b) Reichschroniken 114
(c) Volkschroniken 115
(d) Bistums- und Klosterchroniken 116
(e) Exkurs: Gesta und Amtslisten 118
(f) Genealogien, Haus- und Landeschroniken 119
(g) Stadtchroniken 120
(h) Kriegs- und Kreuzzugschroniken 121
(3) Andere Formen der Geschichtsschreibung 122
(a) Biographien und Autobiographien 122
(b) Reiseberichte 124
(c) Exemplasammlungen 125
(d) Exkurs: Geschichtsdichtung 125
2.2.4.2 Hagiographische Quellen: Viten, Mirakel- und Translationsberichte 127
2.2.4.3 Rechtsquellen 133
2.2.4.3.1 Diplomatische Quellen 134
(1) Urkunden 134
(2) Formulae 150
(3) Constitutiones und Reichstagsakten 152

(4) Testamente . . . 153
2.2.4.3.2 Weltliche Gesetzgebung, Gesetzessammlungen, Rechtsprechung 153
(1) Die Volksrechte (Leges) des frühen Mittelalters . . . 155
(2) „Spiegel" (Rechtsbücher) des späten Mittelalters . . . 158
(3) Hofrechte, Dienstrechte, Stadtrechte . . . 158
(4) Coutumes, Weistümer, Rechtsprechung . . . 159
(5) Jüdisches Recht . . . 163
2.2.4.3.3 Kapitularien . . . 163
2.2.4.3.4 Kirchliche Rechtsquellen . . . 166
(1) Canones und Dekretalen . . . 166
(2) Bußbücher . . . 171
(3) Klosterregeln und -gewohnheiten . . . 174
(4) Visitationsakten . . . 175
(5) Inquisitions- und Kanonisationsakten . . . 175
2.2.4.4 Verwaltungsschrifttum . . . 176
2.2.4.4.1 Ländliches Verwaltungsschrifttum: Urbare und andere Bestandsverzeichnisse . . . 176
2.2.4.4.2 Städtisches Verwaltungsschrifttum . . . 183
2.2.4.5 Briefe (Korrespondenz) . . . 185
2.2.4.6 Praktisch-theologische (liturgische) Schriften und Offenbarungsliteratur . . . 186
(1) Messeregelungen . . . 187
(2) Predigten . . . 188
(3) Memorialbücher . . . 189
(a) Verbrüderungs- und Gedenkbücher . . . 191
(b) Nekrologien . . . 192
(4) Visionen und Traumbücher . . . 193
2.2.4.7 Wissenschaftliches Schrifttum . . . 194
2.2.4.7.1 Theoretisch-theologische Schriften . . . 194
(1) Bibelexegese . . . 194
(2) Theologische und politische Traktate . . . 196
(3) Zusammenfassungen des Wissensstoffs . . . 197
2.2.4.7.2 Nichttheologische Fachliteratur . . . 198
2.2.4.8 Dichtung . . . 201
2.2.4.9 Inschriften . . . 204
2.2.4.10 Sachquellen (Realien) . . . 205
(1) Münzen, Siegel, Wappen, Insignien . . . 205
(2) Handwerkliche Erzeugnisse und Gegenstände des täglichen Bedarfs . . . 209
(3) Kunstgegenstände . . . 209
(4) Kartographie . . . 211
2.2.4.11 Kulturlandschaft und Bodenfunde . . . 211
2.2.4.12 Abstrakte Quellen . . . 213

3 Historisches Arbeiten 215

3.1 Einführung 215

3.2 Die Arbeit an Darstellungen (Sammeln, Erschließen und Auswerten von Forschungsliteratur) 219
3.2.1 Erfassung von Darstellungen: Die Bibliographie 219
3.2.2 Erschließung von Darstellungen 227
3.2.3 Auswertung von Darstellungen 228

3.3 Die Arbeit an den Quellen 228
3.3.1 Quellenbeschaffung (Heuristik) 228
3.3.1.1 Handschriften 228
3.3.1.2 Archive 229
3.3.2 Erschließung der Quelle 231
3.3.2.1 Aufbereitung der Quelle: Von der mittelalterlichen Überlieferung zur kritischen Edition (Textkritik und Editionsprinzipien) 231
3.3.2.2 Aussage: Der Inhalt der Quelle 237
3.3.2.3 Verständnis: Klärung von Verständnis- und Wissensdefiziten . . 237
3.3.2.3.1 Die Quellensprache 237
(1) Einführung 237
(2) Mittellatein 238
3.3.2.3.2 Der historische Hintergrund 245
3.3.2.3.3 Klärung unbekannter Namen, Begriffe und Sachverhalte 246
(1) Ortskommentar 246
(2) Personenkommentar 246
(3) Sachkommentar 247
3.3.2.4 Kritische Prüfung: Quellenkritik 248
3.3.3 Auswertung der Quelle 256
3.3.3.1 Interpretation 256
3.3.3.2 Quellenvergleich 258
3.3.4 „Verarbeitung“ und Vermittlung der gewonnenen Ergebnisse . . 259
3.3.4.1 Kritische Reflexion 259
3.3.4.2 Darstellung 260

3.4 Anwendungsbeispiel der Quellenarbeit: Der Bericht Lamperts von Hersfeld zum Jahr 1062/63 über einen kirchlichen Rangstreit 263

4 Historische Hilfswissenschaften 274

4.1 Historische Geographie 276

4.2 Chronologie 278

4.3 Genealogie 283

4.4 Paläographie, Codicologie, Epigraphik 285

4.5 Diplomatik (Urkundenlehre) 295

4.6 Sphragistik (Siegelkunde) 297

4.7 Aktenkunde 297

4.8 Numismatik (Münzkunde) und Metrologie (Lehre der Maße und Gewichte) 298

4.9 Heraldik (Wappenkunde) 299

4.10 Insignien- und Realienkunde 300

4.11 Nachbardisziplinen als Hilfswissenschaften: das Beispiel der Mittelalterarchäologie 301

4.12 Die EDV – eine Hilfswissenschaft? 303

5 Methoden und Forschungsansätze der Mediävistik 306

5.1 Zur jüngeren Geschichte und heutigen Situation der Geschichtswissenschaft 307

5.2 Methodenprobleme der Geschichtswissenschaft 311

5.2.1 Zum Charakter historischer Erkenntnis 312
5.2.2 Hermeneutik: Das Verstehen als geschichtswissenschaftliche Methode 314
5.2.3 „Analytische“ Methoden in der Geschichtswissenschaft 316
5.2.4 Neuere Strategien der Geschichtswissenschaft 318
5.2.4.1 Theorien in der Geschichtswissenschaft 318
5.2.4.2 Das Problem der Verallgemeinerung: Typenbildung und Begrifflichkeit 320
5.2.4.3 Quantifizierung in der Geschichtswissenschaft 322
5.2.4.4 Narrativität, „linguistic turn“, Diskursanalyse 323

5.3 Ebenen historischer Betrachtung und Darstellung: Ereignisse, Strukturen, Ideen 326

5.4 Teilgebiete und neuere Forschungsansätze der Mediävistik 329

5.4.1 Allgemeines 329
5.4.2 Teilgebiete 333
5.4.2.1 Politische Geschichte 334
5.4.2.2 Rechts- und Verfassungsgeschichte 335
5.4.2.3 Sozial-, Wirtschafts- und Technikgeschichte 338
5.4.2.4 Kultur- und Geistesgeschichte 342
5.4.2.5 Kirchengeschichte 344
5.4.2.6 Landesgeschichte, Lokalgeschichte, Stadtgeschichte 346
5.4.2.7 Geschichtstheorie und Geschichtsdidaktik 349
5.4.3 Neuere Forschungsansätze und -methoden 350

5.4.3.1 Die Geschichtswissenschaft der „Annales“ . . . 350
5.4.3.2 Historische Anthropologie . . . 352
5.4.3.3 Begriffsgeschichte und Historische Bedeutungsforschung . . . 353
5.4.3.4 Prosopographische Studien . . . 355
5.4.4 Neuere Forschungsgegenstände . . . 356
5.4.4.1 Mentalitätsgeschichte und Historische Verhaltensforschung . . . 356
5.4.4.2 Alltagsgeschichte . . . 360
5.4.4.3 Umweltgeschichte . . . 362
5.4.4.4 Historische Demographie . . . 363
5.4.4.5 Frauen- und Geschlechtergeschichte . . . 364
5.4.4.6 Mediävistik als „Historische Kulturwissenschaft“ . . . 367

Rück- und Ausblick . . . 371

Verzeichnisse . . . 373
Abbildungsverzeichnis und -nachweis . . . 373
Verzeichnis der Texte . . . 375
Abkürzungsverzeichnis . . . 376

Register . . . 379
Autoren- und Werktitelregister . . . 379
Sachregister . . . 395

Vorwort zur 1. Auflage

Am Beginn eines jeden Geschichtsstudiums stehen Proseminare, die anhand exemplarisch ausgewählter Themen in Methoden und wissenschaftliche Arbeitsweise der drei traditionellen Bereiche der Geschichtswissenschaft, Altertum, Mittelalter und Neuzeit, nämlich in die bereichstypischen Quellen und Hilfswissenschaften, in die Arbeitstechniken und den Umgang mit Quellen und Darstellungen, in Frageansätze und nicht zuletzt in Hilfs- und Arbeitsmittel einführen. Die Teilnehmer/innen sollen hier lernen, Fragen an die Geschichte zu stellen und wissenschaftlich, das heißt in methodischem Vorgehen, quellengemäß und nachprüfbar, zu beantworten. Die Kürze der im Seminar zur Verfügung stehenden Zeit, die bei wachsenden Lehrinhalten infolge immer neuer Forschungsansätze zu exemplarischer Auswahl zwingt, sowie das Bedürfnis nach methodischer Orientierung verlangen nach einem Arbeitsmittel, welches das Proseminar begleitet und die Seminarsitzungen entlastet, indem es der Vor- und Nachbereitung dient und später zur Wiederholung und Vergewisserung zur Verfügung steht: nach einem Leitfaden, der die wichtigsten Informationen inhaltlicher wie bibliographischer Art bereithält und eine Anleitung zum historischen Arbeiten mit Fachliteratur und vor allem mit Quellen als den für die Geschichtswissenschaft typischen Materialien bietet. Lange Zeit hat der „Quirin" (Einführung in das Studium der mittelalterlichen Geschichte, u. S. 45), der schnell zu einem Standardwerk mittelalterlicher Proseminare geworden ist, diesen Zweck erfüllt. Quirins Einführung ist zwar keineswegs überholt, wohl aber dem heutigen Stand der Forschung gemäß ergänzungsbedürftig, wird darüber hinaus in Teilen der Praxis heutiger Proseminare nicht mehr gerecht und erweist sich mit seinen (lateinischen) Quellenbeispielen sowie vorausgesetzten Kenntnissen für heutige, gerade im Bereich der älteren und mittelalterlichen Geschichte nur noch ungenügend vorgebildete Studienanfänger/innen vielfach als zu schwierig. Trotz verschiedener Veröffentlichungen gibt es bis heute keinen gleichwertig umfassenden Ersatz, während ein entsprechendes Interesse an den älteren Bereichen der Geschichte durchaus vorhanden ist. Diesem Mangel abzuhelfen ist das Ziel des vorliegenden, an der Proseminarpraxis ausgerichteten Versuchs einer neuen Einführung in das Studium der mittelalterlichen Geschichte. Das „Proseminar Mittelalter" will die wichtigsten methodischen Inhalte zusammenstellen und an Beispielen veranschaulichen:

- Es führt in den Gegenstand des Fachs ein (Kapitel 1),
- erläutert den Charakter typischer Darstellungs- und vor allem Quellenarten und bringt den Umgang mit diesen Materialien nahe (Kapitel 2),

- stellt die historische Methode und Quellenarbeit in ihren einzelnen Schritten (Kapitel 3)
- sowie die wichtigsten Hilfswissenschaften vor (Kapitel 4),
- diskutiert die Vielfalt möglicher Frageansätze sowie die Probleme historischer Interpretation (Kapitel 5)
- und bietet dazu jeweils – in die einzelnen Abschnitte integriert – hinreichende bibliographische Hinweise auf die gängigen Arbeitsmittel.

Vorliegende Einführung versteht sich als eine zuverlässige Begleitlektüre universitärer Proseminare, nicht aber als ein Arbeits- und Lernbuch, das an deren Stelle treten könnte. Dazu bedürfte es umfänglicher Textwiedergaben nebst eingehender Besprechungen und Arbeitsanweisungen, die tatsächlich nur unter Anleitung sinnvoll wären. Ebensowenig bietet das Buch eine hochschuldidaktische Anleitung zum sinnvollen Gestalten von Proseminaren. Es ersetzt also weder das Proseminar noch die Seminarleiter/innen, die ihre eigene Auswahl an Themen und Texten und ihre eigenen Schwerpunkte bilden und vor allem die notwendigen Übungsarbeiten lenken und kontrollieren müssen. Ihnen, den Studierenden sowie allen, die sich über die Arbeitsweise der Geschichtswissenschaft informieren wollen, sei mit diesem Buch aber ein Leitfaden an die Hand gegeben. Die Lektüre einzelner Abschnitte vorausgesetzt, kann in den Proseminaren Zeit für die Anwendung der Inhalte gewonnen werden. Im Mittelpunkt stehen methodische, nicht aber fachwissenschaftliche Inhalte, die etwa gleichzeitig in die Besonderheiten, den Ablauf und die Strukturen mittelalterlicher Geschichte einführten. In dieser Hinsicht ergänzt sich das „Proseminar" aber gut mit der im gleichen Verlag angebotenen Reihe der Einführungen in die drei historischen Bereiche Altertum, Mittelalter und Neuzeit.

Ein Buch wie dieses, das in seinen Inhalten letztlich über Jahre hinweg entstanden ist, verdankt sein Ergebnis umfangreicher Lektüre kluger Bücher und Aufsätze von Fachgelehrten sowie Gesprächen mit Kollegen und Studierenden, denen der Verfasser sich sämtlich verpflichtet weiß. Es ist ebensowenig denkbar ohne die bibliographische, technische und inhaltliche Hilfe zunächst der Bochumer, dann Hamburger Mitarbeiter/innen und Hilfskräfte: Petra Bäurle, Wolfgang Burgdorf, Sabine Geldsetzer, Andrea Höber, Sabine Lis, M. A., Ralph Nickel, Ruth Schlapper und Kathrin Tiemann. Bei der Erstellung der Register halfen Carsten Fecker und Dirk Schlochtermeyer. In Online-Verfahren und -möglichkeiten führte mich Gernot Müller von der Staats- und Universitätsbibliothek in Hamburg ein. Wertvolle Hinweise verdanke ich der kritischen Lektüre des Manuskripts seitens der damaligen Hochschulassistentin Dr. Hedwig Röckelein, die auch die Korrekturfahnen mitgelesen hat, ebenso wie Herrn Prof. Dr. Wolfgang Eggert. Meinem geschätzten Münchener Kollegen Prof. Dr. Rudolf Schieffer danke ich sehr für Verbesserungen und Ergänzungen des Abschnitts über die Wissenschaftsorganisation der Mediävistik. Dem Herausgeber der Reihe, Prof. Dr. Peter Blickle, und dem Verlag, vorab in Gestalt Ulrich Commerells und Steffen Meiers, sei für die Anregung und die hervorragende Zusammenarbeit herzlich gedankt. Vier Hamburger Erst- und Zweitsemester, Thees Carstens, Stefan Lamprecht, Johanna Lucas und Thomas Oldag, haben das Manuskript (ohne materielle Gegenleistung) in den Semesterferien 1991 kritisch gelesen und diskutiert, um damit wesentlich zu einem anfängergerechten, verständlichen Text beizutragen. Entscheidenden Anteil am Zustandekommen und Aussehen der vorliegenden, aus dem Seminarbetrieb heraus erwachsenen Einführung haben schließlich die Studierenden meiner Bochumer und Hamburger Seminare. Trotz aller Hilfen werden einzelne Versehen und Unterlassungen kaum auszuschließen sein. Im Blick auf eventuelle weitere Auflagen wäre der Verfasser für entsprechende Hinweise dankbar.

Hamburg, im Herbst 1993 Hans-Werner Goetz

Aus dem Vorwort zur 2. Auflage

Sieben Jahre nach dem Erscheinen der ersten Auflage dieser Einführung kann eine überarbeitete, zweite Auflage vorgelegt werden. Die nahezu durchweg positive Resonanz und breite Anwendung in den mittelalterlichen Proseminaren bestätigen die Notwendigkeit einer solchen Einführung wie auch das Konzept, das sich offenbar weithin bewährt hat. Die Neuauflage beschränkt sich daher neben der Berichtigung von Fehlern und einigen darstellerischen Verbesserungen und Klärungen vor allem auf die dringliche Aktualisierung der Literaturhinweise sowie durch den Forschungsstand oder „Unterbelichtungen" in der Erstauflage notwendige Ergänzungen, während das Gesamtkonzept wie weitgehend auch der Text selbst beibehalten wurden. Nennenswert erweitert wurden die Abschnitte über die Funktion und Aufgaben der Geschichtswissenschaft (1.2), über Quellenkritik (3.3.2.4) und Interpretation (3.3.3.1), über bibliographische EDV-Recherchen (3.2.1), Mittellatein (3.3.2.3.1) und EDV (4.12), hinzugefügt Passagen über „linguistic turn" und „Diskursanalyse" (5.2.4.4) und „Historische Kulturwissenschaft" (5.4.4.6). Ich möchte mich für die zahlreichen Rückmeldungen und vor allem für Verbesserungs- und Ergänzungsvorschläge bedanken. Vieles, nicht alles, ist davon in die Neuauflage eingeflossen. Manche Leser/innen vermissten eine eingehendere Beschäftigung mit ihren Spezialgebieten, andere weiterführende Hinweise auf ausländische Forschungen. Sinn und Zweck dieser Einführung ist und bleibt die methodische Hinführung von Geschichtsstudenten und -studentinnen in Arbeitsweise, Methoden und Hilfsmittel der mittelalterlichen Geschichte. Dazu sollen alle notwendigen Hilfen gegeben werden, ohne dass eine Vollständigkeit erstrebt werden kann, und jede tiefergehende Beschäftigung erfordert ohnehin ein eigenständiges Vorgehen. Es ist weder vorgesehen noch möglich, den gesamten Stoff dieser Einführung in den Proseminaren unterzubringen, wohl aber sollen dazu die nötigen Anregungen gegeben werden, indem beispielsweise die wichtigsten Hilfswissenschaften und – exemplarisch – einige neuere Forschungsansätze besprochen werden. Die Quellenarbeit muss meines Erachtens im Zentrum einer wissenschaftlichen Einführung stehen, und das schlägt sich deutlich in der Konzeption nieder. Das behält seinen Sinn, auch wenn wir heute zu Recht daran zweifeln dürfen, ob es überhaupt eine einheitliche geschichtswissenschaftliche Methode gibt, das Vorgehen immer von der jeweiligen Fragestellung abhängen wird und zunehmend interdisziplinäre Anregungen aufgreift. Der Umgang mit den Quellen und die historische, auf die Vergangenheit gerichtete Perspektive bleiben ureigenstes Anliegen der Geschichtswissenschaft und bewirken deren wissenschaftliche Relevanz, während ihr gesellschaftlicher Stellenwert sich nicht zuletzt in aktuellen Fragestellungen und in historischen Beiträgen zu Gegenwartsproblemen manifestiert.

Ich danke dem Verlag Eugen Ulmer und seiner Lektorin, Frau Dr. Nadja Kneissler, für die gute Zusammenarbeit, meinen Mitarbeiterinnen Anna Aurast, Bele Freudenberg und Maike Steenblock und meinem Assistenten Dr. Steffen Patzold für die Überprüfung und Aktualisierung des Textes und der Literaturangaben sowie für die Neubearbeitung des Registers und für wertvolle Hilfeleistungen in einer hektischen Arbeitsphase. Meinem Züricher Kollegen Peter Stotz danke ich herzlich für die konstruktive Durchsicht des Abschnitts über das Mittellatein, meinen Hamburger Kollegen Norbert Finzsch, Nikolaus Henkel und Bruno Reudenbach für wertvolle Hinweise und Berichtigungen jeweils zu den Abschnitten über EDV, Literatur (Dichtung) und Kunstgeschichte.

Hamburg, im Sommer 2000 — Hans-Werner Goetz

Vorwort zur 3. Auflage

Mit der Entscheidung des Verlags, das „Proseminar Geschichte: Mittelalter“ in das größere Format der mittleren UTB-Reihe zu überführen, lag es nahe, angesichts dieser Umstellung gleich eine Bearbeitung und Aktualisierung des Bandes vorzunehmen. Konzept und Text wurden jedoch weitestgehend beibehalten, da das Vorhaben sich allen Rückmeldungen zufolge bewährt hat. Gerade weil „Konkurrenzunternehmen“ das Geschäft mittlerweile beleben könnten, sollten an dieser Einführung nach Meinung ihres Autors keine tiefgreifenden Kürzungen vorgenommen werden. Auch (und gerade) im Blick auf die Einführung der B. A./M. A.-Studiengänge ist den Studierenden mit einer schmalen, ganz auf die praktische Proseminargestaltung ausgerichteten Hinführung nicht gedient. Vielmehr ist für ein wissenschaftliches Studium nach wie vor eine gründliche Einführung in die Quellen, Methoden und Forschungsansätze der mittelalterlichen Geschichte mit hinreichenden Informationen notwendig, wie sie hier angestrebt wird. Das hat den Vorteil, dass die Inhalte (zum Nachlesen) intensiver dargelegt werden können, als es jede Seminarsitzung vermag (die sich vielmehr auf die praktische Anwendung des Gelesenen beziehen sollte), dass sie angesichts der unterschiedlichen Themen und Methoden auf möglichst alle Seminare, unabhängig vom jeweiligen Thema, anwendbar ist und dass sie schließlich über das Proseminar hinaus noch mindestens bis zum Examen gute Dienste bei der Rekapitulation des Stoffs leisten kann.

Im Interesse einer kostengünstigen Ausgabe und einer leichten Handhabung verbot sich andererseits von vornherein jede Ausweitung des Umfangs, so dass die insgesamt wenigen Zusätze an anderer Stelle (behutsam) einzusparen waren. Vor allem für die Bibliographie hieß das, für jeden neu aufgenommenen Titel einen anderen zu streichen. Eine Vollständigkeit wäre ohnehin nicht zu erreichen. Mit den genannten Titeln aber sollte ein tieferer Einstieg in die jeweilige Materie jederzeit möglich sein. Die Neubearbeitung beschränkt sich daher – von kleineren Aktualisierungen, Berichtigungen und sprachlichen Präzisierungen, die nicht eigens gekennzeichnet werden müssen – im Wesentlichen auf eine Aktualisierung sämtlicher Literaturhinweise und leichte Erweiterungen in den Abschnitten über neuere Forschungsansätze. Die Umstellung auf die Neue Rechtschreibung hat der Verlag vorgenommen. Der Autor, der sich dem bedauerlicherweise fügen musste, übernimmt keinerlei Verantwortung für orthographische Unzulänglichkeiten.

Ich danke dem Verlag, vorab in Gestalt seines Leiters, Herrn Dr. Matthias Ulmer, der Cheflektorin, Frau Dr. Nadja Kneissler, und der Lektorin, Frau Antje Springorum, die den Band betreut hat, für das stets anhaltende Interesse und die gute Zusammenarbeit. Bei der Überprüfung der digitalen Textversion, der Lektüre des Textes und vor allem der Aktualisierung der Bibliographie und der Aktualisierung des Registers war mir meine Mitarbeiterin Bele Freudenberg M. A. eine unschätzbare Hilfe.

Hamburg, im Juni 2006 Hans-Werner Goetz

Vorbemerkung zu den bibliographischen Angaben:
Die Quellen- und Literaturhinweise sind der Geschlossenheit halber in die jeweiligen Textabschnitte eingefügt und mit dem Hinweis **„Ed.:“** (für Quellenedition) bzw. **„Lit.:“** (für darstellende Literatur) eingeleitet. Dem Auffinden bestimmter Titel dient das Autorenverzeichnis am Ende des Buches. In ihrer Gruppe besonders empfehlenswerte Werke sind mit *, Standardwerke mit ** versehen.

1 Einleitung: Geschichte – Mittelalterliche Geschichte – Studium der mittelalterlichen Geschichte. Zum Aufgabenfeld und zur Theorie der Geschichtswissenschaft

Die Zeiten, in denen man „einfach Geschichte studieren" konnte, ohne sich über sein Fach und dessen Gegenstände Klarheit zu verschaffen, sind (wenn es sie je gegeben hat) vorbei, seit in den vergangenen Jahrzehnten „Geschichte" nicht mehr zum selbstverständlichen und unumstrittenen Allgemeinwissen zählt. Aus der Rechtfertigung der Geschichtswissenschaft heraus ist ein bewussteres Verständnis, ist aber auch eine neue Disziplin erwachsen: die „Historik" als Theorie der Geschichtswissenschaft, die an die gewaltige Leistung Johann Gustav Droysens anknüpfen kann, der dem Fach seit 1857 in Vorlesungen zur Wissenschaftslehre eine theoretische und methodische Grundlage gegeben hat, die freilich erst posthum 1937 zum Druck gelangte und trotz ihres unschätzbaren Wertes heute in vielem revisionsbedürftig ist. Seither haben Fachkollegen immer wieder versucht, sich Rechenschaft über die theoretischen, methodischen und darstellerischen Eigenarten ihres Fachs, über die Faktoren, die die Geschichtswissenschaft zu einer Wissenschaft erheben und gleichzeitig von anderen Disziplinen abgrenzen, sowie über deren gesellschaftliche Funktionen abzulegen. „Historik" ist gleichsam die „Selbstreflexion der Geschichtswissenschaft" (Jörn Rüsen), ohne die die historische Forschung ebenso orientierungsschwach bliebe wie ein historisches Studium. Daher ist es nicht nur sinnvoll, sondern geradezu notwendig, eine Einführung in die Methoden des Fachs mit Gedanken über dessen Theorie zu beginnen, auch wenn sich manches zugegebenermaßen erst im Verlauf praktischer Tätigkeit voll erfassen lässt.

Lit.: Einführungen in die Theorie der Geschichtswissenschaft

„Klassiker":

- *Johann Gustav Droysen, Historik. Vorlesung über Enzyklopädie und Methodologie der Geschichte, hg. v. Rudolph Hübner, Berlin-München 1937 (ND. Darmstadt 1974); Neuausgabe, hg. v. Peter Leyh, Stuttgart 1977 (nur Teil 1 erschienen).
- Ernst Bernheim, Lehrbuch der historischen Methode und der Geschichtsphilosophie, 2 Bde., Leipzig [6]1908 (ND. New York 1970).
- Marc Bloch, Apologie der Geschichte oder Der Beruf des Historikers (Anmerkungen und Argumente 9) Stuttgart 1992 (frz. Apologie pour l'histoire ou métier d'historien, Paris [6]1967, zuerst 1949).

- Henri-Irénée MARROU, Über die historische Erkenntnis, Freiburg-München 1973 (frz. De la Connaissance Historique, Paris 1954).
- Karl Georg FABER, Theorie der Geschichtswissenschaft (Beck'sche Schwarze Reihe 78) München [5]1982.

Moderne Standardwerke:

- *Jörn RÜSEN, Grundzüge einer Historik.
  I. Historische Vernunft: Die Grundlagen der Geschichtswissenschaft; II. Rekonstruktion der Vergangenheit: Die Prinzipien der historischen Forschung; III. Lebendige Geschichte: Formen und Funktionen des historischen Wissens (Kleine Vandenhoeck-Reihe 1489/1515/1542) Göttingen 1983/86/89.
- Hans-Jürgen GOERTZ, Umgang mit Geschichte. Eine Einführung in die Geschichtstheorie (ro 555) Reinbek b. Hamburg 1995.
- Chris LORENZ, Konstruktion der Vergangenheit. Eine Einführung in die Geschichtstheorie (Beiträge zur Geschichtskultur 13) Köln-Weimar-Wien 1997.

Weitere Literatur u. Kap. 5, S. 311 f.

1.1 „Geschichte" als Gegenstand der Lebenswelt der Menschen und der Geschichtswissenschaft

Der Mensch ist nicht nur ein soziales, auf Zusammenleben ausgerichtetes, sondern auch ein geschichtliches, der zeitlichen Veränderung unterworfenes Wesen. Was immer wir sind, sind wir geworden, was immer wir tun, geschieht vor dem Hintergrund der Erfahrungen und des Wissens, mitgeprägt von unserer Vorgeschichte, der historischen Tradition, die mehr oder weniger weit, manchmal jedoch sehr weit in die Vergangenheit zurückreichen kann. Geschichte ist also ein Faktor, der den Menschen als geschichtliches Wesen naturgemäß umgibt: „In jeder Gegenwart ist die Vergangenheit aufgehoben und anwesend."[1] „Vielfältig, unkoordiniert, zuweilen widersprüchlich, aber in einem gewissen Sinn omnipräsent, war (und ist) die Vergangenheit in einer jeden ‚Gegenwart' vorhanden."[2] Die Gegenwart ist daher ohne die sie prägende historische Entwicklung letztlich gar nicht verständlich. Daraus ergibt sich für den Menschen zwangsläufig ein Bedürfnis, sich mit seiner Geschichte zu befassen, sich ein Bild von der Geschichte (also ein „Geschichtsbild") zu machen, ein Bewusstsein von der Geschichte als Prozess und von der Geschichtlichkeit als menschlichem Bedingungsfaktor (ein „Geschichtsbewusstsein") zu entwickeln. Da der Mensch die Fähigkeit besitzt, sich zu erinnern, kann er sich dieser Aufgabe gar nicht entziehen; die Frage ist allenfalls, in welcher Weise und zu welchem Zweck er sich ihr stellt.

---

1 So Rudolf VIERHAUS, Was ist Geschichte? in: Probleme der Geschichtswissenschaft, hg. v. Géza ALFÖLDY, Ferdinand SEIBT und Albrecht TIMM (Geschichte und Gesellschaft. Bochumer Historische Studien 1) Düsseldorf 1973, S. 18.

2 So František GRAUS, Funktionen spätmittelalterlicher Geschichtsschreibung, in: Geschichtsschreibung und Geschichtsbewußtsein im späten Mittelalter (u. S. 99) S. 37.

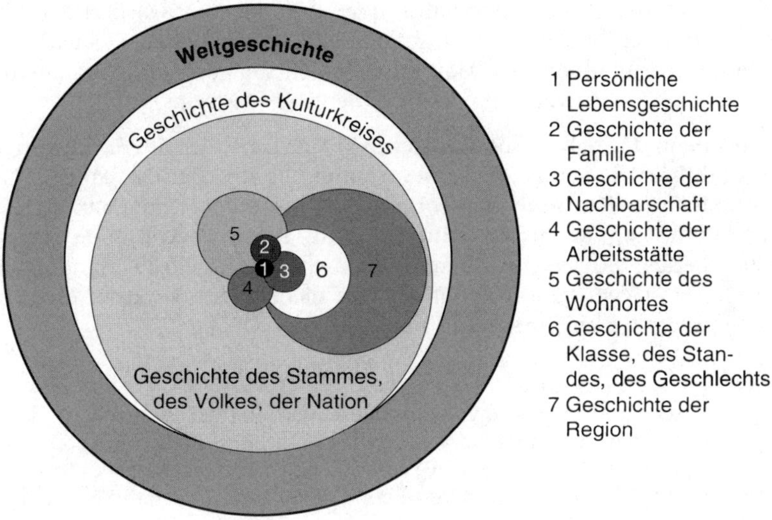

Abb. 1: *Schematische Darstellung der „Geschichten“, in die der Mensch hineingestellt ist.*

Jeder Mensch besitzt also bereits ein individuell-subjektives Geschichtsbild und ein Geschichtsbewusstsein (als Voraussetzung jedes historischen Denkens); sie bilden den Teil seiner Vorstellungswelt und seines Weltbildes, der sich auf den Geschichtsablauf bezieht. Das **Geschichtsbild** umfasst zunächst seine persönliche Vorstellung von der Geschichte, in die *er* hineingestellt ist, die diese persönliche Erfahrung aber naturgemäß sprengt und übergreifende Zusammenhänge berücksichtigt; es enthält die Inhalte, die *er* erinnert (oder erinnern will), die Ordnung, unter der *er* diese Inhalte zusammenfasst, die Deutung(en), die *er* ihnen gibt. Das Geschichtsbild des Menschen ist daher geprägt von *seinem* Horizont, von der eigenen Lebensgeschichte, der Geschichte seiner Familie, seiner Nachbarschaft und seiner Arbeitsstätte, die sich, je nach Wissen und Überblick, einfügen in die Geschichte seines Wohnortes (Dorf, Stadt), seiner Region, seiner Klasse oder seines Standes, seines Stammes oder Volkes, seines Staates und Kulturkreises, schließlich in die Weltgeschichte. Die individuelle Geschichte ist also umschlossen von höheren, sich überlagernden Ordnungen oder Horizonten, die sie bestimmen, die dem einzelnen aber nur bruchstückhaft bewusst sind (Abb. 1). Je weiter wir uns von der persönlichen Geschichte weg in solche übergreifenden Zusammenhänge bewegen, desto lückenhafter ist unser historisches Wissen.

Das **Geschichtsbewusstsein** hingegen, das auf solchen Inhalten und ihren Deutungen gründet, umschließt darüber hinaus die innere Einstellung und Wertung, das Bekenntnis zum eigenen Geschichtsbild. Es betont diejenigen historischen Inhalte, mit denen Menschen sich identifizieren; es stellt an die Geschichte (Tradition) die Fragen nach dem „Was“ (Auswahl), dem „Wie viel“ (Maß) und dem „Wozu“ (Funktion) und besitzt somit einen qualitativen (die Art des Geschichtsbewusstseins), einen quantitativen (das Maß an Geschichtsbewusstsein) und einen funktionalen Aspekt (die Anwendung des Geschichtsbewusstseins).

Geschichtsbild und Geschichtsbewusstsein, die sich inhaltlich auf die Vergangenheit richten, sind ihrerseits der Gegenwart verhaftet: Sie sind der Ort, an dem Vergangenes auf der Grundlage gegenwartsorientierter Wertvorstellungen tradiert und so gewissermaßen zur Geschichte erhoben wird. Diese Verknüpfung mindestens zweier Zeitebenen, die sich eng mit dem Geschichtsbegriff selbst verbindet, wirft die Frage nach dem Gegenstand sowohl des Geschichtsbildes wie der Geschichtswissenschaft und des Geschichtsstudiums auf:

Was eigentlich ist „Geschichte“?

Der Begriff „Geschichte“ leitet sich vom althochdeutschen *(gi)skehan*, „eilen“, dann auch „geschehen“, ab und bezeichnet ursprünglich das „Geschehnis“ (Ereignis) oder auch das „Geschehen“ (als Ereignisfolge), ist im Wesentlichen aber auf den deutschsprachigen Raum beschränkt. Nahezu alle anderen abendländischen Sprachen (und keineswegs nur die romanischen) leiten ihren Geschichtsbegriff vom lateinischen *historia* ab, das seinerseits auf das griechische ἱστορία (historía) zurückgeht und aus dem Imperfekt von οιδα (oida), „gesehen haben, wissen“, gebildet ist. ἱστορία wurde zur Bezeichnung für das Erforschen, die Wissenschaft, zumal für die Geschichtsforschung (zuerst bei Aristoteles) und deren Erzeugnis, das Geschichtswerk. In dieser Bedeutung ging der Begriff in die römische Antike und in das lateinische Mittelalter ein.[3] Isidor von Sevilla, der dem Mittelalter das antike Wissen in enzyklopädischer Form vermachte, definierte *historia* als „Ereigniserzählung, durch die wir vergangenes Geschehen erfahren“ *(historia est narratio rei gestae, per quam ea, quae in praeterito facta sunt, dinoscuntur)*.[4] Die begriffliche Nähe zur Bibelexegese – hier ist *historia* die wörtliche Auslegung des Bibeltextes – deutet den heilsgeschichtlichen Aspekt des mittelalterlichen Geschichtsbegriffs an. Die prinzipielle Scheidung zwischen dem Ereignis *(res gesta)* und dem Ereignisbericht *(historia)* aber wurde erst später aufgegeben: Erst in der frühen Neuzeit bezeichnete auch „Geschichte“ die „Historien“ als noch konkret verstandene Geschichtsdarstellung einer bestimmten Zeit oder Person. Der entscheidende Wandel erfolgte im 18. Jh., als „Geschichte“ erstmals abstrakt verwendet wurde („Geschichte an und für sich“) und sich damit sowohl auf das Geschehen wie auf dessen Erforschung richten konnte. Wer freilich – und das ist verbreitet – zwischen „Geschichte“ (als Geschehen) und „Historie“ (als Wissenschaft) unterscheiden will, missachtet die etymologischen Wurzeln der beiden Begriffe wie

---

3 Vgl., auch zum Folgenden, Christian MEIER/Odilo ENGELS/Horst GÜNTHER/Reinhart KOSELLECK, Art. „Geschichte“, in: Geschichtliche Grundbegriffe 2, 1975, Sp. 595–717; Heinz RUPP/Oskar KÖHLER, Historia – Geschichte, Saeculum 2, 1951, S. 627–638; zum Mittelalter: Arno SEIFERT, Historia im Mittelalter, Archiv für Begriffsgeschichte 21, 1977, S. 226–284; Hans-Werner GOETZ, Die „Geschichte“ im Wissenschaftssystem des Mittelalters, in: Franz-Josef SCHMALE, Funktion und Formen mittelalterlicher Geschichtsschreibung (u. S. 98) S. 165–213.

4 Etymologiae 1,41,1 (ed. W. M. Lindsay, Oxford 1911, ND. 1962).

auch die Tatsache, dass eine solche begriffliche Differenzierung nur im Deutschen möglich ist.

Die Etymologie und der sich wandelnde Sprachgebrauch, die gegenseitige Beeinflussung von „Geschichte" und *historia* wie auch die ambivalenten Ursprünge haben zur Folge, dass der Geschichtsbegriff mehrdeutig ist, wenngleich die verschiedenen Inhalte eng miteinander verzahnt sind. Man hat sich damit zu helfen versucht, dass man einfach drei Bedeutungen nebeneinander stellte, damit aber eben jenen Zusammenhang verschleierte:[5]
(a) das Geschehen (im Sinne des alten Geschichtsbegriffs),
(b) die Darstellung dieses Geschehens (im Sinne des lateinischen *historia*-Begriffs), ist heute aber auf Buchtitel beschränkt und zeigt durchweg den Überblickscharakter an („Geschichte der sächsischen Kaiserzeit", „Rheinische Geschichte", „Neue Deutsche Geschichte" usw.),
(c) die Wissenschaft vom Geschehen (im Sinne des griechischen ἱστορία-Begriffs), ist im heutigen Sprachgebrauch aber nur als verkürztes Wort für „Geschichtswissenschaft" aufzufassen: „Geschichte" studieren meint tatsächlich das Studium der Geschichts*wissenschaft*.

Wichtig daran ist, dass „Geschichte" sich auf Vergangenheit *und* Gegenwart, auf das Geschehen *und* unser Wissen davon richtet; daraus erwächst ein Unterschied, wie es Karl-Georg Faber ausdrückt, zwischen realer und theoretischer Geschichte:
(1) „Geschichte" bezeichnet einmal vergangenes Geschehen und damit den Gegenstand historischer Forschung.

Geschichte ist „die Summe dessen, was im Laufe der Zeit geschehen ist, soweit irgend unser Wissen davon reicht", schrieb Johann Gustav Droysen im 19. Jh. und betonte damit zugleich die Quellengebundenheit: Geschichte ist demnach praktisch nur der Teil vergangenen Geschehens – und strenggenommen ist Geschehen immer vergangen –, der quellenmäßig in unser Blickfeld rückt. Droysen verbindet die Geschichte also bereits mit deren Erforschung; Geschichte sei aber „nicht erst durch den Historiker ‚gestiftet', sondern [...] schon vorgegeben als lebensweltliches Apriori der Geschichtswissenschaft".

Fasst man die wichtigsten Elemente einschlägiger Definitionen zusammen, so könnte man Geschichte in diesem „objektiven" (nämlich objekt- und vergangenheitsbezogenen) Sinn als ein
– den Menschen betreffendes,
– von immanenten Kräften bewirktes,
– vergangenes
– Geschehen
– in seiner (nach vorn weisenden) Entwicklung
– in Zeit und Raum
bezeichnen.

---

5 Die Dreiteilung etwa bei Paul Kirn, Einführung in die Geschichtswissenschaft, bearb. v. Joachim Leuschner (Sammlung Göschen 270) Berlin [5]1968, S. 7.

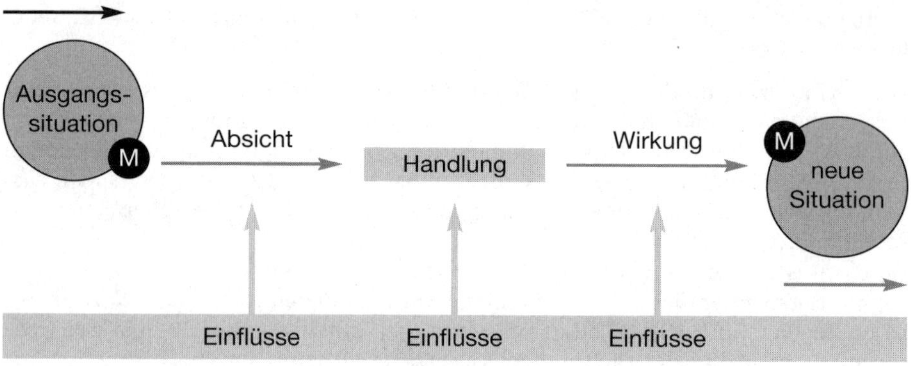

Abb. 2: *Schematische Darstellung der Geschichte als Prozess (M = Mensch).*

Das historische Geschehen erwächst aus einer Abfolge von Situationen, die durch Ort, Zeit, beteiligte und betroffene Personen, deren Absichten und die jeweiligen strukturellen Bedingungen geprägt sind. In der Abfolge erhält die momenthaft-statische Situation einen dynamischen Charakter, die Folge der **Ereignisse** wird im Kontext des Zeitablaufs zu einem geschichtlichen **Prozess**, der bestimmt ist durch die – vielfach divergierenden – Absichten und Handlungen der Menschen einerseits und die äußeren Rahmenbedingungen und Einflüsse andererseits (siehe Abb. 2).

In der Gleichförmigkeit solcher Entwicklungen aber werden **Strukturen** sichtbar, die der Folge von Ereignissen zugrunde liegen und eine gewisse Verallgemeinerung des singulären Geschehens erlauben. (Näheres dazu u. S. 326ff.).

(2) Das tiefere Problem liegt nun darin, dass es zwar eine solche, abgelaufene Geschichte gegeben hat, dass diese im nachhinein aber nicht mehr in all ihren Einzelheiten und Abläufen, in ihrer „Totalität", erkennbar ist. *Die* Geschichte, die *wir* kennen, ist nur im Gegenstand vergangenheits-, in der konkreten Ausgestaltung aber gegenwartsorientiert.

Man hat deshalb – methodisch durchaus sinnvoll – den Geschichtsbegriff selbst entsprechend neu definieren wollen: „Geschichte wird die Vergangenheit erst, wenn sie als solche gedeutet wird", schreibt Jörn Rüsen,[6] sie „ist nicht einfach das vergangene Geschehen, sondern dessen Zusammenhang im Horizont gegenwärtigen Wissens und Verstehens", lehrt Rudolf Vierhaus,[7] „ein unendlicher Dialog zwischen der Gesellschaft der Gegenwart und der Gesellschaft der Vergangenheit", meint Edward Carr.[8] Am prägnantesten hat bereits Johan Huizinga dieses Geschichtsverständnis in Worte gefasst: „Ge-

---

6 RÜSEN, Historische Vernunft (o. S. 18) S. 59.

7 Rudolf VIERHAUS, Über die Gegenwärtigkeit der Geschichte und die Geschichtlichkeit der Gegenwart (Vortragsreihe der niedersächsischen Landesregierung zur Förderung der wissenschaftlichen Forschung in Niedersachsen 59) Göttingen 1978, S. 17.

8 Edward Hallett CARR, Was ist Geschichte (Urban Tb. 67) Stuttgart ^{6}1981 (engl. What is history? London 1961) S. 54.

schichte ist die geistige Form, in der sich eine Kultur über ihre Vergangenheit Rechenschaft gibt.“[9]

In diesem „subjektiven“, gegenwartsorientierten Sinn ist Geschichte demnach nicht mehr vergangenes Geschehen, sondern die im Bewusstsein der Gegenwart verarbeitete Vergangenheit.

Beide Geschichtsbegriffe haben ihre Berechtigung: Der erste ist unverzichtbar, weil Geschichtsbewusstsein und Geschichtswissenschaft einen Gegenstand brauchen, der sich begrifflich abgrenzen lässt; der zweite ist unverzichtbar, weil sich dieser Gegenstand für uns nur in der interpretierenden Sicht der Gegenwart manifestiert, die sich, so sehr sie auch Realitätsnähe anstreben mag, stets von dem unterscheidet, was sich tatsächlich zugetragen hat. Entscheidend aber ist es, den Zusammenhang zwischen Vergangenheit und Gegenwart zu erkennen, die „Gegenwärtigkeit der Geschichte“ ebenso anzuerkennen wie die „Geschichtlichkeit der Gegenwart“ (Vierhaus). Die „neue“ (zweite) Definition meint letztlich das, was oben als „Geschichtsbild“ bezeichnet wurde, nämlich die Vorstellung, die wir uns in der jeweiligen Gegenwart von der Geschichte (als vergangenem Geschehen) machen. Man könnte die beiden ausschlaggebenden, eng zusammenhängenden Sachverhalte also ebensogut begrifflich unterscheiden und die „Geschichte“ als vergangenes Geschehen vom „Geschichtsbild“ als dessen zeitgemäßer geistiger Rezeption abheben: „Geschichte“ ist der Gegenstand, „Geschichtsbild“ das Ergebnis historischer Betrachtung, die „historische Erkenntnis“ (Marrou).

Die Unterscheidung zwischen „Geschichte“ und „Geschichtsbild“ verdeutlicht nicht nur den Unterschied zwischen realer und im Bewusstsein rezipierter, objektiver (so niemals erfassbarer) und subjektiver oder (mit Faber) zwischen „materialer“ (gewesenem Geschehen) und „theoretischer“ Geschichte (dem Umgang damit),[10] sie erklärt auch die längst bekannte Tatsache, dass die „Geschichte“ immer wieder umgeschrieben werden muss. Dafür zeichnet durchaus nicht nur ein Fortschritt des Wissens durch das Auffinden neuer Quellen und die Entwicklung feinerer Methoden verantwortlich, sondern vor allem die Tatsache, dass jede Generation eigene Akzente setzt, andere Fragen stellt und so die Vergangenheit mit ihren eigenen Augen sieht und dass sich der Stellenwert historischer Tatbestände durch die geschichtliche Fortentwicklung und die sich wandelnden Erfordernisse nachfolgender Zeiten zwangsläufig ändern muss. (Ein solcher Perspektivenwandel kann dem „Zeitgeist“ entsprechen, aber auch von offizieller Seite propagiert oder gar manipuliert werden.) Nicht die Vergangenheit (das Realgeschehen) ändert sich, sondern deren Rezeption, unser (gewolltes) Wissen, unsere Deutung und unsere Sichtweise, eben unser Geschichtsbild. Das bekräftigt zugleich aber die Notwendigkeit eines „materialen“ Geschichtsbegriffs, an dem sich die sich wandelnden Geschichtsbilder orientieren und messen lassen müssen.

Wer nicht mehr – wie das Mittelalter und weithin noch der sog. Historismus des 19. Jh. – an eine gleichsam feststehende Geschichte glaubt, deren Erforschung ein- für allemal

---

9 Johan HUIZINGA, Wege der Kulturgeschichte, München 1930 (ND. 1961) S. 86.
10 FABER Theorie (o. S. 18) S. 23.

Klarheit schafft, sondern den dauernden Wandel der Geschichtsbilder registriert, muss zwangsläufig anerkennen, dass auch das eigene Geschichtsbild nicht das einzig wahre ist, sondern lediglich den gegenwärtigen Interessen und Wertvorstellungen entspricht, dass andere Zeiten und andere Kulturen ihre eigenen (ebensowenig wahren, aber deshalb nicht schlechteren) Geschichtsbilder entwickelt haben und entwickeln werden. Eine solche Erkenntnis ist durchaus geeignet, das eigene Geschichtsbild zu relativieren und sich zugleich seiner Hintergründe und Bedingungen bewusst zu werden. Die Anerkennung verschiedener (pluralistischer) Geschichtsbilder erstreckt sich im übrigen nicht nur auf andere Zeiten und Kulturen, sondern ist natürlich ebenso auf Differenzierungen in der gegenwärtigen Diskussion anwendbar, zum Beispiel als Ideologiekritik; sie fällt uns hier nur naturgemäß schwerer. In der Standardeinführung der früheren DDR-Geschichtswissenschaft von Eckermann-Mohr wurde folgende, marxistische Geschichtsdefinition verbreitet: „Die Geschichte ist der einheitliche und gesetzmäßige Prozeß der Entwicklung des Menschen und seiner gesellschaftlichen Verhältnisse innerhalb bestimmter räumlicher und zeitlicher Grenzen. Ihre Grundlage ist die steigende Beherrschung der Natur, die Entwicklung der Produktivkräfte der Gesellschaft.“[11] Dass eine solche Definition ideologiebestimmt ist, wird auf den ersten Blick deutlich. Darüber wird freilich zu leicht vergessen, dass unser eigenes Geschichtsverständnis nicht weniger ideologiegeprägt ist und keinerlei Anspruch auf Allgemeingültigkeit besitzt.

Ist Geschichtlichkeit etwas Naturgegebenes, so ist die **Geschichtswissenschaft** eine menschliche Einrichtung, die sich eben mit der Erforschung der Geschichte (und der Geschichtsbilder!) befasst. Sie ist die „Wissenschaft vom Menschen in der Zeit“,[12] die Vergangenheit und Gegenwart auf methodischem Wege miteinander verzahnt und ein kritisches, quellengestütztes und nachprüfbares Geschichts*bild* entwickelt und vermittelt. Geschichtsbild und Geschichtsbewusstsein aber sind keineswegs ausschließlich oder auch nur vornehmlich durch die Geschichtswissenschaft geprägt, sondern in erster Linie von vor- und außerwissenschaftlichen, zeit-, bildungs- und ideologieabhängigen wie natürlich auch individuellen Kenntnissen, Einstellungen und Werturteilen bestimmt.[13] Von dem nicht-wissenschaftlichen unterscheidet sich das wissenschaftliche Geschichtsbild einmal durch einen gegenüber dem auf Schulunterricht, häuslicher Tradition und Medieninformation angewiesenen Laien unmittelbareren Einblick anhand zeitgenössischer Quellen, vor allem aber dadurch, dass es aus der rationalen, durch Methode und Standortreflexion abgestützten und durch eine innerwissenschaftliche Diskussion geschärften Beschäftigung mit der Vergangenheit gewonnen ist. In diese Wissenschaftlichkeit der Geschichtswissenschaft, in die Arbeitsweise der Historiker/innen und in die historische Methode einzuführen, ist Aufgabe eines historischen Proseminars. Dazu ist vorab ein Blick auf den Standort und die Aufgaben der Geschichtswissenschaft sinnvoll.

---

11 Walter ECKERMANN/Hubert MOHR, Einführung in das Studium der Geschichte, Berlin 1966, S. 30f. In der 3. Auflage von 1979 und in der 4. ergänzten Auflage von 1986 fehlt diese Definition.

12 BLOCH, Apologie (o. S. 17) S. 44f.

13 Vgl. Rolf SCHÖRKEN, Geschichte in der Alltagswelt. Wie uns Geschichte begegnet und was wir mit ihr machen, Stuttgart 1981; DERS., Begegnungen mit Geschichte. Vom außerwissenschaftlichen Umgang mit der Historie in Literatur und Medien, Stuttgart 1995.

1.2 Funktion und Aufgaben der Geschichtswissenschaft

Historiker/innen bewegen sich, indem sie die Geschichte erforschen, in gewisser Weise zwischen Vergangenheit und Gegenwart (und Zukunft). Dennoch *leben* und *denken* auch sie – das sollte nie vergessen werden – in der Gegenwart und sind folglich ähnlich von den Normen ihrer Zeit und von ihren persönlichen Anschauungen vorgeprägt; es wäre ein Irrtum zu glauben, dass ihre Vorurteile sich durch die unmittelbare Quellenkenntnis vollständig ausräumen ließen, sie lassen sich dadurch allenfalls – teilweise – relativieren (Abb. 3). Nicht zuletzt daraus erwachsen auch innerhalb der Geschichtswissenschaft einer Zeit und einer Gesellschaft immer wieder unterschiedliche Deutungen, die mehr oder weniger kontrovers – in einigen zeitrelevanten Fragen sogar in der Öffentlichkeit – diskutiert werden. Die Erforschung der Vergangenheit fördert jeweils nur einen Ausschnitt zutage, der durch das aktuelle Erkenntnisinteresse ebenso bedingt ist wie durch die Quellenlage.

Aus beidem, der besseren Kenntnis der Vergangenheit und der gegenwartsorientierten Position der Historiker/innen, erwächst die **Aufgabe der heutigen Geschichtswissenschaft**, die aus einer anthropologischen (der historischen Tradition), einer methodischen (der Aufbereitung und Auswertung der Quellen) und einer kritischen Legitimation (der kritischen Prüfung von Geschichtsbildern) resultiert.

(a) Allgemein formuliert, haben Historiker/innen den Auftrag, die Vergangenheit mittels eines methodischen Instrumentariums und anhand der Quellen zu erforschen und ihre Ergebnisse zugänglich zu machen. Diese Arbeitsweise hat man – teilweise bis heute – mit dem Begriff einer „Rekonstruktion der Vergangenheit" umschrieben, wobei es sich selbstverständlich nur um eine geistige Rekonstruktion handeln kann. Die Aufgabe kann allerdings nicht darin bestehen, eine photographieartige Abbildung der Vergangenheit zu erstellen, Historiker/innen schaffen vielmehr rational reflektierte Vorstellungen von der Vergangenheit,[14] eben ein durchaus „konstruiertes", aber wissenschaftlich fundiertes Geschichts*bild*, das gleichwohl durch Auswahl und Deutung charakterisiert und – das ist das Entscheidende – dazu bestimmt ist, den Zusammenhang zwischen Vergangenheit und Gegenwart zu erklären, der Gegenwart die Vergangenheit bewusst zu machen, diese zu „vergegenwärtigen": Ureigenste Aufgabe der Geschichtswissenschaft ist daher die geistige *Re-Präsentation der Vergangenheit* für die Bedürfnisse der Gegenwart. Die Ergebnisse der Geschichtswissenschaft wandeln sich, weil wir jeweils neue, zeitgemäße Fragen an die Geschichte stellen und die Vergangenheit aus immer wieder anderen Perspektiven betrachten.

(b) Da ein solches Unterfangen an das Vorhandensein und die Aussagekraft von Quellen geknüpft ist, bleiben die Ergebnisse, zumal in entfernten Zeiten wie dem Mittelalter, von vornherein lückenhaft. Die Aufgabe besteht folglich darin, das

14 So Theodor SCHIEDER, Geschichte als Wissenschaft. Eine Einführung, München-Wien ^{2}1968, S. 35 ff.

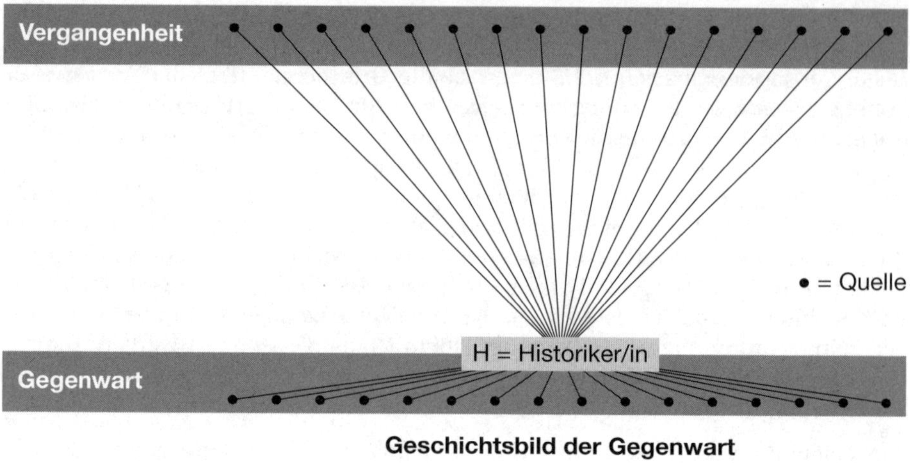

Abb. 3: *Schematische Darstellung der Erarbeitung des Geschichtsbildes aus den Quellen.*

„vielfach bruchstückhafte und unzusammenhängende Wissen [von der Vergangenheit] zum Rang eines nachprüfbaren und kontrollierbaren Wissens, zugleich eines geordneten, das heißt systematischen Wissens zu erheben."[15]

Wegen der Bindung an die Quellen hat man die Geschichtswissenschaft – so freilich irreführend – geradezu als die Wissenschaft von den Quellen bezeichnet.[16] „Quellen" sind vielmehr die Materialien, nämlich jedwede Zeugnisse aus der Vergangenheit, aus denen Historiker/innen ihr Wissen schöpfen (dazu u. Kap. 2.2) und die entsprechend aufgefunden, aufbereitet, kritisch geprüft und ausgewertet werden müssen (dazu u. Kap. 3.3). Tatsächlich brauchen wir eine Geschichtswissenschaft, gerade weil die Vergangenheit nur mittelbar, über Quellen, zugänglich ist, weil wir sie nicht mehr selbst erleben, sondern nur noch erforschen können und weil die Quellen die historische Wirklichkeit nur bruchstückhaft und verzerrt widerspiegeln. Quellenarbeit ist dabei nicht Selbstzweck, sondern Medium historischer Tätigkeit auf dem Wege zu historischer (Er-)Kenntnis, sie steht aber im Zentrum des Arbeitsalltags von Historiker/innen (und damit auch eines Proseminars) und trägt, methodisch betrieben, wesentlich zur Wissenschaftlichkeit der Geschichtswissenschaft bei.

(c) Der gegenüber Laien geschulte Einblick der Historiker/innen in die Vergangenheit bedingt eine weitere (und wohl die schwierigste) Aufgabe: nämlich das allgemeine Geschichtsbild anhand des wissenschaftlichen zu kontrollieren und auf diesem Wege mitzuprägen sowie vor Fehldeutungen zu warnen. Diese Aufgabe zwingt dazu, trotz aller zwangsläufig gegenwartsbezogenen Auswahl der Themen

15 So Hans Mommsen, Historische Methode, in: Fischer-Lexikon Geschichte, Frankfurt 1961, S. 81.

16 So Jörg Schmidt, Studium der Geschichte (UTB 295) München 1975, S. 55.

nicht *nur* das jeweils Gegenwartsrelevante, sondern vor allem auch das *damals* Typische, Zeitgemäße oder besonders Zukunftsträchtige zu berücksichtigen. Die Mitgestaltung des allgemeinen Geschichtsbildes erfordert zudem eine intensive Öffentlichkeitsarbeit, zu der auch die längst verbreitete Praxis zählt, wissenschaftliche Bücher nicht allein für Spezialisten zu schreiben.

Mit solchen Aufgaben eng verbunden ist die Frage nach der gesellschaftlichen Funktion und dem **Nutzen der Geschichtswissenschaft**.

Die Antworten darauf sind seit den 1970er-Jahren bewusster geworden, als Geschichtswissenschaft und Geschichtsunterricht sich gegen Bedrohungen von außen hinsichtlich ihrer Existenz oder zumindest ihres Stellenwertes mit Titeln wie „Wozu noch Geschichte?" zu rechtfertigen suchten.[17] *Dass* man aus der Geschichte etwas lernen kann, ist seit Jahrtausenden bekannt, geändert haben sich aber nicht nur die Inhalte, sondern auch der Konsens darüber, was, wie viel und wie man aus der Geschichte lernt. Konnte Droysen das Geschichtsstudium noch als „Grundlage für die politische Ausbildung und Bildung" bezeichnen und den Staatsmann als den praktischen Historiker,[18] die Geschichte aber als ethischen Maßstab für sittliches Handeln betrachten, so sind uns solche Überzeugungen heute nicht nur fremd geworden, wir müssen sie geradezu bezweifeln. Wir sind geneigt, nüchterner zu urteilen und das historische Lernen nicht von vornherein unter ganz bestimmte Prämissen zu stellen.

Die Geschichte bietet tatsächlich ein äußerst weites Potential an Erkenntnismöglichkeiten: Sie zeigt im Längsschnitt sowohl anthropologische Konstanten als auch (und vor allem) umgekehrt die zeit-, system-, situations- und personengebundenen Besonderheiten auf; sie lehrt das Werden und Verändern samt deren Ursachen und dahinterstehenden Wirkkräften (sowohl der scheinbar gesetzmäßig-zwangsläufigen wie der eher zufälligen); sie erfasst das Zusammenleben von Menschen in verschiedensten Lebensformen mit ihren jeweiligen Ordnungen und bedingenden Hintergründen, Konflikten und Konfliktregelungen; sie enthüllt Handlungen, Handlungsmotive und deren Ergebnis ebenso wie Denkweisen und Verhaltensformen, und zwar sowohl in ihrem konkreten Einzelfall wie (im Vergleich) in ihrer differenzierten Vielfalt und ihrer typ(olog)ischen Verdichtung. Geschichte erzieht daher sowohl zu konkretem wie zu abstrahierendem, zu differenziertem und kritischem Denken.

Historische Kenntnis und Erkenntnis dient in solchem Sinn, auf die heutige Gesellschaft bezogen, im Wesentlichen drei Zwecken:
(1) Sie wirkt identitäts- und bewusstseinsbildend. „Geschichte", sagt schon Droysen,[19] „ist das Bewusstwerden und das Bewusstsein der Menschheit über sich selbst".
(2) Sie fördert mittels eines Wissens über die Vergangenheit das Verständnis der Gegenwart. Solche Gegenwartsanalyse kann auf zwei grundsätzlich gleichberechtigten Wegen erfolgen: entwicklungsgeschichtlich, indem man das Werden der Gegen-

---

17 Exemplarisch sei genannt: Wozu noch Geschichte? hg. v. Willi Oelmüller (Kritische Informationen 53) München 1977.
18 Historik (Grundriss der Historik, o. S. 17) S. 365.
19 Ebd. S. 357.

wart durchschaubar macht, oder aber in einem Strukturvergleich, indem die Gegenwart sich durch den Vergleich mit Früherem um so deutlicher abhebt. Das Verglichene kann ähnlich, aber auch frappierend anders (alternativ) sein, Parallelen ebenso wie Abgrenzungen aufzeigen und damit ein Spektrum möglicher Entwicklungen vermitteln.

(3) Sie schafft schließlich Orientierungs- und Entscheidungshilfen für gegenwärtiges Handeln, Denken und Werten. Die Unwiederholbarkeit der Geschichte verhindert zwar eine unmittelbare Umsetzung des Gelernten in Handlungen, sie erlaubt aber die indirekte Nutzanwendung auf dem Umweg über ein Einbeziehen bewusst gewordener Erfahrung und historischen Wissens. Mit der weiter vorausblickenden Planung aber ist zusätzlich zum Bezug zwischen Vergangenheit und Gegenwart eine Zukunftsperspektive in die Diskussion eingeführt.

Ihre Fragen (Themen) und teilweise auch ihre Methoden teilt die Geschichtswissenschaft mit anderen Disziplinen. Ihre Eigenart und Relevanz liegt vielmehr in der *historischen Perspektive*: Nur sie kann die anstehenden Probleme vor dem jeweils zeitgenössischen Hintergrund epochen-, kultur- und gruppenspezifisch beurteilen und analysieren.

Ein **Geschichtsstudium** muss vor diesem Hintergrund den Stellenwert historischen Wissens und Denkens in der heutigen Gesellschaft und die „Geschichtlichkeit", nämlich den Wandel und die jeweilige Zeitgebundenheit menschlichen Geschehens vermitteln. Das erfordert die Beschäftigung sowohl mit verschiedenen Epochen und Kulturen als auch mit unterschiedlichen Aspekten der Vergangenheit, aber auch eine Reflexion des eigenen Vorgehens. Ziel des Geschichtsstudiums ist eine Einführung in die wissenschaftliche Aufarbeitung der Vergangenheit. Da das Ergebnis der Geschichtswissenschaft methodisch durchdachte, aber sich zeitgemäß wandelnde Geschichtsbilder sind, kann das Ziel des Geschichtsstudiums nicht das Erlernen und Einüben historischen Wissens sein. Sein Inhalt besteht vielmehr in der – exemplarischen – Bearbeitung ausgewählter historischer Themen, um damit Fragen und Probleme, Aussagemöglichkeiten und -grenzen zu erkennen. Nur auf diese Weise lassen sich die erworbenen Fähigkeiten auf immer neue Fragestellungen (und Methoden) übertragen und anwenden. Ein exemplarisches Vorgehen rechtfertigt sich, weil nicht der Inhalt, sondern die Methoden im Mittelpunkt des Studiums stehen. Da die Interessen sich wandeln, ist ein bestimmter „Kanon" zu bearbeitender Themen im Geschichtsstudium wenig sinnvoll. Viel entscheidender ist es, sich im Verlauf des Studiums mit unterschiedlichen Themen, Epochen, Kulturen und methodischen Ansätzen zu befassen. Der historische Vergleich und die Erfassung der Kultur- und Zeitgebundenheit des historischen Geschehens erfordern dabei die Beschäftigung mit fernen Epochen und fremden Kulturen. Auf solchen Grundlagen lässt sich nun nach den Besonderheiten und dem Nutzen der mittelalterlichen Geschichte fragen.[20]

---

20 Zu Studienreformen vgl.: Studienreform Geschichte – kreativ, hg. v. Wolfgang SCHMALE (Herausforderungen 4) Bochum 1997; Peter WEX, Bachelor und Master. Die Grundlagen des neuen Studiensystems in Deutschland. Ein Handbuch, Berlin 2005.

1.3 Besonderheiten der Mediävistik – Das Mittelalter als Epoche

1.3.1 Begriff und Epoche

„Mittelalter" – das ist traditionell die Epoche zwischen 500 und 1500 nach Christus, zwischen Antike und Neuzeit, wobei die genauen Anfangs- und Enddaten umstritten und letztlich nicht zu bestimmen sind.[21] Der Zufallsbegriff „Mittelalter" – als abschätzige Epochenbezeichnung schon von den Humanisten für die Zeit zwischen Antike und damaliger Gegenwart geprägt – wurde in diesem Sinn etwa von Christoph Cellarius (1634–1707) in seiner „Historia tripartita" als Epocheneinteilung zugrunde gelegt und fand seither weitere Verbreitung.

Der Beginn des Mittelalters, traditionell oft mit dem Ende des Weströmischen Reiches (476) angesetzt, schwankt tatsächlich zwischen dem Toleranzedikt Konstantins (313) und der Errichtung des europäischen Abendlandes durch Karl den Großen (768–814),[22] das Ende, traditionell mit der Entdeckung Amerikas (1492) oder Luthers Thesenanschlag (1517) verbunden, zwischen der Eroberung Konstantinopels durch die Türken (1453) und der Französischen Revolution (1789).[23] Heute tritt niemand mehr ernsthaft für konkrete Anfangs- und Enddaten ein. Es ist vielmehr selbstverständlich, dass jede Epoche in einem langen Prozess entsteht und wieder zu Ende geht, dass es Übergangsphasen gibt, deren ungefähre Grenzen in erster Linie davon abhängen, welchen Aspekten man im Spektrum der historischen Betrachtungsweise den Vorzug gibt, ob man primär politische, kulturelle oder sozioökonomische Entwicklungen zugrunde legt: Was wir „Mittelalter" nennen, ist tatsächlich allmählich geworden und ebenso allmählich wieder vergangen.

Ungeachtet solcher unterschiedlichen Ansätze im Einzelnen wird der Begriff „Mittelalter" heute, trotz (oder wegen) seiner inhaltlichen Offenheit, fast allgemein akzeptiert für eine Epoche, die ihr durchaus eigenes Gepräge besitzt. Aus einer Art Synthese von antiker Tradition, spätantikem Christentum und neuen germanischen Trägern entstand bei gleichzeitiger Verlagerung des räumlichen Schwerpunktes vom Mittelmeer nach Norden allmählich eine neue Kultur, die freilich selbst alles andere als statisch war, sondern sich ständig weiterentwickelte (wobei zunehmend das 11./12. Jh. in vielerlei Hinsicht als eine Umbruchszeit erkannt ist, so dass sich Früh- und Spätmittelalter im Vergleich deutlich voneinander abheben). Das Ende der Epoche aber muss zwangsläufig problematischer werden, je mehr unsere eigene Zeit sich davon entfernt und sich der Unterschiede auch der folgenden Jahrhun-

---

21 Vgl. Hermann HEIMPEL, Über die Epochen der mittelalterlichen Geschichte, in: Ders., Der Mensch in seiner Gegenwart. Acht historische Essays, Göttingen [2]1957, S. 42–66; Mittelalter und Moderne. Entdeckung und Rekonstruktion der mittelalterlichen Welt. Kongreßakten des 6. Symposiums des Mediävistenverbandes in Bayreuth, hg. v. Peter SEGL, Sigmaringen 1997.

22 Vgl. den Sammelband: Zur Frage der Periodengrenze zwischen Altertum und Mittelalter, hg. v. Paul Egon HÜBINGER (Wege der Forschung 51) Darmstadt 1969; Alexander DEMANDT, Der Fall Roms. Die Auflösung des Römischen Reiches im Urteil der Nachwelt, München 1984.

23 Vgl. Stephan SKALWEIT, Der Beginn der Neuzeit (Erträge der Forschung 178) Darmstadt 1982.

derte zur Gegenwart bewusst wird. Eine Epocheneinteilung bleibt grundsätzlich sinnvoll, da Geschichte sich in Zeit und Raum abspielt. Die (traditionelle) Einteilung in Altertum, Mittelalter und Neuzeit aber ist nur *ein* solcher Versuch, Epochen zu bilden, ein Versuch, der keineswegs unproblematisch ist, für den sich dennoch auch gute Gründe finden lassen und der im Rahmen einer Proseminareinführung schon deshalb unerlässlich ist, weil der universitäre Wissenschafts- und Seminarbetrieb sich bis heute weitgehend daran orientiert.

1.3.2 Funktionen der mittelalterlichen Geschichte

Im allgemeinen Sprachgebrauch wird das Mittelalter oft abschätzig beurteilt: Es gilt – mit den Augen der Aufklärung bzw. des Bürgertums – als „finster" und rückständig, als das „Pfaffenzeitalter", in dem Weltliches und Geistliches miteinander um den Vorrang stritten;[24] als „mittelalterlich" werden gern solche Zustände bezeichnet, die hoffnungslos veraltet sind (auch wenn sie tatsächlich vielfach erst später entstanden sind).[25] Da hilft es wenig, den Begriff selbst abschaffen zu wollen.[26] Es gilt vielmehr, das Bild vom „finsteren" Mittelalter durch Forschung und intensive Öffentlichkeitsarbeit aufzuhellen. In dieser Hinsicht erfüllt das Studium der mittelalterlichen Geschichte wichtige Funktionen:
(1) Das Mittelalter gehört – gleichsam als **„Vorgeschichte"** – zu unserer Tradition. Die Ursprünge so mancher heutigen Einrichtung gehen ins Mittelalter zurück. Auch wenn diese Anfänge weit zurückliegen, ist ihre Kenntnis oft notwendig zum Verständnis der Gegenwart.

Das gilt, um nur einige Beispiele zu nennen, für die Stadtbildung ebenso wie für die Ausbildung der europäischen Nationen und Staatenwelt, für die Universitäten ebenso wie für die kirchlichen Institutionen, für den Föderalismus ebenso wie für die sich überlebenden Monarchien; aber auch die bis heute erhaltenen, wenngleich durch die nachfolgende Entwicklung vielfach veränderten Überreste wie Burgen und Kirchen, Landschaftsbilder, Stadtgrundrisse, Ortsnamen, Feste oder manche Begriffe und Redewendungen lassen sich nur aus ihrer Zeit heraus verstehen: Die moderne Welt ruht gerade mit ihrem Pluralismus und ihrer Dynamik auf Grundlagen des vermeintlich so fernen Mittelalters.[27]

(2) Auf der anderen Seite – und das ist noch entscheidender – hebt sich das Mittelalter, eben weil es eine eigene Epoche bildet, durch seine **Andersartigkeit** von der Gegenwart ab, die durch den Vergleich mit dem in vielem so fernen Mittelalter um

---

24 Vgl. Klaus Arnold, Das „finstere" Mittelalter. Zur Genese und Phänomenologie eines Fehlurteils, Saeculum 32, 1981, S. 287–300.

25 Vgl. Fred C. Robinson, Medieval, The Middle Ages, Speculum 59, 1984, S. 745–756.

26 So Toby Burrows, Unmaking the Middle Ages, Journal of Medieval History 7, 1981, S. 127–134.

27 Vgl. dazu (aus der Sicht des Neuzeithistorikers) Thomas Nipperdey, Die Aktualität des Mittelalters. Über die historischen Grundlagen der Modernität, GWU 32, 1981, S. 424–431; Hartmut Boockmann, Die Gegenwart des Mittelalters (WJS Corso) Berlin 1988; Johannes Fried, Die Aktualität des Mittelalters. Gegen die Überheblichkeit unserer Wissensgesellschaft, Stuttgart [3]2003.

so deutlicher in ihrer Eigenständigkeit hervortritt und dadurch verständlicher wird: Es ist also gerade das Fremde, das „Mittelalterliche am Mittelalter", das durch Vergleichsmöglichkeiten und Denkalternativen bewusstseinsbildend wirkt (und auch verdeutlicht, dass der gegenwärtige Mensch nicht der einzige Maßstab ist, an dem alles andere zu messen wäre).

Die älteren Epochen sind daher, entgegen manchen restriktiven Tendenzen, unverzichtbarer Bestandteil des Geschichtsstudiums und des Schulunterrichts. Vergleichende Betrachtungsweisen entsprechen den modernen, auf den Menschen und seine Verhaltensweisen gerichteten Interessen (im Sinne einer historischen Anthropologie). Gerade aus dem Gegenwartsbezug erwachsene, vergleichende Fragestellungen (o. S. 19 ff.) erfordern aber eine – von Spezialisten zu erarbeitende – zeitgemäße Sicht des Mittelalters aus den damaligen Bedingungen heraus, wenn man fehlerhafte Rückprojektionen und Zirkelschlüsse vermeiden will. Hier sind Mittelalterhistoriker/innen gefordert.

(3) Die Erforschung des typisch Mittelalterlichen (in und neben aktuellen Fragestellungen) ist schließlich auch nötig, damit die Geschichtswissenschaft eine **kritische Funktion** gegenüber Klischeevorstellungen erfüllen kann. Ferne Zeiten eignen sich zur Mythenbildung, besonders wenn das allgemeine Wissen darüber gering ist. Solche Mythen lassen sich aber leicht zur (falsch verstandenen) Legitimierung benutzen.[28] (Es mag genügen, hier an die Germanenideologie im „Dritten Reich" zu erinnern.)

Ein treffendes Beispiel zeitgebundener (Fehl-)Interpretation und Ausschlachtung historischer Fakten hat Klaus Schreiner untersucht: den Friedensschluss zwischen Kaiser Friedrich Barbarossa und Papst Alexander III. in Venedig 1177 nach jahrzehntelangen Auseinandersetzungen, die zugleich ein Ringen der Mächte wie der Prinzipien enthielten.[29] Ein so wichtiges Ereignis bedurfte im Mittelalter unbedingt symbolischer Formen: Friedrich I., vom Bann gelöst, küsste dem Papst die Füße, der ihm seinerseits den Friedenskuss erteilte. Zeitgenössische Chronisten sahen darin vor allem die Eintracht symbolisiert, doch konnte dieses Ereignis im Laufe der Zeit infolge gewandelter Wertvorstellungen leicht uminterpretiert werden. Bereits im späten Mittelalter empfand man den Fußkuss als Schmach, und so wurde er, je nach Standpunkt, hervorgehoben, verschwiegen oder entschuldigt. Bei Luther, der den Fußkuss verurteilte, wurde der Papst

---

28 Beispiele späterer Mittelalterverarbeitung bietet: František Graus, Lebendige Vergangenheit. Überlieferung im Mittelalter und in den Vorstellungen vom Mittelalter, Köln-Wien 1975 (z. B. S. 338 ff. zum Mythos Friedrich Barbarossas im 19. Jh.). Vgl. auch Mittelalter-Rezeption. Ein Symposium, hg. v. Peter Wapnewski, Stuttgart 1986; zuletzt Mythen Europas. Schlüsselfiguren der Imagination, Bd. 2: Mittelalter, hg. v. Inge Milfull u. Michael Neumann, Regensburg 2004.

29 Klaus Schreiner, Vom geschichtlichen Ereignis zum historischen Exempel. Eine denkwürdige Begegnung zwischen Kaiser Friedrich Barbarossa und Papst Alexander III. in Venedig 1177 und ihre Folgen in Geschichtsschreibung, Literatur und Kunst, in: Mittelalter-Rezeption (wie Anm. 28) S. 145–176. Zum Bild der Staufer in Spätmittelalter und Neuzeit vgl. auch Arno Borst, Die Staufer in der Geschichtsschreibung, in: Die Zeit der Staufer. Geschichte – Kunst – Kultur, Bd. 3: Aufsätze, Stuttgart 1977, S. 263–274; Hartmut Boockmann, Friedrich I. Barbarossa in der Malerei und Bildenden Kunst des Historismus, Bullettino dell'Istituto Storico Italiano per il Medio Evo 96, 1990, S. 347–365.

zum Antichrist. Bildliche Darstellungen der Folgezeit erzielten eine Entlarvung des entsprechend dargestellten oder von Dämonen umgebenen Papstes als Werkzeug des Teufels; der Fuß*kuss* wurde zum Fuß*tritt* umgestaltet, oder der Papst setzte seinen Fuß auf den Hals des Kaisers. Das 19. Jh. erblickte in dieser Geste dann weniger eine Entlarvung das Papstes als vielmehr eine Niederlage des Kaisers. Historienmalerei und Dichtung bemühten sich daher, die Gleichberechtigung beider Partner herauszustellen, die nun in vollem Ornat auftraten; bei Christian Dietrich Grabbe wurde aus dem Fußkuss ein Handkuss, Maler machten daraus einen Friedenskuss oder zeigten, wie der Papst den Kaiser mit offenen Armen empfing (so Julius Schnorr von Carolsfeld in den Kaisersälen der Münchener Residenz); der Fußkuss wurde dagegen zur Karikatur. Es ist die Aufgabe der Geschichtswissenschaft, das Geschichtsbild durch Berufung auf die Quellen vor so viel „willkürlicher", auf zeitgebundenem Verständnis beruhender Ausdeutung zu schützen. Alexander III., so stellt Schreiner fest, wollte tatsächlich weder die deutsche Nation kränken noch das staufische Kaisertum demütigen noch antichristlich handeln. Ähnliche Fehldeutungen, die uns in der Vergangenheit leichter auffallen, gilt es ebenso in der Gegenwart zu vermeiden.

Wir brauchen ein wissenschaftlich fundiertes Wissen über das Mittelalter, um Missdeutungen vorzubeugen und um zu verhindern, dass am Mittelalter *nur* das Exotische reizt, dass der Weg ins Mittelalter in eine Gegenwelt führt statt in die eigene Geschichte.[30] Darüber hinaus erlaubt gerade der zeitliche und damit in der Regel auch emotionale Abstand meist eine sachlichere Betrachtung: Unser Urteil über fernere Zeiten ist in Fragen der persönlichen Betroffenheit nicht ganz in demselben Maße von außerwissenschaftlichen Faktoren bestimmt wie gegenüber gegenwartsnahen Epochen. Ebenso gilt es, das in den letzten Jahrzehnten neu erwachte öffentliche Interesse am Mittelalter, das sich im Buchmarkt, in Fernsehsendungen, Vortragsreihen, Ausstellungen oder Jubiläen äußert, aufzugreifen und zu lenken. (Der sog. „Boom" ist dabei mit Hartmut Boockmann vielleicht nur als eine Rückkehr in den Normalzustand zu werten, nachdem – freilich nur in Deutschland – das vordem vorwiegend unter nationalstaatlichen Vorzeichen betrachtete Mittelalter nach dem letzten Weltkrieg im öffentlichen Geschichtsbewusstsein weitgehend ausgeblendet wurde, und er klingt vielleicht schon wieder ab.) Die Mediävistik aber muss die von außen an sie herangetragenen Fragen an das Mittelalter aufgreifen und der Öffentlichkeit ein Mittelalterbild vermitteln, das die Unkenntnis mindert und dadurch Mythen vermeiden hilft. Eine Einführung in das Studium der mittelalterlichen Geschichte muss auf solche Gesichtspunkte Rücksicht nehmen und daher sowohl das Mittelalterspezifische, Ferne, im Blick behalten als auch moderne Fragen, Themen und Ansätze beachten.

---

30 Vgl. dazu Boockmann (wie Anm. 27); Horst Fuhrmann, Das Interesse am Mittelalter in heutiger Sicht. Beobachtungen und Vermutungen (Schriften des Historischen Kollegs. Dokumentationen 2) München 1987 (auch in: Ders., Einladung ins Mittelalter, u. S. 46, S. 262–280); Ernst Voltmer, Das Mittelalter ist noch nicht vorbei..., in: Ecos Rosenroman. Ein Kolloquium, hg. v. Alfred Haverkamp, München 1987, S. 187–228.

1.4 Zur Situation der Mittelalterforschung

Als Helmut Beumann 1975 einen Überblick „Zur Lage der Mittelalterforschung in der Bundesrepublik Deutschland" gab,[31] betonte er zu Recht, dass der Gegenstand die Mediävisten zwinge, weite Bereiche auch der Nachbarwissenschaften (Philologie, Theologie, Rechtswissenschaft, Mittelalterarchäologie) einzubeziehen wie auch die wichtigsten Historischen Hilfswissenschaften zu beherrschen. Beumann wies die größte Wirkung der Nachkriegsmediävistik zwei Bereichen zu: der in enger Verbindung mit der Landesgeschichte arbeitenden Verfassungsgeschichte (deren Ergebnisse heute zum Teil aber schon wieder modifiziert werden) und der politischen Ideengeschichte, die die geistigen Hintergründe politischen Handelns erforscht. Dieses Spektrum ist inzwischen erweitert worden.

Einen groben Überblick über aktuelle Forschungsthemen vermögen die Mittelaltersektionen der alle zwei Jahre stattfindenden Historikertage zu vermitteln. Mit ihren teils traditionellen, teils aber auch neuen Themen repräsentieren sie das breite Spektrum mediävistischer Forschungen. Neben die „nationale" Geschichte ist längst diejenige anderer Reiche und Welten, neben epochenspezifische sind epochenübergreifende Sektionen getreten. Immer noch (und zu Recht) spielen methodische Fragen und Quellenprobleme eine bedeutende Rolle (hier vor allem berühren sich Proseminarstoff und Forschung); inhaltliche Themen aber überwiegen. Darunter finden sich beispielsweise Themen wie Unterwegssein im Spätmittelalter (Berlin 1984); Das geographische Weltbild um 1300 (Trier 1986); Die Kreuzfahrerstaaten – mittelalterlicher „Kolonialismus" und Eigenentwicklung; Gruppenbildung, Herrschaftsorganisation und Schriftkultur unter den Ottonen; Geschichtsschreibung und Herrschaftslegitimation im Mittelalter: Europa und Asien (Bamberg 1988); Bedingungen und Formen weiblicher Lebensgestaltung im frühen Mittelalter; „Selbstorganisation" – ein neues Modell zur Erklärung gesellschaftlichen Wandels?; Regionale Identität und soziale Gruppen im Mittelalter (Bochum 1990); Spielregeln in mittelalterlicher Öffentlichkeit (Gesten, Gebärden, Ritual, Zeremoniell); Verlorenes oder kommendes Paradies auf Erden. Möglichkeiten und Grenzen utopischen Denkens im Mittelalter; Feminine Mentalität im Mittelalter – Fiktion oder Realität? (Hannover 1992); Kaufmännische Bildung und Kultur (Leipzig 1994); Spätmittelalterliche Frömmigkeit im Spannungsfeld zwischen Anspruch und Wirklichkeit; Texte, Rituale, Bilder. Wirklichkeitsbezug und Wirklichkeitskonstruktion politisch-rechtlicher Kommunikationsmedien in Stadt- und Landgesellschaften des späten Mittelalters (Frankfurt 1998); Unaufhebbare Pluralität der Kulturen? Zur De-

---

31 AHF 1975, S. 13–25. Über die zunächst eher durch Kontinuität geprägte Mediävistik in den ersten beiden Jahrzehnten nach dem Zweiten Weltkrieg und einzelne, epochemachende Ansätze informieren: Klaus Schreiner, Wissenschaft von der Geschichte des Mittelalters nach 1945 (u. S. 307), und Winfried Schulze, Deutsche Geschichtswissenschaft nach 1945 (u. S. 307), bes. S. 145ff. zu den Monumenta Germaniae Historica. Zur (früheren) DDR-Mediävistik: Peter Segl, Mittelalterforschung in der Geschichtswissenschaft der DDR (u. S. 307), und Michael Borgolte, Eine Generation marxistische Mittelalterforschung in Deutschland. Erbe und Tradition aus der Sicht eines Neu-Humboldtianers, in: Mittelalterforschung nach der Wende 1989, hg. v. Dems. (HZ Beih. 20) München 1995, S. 3–26. Allgemein: Günther Heydemann, Geschichtswissenschaft im geteilten Deutschland. Entwicklungsgeschichte, Organisationsstruktur, Funktionen, Theorie und Methodenprobleme in der BRD und in der DDR (Erlanger Historische Studien 6) Frankfurt-Berlin-Cirencester 1980.

konstruktion und Konstruktion des mittelalterlichen Europa; Karl der Große zwischen Faktizität und Aktualität (Aachen 2000); Königliche Gewalt – Gewalt gegen Könige. Macht und Moral im spätmittelalterlichen Europa; Verwandtschaft und Freundschaft (Halle 2002); Vom Zentrum zum Netzwerk – Raumüberwindung in der hoch- und spätmittelalterlichen Kirche; Konstruktion politischer Räume im Spätmittelalter (Kiel 2004).

Insgesamt wird man feststellen dürfen, dass in der heutigen Mediävistik nicht eine bestimmte Richtung, sondern ein breites Spektrum verschiedenartiger Frageansätze vorherrscht, die oft aufeinander bezogen sind, aber nur bedingt eine Gesamttendenz erkennen lassen und in ihrer Vielfalt kaum noch Grenzen, aber auch keine klare Leitlinie kennen. Zusammenfassungen des Forschungsstandes sind meist nur noch auf der Ebene der „Handbücher" als Sammlung von Einzelartikeln verschiedener Autoren möglich (vgl. u. S. 41). Vieles haben wir angemessener und jedenfalls differenzierter zu sehen gelernt, als es früher der Fall war. Ob Fragestellungen und Ergebnisse tatsächlich besser geworden sind, wie Beumann optimistisch schließt, müssen künftige Generationen beurteilen, die leichter als wir selbst erkennen können, wie zeitgebunden, gerade beim Aufgreifen aktueller Fragen, auch unser Mittelalter-Bild ist. Die hier angesprochenen Probleme werden uns später (Kapitel 5) noch näher beschäftigen.

Literatur zum Stand der Mediävistik und zu neueren Themen:
- Hans-Werner Goetz, Moderne Mediävistik. Stand und Perspektiven der Mittelalterforschung, Darmstadt 1999.
- Michael Borgolte, Sozialgeschichte des Mittelalters. Eine Forschungsbilanz nach der deutschen Einheit (HZ Beih. N. F. 22) München 1996.
- L'histoire médiévale en France. Bilan et perspectives, hg. v. Michel Balard (Société des historiens médiévistes de l'enseignement supérieur) Paris 1991.
- Bilan et perspectives des études médiévales en Europe. Actes du premier Congrès européen d'Études Médiévales (Spoleto, 27–29 mai 1995), hg. v. Jacqueline Hamesse (Textes et études du Moyen Âge 3) Louvain-la-Neuve 1995.
- Stand und Perspektiven der Mittelalterforschung am Ende des 20. Jh. Mit Beiträgen von Arnold Esch, Johannes Fried und Patrick J. Geary, hg. v. Otto Gerhard Oexle (Göttinger Gespräche zur Geschichtswissenschaft 2) Göttingen 1996.
- The Past and Future of Medieval Studies, hg. v. John van Engen (Notre Dame Conferences in medieval studies 4) Notre Dame-London 1994.
- Modernes Mittelalter. Neue Bilder einer populären Epoche, hg. v. Joachim Heinzle, Frankfurt/M.-Leipzig 1994 (insel tb 2513, Frankfurt/M.-Leipzig 1999).
- Paul Freedman/Gabrielle M. Spiegel, Medievalisms Old and New: The Rediscovery of Alterity in North American Medieval Studies, AHR 103, 1998, S. 677–704.
- Die Aktualität des Mittelalters, hg. v. Hans-Werner Goetz, Bochum 2000.
- Les tendances actuelles de l'histoire du Moyen Âge en France et en Allemagne. Actes des colloques de Sèvres (1997) et Göttingen (1998), hg. v. Jean-Claude Schmitt u. Otto Gerhard Oexle, Paris 2002.
- Mediävistik im 21. Jh. Stand und Perspektiven der internationalen und interdisziplinären Mittelalterforschung, hg. v. Hans-Werner Goetz u. Jörg Jarnut (Mittelalter-Studien 1) München 2003.
- Die deutschsprachige Mediävistik im 20. Jh., hg. v. Peter Moraw u. Rudolf Schieffer (Vorträge und Forschungen 62) Ostfildern 2005.

1.5 Organisationsformen heutiger Mittelalterforschung in Deutschland

Bevor nun die eigentliche Arbeit (an den Quellen) beginnt, scheint – für daran Interessierte – ein kurzer Blick auf die Organisation der heutigen Forschung, vornehmlich in Deutschland, angebracht.

Lit.:
- Hermann Heimpel, Über Organisationsformen historischer Forschung in Deutschland, HZ 189, 1959, S. 139–222.

Übersichten:
- Geschichtswissenschaft in der Bundesrepublik Deutschland. Institutionen der Forschung und Lehre. Im Auftrage des Verbandes der Historiker Deutschlands hg. v. Rudolf Vierhaus, Göttingen 1985.
- Vademecum Deutscher Lehr- und Forschungsstätten. Ein Handbuch des Wissenschaftlichen Lebens, hg. v. Stifterverband für die Deutsche Wissenschaft (ständig neu bearbeitet und neu aufgelegt).

Historische Forschung ist hierzulande weitgehend Sache der Universitäten, d. h. der Geschichtsfakultäten und historischen Seminare und Institute und damit in erster Linie von dem einzelnen Hochschullehrer selbstbestimmt. Nur gelegentlich zeichnet sich eine thematische Konzentration ab (wie zeitweise bei der Ordensgeschichte in Berlin oder, in den 1960er-, 70er- und 80er-Jahren, der frühmittelalterlichen Memorialforschung in Münster und Freiburg). Überblicke über universitäre und außeruniversitäre Forschungen in Deutschland geben seit 1974 das **„Jahrbuch der historischen Forschung in der Bundesrepublik Deutschland" (AHF)** über laufende und seit 1986 die **„Historische Bibliographie"** über abgeschlossene Arbeiten (vgl. u. S. 225).

Außerhalb der Universitäten wird Forschung vor allem an den Akademien der Wissenschaften und einzelnen Instituten betrieben. Ein Zentralinstitut, wie es etwa in der ehemaligen DDR existiert hat, fehlt in der Bundesrepublik. Die **Akademien der Wissenschaften** in Berlin, Düsseldorf, Göttingen, Heidelberg, Leipzig, Mainz und München, die in vielen Fällen auf ein ehrwürdiges Alter zurückblicken – die Anfänge liegen im 18. Jh. – und die einzelne Kommissionen eingerichtet haben, sind oft mit der langfristigen Herausgabe wichtiger Quellenbestände und Arbeitsmittel betraut: übergreifend, in jeweils landschaftlicher Zuständigkeit, beispielsweise der deutschen Inschriften des Mittelalters und der frühen Neuzeit, in München der mittelalterlichen Bibliothekskataloge und des Mittellateinischen Wörterbuchs, in Mainz der Regesta imperii (vgl. u. S. 93 f.) und der Urkundenregesten zur Tätigkeit des deutschen Königs- und Hofgerichts (URH); die „Kommission für die Altertumskunde Mittel- und Nordeuropas" an der Akademie Göttingen widmete sich jahrelang in interdisziplinärer Zusammenarbeit vor allem von Archäologen, Historikern, Geographen und Philologen Problemen der frühgeschichtlichen und frühmittelalterlichen Wirtschaftsgeschichte.

Von den außeruniversitären **Instituten** sind die 1819 vom Freiherrn vom Stein ins Leben gerufenen *„Monumenta Germaniae Historica"* (MGH), damals als „Gesellschaft für ältere deutsche Geschichtskunde", mit heutigem Sitz in München das wichtigste (dazu u. S. 85 ff.); sie widmen sich vor allem der Edition mittelalterlicher Quellen. Über den aktuellen Stand informiert regelmäßig das „Deutsche Archiv für Erforschung des Mittelalters“ (u. S. 75).

Das zweite wichtige Institut, das 1955 wiederbegründete, kürzlich leider geschlossene *Max-Planck-Institut (MPI) für Geschichte* in Göttingen (als Nachfolger des 1917 ins Leben gerufenen Kaiser-Wilhelm-Instituts für Deutsche Geschichte) hat unter anderem den Dahlmann-Waitz, die größte Bibliographie zur deutschen Geschichte (u. S. 223), die „Germania Sacra“ (zur Geschichte, Struktur und Kultur deutscher Kirchen, u. S. 65) und das „Repertorium der deutschen Königspfalzen“ (u. S. 50) bearbeitet. Mittelalterorientiert ist auch das Max-Planck-Institut für europäische Rechtsgeschichte in Frankfurt.

Zu nennen sind in diesem Zusammenhang ferner die fünf deutschen **Auslandsinstitute** in London, Rom, Paris, Washington, Warschau und Moskau, die den Kontakt und Forschungsaustausch mit den Gastländern erstreben, dortige Dokumente zur deutschen Geschichte zugänglich machen und sich mit der Geschichte des jeweiligen Nachbarlandes aus deutscher Sicht sowie mit den bilateralen Beziehungen beschäftigen. Besonders in den Deutschen Historischen Instituten in Paris und Rom bildet die Mediävistik einen wichtigen Schwerpunkt. In Rom (DHIR)[32] erklärt sich das aus der engen Verbindung zwischen Deutschland und Italien im Mittelalter. Das 1889 gegründete und 1953 wiederbegründete Institut gibt das „Repertorium Germanicum“ heraus, ein Verzeichnis der in den päpstlichen Akten vorkommenden Personen und Orte des deutschen Reichs von 1378 bis 1517 (die Veröffentlichung reicht zur Zeit bis 1471; vgl. u. S. 49). Über laufende Arbeiten informiert das Organ „Quellen und Forschungen aus italienischen Archiven und Bibliotheken“ (QFIAB). Ein weiteres deutsch-italienisches Institut (Istituto storico italo-germanico) hat seinen Sitz in Trient. Das 1958 gegründete Pariser Institut (DHIP)[33] besorgt die Sammlung der Urkunden und Regesten des Merowingerreichs und der ältesten Originalurkunden Clunys sowie die Erfassung der fränkischen Heiligenviten, sein wissenschaftliches Organ nennt sich „FRANCIA“. Frankreich betreibt seit 1977 seinerseits eine „Mission Historique Française“ mit Sitz in Göttingen, ebenso Polen seit 2001.

Von den ausländischen Mittelalterinstituten seien hier stellvertretend nur das seit 1854 existierende, hilfswissenschaftlich orientierte Institut für Österreichische Geschichtsforschung an der Universität Wien sowie zwei Institutionen genannt, die durch ihre regelmäßigen Tagungen bekannt sind: das „Centro italiano di studi sull'alto medioevo“ in Spoleto, dessen internationale Tagungen zur Geschichte des frühen Mittelalters in den „Settimane di studio“ (SSCI) veröffentlicht werden, und das „Instituut voor Middeleeuwse studies“ der Katholischen Universität Leuven in Belgien mit seiner Tagungsreihe „Mediaevalia Lovaniensia“.

Die übrigen deutschen Institute sind unmittelbar Universitäten angeschlossen, etwa das geistesgeschichtliche Grabmann-Institut in München oder das philosophiegeschicht-

---

32 Vgl. Das Deutsche Historische Institut in Rom 1888–1988, hg. v. Reinhard Elze u. Arnold Esch (Bibliothek des Deutschen Historischen Instituts in Rom 70) Tübingen 1990.

33 Vgl. Deutsches Historisches Institut. Institut Historique Allemand Paris: 1958–1983, Paris 1983; Das Deutsche Historische Institut Paris. Festgabe aus Anlaß der Eröffnung seines neuen Gebäudes, des Hôtel Duret de Chevry, hg. v. Werner Paravicini, Sigmaringen 1994.

liche Thomas-Institut in Köln, das Institut für historische Verhaltensforschung in Stuttgart, das Institut für vergleichende Städtegeschichte in Münster, das Institut für franziskanische Geschichte (ebenfalls in Münster) oder das Institut für Vergleichende Geschichte Europas im Mittelalter in Berlin. In Krems hat das „Institut für Realienkunde des Mittelalters und der frühen Neuzeit" seinen Sitz. Daneben gibt es in vielen Bundesländern landesgeschichtliche Institute (z. B. in Bonn für die rheinische, in Münster für die westfälische, in Göttingen für die niedersächsische, in Tübingen für die schwäbische, in München für die bayerische Geschichte, in Mainz für die mittelrheinisch-pfälzische Geschichte). Der historischen Landeskunde (u. S. 346–49) – das erste Institut entstand 1906 in Leipzig unter Rudolf Kötzschke – kommt eine große Bedeutung zu, weil sich viele Phänomene umfassend nur auf regionaler Ebene erforschen lassen; hier ist auch am ehesten interdisziplinäre Zusammenarbeit möglich.

Außerhalb der Universitäten wird ein guter Teil der regionalen wie lokalen Forschung und Öffentlichkeitsarbeit von den zahlreichen historischen Vereinen und Kommissionen getragen. **Historische Vereine**[34] entstanden seit dem Ende des 18. Jh. – sie gingen oft aus den „Lesevereinen" der Revolutionsära hervor – mit dem Ziel, „vaterländische Geschichte" zu betreiben. 1852 wurden sie in dem „Gesamtverein der deutschen Geschichts- und Altertumsvereine" zusammengeschlossen, wobei schon der Name das Interesse an der älteren, vornehmlich der mittelalterlichen Geschichte verrät. Die außeruniversitären Historischen Vereine, die Fachwissenschaftler und interessierte Laien zusammenschließen, bilden bis heute eine wichtige Organisationsform der Geschichtswissenschaft auf regionaler und lokaler Ebene. Dagegen sind die Historischen Kommissionen, die in vielen Regionen existieren, Verbände von Fachhistorikern (Universitätslehrern und Archivaren) mit sachlicher Arbeitsteilung. (Die älteste Historische Kommission wurde 1876 von Ernst Dümmler für die Provinz Sachsen gegründet, 1881 folgte die „Gesellschaft für Rheinische Geschichtskunde"). Ihre wesentliche Aufgabe ist die Edition regionaler Quellen und Nachschlagewerke. Die Historische Kommission für Westfalen gibt beispielsweise das westfälische Urkundenbuch, die Geschichtsquellen des Bistums Münster, die westfälischen Siegel des Mittelalters, die „Westfälische Geschichte" (Handbuch) und die „Westfälischen Lebensbilder" (Biographien) heraus. Daneben darf nicht vergessen werden, dass ein nicht unbeträchtlicher Teil der mittelalterlichen Forschung und Quellenerschließung von den **Archiven** (u. S. 229 ff.) geleistet wird, wenngleich Organisationsaufgaben eine zunehmende Belastung darstellen und die (frühe) Neuzeit gegenüber dem inventarmäßig besser erschlossenen Mittelalter allmählich eine höhere Bedeutung gewinnt. Ohne die Verzeichnung und Inventarisierung der Archivbestände wäre die Forschung in erheblich höherem Maß auf Zufallsfunde angewiesen (die aber immer noch möglich sind). Den Archivaren obliegt auch dadurch eine verantwortungsvolle Funktion, dass sie entscheiden, welche Materialien aufbewahrt und welche „kassiert" werden. (Durch Kassation sind in der Vergangenheit, die auf die politische Geschichte fixiert war, viele Quellen verlorengegangen, die für heutige Fragestellungen wichtig wären). Gelegentliche Forschungsbeiträge kommen aus Museen und Bibliotheken, die im westlichen Ausland immer noch zentrale Forschungseinrichtungen sind.

---

34 Vgl. Geschichtsvereine. Entwicklungslinien und Perspektiven lokaler und regionaler Geschichtsarbeit (Bensberger Protokolle 62) Bergisch-Bensberg 1990.

Auf lokaler Ebene sind in jüngerer Zeit nach dem Vorbild der englischen „history workshops“ mit den **„Geschichtswerkstätten“** alternative Organisationsformen entstanden, die sich 1982 in Göttingen zu einer bundesweiten „Geschichtswerkstatt“ zusammengeschlossen haben.[35] Ihre Entstehungsursachen liegen unter anderem in einer Entfremdung zwischen Universitätshistorie und Publikum im Zuge zunehmender Strukturgeschichtsschreibung, in der Reaktion gegen eine laienunfreundliche, traditionelle Universitätsgeschichte (die inzwischen aber mehr und mehr überwunden wird) und in der Absicht, „alternative Geschichte“ über bisher vernachlässigte Themen mit dem Ziel zu betreiben, die Kluft zwischen Fachhistorikern und Laien zu überbrücken und eine Identitätsfindung aus der Ortsgeschichte zu erreichen. Inzwischen ist es eher ruhig um die Geschichtswerkstätten geworden.

Die universitäre Geschichtswissenschaft sucht den wissenschaftlichen Fortschritt – außer in individuellen Veröffentlichungen – heute zunehmend im Gespräch und im Gedankenaustausch und in großen, fachübergreifenden Forschungsprojekten. Dabei sind **Arbeitskreise und Tagungen** zu wichtigen Organisationsformen geworden. Ein wichtiger deutscher Arbeitskreis der mittelalterlichen Geschichte ist (auch dank seiner regelmäßigen Reichenau-Tagungen, deren Beiträge in der umfangreichen Reihe „Vorträge und Forschungen“ veröffentlicht werden) der „Konstanzer Arbeitskreis“.[36] Nennenswert waren oder sind auch der „Arbeitskreis für südwestdeutsche Stadtgeschichte“ (Reihe „Stadt in der Geschichte“), zeitweise das Projekt „Nationes“, das die Entstehung der europäischen Nationen in ihrer Geschichtlichkeit und in ihrem wechselseitigen Zusammenhang – also gerade nicht „national“ – erforschen wollte, das Münsteraner Institut für Frühmittelalterforschung mit seinen langjährigen Projekten „Societas et Fraternitas“ zunächst über das liturgische Gedenkwesen und danach der „Pragmatischen Schriftlichkeit“ und der „Symbolischen Kommunikation“, der Berliner Arbeitskreis für vergleichende Ordensforschung – als Gegengewicht zur Klosterhistorie (Reihe: „Zisterzienser-Studien“) –, der internationale Arbeitskreis „Konziliengeschichte“ (mit neuen Handbüchern zum Thema) oder – zeitweilig – der Berliner Arbeitskreis zur Geschichte der Frauen in Spätantike und Frühmittelalter. Viele Institutionen veranstalten teils regelmäßige, teils sporadische Tagungen, deren Vorträge und Diskussionen wissenschaftlich weiterführen und kontroverse Positionen einander annähern sollen, deren Veröffentlichungen zu verschiedensten Themen den Studierenden aber auch einen detaillierten Einblick in den augenblicklichen Forschungsstand und in aktuelle Problemstellungen gewähren. Die größten Tagungen zur mittelalterlichen Geschichte finden jährlich an der Western Michigan University in Kalamazoo in den USA (International Congress on Medieval Studies) und, seit 1994, in Leeds in England statt (International Medieval

---

35 Zu den Zielen vgl. Selbstverständnispapier der Geschichtswerkstatt e.V., Geschichtsdidaktik 9, 1984, S. 193f.; Alfred Georg Frei, Geschichtswerkstätten als Zukunftswerkstätten, in: Die andere Geschichte, hg. v. Gerhard Paul u. Bernhard Schossig, Köln 1985, S. 258–280.

36 Zu seiner Geschichte und seinen Aktivitäten vgl. Vierzig Jahre Konstanzer Arbeitskreis für mittelalterliche Geschichte, hg. v. Johannes Fried, Sigmaringen 1991; Traute Endemann, Geschichte des Konstanzer Arbeitskreises. Entwicklung und Strukturen 1951–2001, Stuttgart 2001; Der Konstanzer Arbeitskreis für mittelalterliche Geschichte 1951–2001. Die Mitglieder und ihr Werk. Eine biobibliographische Dokumentation, bearbeitet von Jörg Schwarz, hg. von Jürgen Petersohn, Stuttgart 2001; Fünfzig Jahre Konstanzer Arbeitskreis für mittelalterliche Geschichte. Die Gegenwart des Mittelalters, hg. v. Stefan Weinfurter, Stuttgart 2002.

Congress). Forschungsprojekte werden von den verschiedenen **Stiftungen**, vor allem von der Deutschen Forschungsgemeinschaft (DFG), gefördert.

Ein weiteres Mittel der Information wie der Präsentation bilden schließlich die für das Geschichtsbewusstsein breiterer Kreise wichtigen **Historischen Ausstellungen**, deren Kataloge oft einen begleitenden Aufsatzteil enthalten, in dem der neueste Forschungsstand zum Ausstellungsthema und seinem Umfeld verständlich dargelegt wird.[37]

Die Historiker/innen selbst sind im **„Verband der Historiker und Historikerinnen Deutschlands“** (als Berufsverband) organisiert, der seinerseits alle zwei Jahre den (öffentlichen) „Historikertag“ organisiert (vgl. o. S. 33f.), der ebenfalls in Forschungsstand und aktuelle Forschungsthemen einführt; alle fünf Jahre finden „Internationale Historikertage“ statt.[38] Dem Historikerverband zur Seite getreten ist seit 1983 der **„Mediävistenverband“** (Societas investigatorum medii aevi), der die Kommunikation zwischen den Fächern fördern will und alle Disziplinen vereinigt, die sich mit dem Mittelalter beschäftigen (Historiker, Kunsthistoriker, Philologen aller Richtungen, Theologen, Rechtshistoriker, Mittelalterarchäologen, Musikwissenschaftler und andere) und ebenfalls in zweijährigem Abstand Tagungen abhält.

Nach dieser kurzen Einführung in Gegenstand, Theorie und Organisation der Geschichtswissenschaft im Allgemeinen und der Mediävistik im Besonderen, die die Voraussetzungen historischer Arbeit verständlich machen sollte, werden wir uns nun mit den Arbeitsmaterialien der Geschichtswissenschaft befassen.

---

37 Eine Besprechung der Ziele und Grenzen historischer Ausstellungen an österreichischen Beispielen findet sich in MIÖG 98, 1990, Heft 3/4.

38 Zur Geschichte dieser Dachorganisation vgl. Karl Dietrich ERDMANN, Die Ökumene der Historiker. Geschichte der Internationalen Historikerkongresse und des Comité International des Sciences Historiques (Abhh. Göttingen 3,158) Göttingen 1987.

2 Arbeitsmaterialien

Historiker/innen sowie Geschichtsstudenten und -studentinnen haben es bei ihrer Arbeit, der Beantwortung historischer Fragen, mit zwei Arten von Materialien zu tun: „primären" und „sekundären", nämlich mit Zeugnissen aus der Vergangenheit und besonders der Zeitgenossen selbst, also dem, was man gemeinhin als Quellen bezeichnet, und den Ergebnissen derer, die sich vor ihnen forschend damit beschäftigt haben: den Darstellungen. Im Arbeitsprozess durchdringen sich die beiden Materialgrundlagen, wird man immer wieder von der Quelle auf die Darstellung und von dieser zurück auf die Quelle verwiesen. Der Systematik halber aber seien beide Arten hier getrennt vorgestellt. Dabei sollen uns zunächst – kurz, da sie weder mittelalter- noch letztlich geschichtsspezifisch sind – die Darstellungen und dann – ausführlich – die primären Materialien, die Quellen, beschäftigen.

2.1 Darstellungen

2.1.1 Arten historischer Darstellung

Historische Darstellungen vermitteln Forschungsergebnisse und historisches Wissen. Dabei kann es sich um Schulbücher, populärwissenschaftliche Sachbücher oder – und nur darum kann es hier gehen – um wissenschaftliche, von Historikern und Historikerinnen verfasste Erzeugnisse handeln.

Grundsätzlich lassen sich verschiedene Stiltypen der historischen Darstellung unterscheiden, die aber Idealtypen sind und selten unvermischt auftreten. DROYSEN (o. S. 17) hat vier Grundformen unterschieden:

– Die untersuchende Darstellung vollzieht den Forschungsgang nach;
– die erzählende Darstellung verfolgt das Werden der Geschichte, stellt also die Ergebnisse der Forschung in den Mittelpunkt; nach Droysen kann sie „pragmatisch" nach Ursache und Wirkung fahnden, „monographisch" Einzelerscheinungen, „biographisch" historische Gestalten oder „katastrophisch" ein Ringen verschiedener Kräfte vorstellen;
– die didaktische Darstellung fasst den Stoff lehrhaft zusammen;
– die diskussive Darstellung sammelt historische Beweise aus der fachlichen Auseinandersetzung in Bezug auf eine bestimmte Streitfrage.

Anders gelagert sind die vier Typen historischen Erzählens, die Jörn RÜSEN vorschlägt:

– ein traditionales Erzählen zielt auf Kontinuität ab,

- ein exemplarisches Erzählen ist auf Handlungsorientierung bedacht,
- ein kritisches Erzählen ist auf Ablehnung,
- ein genetisches Erzählen auf Strukturveränderungen ausgerichtet.[1]

Unbeschadet solcher feineren Typisierungen ist es zunächst wichtig, die Darstellung von ihrer Intention und ihrer **Darstellungsweise** her einzuordnen, weil davon die Benutzbarkeit abhängt. Im Prinzip sind hier zwei (oder drei) große Gruppen zu unterscheiden:
(1) die (analytische) **Untersuchung**: Sie entwickelt monographisch eine begrenzte historische Frage und leitet den Leser durch Vermittlung der Forschungsschritte zu den Ergebnissen;
(2) die (zusammenfassende) **Überblicksdarstellung**: Sie vermittelt die Ergebnisse der Forschung in einem größeren zeitlichen oder sachlichen Kontext in einer resümierenden Form. Nur Überblicksdarstellungen vermögen die großen Zusammenhänge zu beleuchten, sind in den Einzelheiten meist aber nicht mehr unmittelbar nachprüfbar, müssen zwangsläufig stärker generalisieren und verkürzen daher die Sachverhalte. Die Kritik gegenüber Untersuchungen richtet sich zunächst auf den Beweisgang, die Kritik gegenüber Überblickswerken auf Vorbehalte gegenüber der inhaltlichen Aussage.

Vom Darstellungsmodus her sind Überblicksdarstellungen
- entweder **Geschichtserzählungen**, die den Gang der Geschichte vorwiegend chronologisch nachvollziehen (z. B. Wilhelm von Giesebrechts Geschichte der deutschen Kaiserzeit),
- oder **Strukturgeschichten**, die historische Zustände unter bestimmten Blickwinkeln beschreiben. Letztere sind heute weit häufiger.

Manche Überblicke enthalten einen erzählenden und einen strukturellen Teil.

Vom Inhalt her bieten Überblicksdarstellungen die Geschichte einzelner geographischer Räume (Staaten, Länder, Regionen oder Orte), bestimmter Epochen, Institutionen, Personengruppen oder politisch oder kulturell bedeutender Personen (Biographien) oder sonstiger historischer Sachverhalte. Da ein einzelner die gesamte Geschichte über Epochen und/oder Themen hinweg nicht mehr überblicken kann, erscheinen historische Gesamtdarstellungen oft in Form sog. **Handbücher**, in denen einzelne Spezialisten jeweils ihren zeitlichen oder thematischen Schwerpunktbereich behandeln. „Handbücher" ersetzen, aus der Spezialisierung der Forschung heraus, die großen Überblicke einzelner Autoren des 19. Jh. Sie dienen in erster Linie nicht der Gesamtlektüre, sondern dem Nachschlagen und der Erstinformation über bestimmte Zeiten und Sachverhalte. Die großen Handbücher wie der „Gebhardt" (u. S. 53 f.) werden von Zeit zu Zeit neu geschrieben, um dem Forschungsstand zu genügen. Daneben sind in den letzten Jahren aber zunehmend wieder auf Lesbarkeit ausgerichtete Darstellungen einzelner Autoren über bestimmte Epochen

1 Jörn Rüsen, Die vier Typen des historischen Erzählens, in: Formen der Geschichtsschreibung (u. S. 311) S. 514–605.

getreten, die sich zu einer gesamtgeschichtlichen Reihe vereinigen und gleichwohl der schnellen Information dienen, zumal sie meist mit einer ausführlichen Bibliographie versehen sind. Da es in der Geschichtswissenschaft keinen allgemein verbindlichen „Leitfaden" gibt, sind einerseits Erscheinungsdatum und Ausrichtung des jeweiligen Handbuches oder Handbuchartikels zu berücksichtigen, andererseits sollte man zur Einführung stets mehrere Handbücher vergleichend zu Rate ziehen. Übersicht über die gängigen Handbücher und Überblickswerke u. S. 51 ff.

(3) Als dritter, eigenständiger Typus kann der **Essay** gelten, der in noch unabgeschlossener Form übergreifende Zusammenhänge in Form von Theorien (s. u. S. 318 ff.) zu erklären oder neue Fragestellungen zu propagieren sucht.

Von der **Form** her lassen sich ebenfalls drei, sich mit den genannten Einteilungen überschneidende Darstellungsarten unterscheiden:

(1) Der **Lexikon- oder Sachwörterbuchartikel** stellt einen Begriff oder Namen knapp resümierend vor und eignet sich daher als Erstinformation oder zur Klärung von Verständnisfragen. Lexika oder Sachwörterbücher (Übersicht u. S. 47 ff.) fassen das historische Wissen zu bestimmten Begriffen, Personen und Phänomenen überblicksartig und alphabetisch geordnet zusammen und erlauben daher eine schnelle und gezielte Information, die aber, anders als in den Handbüchern, nicht in den historischen Kontext eingeordnet wird und selten genügend zeitlich differenziert.
(2) Das **Buch** kann sehr verschiedene Absichten verfolgen, Untersuchung oder zusammenfassende Überblicksdarstellung sein (o. S. 41). Auch Untersuchungen enthalten oft ein einleitendes Kapitel über den Forschungsstand, der es manchmal – zumindest teilweise – erspart, sich noch intensiver mit der älteren Literatur auseinanderzusetzen.

Historische Bücher können als Einzeltitel oder in einer Reihe erscheinen.

Wichtige aktuelle, die mittelalterliche Geschichte betreffende oder berührende **Reihen** sind beispielsweise:
Reihen der großen Institute:
- Schriften der MGH (Monumenta Germaniae Historica);
- Städteforschung (Reihe A: Darstellungen);
- Veröffentlichungen des Max-Planck-Instituts für Geschichte in Göttingen;
- Veröffentlichungen des Instituts für österreichische Geschichtsforschung in Wien.

Andere Reihen (Auswahl):
- Archäologie und Geschichte;
- Beiträge zur Frühmittelalterforschung (hg. vom Münsteraner Sonderforschungsbereich);
- Beiträge zur Geschichte der Philosophie und Theologie des Mittelalters;
- Beiträge zur Geschichte und Quellenkunde der Mittelalters;
- Europa im Mittelalter;
- Forschungen zur Kaiser- und Papstgeschichte des Mittelalters;
- Historische Forschungen;

- Historische Studien;
- Konziliengeschichte;
- Medium Aevum;
- Mittelalter-Forschungen;
- Mittelalter-Studien;
- Monographien zur Geschichte des Mittelalters (vorwiegend verfassungs- und sozialgeschichtlich);
- Nationes (Historische und philologische Untersuchungen zur Entstehung der europäischen Nationen im Mittelalter);
- Orbis mediaevalis. Vorstellungswelten des Mittelalters;
- Päpste und Papsttum;
- Quellen und Darstellungen zur hansischen Geschichte;
- Quellen und Forschungen zum Recht im Mittelalter;
- Schriften zur Rechtsgeschichte;
- Schriften zur Verfassungsgeschichte;
- Untersuchungen zur deutschen Staats- und Rechtsgeschichte.

Ferner haben die Historischen Fachbereiche/Institute vieler Universitäten ihre eigene Reihe (z. B. Münstersche Mittelalter-Schriften; Bonner/Trierer/Passauer/Frankfurter Historische Forschungen; Kölner Historische Abhandlungen; Berliner/Bochumer/Kieler Historische Studien; Geist und Werk der Zeiten).

Manche Reihen umfassen Sammelbände regelmäßig stattfindender Tagungen. Bekannte Beispiele zur mittelalterlichen Geschichte sind die Reihen:
- „Vorträge und Forschungen“ der halbjährlich stattfindenden Reichenau-Tagungen des Konstanzer Arbeitskreises für mittelalterliche Geschichte,
- „Miscellanea Mediaevalia“ des Kölner Thomas-Instituts,
- „Settimane di studio del centro italiano di studi sull'alto medioevo“ (SSCI) des Spoletiner Instituts für Frühmittelalterforschung,
- die „Veröffentlichungen des Instituts für Realienkunde“ (erscheinen im Rahmen der Sitzungsberichte der Wiener Akademie);
- die „Studia humaniora“ (Düsseldorfer Studien zu Mittelalter und Renaissance) sind oft aus Ringvorlesungen der Universität Düsseldorf hervorgegangen.

Ein bekanntes Beispiel der Zusammenfassung älterer, grundlegender Aufsätze zu einem Thema bildet die inzwischen eingestellte Reihe
- „Wege der Forschung“ der Wissenschaftlichen Buchgesellschaft.

Schließlich veröffentlichen manche Zeitschriften Buchmonographien als Beihefte (z. B. die Vierteljahrschrift für Sozial- und Wirtschaftsgeschichte, das Archiv für Kulturgeschichte, Francia, die Zeitschrift für Historische Forschung u. a.). Viele Verlage führen historische Reihen, darunter auch manche Dissertationsreihen, von denen aber nicht alle längerfristig Bestand haben und regelmäßig erscheinen. Verbreitet sind beispielsweise:
- Europäische Hochschulschriften (Lang);
- Dissertationen zur mittelalterlichen Geschichte (Böhlau).

(3) Der **Aufsatz**, vor allem
(a) der **Zeitschriftenaufsatz**, untersucht in erster Linie ein historisches Einzelproblem und stellt daher ein wichtiges Organ für die Verbreitung von Forschungswegen

und -ergebnissen dar, kann aber auch resümierenden oder essayistischen Charakter haben (viele Aufsätze sind verschriftlichte Vorträge). Zeitschriften bilden einen wesentlichen Bestandteil der historischen Fachliteratur; manchmal sind sie auch der Ort fachlicher Kontroversen. Vielfach wird zwischen Aufsätzen und kürzeren Beiträgen (sog. Miszellen) unterschieden. Die meisten Zeitschriften enthalten darüber hinaus einen **Rezensionsteil**, in dem neuere Bücher vorgestellt und kritisch besprochen werden. Rezensionen helfen, sich kurz über Neuerscheinungen zu informieren. Sie spiegeln dank ihres kritischen Charakters außerdem wider, wie – und auch: wie unterschiedlich – neue Thesen von der Forschung aufgenommen werden.

Die meisten Fachzeitschriften sind bestimmten Regionen oder Sachgebieten gewidmet. Es ist empfehlenswert, sich anhand evtl. Vorworte und Inhaltsverzeichnisse mit der Ausrichtung und Erscheinungsweise einschlägiger Zeitschriften vertraut zu machen. In vielen Bibliotheken liegen die jeweils neuesten Hefte zur Einsicht aus. Zur Übersicht der wichtigen Zeitschriften vgl. u. S. 73 ff.

(b) Eine Mischform zwischen Monographie und Zeitschriftenaufsatz bilden die **Sammelbände**, die zwar ebenfalls Aufsätze (in der Regel) verschiedener Autoren enthalten, die aber in einem übergreifenden, meist inhaltlichen Bezug stehen. Solche Sammelbände sind:
- Festschriften für einen betagten Jubilar oder aus Anlass eines historischen Jubiläums,
- auf Initiative eines Herausgebers gesammelte (ältere oder auch neue) Aufsätze zu einem bestimmten Thema, vor allem aber
- die gesammelten Schriftfassungen der Vorträge vorausgegangener **Tagungen** (vgl. o. S. 38).

2.1.2 Bibliographie wichtigster Nachschlagewerke, Sachwörterbücher, Handbücher, Überblicke, Zeitschriften

In der Geschichtswissenschaft gibt es keine ausgesprochenen „Standardwerke" als allgemein gültigen „Lehrstoff". Geschichtsstudenten, und schon Anfänger/innen, sollten sich vielmehr stets mit mehreren Werken vergleichend auseinandersetzen, um die unterschiedlichen Herangehensweisen, Intentionen, Ergebnisse und Wertungen beurteilen zu können. Die folgende Bibliographie, die in ihrem Umfang für Proseminaristen auf den ersten Blick sicherlich zu umfangreich und vielleicht auch zu unübersichtlich erscheinen mag (und die doch weit davon entfernt ist, vollständig zu sein), trägt dem Rechnung, indem sie zu möglichst vielen Sparten Handbücher, Überblicke, Sachwörterbücher und andere Hilfsmittel nennt, die einen Zugang zu verschiedenen Themen bieten (und damit auch der Vielzahl verschiedener Inhalte in den einzelnen Proseminaren gerecht wird). Es geht also nicht darum, alle im Folgenden genannten Werke einzusehen und zu kennen, sondern für jedes Thema hinreichend Literatur als einen ersten Zugang (nicht mehr!) zu finden. Anfänger/innen sollen sich durch die Zahl der Titel nicht abschrecken lassen, wohl aber dazu animiert werden, bei den Recherchen jeweils verschiedene Hilfsmittel zu vergleichen. Auf die Nennung von Spezialliteratur wurde grundsätzlich verzichtet. Sie wäre jeweils bibliographisch zu erfassen. Zugunsten vieler Titel musste aus Raumgründen auf eine jeweilige Kommentierung (mit nur wenigen einschlägigen Ausnahmen) verzichtet werden. Die Benutzer/innen sollten Anlage, Ausrichtung und Wert selbst herausfinden. Doch sind besonders wichtige Werke, die man unbedingt kennen sollte, mit einem * versehen. Die detaillierte Gliederung, die im Folgenden vorangestellt ist, mag dabei der besseren Übersichtlichkeit dienen.

Gliederung der Bibliographie:

2.1.2.1 Einführungen in das Studium der Geschichte
2.1.2.2 Einführungen in das Studium der mittelalterlichen Geschichte („Proseminare")
2.1.2.3 Kurze Einführungen in die mittelalterliche Geschichte
2.1.2.4 Gesamtüberblicke: Allgemeine und politische Geschichte
2.1.2.5 Einzelne Sachgebiete: Kirchengeschichte, Rechts- und Verfassungsgeschichte, Sozial- und Wirtschaftsgeschichte, Kultur, Mentalität und Vorstellungswelt, Kunstgeschichte, Literaturgeschichte
2.1.2.6 Zeitschriften

In den Rubriken 2.1.2.4 und 2.1.2.5 wird jeweils nach (A) Sachwörterbüchern und (B) Handbüchern (a) sowie Überblicken (b) unterschieden. Weitere Untergliederungen nach Zahl- und Kleinbuchstabensymbolen in Klammern.

2.1.2.1 Einführungen in das Studium der Geschichte

- Karl BRUNNER, Einführung in den Umgang mit der Geschichte, Wien [3]1991; Neuausg. Wien 2004.
- Volker SELLIN, Einführung in die Geschichtswissenschaft, Göttingen 1995. Erweiterte Neuausgabe Göttingen 2005.
- Werkstatt des Historikers. Eine Einführung in die historischen Methoden, hg. v. Martha HOWELL u. Walter PREVENIER (UTB 2524 S) Köln-Weimar-Wien 2004.

2.1.2.2 Einführungen in das Studium der mittelalterlichen Geschichte („Proseminare")

- *Heinz QUIRIN, Einführung in das Studium der mittelalterlichen Geschichte, Stuttgart [5]1991 (= unv. ND. v. 1964) (auf hohem Niveau, aber streckenweise veraltet).
- *Egon BOSHOF/Kurt DÜWELL/Hans KLOFT, Grundlagen des Studiums der Geschichte. Eine Einführung (Böhlau-Studienbücher: Geschichte) Köln-Wien [5]1997 (überarb.) (nur zu bestimmten Aspekten).
- Martina HARTMANN, Mittelalterliche Geschichte studieren (UTB basics) Stuttgart 2004 (meist nicht ausreichende Basisinformation).

Hilfswissenschaften:

- **Ahasver von BRANDT, Werkzeug des Historikers. Eine Einführung in die historischen Hilfswissenschaften, mit aktualisierten Literaturnachträgen und einem Nachwort von Franz Fuchs (Urban Tb. 33) Stuttgart [16]2003.

Interpretationsbeispiele:

- *Gerhard THEUERKAUF, Die Interpretation historischer Quellen. Schwerpunkt: Mittelalter (UTB 1554) Paderborn-München-Wien-Zürich 1991 (ND. ²1997).

Zur Arbeitstechnik:

- Erwin FABER/Imanuel GEISS, Arbeitsbuch zum Geschichtsstudium (UTB 1170) Wiesbaden ³1996.
- Peter BOROWSKY/Barbara VOGEL/Heide WUNDER, Einführung in die Geschichtswissenschaft I: Grundprobleme, Arbeitsorganisation, Hilfsmittel (Studienbücher Moderne Geschichte 1) Opladen ⁵1989.

Auch für Historiker nützliche Einführungen in Nachbarwissenschaften:

- Hilkert WEDDIGE, Einführung in die germanistische Mediävistik, München ⁵2003.
- Thomas BEIN, Germanistische Mediävistik. Eine Einführung, Berlin 1998.
- Rüdiger BRANDT, Grundkurs germanistische Mediävistik/Literaturwissenschaft. Eine Einführung, München 1999.
- Udo KINDERMANN, Einführung in die lateinische Literatur des mittelalterlichen Europa, Turnhout 1998.
- Manfred HEIM, Einführung in die Kirchengeschichte, München 2000.

2.1.2.3 Kurze Einführungen in die mittelalterliche Geschichte

Überblicke:

- Hartmut BOOCKMANN, Einführung in die Geschichte des Mittelalters (C.-H.-Beck Studium) München ⁶1996 (eher strukturell).
- Peter HILSCH, Mittelalter (Grundkurs Geschichte 2) Frankfurt ⁷2001 (eher chronologisch).
- Heinz-Dieter HEIMANN, Einführung in die Geschichte des Mittelalters (UTB 1957) Stuttgart 2006.
- Ulrich KNEFELKAMP, Das Mittelalter – Geschichte im Überblick (UTB 2105) Paderborn ²2003.
- Ingrid HEIDRICH, Einführung in die Geschichte des europäischen Mittelalters, Bad Münstereifel 2003.

Spezifische Charakterisierungen des Zeitalters anhand bestimmter Herangehensweisen und Aspekte:

- Grundkurs Geschichte: Der Mensch in elementaren Situationen, hg. v. August NITSCHKE u. Peter SCHMOOCK, Weinheim-Basel 1993.
- Arno BORST, Lebensformen im Mittelalter, Frankfurt-Berlin 1973; auch als Taschenbuchausgabe: Ullstein Sachbuch 34 004, Berlin ¹⁴1995 (Neuausgabe Ullstein 26 513, Berlin 2002) (Einführung in sozial- und mentalitätsgeschichtliche Aspekte des Mittelalters anhand von Quellentexten und Interpretationen).
- Horst FUHRMANN, Einladung ins Mittelalter, 5. durchges. Aufl., München 1997; als Tb. (Beck'sche Reihe 1357) München ³2004 (Hinführung in Form einer Aufsatzsammlung zu verschiedenen Themenbereichen).

- Ders., Überall ist Mittelalter. Von der Gegenwart einer vergangenen Zeit, München 1996, als Tb. (Beck'sche Reihe 1473) München 2002.
- Michael Mitterauer, Warum Europa? Mittelalterliche Grundlagen eines Sonderweges, München [4]2004.
- Höhepunkte des Mittelalters, hg. v. Georg Scheibelreiter, Darmstadt 2004.
- Martin Kaufhold, Wendepunkte des Mittelalters. Von der Kaiserkrönung Karls des Großen bis zur Entdeckung Amerikas, Ostfildern 2004.

Repetitorium:
- Arbeitsbuch Geschichte, hg. v. Eberhard Büssem u. Michael Neher. Mittelalter (3. bis 16. Jh.). Repetitorium, bearb. v. Karl Brunner (UTB 411) Stuttgart [12]2003.

2.1.2.4 Gesamtüberblicke: Allgemeine und politische Geschichte

(A) Sachwörterbücher[2]

(1) Allgemein
- **Lexikon des Mittelalters, 10 Bde., München-Zürich 1978–1998 (auch als CD-Rom verfügbar).
- Dictionary of the Middle Ages, hg. v. Joseph R. Strayer, 12 Bde. u. 1 Indexbd., New York 1982–1989. Supplementbd. 2004.
- Dictionnaire Encyclopédique du Moyen Âge, 2 Bde., hg. v. André Vauchez, Paris 1997 (engl. Übers. 2000).
- Dictionnaire raisonné de l'Occident médiéval, hg. v. Jacques Le Goff u. Jean-Claude Schmitt, Paris 1999 (ausführliche Artikel zu bestimmten Grundbegriffen).
- Dictionnaire du Moyen Âge, hg. v. Claude Gauvard, Alain de Libera u. Michel Zink, Paris 2002.
- Res medii aevi. Kleines Lexikon der Mittelalterkunde, hg. v. Renate Neumüllers-Klauser, Wiesbaden 1999.
- Garland (spätere Bände: Routledge) Encyclopedias of the Middle Ages:
  Länder: Skandinavien (1993), Frankreich (1995), England (1998), Deutschland (2001), Spanien (2003), Italien (2004), Irland (2005)
  Sachgruppen: Archäologie (2000), Handel und Reisen (2000), jüdische Kultur (2003), Wissenschaft und Technik (2005), Personen (2005), Islam (2005).

Zu einzelnen Ländern:
- The Blackwell Encyclopaedia of Anglo-Saxon England, hg. v. Michael Lapidge u. a., Maldon, Mass. 1999.
- Historical Dictionary of Late Medieval England, 1272–1485, hg. v. Ronald H. Fritze u. William B. Robison, London-Westport 2002.

Kleinere Nachschlagewerke zur Erst- oder beiläufigen Information:
- Eugen Haberkern/Joseph F. Wallach, Hilfswörterbuch für Historiker, 2 Bde. (UTB 119/120) Bern-München [9]2001.

2 Vgl. den Überblick bei Van Caenegem, Introduction (u. S. 84) S. 405–434.

- Konrad FUCHS/Heribert RAAB, Wörterbuch zur Geschichte, 2 Bde., München ^{6}1987 (Neuaufl. München 1996).
- Wörterbuch zur Geschichte. Begriffe und Fachausdrücke, hg. v. Erich BAYER u. Frank WENDE (Kröner Tb. 289) 5. neugest. u. erw. Aufl., Stuttgart 1995.
- LEXIKON DER DEUTSCHEN GESCHICHTE BIS 1945. Ereignisse – Institutionen – Personen. Von den Anfängen bis zur Kapitulation 1945, hg. v. Gerhard TADDEY, 3. überarb. Aufl., Stuttgart 1998.
- Wilhelm VOLKERT, Adel bis Zunft. Ein Lexikon des Mittelalters, München 1991.
- SACHWÖRTERBUCH DER MEDIÄVISTIK, hg. v. Peter DINZELBACHER (Kröner Tb. 477) Stuttgart 1992.
- BILDWÖRTERBUCH DER KLEIDUNG UND RÜSTUNG, hg. v. Harry KÜHNEL (Kröner Tb. 453) Stuttgart 1992.
- Das Mittelalter in Daten: Literatur, Kunst, Geschichte 750–1520, hg. v. Joachim HEINZLE, durchges. und erg. Neuausg., Stuttgart 2002.
- Pierre RICHÉ, Dictionnaire des Francs. Les Carolingiens, Bartillat 1997.

(2) Begriffsgeschichte

- *GESCHICHTLICHE GRUNDBEGRIFFE. Historisches Lexikon zur politisch-soziologischen Sprache in Deutschland, hg. v. Otto BRUNNER, Werner CONZE u. Reinhart KOSELLECK, 7 Bde. u. Registerbd., Stuttgart 1972–1997 (auch als Studienausg., Stuttgart 2004).

(3) Personenverzeichnisse

- *NEUE DEUTSCHE BIOGRAPHIE (NDB), bisher: 21 Bde., München 1953 ff. (A. – Rohlfs),
  ersetzt bis dahin: ALLGEMEINE DEUTSCHE BIOGRAPHIE (ADB), 56 Bde., Leipzig 1875–1910.
- Deutsche Biographische Enzyklopädie (DBE), hg. v. Walter KILLY, 10 Bde. u. 2 Reg.-Bde., München-New Providence 1995–2000 (CD-Rom-Version 2001).

Entsprechendes gibt es auch zu anderen Ländern und Landschaften. Vgl. zu England:

- K. S. B. KEATS-ROHAN, Domesday People. A bio/bibliographical register of persons occurring in English Documents 1066–1166. I. Domesday Book, Woodbridge 1998. Folgeband: Domesday Descendants. A prosopography of persons occurring in English Documents 1066–1166. II. Pipe Rolls to Cartae Baronum, Woodbridge 2002.
- Biographisches Archiv des Mittelalters. Biographical Archive of the Middle Ages. Archives biographiques du Moyen-Âge, hg. v. Berend WISPELWEY, Mikrofiche-Edition, München 2004.

Bischofslisten:

- *Pius Bonifatius GAMS, Series episcoporum ecclesiae catholicae quotquot innotuerunt a beato Petro Apostolo, Regensburg 1873–1886 (ND. Graz 1957).

- Neubearbeitung (mit ausführlichen, allerdings lateinischen Angaben): *SERIES EPISCOPORUM ECCLESIAE CATHOLICAE OCCIDENTALIS, hg. v. Odilo ENGELS u. Stefan WEINFURTER; erschienen:

  Bd. V,1: Archiepiscopatus Coloniensis, hg. v. Stefan WEINFURTER u. Odilo ENGELS, Stuttgart 1982;
  Bd. V,2: Archiepiscopatus Hammaburgensis sive Bremensis, hg. v. Stefan WEINFURTER u. Odilo ENGELS, Stuttgart 1984;
  Bd. VI,1: Ecclesia Scotiana, hg. v. Donald E. WATT, B. E. CRAWFORD u. H. KLUGER, Stuttgart 1991;
  Bd. VI,2: Archiepiscopatus Lundensis, hg. v. Helmuth KLUGER, Stuttgart 1992.

- *Conrad EUBEL (u. a.), Hierarchia catholica medii et recentioris aevi sive summorum pontificum, S. R. E. cardinalium, ecclesiarum antistitum series. Ab anno 1198 usque ad pontificatum Pii Gregorii PP. XVI (1846) perducta, 7 Bde., Münster 1898–1968 (ND. Bd. 1–4, 1960).
- Die Bischöfe des Heiligen Römischen Reiches 1198 bis 1448. Ein biographisches Lexikon, hg. v. Erwin GATZ unter Mitwirkung v. Clemens BRODKORB, Berlin 2001.

Päpstliche Archive:

- REPERTORIUM GERMANICUM. Verzeichnis der in den päpstlichen Regesten und Kameralakten vorkommenden Personen, Kirchen und Orte des Deutschen Reiches, seiner Diözesen und Territorien vom Beginn des Schismas bis zur Reformation, Berlin 1916 ff.[3]

  Bd. 1: Clemens VII. (1378–1394), Rom 1916 (ND. 1991);
  Bd. 2: Urban VI., Bonifaz IX., Innozenz VII., Gregor XII. (1378–1415), 1933–1938 (ND. Hildesheim ^{3}2000); Ortsregister 1961;
  Bd. 3: Alexander V., Johann XXIII., Konstanzer Konzil (1409–1417), 1935 (ND. 1991); Forts. 1993;
  Bd. 4: Martin V. (1417–1431), Berlin 1941–1958 (ND. 1991); Personenregister 1979;
  Bd. 5: Eugen IV. (1431–1447), 3 Teilbde., Tübingen 2004;
  Bd. 6: Nikolaus V. (1447–1455), Rom 1985–1989;
  Bd. 7: Calixt III. (1455–1458), Rom 1989;
  Bd. 8: Pius II. (1458–1464), Rom 1992/93.
  Bd. 9: Paul II. (1464–1471), Rom 2000.
  REPERTORIUM POENITENTIARIAE GERMANICUM, 6 Bde. (von Eugen IV.–Sixtus IV., 1431–1484), Tübingen 1998–2005.

(4) Ortsverzeichnisse

Identifizierung lateinischer und volkssprachiger Ortsnamen:

- *GRAESSE-BENEDICT-PLECHL: Orbis latinus. Lexikon lateinischer geographischer Namen des Mittelalters und der Neuzeit, 3 Bde., Braunschweig ^{4}1972.

---

3 Zur Auswertung: Matthias THUMSER, Das Repertorium Germanicum und sein Einsatz in der Landesgeschichte, Hessisches Jahrbuch für Landesgeschichte 42, 1992, S. 87–101.

- *Hermann OESTERLEY, Historisch-geographisches Wörterbuch des Deutschen Mittelalters, Gotha 1883 (ND. Aalen 1962) (geht vom heutigen Namen aus, bietet dann aber die frühen Belege).
- Ernst FÖRSTEMANN, Altdeutsches Namenbuch, Bd. 2: Orts- und sonstige geographische Namen, 2. Aufl. bearb. v. Hermann JELLINGHAUS, Bonn 1913–16 (ND. Hildesheim 1967).

Daneben gibt es eine ganze Reihe landschaftlicher Ortsverzeichnisse. Nützlich zur Identifizierung von Ortsnamen sind auch die Register von Urkundenbüchern.

Informationen zur Geschichte wichtiger Orte:
- *HANDBUCH DER HISTORISCHEN STÄTTEN DEUTSCHLANDS:

  Bd. 1: Schleswig-Holstein, hg. v. Olaf KLOSE, Stuttgart ^{3}1976; Bd. 2: Niedersachsen und Bremen, hg. v. Karl BRÜNING u. Heinrich SCHMIDT, Stuttgart ^{5}1986; Bd. 3: Nordrhein-Westfalen, hg. v. Franz PETRI u. a., Stuttgart ^{3}2006; Bd. 4: Hessen, hg. v. Georg W. SANTE, Stuttgart ^{3}1993; Bd. 5: Rheinland-Pfalz und Saarland, hg. v. Ludwig PETRY, Stuttgart ^{3}1988; Bd. 6: Baden-Württemberg, hg. v. Max MILLER u. Gerhard TADDEY, Stuttgart ^{2}1980; Bd. 7: Bayern, 2 Bde. hg. v. Hans-Michael KÖRNER u. Alois SCHMID, Stuttgart ^{4}2006; Bd. 8: Sachsen, hg. v. Walter SCHLESINGER, Stuttgart 1965 (ND. 1990); Bd. 9: Thüringen, hg. v. Hans PATZE u. Peter AUFGEBAUER, Stuttgart ^{2}1989; Bd. 10: Berlin und Brandenburg, hg. v. Gerd HEINRICH, Stuttgart ^{3}1995; Bd. 11: Provinz Sachsen-Anhalt, hg. v. Berent SCHWINEKÖPER, Stuttgart ^{2}1987; Bd. 12: Mecklenburg/Pommern, hg. v. Helge BEI DER WIEDEN u. Roderich SCHMIDT, Stuttgart 1996; Bd. 13: Ost- und Westpreußen, hg. v. Erich WEISE, Stuttgart 1966 (ND. 1981); Bd. 15: Schlesien, hg. v. Hugo WECZERKA, Stuttgart ^{2}2003.
  Österreich: Bd. 1: Donauländer und Burgenland, hg. v. Karl LECHNER, Stuttgart 1970 (ND. 1985); Bd. 2: Alpenländer mit Südtirol, hg. v. Franz HUTER, Stuttgart ^{2}1978.
  Schweiz und Liechtenstein, hg. v. Volker REINHARDT, Stuttgart 1996;
  Dänemark, hg. v. Olaf KLOSE, Stuttgart 1982.

Zu Städteatlanten vgl. u. S. 277.
Zu Königspfalzen:
- *DEUTSCHE KÖNIGSPFALZEN. Repertorium der Pfalzen, Königshöfe und übrigen Aufenthaltsorte der Könige im deutschen Reich des Mittelalters, hg. v. Max-Planck-Institut für Geschichte, Göttingen. Bisher erschienen:

  Bd. 1: Hessen, bearb. v. Michael GOCKEL, Karl HEINEMEYER, Elsbeth ORTH u. Fred SCHWIND, Lief. 1–5 (Berstadt-Gelnhausen), 1983–2001;
  Bd. 2: Thüringen, bearb. v. Michael GOCKEL, Lief. 1–5 (Allstedt-Wölfis), 1984–2000, Nachtragsband und Register, 2001;
  Bd. 3: Baden-Württemberg, bearb. v. Helmut MAURER, Lief. 1–4 (Adelberg-Reichenau), 1988–2004;
  Bd. 4: Niedersachsen, bearb. v. Uta REINHARDT, Caspar EHLERS, Lutz FENSKE, Hans GOETTING u. Adolf E. HOFMEISTER, Lief. 1–3 (Bardowick-Gieboldehausen), 1999–2000.

Zu Papstakten: Repertorium Germanicum (o. S. 49).

(5) Sachwörterbücher (Lexika) der Nachbarwissenschaften

- STAATSLEXIKON. Recht – Wirtschaft – Gesellschaft, hg. v. der Görresgesellschaft, 7 Bde. + 2 Erg.-Bde., Freiburg [7]1985–1989.
- HANDWÖRTERBUCH DER SOZIALWISSENSCHAFTEN (HdSW), 12 Bde. + Register, Stuttgart-Tübingen-Göttingen 1952–1965.
- INTERNATIONAL ENCYCLOPEDIA OF THE SOCIAL SCIENCES, 18 Bde., New York 1968–1979.
- HISTORISCHES WÖRTERBUCH DER PHILOSOPHIE, bisher 10 Bde. (-T), Basel-Stuttgart 1971 ff.
- HANDWÖRTERBUCH DER WIRTSCHAFTSWISSENSCHAFTEN (HdWW), 10 Bde. + Reg., Tübingen-Göttingen-Zürich 1976–1983.
- HANDWÖRTERBUCH DES DEUTSCHEN ABERGLAUBENS (HdA), hg. v. H. BÄCHTOLD-STÄUBLI, 10 Bde., Berlin-Leipzig 1927–1942 (ND. 1987).

(B) Handbücher und Überblicke

(1) Abendländische Geschichte

(a) Handbücher

Datenüberblick:

- *Der große PLOETZ. Die Daten-Enzyklopädie der Weltgeschichte. Daten, Fakten, Zusammenhänge, Freiburg/Br. [33]2002.
- *HANDBUCH DER EUROPÄISCHEN GESCHICHTE (HEG), hg. v. Theodor SCHIEDER (insgesamt 7 Bände bis zur Gegenwart):

  Bd. 1: Europa im Wandel von der Antike bis zum Mittelalter, hg. v. Theodor SCHIEFFER, Stuttgart 1976 (ND. 1979);
  Bd. 2: Europa im Hoch- und Spätmittelalter, hg. v. Ferdinand SEIBT, Stuttgart 1987.

- THE NEW CAMBRIDGE MEDIEVAL HISTORY,

  Bd. 1: c. 500–c. 700, hg. v. Paul FOURACRE, Cambridge 2005;
  Bd. 2: c. 700–c. 900, hg. v. Rosamond MCKITTERICK, 1995;
  Bd. 3: c. 900–c. 1024, hg. v. Timothy REUTER, 2000;
  Bd. 4, 1–2: c. 1024–c. 1198, hg. v. David E. LUSCOMBE u. Jonathan RILEY-SMITH, Cambridge 2004;
  Bd. 5: c. 1198–c. 1300, hg. v. David ABULAFIA, 1999;
  Bd. 6: c. 1300–c. 1415, hg. v. Michael JONES, 2000;
  Bd. 7: c. 1415–c. 1500, hg. v. Christopher ALLMAND, 1998.

- Le Moyen-Âge, hg. v. Robert FOSSIER, 3 Bde., Paris [3]1997.
- *HANDBUCH DER GESCHICHTE EUROPAS (HGE), hg. v. Peter Blickle,

  Bd. 2: Hans-Werner GOETZ, Europa im frühen Mittelalter, 500–1050, Stuttgart 2003;
  Bd. 3: Michael BORGOLTE, Europa entdeckt seine Vielfalt, Stuttgart 2002.

(b) Überblicke

- *FISCHER WELTGESCHICHTE (vorwiegend strukturgeschichtlich):

  Bd. 10: Jan DHONDT, Das frühe Mittelalter, Frankfurt/M. 1968 ([9]1993)

Bd. 11: Jacques Le Goff, Das Hochmittelalter, Frankfurt/M. 1965 (^{3}1996)
Bd. 12: Ruggiero Romano/Alberto Tenenti, Die Grundlegung der modernen Welt, Frankfurt/M. 1967 (^{19}1997).

- *Grundriss der Geschichte (Oldenbourg-Verlag, München):
  (nützlicher moderner Einblick in die Epochen nach gleichem Schema: 1. Teil: Geschichtlicher Überblick, 2. Teil: Forschungsdiskussionen, 3. Teil: ausführliche Bibliographie),

  Bd. 4: Jochen Martin, Spätantike und Völkerwanderung, München ^{4}2001;
  Bd. 5: Reinhard Schneider, Das Frankenreich, München ^{4}2001;
  Bd. 6: Johannes Fried, Die Formierung Europas 840–1046, München ^{2}1993;
  Bd. 7: Hermann Jacobs, Kirchenreform und Hochmittelalter, 1046–1215, München ^{4}1999;
  Bd. 8: Ulf Dirlmeier/Gerhard Fouquet/Bernd Fuhrmann, Europa im Spätmittelalter, 1215–1378, München 2003;
  Bd. 9: Erich Meuthen, Das 15. Jh., München ^{3}1996;
  Bd. 22: Peter Schreiner, Byzanz, München ^{2}1994;
  Bd. 24: Tilman Nagel, Die islamische Welt bis 1500, München 1998.

- Eduard Hlawitschka, Vom Frankenreich zur Formierung der europäischen Staaten- und Völkergemeinschaft 840–1046. Ein Studienbuch zur Zeit der späten Karolinger, der Ottonen und der frühen Salier in der Geschichte Mitteleuropas, Darmstadt 1986.
- Die Deutschen und das europäische Mittelalter:

  Christian Lübke, Das östliche Europa, Berlin 2004.
  Joachim Ehlers, Das westliche Europa, München 2004.

- Rolf Grosse, Deutsch-Französische Geschichte 1: Vom Frankenreich zu den Ursprüngen der Nationalstaaten 800 bis 1214, Darmstadt 2005.
- Robert Bartlett, The Making of Europe. Conquest, Colonization and Cultural Change (950–1350), Harmondsworth 1993 (dt.: Die Geburt Europas aus dem Geist der Gewalt. Eroberung, Kolonisierung und kultureller Wandel 950–1350, München 1996).
- The Short Oxford History of Europe:

  The Early Middle Ages. Europe 400–1000, hg. v. Rosamond McKitterick, Oxford 2001.

- William Chester Jordan, Europe in the High Middle Ages (The Penguin History of Europe 3) London 2002.
- Robert I. Moore, Die erste europäische Revolution. Gesellschaft und Kultur im Hochmittelalter, München 2001.

Kreuzzüge:
- Hans Eberhard Mayer, Geschichte der Kreuzzüge (Urban Tb. 86) Stuttgart ^{9}1999.
- The Oxford History of the Crusades, hg. v. Jonathan Riley-Smith, Oxford 2002.

- Nikolas JASPERT, Die Kreuzzüge (Geschichte Kompakt) Darmstadt ²2004.
- Peter THORAU, Die Kreuzzüge (Beck'sche Reihe Wissen 2338) München 2004.
- Jonathan PHILLIPS, The Crusades 1095–1197, Harlow 2002.

(2) Germanische Geschichte

(A) Sachwörterbücher

- *REALLEXIKON DER GERMANISCHEN ALTERTUMSKUNDE („Hoops"; RGA), 2. Auflage, bisher 28 Bde. (– Skiringssal) Berlin-New York 1968 ff.

(B) Handbücher und Überblicke

(a) Handbücher

- DIE GERMANEN. Ein Handbuch, 2 Bde., hg. v. Bruno KRÜGER (Veröffentlichungen des Zentralinstituts für Alte Geschichte und Archäologie der Akademie der Wissenschaften der DDR) Berlin 1983.

(b) Überblicke

- Rigobert GÜNTHER/Alexander R. KORSUNSKIJ, Germanen erobern Rom. Der Untergang des Weströmischen Reiches und die Entstehung germanischer Königreiche bis zur Mitte des 6. Jh. (Veröffentlichungen des Zentralinstituts für Alte Geschichte und Archäologie der Akademie der Wissenschaften der DDR 15) Berlin ²1988.
- Paul S. BARNWELL, Kings, Courtiers and Imperium. The Barbarian West, 565–725, London 1997.
- POHL, Germanen (u. S. 56).
- Walter POHL, Die Völkerwanderung. Eroberung und Integration, 2. erw. Aufl., Stuttgart-Berlin-Köln 2005.
- Verena POSTEL, Die Ursprünge Europas. Migration und Integration im frühen Mittelalter, Stuttgart 2004.

Zu einzelnen Völkern:

- Herwig WOLFRAM, Die Goten und ihre Geschichte (Beck'sche Reihe) München 2001; Reinhold KAISER, Die Burgunder (Urban Tb. 586) Stuttgart 2004; Matthias SPRINGER, Die Sachsen (Urban Tb. 598) Stuttgart 2004; Wolfgang GIESE, Die Goten (Urban Tb. 597) Stuttgart 2004; Wilhelm STÖRMER, Die Baiuwaren. Von der Völkerwanderung bis Tassilo III. (Beck'sche Reihe) München 2002; Dieter GEUENICH, Geschichte der Alemannen (Urban Tb. 575) Stuttgart ²2005.

(3) Deutsche Geschichte

(a) Handbücher

- **„GEBHARDT", Handbuch der deutschen Geschichte (begr. v. Bruno GEBHARDT, 10. Aufl.):

  Bd. 1: Alfred HAVERKAMP, Perspektiven des Mittelalters. Friedrich PRINZ, Europäische Grundlagen deutscher Geschichte, 4.–8. Jh., Stuttgart 2004;
  Bd. 2: Rudolf SCHIEFFER, Die Zeit der Karolinger (714–887), Stuttgart 2005;
  Bd. 5: Alfred HAVERKAMP, Das 12. Jh. (1125–1198), Stuttgart 2003;
  Bd. 8: Hartmut BOOCKMANN/Heinrich DORMEIER, Konzilien, Kirchen- und Reichsreform (1410–1495), Stuttgart 2005;

In Vorbereitung:
Bd. 3: Gerd ALTHOFF, Die Zeit der Ottonen. Hagen KELLER, Vom ostfränkischen Teilreich zum römisch-deutschen Imperium (888–1024);
Bd. 4: Hanna VOLLRATH, Die Zeit der Salier (1024–1125);
Bd. 6: Ernst VOLTMER/Franz IRSIGLER, Der Thronstreit, die Habsburger, das Interregnum und der Schwarze Tod (1198–1346);
Bd. 7: Peter MORAW, Die Zeit der Luxemburger Könige bis zur Wahl Sigismunds (1346–1410).
(Für die ausstehenden Bände ist die 9. Aufl., Bd. 1, hg. v. Herbert GRUNDMANN, Stuttgart 1970, auch als Tb. in 7 Bdn., München 1973, zu benutzen).

– *PROPYLÄEN GESCHICHTE DEUTSCHLANDS (strukturgeschichtlich),

Bd. 1: Johannes FRIED, Der Weg in die Geschichte. Die Ursprünge Deutschlands. Bis 1024, Berlin 1994 (als Ullstein Tb. 26 517, Berlin 1998);
Bd. 2: Hagen KELLER, Zwischen regionaler Begrenzung und universalem Horizont. Deutschland im Imperium der Salier und Staufer, 1024–1250, Berlin 1985 (als Ullstein Tb. 33 142, Berlin 1990);
Bd. 3: Peter MORAW, Von offener Verfassung zu gestalteter Verdichtung. Das Reich im späten Mittelalter, 1250 bis 1490, Berlin 1985 (als Ullstein Tb. 4792, Berlin 1989).

(b) Überblicke

– *DEUTSCHE GESCHICHTE (Vandenhoeck), hg. v. Joachim LEUSCHNER:

Bd. 1: Josef FLECKENSTEIN, Grundlagen der deutschen Geschichte, Göttingen ³1988;
Bd. 2: Horst FUHRMANN, Deutsche Geschichte im hohen Mittelalter. Von der Mitte des 11. bis zum Ende des 12. Jh., Göttingen ⁴2003;
Bd. 3: Joachim LEUSCHNER, Deutschland im späten Mittelalter, Göttingen ²1983.

– *NEUE DEUTSCHE GESCHICHTE (Beck):

Bd. 1: Friedrich PRINZ, Grundlagen und Anfänge. Deutschland bis 1056, München ²1994;
Bd. 2: Alfred HAVERKAMP, Aufbruch und Gestaltung. Deutschland 1056–1273, München ²1993.

– DAS REICH UND DIE DEUTSCHEN (Siedler Deutsche Geschichte) (alle Bde. auch als Tb., Berlin 1998):

Herwig WOLFRAM, Das Reich und die Germanen. Zwischen Antike und Mittelalter, Berlin ²1991;
Hans K. SCHULZE, Vom Reich der Franken zum Land der Deutschen. Merowinger und Karolinger, Berlin ²1993;
DERS., Hegemoniales Kaisertum. Ottonen und Salier, Berlin 1991;
Hartmut BOOCKMANN, Stauferzeit und spätes Mittelalter. Deutschland 1125–1517, Berlin ²1993.

– Michel PARISSE, Allemagne et Empire au Moyen Âge (Carré Histoire) Paris 2002.

Überblicke über einzelne Epochen

FRANKENREICH: MEROWINGER:
- Eugen EWIG, Die Merowinger und das Frankenreich (Urban Tb. 392) Stuttgart ^{4}2001.
- Waltraut BLEIBER, Das Frankenreich der Merowinger, Wien-Köln-Graz 1988.
- Patrick J. GEARY, Before France and Germany. The Creation and Transformation of the Merovingian World, New York-Oxford 1988 (dt.: Die Merowinger. Europa vor Karl dem Großen, München ^{2}2004).
- Martina HARTMANN, Aufbruch ins Mittelalter. Die Zeit der Merowinger, Darmstadt 2003.

KAROLINGER:
- Rudolf SCHIEFFER, Die Karolinger (Urban Tb. 411) Stuttgart ^{3}2000.
- Jean-Pierre LEGUAY, L'Europe carolingienne. VIIIe–Xe siècles (Europe et histoire) Paris 2002.

DEUTSCHES REICH:
- Frank REXROTH, Deutsche Geschichte im Mittelalter (Beck'sche Reihe Wissen 2307) München 2005.
- Helmut BEUMANN, Die Ottonen (Urban Tb. 384) Stuttgart ^{5}2000.
- Gerd ALTHOFF, Die Ottonen. Königsherrschaft ohne Staat (Urban Tb. 473) Stuttgart ^{2}2005.
- Hagen KELLER, Die Ottonen, München ^{2}2001.
- Egon BOSHOF, Die Salier (Urban Tb. 387) Stuttgart ^{4}2000.
- Stefan WEINFURTER, Das Jahrhundert der Salier 1024–1125. Kaiser oder Papst? Ostfildern 2004.
- Uta-Renate BLUMENTHAL, Der Investiturstreit (Urban Tb. 335) Stuttgart 1982.
- Johannes LAUDAGE, Gregorianische Reform und Investiturstreit (Erträge der Forschung 282) Darmstadt 1993.
- Werner GOEZ, Kirchenreform und Investiturstreit. 910–1122 (Urban Tb. 462) Stuttgart 2000.
- Odilo ENGELS, Die Staufer (Urban Tb. 154) Stuttgart ^{8}2004.
- Heinz THOMAS, Deutsche Geschichte des Spätmittelalters, 1250–1500, Stuttgart 1983.
- Ernst SCHUBERT, Einführung in die Grundprobleme der deutschen Geschichte im Spätmittelalter, Darmstadt 1992.
- Klaus FRIEDLAND, Die Hanse (Urban Tb. 409) Stuttgart 1991.

Herrscherbiographien:

- GESTALTEN DES MITTELALTERS UND DER RENAISSANCE:
  Egon BOSHOF, Ludwig der Fromme, Darmstadt 1996.
  Winfried HARTMANN, Ludwig der Deutsche, Darmstadt 2002.
  Gerd ALTHOFF, Otto III., Darmstadt 1996.
  Ferdinand OPLL, Friedrich Barbarossa, Darmstadt 1990.
  Peter CSENDES, Heinrich VI., Darmstadt 1993.

Hubert HOUBEN, Roger II. von Sizilien. Herrscher zwischen Orient und Okzident, Darmstadt 1997.

Wolfgang STÜRNER, Friedrich II., Teil 1: Die Königsherrschaft in Sizilien und Deutschland 1194–1220, Darmstadt 1992; Teil 2: Der Kaiser 1220–1250, Darmstadt 2000.

- Dieter HÄGERMANN, Karl der Große. Herrscher des Abendlandes, Berlin 2000.
- Johannes LAUDAGE, Otto der Große. Eine Biographie, Regensburg 2001.
- Stefan WEINFURTER, Heinrich II. Herrscher am Ende der Zeiten, Regensburg ^{3}2002.
- Herwig WOLFRAM, Konrad II. 990–1039. Kaiser dreier Reiche, München 2000.
- Franz-Reiner ERKENS, Konrad II. (um 990–1039). Herrschaft und Reich des ersten Salierkönigs, Regensburg 1998.
- Gerd ALTHOFF, Heinrich IV., Darmstadt 2006.

Zu Einzelfragen:

- ENZYKLOPÄDIE DEUTSCHER GESCHICHTE: bisher

Bd. 1: Peter BLICKLE, Unruhen in der ständischen Gesellschaft, 1300–1800, München 1988;

Bd. 13: Werner RÖSENER, Agrarwirtschaft, Agrarverfassung und ländliche Gesellschaft im Mittelalter, München 1992;

Bd. 14: Karl-Friedrich KRIEGER, König, Reich und Reichsreform im späten Mittelalter, München ^{2}2005;

Bd. 17: Michael BORGOLTE, Die mittelalterliche Kirche, München ^{2}2004;

Bd. 21: Wilfried HARTMANN, Der Investiturstreit, München ^{2}1996;

Bd. 26: Reinhold KAISER, Das römische Erbe und das Merowingerreich, München ^{3}2004;

Bd. 27: Egon BOSHOF, Königtum und Königsherrschaft im 10. und 11. Jh., München ^{2}1997;

Bd. 31: Joachim EHLERS, Die Entstehung des deutschen Reiches, München ^{2}1998;

Bd. 32: Werner PARAVICINI, Die ritterlich-höfische Kultur des Mittelalters, München ^{2}1999;

Bd. 35: Ernst SCHUBERT, Fürstliche Herrschaft und Territorium im späten Mittelalter, München 1996;

Bd. 37: Bernhard SCHIMMELPFENNIG, Könige und Fürsten, Kaiser und Papst nach dem Wormser Konkordat, München 1996;

Bd. 40: Dieter BERG, Deutschland und seine Nachbarn 1200–1500, München 1997;

Bd. 44: Michael TOCH, Die Juden im mittelalterlichen Reich, München ^{2}2003.

Bd. 57: Walter POHL, Die Germanen, München ^{2}2004.

Bd. 68: Arnold ANGENENDT, Grundformen der Frömmigkeit im Mittelalter, München ^{2}2004.

Bd. 72: Werner HECHBERGER, Adel, Ministerialität und Rittertum im Mittelalter, München 2004.

(c) Jahrbücher des Deutschen Reiches

(alter, aber immer noch nützlicher Überblick über die Reichsgeschichte):

- Heinrich Eduard BONNELL, Die Anfänge des karolingischen Hauses, Berlin 1866 (ND. Berlin 1975).

- Theodor BREYSIG, Jahrbücher des Fränkischen Reiches (714–41). Die Zeit Karl Martells, Leipzig 1869 (ND. Berlin 1975).
- Heinrich HAHN, Jahrbücher des Fränkischen Reiches (741–52), Berlin 1863 (ND. Berlin 1975).
- Ludwig OELSNER, Jahrbücher des Fränkischen Reiches unter König Pippin (752–68), Leipzig 1871 (ND. Berlin 1975).
- Sigurd ABEL/Bernhard SIMSON, Jahrbücher des Fränkischen Reiches unter Karl dem Großen (768–814) Bd. 1, Leipzig ²1888, Bd. 2, Leipzig 1883 (ND. Berlin 1969).
- Bernhard SIMSON, Jahrbücher des Fränkischen Reiches unter Ludwig dem Frommen (814–40), 2 Bde., Leipzig 1874–76 (ND. Berlin 1969).
- Ernst DÜMMLER, Geschichte des Ostfränkischen Reiches (814–918), 3 Bde., Leipzig ²1887/88 (ND. Darmstadt 1960).
- Georg WAITZ, Jahrbücher des Deutschen Reiches unter König Heinrich I. (919–36), Leipzig ³1885 (ND. Darmstadt 1963).
- Rudolf KÖPKE/Ernst DÜMMLER, Kaiser Otto der Große (936–73), Leipzig 1876 (ND. Darmstadt 1962).
- Karl und Mathilde UHLIRZ, Jahrbücher des Deutschen Reiches unter Otto II. und Otto III. (973–1002), 2 Bde., Leipzig 1902 bzw. Berlin 1954 (ND. Berlin 1967).
- Siegfried HIRSCH/Harry BRESSLAU, Jahrbücher des Deutschen Reiches unter Heinrich II. (1002–24), 3 Bde., Berlin 1862–75 (ND. Berlin 1975).
- Harry BRESSLAU, Jahrbücher des Deutschen Reiches unter Konrad II. (1024–39), 2 Bde., Leipzig 1879–84 (ND. Berlin 1967).
- Ernst STEINDORFF, Jahrbücher des Deutschen Reiches unter Heinrich III. (1039–56), 2 Bde., Leipzig 1874–81 (ND. Darmstadt 1963).
- Gerold MEYER von KNONAU, Jahrbücher des Deutschen Reiches unter Heinrich IV. und Heinrich V. (1056–1125), 7 Bde., Leipzig 1890–1909 (ND. Berlin 1964–66).
- Wilhelm BERNHARDI, Lothar von Supplinburg (1125–37), Leipzig 1879 (ND. Berlin 1975).
- DERS., Konrad III. (1138–52), 2 Bde., Leipzig 1883 (ND. Berlin 1975).
- Henry SIMONSFELD, Jahrbücher des Deutschen Reiches unter Friedrich I. (1152–58), Leipzig 1908 (ND. Berlin 1967).
- Theodor TOECHE, Kaiser Heinrich VI. (1189–97), Leipzig 1867 (ND. Darmstadt 1965).
- Eduard WINKELMANN, Philipp von Schwaben und Otto IV. von Braunschweig (1197–1218), 2 Bde., Leipzig 1873–78 (ND. Darmstadt 1968).
- DERS., Kaiser Friedrich II. (1218–33), 2 Bde., Leipzig 1889–97.
- Peter THORAU, Jahrbücher des Deutschen Reichs unter Heinrich (VII.). König Heinrich (VII.), das Reich und die Territorien: Untersuchungen zur Phase der Minderjährigkeit und der „Regentschaften" Erzbischof Engelberts I. von Köln und Herzog Ludwigs I. von Bayern (1211), T. 1 (1220–1228), Berlin 1998.
- Alfred HESSEL, Jahrbücher des Deutschen Reiches unter König Albrecht I. von Habsburg (1298–1308), München 1931.

Vergleichbare Werke:
- Engelbert MÜHLBACHER, Deutsche Geschichte unter den Karolingern, 1896 (ND. Stuttgart-Darmstadt 1959).
- Wilhelm von GIESEBRECHT, Geschichte der deutschen Kaiserzeit, 6 Bde., Bd. 1–3, ^{5}1881–90, Bd. 4, ^{2}1877, Bd. 5–6, hg. v. B. von SIMSON, 1888–95.

(4) Geschichte anderer Länder

(a) Schweiz
- HANDBUCH DER SCHWEIZER GESCHICHTE, 2 Bde., Zürich ^{2}1980.

(b) Österreich
- Alphons LHOTSKY, Geschichte Österreichs seit der Mitte des 13. Jh. (1281–1358) (Veröffentl. d. Komm. f. Gesch. Österreichs 1) Wien 1967.
- Karl und Mathilde UHLIRZ, Handbuch der Geschichte Österreich-Ungarns, Bd. 1. Bis 1526, Graz-Wien-Köln ^{2}1963.
- Herwig WOLFRAM, Die Geburt Mitteleuropas. Geschichte Österreichs vor seiner Entstehung 378–907, Wien 1987.
- Österreichische Geschichte, hg. v. Herwig WOLFRAM (auch als Studienausg. Wien 2003),

  Bd. 1: Herwig WOLFRAM, 378–907. Grenzen und Räume. Geschichte Österreichs vor seiner Entstehung, Wien 1995;
  Bd. 2: Karl BRUNNER, 907–1156. Herzogtümer und Marken, vom Ungarnsturm bis ins 12. Jh., Wien 1994;
  Bd. 3: Heinz DOPSCH, 1122–1278. Die Länder und das Reich: der Ostalpenraum im Hochmittelalter, Wien 1999;
  Bd. 4: Winfried STELZER, 1278–1439. Herrschaft und Länder: das Werden des habsburgischen Österreichs, Wien 1998;
  Bd. 5: Alois NIEDERSTÄTTER, 1400–1522. Das Jahrhundert der Mitte: an der Wende vom Mittelalter zur Neuzeit, Wien 1996.

(c) Frankreich
- Joachim EHLERS, Geschichte Frankreichs im Mittelalter, Stuttgart 1987.
- Geschichte Frankreichs, hg. v. Jean FAVIER:

  Bd. 1: Karl Ferdinand WERNER, Die Ursprünge Frankreichs bis zum Jahr 1000, Stuttgart 1989 (frz. 1984);
  Bd. 2: Jean FAVIER, Frankreich im Zeitalter der Lehnsherrschaft 1000–1515, Stuttgart 1989 (frz. 1984).

- Régine LE JAN, Histoire de la France: origines et premier essor 480–1180 (Carré histoire 31) Paris ^{2}2002.
- Claude GAUVARD, La France au Moyen Âge du Ve au XVe siècle, Paris ^{3}1999.
- Histoire de la France, hg. v. Georges DUBY, Bd. 1–2, Paris 1970–1972 (Neuaufl. 2003).
- Jean DUNBABIN, France in the Making 843–1180, Oxford ^{2}2000.
- France in the Central Middle Ages 900–1200, hg. v. Marcus BULL (The Short Oxford History of France) Oxford 2002.

- Joachim EHLERS, Die Kapetinger (Urban Tb. 471) Stuttgart-Berlin-Köln 2000.
- Elizabeth M. HALLAM/Judith EVERARD, Capetian France 987–1328, London ²2001.
- Francois MENANT/Hervé MARTIN/Bernard MERDRIGNAC/Monique CHAUVIN, Les Capétiens. Histoire et dictionnaire 987–1328, Paris 1999.
- Martin AURELL, L'Empire de Plantagenêt 1154–1224, Paris 2003.
- Die französischen Könige des Mittelalters. Von Odo bis Karl VIII., 888–1498, hg. v. Joachim EHLERS, Heribert MÜLLER u. Bernd SCHNEIDMÜLLER, München 1996.

Überblicke ü. d. einzelnen Landschaften Frankreichs i. d. Reihe: Univers de la France.

(d) Großbritannien

- THE OXFORD HISTORY OF ENGLAND:

  Bd. 2: F. M. STENTON, Anglo-Saxon England, ³1971;
  Bd. 3: A. L. POOLE, From Domesday Book to Magna Charta, 1087–1216, ²1955;
  Bd. 4: F. M. POWICKE, The Thirteenth Century, 1216–1307, ²1962;
  Bd. 5: M. MCKISACK, The Fourteenth Century, 1307–1399, 1959;
  Bd. 6: E. F. JACOB, The Fifteenth Century, 1399–1485, 1961.

- Karl-Friedrich KRIEGER, Geschichte Englands, Bd. 1: Von den Anfängen bis zum 15. Jh., München ²1996.
- Jürgen SARNOWSKY, England im Mittelalter, Darmstadt 2002.
- A Companion to the Early Middle Ages. Britain and Ireland c. 500–1100, hg. v. Pauline STAFFORD (Blackwell Companion to British History) Oxford 2005 (angekündigt).
- Edward JAMES, Britain in the First Millenium. From Romans to Normans (Britain and Europe) London 2001.
- The Anglo-Saxons, hg. v. James CAMPBELL, Oxford ³1991.
- Barbara YORKE, The Anglo-Saxons, Stroud 1999.
- Kurt-Ulrich JÄSCHKE, Die Anglonormannen (Urban Tb. 334) Stuttgart 1981.
- Dieter BERG, Die Anjou-Plantagenets. Die englischen Könige im Europa des Mittelalters (1100–1400) (Urban Tb. 577) Stuttgart 2003.
- The Twelfth and Thirteenth Centuries 1066–c. 1280, hg. v. Barbara HARVEY (The Short Oxford History of the British Isles) Oxford 2001.
- Michael RICHTER, Irland im Mittelalter. Kultur und Geschichte, Stuttgart 1983 (Tb. Münster u. a. 2002).
- Ireland and Europe in the Early Middle Ages. Texts and Transmission, hg. v. Próinséas NÍ CHATHÁIN u. Michael RICHTER, Dublin 2001.
- R. R. DAVIES, Wales 1063–1415, Oxford 2000.
- A. D. M. BARRELL, Medieval Scotland, Cambridge 2000.

(e) Nordeuropa

- Lucien MUSSET, Les peuples scandinaves au moyen âge, Paris 1951.
- Birgit u. Peter SAWYER, Medieval Scandinavia: From Conversion to Reformation, ca. 800–1500, University of Minnesota ³1996.

- Martin KAUFHOLD, Europas Norden im Mittelalter. Die Integration Skandinaviens in das christliche Europa (9.–13. Jh.) Darmstadt 2001.
- Knut HELLE, The Cambridge History of Scandinavia, Bd. 1: Prehistory to 1520, Cambridge 2003.
- Jesse L. BYOCK, Viking Age Iceland, London 2001.

Normannische Staatsbildungen:
- Marjorie CHIBNALL, The Normans (The Peoples of Europe) Oxford 2000.

(f) Südeuropa
- Werner GOEZ, Grundzüge der Geschichte Italiens in Mittelalter und Renaissance (Grundzüge 27) Darmstadt ^{3}1988.
- Storia d'Italia, hg. v. Giuseppe GALASSO,

  Bd. 1: Paolo DELOGU/Andre GUILLOU/Gherardo ORTALLI, Longobardi e Bizantini, Turin 1980;
  Bd. 3: Il mezzogiorno dai Bizantini a Federico II, Turin 1983;
  Bd. 4: Comuni e signorie: istituzioni, società e lotte per l'egemonia, Turin 1981;
  Bd. 5 und 7 behandeln einzelne Territorien.

- Ovidio CAPITANI, Storia dell'Italia medievale, 410–1216 (Biblioteca Universale Laterza 234) Rom-Bari ^{5}1999.
- Italy in the Early Middle Ages 476–1000, hg. v. Maria Cristina LA ROCCA (Short Oxford History of Italy) Oxford 2002.
- Italy in the Central Middle Ages, hg. v. David ABULAFIA (Short Oxford History of Italy) Oxford 2004.
- Bernd RILL, Sizilien im Mittelalter, Stuttgart 1995.
- Gerhard RÖSCH, Venedig. Geschichte einer Seerepublik, Stuttgart 2000.
- Historia d'España, hg. Ramón MENÉNDEZ PIDAL, 1940 ff. (teilw. ^{5}1991 ff.): Bd. 3–17 zum Mittelalter.
- Marie-Claude GERBET, L'Espagne au moyen âge VIIIe–XVe siècle, Paris 1992.
- Adeline RUCQUOI, Histoire médiévale de la Péninsule ibérique, Paris 1993.
- Ludwig VONES, Geschichte der Iberischen Halbinsel im Mittelalter (711–1480). Reiche – Kronen – Regionen, Sigmaringen 1993.
- Roger COLLINS, Early Medieval Spain. Unity in Diversity, 400–1000, N.Y. ^{2}1995.

(g) Ost- und Südosteuropa
- Welt der Slawen. Geschichte, Gesellschaft, Kultur, hg. v. Joachim HERRMANN, München 1986.
- Walter POHL, Die Awaren. Ein Steppenvolk in Mitteleuropa, 567–822 n. Chr., München ^{2}2002.
- Florin CURTA, Southeastern Europe in the Middle Ages 500–1250 (Cambridge Medieval Textbooks) Cambridge 2006 (angekündigt).
- P. M. BARFORD, The Early Slavs. Culture and Society in Early Medieval Eastern Europe, Ithaca-New York 2001.
- HANDBUCH DER GESCHICHTE RUSSLANDS, Bd. 1, hg. v. Manfred HELLMANN, Stuttgart 1981–1989.

- Janet MARTIN, Medieval Russia, 980–1584, Cambridge 1995.
- Pál ENGEL, Realm of St. Stephen. A history of medieval Hungary 895–1526, London 2001.

(h) Nachbargebiete des Abendlandes

- Geschichte der arabischen Welt, hg. v. Ulrich HAARMANN, München ^{5}2004.
- Tilman NAGEL, Die islamische Welt bis 1500 (Grundriss der Geschichte 24) München 1998.
- Ralph-Johannes LILIE, Byzanz. Kaiser und Reich, Köln-Weimar-Wien 1994.
- Warren T. TREADGOLD, A Concise History of Byzantium, Basingstoke-New York 2001.
- John HALDON, Byzantium. A History, Stroud 2000 (Dt. Das Byzantinische Reich. Geschichte und Kultur eines Jahrtausends, Düsseldorf-Zürich 2002).
- Timothy E. GREGORY, A History of Byzantium (Blackwell History of the Ancient World) Oxford 2005.
- Michael WEIERS, Geschichte der Mongolen (Urban Tb. 603) Stuttgart 2004.

(5) Handbücher und Lexika zu einzelnen Territorien

- Gerhard KÖBLER, Historisches Lexikon der deutschen Länder: Die deutschen Territorien und reichsunmittelbaren Geschlechter vom Mittelalter bis zur Gegenwart, Darmstadt ^{6}1999.
- Handbuch der bayerischen Geschichte, begr. v. Max SPINDLER, hg. v. Andreas KRAUS, 3 Bde. in 5 Teilbden., München 1981–1997.
- Handbuch der Geschichte der böhmischen Länder, hg. v. Karl BOSL, Bd. 1, Stuttgart 1967.
- Westfälische Geschichte, hg. v. Wilhelm KOHL, Bd. 1, Düsseldorf 1983.
- Rheinische Geschichte, hg. v. Franz PETRI u. Georg DROEGE,
  Bd. 1,2: Eugen EWIG, Frühes Mittelalter, Düsseldorf 1980;
  Bd. 1,3: Egon BOSHOF/Odilo ENGELS/Rudolf SCHIEFFER, Hohes Mittelalter, Düsseldorf 1983.
- Geschichte Niedersachsens, begr. v. Hans PATZE,
  Bd. 1: Grundlagen und frühes Mittelalter, Hildesheim ^{2}1985;
  Bd. 2, T. 1: Politik, Verfassung, Wirtschaft vom 9. bis zum ausgehenden 15. Jh., hg. v. Ernst SCHUBERT, Hannover 1997.
- Geschichte Thüringens, hg. v. Hans PATZE u. Walter SCHLESINGER, Bd. 1–2 (MA), Köln-Graz 1968–1973.
- Handbuch der baden-württembergischen Geschichte, Bd. 1 in 2 Teilbden., hg. v. Hansmartin SCHWARZMAIER, Hans FRESKE, Bernhard KIRCHGÄSSNER, Paul SAUER u. Meinrad SCHAAB, Stuttgart 2000/2002.

2.1.2.5 Einzelne Sachgebiete

2.1.2.5.1 Kirchengeschichte

(A) Sachwörterbücher

- *THEOLOGISCHE REALENZYKLOPÄDIE (TRE), hg. v. Gerhard KRAUSE u. Gerhard MÜLLER, 36 Bde., Berlin 1976–2004.

- *LEXIKON FÜR THEOLOGIE UND KIRCHE (LThK), 3. Aufl., hg. v. Walter KASPER, 10 Bde. u. 1 Registerbd., Freiburg i. Br. 1993–2001.
- DIE RELIGION IN GESCHICHTE UND GEGENWART (RGG), 8 Bde. u. 1 Registerbd., hg. v. Hans-Dieter BETZ, Don S. BROWNING, Bernd JANOWSKI u. Eberhard JÜNGEL, Tübingen ^{4}1998–2006.
- REALLEXIKON FÜR ANTIKE UND CHRISTENTUM (RAC), bisher 21 Bde. (bis Kleidung), hg. v. Theodor KLAUSER, Stuttgart 1950 ff.
- DICTIONNAIRE D'HISTOIRE ET DE GÉOGRAPHIE ECCLÉSIASTIQUE (DHGE), bisher 29 Bde. (bis Kilberry), Paris 1912 ff.
- DICTIONNAIRE DE DROIT CANONIQUE (DDC), 7 Bde., Paris 1935–1965.
- DICTIONNAIRE DE SPIRITUALITÉ ASCÉTIQUE ET MYSTIQUE. Doctrine et Histoire, 17 Bde., hg. v. A. DERVILLE, P. LAMARCHE u. A. SOLIGNAC, Paris 1932–1995.

Für Kurzinformationen:

- DTV-WÖRTERBUCH DER KIRCHENGESCHICHTE, hg. v. Carl ANDRESEN u. Georg DENZLER, München ^{4}1993.
- Georg SCHWAIGER/Manfred HEIM, Kleines Lexikon der Päpste (Beck'sche Reihe 1615) München ^{2}2005.
- Mönchtum, Orden, Klöster. Von den Anfängen bis zur Gegenwart. Ein Lexikon, hg. v. Georg SCHWAIGER, München ^{2}1994.

Heilige:

- BIBLIOTHECA SANCTORUM, 12 Bde., Rom 1961–1969 (italienisch).

(B) Handbücher und Überblicke
(1) Allgemeine Kirchengeschichte
(a) Handbücher

- *HANDBUCH DER KIRCHENGESCHICHTE, hg. v. Hubert JEDIN,
  Bd. 3 (in 2 Teilen): Die mittelalterliche Kirche, Freiburg-Basel-Wien 1966–68 (als CD-Rom, Berlin 2004).
- DIE KIRCHE IN IHRER GESCHICHTE:

  Rudolf LORENZ, Das vierte bis sechste Jahrhundert (Westen), Göttingen 1970;
  Gert HAENDLER, Geschichte des Frühmittelalters und der Germanenmission/Günther STÖKL, Geschichte der Slawenmission, Göttingen ^{2}1976;
  Gerd TELLENBACH, Die westliche Kirche vom 10. bis zum frühen 12. Jh., Göttingen 1988;
  Herbert GRUNDMANN, Ketzergeschichte des Mittelalters, Göttingen ^{3}1978;
  Martin Anton SCHMIDT, Scholastik/Kurt GOLDAMMER, Scholastik. Kirchliche Kunst im Mittelalter, Göttingen 1969;
  Bernd MOELLER, Spätmittelalter, Göttingen 1966.

- Die Geschichte des Christentums:

  Bd. 4: Bischöfe, Mönche und Kaiser (642 bis 1054), Freiburg-Basel-Wien 1994;
  Bd. 5: Machtfülle des Papsttums (1054 bis 1274), Freiburg-Basel-Wien 1994;
  Bd. 6: Die Zeit der Zerreißproben (1274 bis 1449), Freiburg-Basel-Wien 1991.

- *Albert HAUCK, Kirchengeschichte Deutschlands, 5 Bde., Berlin-Leipzig ^{9}1958 (1887–1920).

- Karl BIHLMEYER, Kirchengeschichte. Neu besorgt von Hermann TÜCHLE, Bd. 2: Das Mittelalter, Paderborn [18]1968.
- KIRCHENGESCHICHTE ALS MISSIONSGESCHICHTE. Bd. 2: Die Kirche des früheren Mittelalters, T. 1, hg. v. Knut SCHÄFERDIEK, München 1978.
- Handbuch der bayerischen Kirchengeschichte, hg. v. Walter BRANDMÜLLER, Bd. 1: Von den Anfängen bis zur Schwelle der Neuzeit, St. Ottilien 1999.

(b) Überblicke

- Karl August FINK, Papsttum und Kirche im abendländischen Mittelalter, München 1981 (dtv 4619, München 1994).
- Arnold ANGENENDT, Das Frühmittelalter. Die abendländische Christenheit von 400 bis 900, Stuttgart-Berlin-Köln [3]2001.
- Gert HAENDLER, Von der Reichskirche Ottos I. zur Papstherrschaft Gregors VII. (Kirchengesch. in Einzeldarstellungen 1. Alte Kirche und hohes Mittelalter 9) Leipzig 1994.
- Wolfgang HAGE, Das Christentum im frühen Mittelalter (476 bis 1054). Vom Ende des Weströmischen Reiches bis zum west-östlichen Schisma (1054) (KVR 1567. Zugänge zur Kirchengesch. 4) Göttingen 1993.
- Isnard Wilhelm FRANK, Kirchengeschichte des Mittelalters, Düsseldorf 2002.
- Heinrich HOLZE, Die abendländische Kirche im hohen Mittelalter (12./13. Jh.) (Kirchengeschichte in Einzeldarstellungen 1/12) Leipzig 2003.
- Bernard HAMILTON, The Christian World of the Middle Ages, Stroud 2003 (dt. Die christliche Welt des Mittelalters. Der Westen und der Osten, Düsseldorf 2004).
- Arnold ANGENENDT, Geschichte der Religiosität im Mittelalter, Darmstadt [3]2005.
- Thomas VOGTHERR, Kirche im Mittelalter (Das Mittelalter. Grundriss einer Epoche 1) Köln-Weimar-Wien (voraussichtlich 2006).

(2) Papsttum:

(a) Handbücher

- Franz Xaver SEPPELT, Geschichte der Päpste von den Anfängen bis zur Mitte des 20. Jh., 2. Aufl., hg. v. Georg SCHWAIGER, 6 Bde., München [2]1954–1959.
- Erich CASPAR, Geschichte des Papsttums von den Anfängen bis zur Höhe der Weltherrschaft, ersch.: 2 Bde., Tübingen 1930–33.
- PÄPSTE UND PAPSTTUM, hg. v. Georg DENZLER, Stuttgart 1971 ff.: bisher Bände über Gelasius I. (Walter ULLMANN, 1981); Leo IV. (Klaus HERBERS, 1996); Gregor V. (Teta E. MOEHS, 1972); Die Tuskulanerpäpste (Klaus-Jürgen HERRMANN, 1973); Innozenz III. (Christopher B. CHENEY, 1976; Wilhelm IMKAMP, 1983); Alexander II. (Tilman SCHMIDT, 1977); Paschalis II. (Carlo SERVATIUS, 1979); Coelestin V. (Peter HERDE, 1981); Clemens III. (Jürgen ZIESE, 1982); Innozenz III. (Raymund FOREVILLE, 1992); Urban V. (Ludwig VONES, 1998).

(b) Überblicke

- Bernhard SCHIMMELPFENNIG, Das Papsttum. Von der Antike bis zur Renaissance, Darmstadt [4]1996.

(3) Konzilien

- C. J. v. HEFELE/H. LECLERQ, L'histoire des conciles, 11 Bde. (in 21 Teilbdn., Paris 1907–1921) (ND. 1952).
- KONZILIENGESCHICHTE, hg. v. Walter BRANDMÜLLER, Paderborn 1981 ff.; bisher (u. a.):

  Anfänge bis Vorabend des Nicaenums (Josef Anton FISCHER/Adolf LUMPE, 1997);
  Spanien bis 711 (José ORLANDIS/Domingo RAMOS-LISSON, 1981);
  England bis 1066 (Hanna VOLLRATH, 1985);
  Schottland bis zur Reformation (Donald E. R. WATT, 2001);
  Merowinger (Odette PONTAL, 1986);
  Karolinger (Wilfried HARTMANN, 1989);
  Bilderfrage im 8. und 9. Jh. (Hans Georg THÜMMEL, 2005);
  Reich und Italien 956–1056 (Heinz WOLTER, 1988);
  Leo IX. bis Calixt II. (1049–1123) (Georg GRESSER, 2006);
  2. Konzil von Lyon (1274) (Burkhard ROBERG, 1990);
  Dalmatien, Kroatien, Ungarn bis 1311 (Lothar WALDMÜLLER, 1987);
  Konstanz 1414–1418. 2 Bde. (Walter BRANDMÜLLER, ^{2}1999/97);
  Krone Aragón von 1418–1429 (Johannes GROHE, 1991);
  Pavia-Siena 1423–1424 (Walter BRANDMÜLLER, 2002);
  Compostela 1120–1563 (Jaime Justo FERNÁNDEZ, 2002).

(4) Religiöse Bewegungen

- Martin ERBSTÖSSER/Ernst WERNER, Kleriker, Mönche, Ketzer. Das religiöse Leben im Hochmittelalter, Berlin ^{2}1992.
- Heinrich FICHTENAU, Ketzer und Professoren. Häresie und Vernunftglaube im Hochmittelalter, München 1992.
- Handbuch der Religionsgeschichte im deutschsprachigen Raum, hg. v. Peter DINZELBACHER. Bd. 2: DERS., Hoch- und Spätmittelalter (mit einem Beitrag von D. KROCHMALNIK) Paderborn 2000.
- Bernard HAMILTON, Religion in the Medieval West, London ^{2}2003.

Mönchtum:

- Georg SCHWAIGER/Manfred HEIM, Orden und Klöster. Das christliche Mönchtum in der Geschichte (Beck'sche Reihe. Wissen) München 2002.
- Gudrun GLEBA, Klosterleben im Mittelalter (Wissen) Darmstadt 2004.

(5) Dogmen- und Liturgiegeschichte

- HANDBUCH DER DOGMENGESCHICHTE, hg. v. Michael SCHMAUS, Alois GRILLMEIER, Leo SCHEFFCZYK u. Michael SEYBOLD, Freiburg u. a. 1962 ff.

  Bände zu verschiedenen Themen, z. B. I, 1a: Michael SEYBOLD, Offenbarung, 1971; I,2b: Elisabeth GÖSSMANN, Glaube und Gotteserkenntnis im Mittelalter, 1971; I,4: Johannes BEUMER, Die mündliche Überlieferung als Glaubensquelle, 1962; I,6: DERS., Die theologische Methode, 1972; II,1b: Franz COURTH, Trinität in der Scholastik, 1985; II,2a: Leo SCHEFFCZYK, Schöpfung und Vorsehung, 1963; II,2b: Georges TAVARD, Die Engel, 1968; II,3b: Heinrich KÖSTER, Urstand, Fall und Erbsünde in der Scholastik, 1979; III,3c: Yves M.-J. CONGAR, Die Lehre von der Kirche. Von

Augustinus bis zum Abendländischen Schisma, 1971; III,3d: DERS., Die Lehre von der Kirche. Vom Abendländischen Schisma bis zur Gegenwart, 1971; III,4: Georg SÖLL, Mariologie, 1978; IV,1a: Josef FINKENZELLER, Die Lehre von den Sakramenten im allgemeinen. Von der Schrift bis zur Scholastik, 1980; IV,2: Burkhard NEUNHEUSER, Taufe und Firmung, 1983; IV,3: Herbert VORGRIMLER, Buße und Krankensalbung, 1978; IV,4b: DERS., Eucharistie in Mittelalter und Neuzeit, 1963; IV,5: Ludwig OTT, Das Weihesakrament, 1969; IV,7b: Ludwig OTT/Erich NAAB, Eschatologie in der Scholastik, 1990.

- Manfred GERWING, Theologie im Mittelalter. Personen und Stationen theologisch-spiritueller Suchbewegungen im mittelalterlichen Deutschland, Paderborn-München-Wien-Zürich ²2002.
- Eric PALAZZO, Liturgie et société au Moyen Âge (Collection historique) Paris 2000.

(6) Überblick über einzelne Kirchen:

- GERMANIA SACRA. Historisch-statistische Darstellung der deutschen Bistümer, Domkapitel, Kollegiat- und Pfarrkirchen, Klöster und sonstigen kirchlichen Institute, hg. vom Max-Planck-Institut für Geschichte.

  Alte Folge: Bistümer Brandenburg, Havelberg, Bamberg; Magdeburger Stifte, Berlin-Leipzig 1929–1966.
  Neue Folge (seit 1962): bisher 36 Bände (Bistum Würzburg; Abtei Altenberg; Augustiner- und Augustinerinnenstifte in Münster; St. Paulin in Trier; Gandersheim; Siegburg; Freckenhorst; Raitenhaslach; Werden a. d. Ruhr; St. Severus in Boppard/St. Goar/Oberwesel; St. Stephan in Konstanz; Bebenhausen; St. Paulus in Münster; Saarn/Duissern/ Sterkrade; St. Kastor in Karden; Bistum Hildesheim; Herzebrock; Dietkirchen; Liesborn; Dietramszell; Gemünden/Diez; Neumünster in Würzburg; Weilburg/Idstein; Benediktbeuern; Brauweiler; Wald; Kloster Laach; Buchau am Bodensee; St. Pauli in Münster; St. Eucharius u. Matthias vor Trier; Bistum Naumburg; Schmalkalden und Römhild; Bistum Münster; Bistum Bamberg; Wessobrunn; St. Burkhard in Würzburg; St. Simeon in Trier; Bistum Konstanz).

2.1.2.5.2 Rechts- und Verfassungsgeschichte

(A) Sachwörterbücher

- *HANDWÖRTERBUCH ZUR DEUTSCHEN RECHTSGESCHICHTE (HRG), hg. v. Adalbert ERLER u. Ekkehard KAUFMANN, 5 Bde. + Register, 1971–1998; 2. völlig überarb. und erw. Aufl. erscheint ab 2004 in 1–2 Lieferungen jährlich (bislang 3 Lief.: Aachen–Burchard von Worms).
- DEUTSCHES RECHTSWÖRTERBUCH (Wörterbuch der älteren deutschen Rechtssprache), hg. v. d. Preuß. Akad. d. Wiss., bisher Bd. 1–11, Lief. 6 (-Reuel), Weimar 1914ff.

(B) Handbücher und Überblicke

(1) Weltliches deutsches Recht

(a) Handbücher

- *Heinrich BRUNNER, Deutsche Rechtsgeschichte, 2 Bde. (Bd. 2 neu bearb. v. Cl. Frhr. v. SCHWERIN), Leipzig ²1906–1928 (behandelt die fränkische Zeit).

- *Heinrich MITTEIS, Deutsche Rechtsgeschichte. Ein Studienbuch, neubearb. v. Hermann LIEBERICH, München [19]1992.
- *Hermann CONRAD, Deutsche Rechtsgeschichte, Bd. 1: Frühzeit und Mittelalter, Karlsruhe [2]1962 (ND. Heidelberg 1982).
- Hans PLANITZ, Deutsche Rechtsgeschichte, neu bearb. v. Karl August ECKHARDT, Graz-Köln [3]1971 (ND. Köln 1981).
- Karl S. BADER/Gerhard DILCHER, Deutsche Rechtsgeschichte. Land und Stadt – Bürger und Bauer im Alten Europa (Enzyklopädie der Rechts- und Staatswissenschaft. Abt. Rechtswissenschaft) Berlin 1999.

(b) Überblicke
- Karl KROESCHELL, Deutsche Rechtsgeschichte, Bd. 1 (bis 1250) (UTB 2734) Köln-Weimar-Wien [12]2005, DERS./Karin NEHLSEN-VON STRYK/Albrecht CORDES, Bd. 2 (1250–1650) (UTB 2735) Köln-Weimar-Wien [9]2006.

(2) Kirchenrecht
- *Hans Erich FEINE, Kirchliche Rechtsgeschichte, Bd. 1: Die katholische Kirche, Köln-Graz [5]1972.
- *Paul HINSCHIUS, Das System des katholischen Kirchenrechts mit besonderer Rücksicht auf Deutschland, 6 Bde., Berlin 1869–1897.
- Vgl. auch Friedrich KEMPF, in: JEDIN, Handbuch der Kirchengeschichte (o. S. 62).

(3) Verfassungsgeschichte
(a) Handbücher
- *Georg WAITZ, Deutsche Verfassungsgeschichte, 8 Bde., Bd. 1–2, Kiel [3]1880–1882, Bd. 3–6, Kiel [2]1883–1896, Bd. 7–8, Kiel 1876–1878 (ND. Darmstadt 1958ff.).
- Heinrich MITTEIS, Der Staat des hohen Mittelalters. Grundlinien einer vergleichenden Verfassungsgeschichte des Lehnszeitalters, Köln-Wien [11]1986.
- Dietmar WILLOWEIT, Deutsche Verfassungsgeschichte: Vom Frankenreich bis zur Wiedervereinigung Deutschlands. Ein Studienbuch, München [5]2005.
- Ernst SCHUBERT, König und Reich. Studien zur spätmittelalterlichen deutschen Verfassungsgeschichte (Veröffentlichungen d. MPI 63) Göttingen 1979.

(b) Überblicke
- Rolf SPRANDEL, Verfassung und Gesellschaft im Mittelalter (UTB 461) Paderborn [5]1994.
- Hans K. SCHULZE, Grundstrukturen der Verfassung im Mittelalter,

  Bd. 1: Stammesverband, Gefolgschaft, Lehnswesen, Grundherrschaft (Urban Tb. 371) Stuttgart [4]2004;
  Bd. 2: Familie, Sippe und Geschlecht, Haus und Hof, Dorf und Mark, Burg, Pfalz und Königshof, Stadt (Urban Tb. 372) Stuttgart [3]2000;
  Bd. 3: Kaiser und Reich (Urban Tb. 463) Stuttgart 1998;
  Bd. 4: Das Königtum (Urban Tb. 464) Stuttgart 2006 (angekündigt).

- Joseph R. STRAYER, Die mittelalterlichen Grundlagen des modernen Staates, Köln-Wien 1975.

(4) Rechts- und Verfassungsgeschichte anderer Länder

- François Jean-Marie OLIVIER-MARTIN, Histoire du droit français des origines à la Revolution, Paris ²1951.
- Ferdinand LOT/R. FAWTIER, Histoire des institutions françaises au moyen âge. Bd. 1: Institutions seigneuriales, Paris 1957; Bd. 2: Institutions royales, Paris 1958; Bd. 3: Institutions ecclésiastiques, Paris 1963.
- Robert HOLTZMANN, Französische Verfassungsgeschichte von der Mitte des 9. Jh. bis zur Revolution, München-Berlin 1910.
- Jean-François LEMARIGNIER, La France médiévale. Institutions et sociétés, Paris ²2000.
- William S. HOLDSWORTH, History of English Law, 17 Bde., London ³1922–26 (ND. 1983).
- Kurt KLUXEN, Englische Verfassungsgeschichte. Mittelalter, Darmstadt 1987.
- Antonio PERTILE, Storia del diritto italiano, 9 Bde., Turin ²1928.

(5) Verwaltungsgeschichte

- Deutsche Verwaltungsgeschichte, hg. v. Kurt G. JESERICH, Hans POHL u. Georg-Christoph von UNRUH. Bd. 1: Vom Spätmittelalter bis zum Ende des Reiches, Stuttgart 1982.

2.1.2.5.3 Sozial- und Wirtschaftsgeschichte

(1) Allgemein

(a) Handbücher

- *HANDBUCH DER EUROPÄISCHEN WIRTSCHAFTS- UND SOZIALGESCHICHTE (HEWSG), Bd. 2: Europäische Wirtschafts- und Sozialgeschichte im Mittelalter, hg. v. Jan A. van HOUTTE, Stuttgart 1980.
- *HANDBUCH DER DEUTSCHEN WIRTSCHAFTS- UND SOZIALGESCHICHTE (HDWSG), hg. v. Hermann AUBIN und Wolfgang ZORN, Bd. 1: Von der Frühzeit bis zum Ende des 18. Jh., Stuttgart 1971 (ND. 1978).
- Friedrich Wilhelm HENNING, Handbuch der Wirtschafts- und Sozialgeschichte Deutschlands, Bd. 1: Deutsche Wirtschafts- und Sozialgeschichte im Mittelalter und in der frühen Neuzeit, Paderborn-München-Wien-Zürich 1991.
- THE CAMBRIDGE ECONOMIC HISTORY OF EUROPE:

  Bd. 1: M. M. POSTAN, The Agrarian Life of the Middle Ages, Cambridge ²1966;
  Bd. 2: M. M. POSTAN/E. E. RICH, Trade and Industry in the Middle Ages, Cambridge ²1987;
  Bd. 3: E. E. RICH/E. MILLER, Economic Organisation and Policies in the Middle Ages, Cambridge 1963.

- Karl BOSL, Die Grundlagen der modernen Gesellschaft im Mittelalter. Eine deutsche Gesellschaftsgeschichte des Mittelalters (Monographien zur Geschichte des Mittelalters 4) 2 Bde., Stuttgart 1972.
- DEUTSCHE AGRARGESCHICHTE, hg. v. Günther FRANZ, Stuttgart 1967 ff.:

  Bd. 1: Herbert JANKUHN, Vorgeschichte und Frühgeschichte vom Neolithikum bis zur Völkerwanderungszeit, 1969;

Bd. 2: Wilhelm ABEL, Geschichte der deutschen Landwirtschaft vom frühen Mittelalter bis zum 19. Jh., [3]1978;
Bd. 3: Friedrich LÜTGE, Geschichte der deutschen Agrarverfassung vom frühen Mittelalter bis zum 19. Jh., [2]1967;
Bd. 4: Günther FRANZ, Geschichte des deutschen Bauernstandes vom frühen Mittelalter bis zum 19. Jh., [2]1976.

Noch nützliche, ältere Werke:
- Josef KULISCHER, Allgemeine Wirtschaftsgeschichte des Mittelalters und der Neuzeit, Bd. 1: Mittelalter, München-Berlin [2]1958 (ND. München 1988).
- Rudolf KÖTZSCHKE, Allgemeine Wirtschaftsgeschichte des Mittelalters, Jena 1924.
- Alfons DOPSCH, Die Wirtschaftsentwicklung der Karolingerzeit vornehmlich in Deutschland, 2 Bde., Köln-Graz [4]1969.

(b) Überblicke und Einführungen

Allgemein und Deutschland:
- Henri PIRENNE, Sozial- und Wirtschaftsgeschichte Europas im Mittelalter (UTB 33) Tübingen [7]1994 (frz. Histoire économique de l'Occident médiéval, Brügge 1951).
- Knut BORCHARDT/Carlo M. CIPOLLA, Europäische Wirtschaftsgeschichte. Mittelalter, Stuttgart-New York 1978 (= The Fontana Economic History of Europe, Bd. 1, London 1973).
- Friedrich Wilhelm HENNING, Sozial- und Wirtschaftsgeschichte Deutschlands, Bd. 1: Das vorindustrielle Deutschland 800–1800 (UTB 398) Paderborn [5]1994.
- Marc BLOCH, Die Feudalgesellschaft, Frankfurt-Berlin-Wien 1982 (frz. 2 Bde., 1949).

Andere Länder:
- Régine LE JAN, La société du haut Moyen Âge. VIe–IXe siècle (Collection U – Histoire) Paris 2003.
- Philippe DEPREUX, Les sociétés occidentales du milieu du VIe à la fin du IXe siècle (Histoire) Rennes 2002.
- Les sociétés en Europe du milieu du VIe siècle à la fin du IXe siècle, hg. v. Philippe RACINET, Jean HEUCLIN u. Georges JEHEL (Questions d'histoire) Nantes 2002.
- Alain DERVILLE, La société française au moyen âge (Histoire et civilisations) Villeneuve d'Ascq 2000.
- P. J. P. GOLDBERG, Medieval England. A social History 1250–1550, London 2004.
- Histoire de la France rurale, hg. v. Georges DUBY u. Armand WALLON, Bd. 1–2, Paris 1975 (ND. 1992).
- Georges DUBY, L'économie rurale et la vie des campagnes dans l'Occident médiéval, 2 Bde., Paris 1962 (ND. Paris 1977).
- Edith ENNEN/Walter JANSSEN, Deutsche Agrargeschichte vom Neolithikum bis zur Schwelle des Industriezeitalters, Wiesbaden 1979.
- Werner RÖSENER, Bauern im Mittelalter, München 1985.
- DERS., Einführung in die Agrargeschichte, Darmstadt 1997.

(2) Alltag, Mentalitäten, Lebensformen

- Borst, Lebensformen (o. S. 46).
- Hans-Werner Goetz, Leben im Mittelalter vom 7. bis zum 13. Jh., München 1986 (^{5}1994).
- Alltag im Spätmittelalter, hg. v. Harry Kühnel, Graz-Wien-Köln ^{2}1986.
- Ernst Schubert, Alltag im Mittelalter. Natürliches Lebensumfeld und menschliches Miteinander, Darmstadt 2002.
- Christopher Dyer, Making a Living in the Middle Ages: The People of Britain, 850–1520 (The New Economic History of Britain) New Haven-London 2002.
- Siegfried Epperlein, Bäuerliches Leben im Mittelalter. Schriftquellen und Bildzeugnisse, Köln-Weimar-Wien 2003.
- Kay Peter Jankrift, Brände, Stürme, Hungersnöte. Katastrophen in der mittelalterlichen Lebenswelt, Ostfildern 2003.
- Geschichte des privaten Lebens, Bd. 2: Vom Feudalzeitalter zur Renaissance, hg. v. Georges Duby, Stuttgart 1990 (frz. Histoire de la vie privée, Paris 1985).
- Geschichte des Wohnens. Bd. 2: 500–1800. Hausen, Wohnen, Residieren, hg. v. Ulf Dirlmeier, Stuttgart 1998.
- Der Mensch des Mittelalters, hg. v. Jacques Le Goff, Frankfurt-New York-Paris ^{3}1994; als Fischer Tb. 1204, Frankfurt/M. 1996.
- Europäische Mentalitätsgeschichte. Hauptthemen in Einzeldarstellungen, hg. v. Peter Dinzelbacher (Kröners Taschenbuchausgabe 469) Stuttgart 1993.
- Hans-Henning Kortüm, Menschen und Mentalitäten. Einführung in Vorstellungswelten des Mittelalters, Berlin 1996.
- Gerd Althoff/Hans-Werner Goetz/Ernst Schubert, Menschen im Schatten der Kathedrale. Neuigkeiten aus dem Mittelalter, Darmstadt 1998.
- Denkweisen und Lebenswelten des Mittelalters, hg. v. Eva Schlotheuber u. Maximilian Schuh (Münchner Kontaktstudium Geschichte 7) München 2004.

(3) Frauen- und Geschlechtergeschichte

- Edith Ennen, Frauen im Mittelalter, München ^{6}1999.
- Histoire des femmes en occident, hg. v. Georges Duby u. Michelle Perrot. Bd. 2: Le Moyen Âge, hg. v. Christiane Klapisch-Zuber, Paris 1991 (dt.: Geschichte der Frauen, Bd. 2: Mittelalter, hg. v. Claudia Opitz, Frankfurt/M. 1993).

Vgl. auch u. S. 364–67 unter 5.4.4.5.

(4) Stadtgeschichte

- Edith Ennen, Die europäische Stadt des Mittelalters, Göttingen ^{4}1987.
- Eberhard Isenmann, Die deutsche Stadt im Spätmittelalter, 1250–1500. Stadtgestalt, Recht, Stadtregiment, Kirche, Gesellschaft, Wirtschaft, Stuttgart 1988.
- Felicitas Schmieder, Die mittelalterliche Stadt (Geschichte kompakt) Darmstadt 2005.
- Pierre Monnet, Villes d'Allemagne au Moyen Âge (Les Médiévistes français 4) Paris 2004.
- Ernst Pitz, Europäisches Städtewesen und Bürgertum. Von der Spätantike bis zum hohen Mittelalter, Darmstadt 1991.

- Evamaria ENGEL, Die deutsche Stadt des Mittelalters, München 1993 (Neu als: Die deutsche Stadt im Mittelalter, Düsseldorf 2005).
- David NICHOLAS, The Growth of the Medieval City. From Late Antiquity to the Early Fourteenth Century, London-New York 1997.

(5) Technikgeschichte

- Dieter HÄGERMANN/Helmuth SCHNEIDER, Landbau und Handwerk 750 v. Chr. bis 1000 n. Chr. (Propyläen Technikgeschichte 1) Berlin 1991.
- Karl-Heinz LUDWIG/Volker SCHMIDTCHEN, Metalle und Macht. 1000 bis 1600 (Propyläen Technikgeschichte 2) Berlin 1992.
- Chiara FRUGONI, Das Mittelalter auf der Nase. Brillen, Bücher, Bankgeschäfte und andere Erfindungen des Mittelalters, München 2003.

2.1.2.5.4 Kultur, Mentalität und Vorstellungswelt

- Jacques LE GOFF, Kultur des europäischen Mittelalters (Knaurs große Kulturgeschichte) Zürich 1970.
- Aaron J. GURJEWITSCH, Das Weltbild des mittelalterlichen Menschen, München ^{5}1997.
- DERS., Mittelalterliche Volkskultur, München 1987.
- DERS., Stumme Zeugen des Mittelalters. Weltbild und Kultur der einfachen Menschen, Weimar-Köln-Wien 1997 (als Fischer Tb. 14169, Frankfurt/M. 2000).
- Peter DINZELBACHER, Europa im Hochmittelalter 1050–1250. Eine Kultur- und Mentalitätsgeschichte (Kultur und Mentalität) Darmstadt 2003.
- Johannes GRABMAYER, Europa im späten Mittelalter 1250–1500. Eine Kultur- und Mentalitätsgeschichte (Kultur und Mentalität) Darmstadt 2004.
- Alain DE LIBERA, Denken im Mittelalter, München 2003.

2.1.2.5.5 Kunstgeschichte

Überblick und Epochen:

- UNIVERSUM DER KUNST:

  Bd. 12: Jean HUBERT/Jean PORCHER/Wolfgang Fritz VOLBACH, Frühzeit des Mittelalters. Von der Völkerwanderung bis an die Schwelle der Karolingerzeit, München 1968;
  Bd. 13: Jean HUBERT/Jean PORCHER/Wolfgang Fritz VOLBACH, Die Kunst der Karolinger. Von Karl dem Großen bis zum Ausgang des 9. Jh., München 1969;
  Bd. 20: Louis GRODECKI/Florentine MÜTHERICH/Jean TARALON/Francis WORMALD, Die Zeit der Ottonen und Salier, München 1973;
  Bd. 29: Xavier BARRAL I ALTET/François AVRIL/Danielle GABORIT-CHOPIN, Romanische Kunst, Teil 1: Mittel- und Südeuropa 1060–1220, München 1983;
  Bd. 30: Xavier BARRAL I ALTET/François AVRIL/Danielle GABORIT-CHOPIN, Romanische Kunst. 1060–1220, Teil 2: Nord- und Westeuropa, München 1984;
  Bd. 34: Alain ERLANDE-BRANDENBURG, Triumph der Gothik 1260–1380, München 1988;
  Bd. 35: Roland RECHT/Albert CHATELET, Ausklang des Mittelalters 1380–1500, München 1989;

Bd. 36: Willibald SAUERLÄNDER, Das Jahrhundert der großen Kathedralen 1140–1260, München 1990;
Bd. 41: Anthony CUTLER, Das mittelalterliche Byzanz, München 1996.

– NEUE BELSER STILGESCHICHTE, hg. v. Christoph WETZEL:

Bd. 3: Irmgard HUTTER/Hans HOLLÄNDER, Kunst des frühen Mittelalters, Stuttgart 1987;
Bd. 4: George ZARNECKI, Romanik, Gotik, Byzanz, Stuttgart 1987;
Bd. 5: Manfred WUNDRAM/Erich HUBALA, Renaissance und Manierismus, Barock und Rokoko, Stuttgart 1985.

– PROPYLÄEN KUNSTGESCHICHTE (in 18 Bänden):

Bd. 5: Das Mittelalter I, hg. v. Hermann FILLITZ, Berlin 1969 (ND. 1985);
Bd. 6: Das Mittelalter II, hg. v. Otto von SIMSON, Berlin 1972 (ND. 1985).

– Johann Konrad EBERLEIN/Christine JAKOBI-MIRWALD, Grundlagen der mittelalterlichen Kunst: eine Quellenkunde, Berlin ²2004.
– Hans BELTING, Bild und Kult. Eine Geschichte des Bildes vor dem Zeitalter der Kunst, München ⁶2004.

Buchmalerei:
– Christine JAKOBI-MIRWALD, Buchmalerei. Ihre Terminologie in der Kunstgeschichte, Berlin ²2004.
– Otto PÄCHT, Buchmalerei des Mittelalters. Eine Einführung, München ⁴2000.

Architektur:
– Günther BINDING, Deutsche Königspfalzen. Von Karl dem Großen bis Friedrich II. (765–1240), Darmstadt 1996.
– Dieter KIMPEL/Robert SUCKALE, Die gotische Architektur in Frankreich 1130–1270, München 1985.
– Medieval Mastery. Book Illumination from Charlemagne to Charles the Bold, 800–1475, Turnhout 2002.

2.1.2.5.6 Literaturgeschichte

(A) Sachwörterbücher
– Encyclopedia of Medieval Literature, hg. v. Robert T. u. Laura C. LAMBDIN, London 2000.
– Literaturlexikon. Autoren und Werke deutscher Sprache, hg. v. Walther KILLY, 15 Bde., Gütersloh 1988–1993, Bd. 1–12: Autoren und Werke von A bis Z; Bd. 13–14: Literarische Begriffe. Epochen und Gattungen. Literaturwissenschaft und Buchwesen; Bd. 15: Register (deutschsprachige, in geringem Maße auch lateinische Literatur) (auch als CD-Rom Ausgabe, Berlin ²2000).
– Rudolf SIMEK/Hermann PÁLSSON, Lexikon der altnordischen Literatur (Kröners Taschenausgabe 490) Stuttgart 1987.
– ENZYKLOPÄDIE DES MÄRCHENS. Handwörterbuch zur historischen und vergleichenden Erzählforschung, begr. v. Kurt RANKE, hg. v. Rolf Wilhelm BREDNICH,

Berlin-New York 1977ff. (wichtiges Hilfsmittel zur Erschließung von Stoffen, Motiven, Gattungen, Autoren aus der Perspektive der internationalen Erzählforschung; Artikel u. a. zu Artus, Hartmann von Aue, Gottfried von Straßburg).

- REALLEXIKON DER DEUTSCHEN LITERATURWISSENSCHAFT, Bd. 1 (A–G), hg. v. Klaus WEIMAR; Bd. 2 (H–O), hg. v. Harald FRICKE; Bd. 3 (P–Z), hg. v. Jan-Dirk MÜLLER, Berlin 1997–2003.

(B) Handbücher und Überblicke

Europäische Literaturen:

- NEUES HANDBUCH DER LITERATURWISSENSCHAFT, hg. v. Klaus von SEE,

  Bd. 6: Europäisches Frühmittelalter, hg. v. Klaus von SEE, Wiesbaden 1985;
  Bd. 7: Europäisches Hochmittelalter, hg. v. Henning KRAUSS, Wiesbaden 1981;
  Bd. 8: Europäisches Spätmittelalter, hg. v. Willi ERZGRÄBER, Wiesbaden 1978.

Deutsche Literatur:

- Geschichte der deutschen Literatur im Mittelalter, hg. v. Dieter KARTSCHOKE:

  Dieter KARTSCHOKE, Geschichte der deutschen Literatur im frühen Mittelalter (dtv 30777) München ^{3}2000;
  Joachim BUMKE, Geschichte der deutschen Literatur im hohen Mittelalter (dtv 30778) München ^{5}2004;
  Thomas CRAMER, Geschichte der deutschen Literatur im späten Mittelalter (dtv 30779) München ^{3}2000.

- Geschichte der deutschen Literatur von den Anfängen bis zum Beginn der Neuzeit, hg. v. Joachim HEINZLE:

  Bd. 1: Von den Anfängen zum hohen Mittelalter:
    Bd. 1,1: Wolfgang HAUBRICHS, Die Anfänge: Versuche volkssprachlicher Schriftlichkeit im frühen Mittelalter (700–1050/60), Tübingen ^{2}1995;
    Bd. 1,2: Gisela VOLLMANN-PROFE, Wiederbeginn volkssprachlicher Schriftlichkeit im hohen Mittelalter (1050/60–1160/70), Tübingen ^{2}1994;
  Bd. 2: Vom hohen zum späten Mittelalter:
    Bd. 2,1: L. Peter JOHNSON, Die höfische Literatur der Blütezeit, Tübingen 1999;
    Bd. 2,2: Joachim HEINZLE, Wandlungen und Neuansätze im 13. Jh. (1220/30–1280/ 90), Tübingen ^{2}1995.

- Joachim BUMKE, Mäzene im Mittelalter. Die Gönner und Auftraggeber der höfischen Literatur in Deutschland 1150–1300, München 1979.
- DERS., Höfische Kultur. Literatur und Gesellschaft im hohen Mittelalter, 6. verb. Aufl., München 1994 (auch als Tb. [dtv 30170] München 2002); dazu ergänzend: DERS., Höfische Kultur. Versuch einer kritischen Bestandsaufnahme, Beitr. z. Gesch. der dt. Sprache u. Lit. 114, 1992, S. 414–492.
- Early Germanic Literature and Culture, hg. v. Brian MURDOCH u. Malcolm READ (The Camden House History of German Literature 1) Woodbridge 2004.
- German Literature of the Early Middle Ages, hg. v. Brian MURDOCH (The Camden House History of German Literature 2) Woodbridge 2004.

- Marion E. GIBBS/Sidney M. JOHNSON, Medieval German literature (Garland Reference Library of the Humanities 1774) New York-London 1997 (als Tb. 2000).
- The Cambridge History of Literary Criticism, hg. v. Alastair MINNIS u. Ian JOHNSON, Vol. 2: The Middle Ages, Cambridge 2005.

Textsammlung:
- Frühe deutsche Literatur und lateinische Literatur in Deutschland 800–1150, hg. v. Walter HAUG u. Benedikt K. VOLLMANN (Bibliothek d. MA 1) Frankfurt/M. 1991.

Romanische Literaturen:
- Grundriß der romanischen Literaturen, hg. v. Hans Robert JAUSS u. Erich KÖHLER, Heidelberg 1972 ff.:

  Bd. 1: Géneralités, hg. v. Hans Ulrich GUMBRECHT, 1972;
  Bd. 2: Les genres lyriques, hg. v. Erich KÖHLER u. a., 8 Teilbde., 1979–1990;
  Bd. 3: Les épopées romanes, hg. v. Rita LEJEUNE, bisher 4 Teilbde., 1981–1987;
  Bd. 4: Le roman jusqu'à la fin du XIIIe siècle, hg. v. Reinhold R. GRIMM, bisher 2 Teilbde., 1984–1988;
  Bd. 5: Les formes narratives brèves, hg. v. Wolf-Dieter LANGE, 1 Teilbd., 1985;
  Bd. 6: La littérature didactique, allégorique et satirique, hg. v. Jürgen BEYER u. a., 2 Teilbde., 1968–1970;
  Bd. 8: La littérature française aux XIVe et XVe siècles, hg. v. Daniel POIRION, 1 Teilbd., 1988;
  Bd. 9: La littérature dans la Péninsule Ibérique aux XIVe et XVe siècles, hg. v. Walter METTMANN, bislang 3 Teilbde., 1983–1985;
  Bd. 10: Die italienische Literatur im Zeitalter Dantes und am Übergang vom Mittelalter zur Renaissance, hg. v. August BUCK, 2 Teilbde., 1987–1989;
  Bd. 11: La littérature historiographique des origines à 1500, hg. v. Hans Ulrich GUMBRECHT, 3 Teilbde., 1986–1993.

2.1.2.6 Zeitschriften

Im Folgenden werden die Zeitschriften, nach Sachgebieten geordnet, mit Ersterscheinen, Erscheinungsweise, neuestem Jahrgang (2007), Herausgeber und eventuellen Besonderheiten genannt.

(1) Rezensionszeitschriften

Die meisten Zeitschriften enthalten neben Beiträgen auch Rezensionen (vgl. o. S. 44). Einige Zeitschriften beschränken sich auf diese Funktion. Die wichtigsten (nicht spezifisch mittelalterlichen) sind:
- DAS HISTORISCH-POLITISCHE BUCH (HPB), seit 1953; zweimonatlich; Bd. 55, 2007; Hrsg.: Jürgen Elvert im Auftrag der Ranke-Gesellschaft (Kurzbesprechungen, aber aktuell).
- GÖTTINGISCHE GELEHRTE ANZEIGEN (GGA), seit 1802; halbjährlich; Bd. 239, 2007 (mit ausführlichen Besprechungen); hg. v. d. Akademie der Wissenschaften in Göttingen.

Online-Rezensionen:
- H-Soz-U-Kult, Kommunikation und Fachinformation für die Geschichtswissenschaften, seit 1996; hg. v. Rüdiger Hohls, URL: http://hsozkult.geschichte.hu-berlin.de (mit jährlich über 800 Rezensionen).
- Medieval Review, seit 1993; hg. v. Medieval Institute, College of Arts and Sciences, Western Michigan University in Kalamazoo, URL: http://www.hti.umich.edu/t/tmr/

(2) Allgemeine Historische Zeitschriften

(a) Deutschland

- *Historische Zeitschrift (HZ), seit 1859, begr. v. Heinrich v. Sybel; 6 Hefte (2 Bde.) jährlich; Bd. 284, 2007; Hrsg.: Lothar Gall; übergreifende Themen von allgemeinem Interesse, Zeitschriftenschau.
- *Historisches Jahrbuch (HJb), seit 1880; halbjährlich; Bd. 127, 2007; hg. im Auftrag der Görres-Gesellschaft; übergreifende Themen.
- *Saeculum. Jahrbuch für Universalgeschichte, seit 1950; halbjährlich; Bd. 58, 2007; Schriftleitung: Jochen Martin.
- *Geschichte in Wissenschaft und Unterricht (GWU), seit 1950; monatlich; Bd. 58, 2007; Hrsg.: Verband der Geschichtslehrer Deutschlands; strebt die Vermittlung von Geschichtswissenschaft und -unterricht an; Literatursammelberichte.
- *Zeitschrift für Geschichtswissenschaft (ZfG), seit 1953; monatlich; Bd. 55, 2007; Hrsg.: Metropol Verlag Berlin (bis 1989 die führende DDR-Geschichtszeitschrift).

(b) Zeitschriften der deutschen Auslandsinstitute

- Quellen und Forschungen aus Italienischen Archiven und Bibliotheken (QFIAB), seit 1898; jährlich; Bd. 87, 2007; Hrsg.: Deutsches Historisches Institut in Rom.
- Francia. Forschungen zur westeuropäischen Geschichte, seit 1973; jährlich; Bd. 34, 2007; Hrsg.: Deutsches Historisches Institut in Paris.

(c) Andere Länder

- *Mitteilungen des Instituts für Österreichische Geschichtsforschung (MIÖG), seit 1880; halbjährlich (Doppelhefte); Bd. 115, 2007; Hrsg.: Institut für Österreichische Geschichtsforschung.
- *Schweizerische Zeitschrift für Geschichte (SZG), seit 1951 (als Fortsetzung der Zs. für Schweizerische Geschichte); vierteljährlich; Bd. 57, 2007; Hrsg.: Schweizerische Gesellschaft für Geschichte (SGG).
- *The English Historical Review (EHR), seit 1886; 5mal jährlich; Bd. 122, 2007; mit Zeitschriftenschau; Hrsg.: J. R. Maddicott u. J. Dunbabin.
- *Revue Historique (RH), seit 1876 (begr. v. Gabriel Monod); vierteljährlich; Bd. 309, 2007; Hrsg.: Claude Gauvard, Jean-François Sirinelli.
- *Archivio Storico Italiano (Arch. stor. ital.), seit 1842; vierteljährlich; Bd. 165, 2007; Hrsg.: Deputazione di storia patria per la Toscana.
- Rivista Storica Italiana, seit 1884; trimestrial; Bd. 119, 2007; Hrsg.: Adriano Viarengo.
- *Revue Belge de Philologie et d'Histoire, seit 1922; vierteljährlich; Bd. 85, 2007; mit belgischer Bibliographie; Hrsg.: Société pour le progrès des études philologiques et historiques.
- *Tijdschrift voor Geschiedenis, seit 1880; vierteljährlich; Bd. 120, 2007; Red.: G. A. M. Beekelaar u. a.; mit niederländischer Bibliographie.

- *American Historical Review (AHR), seit 1895; 5mal jährlich; Bd. 112, 2007; Hrsg.: The American Historical Association.
- History, Journal of the Historical Association; seit 1912; 4mal jährlich; Bd. 92, 2007; Hrsg.: The Historical Association.
- *Annales. Histoire, Sciences Sociales (Untertitel bis Bd. 48, 1993: Économies – Sociétés – Civilisations), seit 1946; alle 2 Monate; Bd. 62, 2007; Hrsg.: École des Hautes Études en Sciences Sociales; verfolgt Fragen der Struktur-, Mentalitäts- und Umweltgeschichte der modernen französischen Geschichtswissenschaft, die nach ihr benannt ist („Schule der Annales", vgl. u. S. 350 ff.).
- *Past and Present. A Journal of Historical Studies (P&P), seit 1952; vierteljährlich; H. 194 ff., 2007; Hrsg.: Past and Present Society; das englische Gegenstück zu den „Annales".

(3) Zeitschriften zur mittelalterlichen Geschichte

- Veröffentlichungen der MGH:
  Archiv der Gesellschaft für ältere deutsche Geschichtskunde (Archiv), Bd. 1 (1820) – 12 (1874).
  Neues Archiv der Gesellschaft für ältere deutsche Geschichtskunde (NA), Bd. 1 (1876) – 50 (1936).
  **Deutsches Archiv für Erforschung des Mittelalters (DA) (bis Bd. 7: Deutsches Archiv für Geschichte des Mittelalters), seit 1937; halbjährlich; Bd. 63, 2007; ausführlicher Rezensionsteil.
- Bullettino dell'Istituto Storico Italiano per il medioevo e Archivio Muratoriano, seit 1886; jährlich; Bd. 109, 2007.
- *Cahiers de Civilisation Médiévale. X^{e} – XIIe siècle (CCM), seit 1958; trimestrial; Bd. 50, 2007; Hrsg.: Centre d'Études Supérieures de Civilisation médiévale; geistes- und kunstgeschichtlich orientiert.
- Early Medieval Europe (EME), seit 1992; 3mal jährlich; Bd. 15, 2007; Hrsg.: Paul Fouracre u. a.
- Edad Media. Revista de Historia, seit 1998, jährlich; Bd. 8, 2007; Hrsg.: Universidad de Valladolid.
- *Frühmittelalterliche Studien. Jahrbuch des Instituts für Frühmittelalterforschung der Universität Münster (FMSt), seit 1967; jährlich; Bd. 41, 2007.
- Hansische Geschichtsblätter, seit 1872; jährlich; Bd. 125, 2007; Hrsg.: Hansischer Geschichtsverein.
- Jahrbuch für Geschichte des Feudalismus (JGF), Bd. 1 (1977) – 14 (1990); Hrsg.: Akademie der Wissenschaften der DDR. Zentralinstitut für Geschichte.
- Journal of Medieval and Early Modern Studies (JMEMS), seit 1971; bis 1996: Journal of Medieval and Renaissance Studies (JMRS); halbjährlich; Bd. 37, 2007; geistesgeschichtlich orientiert; Hrsg.: Duke University, U. S. A.
- Journal of Medieval History (JMH), seit 1975; vierteljährlich; Bd. 33, 2007; Hrsg.: A. E. Curry; moderne Fragestellungen.
- *Le Moyen Âge. Revue d'histoire et de philologie (MA), seit 1888; trimestrial; Bd. 113, 2007; Hrsg.: André Joris u. a.; mit Bibliographie.
- Mediaevalia et Humanistica. Studies in Medieval and Renaissance Culture, New Series, seit 1970; jährlich; Bd. 34, 2007; Hrsg.: Paul Maurice Clogan.

- MEDIAEVISTIK. Internationale Zeitschrift für interdisziplinäre Mittelalterforschung, seit 1988; jährlich; Bd. 20, 2007; Hrsg.: Peter Dinzelbacher.
- MEDIEVAL STUDIES, seit 1939; jährlich; Bd. 69, 2007; Hrsg.: Pontifical Institute of Mediaeval Studies, Toronto, Kanada.
- MÉDIÉVALES. Langue, textes, histoire; seit 1982; halbjährlich, Bd. 50/51, 2007; Hrsg.: Centre de Recherche, Université Paris.
- MILLENIUM. Jahrbuch zu Kultur und Geschichte des ersten Jahrtausends n. Chr., seit 2004; jährlich; Bd. 4, 2007; Hrsg.: Wolfram Brandes, Alexander Demandt, Hartmut Leppin, Helmut Krasser u. Peter von Möllendorff.
- DAS MITTELALTER. Perspektiven mediävistischer Forschung. Zeitschrift des Mediävistenverbandes, seit 1996; halbjährlich in interdisziplinären Heften zu einzelnen Themen; Bd. 12, 2007.
- QUAESTIONES MEDII AEVI NOVAE, seit 1996; jährlich; Bd. 12, 2007; Hrsg.: Societas Vistulana (Wojciech Fałkowski).
- *SPECULUM. A Journal of Medieval Studies, seit 1926; vierteljährlich; Bd. 82, 2007; Hrsg.: The Medieval Academy of America (Cambridge/Mass.); mit Bibliographie der in Arbeit befindlichen Editionen.
- *STUDI MEDIEVALI (StM), 1. Serie seit 1904, 3. Serie seit 1960; halbjährlich; Bd. 48, 2007; Hrsg.: Centro italiano di studi sull'alto medioevo; Rubriken: Aufsätze, „Forschungen“, Rezensionen, Miszellen, Diskussionen, Editionen, Kataloge, Kongresse.
- TRADITIO. Studies in Ancient and Medieval History, Thought, and Religion, seit 1943; jährlich; Bd. 63, 2007; Hrsg.: Fordham University, U. S. A.
- VIATOR. Medieval and Renaissance Studies, seit 1970; jährlich; Bd. 38, 2007; Hrsg.: Center for Medieval and Renaissance Studies, University of California, Los Angeles.
- ZEITSCHRIFT FÜR HISTORISCHE FORSCHUNG (ZHF), seit 1974; vierteljährlich; Bd. 34, 2007; Hrsg.: Johannes Kunisch, Klaus Luig, Peter Moraw, Heinz Schilling, Bernd Schneidmüller u. Barbara Stollberg-Rilinger; Zeitschrift für Spätmittelalter und frühe Neuzeit.

(4) Zeitschriften zu besonderen Aspekten der Geschichtswissenschaft

(a) Hilfswissenschaften

Allgemein:

- *ARCHIV FÜR DIPLOMATIK, Schriftgeschichte, Siegel- und Wappenkunde (AfD), seit 1955 (als Fortsetzung des Archivs für Urkundenforschung); jährlich; Bd. 53, 2007; Hrsg.: Walter Koch u. Theo Kölzer.
- BIBLIOTHÈQUE DE L'ÉCOLE DES CHARTES (BEC), seit 1839; jährlich; Bd. 164, 2007; Hrsg.: Société de l'École des Chartes, Paris.

Handschriftenkunde:

- SCRIPTORIUM. Revue international des études relatives au manuscrits, seit 1946; halbjährlich; Bd. 61, 2007; mit Bulletin codicologique: Übersicht über die Neuerscheinungen zur Handschriftenkunde; Hrsg.: Centre d'étude des manuscrits, Brüssel.
- CODICES MANUSCRIPTI. Zeitschrift für Handschriftenkunde, seit 1975; trimestrial; Bd. 28, 2007 (im Verzug).

Numismatik:

- Jahrbuch für Numismatik und Geldgeschichte, seit 1949; jährlich; Bd. 57, 2007; Hrsg.: Bayerische Numismatische Gesellschaft.
- Hamburger Beiträge zur Numismatik, Bd. 1 (1947/51) – Bd. 36/38 (1993) (zum Berichtsjahr 1982); Hrsg.: Museum für Hamburgische Geschichte.

Archivwesen:

- Der Archivar. Mitteilungsblatt für das deutsche Archivwesen, seit 1947/48; vierteljährlich; Bd. 60, 2007; Hrsg.: Hauptstaatsarchiv Düsseldorf.
- Archivalische Zeitschrift, Alte Folge: Bd. 1–13, 1876–1888; Neue Folge: Bd. 1–20, 1890–1914; 3. Folge, seit 1915; jährlich; Bd. 103, 2007; Hrsg.: Generaldirektion der Staatlichen Archive Bayerns.
- Archivum. Revue internationale des archives, seit 1951; jährlich; Bd. 57, 2007; Hrsg.: Conseil International des Archives.

(b) Mittellatein

- Archivum Latinitatis Medii Aevi. Bulletin du Cange (ALMA), seit 1924; jährlich; Bd. 73, 2007.
- The Journal of Medieval Latin, seit 1991; jährlich; Bd. 17, 2007; Hrsg.: The Medieval Latin Association of North America.
- Mittellateinisches Jahrbuch. Internationale Zeitschrift für Mediävistik, seit 1964; jährlich; Bd. 42, 2007; Hrsg.: Dorothee Gall u. a.
- Philologus. Zeitschrift für klassische Philologie, seit 1846; halbjährlich; Bd. 151, 2007; Hrsg.: Widu-Wolfgang Ehlers u. a. (enthält auch Beiträge zum Mittellatein).
- Revue du Moyen Âge Latin, seit 1945; halbjährlich; Hrsg.: Universität Straßburg (mit Bd. 46, 1990, eingestellt).

(c) Kulturgeschichte

- *Archiv für Kulturgeschichte (AKG), seit 1903; halbjährlich; Bd. 89, 2007; Hrsg.: Egon Boshof.

(d) Sozial- und Wirtschaftsgeschichte

- *Vierteljahrschrift für Sozial- und Wirtschaftsgeschichte (VSWG), seit 1903; vierteljährlich; Bd. 94, 2007; Hrsg.: Günther Schulz u. a.
- Jahrbuch für Wirtschaftsgeschichte, seit 1960; viertel-, seit 1992 halbjährlich; Hrsg: Toni Pierenkemper u. a.
- Zeitschrift für Agrargeschichte und Agrarsoziologie (ZAA), seit 1953/54; halbjährlich; Bd. 55, 2007; Hrsg: Gesellschaft für Agrargeschichte und Deutsche Landwirtschaftsgesellschaft.

(e) Rechtsgeschichte

- *Zeitschrift der Savigny-Stiftung für Rechtsgeschichte (ZRG oder ZSRG), in drei Abteilungen:
  Germanistische Abteilung (Germ. Abt.): für deutsche Rechtsgeschichte, seit 1880; jährlich; Bd. 124, 2007; Hrsg.: Rolf Knütel u. a.;
  Romanistische Abteilung (Rom. Abt.): für römische und romanische Rechtsgeschichte, seit 1880; jährlich; Bd. 124, 2007; Hrsg.: Rolf Knütel u. a.;
  Kanonistische Abteilung (Kan. Abt.): für kirchliche Rechtsgeschichte, seit 1911; jährlich; Bd. 124, 2007; Hrsg.: Knut Wolfgang Nörr u. a.

- Ius Commune, seit 1967; jährlich; Hrsg.: Max-Planck-Institut für europäische Rechtsgeschichte. Seit 2002 ersetzt durch:
  Rechtsgeschichte. Zeitschrift des Max-Planck-Instituts für europäische Rechtsgeschichte (RG); halbjährlich; Bd. 10/11, 2007.

(f) Kirchengeschichte

Allgemein:

- *Zeitschrift für Kirchengeschichte (ZKG), seit 1887; trimestrial; Bd. 118, 2007; Hrsg.: Sektion für Kirchengeschichte im Verband der Historiker Deutschlands.
- *Revue d'histoire Ecclésiastique (RHE), seit 1900; vierteljährlich; Bd. 102, 2007; Hrsg.: Katholische Universität Leuven; ausführliche Bibliographie.
- Church History, seit 1932; vierteljährlich; Bd. 76, 2007; Hrsg.: The American Society of Church History.
- The Journal of Ecclesiastical History (JEH oder Journ. Eccl. Hist.), seit 1950; vierteljährlich; Bd. 58, 2007; Hrsg.: James Carleton Paget u. Diarmaid MacCulloch.
- archa verbi. Annuarium Societatis Internationalis pro Studiis Theologiae Mediae Aevi promovendis, seit 2004; jährlich; Bd. 4, 2007; Hrsg.: Internationale Gesellschaft für Theologische Mediävistik e. V.

Mit spezieller Ausrichtung:

- Archivum Historiae Pontificiae (AHP), seit 1963; jährlich; Bd. 45, 2007; zur Papstgeschichte; Hrsg.: Pontificia Universitas Gregoriana, Rom.
- Recherches de Théologie et Philosophie Médiévales (RTPM), seit 1929; bis 1997: Recherches de Théologie Ancienne et Médiévale (A Journal of Ancient and Medieval Christian Literature) (RTAM), halbjährlich; Bd. 74, 2007; Hrsg.: Jan A. Aertsen, Wouter Goris, Dom Guibert, Andreas Speer u. Carlos Steel.
- Archives d'histoire Doctrinale et Littéraire du Moyen Âge (AHDLMA), seit 1926; jährlich; Bd. 74, 2007; Hrsg.: Irène Caiazzo.

Außerdem verschiedene Zeitschriften zur Geschichte einzelner Mönchsorden. Benediktiner: *Revue Bénédictine (RB oder RBen), Studien und Mitteilungen zur Geschichte des Benediktinerordens und seiner Zweige (SMGBO); Zisterzienser: Cîteaux; Analecta Cisterciensia; Collectanea Cisterciensia; Prämonstratenser: Analecta Praemonstratensia; Franziskaner: Franziskanische Studien; Archivum Franciscanum Historicum; Wissenschaft und Weisheit; Collectanea Franciscana.

(g) Zeitschriften zur Geschichtstheorie

- History and Theory. Studies in the philosophy of history, seit 1960; vierteljährlich; Bd. 49, 2007; Hrsg.: Brian C. Fay u. Richard T. Vann.
- Rethinking History, seit 1997, jährlich; Bd. 11, 2007; Hrsg.: Robert A. Rosenstone, Alun Munslow, David Harlan.

(h) Mittelalterarchäologie

- Zeitschrift für Archäologie des Mittelalters (ZAM), seit 1973; jährlich; Bd. 35, 2007; Hrsg.: S. Brather, U. Müller u. H. Steuer.
- Medieval Archaeology. Journal of the Society for Medieval Archaeology, seit 1957; jährlich; Bd. 51, 2007; Hrsg.: The Society for Medieval Archaeology.

(i) Landesgeschichtliche Zeitschriften

- *Blätter für Deutsche Landesgeschichte (BDLG oder Bl. dt. LG), seit 1853; jährlich; Bd. 43, 2007; Hrsg.: Gesamtverein der deutschen Geschichts- und Altertumsvereine; mit ausführlichen Sammelberichten und Zeitschriftenübersichten, die zugleich einen Überblick über regionale Zeitschriften geben.

- Zeitschrift für Bayerische Landesgeschichte (ZBLG), seit 1928; trimestrial; Bd. 70, 2007; Hrsg.: Kommission für bayerische Landesgeschichte bei der Bayerischen Akademie der Wissenschaften.
- Zeitschrift für die Geschichte des Oberrheins (ZGO), seit 1850; jährlich; Bd. 155 (N. F. 116), 2007; Hrsg.: Kommission für geschichtliche Landeskunde in Baden-Württemberg.
- Zeitschrift für Württembergische Landesgeschichte (ZWLG), seit 1937; jährlich; Bd. 66, 2007; Hrsg.: Kommission für geschichtliche Landeskunde in Baden-Württemberg u. der Württembergische Geschichts- und Altertumsverein.
- Jahrbuch für Fränkische Landesforschung, seit 1935; jährlich; Bd. 67, 2007; Hrsg.: Zentralinstitut für fränkische Landeskunde und allgemeine Regionalforschung an der Universität Erlangen-Nürnberg.
- Jahrbuch für Westdeutsche Landesgeschichte, seit 1975; jährlich; Bd. 33, 2007; Hrsg.: Heinz-Günther Borck u. Wolfgang Laufer.
- Hessisches Jahrbuch für Landesgeschichte, seit 1951; jährlich; Bd. 57, 2007; Hrsg.: Hessisches Landesamt für geschichtliche Landeskunde.
- Rheinische Vierteljahresblätter (RhVjbll), seit 1931; jährlich; Bd. 71, 2007; Hrsg.: Institut für geschichtliche Landeskunde der Rheinlande an der Universität Bonn.
- Annalen des Historischen Vereins für den Niederrhein (AHVNr), seit 1896; jährlich; Bd. 210, 2007.
- Westfälische Zeitschrift (vormals: Zeitschrift für vaterländische Geschichte und Altertumskunde) (WZ), seit 1838; jährlich; Bd. 149, 1999; Hrsg.: Verein für Geschichte und Altertumskunde Westfalens.
- Niedersächsisches Jahrbuch für Landesgeschichte, seit 1924; jährlich; Bd. 79, 2007; Hrsg.: Historische Kommission für Niedersachsen und Bremen.
- Jahrbuch für Geschichte Mittel- und Ostdeutschlands (JGMOD), seit 1952; jährlich; Bd. 56, 2007; Hrsg.: Historische Kommission zu Berlin.

Daneben gibt es zahlreiche weitere regionale Zeitschriften. Eine Auflistung ihrer Beiträge geben jährlich die Blätter für deutsche Landesgeschichte. Darunter finden sich auch regionale Zeitschriften zur Kirchengeschichte (z. B. Archiv für mittelrheinische Kirchengeschichte; Zeitschrift für bayerische Kirchengeschichte). Außerdem gibt es eine ganze Reihe landesgeschichtlicher Zeitschriften anderer Staaten (in Frankreich etwa: Revue du Nord; Annales de Bretagne; Annales de l'Est; Annales du Midi; Provence historique; in Italien: Archivio Veneto u. v. a.).

(j) Kreuzzüge

- Crusades, seit 2002; jährlich; Bd. 6, 2007; Hrsg.: Benjamin Z. Kedar u. Jonathan Riley-Smith.

(k) Zeitschriften der Nachbarwissenschaften (soweit nicht bereits genannt)

Allgemeine Philologie: Medium Aevum; Germanisch-romanische Monatsschrift.
Germanistik: Deutsche Vierteljahresschrift für Literaturwissenschaft und Geistesgeschichte; Zeitschrift für deutsches Altertum; Beiträge zur Geschichte der deutschen Sprache und Literatur; Zeitschrift für deutsche Philologie.

Philosophie: Archiv für Begriffsgeschichte; Journal of the History of Ideas; Medieval Philosophy and Theology; Philosophisches Jahrbuch; Philosophy and History; Vivarium.
Theologie: Freiburger Zeitschrift für Philosophie und Theologie; Münchener Theologische Zeitschrift; Römische Quartalschrift für christliche Altertumskunde und Kirchengeschichte; Theologie und Philosophie; Zeitschrift für Theologie und Kirche; Zeitschrift für katholische Theologie; Zeitschrift für Religions- und Geistesgeschichte.
Konziliengeschichte: Annuarium historiae conciliorum (AHC).
Naturwissenschaften: Micrologus. Nature, Science and Medieval Societies (hg. v. der Società Internazionale per lo studio del Medio Evo latino).

2.2 Quellen

Zunächst ist darzulegen, was Quellen eigentlich sind, welche Funktionen sie erfüllen und in welchen Sammlungen man sie findet. Danach sollen die wichtigen mittelalterlichen Quellenarten in ihren Eigenarten, ihren Intentionen und ihrer Aussagekraft für die heutige Geschichtswissenschaft vorgestellt werden.

2.2.1 Definition und Stellenwert

Als historische Quellen bezeichnen wir im weitesten Sinn alle Zeugnisse (Überlieferungen), die über geschichtliche (= vergangene) Vorgänge (Abläufe, Zustände, Personen, Denk- und Verhaltensweisen) informieren, d. h. letztlich über alles, was sich in der Vergangenheit ereignet hat, diese kennzeichnet, von Menschen gedacht, geschrieben oder geformt wurde. Dabei ist dreierlei bemerkenswert:
(1) Diese Definition ist umkehrbar: *Jede* Überlieferung, die etwas über die Vergangenheit aussagt, ist (potentielle) historische Quelle. Es gibt grundsätzlich nichts, das nicht Quelle werden *könnte*. Ob diese brauchbar ist und ob es sich um eine bessere oder schlechtere Überlieferung handelt, entscheidet sich erst von der jeweiligen, konkreten Fragestellung her.
(2) Quellen sind nicht schon als solche geschaffen. Sie haben ursprünglich vielmehr ein von der Benutzung durch Historiker/innen unabhängiges Eigenleben und einen Eigenwert. Sie wollen (fast immer) etwas Bestimmtes aussagen, aber nicht zwangsläufig das, was uns an ihnen interessiert.
(3) Zur „Quelle“ wird dieses Zeugnis erst unter den Händen der Historiker/innen, die daraus Kenntnisse über die Vergangenheit gewinnen wollen. Der Begriff kennzeichnet also nicht das Zeugnis an sich, sondern dessen Funktion für die Geschichtswissenschaft.

Für die praktische Arbeit ergeben sich aus diesem Doppelcharakter zwei Folgerungen:
(1) Bei der Benutzung einer Überlieferung als Quelle darf man niemals vergessen, dass sie ursprünglich (wahrscheinlich) ganz andere Absichten als die erfragten ver-

folgte, die für eine angemessene Auswertung entsprechend zu berücksichtigen sind.

(2) Die Überlieferung selbst wiederum *ist* nicht die Vergangenheit, sondern gibt Zeugnis von ihr. Sie bedarf also der geschichtswissenschaftlichen Bearbeitung, um in diesem Sinne aussagekräftig zu werden: Die methodische Erschließung der Quellen ist Aufgabe der Geschichtswissenschaft (Abb. 4).

Diese beiden Feststellungen machen einen guten Teil der historischen Arbeit wie auch der beruflichen Rechtfertigung der Historiker/innen aus: Die Geschichtswissenschaft ist nötig, weil ein adäquates Bild der Vergangenheit erst (oft mühsam) aus den Quellen zu erarbeiten ist. Die Differenz zwischen der Quellenabsicht und dem heutigen historischen Interesse aber steht im Zentrum der kritischen Arbeit der Geschichtswissenschaft.

Die Masse der Quellen lässt es sinnvoll erscheinen, diese nach bestimmten Gesichtspunkten zu ordnen. Die wichtigsten systematischen Einteilungen dienen allesamt der Frage nach dem Erkenntniswert.

- Quellen lassen sich einmal nach ihrer äußeren Form in **Texte** (Schriftquellen), **Gegenstände** (Sachquellen) und **gegenstandslose** *(abstrakte)* **Quellen** (vgl. u. S. 213) gliedern.

  Eine solche Einteilung ist offenkundig und bedarf keiner näheren Erläuterung, sie bleibt aber rein formal, und ihr historischer Erkenntniswert ist entsprechend gering. Dass die Geschichtswissenschaft es vorwiegend mit Schriftquellen zu tun hat (die formal wiederum in Prosa oder in Versen abgefasst sein können), wird man insgesamt zwar nach wie vor behaupten dürfen, doch gilt das keineswegs für alle Fragestellungen.

- Eine zweite Möglichkeit, nämlich Quellen nach ihrer **Nähe** a) zum Berichtsgegenstand (Ereignis), b) zum Berichtsraum oder c) unter dem Kriterium der ursprünglichen (originalen) bzw. späteren, davon abhängigen Überlieferung in *Primär- und Sekundärquellen* einzuteilen, erweist sich im Arbeitsgang (unter dem

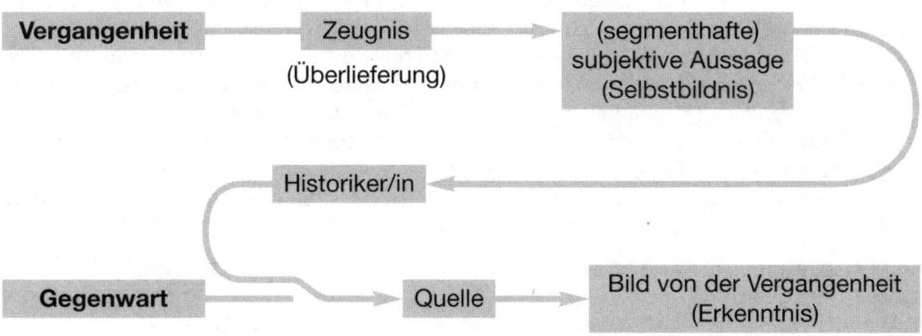

Abb. 4: *Schematische Darstellung der Quellenauswertung.*

Aspekt der Quellenkritik) als sinnvoll, kann aber keinerlei allgemeine Gültigkeit beanspruchen, da die Zuordnung wiederum von der jeweiligen Frage abhängt (vgl. das Beispiel u. S. 102 ff.).

- Das Gleiche gilt für eine Zuordnung nach dem **wissenschaftstheoretischen Inhalt** einer Quelle. Hier ließen sich Quellen zur Kirchen-, Wirtschafts-, Sozial-, Kultur-, Kriegsgeschichte usw. unterscheiden. Eine solche, vom heutigen Erkenntnisinteresse ausgehende Einteilung, die auch nicht eindeutig ist – ein- und dieselbe Quelle lässt sich mehrfach zuordnen – würde dem ursprünglichen Zweck oft kaum gerecht. Daher eignen sich solche frageabhängigen Zuordnungen ebenfalls nicht zu einer grundsätzlichen, sondern nur zu einer arbeitstechnischen Einteilung.
- Von nachhaltigem Einfluss auf die Geschichtswissenschaft hat sich ein anderes Gliederungsschema erwiesen: die Einteilung nach dem Erkenntniswert (Kirn) oder **Aussagewert** (von Brandt) in *„Tradition"* und *„Überreste"*.

Sie geht letztlich auf eine Dreiteilung bei Droysen in „Überreste" („was aus jenen Gegenwarten, deren Verständnis wir suchen, unmittelbar noch vorhanden ist"), „Quellen" („was davon in die Vorstellung der Menschen übergegangen und zum Zweck der Erinnerung überliefert ist") und „Denkmäler" (in denen sich beide Formen verbinden) zurück und wurde von Ernst Bernheim systematisiert: „Überreste" sind unmittelbar von den Begebenheiten übriggeblieben, „Tradition" ist von den Begebenheiten überliefert, aber durch menschliche Auffassung hindurchgegangen und wiedergegeben.[4] Beide Arten unterscheiden sich also darin, ob ihnen bereits die Absicht historischer Unterrichtung innewohnt oder nicht.[5] Man hat daher auch von unwillkürlicher und willkürlicher Überlieferung (Mikoletzky),[6] von unabsichtlich und absichtlich dienenden Quellen gesprochen (von Brandt): Die ersteren seien glaubhaft, die zweiten nicht, nur letztere lassen aber Zusammenhänge erkennen. Während die Gruppen nach Droysen eher einander umschlossen, hat Bernheim sie streng unterschieden (siehe Abb. 5).[7]

Ungeachtet seiner bis zur Gegenwart weitervermittelten Geltung ist diese Einteilung einer reinen Faktengeschichtsschreibung verpflichtet, der heute keine Allgemeingültigkeit mehr zukommt. Es geht dabei um die Frage, ob einer Quelle eine historische Tendenz innewohnt. Letztlich gibt es aber (fast) keine tendenzlosen Quellen, ist die gesamte Überlieferung „hindurchgegangen durch menschliche Auffassungen"; das gilt für das Bild oder den Kochtopf, die von Menschen zu bestimmten Zwecken geschaffen worden sind, ebenso wie für die Urkunde, die gern den Überresten zugezählt wird, weil sie (angeblich) unabsichtlich verrät, worüber sie berichtet. Umgekehrt lässt sich die mittelalterliche Geschichtsschreibung, bisher als Paradebeispiel für die „Tradition" angesehen, auch als „Überrest" auswerten, wenn man sie nach anderen Dingen als historischen Ereignissen befragt oder die Anschauungen des Autors

---

4 Lehrbuch der historischen Methode (o. S. 17) S. 230.

5 So von Brandt (o. S. 45) S. 63.

6 Hanns Leo Mikoletzky, Quellenkunde des Mittelalters, MIÖG 58, 1950, S. 209–227.

7 Das folgende Schema (Abb. 5) bei Gunther Wolf, Quellen, in: Fischer-Lexikon Geschichte (o. S. 26 Anm. 15) S. 274.

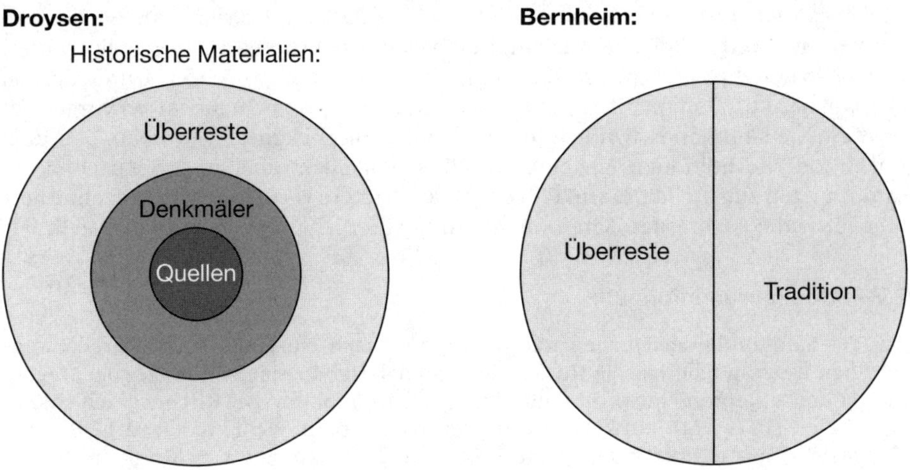

Abb. 5: *Schematische Darstellung der Quellen nach Droysen und Bernheim.*

selbst thematisiert. Es kommt vielmehr darauf an, zu erkennen, *welche* Tendenz der Quelle innewohnt; bei der Einteilung in Tradition und Überreste geht es tatsächlich um die Frage, ob diese Intention sich mit dem deckt, was Historiker/innen gerade erfragen: ob man das Altarbild etwa als Kunstwerk, als Zeugnis religiöser Andacht oder beispielsweise als Quelle für die Gestalt der spätmittelalterlichen Stadt betrachtet, die gelegentlich im Hintergrund abgebildet ist. Jede Quelle kann – je nach Fragestellung – sowohl Tradition wie Überrest sein, weil sie sowohl Absichtliches wie Unabsichtliches überliefert. Auch diese inzwischen schon ehrwürdige Einteilung eignet sich folglich nicht zu einer grundsätzlichen Gliederung der Quellen und besitzt damit nicht die allgemeine Bedeutung, die man ihr oft immer noch zuschreibt, wohl aber hilft sie, das oben (S. 18ff.) herausgestellte, ambivalente Verhältnis der Historiker/innen zu ihrem Gegenstand, zwischen moderner und zeitgenössischer Fragestellung, zu klären.

– Auf eine wichtige Charakterisierung der Quellen nach ihrem **Realitätsgehalt** macht Gerhard Theuerkauf aufmerksam: ob sie nämlich Faktisches (was gewesen ist), Fiktives (was gewesen sein könnte) oder Normatives (was gewesen sein sollte) berichten wollen.[8] Eine solche Vergewisserung ist für die historische Arbeit äußerst hilfreich zur Einschätzung des Realitätsgehalts einer Quelle, auch sie führt aber nur bedingt zu einer allgemeinen Klassifizierung der Quellen, da diese die verschiedenen Elemente durchaus in sich vereinigen können.

Will man eine grundsätzliche (d. h. weitgehend fragenunabhängige) Einteilung der Quellen vornehmen und dabei nicht auf der rein formalen Ebene stehenbleiben, so

---

8 Theuerkauf (o. S. 46) S. 69.

ist die *ursprüngliche Bestimmung und Absicht der Quelle* zu berücksichtigen. Sie lässt erkennen, wieweit die eigene Frage mit dem ursprünglichen Zweck übereinstimmt, in welcher Richtung sich also die „Tendenz“ der Quelle auswirkt. Unter diesem Gesichtspunkt sollen hier die wichtigsten mittelalterlichen Quellenarten vorgestellt werden. Sie sind handschriftlich in Archiven, Bibliotheken und Museen, gedruckt über moderne Editionen einzelner Quellen, vor allem aber in großen Quellensammlungen zugänglich. Da im Folgenden auf letztere verwiesen wird, sei ein Überblick über die wichtigsten Sammlungen mittelalterlicher Quellen vorangestellt.

2.2.2 Quellensammlungen

Mit der Sammlung der Quellen und dem Druck nach einzelnen, verfügbaren Handschriften begannen bereits die Humanisten. So lieferten beispielsweise die sog. Magdeburger Zenturiatoren eine protestantische Quellensammlung zur Kirchengeschichte in 13 Bänden (1559–74); ein katholisches Gegenstück schuf wenig später in 12 Bänden Caesar Baronius (1588–1607). Weitere Sammlungen stammen von Marquard Freher (1600–11), Melchior Goldast (1607 ff.), Johann Gustav Eckhard (1723), Bernhard Pez (Thesaurus, 1712–29) und anderen. Auf sie muss nur noch in Einzelfällen beim Fehlen moderner Editionen zurückgegriffen werden.

Kritische Editionen, die den Text möglichst in der Originalsprache bieten, die Überlieferungsverhältnisse der einzelnen Handschriften erkennen lassen und Abweichungen (Lesarten) in einem sog. kritischen Apparat (in Fußnoten) angeben (vgl. u. S. 231 ff.), setzen seit dem späten 18. und frühen 19. Jh. ein. Damals hat man die Handschriften und Quellen des Früh- und Hochmittelalters gesammelt und mit der Edition die Materialgrundlage noch der heutigen Forschung bereitgestellt (auch wenn manches inzwischen überholungsbedürftig ist). Die Vorliebe des 19. Jh. für die politische Geschichte hat aber auch die Auswahl der Texte und die Editionskriterien beeinflusst. Heutige Fragen richten den Blick auf „neue“ (d. h. vorher weithin unbeachtete) Quellen, die ihrerseits erst aufbereitet werden müssen. Hier bleiben der Forschung noch viele dringliche Aufgaben. Die Materialfülle des damals eher stiefmütterlich behandelten, heute stärker in das Interesse gerückten späten Mittelalters bedarf vielfach überhaupt noch der kritischen Bearbeitung. Entsprechend sind auch viele Arbeits- und Hilfsmittel der Mediävistik noch immer früh- und hochmittelalterzentriert.

Die Mehrzahl der Quellen ist in größeren, kritischen **Quellensammlungen** gedruckt, die man kennen sollte und die hier kurz vorgestellt seien.

> Einen vollständigen Überblick über die Quellensammlungen mit Angabe des Inhalts der Einzelbände gibt das
> - Repertorium Fontium Historiae Medii Aevi, Bd. 1: Series collectionum, Rom 1962; Additamenta (1962–1972), Rom 1977.
>
> Vgl. ferner:
> - Raoul C. Van Caenegem, Introduction aux sources de l’histoire médiévale. Typologie. Histoire de l’érudition médiévale. Grandes collections. Sciences auxiliaires. Bibliographie, avec la collaboration de François-Louis Ganshof, hg. v. Luc Jocqué (CCM) Turnhout 1997 (ausführliche Bibliographie), S. 217–322.

(Nicht immer fehlerfreie) Angaben zur Edition der wichtigsten Einzelquellen bietet:
- János M. BAK, Mittelalterliche Geschichtsquellen in chronologischer Übersicht nebst einer Auswahl von Briefsammlungen, Stuttgart 1987.

2.2.2.1 Die Monumenta Germaniae Historica (MGH)

Die bei weitem wichtigste Quellensammlung zur mittelalterlichen Geschichte bilden die Monumenta Germaniae Historica (MGH). Von wenigen Ausnahmen abgesehen, sind ihre kritischen Editionen die maßgeblichen.

Die MGH gehen auf eine Gründung des Freiherrn vom Stein zurück, der 1819 in Frankfurt die „Gesellschaft für ältere deutsche Geschichtskunde" ins Leben rief, eine private Vereinigung, die von vornherein das Ziel hatte, eine Gesamtausgabe der mittelalterlichen Quellen zur deutschen Geschichte zu erstellen. Erster Leiter, zunächst in Hannover, dann in Berlin, wurde Georg Heinrich Pertz (von 1823 bis 1873), erster Sekretär Johann Friedrich Böhmer (von 1823 bis 1864). 1826 erschien der erste Quellenband, dem sich in zahlloser Folge weitere anschließen sollten. 1875 gewannen die MGH durch Umwandlung in eine öffentlich-rechtliche Körperschaft mit einer „Zentraldirektion" mit Sitz in Berlin eine festere Rechtsgestalt. Erster Vorsitzender wurde Georg Waitz (von 1875 bis 1886), ihm folgten Ernst Dümmler (1888–1902), Reinhold Koser (1906–1914) und Paul Fridolin Kehr (1919–1936). In dieser Phase entstanden mehrere neue Quellenreihen. Da die Quellenedition als wichtigste Aufgabe der Geschichtswissenschaft empfunden wurde, standen fast alle bedeutenden Mediävisten jener Zeit mit den MGH in Verbindung. Einige machten sich in besonderer Weise verdient, z. B. Oswald Holder-Egger, Harry Bresslau oder Theodor Sickel. 1937 wurden die MGH unter der nationalsozialistischen Herrschaft aufgelöst und in ein „Reichsinstitut für ältere deutsche Geschichtskunde" umgewandelt (Präsidenten: Edmund E. Stengel, 1937–1942; Theodor Mayer, 1942–1945). 1946 wurden die MGH wiederhergestellt, ihr Sitz aber wurde – bis heute – nach München verlegt. Die Präsidenten der Nachkriegszeit waren Friedrich Baethgen (1947–1958), Herbert Grundmann (1958–1969), Horst Fuhrmann (1969–1994) und Rudolf Schieffer (seit 1994). Heute bestehen die MGH aus einem kleineren Kreis ständiger und einer größeren Zahl freier Mitarbeiter (meist an den Universitäten), die einzelne Quellen edieren. Augenblicklich laufen etwa 40 Editionsprojekte.

Neben den Editionen bringen die MGH eine Zeitschrift als Fachorgan heraus, die vorwiegend quellenkundlich orientiert ist und jeweils über den Stand der Editionsvorhaben informiert. Das war zunächst das **Archiv** der Gesellschaft für ältere deutsche Geschichtskunde (Bd. 1–12, 1820–74), dann (seit 1876) das **Neue Archiv** der Gesellschaft für ältere deutsche Geschichtskunde (NA), seit 1937 das **Deutsche Archiv** für (zunächst: Geschichte, seit 1951 umbenannt in:) Erforschung des Mittelalters (DA), nach wie vor die wichtigste deutsche Mittelalterzeitschrift (vgl. o. S. 75).

Lit. zur Geschichte der MGH:
- Herbert GRUNDMANN. Monumenta Germaniae Historica 1819–1969, Köln-Wien 1969.
- Horst FUHRMANN, „Sind eben alles Menschen gewesen". Gelehrtenleben im 19. und 20. Jh. Dargestellt am Beispiel der Monumenta Germaniae Historica und ihrer Mitarbeiter, unter Mitarbeit von Markus Wesche, München 1996.

Die Editionen der MGH erscheinen, nach Sachgebieten geordnet, in einzelnen Abteilungen (jeweils mit Reihen), mit denen Studierende sich unbedingt vertraut machen sollten. (In Klammern sind die üblicherweise zitierten Siglen angegeben.)

Abt. I. Scriptores: enthält die erzählenden Quellen. Die Reihen sind zunächst zeitlich gegliedert.
- ***Auctores antiquissimi** (AA), 15 Bde., 1877–1919 (enthalten Schriften der spätantik-germanischen Zeit).
- ***Scriptores rerum Merovingicarum** (SS rer. Merov. oder SSrM), 7 Bde., ed. Bruno Krusch u. Wilhelm Levison, 1885–1951 (enthalten erzählende Quellen über die Merowingerzeit).
- **Scriptores rerum Langobardicarum et Italicarum** saec. VI–IX (SS rer. Lang.), ed. Georg Waitz u. a., 1 Bd., 1878 (ND. 1964) (enthält frühmittelalterliche Geschichtsschreiber aus dem italienischen Raum).
- **Gesta pontificum Romanorum**: Liber pontificalis t. 1, ed. Theodor Mommsen, 1898.

Kernstück der Abteilung bilden die:
- ***Scriptores** (SS), 38 Bde. (Bd. 33 und 37 in Druckvorbereitung), 1826–2000, ed. (vor allem) Georg Heinrich Pertz, Georg Waitz (ab Bd. 13) u. a., im unhandlichen Folioformat, ab Bd. 31 in Quart (enthalten die erzählenden Quellen von der Karolingerzeit bis ins 13. Jh.).

Die Scriptores wurden ergänzt durch eine handliche Edition von Einzelquellen (im Octavformat), die durchweg jünger und daher der Folioreihe vorzuziehen ist:
- ***Scriptores rerum Germanicarum in usum scholarum** (SS rer. Germ. oder SSrG), 77 Bde. (Bd. 70 und 74 im Druck), 1841–2005, und
- ***Scriptores rerum Germanicarum, nova series** (SS rer. Germ. n. s. oder SSrG n. s.), 21 Bde. (Bd. 21 im Druck), 1922–2005.

Ferner folgende, sachlich begrenzte Reihen:
- **Deutsche Chroniken** und andere Geschichtsbücher des Mittelalters (Dt. Chron.), 6 Bde., 1877–1909 (enthalten deutschsprachige Geschichtschroniken).
- ***Libelli de lite** imperatorum et pontificum saeculis XI et XII conscripti (Ldl), 3 Bde., 1891–97 (enthalten die Streitschriftenliteratur aus der Zeit des Investiturstreits und des 12. Jh.).
- **Staatsschriften** des späteren Mittelalters, 7 Bde. (Bd. 7 im Druck), 1941–2005.

Abt. II. Leges, enthält mittelalterliche Rechtsquellen.
Die ältere Reihe:
- **Leges** (LL), 5 Bde. (in Folio), 1835–89, ist meist ersetzt durch die neuere Reihe (Leges in Quart):
- Sectio I: ***Leges nationum Germanicarum** (LL nat. Germ.), 5 Bde., 1888–1969 (enthalten die germanischen Volksrechte).
- Sectio II: ***Capitularia regum Francorum** (Capit.), 2 Bde., 1883–97, mit den Kapitularien der Frankenkönige; dazu 4 Bde. Capitula episcoporum, 1984–99 (mit Bischofskapitularien); **Nova series** (Kapitulariensammlung des Ansegis, 1996).
- Sectio III: ***Concilia** (Conc.), 5 Bde. u. 4 Erg.-Bde., 1893–1998: Bd. 1–2: Konzilsakten der Merowinger- und Karolingerzeit;

Bd. 3–4: Konzilsakten der karolingischen Teilreiche 843–874;
Bd. 6: Die Konzilien Deutschlands und Reichsitaliens 916–961; Bd. 6,2: Die Konzilien Deutschlands und Reichsitaliens 962–1001 (im Druck).
Capitula episcoporum, in 4 Teilen, 1984–2005.
Konzilsordines des Früh- und Hochmittelalters, 1996.

- Sectio IV: ***Constitutiones** et acta publica imperatorum et regum (Const.), bisher 14 Bde., 1893–2005 (enthalten die Gesetzgebung und die Reichsverträge der deutschen Könige seit 911, zuletzt 1357–1378 als elektronische Vorabedition sowie eine zweite Folge: Urkunden aus den Archiven der Länder Mittel- und Norddeutschlands sowie Dänemarks 2005; Suppl.: Konstitutionen Friedrichs II., 1996).
- Sectio V: ***Formulae** Merowingici et Karolini aevi, 1 Bd., 1882/86 (ND. 1963) (enthält die frühmittelalterlichen Formelsammlungen).
- **Fontes iuris Germanici antiqui** in usum scholarum (Font. iur. Germ.), 15 Bde., 1869–2000 (enthalten einzelne, wichtige Rechtsquellen verschiedener Zeiten).
- **Fontes iuris Germanici antiqui, nova series** (Font. iur. Germ. n. s.), 6 Bde., 1933–2002 (enthalten die Rechtsbücher – die „Spiegel" – des 13. Jh.).

Abt. III. Diplomata (DD), enthält die mittelalterlichen Urkunden.

- ***Diplomata regum Francorum e stirpe Merovingica**. Die Urkunden der Merowinger, 2 Bde., 2001 (ersetzt den überholten Band von 1872).
- ***Diplomata Karolinorum. Die Urkunden der Karolinger**, 3 Bde., 1906–1994 (Pippin/Karlmann/Karl d. Große, Lothar I./Lothar II., Ludwig II.).
- **Regum Burgundiae e stirpe Rudolfina Diplomata et Acta. Die Urkunden der burgundischen Rudolfinger**, 1 Bd., 1977.
- ***Diplomata regum Germaniae ex stirpe Karolinorum. Die Urkunden der deutschen Karolinger**, 4 Bde., Berlin 1932–1960 (von Ludwig dem Deutschen bis Ludwig dem Kind, 829[840]–911).
- ***Diplomata regum et imperatorum Germaniae. Die Urkunden der deutschen Könige und Kaiser**, 12 Bde. (teilweise mit mehreren Teilbänden) 1879–2002 (von Konrad I. bis Heinrich IV., 911–1106, Lothar III. bis Friedrich Barbarossa, 1125–1190; Friedrich II., T. 1: 1198–1212, ferner Heinrich Raspe und Wilhelm von Holland, T. 1: 1246–52, T. 2: 1252–1256 im Druck, Kaiserin Konstanze, 1186–1198).
- **Laien- und Dynastenurkunden der Kaiserzeit**, 2 Bde. (Heinrich der Löwe, Mathilde von Tuszien), 1941–98.

Abt. IV Epistolae (EE oder Epp.):

- ***Epistolae** (in Quart), 8 Bde., 1887–1939 (enthalten Briefe und Briefsammlungen von Gregor I. bis Hinkmar von Reims).
- ***Die Briefe der deutschen Kaiserzeit**, 8 Bde., 1949–2002 (Rather von Verona, Gerbert von Reims, Wormser Briefsammlung, Petrus Damiani, Sammlungen aus der Zeit Heinrichs IV., Admonter Briefsammlung, Tegernseer Briefsammlung).
- **Briefe des späteren Mittelalters**, 1 Bd. (Albert Behaim), 2000.
- **Epistolae saeculi XIII e regestis pontificum Romanorum selectae**, 3 Bde., 1883–94.
- **Epistolae selectae** (Epp./EE sel.), 5 Bde., 1916–1952 (Bonifatius, Gregor VII., Tegernseer Briefsammlung, Friede v. S. Germano 1230, Reinhardsbrunner Briefsammlung).

Abt. V. Antiquitates, enthält verschiedene Quellen sonstiger Art:
- **Poetae latini medii aevi** (Poetae), 6 Bde., 1881–1979 (Gedichte der Karolinger- und Ottonenzeit).
- **Necrologia** Germaniae (Necr.), 5 Bde., 1886–1920 (Nekrologe der Diözesen Augsburg, Konstanz, Chur, Salzburg, Brixen, Freising, Regensburg, Passau); Erg.-Bd.: **Libri confraternitatum**, 1884 (überholt).

Die Reihe wird ersetzt durch:
- **Libri memoriales**, 2 Bd. (Remiremont; der karolingische Reichskalender), 1970 u. 2001, und
- **Libri memoriales et necrologia, nova series**, bisher 6 Bde. und 1 Erg.-Bd., 1979–2004 (Reichenau, Merseburg/Magdeburg/Lüneburg, St. Emmeram, Brescia, Minden, Michelsberg, Altarplatte von Reichenau-Niederzell).

Ferner:
- **Quellen zur Geistesgeschichte des Mittelalters**, 19 Bde., 1955–2004 (Alexander Minorita, Anselm v. Besate, Adalbertus Samaritanus, Hermannus Iudaeus, Rupert von Deutz, Sextus Amarcius, Laurentius von Montecassino, Manegold von Lautenbach, Eupolemius, Lorenzo Valla, Böhmische Inquisition, Sigebert von Gembloux, Otloh von St. Emmeram, Aethicus Ister, Disputationen zu Ceuta 1179 und Mallorca 1280, Hinkmar von Reims, der Wolfenbütteler „Rapularius“, Heimo von Bamberg).
- **Deutsches Mittelalter** (Dt. MA), 4 Bde., 1937–49 (Briefe Heinrichs IV., Brunos Buch vom Sachsenkrieg, Vita Liutbirgae, Alexander v. Roes).
- Hebräische Texte aus dem mittelalterlichen Deutschland, Bd. 1, 2005 (Judenverfolgung während des ersten Kreuzzuges.)

2.2.2.2 Quellensammlungen zur deutschen Geschichte außerhalb der MGH

Gelegentlich ist noch auf ältere Sammlungen zurückzugreifen:
- Johann Friedrich Böhmer, Fontes rerum Germanicarum, 4 Bde., Stuttgart 1843–68.
- Philipp Jaffé, Bibliotheca rerum Germanicarum, 6 Bde., Berlin 1864–73.

Editionen besonderer Quellengruppen:
- ***Deutsche Reichstagsakten**, hg. v. d. Historischen Kommission bei der Bayerischen Akademie der Wissenschaften,
  Ältere Reihe (1376–1486), seit 1867; bisher: 22 Bde., 1376–1445, 1453/54, 1468–70;
  Mittlere Reihe (1486–1518: Maximilian I.); bisher 6 Bde., zu einzelnen Reichstagen bis 1498;
  Jüngere Reihe (1518–1556: Karl V.); bisher Bd. 1–4, 7, 8, 10, zu einzelnen Reichstagen bis 1532.
- ***Die Chroniken der deutschen Städte** vom 14. bis ins 16. Jh., hg. v. der Hist. Kommission bei der Bayerischen Akademie der Wissenschaften, 37 Bde., 1862–1968 (ND. Bd. 1–36, 1961 ff.).
- Chartae Latinae Antiquiores. Facsimile-edition of the Latin charters prior to the ninth century, hg. v. Albert Bruckner u. Robert Marichal, 74 Bde., ab Bd. 50 u. d. T.: Chartae Latinae antiquiores. Facsimile-edition of the Latin charters, 2nd series, Dietikon-Zürich 1954 ff.

- Corpus der altdeutschen Originalurkunden bis zum Jahr 1300 (CaOU), hg. v. Friedrich Wilhelm, Richard Newald, Helmut de Boor, Diether Haacke u. Bettina Kirschstein, 6 Bde. 1932–2004, Berlin 2004.

Außerdem existieren zahlreiche landschaftliche Editionswerke (z. B. Publikationen für rheinische Geschichtskunde; Quellen und Erörterungen zur bayerischen und deutschen Geschichte).

Übersetzungen:

- ***Freiherr vom Stein-Gedächtnisausgabe**: Ausgewählte Quellen zur deutschen Geschichte des Mittelalters (FSGA oder AQ), bisher 40 Bde., Darmstadt 1955 ff. (zweisprachig; Lateintexte nach der MGH-Ausgabe, aber ohne den ausführlichen kritischen Apparat; enthält die wichtigsten, v. a. die historiographischen Quellen; ein wichtiges Hilfsmittel für den Universitätsbetrieb).

Ältere Übersetzungen:

- ***Geschichtsschreiber der deutschen Vorzeit**, 104 Bde., 1847–1962.

Quellenauszüge in Übersetzungen:

- Geschichte in Quellen. Mittelalter. Reich und Kirche, bearb. v. Wolfgang Lautemann u. Manfred Schlenke, München ^{2}1978.
- Deutsche Geschichte in Quellen und Darstellung
  Bd. 1: Frühes und hohes Mittelalter. 750–1250, hg. v. Wilfried Hartmann, Stuttgart 1995; Bd. 2: Spätmittelalter. 1250–1495, hg. v. Jean-Marie Moeglin u. Rainer A. Müller, Stuttgart 2000.
- Das Mittelalter. Ein Lesebuch aus Texten und Zeugnissen des 6. bis 16. Jh., hg. v. Hartmut Boockmann, München 1988.
- Lust an der Geschichte: Leben im Mittelalter. Ein Lesebuch, hg. v. Ernst Pitz, München-Zürich 1990.
- Medieval Worlds. A Sourcebook, hg. v. Roberta Anderson u. Dominic Aidan Bellenger, London 2003.

Alt- und mittelenglische Quellen in Auswahl mit Übersetzung:

- Old and Middle English c. 890–c. 1400. An Anthology, hg. v. Elaine Treharne (Blackwell Anthologies) Oxford ^{2}2003.

Darüber hinaus gibt es viele Bände zu einzelnen Themen. Übersetzungen von Einzelwerken lassen sich nur über Quellenkunden (u. S. 249 ff.) erschließen.
Eine (nicht immer aktuelle) Übersicht über deutsche Übersetzungen gibt Ohler, Bibliographie (u. S. 245).

2.2.2.3 Quellensammlungen zur außerdeutschen Geschichte

Österreich:

- **Fontes rerum Austriacarum. Österreichische Geschichtsquellen**, hg. v. d. Hist. Komm. d. Akademie der Wissenschaften in Wien, 1849 ff.
  Abt. I: Scriptores, 12 Bde.; Abt. II: Diplomataria et acta, 86 Bde.; Abt. III: Fontes iuris, 10 Bde.

Schweiz:

- **Quellen zur Schweizer Geschichte**, Neue Folge, hg. v. d. Allgemeinen Geschichtsforschenden Gesellschaft der Schweiz, 1908 ff.

Abt. I: Chroniken, 8 Bde.; Abt. II: Akten, 5 Bde.; Abt. III: Briefe, 9 Bde.; Abt. IV: 8 Bde. (betreffen nur zum Teil die mittelalterliche Geschichte).

- **Quellenwerk zur Entstehung der schweizerischen Eidgenossenschaft**, 1933 ff.

  Abt. I: Urkunden, 3 Bde.; Abt. II: Urbare, 4 Bde.; Abt. III: Chroniken, 3 Bde.

Italien:
- **L. A. Muratori**, Rerum Italicarum scriptores, 25 Bde., Mailand 1723–51, Neuausgabe (Muratori^2): 34 Bde., Città del Castello 1900–1935.
- ***Fonti per la storia d'Italia**, hg. v. Istituto storico italiano, bisher 118 Bde., Rom 1887 ff.

Urkunden:
- **Regesta chartarum Italiae**, 43 Bde., Rom 1907 ff.

Frankreich:
- **Recueils des historiens des Gaules et de la France (RHF)**, hg. v. M. Bouquet, 24 Bde., Paris 1736–1904 (enthält nicht ganze Quellen, sondern stellt die verschiedenen Quellenaussagen zu jeweiligen Zeitabschnitten zusammen).
- ***Collection de textes** pour servir à l'étude et à l'enseignement de l'histoire, 51 Bde., Paris 1886–1929.
- ***Les classiques de l'histoire de France au moyen âge**, bisher 43 Bde., Paris 1923 ff. (mit französischer Übersetzung).
- **Sources de l'histoire médiévale**, hg. v. Institut de recherche et d'histoire des textes, C. N. R. S., bisher 32 Bde., Paris 1965 ff.

Urkunden:
- ***Chartes et diplômes relatifs à l'histoire de France**, hg. v. d. Académie des Inscriptions et Belles-Lettres, Paris 1908 ff. (Pippin I. und II., Karl der Kahle, Ludwig II./ Ludwig III./ Karlmann, Odo, Karl der Einfältige, Provence, Robert und Rudolf, Ludwig IV., Lothar und Ludwig V., Philipp I., Ludwig VI., Heinrich II., Philipp II. August).

Belgien:
- **Publications de la Commission royale d'histoire**, Serie I: Chroniken, 163 Bde., 1836 ff.; Serie II (Quart): 84 Bde., 1854 ff.; Serie III: Urkunden, 11 Bde., 1866 ff.; Serie IV: Chroniken, 4 Bde., 1904 ff.; Serie V: Akten der Fürstentümer, 5 Bde., 1936 ff.; Serie VI: Akten der Generalstände, 1 Bd., 1948.

England:
- ***Rerum Britannicarum medii aevi scriptores (Rolls series)**, 99 Bde. (teils mehrbändig), London 1858–1896.
- *(Oxford) **Medieval Texts** (früher Medieval Classics), 35 Bde., 1949 ff. (mit englischer Übersetzung).

Akten:
- **Public Record Office** (PRO), London 1862 ff.

  (verschiedene Serien, z. B. Treaty Rolls (1234–1339); Pipe Rolls, seit Henry II., 1884 ff.; Übersicht: Repertorium fontium historiae medii aevi Bd. 1 (o. S. 84) S. 574 ff. Indizes: PRO. Lists and indices, 55 Bde., ^{2}1966 ff.; Supplementary series, über 68 Bde., 1970 ff.).

- **Councils and Ecclesiastical Documents relating to Great Britain and Ireland**, hg. v. Arthur West Haddan u. William Stubbs, 3 Bde., Oxford 1869–71 (ND. 1964).

Auswahl in englischer Übersetzung:

- ***English Historical Documents** (EHD), bisher 3 Bde. (500–1485), London 1961–75.

Spanien:
- **España sagrada**, 51 Bde.; Madrid 1747–1849.
- **Textos medievales**. Edición de textos relativos a la Edad Media española, ca. 80 Bde., Valencia u. Saragossa 1901 ff.
- **Biblioteca de historia hispanica.** Textos medievales, Barcelona 1981 ff.

Polen:
- **Monumenta Poloniae historica** (verschiedene Reihen).
- **Scriptores rerum Polonicarum**, 22 Bde., Krakau 1872–1917.

Byzanz:
- **Byzantinische Geschichtsschreiber**, Graz-Wien-Köln 1954 ff. (Übersetzungen).

2.2.2.4 Quellensammlungen zur Kirchengeschichte

Patristik (Kirchenväter):
- ***Corpus scriptorum ecclesiasticorum latinorum** (CSEL), hg. v. d. Akademie der Wissenschaften in Berlin, bisher 95 Bde., Wien 1866 ff.
- ***Corpus Christianorum. Series latina** (CCL), hg. von den Benediktinermönchen der Abtei St. Peter in Steenbrugge, bisher 168 Bde., Turnhout 1953 ff. (ersetzt Bd. 1–96 des „Migne“).
- ***Sources chrétiennes**, bisher 493 Bde., Lyon 1955 ff. (mit franz. Übersetzung).[9]

Deutsche Übersetzungen:
- **Bibliothek der Kirchenväter**, Alte Reihe: 61 Bde., Kempten 1911 ff.; Neue Reihe: 20 Bde., München 1932–1938.
- Quellen zur Kirchenreform im Zeitalter der großen Konzilien des 15. Jh., hg. v. Jürgen Miethke u. Lorenz Weinrich, 2 Bde. (FSGA 38) Darmstadt 1998/2002.

Mittelalter (allgemein):
- *Jacques Paul Migne, Patrologiae cursus completus seu bibliotheca universalis ... Series latina (Migne PL), 221 Bde. u. 4 Registerbde., Paris 1844 ff. (enthält die kirchliche Literatur bis 1216, darunter viele wichtige, noch nicht besser edierte Texte. Vieles liegt aber auch in neueren Editionen vor.)
  Übersicht über den Inhalt: Repertorium fontium historiae medii aevi 1 (o. S. 84), S. 420–454. Zu den Registerbänden vgl. Berlioz (u. S. 255), S. 279–294.
  Berichtigung der Zuordnungen:
  P. Glorieux, Pour revaloriser Migne. Tables rectificatives, Lille 1952; A. Hamman, Patrologiae cursus completus a J. P. Migne editus. Series latina. Supplementum, Paris 1958 ff.
- ***Corpus Christianorum. Continuatio mediaevalis** (CCM), bisher mehr als 110 Bde. (Bd. 1–173, mit vielen Lücken), Turnhout 1966 ff. (wird ständig erweitert).
- **Fontes Christiani**. Zweisprachige Neuausgabe christlicher Quellentexte aus Altertum und Mittelalter (Bd. 1–79, mit Lücken, wird erweitert), Freiburg/B. 1990 ff.

---

9 Zur Geschichte: Étienne Fouilloux, La collection „sources chrétiennes“. Éditer les Pères de l'Église au XXe siècle, Paris 1995.

Papsttum:

- Carl MIRBT, Quellen zur Geschichte des Papsttums und des römischen Katholizismus, hg. v. Kurt Aland, Tübingen ^{6}1967.
- **Liber pontificalis**, ed. Louis M. O. DUCHESNE, 3 Bde., Paris ^{2}1955–1957.
  (Zu Papsturkunden und -registern vgl. u. S. 135f.).

Heiligenviten:

- ***Acta Sanctorum** (AA SS), hg. von den Bollandisten, seit 1634, Paris ^{3}1863–70 (bis Bd. 60), bisher insgesamt 67 Bde. (bis Dezember) (enthalten Sammlungen der Viten nach Heiligentagen geordnet. Zitierweise: Vita, AA SS, Tag, Monat, Bandzahl des Monats, Seite).
- Jean MABILLON, Acta Sanctorum Ordinis s. Benedicti in saeculorum classes distributa (AA SS OSB), 9 Bde., Venedig ^{2}1733–1738.
- Mirakelberichte des frühen und hohen Mittelalters, hg. v. Klaus HERBERS u. a. (FSGA 43), Darmstadt 2005.

Konzilsakten:

- *J. D. MANSI, Sacrorum conciliorum nova et amplissima collectio, 53 Bde., Paris ^{2}1901–1927 (ND. Graz 1960/61).

Klosterregeln:

- ***Corpus Consuetudinum Monasticarum** (CCM), hg. v. Kassius HALLINGER, bisher 14 Bde., 1963ff.

2.2.2.5 Quellensammlungen zu anderen Sachgebieten

Rechtstexte:

- ***Germanenrechte**, hg. v. Karl August ECKHARDT, Alte Folge: 16 Bde., 1943ff.; Neue Folge: 9 Bde., 1953ff. (mit deutscher Übersetzung).

Stadtgeschichte:

- ***Elenchus fontium historiae urbanae**, 3 Bde., Leiden 1967–1993.
- ***Urkunden zur Geschichte des Städtewesens in Mittel- und Niederdeutschland bis 1350**, Bd. 1 (Städteforschung, Reihe C: Quellen), hg. v. Heinz STOOB u. a., Köln-Wien 1985; Bd. 2: 1351–1475, Köln-Wien 1992.
- Vgl. auch verschiedene Bde. der Freiherr vom Stein-Gedächtnisausgabe (o. S. 89):
  Quellen zur Hanse-Geschichte, hg. v. Rolf SPRANDEL (FSGA 36) Darmstadt 1982;
  Quellen zur Wirtschafts- und Sozialgeschichte mittel- und oberdeutscher Städte im Spätmittelalter, hg. v. Gisela MÖNCKE (FSGA 37) Darmstadt 1982.
  Quellen zur Verfassungsgeschichte der deutschen Stadt im Mittelalter, hg. v. Bernd-Ulrich HERGEMÖLLER (FSGA 34) Darmstadt 2000.
- Quellen zur Hansegeschichte: vgl. DOTZAUER (u. S. 250) S. 199ff.

Verfassungs-, Wirtschafts-, Sozialgeschichte:

- Vgl. Quellen zur deutschen Verfassungs-, Wirtschafts- und Sozialgeschichte bis 1250 bzw. 1250–1500, hg. v. Lorenz WEINRICH (FSGA 32 und 33) Darmstadt 1977/83.
- Quellen zur Alltagsgeschichte im Früh- und Hochmittelalter, hg. v. Ulrich NONN (FSGA 45) 1. T., Darmstadt 2003.

Kreuzzugsgeschichte:

- ***Recueil des Historiens des Croisades**. Historiens occidentaux (RHC), 5 Bde., Paris 1844–1895 (ND. 1967).
- **Documents relatifs à l'histoire des croisades**, bisher 18 Bde., Paris 1946 ff.

2.2.2.6 CD-ROM-Versionen und Internet

Einige Quellensammlungen gibt es auch als CD-ROM, z. B. MGH (Auswahl), MIGNE (Patrologia Latina Database: PLD), CORPUS CHRISTIANORUM (CETEDOC); ACTA SANCTORUM. FONTES MEDII AEVI in 3 Teilen, 1999–2005, hg. vom Heptagon Verlag (bietet 91 erzählende Quellen auf Grundlage der MGH mit dt. Übers.).
Verschiedene Quellensammlungen und Übersetzungen sind auch im Internet verfügbar.[10]

2.2.2.7 Regesten

Regesten sind keine Quellen, sondern – im ursprünglichen Sinn – kurze Zusammenfassungen des Quelleninhalts, insbesondere von Urkunden, in chronologischer Reihenfolge durch moderne Bearbeiter (mit Angabe von Aussteller, Empfänger, Rechtsinhalt, Datum und Ort). Da Regestensammlungen auch anderweitige Nachrichten einbeziehen, bieten sie einen schnellen Überblick über Quellen, Handlungen und Reisen (Itinerar, das meist am Rande ausgedruckt ist) eines Ausstellers.

Über die Geschichte der deutschen **Könige und Kaiser** etwa informieren die von Johann Friedrich BOEHMER begründeten, soweit vorhanden, in der 2., von der Österreichischen Akademie der Wissenschaften bearbeiteten Auflage zu benutzenden

- ***Regesta imperii** (RI).[11]
  Sie werden als RI^2 (mit Bandzahl und laufender Nummer) oder aber mit den Buchstabensiglen BX bezeichnet (B = Böhmer, X = Initiale des Bearbeiters der 2. Auflage, z. B. BM = Böhmer-Mühlbacher = RI^2 I). Bisher sind folgende Reihen erschienen bzw. geplant:
  I. 1,1: Die Regesten des Kaiserreiches unter den Karolingern 751–918, bearb. v. Engelbert MÜHLBACHER, Innsbruck ²1908 (ND. 1966); 1,3: Die Regesten des Regnum Italiae und der burgundischen Regna. T. 1: Die Karolinger im Regnum Italiae 840–887, bearb. v. Herbert ZIELINSKI, Köln-Wien 1991; T. 2: 888–926, 1998; 1,4: Papstregesten 800–911, T. 2, Lief. 1 (844–858), bearb. v. Klaus HERBERS, 1998.
  II. Die Regesten des Kaiserreiches unter den Herrschern aus dem sächsischen Hause (919–1024), bearb. v. Emil v. OTTENTHAL, Hanns Leo MIKOLETZKI, Mathilde UHLIRZ, 4 Bde., Innsbruck 1893–1971; Bd. 5: Papstregesten, 911–1024, bearb. v. Harald ZIMMERMANN, Wien-Köln-Graz 1969 (²1998); Bd. 6: Register, bearb. v. Harald ZIMMERMANN, Köln-Wien 1982.

---

10 Vgl. den Überblick von Markus SEHLMEYER, CD-ROMs und Internet in der spätantiken und mittelalterlichen Geschichtsforschung, HZ 274, 2002, S. 367–86.

11 Zu Geschichte und Arbeitsweise vgl. Die Regesta Imperii im Fortschreiten und Fortschritt, hg. v. Harald ZIMMERMANN (Forschungen zur Kaiser- und Papstgeschichte des Mittelalters 20) Köln-Weimar-Wien 2000.

III. Salisches Haus 1024–1125, bisher: Konrad II., 1024–1039, bearb. v. Heinrich APPELT u. Norbert von BISCHOFF, Graz 1951; Heinrich IV., 1056–1065, bearb. v. Tilman STRUVE, Köln-Wien 1984.
IV. Ältere Staufer 1125–1197, bisher: Lothar III.: 1125(1075)–1137, neubearb. v. Wolfgang PETKE, 1994; Friedrich I., Lief. 1–3, 1152–1180, bearb. v. Ferdinand OPLL, Wien-Köln-Graz 1980/1991/2003; Heinrich VI. 1190–1197, bearb. v. Gerhard BAAKEN, Köln-Wien 1972; Register und Nachträge, 1979. Papstregesten 1124–1198, T. 4, Lief. 1 (1181–1184), bearb. v. Katrin BAAKEN u. Ulrich SCHMIDT, 2003.
V. Jüngere Staufer: Die Regesten des Kaiserreiches unter Philipp, Otto IV., Friedrich II., Heinrich VII., Conrad IV., Heinrich Raspe, Wilhelm und Richard, 1198–1272, bearb. v. Julius FICKER und Eduard WINKELMANN, 5 Bde., Innsbruck 1881–1901 (ND. 1969), Nachträge v. Paul ZINSMAIER, Köln-Wien 1983.
VI. Regesten des Kaiserreiches unter Rudolf, Adolf, Albrecht, Heinrich VII. 1273–1313, bisher: Rudolf v. Habsburg, 1273–1291, bearb. v. Oswald REDLICH, Innsbruck 1898 (ND. 1969); Adolf v. Nassau, bearb. v. Vinzenz SAMANEK, Innsbruck 1933–1948.
VIII. Die Regesten des Kaiserreichs unter Kaiser Karl IV., 1346–1378, bearb. v. Alfons HUBER, Innsbruck 1877, Erg.-H. 1889.
X. Regesten König Ruprechts 1400–1410, bearb. v. L. Graf v. OBERNDORFF, Innsbruck 1912–1939.
XI. Die Urkunden Kaiser Sigmunds (1410–1437), 2 Bde., bearb. v. Wilhelm ALTMANN, Innsbruck 1896–1900 (ND. 1967).
XII. Albrecht II. v. Habsburg, 1438–1439, bearb. v. Günther HÖDL, Wien-Köln-Graz 1975.
XIV. Ausgewählte Regesten des Kaiserreiches unter Maximilian I., bearb. v. Hermann WIESFLECKER, Bd. 1–3: 1493–1501, Wien-Köln 1989–1998.
Die Regesten Kaiser Ludwigs des Bayern, hg. v. Peter ACHT, H. 1–7: Die Urkunden aus Archiven und Bibliotheken Württembergs; Badens; Münchens; des Elsass; Schwabens; der Schweiz; Nordbayerns.
Die Regesten Kaiser Friedrichs III. (1440–1493), hg. v. Heinrich KOLLER u. Paul Joachim HEINIG, erscheinen zunächst nach Archiven und Bibliotheken geordnet; bisher 20 Hefte, 1982 ff.

Internetversion: REGESTA IMPERII ONLINE (kostenlose Volltextsuche).

Für die Lücken (vgl. auch Abb. 8, u. S. 148 f.) ist auf die ältere Auflage (Böhmer) bzw. auf die Regestensammlung von
- STUMPF-BRENTANO, Die Reichskanzler Bd. 2 (919–1197), 1865–1883, für die spätere Zeit z. T. auf Spezialregesten zurückzugreifen.

Zu spätmittelalterlichen Urkunden- und Regestensammlungen vgl. DOTZAUER (u. S. 250) S. 311 ff., 316 ff. (geistliche Territorien), 330 ff. (weltliche Territorien), 360 ff. (Städte), 377 ff. (Klöster und Stifte).
Ferner:
- Die Zeit Karls IV. 1365–1371, bearb. v. Ronald NEUMANN u. Ekkehart ROTTER (Quellen und Forschungen zur Höchsten Gerichtsbarkeit im Alten Reich. Sonderreihe: Urkundenregesten zur Tätigkeit des deutschen Königs- und Hofgerichts bis 1451) Köln-Weimar-Wien 2003.

Papstregesten:
- Regesta Imperii II,5 und IV,4 (o. S. 93 f.).

- ***Regesta pontificum Romanorum** ab condita ecclesia ad annum post Christum natum 1198, bearb. v. Philipp JAFFÉ, 2. Aufl. bearb. v. Samuel LÖWENFELD, Ferdinand KALTENBRUNNER u. Paul EWALD, Leipzig 1885–1888 (ND. Graz 1956).
  Nach Jaffé und dem Bearbeiter der 2. Aufl. werden die Papstregesten oft als JL, JK und JE mit laufender Nummer zitiert.

Fortsetzung:
- ***Regesta pontificum Romanorum** inde ab anno post Christum natum 1198 ad annum 1304, bearb. v. August POTTHAST, 2 Bde., Berlin 1874/75 (ND. 1957).

Unter dem Titel
- ***Regesta pontificum Romanorum** werden die Papstregesten nach Empfängern geordnet veröffentlicht. Ziel sind „nationale" Editionen der Papsturkunden: Papsturkunden in ... (Italien, Spanien, Portugal, Frankreich, Deutschland, der Schweiz, den Niederlanden, England).
  Übersicht:
  Initienverzeichnis und chronologisches Verzeichnis zu den Archivberichten und Vorarbeiten der Regesta pontificum Romanorum, bearb. v. Rudolf HIESTAND (MGH Hilfsmittel 7) München 1983.
  Bisher erschienen:
  ***Italia pontificia**, bearb. v. Paul KEHR (Bd. 1–8), Walter HOLTZMANN (Bd. 9) und Dieter GIRGENSOHN (Bd. 10), 10 Bde., Berlin 1906–1975;
  Übersicht: Initien- und Empfängerverzeichnis zu Italia pontificia I–X, bearb. v. Rudolf HIESTAND (MGH Hilfsmittel 6) München 1983.
  ***Germania pontificia**, Bd. 1–3 (Erzbistümer Salzburg und Mainz), bearb. v. Albert BRACKMANN, Berlin 1910–1935; Bd. 4 (Mainz, Fulda), bearb. v. Hermann JAKOBS, Göttingen 1978; Bd. 5 (Paderborn, Verden), bearb. v. Hermann JAKOBS, Teil 1, Göttingen 2003; Bd. 6 (Hamburg, Bremen), bearb. v. Wolfgang SEEGRÜN u. Theodor SCHIEFFER, Göttingen 1981; Bd. 7 (Köln), bearb. v. Theodor SCHIEFFER, Teil 1, Göttingen 1987; Bd. 8 (Köln), bearb. v. Theodor SCHIEFFER, Teil 3, Göttingen 1998; Bd. 10 (Trier), bearb. v. Egon BOSHOF, Teil 1, Göttingen 1992.
  ***Gallia pontificia**, Bd. 1 (Besançon), bearb. v. Bernard de VREGILLE, René LOCATELLI u. Gérard MOYSE, Göttingen 1998; Bd. 3 (Vienne), bearb. v. Beate SCHILLING, 2006.

Darüber hinaus gibt es Regesteneditionen „privater" Urkundenaussteller, v. a. der Bischöfe und der Könige anderer Länder.

2.2.3 Mittelalterliche Quellen: Verfasser und Eigenarten

Wenn natürlich auch zu berücksichtigen ist, dass es im historischen Schrifttum stets Übergangs- und Analogformen gibt, so darf ein großer Teil der mittelalterlichen Quellen doch als spezifisch mittelalterlich gelten. Selbst wo das nicht zutrifft – „Gattungen" wie Dichtung oder Historiographie hat es ja zu nahezu allen Zeiten gegeben –, sind solche Quellen doch von typisch mittelalterlichem Zuschnitt, den es im Folgenden zu charakterisieren gilt. Dabei soll es vor allem auf zwei Aspekte ankommen: Einmal (und vor allem) sind die Quellen(arten) gerade in ihren Eigenheiten und von ihren Intentionen her zu charakterisieren, damit deutlich wird, was man von ihnen erwarten darf und wie man sie – je nach eigener Fragestellung – zu benutzen hat. Das ist ein wesentlicher Aspekt der Quellenkritik (u. Kap. 3.3.2.4). Zum andern sollen exemplarisch aber auch Möglichkeiten ihrer (modernen) Auswertung angesprochen werden, die gerade über den beabsichtigten „Primärinhalt" hinausgehen.

Da sich die Bildung im frühen Mittelalter zunehmend auf Mönche und Klerus einengte, so dass „Gebildete" *(litterati)* und „Kleriker" geradezu zu begrifflichen Synonymen werden konnten,[12] sind die Quellen des frühen und hohen Mittelalters nahezu ausschließlich und noch im 13. und frühen 14. Jh. überwiegend

- von Klerikern und Mönchen,
- auf Latein und
- für ein gebildetes Publikum verfasst. (Die Schwäche des Mittelalters, so urteilt Bernard Guenée in seinem Buch über die historische Kultur, war nicht die Geschichte der Elite, sondern die historische Kultur der anderen).[13] Die Quellen zumindest des frühen und hohen Mittelalters, aber auch darüber hinaus, haben daher durchaus einen „klerikalen Zuschnitt", und der christlich-religiöse Eindruck, den das Mittelalter insgesamt auf uns macht, ist *auch* durch diese Quellenlage bedingt. Dabei darf man auf der anderen Seite aber nicht übersehen, dass die mittelalterliche Klerikalität eine andere ist, als wir sie kennen, da auch sie von typisch mittelalterlichen Geistes- und Vorstellungswelten durchdrungen und beeinflusst ist: Die Möglichkeit, dass der Zeitgeist auch die Religiosität und die Anschauungen des Klerus bestimmte – und insofern handelt es sich im Mittelalter um eine „weltliche Geistlichkeit" –, ist mindestens ebenso groß wie die umgekehrte Annahme, dass die klerikalen Quellen unser Bild vom Mittelalter völlig einseitig verzerren. *Ecclesia* bezeichnet zumindest im früheren Mittelalter nicht in erster Linie die Amtskirche als Institution, sondern die Christenheit, ein Hinweis darauf, dass die Trennlinie zwischen Geistlichen und Laien nicht zu eng gezogen werden darf. Mit anderen Worten: Die mittelalterlichen Quellen vermitteln durchaus kein vollständiges und repräsentatives Bild, aber sie enthalten doch weit mehr als *nur* die Sicht des Klerus, weil Geistliche und Mönche nicht nur diesem Stand angehörten, sondern daneben anderen Bindungen verhaftet waren, von denen – keineswegs vollständig – vor allem vier zu nennen sind:
  - die (jeweilige) *Institution*, also auch die einzelne (eigene) Kirche oder das einzelne Kloster;
  - die jeweilige *Zeit* (Epoche) mit ihren bestimmenden Ereignissen und Diskussionen;
  - der jeweilige geographische *Raum* (hier sind durchaus Unterschiede und Phasenverschiebungen zwischen Mittelmeerwelt und nordalpinen Regionen, zwischen Ost- und Westfranken, romanischen, germanischen und slawischen Gebieten zu berücksichtigen, von feineren regionalen Differenzierungen ganz zu schweigen);

---

12 Vgl. Herbert GRUNDMANN, Litteratus – illitteratus. Der Wandel einer Bildungsnorm, AKG 40, 1958, S. 1–65; einschränkend aber Rosamond MCKITTERICK, The Carolingians and the Written Word, Cambridge 1989.

13 GUENÉE, Culture historique (u. S. 99) S. 328.

- schließlich der jeweilige *Stand*: Der hohe Geistliche des frühen Mittelalters gehörte in aller Regel dem Adel und darüber hinaus einer bestimmten Adelsfamilie an.

Solche Bindungen, die im Einzelfall zu prüfen sind, konnten den geistlichen Charakter unserer Quellen nicht nur überlagern, sondern unter Umständen völlig in den Hintergrund drängen. Umgekehrt sind die vergleichsweise seltenen, von Laien verfassten Schriften oft nicht weniger deutlich von einer religiösen Mentalität geprägt.

Im späteren Mittelalter – in Bezug auf die hier zeitlich voranschreitende Dichtung schon früher – griff die Bildung zunehmend zunächst auf (hoch-)adlige und dann vor allem auf bürgerliche Schichten über. Spätmittelalterliche Quellen haben daher nur noch zu einem (weiterhin allerdings überwiegenden) Teil geistliche Verfasser, richten sich an ein nicht mehr überwiegend geistliches Publikum, und sie sind nicht mehr durchgängig in Latein, sondern – zum Ende der Epoche hin zunehmend und zuletzt vornehmlich – in den Volkssprachen abgefasst. Nicht nur Epen und Lieder, auch historiographische Werke und sogar theologische (vor allem handbuchartige) Schriften wurden in die Volkssprachen übersetzt oder gleich in ihnen abgefasst und hatten oft eine größere Wirkung als die lateinischen Texte.

Ganz allgemein ist nicht nur der Verfasser, sondern auch sein (anvisiertes oder auch gar nicht erwartetes) Publikum zu berücksichtigen, um der Quelle auch im Blick auf ihre Wirkung den richtigen Stellenwert beizumessen. Die meisten mittelalterlichen Schriften waren wohl an die eigene Institution gerichtet, viele handelten über sie. Noch ein weiterer Aspekt sollte vorweg betont werden: Historiker/innen suchen *die* Quellen, die *ihnen* Neues zu vermitteln vermögen. Nicht selten handelt es sich dabei um Einzelstücke (vor allem im Bereich der Urkunden und Akten). Die Bibliotheken des Mittelalters aber sahen anders aus. Hier schrieb man immer wieder dieselben (oft alten) Werke ab, die die damalige Kultur bestimmten, die heute aber nur noch für die Bildungsgeschichte im weitesten Sinn und nicht ihres (historischen) Inhalts wegen von Interesse sind. Von solchen – wie auch von zufälligen – Gegebenheiten ist es abhängig, welche mittelalterlichen Quellen sich überhaupt bis heute erhalten haben.[14]

In der heutigen Mediävistik interessieren Quellen nicht mehr nur als „Zeitzeugnisse", die uns Informationen über mittelalterliches Geschehen und mittelalterliche Verhältnisse liefern, sondern als Zugang zu den Verfassern und Rezipienten als Zeitzeugen und zu deren individueller Wahrnehmung und bewusster Stilisierung ihrer Vergangenheit und Gegenwart. Es interessieren nicht mehr nur der vom Autor geschaffene Text und dessen Intentionen, sondern auch seine Wirkung und Rezeption.

---

14 Vgl. dazu Arnold Esch, Überlieferungs-Chance und Überlieferungs-Zufall als methodisches Problem des Historikers, HZ 240, 1985, S. 529–570.

2.2.4 Die einzelnen Quellenarten des Mittelalters

Wie problematisch jede Einteilung in einzelne Quellengruppen und besonders die Zuordnung der Einzelquelle ist, wurde schon betont (o. S. 81 ff.). Dennoch ist eine Aufgliederung schon aus Gründen der Systematik unverzichtbar. Dabei sollte die Intention des Verfassers bzw. der Zweck der Schrift das wichtigste Kriterium bilden. Auch wenn sich eine völlig eindeutige Abgrenzung nie wird erreichen lassen, seien im Folgenden die wesentlichen Quellenarten, nach ihrem primären Zweck geordnet, vorgestellt: zunächst die Geschichtsschreibung (Historiographie) und die „Schriften über Heilige" (Hagiographie), dann Rechtsquellen (darunter die wichtigen Urkunden) und, zeitgemäß nicht immer davon zu trennen, das Verwaltungsschriftgut (Akten), ferner theologische Schriften und sonstige Werke des Wissenschaftsbetriebs, schließlich Briefe, (fiktive) Dichtungen und zuletzt nichtschriftliche Quellen, für die vielfach besondere, nichthistorische Disziplinen zuständig sind. Innerhalb dieser Großgruppen lassen sich – mit aller Vorsicht – einzelne „Quellengattungen" (Genera) unterscheiden. Die folgenden Abschnitte verstehen sich sowohl als erster Gesamtüberblick über die mittelalterlichen Quellen wie als Einführung in einzelne Quellenarten. Voll verständlich aber werden sie erst im Zusammenwirken mit der Quellenarbeit (Kap. 3.3). Dabei sollen Eigenart und Absicht der einzelnen Gattungen, nicht zuletzt aber auch deren geschichtswissenschaftliche Relevanz und Aussagefähigkeit im Mittelpunkt stehen.

Lit. zur Interpretation und zu den Eigenarten mittelalterlicher Quellengattungen:
- Theuerkauf (o. S. 46).
- Van Caenegem, Introduction (o. S. 84) S. 21–175 (knappe Charakterisierung der Quellenarten mit Nennung wichtiger Einzelquellen mit Edition und Literatur).
- Robert Delort, Introduction aux sciences auxiliaires de l'histoire (Collection U. Série „Histoire médiévale") Paris 1969, S. 15 ff.
- Aufriß der Historischen Wissenschaften, Bd. 4: Quellen, hg. v. Michael Maurer, Stuttgart 2002.
- Le médiéviste devant ses sources. Questions et Méthodes, hg. v. Claude Carozzi u. Huguette Taviani-Carozzi (Collection le temps de l'histoire) Aix-en-Provence 2004.

Besprechung einzelner Gattungen nach festem Schema in der umfangreichen Reihe
- **Typologie des sources du moyen âge occidental** (TS), hg. v. Léopold Genicot, bisher 86 Bde., Turnhout 1972 ff. (die Einzelbände sind im Folgenden entsprechend zugeordnet).

2.2.4.1 Historiographische Quellen (Geschichtsschreibung)

Ed. in Reihen erzählender Quellen, z. B. MGH SS, SSrG, SSrG n. s. usw. (vgl. o. S. 86 ff.).

Lit.:
- Theuerkauf (o. S. 46) S. 167 ff.; Quirin (o. S. 45) S. 48 ff.; Boshof (o. S. 45) S. 114 ff.
- Franz-Josef Schmale, Funktion und Formen mittelalterlicher Geschichtsschreibung. Eine Einführung, Darmstadt 1985.

- Bernard GUENÉE, Histoire et culture historique dans l'occident médiéval, Paris 1980.
- Herbert GRUNDMANN, Geschichtsschreibung im Mittelalter. Gattungen, Epochen, Eigenart (KVR 209/10) Göttingen 1965 (^{4}1987).
- Hans-Henning KORTÜM, Geschichtsschreibung, in: RGA Bd. 11, 1998, S. 477–488.
- Historiography in the Middle Ages, hg. v. Deborah MAUSKOPF DELIYANNIS, Leiden-Boston-Köln 2003.

Zu Vorstellungswelt und Funktion:
- Rosamond MCKITTERICK, History and Memory in the Carolingian World, Cambridge 2004.
- Sverre BAGGE, Kings, Politics, and the Right Order of the World in German Historiography c. 950–1100, Leiden-Boston-Köln 2002.
- Hans-Werner GOETZ, Geschichtsschreibung und Geschichtsbewußtsein im hohen Mittelalter (Orbis mediaevalis. Vorstellungswelten des Mittelalters 1) Berlin 1999.
- Geschichtsschreibung und Geschichtsbewußtsein im späten Mittelalter, hg. v. Hans PATZE (Vorträge und Forschungen 31) Sigmaringen 1987 (behandelt eine Reihe von Einzelaspekten).
- Rolf SPRANDEL, Chronisten als Zeitzeugen. Forschungen zur spätmittelalterlichen Geschichtsschreibung in Deutschland (Kollektive Einstellungen und sozialer Wandel im Mittelalter N. F. 3) Köln-Weimar-Wien 1994.

2.2.4.1.1 Merkmale und Eigenarten

Definition: Zur Geschichtsschreibung (Historiographie) zählen solche Schriften, die zum Zweck der *historischen* Erinnerung *(memoria)* verfasst sind, also Zeitgenossen und/oder Nachwelt über Vergangenheit und/oder Gegenwart unterrichten wollen.

Früher galt die Geschichtsschreibung als historische Quelle im eigentlichen Sinn, als „Träger historischer Informationen", wobei „historisch" eng auf das damalige, politisch ausgerichtete Geschichtsverständnis bezogen war. Man sprach von „erzählenden" Quellen im Unterschied zu „Dokumenten" (Urkunden und Akten), doch hat dieser Begriff heute, wo Historiker/innen alle möglichen (ebenfalls „erzählenden") Quellen betrachten, an Schärfe verloren. Außerdem wird Geschichte zwar meist „erzählt", ist auch die mittelalterliche *historia* Ereigniserzählung *(narratio rerum gestarum)*, doch müsste man nach obiger Definition auch einfache Herrscherkataloge ohne jedes narrative Element zur Geschichtsschreibung zählen. Das deutet schon an, dass sich innerhalb der Historiographie sehr verschiedenartige Formen entwickelt haben.

Charakter: Gemeinsam ist den historiographischen Schriften die Absicht, Vergangenheit und Gegenwart durch die Geschichtsschreibung zu verknüpfen.
- Von ihrem Gegenstandsbereich her ist mittelalterliche Geschichtsschreibung Vergangenheitserzählung (wobei die Vergangenheit freilich bis zur Gegenwart heranreichen kann) und damit in sich bereits Ausdruck einer gewissen Wertschätzung der Vergangenheit.
- Von ihrem Inhalt her ist sie Faktenerzählung *(narratio rerum gestarum)*. Auswahlkriterien sind nach mittelalterlicher Anschauung einmal das Wahre *(veritas)* im Gegensatz zum Fiktiven *(factum non fictum)*, zum anderen die „Erinnerungswürdigkeit" *(gesta memorabilia)*. Dass solche Einschätzungen nach Autor, Ort, Zeit und

Absicht sehr unterschiedlich ausfallen konnten, dass das Mittelalter auch einen anderen Wahrheitsbegriff besaß als wir, versteht sich von selbst.
- Formal ist Geschichtsschreibung am Zeitablauf orientiert; das gegebene Strukturelement ist daher die chronologische Ordnung.

Infolge mangelnder Information weisen viele Werke aber chronologische Ungenauigkeiten auf. Andere Autoren legten ihren wissenschaftlichen Ehrgeiz in die genaue Zeitberechnung. Seit der Angelsachse Beda die den Ostertafeln des römischen Mönchs Dionysios Exiguus entnommene Inkarnationsära (seit Christi Geburt, vgl. u. S. 279) nicht nur in die Geschichtsschreibung übernahm, sondern auch rückwirkend seit Christi Geburt anwandte, bildete sie – neben den Regierungsjahren der Herrscher – die Standardzählung des mittelalterlichen Geschichtsschreibers. Bildeten die „mathematischen" Wissenschaften innerhalb der „sieben freien Künste", das Quadrivium (Arithmetik, Geometrie, Astronomie, Musik), die wissenschaftliche Grundlage chronographischer Überlegungen, so waren die „philologischen" Künste, das Trivium (Grammatik, Rhetorik, Dialektik), für Sprache und Form verantwortlich.

Mittelalterliche Geschichtsschreibung, so ließe sich das Gesagte in einem Satz zusammenfassen, *hält in chronologischer Folge die Erinnerung an wahre, denkwürdige Taten fest.*

In solcher Funktion ist die mittelalterliche Geschichtsschreibung nicht Selbstzweck, sondern mit bestimmten, teils unterhaltenden, teils belehrenden (didaktischen), teils ethischen, zum richtigen Handeln anleitenden, teils politischen Absichten und entsprechenden Wertungen verfasst: Der Leser – so wenigstens wollen es die Prologe – sollte Lehren aus der Vergangenheit für sein eigenes politisches oder moralisches Handeln ziehen. Mittelalterliche Geschichtsschreibung wird damit zur Lehrschrift, in der das einzelne Ereignis als Beispiel, als „exemplum", dient. Da sie mehr oder weniger heilsgeschichtlich ausgerichtet ist und in den Fakten, gleichsam in Fortsetzung der biblischen Geschichte, den göttlichen Heilsplan aufzeigt, kommt ihr im mittelalterlichen Selbstverständnis oft eine theologische Funktion zu: Geschichtsschreibung ist gewissermaßen historische Theologie. (Nicht zufällig heißt auch die wortgetreue Auslegungsart der Bibelexegese *historia.)* Ereignisse und Geschichtsablauf enthalten einen tieferen Sinn, der jeweils zu ergründen ist. Der heilsgeschichtliche Aspekt aber schließt konkrete rechtliche, politische oder ideologische Einflussnahmen keineswegs aus. In diesem Sinn ist das Geschichtswerk tendenziös. Es kann mit der historischen Darstellung und gerade aus dem historischen Beweis heraus (dem Hinweis auf Alter, Herkunft und Präzedenzfälle) konkrete Rechtsansprüche vertreten, Partei ergreifen – das zeigt sich besonders seit dem Investiturstreit – und, ohnehin oft in offiziellem Auftrag eines Höheren verfasst, der „Propaganda" für die eigene Institution dienen. In solchen Fällen wird die Geschichte (Vergangenheit) bewusst zur Rechtfertigung der Gegenwart (bzw. eines bestimmten aktuellen Aspektes) eingesetzt, um ein Selbstbewusstsein bestimmter Gemeinschaften zu stiften oder (eher) zu untermauern. Es ist somit wichtig, nach den Absichten und Tendenzen jedes einzelnen Geschichtswerkes zu fragen, die wiederum Gegenstand und Darstellung (Sprache und Form) beeinflussen. Nach diesen drei Gesichtspunkten,
- Intention

- Gegenstand und
- Form (Darstellung),

also ist das einzelne mittelalterliche Geschichtswerk einzustufen. Hinzu kommen die individuellen Möglichkeiten des jeweiligen Verfassers. Der Blickwinkel des mittelalterlichen Autors, und zumal des in der Regel an sein Kloster gebundenen Mönchs, war von vornherein beschränkt und seinem Umfeld verhaftet. Das Ergebnis (das fertige Geschichtswerk) war daher in hohem Maße abhängig von seinen geistigen Fähigkeiten, seinem tatsächlichen Einblick (etwa in Reichsgeschäfte) und seinen materiellen Möglichkeiten (wie zum Beispiel dem jeweiligen Bibliotheksbestand, der in seinem Ausmaß ohnehin nicht mit heutigen Verhältnissen vergleichbar ist; selbst die größten Bibliotheken wiesen nicht mehr als einige hundert Bände auf).

Versucht man, die mittelalterliche Historiographie von ihrer Thematik her zu charakterisieren, so wird man drei **Merkmale** hervorheben dürfen:

- Sie war zunächst einmal *politisch* orientiert, bot in erster Linie also politische Geschichte, nicht zuletzt auch Kriegsgeschichte, der viel Raum unter den Taten der durchweg hochstehenden Persönlichkeiten (Kaiser und Könige, Bischöfe, Äbte und Fürsten, Heilige und Kreuzfahrer) gewidmet wurde. Neben die politische trat – davon oft kaum mehr zu trennen – die Kirchengeschichte, die ebenfalls (kirchen-)politisch ausgerichtet war, aber auch Nachrichten zur Kult- und Kulturgeschichte einschloss. Gelegentlich spielten anekdotische Elemente eine Rolle.[15]
- Mittelalterliche Geschichtschreibung war sodann, wie erwähnt, *heilsgeschichtlich* ausgerichtet, indem sie „die Hand Gottes in der Geschichte“ nachwies.[16]
  In einigen Werken (wie bei Orosius im frühen 5. und wieder bei Otto von Freising im 12. Jh.) wurde das zum Hauptzweck, wurde Geschichtsschreibung zur Geschichtsdeutung; in anderen Schriften trat es hingegen ganz hinter den pragmatisch-politischen Charakter zurück, ohne dass damit die Anschauung von Gott als Lenker der Geschichte aufgegeben wäre, die zumindest in einzelnen Kommentaren oder feststehenden Redewendungen (wie *Dei/divino iudicio*) durchscheint.
- Schließlich war die mittelalterliche Geschichtschreibung durchweg *institutionell* gebunden; man schrieb nicht *die* Geschichte, sondern für und über die jeweilige Institution. Das konnten ein Kloster, ein Stift oder ein Bistum, ein Königs- oder ein Fürstenhof oder -geschlecht oder, später, eine Stadt sein.[17] Thematik und Darstellung waren davon weithin geprägt, ohne sich ganz darauf einzuengen:

---

15 Vgl. Hans-Henning Kortüm, Zur Typologie der Herrscheranekdote in der mittelalterlichen Geschichtsschreibung, MIÖG 105, 1997, S. 1–29.

16 Vgl. treffend Karl Ferdinand Werner, Gott, Herrscher und Historiograph. Der Geschichtsschreiber als Interpret des Wirkens Gottes in der Welt und Ratgeber der Könige (4.–12. Jh.), in: Deus qui mutat tempora. Menschen und Institutionen im Wandel des Mittelalters. Festschrift Alfons Becker, Sigmaringen 1987, S. 1–31.

17 Beispiele: Birgit Studt, Fürstenhof und Geschichte. Legitimation durch Überlieferung (Norm und Struktur 2) Köln-Weimar-Wien 1992; Andrea Dirsch-Weigand, Stadt und Fürst in der Chronistik des Spätmittelalters. Studien zur spätmittelalterlichen Historiographie (Kollektive Einstellungen und sozialer Wandel im Mittelalter. N. F. 1) Köln-Wien 1991.

Auch im Kloster schrieb und berücksichtigte man die Reichsgeschichte, wie am Königtum orientierte Annalen umgekehrt Nachrichten aus der Klostergeschichte einflochten. Auch hier waren die Übergänge also fließend.

Methode: Geschichtsschreibung ist reflektierter Umgang mit der Vergangenheit. Sie ist daher das Ergebnis „wissenschaftlicher" Beschäftigung und bestimmten Methoden unterworfen, die im Mittelalter freilich erheblich von den heutigen (gerade in einer Proseminareinführung zu vermittelnden) abwichen und zudem wenig einheitlich waren. Der mittelalterliche Geschichtsschreiber stellte zusammen, was er über fernere Zeiten gelesen oder über die eigene Zeit gehört oder selbst erlebt hatte. Für die älteren Partien war er von schriftlichen Vorlagen abhängig, die sich gelegentlich durch mündliche Traditionen ergänzen ließen. Mittelalterliche Geschichtsschreibung ist daher im Wesentlichen **Kompilation** (d. h. aus älteren Werken zusammengetragen).

Art und Möglichkeiten der Kompilation seien an einem Beispiel verdeutlicht (Text 1, u. S. 104f.). Über die Kaiserkrönung Karls des Großen im Jahre 800 sind uns mehrere Berichte erhalten, von denen in der Folgezeit (unabhängig von ihrem Wert für uns heute) die Fränkischen Reichsannalen (die dann von den Fuldaer Annalen und von Regino von Prüm aufgenommen wurden) die größte Nachwirkung erzielten. Ende des 11. Jh. griff Frutolf von Michelsberg unmittelbar auf die Reichsannalen zurück; ihm wiederum folgte rund 40 Jahre später Otto von Freising: Im Prinzip blieb der Text erhalten. Die Fuldaer Annalen und Regino stellten nur einiges um und nahmen geringfügige Auslassungen vor. Frutolf übernahm den Text, ergänzte ihn um die Nachrichten des unwissenden Karl (aus Einhard) und der Salbung (aus dem Liber pontificalis), ordnete das epochale Datum aber in verschiedene Datierungssysteme ein und stellte diesen (erst im Rückblick in voller Bedeutung erkannten) Sachverhalt voran. Otto von Freising stutzte den Frutolftext wiederum auf die wichtigsten Aussagen zusammen und überging Einzelheiten, stellte um, fügte trotz der Kürzung aber die dreimalige Akklamation (aus Regino, dessen Chronik Frutolf nicht vorlag) hinzu, um zum Wichtigsten, zur geschichtlichen Bedeutung, zu kommen, die Frutolf vorangestellt hatte: die „Übertragung" (Translatio) des Kaisertums von den Griechen auf die Franken.

Die **Vorgehensweise** des Geschichtsschreibers, der sein Material zusammentrug, evtl. (wie Hermann von Reichenau) einen Entwurf anfertigte und auch später noch manches nachtrug, wird vor allem dort erkennbar, wo das Autograph (Original) erhalten ist. In der Art der Zusammenstellung der Fakten war der mittelalterliche Geschichtsschreiber relativ frei: Er brauchte keine Urheberrechte zu wahren, musste seine Vorlagen nicht zitieren, seine Aussagen nicht belegen, konnte nach Belieben kürzen, zusammenfassen, hinzufügen, was immer ihm noch wichtig schien (und das nicht nur, wenn er ein neues Werk schuf, sondern auch, wenn er ein altes abschrieb; deshalb unterscheiden sich Handschriften ein- und desselben Werkes gelegentlich voneinander). Grenzen setzte ihm dabei nur die Achtung vor der Autorität älterer Werke. Der Geschichtsschreiber beurteilte die Historizität nach der Glaubwürdigkeit des Ereignisses und vor allem des Verfassers (angesehene alte Werke wurden daher kaum kritisiert). Die mittelalterliche Geschichtsschreibung wurde dadurch nicht eigentlich (bzw. nur in unserem Sinne) unwissenschaftlich, sie folgte aber anderen Auswahlkriterien. An erster Stelle stand das Wahrheitsgebot, das freilich nicht ausschloss, dass es durchaus auch historiographische

Fälschungen gab, bewusste, um Ansprüche durchzusetzen, öfter allerdings unbewusste, weil man Fiktives für wahr hielt. Um dem Eindruck des Fiktiven vorzubeugen, bemühte man sich um Betonung der Authentizität, indem man sich auf zuverlässige Gewährsleute berief oder amtliche Dokumente im Wortlaut in die Geschichtserzählung einfügte. Das Faktum selbst *(res gesta)*, das den Inhalt der Geschichtsschreibung ausmachte, galt, wenn es glaubhaft überliefert war, als unveränderlich. Man hat daher gemeint, mittelalterliche Geschichtsschreibung sei eigentlich nur noch ein kontinuierliches Fortsetzungswerk gewesen, und tatsächlich sind zahlreiche Geschichtswerke fortgesetzt worden (manchmal sogar unabhängig voneinander an verschiedenen Orten). Auf der anderen Seite aber hat man auch dort immer wieder neue Werke geschrieben, wo bereits ältere vorlagen, die, sei es der Sprache, des Inhalts oder der Deutung wegen, nicht mehr genügten. War das Faktum als solches auch unveränderlich, so war es doch verschieden interpretierbar, und dessen war man sich durchaus bewusst.

Ohne die Möglichkeiten moderner Quellenkritik (und damit eines wissenschaftlichen Erkenntnisfortschritts) blieben dem mittelalterlichen Geschichtsschreiber vor allem drei Wege der individuellen Ausgestaltung seines Geschichtswerkes: die **Auswahl** der Fakten, die den spezifischen Inhalt bestimmte, deren **Anordnung**, die für Form und Anlage verantwortlich war,[18] und die **Deutung**, die den Sinn der Ereignisse erschloss. So gesehen war jedes Geschichtswerk neu, auch dort, wo es auf älteren Werken beruhte und wir inhaltlich nichts Neues erfahren, weil uns die Vorlagen bekannt sind. Ältere Forschungen haben solche Kompilationen daher zu Unrecht als wertlos eingestuft.

Form: Auch die Form des Geschichtswerks wurde sehr wichtig genommen und beweist dessen literarischen Anspruch.

Die Sprache (vor allem der Prologe) ist oft aus rhetorischen Stilfiguren (colores rhetorici), sprichwortartigen Redewendungen (Topoi), eingeschobenen Versen, Reimprosa sowie Zitaten aus der Bibel und aus (meist antiken) Standardwerken der Bildung gestaltet, die neben dem sprachlichen auch den inhaltlichen Sinn erschließen sollten und der Aussage eine (höhere) Deutung verliehen. Viele Werke waren ganz in Versen verfasst. Es kommt vor, dass aktuelle Ereignisse der Zeitgeschichte mit den Worten antiker Schriftsteller geschildert werden, ohne dass darüber der inhaltliche Bezug völlig verlorenging. Dieses Prinzip der „imitatio“ ist vielmehr Ausdruck des mittelalterlichen Stilideals wie auch des Geschichtsverständnisses, das überall auffällige Parallelen zwischen verschiedenzeitlichen Ereignissen entdeckte und deren heilsgeschichtlichen Sinn erst durch solche „typologischen“ Bezüge, die uns anachronistisch erscheinen, erschloss. Kostbare Widmungsexemplare wertvoller Handschriften enthalten manchmal meisterhafte Bildminiaturen mit historischen Szenen oder Herrscherbildern (wie den berühmten Bilderzyklus der Chronik Ottos von Freising). Im Spätmittelalter erleichterte man das Verständnis auch durch Tabellen, Graphiken und Register.

Bedeutung und Anwendung: Auch wenn die Geschichtsschreibung, die früher neben den Urkunden als wichtigste Quelle galt, bei der Vielfalt der Aspekte heutiger Geschichtswissenschaft nur noch eine von mehreren Quellenarten darstellt und

---

18 Vgl. Gert Melville, System und Diachronie. Untersuchungen zur theoretischen Grundlegung geschichtsschreiberischer Praxis im Mittelalter, HJb 95, 1975, S. 33–67, 308–341.

Text 1: Beispiel einer Quellenkompilation: Berichte zur Kaiserkrönung Karls des Großen.

Ann. r. Franc. [ann. Fuld.]	Frutolf	Otto von Freising*
	Anno dominicae incarnationis 801 ab Urbe condita millesimo 552. Karolus Magnus rex Francorum, Pippini regis filius, 73° loco ab Augusto, Romanorum imperator consecratus est, anno regni sui 33°, sicque imperavit annis 14.	Anno ab incarnatione Domini DCCCI ab Urbe condita MDLII, Karolus [1] XXXIII regni sui anno
[In] Ipsa die [sacratissima] natalis Domini, cum rex [ad missam] ante confessionem beati Petri apostoli ab oratione surgeret,	Cum enim pro calumnia Leoni papae ingesta Romam veniret et natale Domini ibi celebraret, in ipsa die sacratissima ad missarum sollempnia veniens, dum ante confessionem beati Petri apostoli ab oratione surgeret, nihil minus speranti	
Leo papa coronam capiti eius imposuit, et a cuncto Romanorum populo adclamatum est: 'Carolo Augusto, a Deo coronato, magno et pacifico imperatori Romanorum, vita et victoria!' Et post laudes [ab apostolico] more antiquorum principum adoratus est adque ablato patricii nomine imperator et augustus est appellatus.	Leo papa coronam imposuit, et imperatorem Romanum pronunciavit, et a cuncto Romano populo acclamatum est: 'Karolo augusto a Deo coronato, magno et pacifico imperatori Romanorum, vita et victoria!' Post quas laudes unctus ab apostolico et antiquorum more principum ab eo adoratus, ablato patricii nomine, imperator et augustus appellatus est.	[4] coronatus omni populo ter acclamante. 'Karolo augusto, a Deo coronato, magno et pacifico Romanorum imperatori, vita et victoria!' [2] a summo pontifice [3] ablato patricii nomine [5] Exhinc regnum Romanorum, quod a Constantino usque ad id temporis in urbe regia, scil. Constantinopoli, fuit, ad Francos derivatum est.

* = Die Zahlen geben die von Otto veränderte Wortfolge an

Fränkische Reichsannalen:	*Frutolf:*	*Otto von Freising:*
Als der König gerade am hl. Weihnachtstag sich vom Gebet vor dem Grab des sel. Apostels Petrus erhob, setzte ihm Papst Leo eine Krone aufs Haupt und das ganze Volk der Römer rief dazu: 'Dem erhabenen Karl, dem von Gott gekrönten, großen und friedliebenden Kaiser der Römer Leben und Sieg!' Und nach den lobenden Zurufen wurde er vom Papst nach der Sitte der alten Kaiser durch Kniefall geehrt und fortan, unter Ablegung des Titels Patricius, Kaiser und Augustus genannt.	Im Jahr des Herrn 801, 1552 nach der Gründung Roms, wurde Karl der Große, König der Franken, Sohn des Königs Pippin, im 33. Jahr seiner Königsherrschaft als 73. seit Augustus zum Kaiser der Römer geweiht und herrschte als solcher 14 Jahre. Als er nämlich wegen der Verleumdung des Papstes Leo nach Rom kam und dort das Weihnachtsfest feierte und sich an diesem Tag vom Gebet vor dem Grab des sel. Petrus erhob, setzte Papst Leo ihm, der nichts weniger erwartete, eine Krone auf und betitelte ihn als Römischer Kaiser, und das ganze Volk der Römer rief dazu: 'Dem erhabenen Karl, dem von Gott gekrönten, großen und friedliebenden Kaiser der Römer Leben und Sieg!' ...	Im Jahr des Herrn 801, 1552 nach der Gründung Roms wurde Karl in seinem 33. Regierungsjahr vom Papst unter Ablegung des Patriciustitels gekrönt, und das gesamte Volk der Römer rief ihm dreimal zu: 'Dem erhabenen Karl, dem von Gott gekrönten, großen und friedliebenden Kaiser der Römer, Leben und Sieg!' ... Dadurch wurde das Römische Reich, das seinen Sitz von Konstantin bis zu diesem Tag in der "Königsstadt" (Konstantinopel) hatte, auf die Franken übertragen.

nur *einen* Träger des Geschichtsbildes repräsentiert, kommt ihr nach wie vor eine hohe Bedeutung zu. An ihr, die eine subjektive Geschichtssicht bietet, ist die moderne Quellenkritik (u. S. 248 ff.) entwickelt und seither verfeinert worden.

Ihre Bedeutung zeigt sich bereits, wenn man nach ihrem Stellenwert im Mittelalter selbst fragt. Anhaltspunkte für die mittelalterliche **Rezeption** bieten – mangels „Auflagen"- und Leserzahlen – die Zahl der erhaltenen Handschriften, die Benutzung durch spätere Geschichtsschreiber sowie die Erwähnung in damaligen Bibliothekskatalogen, die in größerer Zahl überliefert sind. Dabei wird man insgesamt feststellen dürfen, dass die Geschichtsschreibung sowohl von der Produktion wie von der Abschreibetätigkeit (Handschriftenlage) her weit verbreitet war, doch sind hier räumliche und zeitliche wie vor allem auch werkspezifische Unterschiede zu beobachten. Tatsächlich waren es nur wenige (rund 20) Standardwerke, die die historiographische Kultur des Mittelalters bestimmten (beispielsweise die spätantike Memorabiliensammlung des Valerius Maximus, die Chronik des Orosius, die römische Geschichte Justins, die Judengeschichte des Flavius Josephus und als einziges mittelalterliches Werk die sagenhafte Geschichte der Briten des Geoffrey von Monmouth mit jeweils über 200 Handschriften),[19] auch wenn die Zahl der Handschriften weit hinter der bedeutender theologischer Schriften zurückbleibt. Auffällig ist zeitlich das Vorherrschen spätantiker Chroniken, inhaltlich das von Universalchroniken und Geschichten über weit zurückliegende Zeiten. Daneben aber gibt es unzählige Werke, die nur in einer oder in zwei Handschriften überliefert sind. Dabei handelt es sich bezeichnenderweise vielfach um Darstellungen der Zeitgeschichte, die von der Geschichtswissenschaft wegen ihrer Nähe zu den Ereignissen als Quellen besonders geschätzt werden, im vergangenheitsorientierten Mittelalter aber kaum auf Interesse stießen bzw. gar nicht auf Verbreitung angelegt waren. Auch das sollte bei der Auswertung solcher Quellen stets mitbedacht werden.

Werke zeitgeschichtlichen Inhalts sind den Historiker/innen von bleibender Bedeutung, weil oft nur sie wichtige Ereignisse überliefern und historische Zusammenhänge durchscheinen lassen. Ansonsten aber hat sich das moderne Interesse an der Geschichtsschreibung in den letzten Jahrzehnten gründlich verlagert von den erzählten Ereignissen hin zu den Absichten, Vorstellungen, Anschauungen und Wahrnehmungen der Geschichtsschreiber als Zeitzeugen, die die „Fakten" nie wertfrei, sondern stets in einem bestimmten Kontext, mit bestimmten Intentionen und Funktionen niederschrieben. Sie sind Träger eines subjektiv bestimmten Geschichtsbildes und eines Geschichtsbewusstseins sowie einer ideologisch geprägten Vorstellungs- und Wertwelt (einer „Tendenz"), die ihren Werken eine subjektive, gegenwartsbezogene Perspektive verleiht. Daraufhin befragt, gewährt die mittelalterliche Geschichtsschreibung aber einen hervorragenden Einblick in die historischen, politischen und religiösen Anschauungen wichtiger und in Bezug auf die gebildeten Schichten auch repräsentativer Zeitgenossen, zumal wenn man Sprache und Begrifflichkeit eines Autors in solche Untersuchungen einbezieht. Damit aber sind wieder alle Geschichtswerke von Belang, auch solche, die faktisch nur Bekanntes berichten. Früher als unergiebig betrachtete, von bekannten Vorlagen abhängige

---

19 Eine – keineswegs vollständige – Aufstellung findet sich bei Guenée (o. S. 99) S. 250 ff.

Passagen der Geschichtswerke bieten hier die Möglichkeit, aus einem Vergleich mit den Vorlagen Absicht und Geisteshaltung des Geschichtsschreibers zu erschließen. Daher rückt man heute auch von der Tendenz des 19. Jh. ab, nur die selbständigen Teile solcher Werke zu edieren und die abhängigen Passagen fortzulassen. Natürlich ist auch hier vor Verallgemeinerungen zu warnen, muss die individuelle Sicht des einzelnen Autors berücksichtigt werden (vgl. unter Quellenkunde, u. S. 270 ff.).

2.2.4.1.2 Formen und Gattungen

Um die nach Form, Absicht und Horizont sehr unterschiedliche mittelalterliche Geschichtsschreibung zu ordnen, lassen sich – mit aller Vorsicht – verschiedene Formen und Gattungen unterscheiden. Die mittelalterliche Geschichtsschreibung lehnte sich bewusst an spätantik-christliche Formen an, die ihrerseits auf heidnisch-römischen Vorbildern aufbauten, und steht damit in einer festen historiographischen Tradition: Die wichtigsten Quellengattungen waren bereits in der Spätantike ausgebildet. Dennoch schuf das Mittelalter neue Gattungen und vor allem auch neue, je für sich individuelle Werke.

Historiographische **Grundformen** können nach der Darstellungsweise oder nach dem Inhalt definiert werden.

(1) Nach der **Darstellungsweise** ließen sich (nach einem im 12. Jh. von Gervasius von Canterbury begründeten, für die moderne Geschichtswissenschaft von Gert Melville[20] entworfenen System) zwei Formen unterscheiden:

- die *„chronographia"* betont den (linear-chronologischen) Zeitablauf und achtet auf die exakte zeitliche Einordnung des Ereignisses;
- die *„historiographia"* legt den Akzent auf die sprachliche Darstellung und die inhaltliche Ausgestaltung des Ereignisses.

Dabei handelt es sich aber um Idealtypen, die in der Praxis selten unvermischt vorkommen.

(2) Nach dem **Inhalt** lassen sich mit den Begriffen Franz-Josef Schmales ebenfalls zwei Grundformen voneinander abgrenzen:

- eine *Vergangenheitsgeschichte* (sie ist zwangsläufig eine auf älteren Vorlagen beruhende Kompilation) und
- eine *Gegenwartsgeschichte* (oder Zeitgeschichte), die in der Regel dort einsetzt, wo die schriftlichen Vorlagen versiegen, und zumindest teilweise auf eigener Anschauung beruht.[21]

Auch hier sind die Grenzen fließend, verbinden sich beide Typen nicht selten in einem Werk, dient die Vergangenheit bewusst als Vorgeschichte der Gegenwart. Da dieselben Verfasser sich zudem immer wieder in beiden Richtungen betätigt haben, repräsentieren Vergangenheits- und Zeitgeschichte nicht gegensätzliche Geschichts-

---

20 S. o. S. 103 Anm. 18.

21 Vgl. Norbert Kersken, *Dura enim est conditio historiographorum …* Reflexionen mittelalterlicher Chronisten zur Zeitgeschichtsschreibung, in: The Medieval Chronicle III. Proceedings of the 3rd International Conference on the Medieval Chronicle, Doorn/Utrecht, 12–17 July 2002, hg. v. Eric Kooper, Amsterdam 2004, S. 61–75.

anschauungen, wohl aber unterschiedliche, auf jeweils anderen Bedingungen beruhende Arbeitsweisen.

Über solche Grundformen hinaus unterteilt man die Geschichtsschreibung traditionell in einzelne historiographische **Gattungen** (Genera), ohne dass bisher ein völlig eindeutiges und einheitliches System gefunden wäre, denn die Abgrenzungskriterien folgen teils der Form, teils dem Inhalt (so auch in dem einschlägigen Überblick von Herbert Grundmann und in der Reihe „Typologie des sources du moyen âge occidental"). Außerdem ist zu beachten, dass solche Abgrenzungen selten mittelalterlich sind und daher durchaus mit dem Selbstverständnis der Quellenzeugnisse kollidieren können, zumal auch die gängigen Werktitel oft erst von den modernen Editoren stammen. Umgekehrt bleiben mittelalterliche Begriffe wie *historia* oder *res gesta* zu unscharf für eine Typologie. Solche Schwierigkeiten sind – neben der Tatsache, dass auch hier die Grenzen fließend bleiben – zu berücksichtigen, wenn im Folgenden einzelne Gattungen vorgestellt werden.

(1) Formale Gruppen: Annalen, Chroniken, Historien[22]

Annalen, Chroniken und – von einigen Forschern als eigene Gattung betrachtet – Historien lassen sich nur in ihren Extremformen deutlich voneinander abgrenzen, fließen ansonsten aber ineinander über. Die folgenden Beschreibungen können daher nur Tendenzen andeuten.

(a) Annalen

Lit.:
- Grundmann (o. S. 99) S. 24 ff.; Kurt-Ulrich Jäschke, LMA 1, Sp. 657 ff.; Boshof (o. S. 45) S. 118 ff.; Van Caenegem, Introduction (o. S. 84) S. 44 ff.
- Michael McCormick, Les Annales du haut moyen âge (TS 14) Turnhout 1975.

Exemplarische Spezialstudie:
- Hartmut Hoffmann, Untersuchungen zur karolingischen Annalistik (Bonner Hist. Forsch. 10) Bonn 1958.

Eine Übersicht über die mittelalterlichen Annalen und ihre Editionen findet sich im Repertorium fontium historiae medii aevi (u. S. 248 f.) Bd. 2, S. 243–354.

Annalen im eigentlichen Sinn („kleine Annalen") sind kurze und, wie der Name sagt, jahrweise – in der Regel nach Inkarnationsjahren – angelegte, fortlaufend oft über mehrere Generationen von verschiedenen, in der Regel anonymen Verfassern geführte, ereignisbetonte und meist zeitgenössische Aufzeichnungen der wichtigsten historischen Daten. Entstehungsorte waren in der Regel Klöster und Stifte. Annalen scheinen einerseits für den eigenen Gebrauch bestimmt, wurden andererseits aber häufig andernorts abgeschrieben und um eigene Nachrichten ergänzt, so dass die Abhängigkeitsverhältnisse oft schwer durchschaubar sind und der Entstehungsort sich nur aus der bevorzugten Erwähnung bestimmter Klöster erschließen lässt.

---

22 Zum – durchaus nicht eindeutigen – Selbstverständnis mittelalterlicher Autoren vgl. Bernard Guenée, Histoires, annales, chroniques: essai sur les genres historiques au Moyen Âge, Annales ESC 28, 1973, S. 997–1016.

„Annalen" als Jahresberichte gab es schon in der Antike, sie dürfen in ihrer spezifischen Ausprägung jedoch als eine typisch mittelalterliche, seit dem 8. Jh. nachweisbare Entwicklung gelten. Entstanden sind sie – ob ausschließlich, ist umstritten – auf den Britischen Inseln aus Notizen am Rande der Ostertafeln, die jedes Kloster wegen der komplizierten Berechnung des Ostertermins führte: In den von dem römischen Mönch Dionysius Exiguus im 6. Jh. auf den immer wiederkehrenden Zyklus von 532 Jahren vorausberechneten Tabellen wurden Inkarnationsjahr, Indiktion, Epakten (das Alter des Mondes zum Frühlingsbeginn in Tagen), Concurrenten (Wochentag des 24. 3.), Mondjahr (im Zyklus von 19 Jahren), Tag des ersten Vollmonds nach Frühlingsbeginn, des (darauffolgenden) Ostersonntags sowie das Mondalter dieses Tages angegeben (vgl. Abb. 6). Solche Jahrestafeln boten sich an für historiographische Randnotizen („Osterannalen"), die sich jedoch bald verselbständigten und entsprechend ausführlicher werden konnten. Als Vorbild mögen aber auch die spätantiken Konsulatslisten (Fasti consulares) und vor allem die ebenfalls annalistisch angelegte Weltchronik des Eusebius-Hieronymus (vgl. u. S. 113) gedient haben.

Annalen waren während des ganzen Mittelalters verbreitet, in bestimmten Epochen aber besonders beliebt. Dazu gehört vor allem die Karolingerzeit (als Ursprungsperiode) mit einer Fülle kleiner Klosterannalen, die die historiographische Landschaft weithin prägten. Wegweisend für die Geschichtsschreibung der Folgezeit waren die offiziell am Königshof geführten Reichsannalen (Annales regni Francorum) und ihre offiziösen west- und ostfränkischen Fortsetzungen (Annales Bertiniani, Annales Fuldenses), die zu Reichschroniken ausgestaltet wurden. Annalen waren aber noch in der ottonischen, salischen und staufischen Epoche, wenngleich mit wechselnden regionalen Schwerpunkten, beliebt. Im Spätmittelalter traten sie vollends hinter andere chronikalische Formen zurück. In England entstand mit dem in verschiedenen Redaktionen und Fortsetzungen vorliegenden „Anglo-Saxon Chronicle" eine volkssprachige Annalistik, deren Ausläufer bis ins 12. Jh. reichten.

Der Zweck der Annalen lag in erster Linie im Festhalten wichtiger historischer Daten; die Einträge dienten, wie die häufige Überlieferung zusammen mit Gesetzestexten andeutet, aber wohl auch konkreten politischen Zwecken. Forschungsprobleme liegen jeweils in der lokalen Zuordnung – der heute gängige Name bezeichnet nicht immer den Entstehungs-, sondern oft auch den Fundort –, in der Klärung der zeitlichen Schichtung sowie der Vorlagen und Abhängigkeiten. Der Wert der Annalen für die historische Forschung liegt – trotz des oft dürftigen Inhalts – darin, dass es sich meist um zeitgenössische Eintragungen handelt. Sie bilden daher die Grundlage für eine Datierung der Ereignisse und für lokale Begebenheiten wie auch für klimatische Erscheinungen, da Naturkatastrophen und -ereignisse festgehalten wurden. Sie sind aber ebenso Zeugnisse für die klösterliche Kultur und für das klösterliche Interesse und Blickfeld. Die größeren Annalen sind wie Chroniken auszuwerten.

(b) Chroniken (und Historien)

Lit.:

- K. Schnith u. a., LMA 2, Sp. 1954 ff.; Quirin (o. S. 45) S. 53/55; Boshof (o. S. 45) S. 115 ff.; Van Caenegem, Introduction (o. S. 84) S. 26 ff., 60 ff.

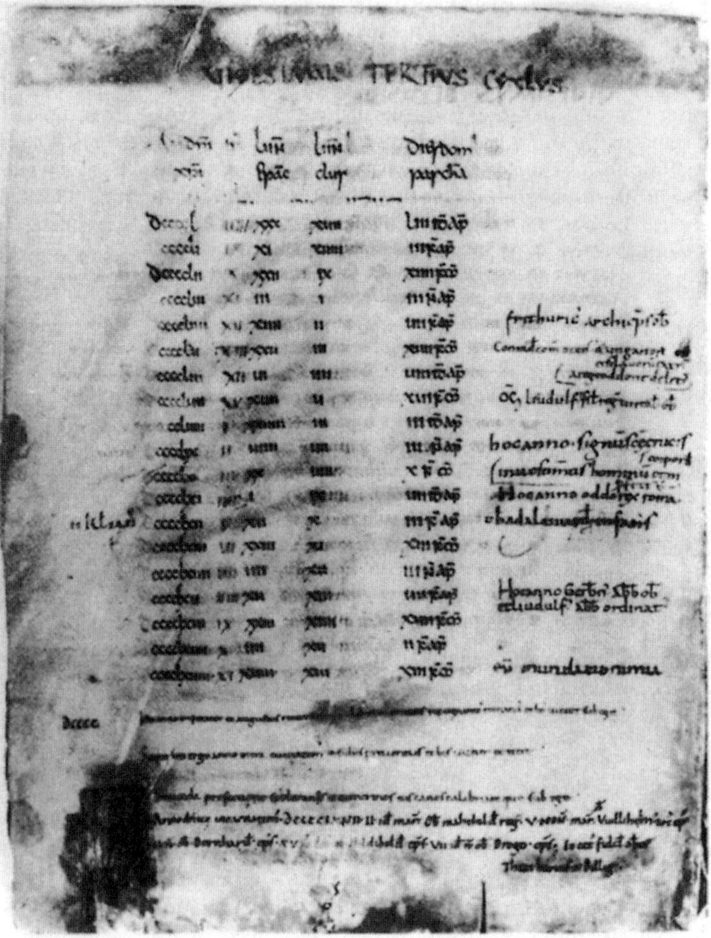

Abb. 6: *Ostertafel und Klosterannalen: Corveyer Annalen 950–968.*

Chroniken können als ausführlich gestaltete und weiterentwickelte Annalen gelten, haben aber auch eigenständige (spätantike) Ursprünge. Im Unterschied zu den „kleinen" Annalen sind sie meist zusammenhängend von einem (oder auch nacheinander von mehreren) Verfassern geschrieben, die vielfach namentlich bekannt sind. Sie bieten nicht nur Daten, sondern auch deren Zusammenhänge und legen Wert auf die sprachliche Gestaltung. Das annalistische Schema wird dabei oft beibehalten, doch ist eine Gliederung in Bücher und Kapitel (oft mit Inhaltsangabe) nicht weniger üblich. Prinzipiell aber folgen sie einer chronologischen Ordnung (mit gelegentlichen Exkursen); Isidor von Sevilla übersetzt *chronicon* mit *series temporum*

(Etym. 5,28). Chroniken sind nicht selten Auftragswerke, wie vorangestellte Widmungsbriefe zeigen, und mit bestimmten Absichten verfasst, die jeweils zu klären sind. Der formale Begriff „Chronik" steht (als Sammelbegriff) tatsächlich für eine Vielzahl inhaltlicher Typen, die im nächsten Abschnitt genauer zu besprechen sind.

Will man „**Historien**" als eigene Gattung von den Chroniken unterscheiden, so sind erstere erzähl- und text-, letztere zeitbetont, doch herrscht hier keine Einigkeit: Als Historien werden Königs- und Reichsgeschichten (im Gegensatz zu Weltchroniken) oder auch Zeitgeschichten (im Gegensatz zu Vergangenheitsgeschichten) bezeichnet. Solche Unterschiede sind nicht unwichtig, sie finden in den mittelalterlichen Titeln aber keine Entsprechung und gestatten selten klare Abgrenzungen zwischen einzelnen Werken.

(2) Inhaltliche Typen mittelalterlicher Chroniken

Inhaltlich lassen sich die Chroniken (im weitesten Sinn) auf mindestens drei verschiedene Weisen sinnvoll gliedern:

– nach dem **Gegenstand** (z. B. Reichsgeschichte und Kirchengeschichte).

Eine strenge Unterscheidung von Kirchen- und Reichsgeschichte – wobei nur erstere als eigene Gattung auch im mittelalterlichen Sprachgebrauch existiert – ist eigentlich nur für die ersten (heidnischen) Jahrhunderte der christlichen Ära sinnvoll. Die Spätantike schuf entsprechende Standardwerke, die der profan-römischen Historiographie bewusst eine christliche Kirchengeschichte entgegenstellten: die „Historia ecclesiastica" des Eusebius von Cäsarea in der lateinischen Version und Fortsetzung des Rufinus, die Cassiodor zugeschriebene, lateinische „Historia tripartita", die aus den griechischen Kirchenschriftstellern Sokrates, Sozomenes und Theodoret schöpfte, später die „Historia ecclesiastica gentis Anglorum" des Angelsachsen Beda. Mittelalterliche Weltchroniken verbanden dann Profan- und Kirchengeschichte zu einer Einheit (*ecclesia* meinte nicht „Kirche", sondern „Christenheit"), und in dieser Tradition stand die gesamte mittelalterliche Historiographie, so dass Reichs- und Kirchengeschichten völlig ineinander übergriffen. Trotz solcher Überschneidungen gab es jedoch auch später, v. a. im 12. Jh., von der Schwerpunktsetzung her – neben Chroniken einzelner Kirchen – immer wieder Werke, die sich bewusst als „Kirchen-" (wie die sechsbändige „Historia ecclesiastica" des Ordericus Vitalis) oder Papstgeschichte verstanden (wie die „Historia pontificalis" Johanns von Salisbury). Wilhelm von Malmesbury vollzog diese Trennung ganz bewusst, wenn er in zwei Werken sowohl die „Gesta regum Anglorum" wie die „Gesta pontificum Anglorum" beschrieb. Im Spätmittelalter trat die Gattung ganz zurück, um erst im Zeichen der Glaubenskämpfe des 16. Jh. wiederbelebt zu werden.

Lit.:

– Harald Zimmermann, Ecclesia als Objekt der Historiographie. Studien zur Kirchengeschichtsschreibung im Mittelalter und in der frühen Neuzeit (SB Wien 235,4) Wien 1960.
– Peter Meinhold, Geschichte der kirchlichen Historiographie, Bd. 1, Freiburg-München 1967 (mit Textbeispielen, in weiter Auslegung des Begriffs „Kirchengeschichte").

– Nach der **Institution** (z. B. Hof-, Bistums-, Kloster-, Stadtchronistik):

  Dabei lässt sich auf der einen Seite die gesamte Geschichtsschreibung (sehr unterschiedlicher Art), die in einer Institution entstanden ist, in einer Gruppe zusammenfassen: In einem Kloster begegnen beispielsweise nicht nur Klosterchroniken, sondern auch Reichsannalen oder Reichschroniken, Hauschroniken oder Heiligenviten. Dieser Aspekt ist zur Gliederung der Quellen daher wenig geeignet, er macht aber die Vielfalt der historiographischen Formen und Inhalte in ein- und derselben Institution deutlich. Auf der anderen Seite – und das ist in diesem Zusammenhang sinnvoller – fasst der Begriff Werke *über* die Geschichte der jeweils eigenen Institution (in verschiedenen Formen) zusammen.

– Nach dem **Berichtshorizont** (Welt-, Reichs-, Regional-, Lokalchronik), wenngleich die Übergänge erneut fließend bleiben:

  Der tatsächliche Berichtshorizont ist in Welt- und Reichsgeschichten oft enger, in Regional- und Lokalgeschichten nicht selten weiter als der angepeilte (oder im Allgemeinen verfolgte) Berichtsraum, oder er variiert in den einzelnen Berichtsepochen. So verengen sich Reichsgeschichten in der eigenen Gegenwart oft durchaus zu Regionalgeschichten, enthalten diese aber auch reichsgeschichtliche Partien. Das kann Folge eines veränderten Einblicks in die Ereignisse sein oder ganz bewusst geschehen.

Die einzelnen Werke lassen sich jeweils verschiedenen dieser Rubriken zuordnen. Um solche Überschneidungen und Wiederholungen zu vermeiden, wird im Folgenden eine Klassifizierung nach dem (damals beabsichtigten) Berichtshorizont unter Berücksichtigung vor allem der institutionellen Bindungen vorgenommen. Dabei soll zugleich aber auf verschiedene Formvarianten hingewiesen werden. Formale Quellengattungen sind zur leichteren Abgrenzung in „Exkursen" behandelt.

(a) Weltchroniken

Lit.:

- GRUNDMANN (o. S. 99) S. 18ff.; SCHNITH, LMA 2, Sp. 1956ff.
- Anna-Dorothee VON DEN BRINCKEN, Studien zur lateinischen Weltchronistik bis in das Zeitalter Ottos von Freising, Düsseldorf 1957.
- Karl Heinrich KRÜGER, Die Universalchroniken (TS 16) Turnhout ^{2}1985.

Am weitesten ausgerichtet sind die sogenannten Weltchroniken (Universalchroniken), die – zumindest der Absicht nach – die gesamte Geschichte von den Anfängen bis zur Gegenwart erfassen wollen, allerdings in dem typisch mittelalterlichen Verständnis von Universalgeschichte, das nicht unserer „Weltgeschichte" entspricht. Ihre Universalität besteht

- in ihrem umfassenden Inhalt: Sie behandeln sowohl Kirchen- wie Reichsgeschichte;
- in ihrer heilsgeschichtlichen Ausrichtung, die das irdische Geschehen in den göttlichen Heilsplan einordnet, es manchmal in die von den sechs Schöpfungstagen und den klassischen Menschenaltern abgeleiteten sechs Weltalter oder die aus der Deutung des Traumes Nebukadnezars im Buch Daniel erschlossenen vier

großen Weltreiche (Babylonier, Meder-Perser, Griechen, Römer) gliedert und typologische Vergleiche zieht;
- im weit ausgreifenden Berichtszeitraum: Weltchroniken reichen meist von der Schöpfung oder zumindest der Geburt Christi bis in die Gegenwart. Nur wenige brechen bereits in der Vergangenheit ab; in Ausnahmefällen, wie bei Otto von Freising, schließt sich ein zielgerichteter Ausblick auf eschatologische Endzeit und Ewigkeit an.
- Der räumliche Horizont hingegen ist meist (mit den Quellen) begrenzt und schmilzt zur Gegenwart des Autors hin immer mehr zusammen, so dass die zeitgeschichtlichen Partien der Weltchroniken sich von Reichsgeschichten nicht unterscheiden. Weltchroniken betonen aber die Kontinuität (etwa des Römischen Reiches bis zur Gegenwart) und sind nicht zufällig vorwiegend in Regionen mit imperialer Tradition, im Mittelalter also in Deutschland, entstanden.

Wesentliche Ziele der Weltchronistik sind einmal die lineare Zeitzählung und die Herausarbeitung zeitlicher Bezüge der Ereignisse und Regierungszeiten verschiedener Reiche mittels (anfangs) einer synoptischen Darstellung oder (schon bald) vereinheitlichter Datierungssysteme im Rahmen der Inkarnationsära (s. u. S. 279). Zum andern zielen Weltchroniken darauf ab, die Gegenwart in den linearen Geschichtsablauf einzuordnen; sie betrachten die Vergangenheit also gleichsam als „Vorgeschichte" der Gegenwart.

Die Ursprünge der mittelalterlichen Weltchronistik liegen in der Spätantike. Wegweisend war vor allem die Chronik des Eusebius von Cäsarea (bis 325), die von dem Kirchenvater Hieronymus ins Lateinische übersetzt und bis 378 fortgeführt wurde. Ihr Ziel war es, eine zeitliche Synopse (Synchronisation) zwischen der biblischen und der heidnisch-römischen Chronologie und Geschichte herzustellen, und zwar durch Zuordnung der Ereignisse zu den Ären der einzelnen Reiche, die spaltenweise nebeneinander gestellt sind; schon hier blieb zuletzt (seit 72 n. Chr.) aber nur die römische Chronologie (als des einzigen Weltreichs) übrig und wies den Nachahmern den Weg einer linearen Geschichtsschreibung. Die Chronik des Hieronymus war weit erfolgreicher als ihre Vorläufer (Aphrikanos, Hippolyt, Hilarian) und wurde oft abgeschrieben und fortgesetzt (wobei die Gleichzeitigkeit der verschiedenen Überlieferungen zugrunde gelegt, die synoptischen Tabellen aber meist zugunsten eines fortlaufenden Textes aufgegeben wurden). Daneben wurden immer wieder neue Weltchroniken kompiliert, die die Vielfalt der Bedürfnisse – über bloße Fortsetzungen hinaus – anzeigen. Dabei lassen sich deutlich einzelne Epochen historiographischen Interesses ausmachen, die – nach Schreibpausen – erneut den Anschluss an die Vergangenheit suchten. Neben Hieronymus erlangten die Chroniken Isidors von Sevilla und vor allem des Angelsachsen Beda, der nach der Inkarnationsära vorging, weite Verbreitung; letztere beherrschte das 8.–11. Jh. Eine nächste Blütezeit lag im Karolingerreich (Frechulf von Lisieux, Ado von Vienne, Regino von Prüm) mit der Verknüpfung römischer und fränkischer Geschichte und der chronikalischen Ausgestaltung der annalistischen Nachrichten. Der eigentliche Höhepunkt begann, nach einem weiteren Intervall von anderthalb Jahrhunderten, in denen nur „universalgeschichtliche Annalen" entstanden, in der zweiten Hälfte des 11. Jh. (Hermann von Reichenau) mit einer Fülle sehr verschiedenartiger Chroniken, denen es teils um die wissenschaftliche Datierung (Chronographie), auch unter Verbesserung der bisherigen Überlieferung (Marianus Scotus, Heimo von Bamberg), teils um die umfassende Zusammenstellung der gleichmäßig über die Zeiten verteilten Ereignisse (Frutolf von Michelsberg, Sigebert von Gembloux), teils aber auch um eine kompendienhafte und in Sachgruppen aufgelöste Kurzzusammenfassung des Weltgeschehens (Honorius Augustodunensis, Hugo von St. Viktor), um einen kurzen Vorspann zur Gegenwartsgeschichte (Bernold von St. Blasien) oder um die geschichtstheologische Deutung ging (Otto von Freising, unter Wiederaufnahme der Konzeption des Orosius, der im 5. Jh. eine historische Apologie der gegenüber der unheilvollen Vergangenheit glücklichen christlichen Zeiten verfasst hatte, und unter Benutzung der Chronik Frutolfs in der Fortsetzung durch Ekkehard von Aura).

Von den Brincken unterscheidet drei (durchaus in einem Werk vereinbare) Typen: die zeitorientierte „series temporum", das stofforientierte „mare historiarum" und die kompendienhafte „imago mundi", die oft Teil einer Enzyklopädie war. Letztere beherrschte im Spätmittelalter das Feld[23] (vor allem Vinzenz von Beauvais, Martin von Troppau mit seinen Papst-Kaiser-Listen, die als Hilfsmittel für die päpstlichen Juristen gedacht waren, oder die „Flores temporum", eine Zeittafel zur „Legenda Aurea", dazu u. S. 132). Wenn das gern als Niedergang der Weltchronistik gewertet wird, so bedeutet es gleichwohl auch eine Rückkehr zum knappen Chronikstil der Anfänge. Ausführlichere Werke waren meist schon Übergangsformen und nicht in erster Linie Weltchroniken. Darüber sollte aber nicht vergessen werden, dass im 12./13. Jh. umfangreiche Weltchroniken auch in England (Roger Wendover, Matthäus Paris, „Flores historiarum", im 14. Jh. Ranulph Higdens „Polychronicon") und Frankreich (Alberich von Troisfontaines, Helinand von Froidmont, später Froissart) wie auch in Spanien kompiliert wurden. In Deutschland wurde diese Tradition der ausführlichen Weltchronik im Humanismus wiederaufgegriffen; stellvertretend sei hier nur die berühmte Chronik Hartmann Schedels genannt.

Zu den quellenkritischen Problemen der Weltchroniken zählen die Ermittlung des chronologischen Systems, der Vorlagen, der (oft großen) handschriftlichen Überlieferung sowie der Intentionen des Autors. Viele Chroniken sind noch nicht hinreichend oder vollständig ediert. Weltchroniken, die zur Ereignisgeschichte in der Regel nur in den zeitgenössischen Partien beitragen, eignen sich in hervorragender Weise zur Erforschung des Geschichtsdenkens ihrer Autoren, und zwar sowohl der Geschichtstheologie (der heilsgeschichtlichen Sicht) wie auch des konkreten Vergangenheitsbildes. Sie spiegeln die Vorstellungen der Autoren, in Bezug auf das Thema nicht zuletzt auch gegenüber fremden Kulturen und Gesellschaften, wider und bieten dank der hier unabdingbaren Kompilationstechnik Einblicke in die Arbeitsweise (Methode) und die Absichten mittelalterlicher Geschichtsschreiber.

(b) Reichschroniken

Lit.:

- Norbert Kersken, Geschichtsschreibung im Europa der „nationes": Nationalgeschichtliche Gesamtdarstellungen im Mittelalter (Münstersche Hist. Forschungen 8) Köln-Weimar-Wien 1995.

Die Übergänge zwischen Welt- und Reichschroniken sind fließend: Weltchroniken schrumpften in den zeitgenössischen Partien meist zu Reichschroniken, Zeitge-

---

23 Vgl. Gert Melville, Spätmittelalterliche Geschichtskompendien – eine Aufgabenstellung, Römisch-Historische Mitteilungen 22, 1980, S. 51–104.

schichten schalteten nicht selten einen weltgeschichtlichen Abriss vor. Da „Reichsgeschichte" Königsgeschichte war, entwickelten sich die Kerngebiete der jeweiligen Königsdynastie zugleich zu historiographischen Zentren der Gattung.

Unter den Ottonen und dann wieder unter Lothar von Süpplingenburg trat Sachsen als Mittelpunkt reichsgeschichtlicher Chronistik hervor; dazwischen, unter den späteren Saliern, überwog historiographisch eher die vorwiegend süddeutsche, aber auch sächsische Geschichtsschreibung der antiköniglichen Partei; unter den Staufern waren der Südwesten und Süden führend. Die zeitgeschichtlichen Reichschroniken, die von der (modernen) politischen Geschichtsschreibung am meisten geschätzt und oft zum Maßstab der Historiographie überhaupt erhoben wurden, erlangten im Mittelalter selten weitere Verbreitung. Es ist auch bezeichnend, dass das Reich zwar in vielen Geschichtswerken gebührend berücksichtigt wurde, kaum eines sich aber ausdrücklich als *Reichschronik* verstand, sondern eigentlich andere Ziele verfolgte (Volksgeschichte wie bei Widukind von Corvey, Bistumsgeschichte wie bei Thietmar von Merseburg, umfassende „Annalen" wie bei Lampert von Hersfeld oder in den Annalen von Marbach und Niederaltaich). Reichsgeschichte boten aber auch Kaiserbiographien (wie Wipos „Gesta" Konrads II. oder Ottos und Rahewins „Gesta" Friedrich Barbarossas). Wirkliche „Reichsgeschichten", die sich am Königtum orientierten, entstanden eher in den westlichen Monarchien, in Frankreich und England. Französische Chroniken des 10. und 11. Jh. (Flodoard, Richer, Rodulf Glaber) waren den ostfränkisch-deutschen noch vergleichbar. Entstehungszentren waren zunächst vor allem Reims und Fleury, später St. Denis. Die hier verfassten, spätmittelalterlichen „Grandes chroniques de France" boten, seit 1274 etappenweise erstellt, eine volkssprachige Geschichte Frankreichs von den (angeblich) trojanischen Ursprüngen bis zum Jahr 1461. Im hochmittelalterlichen England wurden mehrere „Historiae regum Anglorum" verfasst (Henry of Huntingdon, Simeon of Durham, William of Malmesbury, Roger of Howden, Gervasius of Canterbury). Reichsgeschichte wurde in Westeuropa allmählich zur „Nationalgeschichte", deren Ursprung – gemäß der mittelalterlichen Bedeutung des „natio"-Begriffs – zunächst eher im „Volk" lag, das allerdings „Reichsvolk" unter einem eigenen König war. Insofern ließen sich die nun zu besprechenden Volks- oder Stammeschroniken durchaus als Reichschroniken (oder „Reichsvolkgeschichten") begreifen.

(c) Volkschroniken

Lit.:

- Grundmann (o. S. 99) S. 12 ff.; Boshof (o. S. 45) S. 124 ff.
- Walter A. Goffart, The Narrators of Barbarian History (A. D. 550–800). Jordanes, Gregory of Tours, Bede, and Paul the Deacon, Princeton 1988.
- Kersken (o. S. 114).

Volkschroniken wurden zwar erst in Zeiten eigenständiger (in der Regel königlicher) Herrschaft verfasst, verfolgten die Geschichte des eigenen Volkes aber bis auf dessen Ursprünge (origines) zurück. Man bezeichnet solche Ursprungstraditionen daher, nicht ganz treffend, auch als „origines gentium".[24]

---

24 Vgl. Herwig Wolfram, Le genre de l'*Origo gentis*, Revue belge de philologie et d'histoire 68, 1990, S. 789–801; Ders., *Origo et religio*. Ethnic traditions and literature in early medieval texts, Early Medieval Europe 3, 1994, S. 19–38.

Frühe Volkschroniken entstanden in verschiedenen Germanenreichen: bei den Ostgoten (Cassiodor, erhalten in der Version des Jordanes), Franken (Gregor von Tours), Langobarden (Paulus Diaconus, der – ähnlich Jordanes bei den Ostgoten – sowohl eine „Römer-“ als auch eine Langobardengeschichte schrieb, letztere aber erst nach der Vernichtung des Langobardenreiches durch Karl den Großen). Sie suchten den Anschluss an die antik-römische Geschichte, um ihr die eigene gegenüberzustellen. Gleiches wiederholte sich im späteren 10. Jh. unter den ottonisch-sächsischen Königen und Kaisern, als Widukind von Corvey seine „Res gestae Saxonicae“ verfasste, die zwangsläufig in eine Reichsgeschichte einmündeten. Im hohen Mittelalter wurden die Normannen der Normandie (Dudo von St. Quentin), die Böhmen (Cosmas von Prag), Polen (Gallus Anonymus), Dänen (Saxo Grammaticus), ja auch die Waliser (Giraldus Cambrensis) sich ihrer Geschichte bewusst. Volkschroniken sind somit Ausdruck eines erwachenden Volks- oder, da sie die politische Geschichte verfolgen, Nationalbewusstseins. Bezeichnend ist aber auch, dass die frühen Volksgeschichten oft noch von Angehörigen (zivilisierterer) älterer Kulturen verfasst wurden: Cassiodor war Römer, Gregor von Tours Romane; frühe Slawenchroniken wurden von Helmold von Bosau und Arnold von Lübeck verfasst (sie waren dann zugleich Missionsgeschichten), und die älteste Polenchronik stammte von einem Franzosen, bevor Landsleute die eigene Geschichte schrieben (im 13. Jh. Vinzenz von Krakau, im 15. Jh. Jan Długosz).

(d) Bistums- und Klosterchroniken

Lit.:

- Michel Sot, Gesta episcoporum, Gesta abbatum (TS 37) Turnhout 1981.
- Elisabeth van Houts, Local and regional chronicles (TS 74) Turnhout 1995, S. 27 ff.
- Jörg Kastner, Historiae fundationum monasteriorum. Frühformen monastischer Institutionsgeschichtsschreibung im Mittelalter (Münchener Beiträge zur Mediävistik und Renaissanceforschung 18) München 1974.
- Ludwig Holzfurtner, Gründung und Gründungsüberlieferung. Quellenkritische Studien zur Gründungsgeschichte der bayerischen Klöster der Agilolfingerzeit und ihrer hochmittelalterlichen Überlieferung (Münchener Hist. Studien. Abt. Bayer. Gesch. 11) München 1984.
- Hans Patze, Klostergründung und Klosterchronik, BDLG 113, 1977, S. 89–121.
- Hans-Werner Goetz, Zum Geschichtsbewußtsein in der alamannisch-schweizerischen Klosterchronistik des hohen Mittelalters (11.–13. Jh.), DA 44, 1988, S. 455–488.
- Dirk Schlochtermeyer, Bistumschroniken des Hochmittelalters: Die politische Instrumentalisierung von Geschichtsschreibung, Paderborn-München-Wien-Zürich 1998.
- Markus Müller, Die spätmittelalterliche Bistumsgeschichtsschreibung. Überlieferung und Entwicklung (AKG Beih. 44) Köln-Weimar-Wien 1998.

Chroniken bewegten sich aber nicht nur auf einer universalen oder „nationalen“, sondern auch – von ihrer Zahl her sogar vorwiegend – auf einer regionalen und lokalen Ebene. Da Geschichtsschreibung institutionsgebunden war, finden sich die frühesten und zahlreichsten Chroniken in kirchlichen Institutionen; da eine hierarchische Amtskirche zunächst noch wenig Bedeutung besaß, war mittelalterliche „Kirchengeschichte“ vornehmlich die Geschichte einzelner Kirchen.

Prototyp einer Bistumschronik war der „Liber pontificalis“, die Geschichte der Päpste, die nach älteren Vorlagen seit dem 6./7. Jh. fortlaufend bis 891 verfasst und im 12. Jh. fortgesetzt wurde. Gegen Ende des 8. Jh. schrieb der Langobarde Paulus Diaconus am Hofe Karls des Großen die Geschichte der Bischöfe von Metz. Im 9. Jh. folgten Bistumschroniken von Auxerre (Heiric), im 10. von Reims (Flodoard) und Verdun. In Lothringen (Lüttich, Cambrai) und östlich des Rheins setzte die Bistumschronistik erst im 11. Jh. mit der Geschichte der Bremer Bischöfe des Magisters Adam, der Hildesheimer Chronik und der Eichstätter Chronik eines Mönchs von Herrieden ein, wenn man nicht schon die Chronik Thietmars von Merseburg vom Beginn des 11. Jh. diesem Typ zuzählen will. Im 12. Jh. folgte – teilweise auf älteren Vorlagen aufbauend – eine Reihe weiterer Bistumschroniken, die teilweise noch lange fortgesetzt wurden. Auch Klosterchroniken sind, vor allem im Westen, seit dem 9. Jh. bezeugt: Fontanelle/St. Wandrille, Lobbes (Folcwin), St. Bertin (Folcwin), St. Gallen (Ratpert). Von den immer wieder (bis ins Spätmittelalter) fortgesetzten „Casus sancti Galli“ abgesehen, begann in Deutschland und Italien die Zeit der Klosterchroniken, im Zusammenhang mit der Reformbewegung, seit dem 11. Jh.

Während Bistumschroniken sich in der Regel fortlaufend am Bistum oder/und entlang der Reihe der Amtsinhaber (Gesta, u. S. 118) orientierten, treten Klosterchroniken, „in Klöstern entstandene historiographische Aufzeichnungen, die sich überwiegend mit diesen selbst beschäftigen“,[25] in verschiedenen Formen auf: Ausgangspunkt war fast durchweg der Gründungsbericht (Fundatio), der für sich stehen konnte, einem Besitz- und Schenkungsverzeichnis (Traditionsbuch) vorangestellt oder eingefügt war oder den Beginn einer wirklichen Chronik darstellte. Die Chronik selbst enthielt die Geschichte des Klosters und seiner Äbte wie auch seines Besitzes und war demnach, je nach inhaltlichem Schwerpunkt, als Kloster-, Abt- (Gesta abbatum) oder Besitzgeschichte konzipiert, die Gründungsbericht und Traditionsbuch in eine historiographisch-chronologische Form umwandelte (Kastner nennt letztere „Cartularchronik“). Vielfach waren diese Formen aber vermischt. Die Chroniken dienten der historischen Erinnerung und einer institutionellen Selbstvergewisserung, aber auch der Verteidigung von Recht und Besitz sowie dem Totengedächtnis der Mitglieder und Wohltäter. Sie fungierten sowohl als Propagierung des eigenen Klosters, seiner Einheit und Macht nach außen hin (z. B. durch Wunderberichte) wie auch als Mahnung für die eigenen Äbte und Brüder, durch Vorbilder ebenso wie durch abschreckende Beispiele. Auch hier sind die Entstehungsabsichten im Einzelnen zu klären. Probleme der Quellenkritik liegen in der Prüfung der inserierten Urkunden und in der Scheidung der verschiedenen Fortsetzungen.

Bistums- und Klosterchroniken sind in vielfältiger Weise aussagekräftig (und noch längst nicht erschöpfend ausgewertet): Sie unterrichten zunächst, aus einem bestimmten Blickwinkel heraus, über die Geschichte der jeweiligen Institution, aber ebenso über deren Besitz und Grundherrschaft; sie enthalten hagiographische,

25 So Patze (o. S. 116) S. 89.

liturgische, topographische, rechtliche und kulturelle Informationen (z. B. über den Bibliotheksbestand), belehren über innere Verhältnisse und äußere Beziehungen, tatsächliche Stellung und erstrebte Ansprüche, nicht zuletzt auch über das bischöfliche oder monastische Selbstverständnis sowie über das Stifts- und Klosterleben. Darüber hinaus sind Klosterchroniken hervorragende Quellen über die adlige Stifterfamilie, deren *memoria* dem Kloster oblag und in die Chronik einfloss.[26] Bistums- und Klosterchroniken sind Institutionsgeschichtsschreibung im wahrsten Sinne des Wortes. Die historiographische Abgrenzung einzelner Richtungen (Cluniacenser, Zisterzienser, Mendikanten) gerät dabei erst allmählich in den Blick der Forschung.

(e) Exkurs: Gesta und Amtslisten

Lit.:

– Grundmann (o. S. 99) S. 38ff.; Sot (o. S. 116); Ders., LMA 4, Sp. 1404ff.; Boshof (o. S. 45) S. 123f.; Van Caenegem, Introduction (o. S. 84) S. 50ff.

Chroniken einer bestimmten Institution (Königtum, Bistum, Kloster), die in chronologischer Folge die Geschichte der Amtsträger, in der Regel von den Anfängen bis zur Gegenwart, darstellen und somit gewissermaßen eine Abfolge von Lebensbeschreibungen bilden, werden gern als „**Gesta**" bezeichnet. „Gesta" sind demnach Chroniken, die biographische Momente im sachlichen Zusammenhang entlang der Bischofs- und Abtreihen enthalten.

Der (moderne) Begriff bezieht sich somit eher auf die Form als auf den Inhalt (die „Gattung" ist deshalb hier als Exkurs behandelt), und er bezeichnet etwas anderes als der gleichlautende, weit offenere mittelalterliche Terminus. Königsgesten sind tatsächlich kaum erhalten; die so bezeichneten Werke wie Wipos „Gesta Chuonradi" und Ottos und Rahewins „Gesta Frederici" sind letztlich Einzelbiographien bzw. Zeitgeschichten. Inhaltlich sind die „Gesta" in der Regel daher Bistums- oder Klosterchroniken.

Eine ebenfalls formal und nicht inhaltlich abgrenzbare Gruppe bilden die häufig überlieferten **Listen von Amtsträgern** (Kaisern, Königen, Päpsten, Bischöfen, Äbten), die Chroniken manchmal voran- oder nachgestellt, häufig aber auch selbständig überliefert sind und das chronologische Gerüst institutioneller Chroniken bilden. Ihr Wert als Geschichtsquelle – über die bloße Kenntnis der Namen der Amtsträger hinaus – ist erst von der jüngeren Geschichtswissenschaft genauer erkannt und erprobt worden.[27]

---

26 Vgl. dazu Hans Patze, Adel und Stifterchronik. Frühformen territorialer Geschichtsschreibung im hochmittelalterlichen Reich, BDLG 100, 1964, S. 8–81; 101, 1965, S. 67–128, der unter dem Begriff der „Stifterchronik" alle historischen Aufzeichnungen zusammenfasst, die über die adligen Stifterfamilien einer Kirche unterrichten. Tatsächlich handelt es sich in aller Regel um Klosterchroniken, deren eigentliche Intention zu berücksichtigen ist. Vgl. Gerd Althoff, Anlässe zur schriftlichen Fixierung adligen Selbstverständnisses, ZGO 134 (N. F. 95), 1986, S. 34–46.

27 Vgl. Mechthild Sandmann, Herrscherverzeichnisse als Geschichtsquellen. Studien zur langobardisch-italienischen Überlieferung (Münstersche MA-Schrr. 41) München 1984.

(f) Genealogien, Haus- und Landeschroniken

Lit.:

- Léopold GENICOT, Les généalogies (TS 15) Turnhout 1975.
- Van HOUTS (o. S. 116) S. 33ff.
- Eckhard FREISE, LMA 4, Sp. 1216ff.; BOSHOF (o. S. 45) S. 135f.; Van CAENEGEM, Introduction (o. S. 84), S. 54ff.
- K. H. KRÜGER, Familienüberlieferungen, RGA 8, S. 183–193.
- Eugen EWIG, Die fränkischen Königskataloge und der Aufstieg der Karolinger, DA 51, 1995, S. 1–28.
- Georg SCHEIBELREITER, Zur Typologie und Kritik genealogischer Quellen, Archivum 37, 1992, S. 1–26.
- Beate KELLNER, Ursprung und Kontinuität. Studien zum genealogischen Wissen des Mittelalters, München 2004.
- Gerhard WOLF, Von der Chronik zum Weltbuch. Sinn und Anspruch südwestdeutscher Hauschroniken am Ausgang des Mittelalters (Quellen und Forschungen zur Literatur- und Kulturgeschichte 18) Berlin-New York 2002.
- Deutsche Landesgeschichtsschreibung im Zeichen des Humanismus, hg. v. Franz BRENDLE, Dieter MERTENS, Anton SCHINDLING u. Walter ZIEGLER (Contubernium 56) Stuttgart 2001.

Halten Amtslisten die Folge der Amtsträger fest, so interessieren sich Genealogien für die Familie und die Abstammungsverhältnisse, teils in männlicher, teils auch in weiblicher Linie, teils in ihren Verzweigungen, meist aber entlang der engeren Verwandtschaft.

Genealogien, deren Vorbild im Genesisbericht der biblischen Urgeschlechter zu suchen ist, können als Kataloge (Listen) oder Stammbäume (Stemmata), oft auch in bildlicher Form, selbständig oder als Bestandteil einer Chronik oder anderer Quellen überliefert sein (eine Genealogie der Langobardenkönige findet sich beispielsweise im Edictus Rothari, der langobardischen Gesetzessammlung). Sie verfolgen die Familie in der Regel von den mutmaßlichen Anfängen bis zu den augenblicklichen Angehörigen und dienen daher auch einem historischen Zweck: der Familiengeschichte, die sich mit liturgischen (Gebetsgedächtnis) und rechtlichen Absichten (Feststellung von Verwandtschaften und Alter der Familie) verbindet. Vorläufer bilden, auf germanischen Grundlagen fußend, Genealogien der Königsfamilie – die ältesten erhaltenen Genealogien behandeln die Karolinger (Metz, um 800/814) – und sind daher den Amtslisten eng verwandt. Aus dem 10. Jh. stammt, als älteste Fürstengenealogie, die Abstammungstafel der Grafen von Flandern; erst seit dem späteren 11. Jh. ist aus Frankreich, seit dem 13. Jh. aus Deutschland eine ganze Reihe solcher Fürstengenealogien erhalten, die bezeichnenderweise aus (Eigen-)Klöstern stammen.

Indem die Abstammungslisten um die Taten der einzelnen Familienangehörigen bereichert wurden, gestalteten sich die Genealogien im hohen Mittelalter zu **Hauschroniken** aus (die aber nicht zwangsläufig die Genealogie ablösten, sondern eine eigene, verwandte Form darstellen). Da sie vorwiegend fürstlichen Familien gelten, stehen sie bereits in engem Zusammenhang mit der Entstehung von Territorialstaaten und überliefern sowohl Familien- wie Landesgeschichte. Die Übergänge zwischen Haus- und Landeschroniken sind daher völlig fließend.

Die ältesten Hauschroniken stammen ebenfalls aus Frankreich (Grafen von Anjou). Ältestes deutsches Beispiel ist die Welfengeschichte aus dem 12. Jh., zunächst (um 1125) als „Genealogia Welforum" konzipiert, dann (um 1170) zur „Historia Welforum" ausgeweitet. Im Spätmittelalter waren Hauschroniken weit verbreitet.[28]

Die dringendsten Forschungsprobleme liegen in der Feststellung der Abhängigkeiten. Viele Genealogien und Hauschroniken sind noch nicht kritisch ediert. Sie sind Ausdruck eines dynastischen Familien- und Herrschaftsbewusstseins (in seiner klösterlichen Widerspiegelung). Die Abstammungstafel deutet – zumal, wenn sie gar nicht der Realität entspricht – auf eine „Ansippung" an bestimmte (königliche oder historische, gelegentlich auch „urhistorische") Familien oder auf „heilige Vorfahren" und verrät auf diese Weise das Selbstverständnis der Familie. Insgesamt bilden diese Chroniken ein Spiegelbild der mittelalterlichen Adelsgesellschaft: Genealogie und Hauschronik sind die adelsgemäße Form der Chronistik.

Landeschroniken, die erst im Spätmittelalter verbreitet sind und sich institutionell an die Territorialherrschaften anlehnen, richten sich, den Hauschroniken eng verwandt, an der Dynastie der Landesherren aus.

Die frühesten Beispiele stammen aus dem Westen, wie die Chronik der Grafen von Anjou oder Gisleberts von Mons Chronik der Grafen des Hennegaus aus dem 12. Jh. Als Beispiele aus dem Reich seien etwa Andreas von Regensburgs Bayernchronik, Thomas Ebendorfers „Chronica Austriae" (Österreichische Chronik) oder Werner von Rolevincks Chronik der Grafen von der Mark genannt. Auch hier fällt die Abgrenzung nicht immer leicht: Die Chronik Johanns von Viktring ist ebenso Reichschronik wie bayerische Landeschronik und zudem aus zisterziensischer Perspektive geschrieben. Insgesamt verengte sich der Blick aber zum Spätmittelalter hin zunehmend und führte zu einer „Provinzialisierung" der Geschichtsschreibung (Patze).

(g) Stadtchroniken

Ed.:

- Die Chroniken der deutschen Städte (o. S. 88).
- Van Houts (o. S. 116) S. 42ff.

Lit.:

- Heinrich Schmidt, Die deutschen Städtechroniken als Spiegel des bürgerlichen Selbstverständnisses im Spätmittelalter (Schriftenreihe d. Hist. Komm. b. d. Bayer. Akad. d. Wiss. 3) Göttingen 1958.

---

28 Dazu Gert Melville, Vorfahren und Vorgänger. Spätmittelalterliche Genealogien als dynastische Legitimation zur Herrschaft, in: Die Familie als sozialer und historischer Verband, hg. v. Peter-Johannes Schuler, Sigmaringen 1987, S. 203–309; Peter Johanek, Die Schreiber und die Vergangenheit. Zur Entfaltung einer dynastischen Geschichtsschreibung an den Fürstenhöfen des 15. Jahrhunderts, in: Pragmatische Schriftlichkeit im Mittelalter. Erscheinungsformen und Entwicklungsstufen, hg. v. Hagen Keller, Klaus Grubmüller u. Nikolaus Staubach (Münstersche MA-Schrr. 65) München 1992, S. 195–209; Jean-Marie Moeglin, Dynastisches Bewußtsein und Geschichtsschreibung. Zum Selbstverständnis der Wittelsbacher, Habsburger und Hohenzollern im Spätmittelalter, HZ 256, 1993, S. 593–635.

- Johannes Bernhard MENKE, Geschichtsschreibung und Politik in deutschen Städten des Spätmittelalters. Die Entstehung deutscher Geschichtsprosa in Köln, Braunschweig, Lübeck, Mainz und Magdeburg, Jb. d. Kölnischen Geschichtsvereins 33, 1958, S. 1–84; 34/35, 1960, S. 85–194.
- Wolfgang EGGERT, Zu Fragen der städtischen Geschichtsschreibung in Deutschland während des späten Mittelalters, JGF 9, 1985, S. 115–127.
- Städtische Geschichtsschreibung im Spätmittelalter und in der frühen Neuzeit, hg. v. Peter JOHANEK (Städteforschung A 47) Köln-Weimar-Wien 2000.

Stadtchroniken kamen in Italien schon im 12. Jh. (Arnulf von Mailand; Caffaro, Annales Ianuenses: Genua; Johannes Codagnellus: Piacenza), nördlich der Alpen seit dem 13. Jh. auf. Im 14. und 15. Jh. gehörten sie – neben Bistums- und Klostergeschichten – zu den verbreitetsten Gattungen der Geschichtsschreibung, wobei aber auch die Stadtgeschichte gern in den größeren Rahmen der Reichs- und sogar der Weltgeschichte eingespannt wurde (Typ der „städtischen Weltchroniken"). Insofern sind Stadtchroniken durchaus Ausdruck eines städtisch-bürgerlichen Selbstbewusstseins (Schmidt), sie lassen aber auch überstädtisch-universale Tendenzen erkennen (Eggert), die letztlich freilich dazu dienten, die eigene Stadtgeschichte in einen größeren historischen Zusammenhang zu stellen. Stadtchroniken sind somit weithin bürgerliche Geschichtsschreibung, während ihre Frühformen oft noch stadtherrschaftlichen Ursprung tragen und sich an Bistumschroniken anlehnen oder unmerklich aus diesen hervorgehen. Auch später, in der Phase städtischer Freiheit und Selbstverwaltung, blieben die Stadtchroniken politische, institutionell auf den Rat der Stadt ausgerichtete Geschichtsschreibung. Sie tragen oft einen offiziellen oder offiziösen Charakter, wurden häufig in die Stadtbücher (u. S. 184) eingetragen, und die Chronisten selbst waren vielfach Stadtschreiber oder sogar Ratsherren. Doch gibt es daneben auch viele „private" Werke einzelner Bürger oder Mönche, vornehmlich der Bettelorden. Die Entstehung der Chroniken hatte nicht selten einen konkreten, gegenwartspolitischen Hintergrund, etwa als Rechtfertigung der Politik des Rates gegenüber bürgerlichen Unruhen. Angesichts der Vielfalt der historiographischen Ausgestaltung fällt eine zusammenfassende Charakterisierung der Stadtchronistik, die überwiegend bereits in der Volkssprache abgefasst ist, nicht leicht.

(h) Kriegs- und Kreuzzugschroniken

Das gilt auch für eine weitere Spielart, den Kriegsbericht, wie beispielsweise Brunos „Buch vom Sachsenkrieg" Heinrichs IV. Hier liegt im Grunde nur ein thematisch bewusst begrenzter Ausschnitt aus der Reichsgeschichte vor, wie er sich inhaltlich auch als Bestandteil anderer Chroniken findet. Das trifft, mit gewissen Einschränkungen, auch auf die Kreuzzugschroniken zu, die die Geschichte der „heiligen Kriege" (der „bewaffneten Pilgerfahrten") um die christlichen Stätten im Heiligen Land erzählen.

Ed.: RHC (o. S. 93)

Lit.:

- Van CAENEGEM, Introduction (o. S. 84) S. 68ff.

- Elizabeth HALLAM, Chronicles of the Crusades. Eye-witness accounts of the wars between Christianity and Islam, Godalming 1996.

Auswertungsbeispiele:

- The crusades and their sources. Essays presented to Bernard Hamilton, hg. v. John FRANCE u. William G. ZAJAC, Aldershot-Brookfield-Singapore-Sydney 1998.

Allein vom 1. Kreuzzug sind, neben weiteren Ableitungen, vier eigenständige, zeitgenössische Berichte aus Frankreich und Süditalien erhalten: die normannischen „Gesta Francorum et aliorum Hierosolimitanorum“, die Chroniken Raymunds von Aguilers, Peter Tudebodes und Fulchers von Chartres, während Guibert von Nogent bereits im Titel („Gesta Dei per Francos“) den heilsgeschichtlichen Charakter des Unternehmens betonte. In Deutschland schrieb erst um 1130 Albert von Aachen eine Kreuzzugschronik. Fulcher, der im heiligen Land blieb, schuf später eine zweite Rezension, die manchen auf die Einflüsse der neuen Heimat zurückgehenden Wandel seiner Anschauungen erkennen lässt. Ganz aus der Sicht der Kreuzfahrerstaaten verfasste dann erst (seit 1169) Wilhelm von Tyrus seinen Bericht, der als Höhepunkt der Kreuzzugschroniken gilt. Über die späteren Kreuzzüge besitzen wir manche Nachricht, aber kaum mehr eine eigenständige, chronikalische Würdigung; nur vom 3. Kreuzzug Friedrich Barbarossas liegen verschiedene Berichte vor (Historia de expeditione Friderici imperatoris; Historia peregrinorum; Gesta Friderici; das Tagebuch eines Tageno ist weithin verloren). Später wurden die „Kreuzzüge“ gegen die Slawen und die häretischen Albigenser in Südfrankreich beschrieben.

Der Überblick zeigt die Formen- und Themenvielfalt der mittelalterlichen Chronistik, die lange Zeit zu Unrecht allein an den Reichsgeschichten gemessen worden ist (die in Quellenkunden und -übersichten bis heute ungleich ausführlicher behandelt werden). Demgegenüber sind andere Arten oft noch verhältnismäßig wenig erforscht. Bistums-, Kloster-, Haus-, Landes- und Stadtchroniken sind nicht Sonderformen der durch Welt- und Reichschroniken bestimmten Chronistik, sondern sie bilden von der Zahl her vielmehr umgekehrt den Regelfall. Wichtiger als die Abgrenzung einzelner Arten aber sind deren Gemeinsamkeiten, die durch die vielen Mischformen – eigentlich sind *sie* sogar als Normalfall anzusehen – noch gestützt werden. Mittelalterliche Chroniken sind in aller Regel deutlich an der jeweiligen Institution orientiert, aber sie ordnen diese bewusst in das Gesamtbild der Geschichte als Orientierungsmaßstab ein.

(3) Andere Formen der Geschichtsschreibung

(a) Biographien und Autobiographien

Lit.:

- GRUNDMANN (o. S. 99) S. 29 ff.; Van CAENEGEM, Introduction (o. S. 84) S. 62 ff.
- F. BRUNHÖLZL, LMA 2, Sp. 200 ff.

Biographien nach unserem Verständnis als Lebensbeschreibungen bedeutender Persönlichkeiten hat es im Mittelalter eigentlich kaum gegeben, obwohl dafür eine antike Tradition vorlag. Die „Vita“ war in aller Regel Heiligenleben und gehörte einer besonderen Gattung an (dazu u. S. 127 ff.), wenngleich auch sie, zumindest zeit- und streckenweise, historische Züge trug (wie z. B. die Bischofsviten des hohen

Mittelalters). Darüber hinaus haben nur wenige Könige eine Lebensbeschreibung erhalten.

Einhards Vita Karls des Großen, die sich an Sueton orientierte, blieb letztlich eine Ausnahme, und auch sie war – typisch mittelalterlich – weniger an Karls Leben als an seiner Persönlichkeit und historischen Größe interessiert. Die beiden Viten Ludwigs des Frommen trugen einerseits bereits hagiographische Züge und knüpften andererseits mit ihrem chronologischen Bericht – wie auch Assers Biographie Alfreds des Großen – an die annalistisch-chronikalische Geschichtsschreibung an. Die Viten Heinrichs II. waren, wie auch die Viten verschiedener Königinnen, reine Heiligenviten, die „Gesta" Konrads II. (Wipo) und Friedrich Barbarossas (Otto von Freising/Rahewin) waren Tatenberichte, die sog. Vita Heinrichs IV. hingegen verstand sich als Totenklage. Ähnlich liegen die Verhältnisse in Frankreich: Als historische Biographie kann allein die von Suger von St. Denis verfasste Lebensbeschreibung Ludwigs VI. gelten, während Helgauds Vita Roberts des Frommen hagiographisch ausgerichtet war. Im Rückblick beschrieb Pseudo-Turpin Karl den Großen als einen epenhaften Kriegshelden. So sind uns letztlich nur Einzelwerke individuellen Zuschnitts überliefert, die sich nicht zu einer Gattung zusammenschließen. Die volkssprachigen Herrscher-„Viten" gehören sämtlich der Dichtung an.

Noch ungewöhnlicher scheint die „Gattung" der **Autobiographie** im Mittelalter, obwohl Georg Misch darüber immerhin ein achtbändiges Werk verfassen konnte.

Lit.:

- F. Brunhölzl/W. Schulze, LMA 1, Sp. 1262–1269; Eckart Henning, in: Beck/Henning (u. S. 231) S. 119–127; Van Caenegem, Introduction (o. S. 84) S. 65 ff.
- Georg Misch, Geschichte der Autobiographie, 4 Bde. (in 8 Halbbänden), Frankfurt 1949–1969.
- Wilhelm Kölmel, Autobiographien der Frühzeit, in: Individuum und Individualität im Mittelalter, hg. v. Jan A. Aertsen u. Andreas Speer (Miscellanea Mediaevalia 24) Berlin-New York 1996, S. 667–682.

Tatsächlich sind autobiographische Nachrichten und Selbstzeugnisse in historiographischen und anderen Schriften nicht selten,[29] reine Autobiographien aber untypisch bzw. in einer spezifisch mittelalterlichen Form verfasst, die dem Vorbild der Bekehrungsgeschichte, den „Confessiones" (Bekenntnissen) des Kirchenvaters Augustin, folgt: Autobiographische Schriften des Mittelalters bieten dem Zweck nach ebensowenig wie die Viten (eigene) Lebensbeschreibungen, sondern verfolgen moralische Ziele.

Dem Inhalt nach handelt es sich in aller Regel um Schilderungen der „inneren" Entwicklung im Kampf um den Glauben (wie bei Otloh von St. Emmeram, Guibert von

---

29 Vgl. die Beispiele in: Das dargestellte Ich. Studien zu Selbstzeugnissen des späteren Mittelalters und der frühen Neuzeit, hg. v. Sabine Schmolinsky, Klaus Arnold u. Urs M. Zahnd, Bochum 1999; Kommunikation mit dem Ich. Signaturen der Selbstzeugnisforschung an europäischen Beispielen des 12. bis 16. Jahrhunderts, hg. v. Heinz-Dieter Heimann u. Pierre Monnet (Europa in der Geschichte 7) Bochum 2004.

Nogent oder dem zum Christentum bekehrten Juden Hermannus), um die Darstellung der eigenen Verirrungen zur Belehrung anderer. Oft stellen sie aber auch eine Selbstrechtfertigung dar, wie bei Rather von Verona, der um seine Bistümer Verona und Lüttich kämpfen musste, oder in der „Katastrophengeschichte" (Historia calamitatum) betitelten Lebensbeschreibung des wegen seines Verhältnisses zu seiner Schülerin Heloïse entmannten und aus der Domschule vertriebenen Peter Abaelard. Bezeichnend ist auch die unpersönliche Darstellung wie in Guiberts „De vita *sua*". Im Grunde trägt jedes Werk eigenen Charakter, so dass sich auch die Autobiographien nicht eigentlich zu einer „Gattung" zusammenfügen. Eine Ausnahme bildet auch die einzige herrscherliche Selbstdarstellung Kaiser Karls IV. mit seinem Rückblick auf die frühen Jahre. Besonders in der volkssprachigen Autobiographie ist die Grenze zur Dichtung oft überschritten (wie im „Frauendienst" Ulrichs von Lichtenstein von 1255 als dem ältesten deutschsprachigen Beispiel). Autobiographische Selbstdarstellungen sind dann in größerer Zahl auch aus dem spätmittelalterlichen Adel und Bürgertum erhalten.[30]

(b) Reiseberichte

Ed.:
- Itinera et alia geographica, 2 Bde. (CCL 175/176), Turnhout 1965.

Bibliographie:
- Europäische Reiseberichte des späten Mittelalters. Eine analytische Bibliographie, hg. v. Werner PARAVICINI, Teil 1: Deutsche Reiseberichte, bearb. von Christian HALM, 2., um einen Nachtrag erg. Aufl.; Teil 2: Französische Reiseberichte, bearb. von Jörg WETTLAUFER in Zusammenarbeit mit Jacques PAVIOT; Teil 3: Niederländische Reiseberichte, nach Vorarbeiten von Detlev KRAACK bearb. v. Jan HIRSCHBIEGEL (Kieler Werkstücke. Reihe D: Beiträge z. europ. Gesch. des späten Mittelalters 5/12/14) Frankfurt/M. u. a. 2001/1999/2000.

Lit.:
- Van CAENEGEM, Introduction (o. S. 84) S. 70ff.
- Jean RICHARD, Les récits de voyages et de pèlerinages (TS 36) Turnhout ²1996.
- Reiseberichte als Quellen europäischer Kulturgeschichte. Aufgaben und Möglichkeiten der historischen Reiseforschung, hg. v. Anton MĄCZAK u. Hans Jürgen TEUTEBERG (Wolfenbütteler Forschungen 21) Wolfenbüttel 1982 (vorwiegend frühneuzeitlich).
- Reisen und Reiseliteratur im Mittelalter und in der frühen Neuzeit, hg. v. Xenja von ERTZDORFF u. Dieter NEUKIRCH, Amsterdam/Atlanta 1992.
- Reisen in reale und mythische Ferne. Reiseliteratur im Mittelalter und Renaissance, hg. v. Peter WUNDERLI (Studia humaniora 22) Düsseldorf 1993.

Beispieltexte in deutscher Übersetzung:
- Klaus HERBERS/Robert PLÖTZ, Nach Santiago zogen sie. Berichte von Pilgerfahrten ans „Ende der Welt" (dtv-taschenbuch 4718) München 1996.

Autobiographischen Charakter tragen auch **Reiseberichte**, die im Abendland aber erst im Spätmittelalter etwas häufiger werden. Entsprechend der vielfältigen Reise-

---

30 Eine Auswahl bietet Horst WENZEL, Die Autobiographie des späten Mittelalters und der frühen Neuzeit. Bd. 1: Die Selbstdarstellung des Adels; Bd. 2: Die Selbstdeutung des Stadtbürgertums (Spätmittelalterliche Texte 3/4) München 1980.

motivation gibt es keinen einheitlichen „Typ" der (letztlich chronikhaften) Reiseliteratur. Kreuzzugschroniken lassen sich ebenso dazuzählen wie (vor allem) Berichte über Pilgerfahrten oder Missionsreisen, Bildungsreisen, Gesandtschaftsreisen (wie die Reise Liudprands von Cremona nach Byzanz im Auftrag Ottos des Großen), Handelsreisen (dazu zählt auch die Mongolei- und Chinafahrt Marco Polos 1271–95) und – seit dem Ausgang des Mittelalters – Entdeckungsreisen (wie die Schiffsreisen des Kolumbus). Meist sind die Berichte nur größeren Schriften einverleibt, manchmal aber auch monographischer Natur. Wegen ihrer detailreichen Informationen sind spätmittelalterliche **Reisetagebücher** als Quellen besonders wertvoll. Vereinzelt begegnen auch schon „Reiseführer" wie der um 1140/50 entstandene **Pilgerführer** nach Santiago de Compostela. Reiseberichte liefern wertvolle Informationen über einen besonderen Bereich der mittelalterlichen (Alltags-)Welt, die weit stärker von Mobilität geprägt war, als man früher glaubte. Sie sind – zumal bei „Auslandsreisen" (Fernreisen) – aber auch mentalitätsgeschichtlich interessant als Spiegelung der Begegnung mit dem Fremden, ihre Glaubwürdigkeit ist hingegen nur schwer kontrollierbar.[31] Dennoch bieten sie interessante ethno- und geographische Informationen. Reiseberichte können aber auch fiktiv sein (wie „Mandevilles Reisen").

(c) Exemplasammlungen

Da geschichtliches Wissen im Mittelalter anwendbares Wissen sein sollte und ethischen Zwecken diente, trug Geschichtsschreibung in sich bereits exemplarischen Charakter. So lag es nahe, historische Exempla, meist mit bestimmten Absichten und Inhalten, in gesonderten Schriften zu sammeln, auch wenn die Zahl solcher Werke insgesamt gering blieb. Ein berühmtes Beispiel liefert der „Policraticus" des Johannes von Salisbury, ein Fürstenspiegel (dazu u. S. 196), der seine Aussagen mit Vorliebe auf historische Beispielerzählungen stützt.[32] Vorbild und „Urtyp" solcher Exempla bilden die römischen „Memorabilia" des Valerius Maximus – und „Denkwürdiges" zu berichten, war ja das Ziel mittelalterlicher Historiographie –, die in mehr als 400 Handschriften überliefert sind und damit als das im Mittelalter am weitesten verbreitete „Geschichtswerk" überhaupt gelten dürfen. (Zu „exempla" als theologischer Predigterzählung vgl. u. S. 189).

(d) Exkurs: Geschichtsdichtung

Lit.:

- GRUNDMANN (o. S. 99) S. 48 ff.; zur mittellateinischen Literatur vgl. u. S. 201.

Eine Übersicht über illustrierte deutsche Weltchroniken und ihre Bildmotive bietet:

- Jörn-Uwe GÜNTHER, Die illustrierten mittelhochdeutschen Weltchronikhandschriften in Versen. Katalog der Handschriften und Einordnung der Illustrationen in die Bildüberlieferung (tuduv-Studien. Reihe Kunstgeschichte 48) München 1993.

---

31 Vgl. Arnold ESCH, Anschauung und Begriff. Die Bewältigung fremder Wirklichkeit durch den Vergleich in Reiseberichten des späten Mittelalters, HZ 253, 1991, S. 281–312.

32 Vgl. Peter von MOOS, Geschichte als Topik. Das rhetorische Exemplum von der Antike zur Neuzeit und die *historiae* im *„Policraticus"* Johanns von Salisbury (Studien zur Literatur und Gesellschaft des Mittelalters und der frühen Neuzeit 2) Hildesheim-Zürich-New York ²1996.

Äußerst beliebt war es, den Geschichtsbericht in eine poetische Form (Verse) zu kleiden. Eine eigene Gattung liegt hier allerdings nur der Form nach vor, während der Inhalt sehr verschiedenartig ausfallen und sich im Prinzip auf alle bisher behandelten Stoffe erstrecken konnte. Eine solche Geschichtsdarstellung nutzt vielfach das literarische Formenrepertoire der Dichtung. In lateinischer Sprache ist das in der Regel der Hexameter, seltener das elegische Distichon oder die Strophe (De Carolo rege et Leone papa; Carmen de bello Saxonico). In deutscher Sprache verwenden Geschichtsdichtung wie Geschichtsschreibung bis zum 14. Jh. den vierhebigen Reimpaarvers als Form. Auch die Lyrik greift vielfach auf den geschichtlichen und sozialen Hintergrund ihrer Zeit aus, so die reiche kirchen- und gesellschaftskritische Dichtung des lateinischen Mittelalters[33] oder die seit 1098 erscheinende Kreuzzugslyrik in Latein und Volkssprache.[34] Darüber hinaus sind in viele historische Prosawerke an wichtigen Stellen auch Verse und Gedichte eingestreut: Epitaphien (Grabschriften), Widmungs- und Lobgedichte oder Sprüche.

Inhaltlich wurden meist einzelne Episoden, vor allem Kriegshandlungen, geschildert – als Beispiele seien Abbos Bericht vom Normanneneinfall in Paris 886 (De bello Parisiaco), das „Carmen de bello Saxonico“ Heinrichs IV. oder die „Gesta Friderici I. in Lombardia“ genannt –, aber auch Weltchroniken (wie bei Gottfried von Viterbo) und Viten wurden in Verse gekleidet.

Aus mittelalterlicher Sicht war hier nicht die Grenze zur Historiographie überschritten, vielmehr erhielt diese erst eine vollendete Form, während die Dichtung selbst natürlich auch allen anderen, nicht-historiographischen Inhalten offen stand. Dennoch schien die Grenze zur fiktiven Dichtung hier besonders fließend. Das gilt zumal für die volkssprachige Geschichtsdichtung seit dem späteren 11. Jh.

Berühmte Beispiele aus dem deutschen Reich bilden das Annolied, das das Leben des Erzbischofs Anno II. von Köln in die Weltgeschichte einordnete, oder die deutsche Kaiserchronik aus dem 12. Jh., die ihr Wissen über die Geschichte der Kaiser (seit Caesar) bereits vielfach aus lateinischen Chroniken legendenhaften Charakters schöpfte. Später schufen Rudolf von Ems und Jans Enikel (Welt-)Chroniken in Versform. Die Grenze zur epischen Heldendichtung mit historischem Kern ist hier nur schwer zu ziehen (vgl. u. S. 202 f.).

Man darf diese zunächst mündlich tradierte und erst später schriftlich festgehaltene Geschichtsdichtung – schon Tacitus bezeugt „alte Lieder“ als Geschichtsschaffen der Germanen –, die unser Wissen um die historischen Ereignisse nur in einigen Ausnahmefällen bereichert, dennoch nicht unterschätzen, denn sie hat das Geschichtsbewusstsein der Laien wahrscheinlich weit stärker geprägt als die klerikale Buch-

---

33 Vgl. Helga Schüppert, Kirchenkritik in der lateinischen Lyrik des 12. und 13. Jahrhunderts (Medium Aevum 23) München 1972.

34 Vgl. Roswitha Wisniewski, Kreuzzugsdichtung. Idealität in der Wirklichkeit (Impulse der Forschung 44) Darmstadt 1984; ferner die Analyse von Goswin Spreckelmeyer, Das Kreuzzugslied des lateinischen Mittelalters (Münstersche MA-Schrr. 21) München 1974.

kultur[35] und verleiht zudem Einblick in zeittypische Denkmuster. So gesehen bilden auch **Sagen und Legenden** wertvolle Geschichtsquellen, weil sie verbreitete Anschauungen wiedergeben. Ihr Wert liegt nicht in einem eventuell vorhandenen, aber kaum sicher herauszuschälenden historischen Kern, sondern in ihrer Widerspiegelung mittelalterlicher Mentalität. Ein besonderer Fall sind die – vor allem aus Norwegen und Island stammenden – nordischen **Sagas**, die sich zwischen Geschichtserzählung und Epos bewegen und die skandinavische (Früh-)geschichte – gegen ältere Interpretationen – trotz zahlreicher Reminiszenzen aus dem späteren, bereits christlichen Rückblick betrachten.

Lit.:
- František GRAUS, Die Herrschersagen des Mittelalters als Geschichtsquelle, AKG 51, 1964, S. 65–93.

2.2.4.2 Hagiographische Quellen: Viten, Mirakel- und Translationsberichte

Übersicht:
- Bibliotheca hagiographica latina antiquae et mediae aetatis (u. S. 249).

Ergänzung: Novum supplementum, hg. v. Henricus FROS (Subsidia hagiographica 70) Brüssel 1986.

Ed.:
- AA SS (o. S. 92) sowie in den Sammlungen erzählender Quellen.

Lit.:
- GRUNDMANN (o. S. 99) S. 29 ff.; BOSHOF (o. S. 45) S. 120 ff.; Van CAENEGEM, Introduction (o. S. 84) S. 74 ff.; BERLIOZ (o. S. 255) S. 191–200.
- C. LEONARDI u. a., LMA 4, Sp. 184 ff.
- Dieter VON DER NAHMER, Die lateinische Heiligenvita. Eine Einführung in die lateinische Hagiographie, Darmstadt 1994.
- René AIGRAIN, L'hagiographie. Ses sources, ses méthodes, son histoire, Paris 1953.
- Friedrich LOTTER, Methodisches zur Gewinnung historischer Erkenntnisse aus hagiographischen Quellen, HZ 229, 1979, S. 298–356.
- František GRAUS, Sozialgeschichtliche Aspekte der Hagiographie der Merowinger- und Karolingerzeit. Die Viten der Heiligen des südalemannischen Raumes und die sog. Adelsheiligen, in: Mönchtum, Episkopat und Adel zur Gründungszeit des Klosters Reichenau, hg. v. Arno Borst (Vorträge und Forschungen 20) Sigmaringen 1974, S. 131–176.
- DERS., Volk, Herrscher und Heiliger im Reich der Merowinger. Studien zur Hagiographie der Merowingerzeit, Prag 1965.
- Friedrich PRINZ, Der Heilige und seine Lebenswelt. Überlegungen zum gesellschafts- und kulturgeschichtlichen Aussagewert von Viten und Wundererzählungen, in: Santi e demoni nell'alto medioevo occidentale (sec. V–XI), Bd. 1 (SSCI 30) Spoleto 1989, S. 285–318.

---

35 Vgl. Karl HAUCK, Heldendichtung und Heldensagen als Geschichtsbewußtsein, in: Alteuropa und die moderne Gesellschaft. Festschrift Otto Brunner, Göttingen 1963, S. 118–169.

- Constanze RENDTEL, Hochmittelalterliche Mirakelberichte als Quelle zur Sozial- und Mentalitätsgeschichte und zur Geschichte der Heiligenverehrung untersucht an Texten insbesondere aus Frankreich, Diss. Düsseldorf 1985.

Geschichte der Hagiographie nach Regionen und Epochen:

- Hagiographies. Histoire internationale de la littérature hagiographique latine et vernaculaire en Occident des origines à 1550, hg. v. Guy PHILIPPART, bisher 3 Bde. (Corpus Christianorum. Hagiographies M I–III), Turnhout 1994–2001.

Zu zeitgenössischen Stilformen:

- Walter BERSCHIN, Biographie und Epochenstil im lateinischen Mittelalter. Bd. 1: Von der Passio Perpetuae zu den Dialogi Gregors des Großen; Bd. 2: Merowingische Biographie. Italien, Spanien und die Inseln im frühen Mittelalter; Bd. 3: Karolingische Biographie 750–920 n. Chr.; Bd. 4: Ottonische Biographie. Das hohe Mittelalter 920–1220 n. Chr., 1. Halbbd.: 920–1070 n. Chr., 2. Halbbd.: 1070–1220 n. Chr.; Bd. 5: Kleine Topik und Hermeneutik der mittellateinischen Biographie (Quellen und Untersuchungen zur lateinischen Philologie des MA 8–10/12,1 u. 2/15) Stuttgart 1986–2004 (enthält auch das Gesamtregister).

Zum Projekt einer kritischen Aufnahme der älteren westfränkischen Hagiographie:

- François DOLBEAU/Martin HEINZELMANN/Joseph-Claude POULIN, Les sources hagiographiques narratives composées en Gaule avant l'an Mil (SHG). Inventaire, examen critique, datation, Francia 15, 1987, S. 701–731.
- Martin HEINZELMANN, Manuscrits hagiographiques et travail des hagiographes (Beihefte der Francia 24) Sigmaringen 1992.
- L'hagiographie du haut moyen âge en Gaule du Nord. Manuscrits, textes et centres de production, hg. v. Martin HEINZELMANN (Beihefte der Francia 52) Stuttgart 2001 (quellenkritische Beispielübersicht).

Zeitschriften:

- Analecta Bollandiana, seit 1882; Bd. 117, 1999, Hrsg.: Société des Bollandistes (mit jährlicher Bibliographie);
- Hagiographica. Rivista di agiografia e biografia della Società internazionale per lo studio del Medio Evo Latino. Journal of the Hagiography and Biography of Società internazionale per lo studio del Medio Evo Latino, seit 1994; Bd. 14, 2007; Hrsg.: Società Internationale per lo Studio del Medioevo Latino.

Vgl. auch die Veröffentlichungen des Arbeitskreises für hagiographische Fragen in der Reihe „Beiträge zur Hagiographie“.[36]

Unter dem Begriff „Hagiographie“ werden alle Schriften zusammengefasst, die sich mit dem Leben und Wirken von Heiligen befassen (gr. *hagios* = heilig, *graphein* = schreiben). Hagiographisches Schrifttum ist daher eine typisch christliche Quellengattung, die ihren Ursprung in der christlichen Heiligen- und Reliquienverehrung hat. Als heilig galt derjenige, der bei Gott schon jetzt „erwählt“, dem also das ewige Leben sicher war; untrügliches Zeichen dafür war das Wunderwirken. Ursprünge und Vorbilder der Hagiographie stammen aus der christlichen Spätantike (v. a. in

36 Beispielstudien: Hagiographie im Kontext. Wirkungsweisen und Möglichkeiten historischer Auswertung, hg. v. Dieter R. BAUER u. Klaus HERBERS (Beiträge zur Hagiographie 1) Stuttgart 2000; Mirakel im Mittelalter. Konzeptionen, Erscheinungsformen, Deutungen, hg. v. Martin HEINZELMANN, Klaus HERBERS u. Dieter R. BAUER (Beiträge zur Hagiographie 3) Stuttgart 2002.

der Antoniusvita des Athanasius). Hagiographische Schriften waren im gesamten Mittelalter in allen Gegenden weit verbreitet, ja an der Zahl verschiedener Werke gemessen, ist die Hagiographie sogar als die am weitesten verbreitete mittelalterliche Gattung erzählender Quellen überhaupt zu bezeichnen: Die Acta Sanctorum (o. S. 92) enthalten annähernd 4000 Viten von insgesamt beinahe 2500 Heiligen. Demnach bestand ein konstantes Interesse an diesen Schriften, deren Formen und Gestalt sich im Laufe der Zeit allerdings wandelten und eine solche Vielfalt bieten, dass man es abgelehnt hat, noch von einer einheitlichen „Gattung" zu sprechen (Friedrich Lotter). Im Wesentlichen lassen sich drei (in sich aber wieder variable) **Typen** unterscheiden:

(1) Am weitaus häufigsten ist die **Vita**, die das Leben des Heiligen (Herkunft, Kindheit, Ausbildung, Tugenden, Frömmigkeit, Wirken, Tod und Wunder) erzählt. Vom Ideal des Märtyrers ausgehend, steht der Tod oft im Mittelpunkt der Vita; rückt er ganz in den Vordergrund, so entsteht als Sonderform die „Passio".

(2) Die Wundergeschichten (**Miracula**) stellen die nach dem Tode des Heiligen bewirkten Wunder zusammen, die ein Heiligsein erst begründen. Typisch sind Heilungswunder an Blinden, Stummen und Gelähmten nach dem Vorbild Christi. Vita und Miracula sind selten streng getrennt, zumal manche Heilige auch schon zu Lebzeiten Wunder wirkten. Häufig werden Leben und Wunderwirken eines Heiligen auch in zwei zusammenhängenden Büchern erzählt.

(3) Weniger häufig sind **Translationsberichte**. Jede Kirche brauchte einen oder mehrere Heilige als Patrone. Oft war es der Gründer oder jedenfalls ein am Ort begrabener Heiliger (wenn die Kirche nicht überhaupt als Grabkirche über dessen Gebeinen erbaut wurde). Vielfach, besonders in Missionsgebieten, besorgte man sich aber auch Reliquien von weither, deren Überführung (Translation) mit den unterwegs eintretenden Wundern dann schriftlich festgehalten werden konnte. Verwandte Typen sind Berichte über die Erhebungen (Elevationes) der Gebeine (aus dem Grab in einen in der Kirche aufbewahrten Schrein) oder über die (wunderbare) Auffindung (Inventio) von Reliquien. Solche Ereignisse wurden als eigene Heiligentage gefeiert.

Lit.:
- Martin Heinzelmann, Translationsberichte und andere Quellen des Reliquienkultes (TS 33) Turnhout 1979.

Zuordnung: Dank ihrer Absicht, der Nachwelt das Leben und Wirken von Heiligen zu verkünden, lässt sich die Hagiographie durchaus als eine Sonderform der Historiographie betrachten, und sie wird in vielen Quellenkunden als solche behandelt, weniger – so die frühere **Ansicht** –, weil sie auch historisch relevante Nachrichten enthält, sondern weil sie ähnliche Zielsetzungen verfolgt, nämlich wahre Fakten im Sinne der Heilsgeschichte berichten zu wollen – und im mittelalterlichen Sinn gehörte das Heilige zum „Wahren" schlechthin – und weil sie im Mittelalter selbst als Geschichtsschreibung aufgefasst und oft als *historia* bezeichnet wurde. Auf der anderen Seite – und das legt eine gesonderte Behandlung nahe – steht die Hagiographie außerhalb *unseres* Geschichtsbegriffs, weil sie (am historischen Beispiel) eher eine Typologie der Heiligkeit liefern will und damit letztlich doch anderen Kriterien folgt.

Ziele: Der Absicht nach zählen die Vita wie auch die verwandten Formen zur theologischen Literatur.

- Ihre *historische Intention* besteht darin, dass sie – in der Regel sogar chronologisch – Leben und Taten des Heiligen berichtet, wenngleich nicht immer mit genauer Fixierung in Zeit und Raum. Sie verfolgt dieses Ziel jedoch mit bestimmten Zwecken und in einer spezifischen Art und Weise.
- Einmal handelt es sich um eine „Gebrauchsschrift", die der *Erbauung und Belehrung*, anfangs vor allem der Mönche oder Kleriker der eigenen Kirche, diente. Hagiographische Schriften wurden (abschnittweise) in der Messe gelesen („legenda" ist der entsprechende Abschnitt der Lesung), im Kapitel, im Refektorium während der Mahlzeiten wie auch in privater Lektüre. Im offiziellen Gebrauch war die Lesung ganz besonders auf den entsprechenden Heiligentag bezogen.
- Damit verbindet sich ein ethisch-moralischer Zweck: Das Beispiel *(exemplum)* des Heiligen sollte zum Lobe Gottes und zur Nachahmung anleiten. Inhaltlich ging es daher nicht darum, den Heiligen als Individuum, sondern in seiner Heiligkeit, als „Repräsentanten absoluter christlicher Werte", vorzuführen, die in der Vita ihre künstlerische Gestalt gewannen.
- In der *Darstellungsweise* erwecken die meisten Viten daher weniger den Eindruck einer historischen als vielmehr einer topischen, idealtypischen Darstellung, ohne dass man das zwangsläufig als eine historische (Ver-)Fälschung verstand; es war eher Ausdrucksmittel für übernatürliche Vorgänge. Vor allem Viten, deren Heilige lange vor der Abfassungszeit gelebt hatten, über die man also wenig Konkretes wusste, wirken oft stereotyp, weil sie sich nach biblischen[37] und älteren hagiographischen Vorbildern ausrichteten.
- Schließlich – und dieser Aspekt ist nicht zu unterschätzen – haftet den Viten und verwandten Schriften ein *institutioneller Charakter* an, denn es ging ihnen nicht *nur* um das Heiligsein an sich, sondern um den eigenen Heiligen (der eigenen Kirche). Die Vita diente dem Kult des Heiligen, der seinerseits das Ansehen des Ortes steigerte. Insofern stand hinter den religiösen Motiven auch ein lokalpolitisches Interesse. Aus solchen Gründen konnte schon die Abfassung selbst konkrete (kirchen-)politische Ziele verfolgen, Ansprüche etwa auf ein hohes Alter und einen daraus abgeleiteten Vorrang vertreten. Solche Fragen sind aber stets im Einzelfall nachzuprüfen.[38]

---

37 Zur biblischen Tradition: Marc van Uytfanghe, Stylisation biblique et condition humaine dans l'hagiographie mérovingienne (600–750) (Verhandelingen van de koninklijke Academie voor wetenschappen, letteren en schone kunsten van België. Klasse der letteren 49,120) Brüssel 1987.

38 Stephanie Coué, Hagiographie im Kontext. Schreibanlaß und Funktion von Bischofsviten aus dem 11. und vom Anfang des 12. Jahrhunderts (Arbeiten zur Frühmittelalterforschung 24) Berlin-New York 1997.

Entwicklung: Wie es verschiedene Typen von Heiligen gab (Märtyrer, Bekenner, scheinbare Märtyrer – Graus nennt sie „merkwürdige Heilige“ –, heilige Äbte, Mönche oder Bischöfe, Jungfrauen, Nonnen oder Witwen), so vielfältig und wandlungsfähig waren auch Formen und Absichten der Texte. Neubearbeitungen einzelner, auch am Ort vorhandener Viten zeigen, dass sich sowohl die stilistischen wie die inhaltlichen Bedürfnisse im Laufe der Zeit wandelten. (Auch hinter solchen Neubearbeitungen steckt oft eine konkrete Absicht, die sich aus den besonderen Akzenten erschließen lässt.)

Urbild des Heiligenideals war und blieb der *Märtyrer*. Dabei spielte es noch keine Rolle, ob er Geistlicher oder Laie war. Als dieser Typ nach der Verchristlichung des spätantiken Römerreichs zwangsläufig seltener wurde, trat an seine Stelle der tugendhafte Asketenheilige der Merowingerzeit, der nun meist Mönch (Abt), Bischof oder/und Klostergründer war; die Abkehr von der „Welt“, bei Frauen zudem die Jungfräulichkeit, ersetzten das Martyrium. Ein immer wieder kopiertes, frühes Grundschema bot die von Sulpicius Severus verfasste Vita des Bischofs Martin von Tours, der zum Reichsheiligen des Merowinger- und Karolingerreichs aufstieg. Die irische und angelsächsische Mission brachte unter anderem das Ideal der „peregrinatio“, der Pilgerschaft in der Fremde, als neues Motiv ein. Zahlreiche Viten sind diesen Missionaren gewidmet. Die Zahl der heiligen Frauen blieb zwar weit hinter der männlicher Heiliger zurück, war insgesamt jedoch nicht unbeträchtlich. Seit der Karolingerzeit wurden viele Viten „historischer“, lebensnäher, ohne die alten Ideale zu verlieren.[39] Mit dem sog. *„Adelsheiligen“* fassen wir einen neuen Typ, der – so hat man behauptet – über den frommen Abkömmling das eigene Geschlecht heiligen sollte: Adel schien in der mittelalterlichen Gesellschaft weithin Voraussetzung der Heiligkeit, zu der nach wie vor freilich höhere Eigenschaften, vor allem eine entsprechende Tugendhaftigkeit, treten mussten. Aus dem hohen Mittelalter ist eine ganze Reihe von *Bischofs- und Abtviten* überliefert, deren Protagonisten als Angehörige der Reichskirche mitten im politischen Leben standen und ob ihrer Frömmigkeit, aber auch ihrer Leistungen, dennoch als Heilige verehrt wurden.[40] Hier zeigt sich deutlich ein Wandel des Heiligenideals, der Vitenbericht wurde entsprechend lebensnah und griff in das politische Geschehen hinüber. Auch ottonische Königinnen, vor allem Heinrichs I. Gemahlin Mathilde, wurden als Heilige verehrt. Im Westen schuf Odo von Cluny mit der Vita Geralds von Aurillac – erstmals seit der Märtyrerzeit – die Lebensbeschreibung eines ritterlichen Laien. Unter dem Einfluss der Kirchenreform und des Armutsideals avancierten seit dem 12. Jh. wieder mehr Asketen, nicht zuletzt auch die Ordensstifter, zum neuen Heiligentyp. Im Spätmittelalter schließlich nahmen die Viten zunehmend legendenhafte Züge an, doch sind mit dieser Entwicklung nur grobe Tendenzen angedeutet.

Überlieferung: Kennzeichnend für den Gebrauch ist auch die Überlieferung der Viten. Zwar haben sich viele Einzelschriften erhalten, in der Regel aber sind Viten

39 Zum Realitätsgehalt auch der merowingischen Hagiographie vgl. Paul FOURACRE, Merovingian History and Merovingian Hagiography, Past and Present 127, 1990, S. 3–38.

40 Stephanie HAARLÄNDER, Vitae episcoporum. Eine Quellengattung zwischen Hagiographie und Historiographie, untersucht an Lebensbeschreibungen von Bischöfen des Regnum Teutonicum im Zeitalter der Ottonen und Salier (Monographien zur Geschichte des Mittelalters 47) Stuttgart 2000.

und Miracula entweder ortsbezogen, gemeinsam mit liturgischen Schriften oder lokalem Verwaltungsschriftgut, in einem Codex vereint, oder aber die Viten verschiedener Heiliger sind in einem sog. **Legendar** gesammelt und nach Festtagen, hierarchisch, chronologisch oder alphabetisch geordnet.

Lit.:
- Guy Philippart, Les légendriers latins et autres manuscrits hagiographiques (TS 24/25) Turnhout 1977.

Im ersten Fall tragen sie einen institutionellen, auf eine Kirche bezogenen Charakter, im zweiten ging es eher um die Vermittlung der dem „Typ" Hagiographie eigenen Werte. Auch sie dienten in erster Linie aber der Lesung an den verschiedenen Heiligentagen und behandelten meist Heilige, deren Kult weiter verbreitet war. Dabei ist nicht nur die einzelne Vita, sondern auch die Zusammenstellung als Ganzes historisch aufschlussreich, doch sind Legendare bisher kaum vollständig ediert. Die ältesten Legendare stammen aus dem 8. Jh., ihre Blütezeit liegt aber Jahrhunderte später. Besondere Bedeutung erlangte die um 1260/70 entstandene „Legenda aurea" des Dominikaners Jacobus de Voragine, die zu jedem Tag des Kirchenjahres die entsprechenden Legenden zusammentrug und mit über tausend Handschriften zu den erfolgreichsten Werken des Mittelalters zählt. Im Spätmittelalter entstanden viele volkssprachige Legendare, so dass nicht nur die Hagiographie insgesamt (mit einer Vielzahl von Werken), sondern auch die Legendare im Besonderen zu den am weitesten verbreiteten Schriften gehören.

Bedeutung: Der geschichtswissenschaftliche Wert der Hagiographie liegt in der Regel kaum in den (verklärten bis erfundenen) Nachrichten über das Leben des Heiligen (freilich mit vielen Ausnahmen, vor allem in der hochmittelalterlichen Zeit der Reichskirche, in der die Viten sogar für die Reichsgeschichte wichtig werden). Das Forschungsinteresse gilt daher kaum mehr der Suche nach dem historischen Kern als vielmehr den direkten und beiläufigen Aussagen über Zustände und Vorstellungen zur Zeit der Abfassung. Hier bilden Viten wertvolle Quellen für die Frömmigkeits- und Kultgeschichte und das Heiligkeitsideal, für die Zukunfts- und Todesvorstellungen wie überhaupt für die Mentalitätsgeschichte und die Vorstellungswelt der Zeitgenossen. Translations- und Wunderberichte geben Aufschluss über den Wirkungs- und Einzugsbereich einer Kirche, indem sie die Herkunft der Geheilten mitteilen. Eine Vielfalt von beiläufig erwähnten Nachrichten, vor allem in den Wundergeschichten, macht die Hagiographie darüber hinaus zu einer hervorragenden Quelle für manche Themen der Sozial- und sogar der Rechtsgeschichte,[41] die anderweitig kaum in den Blick kommen, für die Geschichte des Adels ebenso wie der Unterschichten, des Alltags[42] ebenso wie der Krankheiten (Heilungswunder) oder der Frauen.[43] Strittig bleibt noch, wieweit Viten und Mirakel, die oft vornehm-

41 Vgl. Hans Hattenhauer, Das Recht der Heiligen (Schriften zur Rechtsgeschichte 12) Berlin 1976.

42 Vgl. etwa Matthias Zender, Mirakelberichte als Quellen für das Volksleben im Rheinland, Rheinische Vierteljahresblätter 41, 1977, S. 108–123.

43 Vgl. Opitz, Frauenalltag (u. S. 367); Susanne Wittern, Frauen, Heiligkeit und Macht. Lateinische Frauenviten aus dem 4. bis 7. Jahrhundert (Ergebnisse der Frauenforschung 33) Stuttgart-Weimar 1994.

lich auf mündlichen Traditionen beruhen, als volkstümliche Erzeugnisse und daher in besonderer Weise als Ausdruck einer Volkskultur (im Gegensatz zur Hoch- oder Elitenkultur) angesehen werden dürfen. Sie sind jedenfalls nicht ausschließlich an das Volk gerichtet, sondern von Mönchen und Klerikern verfasst und auch von ihrer Entstehung her eher als ein Erzeugnis der klerikalen Hochkirche anzusehen (František Graus). In dieser Hinsicht sind hagiographische Schriften „Reflexion und Motiv der gesellschaftlichen und politischen Veränderungen".[44]

Als **Beispiellektüre** einer modernen Auswertung sei die sächsische Hagiographie der Ottonenzeit angeführt, die nicht nur – ihr primärer Zweck – der Verehrung des betreffenden Heiligen diente, sondern darüber hinaus der „Bewältigung" der Eroberung Sachsens durch Karl den Großen und der Eingliederung in das Fränkische Reich: Der Franke Karl wurde hier zum Sachsenapostel, während man zugleich die Tapferkeit der Sachsen rühmte.[45] Einen exemplarischen Einblick in die mentalitätsgeschichtliche Auswertung der merowingischen Hagiographie bietet František GRAUS (Volk, Herrscher und Heiliger, o. S. 127). Verschiedene Themen der Frömmigkeits- und Kulturgeschichte anhand der Miracula des hl. Anno von Köln behandelt Norbert OHLER, Zuflucht der Armen. Zu den Mirakeln des Hl. Anno, Rheinische Vierteljahresblätter 48, 1984, S. 1–33. Die Diskussion um Glaubwürdigkeit und tendenziöse Ausschmückung lässt sich am Beispiel der Vita Norberts von Xanten (hg. v. Hatto Kallfelz, FS 22, 1973) gut verfolgen mit Hilfe des Aufsatzes von Franz J. FELTEN, Norbert von Xanten. Vom Wanderprediger zum Kirchenfürsten, in: Norbert von Xanten. Adliger, Ordensstifter, Kirchenfürst, hg. v. Kaspar Elm, Köln 1984, S. 69–157.

2.2.4.3 Rechtsquellen

Lit.:

- QUIRIN (o. S. 45) S. 103 ff.; BOSHOF (o. S. 45) S. 130 ff.; THEUERKAUF (o. S. 46) S. 142 ff.; Van CAENEGEM, Introduction (o. S. 84) S. 86 ff.

Als Rechtsquellen sollen hier alle Zeugnisse bezeichnet werden, die von ihrer Entstehungs*absicht* her rechtlicher Natur sind (also nicht alle Quellen, die Auskunft über rechtsgeschichtliche Aspekte geben, wenngleich beide Kriterien bis zu einem gewissen Grade übereinstimmen). Von den „erzählenden" Quellentypen der Historio- und Hagiographie unterscheidet sich das Rechts- und Verwaltungsschriftgut durch seinen dokumentarischen Charakter. Auch hier wird etwas, nämlich ein Rechtsakt, zur Erinnerung festgehalten, aber gewissermaßen mit offiziellem und oft normativem Anspruch. Rechtsquellen spiegeln natürlich die herrschende Rechtsordnung wider, doch handelt es sich besonders im Mittelalter in den meisten Fällen um eine Rechts*norm*, die nach dem Willen der Herrschenden gelten *sollte*, ohne dass damit schon etwas über die tatsächliche Gültigkeit ausgesagt ist. Es ist mit anderen

---

44 So LOTTER (o. S. 127) S. 356.

45 Vgl. dazu Helmut BEUMANN, Die Hagiographie „bewältigt": Unterwerfung und Christianisierung der Sachsen durch Karl den Großen, in: Cristianizzazione ed organizzazione ecclesiastica delle campagne nell'alto medioevo: espansione e resistenze (SSCI 28) Spoleto 1982, S. 129–163.

Worten mehr als fraglich (und daher stets zu prüfen), ob die Rechtsetzung, die auch der Herrschaftssicherung diente, der Rechtswirklichkeit entsprach.[46] Da mittelalterliche Rechtsetzung in der Regel jedoch auf Missstände reagierte, reflektiert sie dennoch Ausschnitte der Rechtswirklichkeit zur Entstehungszeit. Noch realitätsnäher sind Akten, die der Gerichtsverwaltung entstammen. Da das Recht weite Bereiche der Sozialordnung regelt, erweisen sich die Rechtsquellen über ihren engeren Zweck hinaus zudem als hervorragender Spiegel solcher Teile der mittelalterlichen Gesellschaftsordnung, die rechtlich erfasst wurden. Von den Urhebern her lassen sich weltliche und kirchliche Rechtsquellen unterscheiden; die mittelalterliche Verflechtung von Weltlichem und Geistlichem verhindert aber, dass damit zugleich eine inhaltliche Klassifizierung gegeben wäre. Wenn im Folgenden zunächst Urkunden, dann die weltliche Gesetzgebung, Rechtsprechung und Verwaltung und schließlich kirchliche Rechtsquellen behandelt werden, so sind die Grenzen dieser sehr systematisierenden Einteilung tatsächlich nicht immer klar zu ziehen.

2.2.4.3.1 Diplomatische Quellen

(1) Urkunden

Ed.:

Die Urkunden der fränkischen und deutschen Könige sind in der Diplomatareihe der Monumenta Germaniae Historica (MGH) ediert, die Urkunden der französischen Könige in der Reihe „Chartes et diplômes relatifs à l'histoire de France", die Urkunden der italienischen Könige des 9./10. Jh. in den „Fonti per la storia d'Italia" (vgl. die Übersicht o. S. 89 ff.). Für viele Länder fehlen noch vergleichbare Reihen. Für Urkunden anderer Aussteller gibt es eine Vielzahl von Urkundenbüchern.[47] Zur Übersicht über Urkundeneditionen, Regesten und Jahrbücher der deutschen Könige vgl. Abb. 8, u. S. 148 f. Zur Urkundenkritik vgl. u. S. 296 f.

Lit.:

Einführung:

- Quirin (o. S. 45) S. 65 ff.; Boshof (o. S. 45) S. 126 ff.; von Brandt (o. S. 45) S. 97 ff.; Theuerkauf (o. S. 45) S. 112 ff.; Van Caenegem, Introduction (o. S. 84) S. 91 ff.; Josef Hartmann, in: Beck/Henning (u. S. 231) S. 9–39.
- Léopold Genicot, Les actes publics (TS 3) Turnhout 1972.
- Diplomatique médiévale, hg. v. Olivier Guyotjeannin, Jacques Pycke u. Benoît-Michel Tock (L'atelier du médiéviste 2) Turnhout 1993.

Handbücher:

- *Harry Bresslau, Handbuch der Urkundenlehre für Deutschland und Italien, 2 Bde., Leipzig ²1912–1915 (ND. Berlin 1969); Bd. 2,2, aus dem Nachlass hg. v. Hans Walter Klewitz, Berlin-Leipzig 1931 (ND. Berlin 1969).
- Alain de Boüard, Manuel de diplomatique française et pontificale. Bd. 1: Diplomatique générale, Paris 1929.

---

46 Vgl. Überlieferung und Geltung normativer Texte (u. S. 155).

47 Einen Überblick über die zwischen 1970 und 1989 erschienenen Urkundenbücher deutscher Landschaften gibt Rudolf Schieffer, Neuere regionale Urkundenbücher und Regestenwerke, BDLG 127, 1991, S. 1–18; vgl. auch Dotzauer (u. S. 250) S. 316 ff.

Königsurkunden:

Deutschland:

- Wilhelm ERBEN, Die Kaiser- und Königsurkunden des Mittelalters in Deutschland, Frankreich und Italien (Handbuch der mittleren und neueren Geschichte 4,1) München-Berlin 1907 (ND. 1971).

Frankreich:

- Georges TESSIER, Diplomatique royale française, Paris [3]1966.

Papsturkunden:

- *Thomas FRENZ, Papsturkunden des Mittelalters und der Neuzeit (Historische Grundwissenschaften in Einzeldarstellungen 2) Stuttgart [2]2000.

Privaturkunden:

- Oswald REDLICH, Die Privaturkunden des Mittelalters (Handbuch der mittleren und neueren Geschichte 4,3) München-Berlin 1911 (ND. München 1971).
- Alain DE BOÜARD (s. o.), Bd. 2: L'acte privé, Paris 1952.

Zu vielen Einzelproblemen und zu einzelnen Kanzleien liegen neuere Arbeiten vor, besonders auch zu Ausstellern und Kanzleien von Privaturkunden. Einen Überblick darüber verschaffen das Archiv für Diplomatik und die Literaturberichte im Deutschen Archiv. Im übrigen sind die Einleitungen moderner Urkundeneditionen zu vergleichen.

Einen Einblick in die ursprüngliche Gestalt bieten **Tafelwerke**.

Vgl. vor allem:

- Kaiserurkunden in Abbildungen, hg. v. Heinrich von SYBEL u. Theodor SICKEL, 11 Lieferungen, Berlin 1880–1891.
- Urkunden und Siegel in Nachbildungen für den akademischen Gebrauch, hg. v. Gerhard SEELIGER. H. 2.: Albert BRACKMANN, Papsturkunden; H. 3: Oswald REDLICH/ L. GROSS, Privaturkunden, Leipzig-Berlin 1914.

Ein großer Teil der Urkunden ist in fotografischen Sammlungen zugänglich, vor allem im Marburger „Lichtbildarchiv älterer Originalurkunden bis 1250“.[48]

Neben Historiographie und Hagiographie zählen Urkunden zu den wichtigsten mittelalterlichen Quellen. Man hat das Mittelalter geradezu als „Urkundenzeitalter“ bezeichnet (in Abhebung vom „Aktenzeitalter“ der Neuzeit). Tatsächlich ist die Zahl der erhaltenen Urkunden beträchtlich, und sie bieten einen hervorragenden Einblick in viele Sachbereiche.

Definition: Eine Urkunde ist ein in bestimmten Formen abgefasstes, beglaubigtes und daher verbindliches Schriftstück, das ein Rechtsgeschäft dokumentiert.

Das mittelalterliche Rechtsgeschäft bedurfte nicht unbedingt der Urkunde, sondern konnte auch mündlich, unter Zeugen und in symbolischen Rechtshandlungen vollzogen werden, ja die Urkunde bestätigte in aller Regel erst nachträglich bereits vorher er-

---

48 Vgl. dazu Fotografische Sammlungen mittelalterlicher Urkunden in Europa. Geschichte, Umfang, Aufbau und Verzeichnungsmethoden der wichtigsten Urkundenfotosammlungen, mit Beiträgen zur EDV-Erfassung von Urkunden und Fotodokumenten, hg. v. Peter RÜCK (Historische Hilfswissenschaften 1) Sigmaringen 1989.

folgte Rechtshandlungen. Umgekehrt beweist die hohe Zahl der erhaltenen Urkunden aber doch die Bedeutung solcher Verschriftlichung.

Aussagekraft: Von interessanten Einzelfällen und lokalen Inhalten abgesehen, liegt der Wert der Urkunden oft nicht in der Auswertung des Einzelstücks, sondern eines größeren, abgrenzbaren Bestandes, einer Urkundenserie (serielle Auswertung). Man hat den Urkunden (sofern sie echt sind) wegen ihrer angeblichen Tendenzlosigkeit sogar die zuverlässigste historische Aussagekraft überhaupt zuerkennen wollen, dabei freilich übersehen, dass das nur für einige beiläufige Nachrichten gilt (zum Beispiel für den an der Datierung ablesbaren Aufenthaltsort des Ausstellers zu einem bestimmten Zeitpunkt, der manche historiographisch überlieferte Nachricht überprüfen und zeitlich einordnen hilft). Hingegen verfolgen auch Urkunden eine – nämlich auf den Rechtsinhalt bezogene – Tendenz. Sie spiegeln daher nicht in jedem Fall geltendes Recht wider, sondern unter Umständen nur Rechts*ansprüche* des Empfängers. Der ihnen zukommende Beweischarakter hat zudem dazu geführt, dass Urkunden in erschreckend hoher Zahl gefälscht wurden. Sie bedürfen daher einer besonders und eigens für diese Gattung entwickelten Kritik, um ihre historische Aussagekraft abzusichern. Damit befasst sich eine eigene Hilfswissenschaft, die Diplomatik (u. S. 295 ff.). Ungeachtet solcher Einschränkungen bieten Urkunden aber äußerst wertvolle Einblicke in viele Bereiche des Rechts, der Verfassung, Gesellschaft und Wirtschaft, und zu vielen, gerade weniger traditionellen Fragen liefern sie die wichtigste und nicht selten sogar die einzige Materialgrundlage (zu Aussagemöglichkeiten vgl. u. S. 141 ff.).

Überlieferung und Edition: Dem Entstehungsgang nach sind Urkunden entweder im Original oder abschriftlich (als Kopie) erhalten.

Rechtskraft besitzen aber auch beglaubigte Abschriften in der Form des sog. „**Vidimus**", das den vollständigen Text, oder des „**Transsumpt**", das den Urkundeninhalt in eine neue Urkunde aufnimmt.

Urkunden sind entweder als Einzelstücke (vor allem bei Originalen) oder aber in gezielter, buchmäßiger (und daher meist abschriftlicher) Zusammenstellung erhalten:

- Das **Register** sammelt – oft auf der Stufe des Konzepts – den Urkundenausgang eines bestimmten Ausstellers.

  Aus dem Mittelalter sind verschiedene **Papstregister** erhalten, etwa Gregors des Großen oder – als einzigartiges Dokument des Reformpapsttums – Gregors VII., seit Innozenz III. dann beinahe durchgängig, aber erst teilweise ediert, während Register der königlichen Kanzleien im westlichen Abendland erst seit dem 13., in Deutschland erst seit dem 14. Jh. geführt wurden und nur in Resten erhalten sind. Die Papstregister werden von der École Française de Rome herausgegeben. Ediert sind bisher nahezu fortlaufend die Register von Innozenz III. (1198) – berühmt ist das Register über den deutschen Thronstreit 1198/1208 („Super negotio Romani imperii") – bis zu Martin V. (1431).

- Das **Kopiar** (auch **Kopialbuch** oder **Chartular** genannt) stellt hingegen die Urkundeneingänge eines bestimmten Empfängers (von verschiedenen Ausstellern) zusammen. Im Mittelalter haben fast ausschließlich kirchliche Empfänger (Bistümer, Stifte, Klöster) ihre Urkundeneingänge in einem Codex festgehalten. Die Zahl der erhaltenen Kopiare ist außerordentlich groß; die weitaus meisten „Privaturkunden" (u. S. 150), vor allem Schenkungs- und Tauschurkunden, sind überhaupt nur in dieser Form, in Traditionsbüchern (*codices traditionum*, von *traditio* = Übergabe, Schenkung), erhalten, in die das Rechtsgeschäft nachträglich aus Schenkungsurkunden, in einer jüngeren Phase aber auch unmittelbar eingetragen wurde. Sie tragen daher rechtliche und vor allem administrative (Dokumentation des Besitzstandes), aber auch historiographische („Cartularchronik", o. S. 117) und liturgische Charakterzüge (Gebetsgedenken des Schenkers), indem sie mit den Namen der Schenker der Wohltäter gedachten, die in das Gebet eingeschlossen werden sollten. Die Anlage der Kopiare kann schon in sich aufschlussreich für deren Ziele sein, während moderne Editionen sie zugunsten einer chronologischen Ordnung durchbrechen.

Lit.:

- Stephan Molitor, Das Traditionsbuch. Zur Forschungsgeschichte einer Quellengattung und zu einem Beispiel aus Südwestdeutschland, AfD 36, 1990, S. 61–92.
- Peter Johanek, Zur rechtlichen Funktion von Traditionsnotiz, Traditionsbuch und früher Siegelurkunde, in: Recht und Schrift im Mittelalter (u. S. 155) S. 132–162.
- Les Cartulaires, hg. v. Olivier Guyotjeannin, Laurent Morelle u. Michel Parisse (Mémoires et documents de l'École des chartes 39) Paris 1993.

Urkundeneditionen gehen uneinheitlich, nämlich teils nach dem Aussteller- (Königs- und Papsturkunden), teils aber auch nach dem Empfängerprinzip bzw. – meistens – gemischt vor, indem sie Ausgang und Eingang des Urkundenbestandes etwa einer Bischofskirche zusammenstellen. Trotz der großen Zahl bisheriger Urkundeneditionen – über die es leider noch keine geschlossene Übersicht gibt (s. u. S. 248 ff. unter Quellenkunde) – sind noch längst nicht alle Bestände erschlossen (nicht zuletzt in französischen Archiven), die meisten Urkundenbücher auch noch nicht abgeschlossen, so dass es vor allem für das Spätmittelalter noch weithin an Editionen mangelt. Ältere Editionen sind vielfach revisionsbedürftig.

Editionen folgen meist einem bestimmten Schema, das hier an einem Beispiel aus der Diplomataserie der MGH (o. S. 87) verdeutlicht sei (vgl. Text 2, u. S. 142 ff.): Der laufenden Nummer (der Urkunden eines Königs) folgt ein sog. Kopfregest mit kurzer Zusammenfassung des Rechtsinhalts unter Nennung von Aussteller und Empfänger, Ort und Datum der Ausstellung (nach moderner Zitierweise), dann ein Abschnitt mit Angaben zur Überlieferung (Handschriften), ein weiterer über frühere Drucke und ein dritter (wichtiger) mit Bemerkungen zur Urkundenkritik (Echtheit, Kanzleimäßigkeit, Notare) und schließlich der Text selbst. Unechte Teile werden in spitze Klammern < >, verderbte in eckige Klammern [ ] gesetzt.

Urkunden werden nach dem Aussteller und laufender Nummer zitiert, also D (= Diplom) Ludwig der Jüngere 4 (= lfd. Nr. 4). Für die fränkischen und deutschen

Könige hat man vielfach Kurzsiglen eingeführt, wie LJ für Ludwig den Jüngeren (demnach also auch: D LJ 4), nämlich Kar(l), L(udwig) (LF = Ludwig der Fromme, LD Ludwig der Deutsche, LK = Ludwig das Kind), Karlm(ann), Lo(thar), Arn(ulf), K(onrad), H(einrich), O(tto), F(riedrich).

Klassifizierung: Urkunden lassen sich nach bestimmten Kriterien in einzelne Gruppen unterteilen.
Nach dem Verhältnis zum **Rechtsakt** unterscheiden sich
- *Beweisurkunde* (notitia) als schriftliche Fixierung einer bereits erfolgten Rechtshandlung und
- *Verfügungsurkunde* oder dispositive Urkunde (carta), die als solche erst Recht setzt.

Im Mittelalter ist das Verhältnis, wie schon erwähnt, komplizierter, ist die Urkunde in der Regel Beweisurkunde, ohne dass die Rechtsgültigkeit darunter leidet. Rein äußerlich ist ein Unterschied meist kaum erkennbar, so dass es eher um das Rechtsprinzip als um eine Einteilung zu praktischen Zwecken geht.

Ähnlich verhält es sich mit einer Klassifizierung nach dem erstrebten **Zweck** in
- feierliche *Diplome* mit dispositivem Charakter (wie etwa die vorherrschenden Verleihungen von Privilegien und Besitz) und
- schlichtere *Mandate* als administrative Verfügungen.

Auch hier sind die Grenzen durchaus fließend.

Praktikabler ist hingegen eine Unterteilung nach dem Aussteller. Traditionell hat sich für das Mittelalter eine Dreiteilung in Königs-, Papst- und sog. Privaturkunden eingebürgert.
- **Königsurkunden** sind in aller Regel in feierlicher Form ausgestellte Diplome, deren erste Zeile und Abschlusszeile in einer verzierten „Gitterschrift" (vgl. Abb. 7, u. S. 145) abgefasst sind und deren Schrift lange Zeit starke Ober- und Unterlängen aufweist. Die Diplome beginnen mit dem Chrismon (im Namen Christi) und enthalten das Monogramm des Herrschers, das die Buchstaben seines Namens zu einem kunstvollen Zeichen zusammenfügt, sowie das Recognitionszeichen des zuständigen Notars oder Kanzlers.

  In das Monogramm, das die Unterschrift ersetzt, ist in Zeiten, in denen Könige nicht mehr eigenhändig schreiben konnten, oft der Vollziehungsstrich eingefügt (als letzte und einzige Mitwirkung des Königs bei der Ausstellung der Urkunde) – die Edition vermerkt dann MF (= Monogramma firmatum) anstelle des bloßen M –, doch war es für die Rechtskraft einer Urkunde völlig unerheblich, ob sie vollzogen war oder nicht. Die Königsurkunde bot einen unanfechtbaren Beweis. Dennoch ließ man sich von jedem neuen König, wenn immer möglich, die alten Rechte noch einmal bestätigen.

- **Papsturkunden** sind in einer kanzleitypischen Schrift (römische Kuriale) verfasst. Sie entwickeln einen eigenen, dank der früh ausgebildeten Kanzlei vorbildhaften Stil. Einzig hier scheint auch die Unterscheidung von Urkundentypen sinnvoll.

Die „**Privilegien**“ entsprechen den Diplomen und weisen mit der in perpetuum-Formel auf dauerhafte Gültigkeit. Bis zum Reformpapst Leo IX. (1049–1054) folgt der abschließenden Bene valete-Formel die eigenhändige Unterschrift des Papstes. Seit dieser Zeit enthält die Papsturkunde die Rota, eine radförmige Zeichnung, die (seit Paschalis II.) innen die Namen der Heiligen der römischen Kirche, Petrus und Paulus, und darunter den Namen des jeweiligen Papstes, in der Umrandung aber einen individuellen Wahlspruch, die Devise des Papstes, kundgibt. Der Kontext schließt mit einem dreifachen Amen. Privilegien enthalten die „große“ Datierung, die neben Ausstellungsort und -tag und Pontifikatsjahr zusätzlich den Ausfertigenden nennt und bis 1123 die sog. Datum per manum-Formel anschließt, die Datierung (datum) und Bestätigung (per manum mit Namen des Datars) eines höheren Kanzleibeamten angibt.

Die weniger aufwendigen **Briefe** (litterae) entsprechen Mandaten, können seit dem 12. Jh. aber auch Rechtsverleihungen beurkunden und werden bald zur häufigsten Urkundenform. Ihnen fehlen Rota, Monogramm und Unterschriften. Ein Wertunterschied besteht auch darin, ob ein Bleisiegel an einer Seiden- oder Hanfschnur angebracht ist.

Seit Innozenz IV. (erstmals 1245) tritt die **Bulle** (so genannt nach dem Bleisiegel) als dritte Urkundenform, vornehmlich für Dekrete oder Exkommunikationen, hinzu. In der Form steht sie zwischen den beiden obigen Typen; ihr fehlen Rota, Monogramm, Unterschriften und große Datierung. Kennzeichnend ist die erste Zeile (Papstname in Majuskel-, Papsttitel in Schrift, Verewigungsformel).

Noch schlichter sind die gegen Ende des 14. Jh. aufkommenden **Breven** auf schmalen Pergamentstreifen gehalten, die einen kürzeren Text bieten und mit einem roten Wachssiegel (Fischerringsiegel) verschlossen sind.

– „**Privaturkunden**“ nennt man traditionell alle übrigen, also nicht von Königen oder Päpsten ausgestellten Urkunden. Der Begriff ist allerdings irreführend, denn auch diese Urkunden tragen nicht privaten, sondern amtlichen Charakter und sind von Amtsträgern ausgestellt: vor allem von Bischöfen, Äbten/Äbtissinnen und Stiftsvorstehern (Pröpsten), dann von Herzögen und Grafen, als Schenkungsurkunden aber auch von anderen Grundbesitzern, im späteren Mittelalter außerdem von Städten und öffentlich anerkannten Notaren (sog. Notariatsinstrumente). Die Vielzahl der Aussteller hat gerade in diesem Bereich eine innere und äußere Vielfalt der Urkunden zur Folge, deren „Kanzleimäßigkeit“ bzw. Echtheit anhand der Urkundenserien geprüft werden muss. Dazu liegt eine Reihe von Einzelstudien vor (vgl. vor allem im „Archiv für Diplomatik“), doch sind die Urkundenserien vieler Aussteller bisher noch nicht systematisch untersucht.

Entstehungsvorgang und Kanzlei: Urkunden werden in der Regel in der **Kanzlei** des Ausstellers ausgefertigt, die man sich freilich nicht als moderne Organisationsform vorstellen darf. Nur größere Aussteller, wie die päpstliche Kurie, die Königshöfe oder bedeutende Bistümer, besaßen eine nennenswerte Kanzlei. Exemplarisch sei hier kurz die Entwicklung der königlichen Kanzlei angesprochen.

Das Kanzleipersonal der Merowingerkönige bestand in römischer Tradition noch aus ausgebildeten Laien, den „referendarii“. Als sich die Schriftlichkeit im frühen Mittelalter immer mehr auf die Geistlichkeit beschränkte, entnahmen die karolingischen Könige ihr Kanzleipersonal den Mitgliedern der königlichen **Hofkapelle**, den „Kaplänen“ *(cappellani)*, also den Geistlichen der Kirche des Königshofes, denen unter anderem die Behütung der wichtigsten Reichsreliquie, der „cappa“ (Mantel) des hl. Martin von Tours, oblag; davon leitete sich der Begriff der „Kapelle“ ab.[49]

An der **Entstehung der Urkunde** waren der Aussteller, in dessen Namen die Urkunde abgefasst war, der Empfänger, zu dessen Gunsten sie verfügt wurde, und das Kanzleipersonal beteiligt, das zumindest teilweise genannt wird. Es tritt in drei Funktionen auf, die freilich durchaus von ein- und derselben Person ausgeübt werden konnten: als Schreiber, als Diktator, der den Wortlaut aufsetzte, und – an oberer Position – als Recognoszent, der für die Abfassung verantwortlich war und gewissermaßen namentlich gegenzeichnete (mit der Formel „Ego N. + Funktionstitel recognovi et subscripsi“), indem er sein individuelles Recognitionszeichen (vgl. Abb. 7, u. S. 145) einzeichnen ließ. Das Kanzleipersonal trug den Titel „Notar“ *(notarius)*, der Leiter hieß seit der Mitte des 9. Jh. „Kanzler“ *(cancellarius)*. In der heutigen Verwendung des Begriffs wirkt die politische Stellung nach, die ein Kanzler bekleidete.

An der Spitze der Kanzlei aber stand der „Erzkaplan“ *(archicappellanus)* oder (später) „Erzkanzler“ *(archicancellarius)*, der aber schon seit der Karolingerzeit meist ein Bischof oder Erzbischof und daher gar nicht mehr persönlich anwesend war, so dass die Urkunde stets stellvertretend (in vice) vom Kanzler oder einem Notar recognosziert wurde. Seit der Zeit Ottos I. (965) war der Mainzer Erzbischof regelmäßig Erzkaplan für das Reich, während für Italien eine eigene Kanzlei eingerichtet wurde, an deren Spitze seit 1031 der Erzbischof von Köln stand. Auch Burgund behielt nach der Eingliederung in das Imperium 1033 eine eigene Kanzlei, als deren Erzkanzler sich der Trierer Erzbischof ständig aber erst seit dem frühen 14. Jh. durchsetzen konnte.

Während die Recognoszenten namentlich bekannt sind, lassen sich die Schreiber und Diktatoren nur in wenigen Fällen identifizieren. Man bezeichnet die unter einem Kanzler (neben- oder nacheinander) tätigen Schreiber daher mit dessen Namen und einem angehängten Großbuchstaben (der Schreiber Heriger A war etwa Simon, der erste und längere Zeit einzige Notar Heinrichs I. und seines Erzkanzlers Heriger von Mainz). Insgesamt bestand die königliche Kanzlei meist nur aus wenigen Mitgliedern. Da folglich nicht überall Kanzleipersonal zur Verfügung stand, sind viele Urkunden in der Kanzlei des Empfängers ausgestellt worden (sog. Empfängerausfertigungen). Erst im späten Mittelalter wurde die Hofkanzlei zu einer differenzierten Organisation ausgebaut.

Der **Entstehungsvorgang** einer Urkunde begann in der Regel mit einem Antrag, der Bitte (petitio) des Empfängers, die durch die Intervention von Fürsprechern unterstützt werden konnte. Nach dem Vollzug des Rechtsgeschäfts gab der Aussteller den Beurkundungsbefehl, die Urkunde wurde – nicht selten unter Benutzung älterer Vorlagen (Vorurkunden), zumal wenn es sich um Bestätigungen früherer Verleihungen handelte –

---

49 Zur Geschichte vgl. Josef Fleckenstein, Die Hofkapelle der deutschen Könige, 2 Bde. (Schriften der MGH 16) Stuttgart 1959/66.

ausgefertigt (mundiert) und vollzogen (beglaubigt), teilweise durch einen Vollziehungsstrich im Monogramm, stets aber durch das Siegel, das die in merowingischer Zeit noch übliche Unterschrift ersetzte. Anschließend wurde die Urkunde ausgehändigt (traditio cartae) und öffentlich verlesen. Damit war das Rechtsgeschäft vollzogen (traditio per cartam).

Das Siegel war im Mittelalter das wichtigste **Beglaubigungsmittel** (vgl. u. S. 207 f.). Im frühen Mittelalter weitgehend auf Königs- und Papsturkunden beschränkt, wurde es erst seit dem hohen Mittelalter auch für Bischöfe, Äbte, weltliche Fürsten und Städte üblich. Daneben, in Privaturkunden auch an seiner Stelle, sorgten Zeugen für die Gewährleistung des Urkundeninhalts. Privaturkunden weisen regelmäßig, Königsurkunden gelegentlich, vor allem seit staufischer Zeit, Zeugenreihen auf (über die wir Personenverbände in den Blick bekommen). Weitere (hoch- und spätmittelalterliche) Beglaubigungsmittel sind das besonders in Norddeutschland und Flandern verbreitete Chirograph, bei dem zwei untereinander geschriebene, identische Urkunden auf unregelmäßige Weise oder mitten durch ein Wort zerschnitten und jeweils dem Aussteller und Empfänger ausgehändigt wurden. Sicherer war die Aufbewahrung an öffentlicher Stelle (nach dem Vorbild des spätantiken Allegationsverfahrens), die aber eine geordnete Bürokratie voraussetzte, wie sie sich erst in den späteren Jahrhunderten des Mittelalters wieder auszubilden begann. In dieser Zeit bediente man sich auch gern der Notariatsinstrumente öffentlich anerkannter Notare, die jeweils ihr eigenes Zeichen (Signet) hatten.[50]

Form und Aufbau der Urkunde (am Beispiel der Königsurkunde): Es macht das Wesen der Urkunde aus, dass sie nach festen, aus der spätrömischen Tradition stammenden, aber nach Aussteller, Ort und Zeit wechselnden Formen erstellt wurde. Die typische Gestalt sei hier am Beispiel einer Königsurkunde erläutert, wobei zugleich auf die historische Aussagekraft der einzelnen Urkundenteile hingewiesen werden soll. Es sind gerade die formelhaften, auf den ersten Blick historisch wenig relevanten Bestandteile, die den „Beweischarakter" der Urkunde unterstreichen und deren Kanzleimäßigkeit verraten. Darüber hinaus hat man trotz ihres stereotypen und traditionsbewussten Charakters selbst aus ihnen in den letzten Jahrzehnten wichtige historische Aussagen herausarbeiten können.

Lit. zu neuen Forschungen und zur Relevanz der Formeluntersuchungen:
- Heinrich FICHTENAU, Forschungen über Urkundenformeln, MIÖG 94, 1986, S. 285–339.

(Vgl. zum Folgenden den Beispieltext 2).

Protokoll

- Die Invocatio mit dem Chrismon (C) als Christuszeichen und der stereotypen Formel „In nomine sanctae et individuae trinitatis" stellt mit dem Hinweis auf den „wahren Aussteller" von Anfang an die religiöse Absicherung des Rechtes klar.

---

50 Vgl. dazu Peter-Johannes SCHULER, Geschichte des südwestdeutschen Notariats von seinen Anfängen bis zur Reichsnotariatsordnung von 1512, Bühl (Baden) 1976; zu den Signeten: DERS., Südwestdeutsche Notariatszeichen (Konstanzer Geschichts- und Rechtsquellen 22) Sigmaringen 1976.

Text 2: Königsurkunde: Diplom Ludwigs des Jüngeren nr. 4 (MGH D LJ 4)

4.

Ludwig schenkt dem Nonnenkloster Gandersheim seinen Besitz in Tennstedt und (Großen-)Erich im Südthüringgau. *Frankfurt 877 Januar 26.* — Kopfregest (mit Datum)

Originaldiplom im Landeshauptarchiv zu Wolfenbüttel (A). — Copiale privilegiorum eccl. Gandersemen. von 1549 f. 35 ebenda. — Handschriftliche Überlieferung

Widukind ed. Meibom 44 und in Rer. Germ. 1, 671 aus dem Ms. des Henricus Bodo mit 5 id. febr. — *Henrici Bodonis Syntagma caenobii Gandesiani in Meibom Rer. Germ. 2, 486 mit* 5 id. febr. *(vgl. auch Leibnitz SS. Brunsvic. 3, 704) = Sagittarius Antiq. ducatus Thuringici 167 = Schaten Ann. Paderborn. ed. I. 1, 183; ed II. 1, 124 = Falckenstein Thüring. Chronicka 2, 182, aber mit* 7 kal. febr. — *Leuckfeld Antiq. Gandersheim. 95 angeblich aus A mit* 7 id. febr. — *Leibnitz SS. Brunsvic. 2, 372 aus A. — Lünig RA. 10, 820 n⁰ 5 aus Ms. mit* 7 id. febr. — *Eckhart Comment. de rebus Franciae orient. 2, 889 n⁰ 15 aus A (vgl. 2, 626 mit Siegelabbildung). — Harenberg Hist. Gandershem. 584 n⁰ 2 aus A mit phantastischer Siegelabbild. Taf. 3 n⁰ 3 = Heumann Comment. de re dipl. imp. 2, 291 unvollst. — Orig. Guelf. 4, 377 aus A mit Facs., willkürlicher Siegelabbild. und* 7 id. febr. — *Böhmer n⁰ 881. — Dobenecker n⁰ 264. — Mühlbacher¹ n⁰ 1509; ² n⁰ 1551.* — Drucke

Daß D. 4 nach D. 3 geschrieben ist, geht aus dem Hinweis auf das inmunitatis et electionis scriptum *(S. 338 Z. 35), womit D. 3 gemeint ist, hervor. Doch ist die Schrift in D. 4 nicht so einheitlich wie in D. 3; das Chrismon ist noch kunstvoller und überladener ausgestattet wie das in D. 3, und auch die Schrift der ersten drei Zeilen ist verschnörkelter und weniger gleichmäßig wie die Schrift vom Beginn der 4. Schriftzeile ab (bei* quod dicitur *auf Z. 25) und wie in D. 3. Das Rekognitionszeichen in D. 4 ist einfacher, ist aber genau wie dort gebildet und trägt dieselben dem Wolfher nachgebildeten Noten. Der Text hat weniger Fehler wie der des D. 3, die der Schreiber stillschweigend verbessert hat durch Einschiebung des fehlenden* aecclesiasticas *(Z. 19), durch das indessen mißverstandene* ammonitione *(in Z. 19) statt* munitione *und durch die Einschaltung der in D. 3 versehentlich ausgelassenen Worte* domini nostri Iesu Christi *in der Datierung. Der Anfang (Arenga und Publicatio) geht wie in D. 3; der dispositive Teil folgt ganz dem Formular des Liutbrand (wie in DLD. 165); neu und ungewöhnlich ist die Poena spiritualis (vgl. Kehr Berliner Abhandl. 1933, 38); Corroboratio und Eschatokoll lauten in DD. 2—4 gleich, die wohl alle von demselben Schreiber Wolfher A nach dem Muster des Wolfher geschrieben sind. — Zwei weitere Abschriften des D. 4 stehen auch in der Abschriftensammlung des 17. Jh. im Wolfenbüttler Archiv, von denen die eine die Tagesangabe* VII kal. febr., *die andere* VII id. febr. *hat; diese letztere war wohl die Quelle von Leuckfeld und Lünig. Ebensowenig berücksichtigen wir die Abschrift in Hoffmanns Collectanea pro abbatia Gandershemen. f. 41 im Staatsarchiv zu Hannover (R. 40).* — Aussagen zur Quellenkritik; (Diktat); (Schreiber)

(C.) In nomine sanctae et individuae trinitatis. Hludouuicus[a] divina favente gratia rex. Si liberalitatis nostrae munere locis deo dicatis quiddam conferimus et necessitates aecclesiasticas nostro sublevemus[b] iuvamine atque regali tuemur ammonitione[c], id nobis et ad mortalem vitam temporaliter transiendam et ad aeternam feliciter obtinendam profuturum liquido credimus. Quapropter noverit omnium fidelium nostrorum tam praesentium quam et futurorum industria, qualiter nos pro remedio animarum piissimorum antecessorum[d] augustorum et ob nostrae mercedis aucmentum nec non pro dilecta coniuge nostra Liutgarda et carissima prole nostra quasdam res proprietatis nostrae ad monasterium quod dicitur Gandesheim concessimus, quod est constructum in honore sancti Stephani protomartyris Christi et in nostro constat patrocinio, hoc est in villa quae dicitur Tennisteti et in villa quae dicitur Heriki in pago qui vocatur Suththuringa in comitatu Ottonis, cum domibus aedificiis campis agris pratis pascuis silvis cultis et incultis aquis aquarumve decursibus viis et inviis accessibus et adiacentiis finibus exitibus et regressibus et quicquid ad praefatas villas iure ac legitime pertinere videtur, ita ut quicquid ab hodierna die[e] deinceps abbatissa et sanctimoniales feminę praefati monasterii inde facere voluerint, liberum in omnibus perpetualiter habeant potestatem faciendi. Si vero persona quaelibet posterorum nostrorum, quod minime fore credimus, hoc nostrae concessionis[f] praeceptum irrumpere temptaverit et quod inmunitatis et electionis a nobis concessae scripto continetur[g], violandum decreverit, dei omnipotentis iram incurrere se nullo modo dubitet et coram iusto iudice in tremendo examinis die se rationem inde redditurum prae scientia malǫ temptationis minime ignoret. Et ut haec auctoritas nostrae concessionis firmior habeatur et per futura tempora a fidelibus nostris melius observetur veriusque credatur, manu propria nostra subter eam firmavimus et anuli nostri impressione signari iussimus.

Signum Hludouuici (MF.) serenissimi regis.

Uuolfherius cancellarius advicem Liutberti archicapellani recognovi et (SR. NN.)[h] (SI.)[i]

Data VII kal. febr. indictione X, anno incarnationis domini nostri Iesu Christi DCCCLXXVII, anno primo Hludouuici serenissimi regis in orientali Francia regnantis; actum Franconofurt; in dei nomine feliciter amen.

PROTOKOLL
Invocatio
Intitulatio
KONTEXT
Arenga
Promulgatio
Dispositio
(Schenkungszweck)
(Empfänger)
(Besitztradition)
(Pertinenzformel)
Sanctio
Corroboratio
ESCHATOKOLL
Signum-Zeile
Rekognitions-Zeile
Datum und actum
Apprecatio

4. a) Hludouucus *A mit einem Schaft zu wenig* b) *A* c) *mißverständlich statt* munitione, *wie in D. 3 (in DLD. 93* munimine*)* d) ante *auf Rasur* e) *fehlt* et f) nces *z. T. durch Stockfleck zerstört;* onis *vielleicht auf Rasur* g) *das zweite* t *korr. aus* r h) *diese Noten, obwohl nicht ungeschickt (bis auf die letzte Note) nachgemacht, sind hier wie in D. 3 nicht die wirklichen Noten des Wolfher (wie in D. 1); vgl. Kehr Berliner Abhandl. 1933, 33 f.* i) *abgebildet bei Posse Kaisersiegel 1, Taf. 3 n° 3 (vgl. 5, 8).*

Übersetzung:
Im Namen der heiligen und ungeteilten Dreieinigkeit. Ludwig, durch Gottes geneigte Huld König. Wenn wir aus der Aufgabe unserer Freigebigkeit heraus Gott geweihten Orten etwas übertragen und die Not der Kirchen durch unsere Hilfe lindern und sie durch königliche Ermahnung schützen, so wird uns das, wie wir fest glauben, helfen, sowohl das sterbliche Leben in weltlicher Hinsicht zu überstehen als auch das ewige glücklich zu erlangen. Deshalb sollen alle unsere Getreuen, die gegenwärtigen wie die künftigen, wissen, dass wir um des Seelenheils unserer frommen kaiserlichen Vorgänger willen, zur Mehrung unseres Lohnes sowie zugunsten unserer geliebten Gemahlin Liutgard und unseres vielgeliebten Kindes dem Kloster Gandersheim, das zu Ehren des heiligen Stephanus, des ersten Märtyrers Christi, errichtet ist und unter unserer Schutzherrschaft steht, einige unserer Güter übertragen haben, nämlich in den Dörfern (Höfen) Tennstedt und Großenerich im Südthüringgau in der Grafschaft Ottos, mit Häusern, Gebäuden, Feldern, Äckern, Wiesen, Weiden, bewohnten und unbewohnten Wäldern, Gewässern und Wasserläufen, Wegen und Unwegen, Zugängen und Angrenzungen, Ausgängen und Rückwegen und was sonst per Recht und Gesetz zu den genannten Dörfern gehört, so dass vom heutigen Tage an die Äbtissin und die Nonnen des genannten Klosters für alle Zeiten und in allen Dingen die freie Vollmacht besitzen, damit zu machen, was immer sie machen wollen. Falls aber irgendeiner unserer Nachfolger, was, wie wir glauben, keineswegs geschehen wird, versuchen wird, diese unsere Verleihungsurkunde zu brechen, und sich entschließt, das, was dort schriftlich über die von uns gewährte Immunität und Wahl festgehalten wird, zu verletzen, so besteht kein Zweifel, dass ihn der Zorn des allmächtigen Gottes ereilen wird, und ihm soll keineswegs unbekannt bleiben, dass er über das Wissen der üblen Versuchung vor dem gerechten Richter am Tag des Gerichts zitternd wird Rechenschaft ablegen müssen. Und damit diese unsere Verleihungsurkunde fester beachtet und für alle künftigen Zeiten von unseren Getreuen besser bewahrt und für wahrer erachtet wird, bestätigen (beglaubigen) wir sie unten mit eigener Hand und ordnen an, sie mit dem Aufdruck unseres Ringes zu besiegeln.
Zeichen des erlauchtesten Königs Ludwig.
Ich, Wolfher, habe es als Kanzler in Vertretung des Erzkaplans Liutbert, geprüft und unterschrieben.
Gegeben am 26. Januar des Jahres 877 nach der Geburt unseres Herrn Jesus Christus, in der 10. Indiktion, im ersten Regierungsjahr des erlauchtesten Königs Ludwig, der im östlichen Frankenreich herrscht; vollzogen in Frankfurt. Selig in Gottes Namen. Amen.

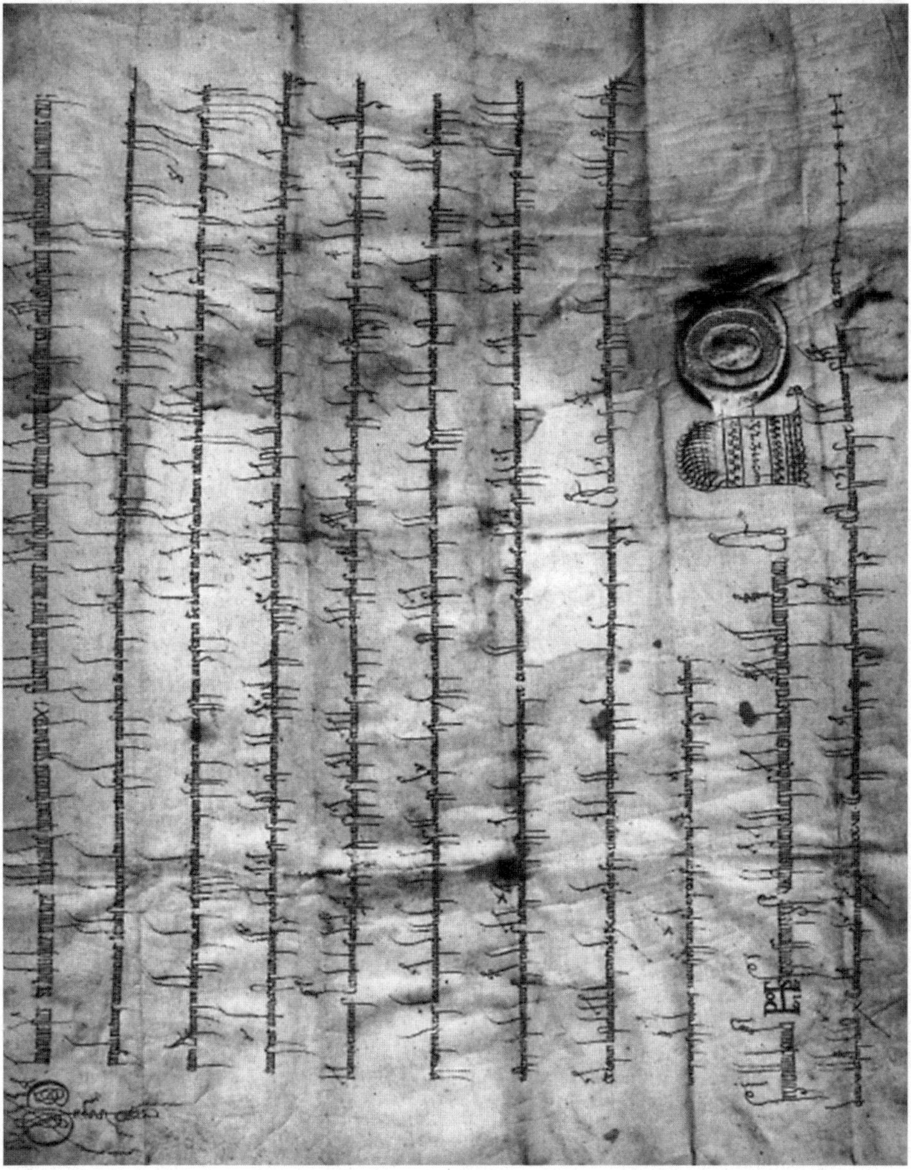

Abb. 7: *Urkunde Ludwigs des Jüngeren für das Kloster Gandersheim vom 26. 1. 877 (D LJ 4). Vgl. Text 2. Original im Niedersächsischen Staatsarchiv Wolfenbüttel (Urkunde 6 Urk 3).*

- Die **Intitulatio** mit der integrierten Devotions- oder (besser) Legitimationsformel, die meist auf ein Gottesgnadentum des Königs verweist (*Dei gratia* oder *divina favente clementia)*, nennt Namen und Titel des Ausstellers.

  Welch hohe Aussagekraft den – vor allem im Längsschnitt beobachteten – Urkundentiteln für Selbstverständnis und politische Ansprüche des Ausstellers zukommt, zeigen die von Herwig Wolfram geleiteten Untersuchungen des Wiener Instituts für Österreichische Geschichtsforschung: Die Titel spiegeln die politischen Wandlungen, wobei Selbstaussage (des Ausstellers) und Fremdaussage zu unterscheiden sind. Während die deutschen Könige sich mit dem bloßen Königstitel begnügten, nahmen die westfränkischen Herrscher am Anfang des 10. Jh. in bewusstem Selbstverständnis als Herrscher des Frankenreichs den „rex-Francorum"-Titel wieder auf.

Lit.:
- Herwig WOLFRAM, Intitulatio I. Lateinische Königs- und Fürstentitel bis zum Ende des 8. Jh. (MIÖG Erg.-Bd. 21) Wien 1967; Intitulatio II. Lateinische Herrscher- und Fürstentitel im 9. und 10. Jh., hg. v. Herwig WOLFRAM (MIÖG Erg.-Bd. 24) Wien 1973; Intitulatio III. Lateinische Herrschertitel und Herrschertitulaturen vom 7. bis 13. Jh., hg. v. Herwig WOLFRAM u. Anton SCHARER (MIÖG Erg.-Bd. 29) Wien-Köln 1988.

- Die in Urkunden gelegentlich auftretende, in Briefen hingegen regelmäßige **Inscriptio** nennt den Empfänger.

Kontext
- Die Arenga bietet eine allgemeine, vor allem religiöse Begründung der königlichen Urkundentätigkeit, die aber doch oft auf den besonderen Fall Rücksicht nimmt. Arengen enthalten nicht nur „allgemeine redensartliche Begründungen" (von Brandt), sondern propagieren inhaltlich das königliche Staatsdenken, während die von der Liturgie beeinflusste, feierliche Sprache zum Wert der Urkunde beiträgt. Arengen verkünden eine politische Theologie und gehen gern auf politische Tugenden oder das Herrschaftsprogramm des Königs ein, der durch eine gute Regierung – und nicht zuletzt Schenkungen an Kirchen – seine Heilsaussichten vermehrt sieht.

Lit.:
- Heinrich FICHTENAU, Arenga. Spätantike und Mittelalter im Spiegel von Urkundenformeln (MIÖG Erg.-Bd. 18) Wien 1957.

Übersicht:
- Arengenverzeichnis zu den deutschen Königs- und Kaiserurkunden von den Merowingern bis Heinrich VI., bearb. Friedrich HAUSMANN und Alfred GAWLIK (MGH Hilfsmittel 9) München 1987.

- Die **Promulgatio** (Publicatio) ist eine Verkündigungsformel: Der Urkundeninhalt soll meist allen derzeitigen und künftigen Getreuen bekannt gemacht werden.
- Die **Narratio** erläutert, sofern sie vorhanden ist, die konkreten Umstände und die Vorgeschichte der Beurkundung bzw. des Rechtsgeschäfts. Aus ihr erfahren wir daher manchmal Näheres über den Vorgang (während der eigentliche

Rechtsinhalt nur das Ergebnis festhält); dadurch wird eine historische Einordnung erleichtert. Die Narratio enthält oft Hinweise auf Vorurkunden, und sie nennt häufig **Petenten** (als potentielle Empfänger) – Empfänger ist beispielsweise eine Bischofskirche bzw. deren heiliger Patron, Petent der jeweilige Bischof – und **Intervenienten** (Fürsprecher). Eine Untersuchung der Intervenienten lässt erkennen, welche Personen sich am häufigsten am Königshof aufhielten und folglich Einfluss auf die königliche Politik nahmen.
- Die **Dispositio** steht im Mittelpunkt der Urkunde. Sie bietet den eigentlichen (konkreten) Rechtsinhalt, nennt häufig aber auch den (wieder meist religiösen) Schenkungsgrund oder/und den Schenkungszweck. Urkunden können Rechte neu verleihen oder bereits früher verliehene bestätigen. In der Regel handelt es sich entweder um Besitzschenkungen oder Privilegierungen, wie z. B. die Verleihung von Markt-, Münz- und Zollrechten oder der Immunität, d. h. der Exemtion aus der gräflichen Gerichtsbarkeit und Administration. Schenkungsurkunden enthalten meist eine *Pertinenzformel* mit Angabe aller zum Besitz gehörigen Elemente (Wälder, Wiesen, Weiden etc.). Auch hier haben neuere Untersuchungen wahrscheinlich gemacht, dass die Aufzählung nicht nur formelhaft ist, sondern den jeweiligen Verhältnissen entspricht. Wird der Rechtsinhalt bereits in einer Petition erläutert, so beginnt die Dispositio gern mit einem Beurkundungsbefehl der aufgezählten Rechte. Die Dispositio bietet viele Möglichkeiten der Auswertung bezüglich der Rechte und des Besitzes des Ausstellers bzw. Empfängers, der Grundherrschaft und ihrer Verwaltung.
- Die **Sanctio** ist eine Poenformel, die ein Zuwiderhandeln gegen die urkundliche Verfügung unter Strafe stellt. Damit wird zugleich noch einmal der Rechtsinhalt bekräftigt.
- Die **Corroboratio** enthält eine Aufzählung der Beglaubigungsmittel und den Siegelbefehl, ihr schließen sich unter Umständen Zeugenlisten an.

Eschatokoll
- Die (in Auszeichnungsschrift abgefasste) **Signumzeile** trägt den Charakter einer Unterschrift, ohne eigenhändig geschrieben zu sein (etwa im Sinne unseres „gezeichnet“). Sie enthält das Monogramm des Königs (mit oder ohne Vollziehungsstrich).
- Die **Recognitionszeile** endet mit dem korbähnlichen Recognitionszeichen des Notars oder Kanzlers, das ursprünglich aus tironischen Noten (einer Kurzschrift) bestand und einen Inhalt wiedergab, seit der Karolingerzeit aber nur noch eine notarspezifische Zeichnung darstellt.
- Die **Datierung** (Actum et datum-Formel) nennt Zeit und Ort der Beurkundung bzw. Handlung. Rechtsgeschäft (actum) und Übergabe der Urkunde (datum) können dabei zeitlich und räumlich durchaus auseinanderfallen („uneinheitliche Datierung“).
- Die Urkunde schließt mit einem Segenswunsch, der **Apprecatio**.

Nicht alle diese Formeln sind konstitutiver Bestandteil der Urkunde; kaum ein Diplom weist tatsächlich alle genannten Elemente auf. Regelmäßig sind lediglich

Herrscher	Urkunden	Regesten	Jahrbücher
Merowinger (450–751)	MGH DD Merov. (ed. Kölzer, 2001)		
Karolinger			
Hausmeier		RI I (Mühlbacher)	Bonnell, bis 714 (1866) Breysig, 714–741 (1869) Hahn, 741–752 (1863)
Pippin 751–768	MGH DD Karol. 1 (Mühlbacher, 1906)	RI I (Mühlbacher)	Oelsner (1871)
Karl d. Gr., 768–814	MGH DD Karol. 1	RI I (Mühlbacher)	Abel-Simson (1:^{2}1888; 2:1883)
Ludwig d. Fr., 814–840	–	RI I (Mühlbacher)	Simson (1874/76)
Ludwig d. Dt., 840–876	MGH DD Dt. Karol. 1 (Kehr, 1932/34)	RI I (Mühlbacher)	Dümmler 1/2 (1887)
Karlmann/Ludwig d. J., 876–882	MGH DD Dt. Karol. 1 (Kehr, 1932/34)	RI I (Mühlbacher)	Dümmler 3 (1888)
Karl III., 876–887	MGH DD Dt. Karol. 2 (Kehr, 1936/37)	RI I (Mühlbacher)	Dümmler 3 (1888)
Arnulf, 887–899	MGH DD Dt. Karol. 3 (Kehr, 1940)	RI I (Mühlbacher)	Dümmler 3 (1888)
Ludwig d. K./Zwentibold, 900–911	MGH DD Dt. Karol. 4 (Schieffer, 1960)	RI I (Mühlbacher)	Dümmler 3 (1888)
Konrad I., 911–918	MGH DD Dt. Könige 1	RI I (Mühlbacher)	Dümmler 3 (1888)
Ottonen			
Heinrich I., 913–936	MGH DD Dt. Könige 1 (Sickel, 1879/84)	RI II,1 (Ottenthal)	Waitz (^{3}1885)
Otto I., 936–972	MGH DD Dt. Könige 1 (Sickel, 1884)	RI II (Ottenthal)	Köpke/Dümmler (1876)
Otto II., 972–982	MGH DD Dt. Könige 2,1 (Sickel, 1888)	RI II (Mikoletzky)	Uhlirz (1902)
Otto III., 983–1002	MGH DD Dt. Könige 2,2 (Sickel, 1893)	RI II (Uhlirz)	Uhlirz (1954)
Heinrich II., 1002–1024	MGH DD Dt. Könige 3 (Bresslau u. a., 1900/3)	RI II (Graff)	Hirsch (1862/75)
Salier			
Konrad II., 1024–1039	MGH DD Dt. Könige 4 (Bresslau, 1909)	RI III,1 (Bischoff/Appelt, 1951)	Bresslau (1879/84)
Heinrich III., 1039–1056	MGH DD Dt. Könige 5 (Bresslau/Kehr, 1926/31)	–	Steindorff (1874/81)
Heinrich IV., 1056–1106	MGH DD Dt. Könige 6 (Gladiss/Gawlik, 1941/78)	RI III,3 (Struve, 1984) bis 1065	Meyer v. Knonau (1890/1909)
Heinrich V., 1106–1125	Stumpf-Brentano, 3	Stumpf-Brentano, 2	Meyer v. Knonau (1890/1909)
Lothar III., 1125–1137	MGH DD Dt. Könige 8 (Ottenthal/Hirsch, 1927)	RI IV,1 (Petke)	Bernhardi (1879)
Staufer			
Konrad III., 1138–1152	MGH DD Dt. Könige 9 (Hausmann, 1969)	–	Bernhardi (1883)
Friedrich I., 1152–1190	MGH DD Dt. Könige 10 (Appelt, 1975/90)	RI IV, 2 (Opll, 1980/89/2003) bis 1168	Simonsfeld (1908): 1152–1158
Heinrich VI., 1190–1197	–	RI IV (Baaken, 1979)	Toeche (1867)
Philipp/Otto IV., 1198–1218	–	RI V,1 (Ficker-Winkelmann, 1881/82; Nachträge Zinsmaier, 1983)	Winkelmann (1873/78)

Abb. 8: *Übersicht über die Urkunden und Regesten zur ostfränkischen und deutschen Geschichte.*

Friedrich II., 1212–1250	Huillard-Breholles, 1852 (teilweise MGH DD Dt. Könige 14, Koch 2002)	RI V,1 (Ficker-Winkelmann, 1881/82; Nachträge Zinsmaier, 1983)	Winkelmann (1889/97): 1212–1233
Konrad IV., 1250–1254	Huillard-Breholles, 1852	RI V,1 (Ficker-Winkelmann, 1881/82; Nachträge Zinsmaier, 1983)	Heinrich (VII.) 1220–1228 (Thorau)
Interregnum (1254–1273)			
Heinrich Raspe/ Wilhelm v. Holland	MGH DD Dt. Könige 18,1 (Hägermann/Kruisheer, 1989) 1246–1252	RI V,1 (Ficker-Winkelmann, 1881/82; Nachträge Zinsmaier, 1983)	–
Richard v. Cornwall			–
Spätmittelalter			
Rudolf I., 1273–1291	–	RI VI,1 (Redlich, 1898)	
Adolf, 1292–1298	–	RI VI,2 (Samanek, 1948)	
Albrecht I., 1298–1301	–	RI[1](Böhmer)	Hessel (1931)
HeinrichVII., 1308–1313	Acta Henrici VII (ed. Dünniges 1839; Bonaini 1877)	RI[1](Böhmer)	–
Ludwig d. B., 1314–1347	Diplomi inediti (ed. Cipolla/Filippe)	RI[1] (Böhmer)	–
Karl IV., 1346–1378	–	RI VIII (Huber, 1968}	–
Wenzel, 1378–1400	–	–	–
Ruprecht, 1400–1410	–	–	–
Sigismund, 1410–1437	–	RI XI (Altmann, 1896/1900)	–
Albrecht II., 1438–1439	–	RI XII (Hödl, 1975)	–
Friedrich III., 1440–1493	–	D. Regg. Ks. Friedrichs III. (Koller 1982ff.)	–
Maximilian I., 1486–1519	–	RI XIV (Wiesflecker, 1989/98): 1493/1501	–

Für die Lücken sind heranzuziehen:

Urkunden:
- Stumpf-Brentano, Acta imperii inde ab Heinrico I. ad Heinricum VI. usque adhuc inedita (= Reichskanzler Bd. 3), Innsbruck 1865–1881 (ND. Aalen 1964): bis 1197;
- Johann Friedrich Böhmer, Acta imperii selecta, 2 Bde., Innsbruck 1870: bis 1399;
- Eduard Winkelmann, Acta imperii inedita saeculi XIII et XIV, 2 Bde., Innsbruck 1880–1885 (ND. Aalen 1964): bis 1400.

Seit 1376:
- Deutsche Reichstagsakten (Bd. 1–3: Wenzel, 4–6: Ruprecht, 7–12: Sigismund, 13/14: Albrecht II., 15–22: Friedrich III., mit Lücken).

Regesten:
- Stumpf-Brentano, Reichskanzler 2 (o. S. 104): bis 1197.

Invocatio, Intitulatio, Promulgatio, natürlich die Dispositio sowie Corroboratio, Signumzeile und Datierung. Die Formeln können inhaltlich auch miteinander verbunden werden und sind dann nicht mehr klar voneinander zu trennen. Insgesamt bewirken sie aber den typisch mittelalterlichen Urkundencharakter. Ihre historische Aussagekraft zeigt sich letztlich erst bei einer seriellen Auswertung. Andererseits erleichtert die Beschäftigung mit den formelhaften Teilen den Blick für die rechtlich relevanten Passagen bzw. lässt sich deren jeweils typische Aussagekraft schneller erkennen.

Päpstliche Privilegien sind, trotz unterschiedlicher Gestalt, ähnlich aufgebaut und enthalten im Protokoll eine (meist symbolhafte) Invocatio, Intitulatio, Inscriptio und Salutatio (Grußformel), im Kontext Arenga, Promulgatio, Narratio, Petitio (Bitte um Aushändigung), Dispositio und Sanctio, im Eschatokoll Scriptumformel, Subscriptiones, Datierung und Segenswunsch (Bene valete).

Privaturkunden sind zu unterschiedlich gestaltet, als dass sie eine generelle Schematisierung erlaubten, wenngleich auch sie sich von Königsurkunden beeinflusst zeigen (diese aber auch ihrerseits im Formular beeinflussen konnten). Besonders Bischofs- oder Abtsurkunden waren oft ähnlich. Anders verhielt es sich bei den zahlreichen privaten Schenkungsurkunden (Traditionsnotizen), für die exemplarisch eine St. Galler Urkunde von 851 (= UB St. Gallen, ed. Hermann Wartmann, Bd. 2, Nr. 416) abgedruckt sei (Text 3).

Gegenüber der Königsurkunde ist das Formular auf das Wesentliche beschränkt. Die Invocatio ist – in diesem Fall – in die Intitulatio (des Schenkers) eingegliedert, an die sich gleich die Dispositio mit den Angaben zur Schenkung, des Schenkungsgrundes („ewiger" und zeitlicher Art: „pro remedio animae meae seu pro sustentatione presentis vitae", also sowohl zum Erwerb des Seelenheils wie zur Alterssicherung) und nicht zuletzt der Schenkungsbedingungen anschließt; es handelt sich hier um eine Aufnahmeschenkung, die dem Schenker einen Platz im Kloster sicherte. Es folgen eine Formel, dass die Urkunde der Garantie des Rechtsgeschäfts diene, Ausstellungsort mit Nennung der Zeugen, Schreiberzeile (der Schreiber „beglaubigt" zugleich) und die Datierung mit der für St. Gallen typischen Grafenformel. Andere Traditionsurkunden enthalten zusätzlich eine Arenga oder eine Sanctio und vor allem das Signum des Schenkers vor der Zeugennennung. Wieder andere beginnen mit der Promulgatio (Notum sit omnibus tam presentibus quam futuris, quod ego N...).

(2) Formulae

Ed.:

– MGH Formulae, 1886.

Lit.:

– P. Herde/U. Nonn/W. Koch/P. Csendes, LMA 3, Sp. 646 ff.

Als Muster für die Urkundenausfertigung wurden sog. **Formelsammlungen** (Formulae) mit teils echten, teils fingierten Urkunden und Briefen zu verschiedenen Anlässen zusammengestellt, wobei die Namen oft gelöscht und durch ein N. oder *ille* ersetzt sind. Solche Urkunden haben zunächst keine rechtliche Aussagekraft. Wohl aber vermitteln Formelsammlungen gute Einblicke in die Bedürfnisse und

Text 3: Privaturkunde aus dem Kloster St. Gallen (UB St. Gallen Bd. 2, Nr. 416)

Sigibold schenkt seinen Besitz zu Schura an Sanct Gallen.

Kloster St. Gallen, 851. Juni 24.

Ego in Dei nomine Sigibold trado ad monasterium sancti Galli, ubi Crimaldus abba gregi Dei pręcesse dinoscitur, unam hobam pro remedio animae meae seu pro sustentatione pręsentis vitae, sitam in pago Perhtoltispara in loco Scurheim nuncupato; sub ea ratione, ut ego Sigibold congruum locum monachicae vitę inter ipsos fratres habeam ipsaque hoba cum omnibus appenditiis ad eam pertinentibus ex hodierno die in jus monasterii redeat, id est cum mancipiis his nominibus: Wolfhart, Ruadmar, Williger, Kisildrud, Engilgund, aedificiis, pratis, silvis, aquis aquarumque decursibus; omnia vero suprascripta trado atque transfundo, ut ab hodierno die et deinceps ad jus ipsius monasterii perpetim possideantur, nullusque hanc traditionis cartulam inrumpere pręsumat, sed omni tempore firmiter suum obtineat vigorem. Actum in ipso monasterio publice, pręsentibus istis: Meginrat. Adalger. Wartman. Frumirih. Erfger. Cundolt. Alpheri.
Ego itaque Albrih indignus subdiaconus rogatus scripsi et subscripsi. Notavi diem mercurii, VIII kal. jul., XI anno Hludowici regis, sub Utone comite.

Im Namen Gottes übergebe ich, Sigibold, dem Kloster St. Gallen, wo bekanntlich Abt Grimald der Herde Gottes vorsteht, zum Heil meiner Seele und zum Unterhalt des gegenwärtigen Lebens eine Hufe im Gau Bertholdsbaar im Ort Schura, unter der Bedingung, dass ich, Sigibold, einen geeigneten Platz mönchischen Lebens unter den Brüdern erhalte und diese Hufe mit allem Zubehör und allen Pertinenzen vom heutigen Tage an in das Recht des Klosters übergeht, das heißt mit folgenden Unfreien: Wolfhart, Ruadmar, Williger, Kisildrud, Engilgund, mit Gebäuden, Wiesen, Wäldern, Gewässern und Wasserläufen. Alles oben Beschriebene aber übergebe und übertrage ich derart, dass es vom heutigen Tage an fortan und für immer zum Recht des Klosters gehört und niemand sich anmaßt, die Urkunde dieser Schenkung zu brechen, sondern sie allezeit fest ihre Geltung behält. Öffentlich verhandelt im Kloster selbst; anwesend waren: Meginrat, Adalger, Wartman, Frumirih, Erfger, Cundolt, Alpheri. – Ich, Albrih, unwürdiger Subdiakon, habe es auf Bitten hin geschrieben und unterschrieben. Ich habe Mittwoch, den 24. Juni, vermerkt, im 11. Regierungsjahr des Königs Ludwig, zur Zeit des Grafen Uto.

Gepflogenheiten einer Kanzlei und in die zeitgenössischen Auffassungen von den typischen Zuständen. Gerade der Formelcharakter garantiert, dass hier zutreffende Gegebenheiten des Gewohnheitsrechts geschildert werden.

So gewährt die Formelsammlung Notkers von St. Gallen für Bischof Salomon von Konstanz beispielsweise Einblick in die Visitationstätigkeit der Bischöfe oder die Voraussetzungen bei der Bischofswahl; die St. Galler Formelsammlung enthält unter anderem Eheverträge, die Sammlung Marculfs Beispiele für eine urkundlich festgehaltene Verknechtung.

Eine Reihe früher Formelsammlungen stammt aus den Germanenreichen (die das Urkundenwesen ja erst von den Römern übernommen haben), darunter die älteste fränkische Sammlung, die Formulae Andegavenses vom Ende des 6., und die berühmteste, die Formulae Marculfi vom Ende des 7. Jh. Im Zusammenhang mit der päpstlichen Kanzlei steht der sog. Liber Diurnus (dessen erhaltene Handschriften allerdings nicht aus dem Umkreis der Kurie stammen). Seit dem 13. Jh. sind mehrere Formelbücher der Papstkanzlei erhalten. Im hohen und späten Mittelalter fließen Urkunden- und Briefsammlungen zusammen. Aus der Reichskanzlei sind erst im Spätmittelalter regelrechte Formelsammlungen nachzuweisen.

(3) Constitutiones und Reichstagsakten

Urkundlichen Charakter tragen auch (innen- wie außenpolitische) Verträge, Vereinbarungen, Konkordate, Reichstagsbeschlüsse etc.

Ed.:

– MGH Const. (o. S. 87).

Wichtige Verfassungsurkunden mit Übersetzung: ed. Lorenz Weinrich, FS 32/33. Die späteren „Constitutiones“ sind in den „Reichstagsakten“ (RTA) enthalten, deren Edition (o. S. 88) bereits 1858 begann und noch längst nicht abgeschlossen ist.[51]

Zu den Konstitutionen zählen die großen **Verfassungsurkunden**: Konkordate zwischen Kaiser und Papst (wie das Wormser Konkordat von 1122, das den Investiturstreit beendete), Verträge des Königs mit den weltlichen und geistlichen Großen (wie die „Magna Charta libertatum“ des englischen Königs Johann Ohneland von 1216, Friedrichs II. „Confoederatio cum principibus ecclesiasticis“ von 1220 oder das „Statutum in favorem principum“ von 1232, die sich äußerlich als Königsgesetze geben, inhaltlich aber die Forderungen der Fürsten erkennen lassen) oder Wahlgesetze (wie die „Goldene Bulle“ von 1356). Insgesamt können solche „Erlasse“ also vielfältige Formen und Inhalte umfassen.

Eine eigene Gruppe innerhalb der Constitutiones bilden die von weltlichen Organen erlassenen **Landfrieden**, die dem Vorbild synodaler Gottesfrieden (u. S. 170) folgen. Sie haben das Ziel, Gewaltakte – unter anderem, aber keineswegs ausschließlich, die Fehden – gesetzlich zu verbieten und bei Strafe zu bekämpfen und die innere Ordnung aufrechtzuerhalten. Wegen ihrer neuartigen Bestimmungen hat man in den Landfrieden geradezu die „Geburt der Gesetzgebung“ gesehen, doch handelt es sich auch hier noch nicht um Gesetze im modernen Sinn, sondern um auf allseitiger Einung beruhende Satzungen, deren Geltung an die Anerkennung seitens der Großen gebunden blieb. Nach regionalen Frieden am Ende des 11. Jh. erließ erstmals Heinrich IV. 1103 einen (Mainzer) Reichslandfrieden. Seither wurde eine ganze Reihe solcher königlicher

---

51 Beispiele ihrer vielseitigen, bisher meist noch auf die politische Geschichte einschließlich internationaler Beziehungen gerichteten Auswertung: Fortschritte in der Geschichtswissenschaft durch Reichstagsakten, hg. v. Heinz Angermeier u. Erich Meuthen (Schriftenreihe der Hist. Komm. b. d. Bayerischen Akademie der Wissenschaften 35) Göttingen 1988.

Frieden geschlossen (nicht nur bis 1235, wie oft behauptet wird), neben die im späten Mittelalter wieder Territorialfrieden traten.[52]

(4) Testamente

Urkundlichen Charakter besitzen schließlich Testamente, die – ebenfalls in festen Formen verfasst und besiegelt – von der Merowingerzeit bis zum Ende des Mittelalters in verschiedener Form vorliegen. Je nach Aussteller informieren sie, über die erbrechtliche Funktion hinaus, über die Familien- und – als wichtige wirtschaftsgeschichtliche Quellen neben den Urbaren (u. S. 176ff.) – die Besitzverhältnisse oder, vor allem bei Herrschertestamenten, über die politischen Absichten, aber ebenso mentalitätsgeschichtlich über Sterbe- und Todesvorstellungen der besitzenden Oberschichten.[53] Die in reicher Zahl erhaltenen spätmittelalterlichen Bürgertestamente (meist Seelgerätstiftungen) – aus Köln sind allein über 1500 solcher Dokumente überliefert – informieren vorzüglich über Besitz, soziale Verhältnisse, Familienbewusstsein und religiöse Mentalität.[54]

2.2.4.3.2 Weltliche Gesetzgebung, Gesetzessammlungen, Rechtsprechung

Die mittelalterliche Gesetzgebung war, nach ihrem Urheber, teils staatlichen, teils kirchlichen Charakters, doch entsprach diese formale Unterscheidung, wie schon erwähnt, nur bedingt einer inhaltlichen Trennung von weltlichem und geistlichem Recht. Es konnte sich jeweils um Einzelgesetze oder Erlasse handeln oder aber um systematische Sammlungen (Kodifikationen) des geltenden Rechts. Aber auch der Begriff „Gesetzgebung" ist nicht modern zu verstehen. Dahinter stand eine typisch mittelalterliche, von unserer sehr verschiedene Rechtsauffassung. Zwar ist die Vorstellung, dass gutes Recht im Mittelalter altes Recht sei,[55] inzwischen modifiziert,

---

52 Vgl. Elmar Wadle, Landfrieden, Strafe, Recht. Zwölf Studien zum Mittelalter (Schriften zur Europäischen Rechts- und Verfassungsgeschichte 37) Berlin 2001; Landfrieden – Anspruch und Wirklichkeit, hg. v. Arno Buschmann u. Elmar Wadle (Rechts- und Staatswissenschaftliche Veröffentlichungen der Görres-Gesellschaft 98) Paderborn 2001.

53 An auswertender oder methodischer Literatur seien genannt: Ulrich Nonn, Merowingische Testamente. Studien zum Fortleben einer römischen Urkundenform im Frankenreich, AfD 18, 1972, S. 1–129; Goswin Spreckelmeyer, Zur rechtlichen Funktion frühmittelalterlicher Testamente, in: Recht und Schrift im MA (u. S. 155) S. 91–113; Heinz-Dieter Heimann „Testament", „Ordenung", „Giffte under den Lebendigen": Bemerkungen zu Form und Funktion deutscher Königs- und Fürstentestamente sowie Seelgerätstiftungen, in: Ecclesia et regnum. Beiträge zur Geschichte von Kirche, Recht und Staat im MA. FS Franz-Josef Schmale, Bochum 1989, S. 273–284. Ein Auswertungsbeispiel: Margarete Weidemann, Das Testament des Bischofs Berthramn von Le Mans vom 27. März 616. Untersuchungen zu Besitz und Geschichte einer fränkischen Familie im 6. und 7. Jh. (Monographien des Römisch-Germanischen Zentralmuseums 9) Bonn 1986.

54 Vgl. Urs Martin Zahnd, Spätmittelalterliche Bürgertestamente als Quellen zu Realienkunde und Sozialgeschichte, MIÖG 96, 1988, S. 55–78; Gerhard Jaritz, Österreichische Bürgertestamente als Quelle zur Erforschung städtischer Lebensformen des Spätmittelalters, JGF 8, 1984, S. 249–264; Johannes Schildhauer, Hansestädtischer Alltag. Untersuchungen auf der Grundlage der Stralsunder Bürgertestamente vom Anfang des 14. bis zum Ausgang des 16. Jh. (Abhandlungen zur Handels- und Sozialgeschichte 28) Weimar 1992.

55 So Fritz Kern, Recht und Verfassung im Mittelalter, HZ 120, 1919, S. 1–79 (ND. Darmstadt 1992).

ist die Möglichkeit neuer Rechtsetzung durchaus erkannt, doch hielten die Kodifikationen zumindest der Idee nach nur das bislang geltende Recht fest. Die gern getroffene Unterscheidung zwischen gesetztem, *schriftlichem Recht (lex)* und mündlichem *Gewohnheitsrecht (consuetudo)* bleibt daher formal, da auch das Gewohnheitsrecht verschriftlicht werden konnte. Mittelalterliches Recht *war* weithin Gewohnheitsrecht, es konnte, aber es musste nicht schriftlich fixiert werden; die orale Gesellschaft war vielmehr von *Rechtsgewohnheiten* bestimmt, die sich im Allgemeinen eher unbewusst weiterentwickelten. Die Rechtsetzung aber erfolgte stets im Einvernehmen mit den Fürsten bzw. den Betroffenen. Im Laufe des späteren Mittelalters verstärkte sich dann die Tendenz zur schriftlichen Fixierung. Rechtswahrung aber galt als die wichtigste Aufgabe aller öffentlichen Gewalten.

Auch die **Rechtsprechung** erfolgte in der Regel nicht nach dem geschriebenen Gesetz, sondern war „Urteilsfindung" seitens der Schöffen: Recht wurde „gewiesen". Ein weiteres Kennzeichen mittelalterlichen Rechts war seine Zersplitterung: Es gab verschiedene, sich gegenseitig überlagernde Rechtskreise für verschiedene Räume (sächsisches, bayerisches Recht etc.), einzelne Stände (Freie – Unfreie), Ethnien (Germanen – Romanen), Siedlungen (Stadtrecht – Landrecht), Genossenschaften (Lehnrecht, Hofrecht, Dienstrecht) und Institutionen (Kirchenrecht). Seit dem 12. Jh. trat, von Italien ausgehend, seitens einer aufkommenden Rechtswissenschaft die Rezeption des römischen Rechts, des Corpus iuris civilis mit dem Codex Iustinianus, hinzu.

Das wesentliche Problem der Quellenkritik besteht in der Frage der Effektivität des kodifizierten Rechts, im Verhältnis zwischen intendierter *Norm und Rechtswirklichkeit*: Das schriftlich überlieferte Recht ist in unmittelbarer Auswertung nicht Zeugnis des tatsächlichen, sondern des gewollten Rechtslebens (vgl. o. S. 133 ff.). Man hat sogar bestreiten wollen, dass die Rechtsbücher überhaupt als Gerichtsbücher Verwendung fanden, doch spricht die weite handschriftliche Verbreitung vieler Leges für eine praxisbezogene Benutzung.

Ed.:
- Abt. Leges der MGH (o. S. 86 f.); Germanenrechte (o. S. 92).

Lit.:
- Léopold Genicot, La loi (TS 22) Turnhout 1977.
- John Gilissen, La coutume (TS 41) Turnhout 1982.
- Rudolf Buchner, Die Rechtsquellen (Beiheft zum Wattenbach-Levison, u. S. 249) 1953.
- Armin Wolf, Gesetzgebung und Kodifikationen, in: Die Renaissance der Wissenschaften im 12. Jh., hg. v. Peter Weimar (Zürcher Hochschulforum 2) Zürich 1981, S. 143–171.

Eine Übersicht über Rechtssammlungen und Literatur im Hoch- und Spätmittelalter bieten:
- Handbuch der Quellen und Literatur der neueren europäischen Privatrechtsgeschichte, Bd. 1: Mittelalter (1100–1500). Die gelehrten Rechte und die Gesetzgebung, hg. v. Helmut Coing, München 1973 (bes. Armin Wolf, Die Gesetzgebung der entstehenden Territorialstaaten, S. 517 – 800).

- Ulrich-Dieter Oppitz, Deutsche Rechtsbücher des Mittelalters, 3 Bde., Köln-Wien 1990/92 (Bd. 1: Beschreibung der Rechtsbücher; Bd. 2: Beschreibung der Handschriften; Bd. 3: Abbildungen und Fragmente).
- Eltjo J. H. Schrage, Utrumque Ius. Eine Einführung in das Studium der Quellen des mittelalterlichen gelehrten Rechts (Schrr. z. Europ. Rechts- u. Verfassungsgesch. 8) Berlin 1992.

Probleme mittelalterlicher Gesetzgebung:
- Überlieferung und Geltung normativer Texte des frühen und hohen Mittelalters, hg. v. Hubert Mordek u. Raymund Kottje (Quellen und Forschungen zum Recht im MA 4) Sigmaringen 1986.
- Recht und Schrift im Mittelalter, hg. v. Peter Classen (Vorträge und Forschungen 23) Sigmaringen 1977.

Zusammenfassende Charakterisierung des Rechtsdenkens:
- R. C. Van Caenegem, Law in the Medieval World, Tijdschrift voor Rechtsgeschiedenis 49, 1981, S. 13–46.

Zur Rechtswissenschaft:
- Peter Weimar, Die legistische Literatur der Glossatorenzeit, in: Handbuch der Quellen und Literatur der neueren europäischen Privatrechtsgeschichte 1, S. 129–260.

Zum römischen Recht:
- Berlioz (u. S. 255) S. 121–143.

Zu englischen Rechtsquellen:
- Dirk Korte, Untersuchungen zu Inhalt, Stil und Technik angelsächsischer Gesetze und Rechtsbücher des 6. bis 12. Jh. (Archiv für vergleichende Kulturwissenschaft 10) Meisenheim am Glan 1974.

Zum neueren Verständnis des mittelalterlichen Rechts:
- Gerhard Dilcher/Heiner Lück/Reiner Schulze/Elmar Wadle/Jürgen Weitzel/Udo Wolter, Gewohnheitsrecht und Rechtsgewohnheiten im Mittelalter (Schriften zur Europäischen Rechts- und Verfassungsgeschichte 6) Berlin 1992.

(1) Die Volksrechte (Leges) des frühen Mittelalters

Ed.:
- Germanenrechte (o. S. 92, mit deutscher Übersetzung).

Lit.:
- Ruth Schmidt-Wiegand, Stammesrecht und Volkssprache. Ausgewählte Aufsätze zu den Leges barbarorum, Weinheim 1991.
- Clausdieter Schott, Zum Stand der Legesforschung, FMSt 13, 1979, S. 29–55.
- Friedrich Wilhelm Henning, Die germanischen Volksrechte als wirtschafts- und sozialgeschichtliche Quelle unter bes. Berücksichtigung der Lex Ribuaria, in: Studien zu den germanischen Volksrechten. Gedächtnisschrift für Wilhelm Ebel, Frankfurt-Bern 1982, S. 35–68.

Vom 5. Jh. an begann man in den Germanenreichen unter dem Einfluss des römischen Vorbilds die Gesetze des eigenen Volkes zu sammeln und in einer systematischen Ordnung aufzuzeichnen.

Das älteste überlieferte Germanenrecht ist der Codex Euricianus aus dem Westgotenreich (466/85), der im späteren 7. Jh. zur Lex Visigothorum umgestaltet wurde; es folgten

Text 4: Pactus legis Salicae (65-Titel-Text), tit. 41 (ed. Karl August Eckhardt, Germanenrechte, Göttingen 1965, S. 262 ff.)

XLI. De homicidiis ingenuorum.

§ 1. Si quis <vero> ingenuum Francum aut barbarum, qui legem Salicam vivit, occiderit, cui fuerit adprobatum, mallobergo leodi sunt, VIIIM denarios qui faciunt solidos CC culpabilis iudicetur.

...

§ 5. Si <quis> vero eum qui in truste dominica est <aut mulierem ingenuam> occiderit <cui fuerit adprobatum>, mallobergo leodi hoc est, XXIVM denarios qui faciunt solidos DC culpabilis iudicetur.

...

§ 8. Si quis vero Romano homine, conviva regis, occiderit <cui fuerit adprobatum>, [mallobergo leodi] sunt, XIIM denarios qui faciunt solidos CCC culpabilis iudicetur.

§ 9. Si vero Romanus homo possessor <et conviva regis non fuerit> occisus fuerit, qui eum occidisse probatur, mallobergo walaleodi sunt, IVM denarios qui faciunt solidos C culpabilis iudicetur.

§ 10. Si quis <vero> Romanum tributarium occiderit <cui fuerit adprobatum>, mallobergo walaleodi sunt, MM(D) denarios qui faciunt solidos LXII (semis) culpabilis iudicetur.

Volksrechte der Franken (Lex Salica, aus der Zeit Chlodwigs, um 510, mit späteren Überarbeitungen) und Burgunder, später der Langobarden (Edictum Rothari, 643), Alamannen, Bayern und Rheinfranken (Lex Ribuaria), schließlich im späten 8. Jh., auf fränkische Initiative hin, der Thüringer, Friesen und Sachsen. Westgoten und Burgunder kodifizierten ein eigenes Recht für die Romanen. Mit Ausnahme der angelsächsischen waren alle Germanenrechte in lateinischer Sprache abgefasst, manchmal unter Verwendung volkssprachiger Rechtswörter (der sog. Malbergischen Glossen in der Lex Salica).

Die Leges (vgl. Text 4) hielten das traditionelle Gewohnheitsrecht fest, das allerdings einerseits bereits vom römischen Recht beeinflusst und andererseits durch eine königliche Gesetzgebung (des Königsgerichts) erweitert war. Sie wurden mehrfach überarbeitet; von der Lex Salica etwa sind verschiedene Rezensionen erhalten, die nach der Zahl ihrer Titel (Kapitel) benannt werden (65-Titel-Text, erweiterter 65-Titel-Text, 70 Titel-Text, 100-Titel-Text) und deren Zeitstellung bis heute nicht eindeutig geklärt ist. Aufgabe der Quellenkritik ist es daher vor allem, eine zuverlässige zeitliche, räumliche und personale Zuordnung zu sichern (zum Forschungsstand vgl. Schott). Umstritten ist die Frage des Verhältnisses von germanischem und römischem Recht; es scheint, dass der Rechtsstil römischem Vorbild folgte, während der Rechtsinhalt stärker germanischen Ursprungs war. Die Vermischung mit königlicher Gesetzgebung (nach antik-kai-

41. Von Totschlägen an Freien.

§ 1. Wenn einer <aber> einen freien Franken oder (sonstigen) Germanen, der nach salfränkischem Gesetz lebt, tötet, werde er, dem es nachgewiesen wird – gerichtlich „Manngeld“ genannt –, 8 000 Pfennige, die machen 200 Schillinge, zu schulden verurteilt.

...

§ 5. Wenn <einer> aber den, der zur königlichen Gefolgschaft gehört <oder ein freies Weib> tötet, werde er <dem es nachgewiesen wird> – gerichtlich „Manngeld“ genannt –, 24 000 Pfennige, die machen 600 Schillinge, zu schulden verurteilt.

...

§ 8. Wenn einer aber einen römischen Mann, Tischgenossen des Königs, tötet, werde er <dem es nachgewiesen wird> – [gerichtlich „Manngeld“] genannt –, 12 000 Pfennige, die machen 300 Schillinge, zu schulden verurteilt.

§ 9. Wenn aber ein römischer Mann, der (Grund-)besitzer <und nicht Tischgenosse des Königs gewesen> ist, getötet wird, werde, der ihn getötet zu haben erwiesen wird – gerichtlich „Welschenmanngeld“ genannt –, 4000 Pfennige, die machen 100 Schillinge, zu schulden verurteilt.

§ 10. Wenn einer <aber> einen römischen Zinshörigen tötet, werde er <dem es nachgewiesen wird> – gerichtlich „Welschenmanngeld“ genannt –, 2500 Pfennige, die machen 62½ Schillinge, zu schulden verurteilt.

Die Volksrechte enthalten Bußsätze, wie – in diesem Fall – das Wergeld (Manngeld) als Kompensationsleistung für einen Totschlag, die rechtsständische Unterschiede ebenso wie solche zwischen Franken und Romanen erkennen lassen. Mitglieder der königlichen Gefolgschaft sind besonders herausgehoben. Kennzeichnend für das fränkische Volksrecht sind die mallobergischen Glossen, volkssprachige Rechtswörter.

serlichem Vorbild) warnt aber davor, über die Volksrechte auf die germanische Frühverfassung zurückzuschließen, wie das früher häufig betrieben wurde.

Die Volksrechte gestatten Aussagen zu den verschiedensten historischen Problemen. Außer ihrem zentralen Inhalt, der Rechtsordnung, werden sie vor allem zu Forschungen über die Sozialstruktur herangezogen, wenngleich hier stets mit einer Diskrepanz zu der sehr viel komplexeren Wirklichkeit zu rechnen ist. Auch über wirtschaftliche Fragen geben die Leges, die meist aus Bußregelungen für Straftaten bestehen, Auskunft. So bilden sie eine unschätzbare, aber nicht unproblematische und einseitige Quellengattung aus einer verhältnismäßig quellenarmen Zeit.

(2) „Spiegel" (Rechtsbücher) des späten Mittelalters

Über die Geltungskraft der frühmittelalterlichen Volksrechte in den nachkarolingischen Reichen kann man nur Mutmaßungen anstellen. Sicher scheint nur, dass das dem Personalitätsprinzip folgende Recht auch im hohen Mittelalter volksgebunden blieb. Erst im 13. Jh. entstanden neue, umfassende Rechtssammlungen als private Werke, die bald aber allgemeine Gültigkeit erlangten.

Das älteste und bekannteste Werk ist der um 1225 entstandene Sachsenspiegel Eikes von Repgow, dessen lateinische Urfassung von Eike selbst ins Niederdeutsche übersetzt wurde und dessen Handschriften verschiedentlich mit symbolbehafteten und aussagekräftigen Bildern illustriert wurden (vgl. Text 5/Abb. 9, S. 160 f.).[56] Nach seinem Vorbild entstanden um 1275 der Augsburger „Deutschenspiegel" und der damit eng verwandte „Schwabenspiegel", der ein allgemeines deutsches Recht bieten wollte. Im europäischen Horizont betrachtet, ordnen sich die „Spiegel" in eine ganze Reihe solcher stets persönlich gefärbter Rechtsbücher ein.

(3) Hofrechte, Dienstrechte, Stadtrechte

Boten Volksrechte und Spiegel allgemeines Recht, so wurden seit dem 11. Jh. die Rechte einzelner Personengruppen aufgezeichnet: zunächst des Hörigenverbandes, der „familia" einer Grundherrschaft in sog. Hofrechten; das älteste, das Hofrecht Burchards von Worms,[57] stammt aus dem frühen 11. Jh., das Hofrecht Konrads II. für das Kloster Limburg auf der Haardt aus dem Jahre 1035.[58] Dann folgten die Dienstrechte der Ministerialen.[59] In beiden Fällen stand ein gewachsenes Selbstbewusstsein dieser Gruppen hinter der Kodifikation, die das Verhältnis zwischen Herren und Abhängigen wie auch das Verhältnis dieser untereinander regelte.

Freiheit und Selbstverwaltung waren auch Voraussetzung der hoch- und spätmittelalterlichen **Stadtrechte**, die Herrschaftsverhältnisse und Zusammenleben in den gerade in dieser Zeit anwachsenden Städten regelten und im Gegensatz zu Hof- und Dienstrechten vom Landrecht (als übergreifendem Recht) strikt getrennt wurden: Die Städte waren Bezirke eines aus dem Landrecht ausgegliederten Sonderrechts. Da Stadtrechte (in leicht veränderter Form) oft an andere Städte weitergereicht wurden, entstanden ganze Stadtrechtsfamilien; in den deutschen Ostgebieten etwa herrschte das Magdeburger Recht, im Ostseeraum das Lübecker Recht vor. Ähnlich weitergereicht wurden die **Bergrechte** der Bergleute (zuerst in Trient 1185/1214).[60] Eine Sonderform der Gesetzgebung bilden schließlich die **Hanserezesse** als Beschlüsse der Hansetage (vgl. DOTZAUER, u. S. 250, zu den Stadtrechten ebd. S. 166 ff.).

---

56 Vgl. (zuletzt) zu einzelnen Aspekten: Der Sachsenspiegel als Buch. Vorträge und Aufsätze, hg. v. Ruth SCHMIDT-WIEGAND u. Dagmar HÜPPER (Germanistische Arbeiten zu Sprache u. Kulturgesch. 1) Frankfurt/M.-Bern-New York-Paris 1991.

57 Mit Übersetzung zugänglich in: Ausgewählte Quellen zur deutschen Geschichte des MA 32 (o. S. 89), Nr. 23, S. 88 ff.

58 Ebd. Nr. 25, S. 106 ff.

59 Als Beispiel sei auf das Kölner Dienstrecht (um 1165), ebd. Nr. 70, S. 266 ff., verwiesen.

60 Beispieledition mit Übersetzung und Auswertung: Europäisches Montanwesen im Hochmittelalter. Das Trienter Bergrecht 1185–1214, hg. v. Dieter HÄGERMANN u. Karl-Heinz LUDWIG, Köln-Wien 1986.

Solche Rechte, zumal die zahlreichen und später oft ausführlichen Stadtrechte und Ratsordnungen, bieten zunehmend weitere Einblicke in die Rechts-, Gesellschafts- und Lebensordnung der Städte bzw. der entsprechenden Gemeinschaften. Auch sie präsentieren zunächst allerdings eine Norm und müssen quellenkritisch nach ihrer Herkunft geprüft werden.

(4) Coutumes, Weistümer, Rechtsprechung

Das zunächst mündlich überlieferte Gewohnheitsrecht wurde zum Spätmittelalter hin zunehmend verschriftlicht. Vor allem im katalanischen Raum (die sog. Usatges) und in Frankreich wurden vom 13. Jh. an zunächst auf private, später auch auf amtliche Initiative hin „Gewohnheiten" (coutumes) aufgezeichnet, die freilich (wie schon die Leges) wieder eine Mischung aus altem Recht und neuer Gesetzgebung darstellten. Sie bieten wertvolle Einblicke in die rechtlichen, politischen, sozialen und wirtschaftlichen Strukturen.

Lit.:

- Gilissen (o. S. 154).
- Guido van Dievoet, Les coutumiers, les styles, les formulaires et les „artes notariae" (TS 48) Turnhout 1986.

Eine besondere, aus der Urteilsfindung erwachsene Form vor allem des ländlichen Gewohnheitsrechtes sind die vorwiegend spätmittelalterlichen **Weistümer** (in anderen Landschriften auch Rodel oder Offnung genannt), Entscheide der Rechtskundigen auf dem Lande, der dörflichen Schöffen, in der dörflichen Dinggemeinde auf Befragung hin.

Weistümer wurden seit dem hohen Mittelalter aufgezeichnet und sind vor allem aus den Mosellanden, den Mittelrheingebieten, Franken, der Pfalz und dem Elsass, aus Süddeutschland, der Schweiz, Tirol und Niederösterreich überliefert. Im Prinzip handelt es sich um das alte Recht der Bauern, das hier, auf aktuelle Fälle bezogen, aufgezeichnet werden sollte, doch erscheint es einmal in der jeweils gegenwärtigen Interpretation und ist zum andern – vor allem anfangs – herrschaftlich initiiert; Weistümer galten daher eher für eine Herrschaft als in einem ganzen Dorf. Im Zuge der weiteren Entwicklung sind die Weistümer allerdings als Ausdruck einer dörflichen Selbstverwaltung anzusehen, die hier ihre Parallele zum Stadtrecht fand.

Neben ihrem Rechtsinhalt bieten die Weistümer vor allem volkskundliche Informationen über bäuerliches Leben und Brauchtum, das sie allerdings nur zum Teil, nämlich soweit es die öffentliche Ordnung betraf, erfassen. Darüber hinaus belehren sie über die materielle Kultur (Haus, Hof, Geräte), die bäuerliche Wirtschaft sowie das Verhältnis zwischen Herren und Dorfgemeinde, und sie bilden schließlich eine wertvolle Quelle für die Mundartenforschung.

Ed.:

Die editorische und quellenkritische Erforschung der Weistümer ist noch längst nicht abgeschlossen. Die erste, bis heute wichtige, aber unzureichende Sammlung erfolgte durch Jakob Grimm, Weistümer, 7 Bde., Göttingen 1840–78 (ND. Darmstadt 1957). Seither sind mehrere landschaftliche Sammlungen ediert worden, z. B.

Text 5: Rechtsbuch: Der Sachsenspiegel Eikes von Repgow (ed. Karl August Eckhardt, Germanenrechte, Göttingen ^{2}1955, S. 248f.)

Landrecht (Ldr.) III, 63, 1:
Constantin de koning gaf deme pavese Silvestro werltlik gewedde to deme geistlekem, de sestich scillinge, mede to dwingene alle dejene, de Godde nicht beteren willen mit deme live, dat men se dar to dwinge mit deme gude <Godde gehorsam to wesene>. Aldus scal werltlik gerichte unde geistlik over en dragen, swat so deme enen wedersteit, dat men it mit deme anderen dwinge, gehorsam to wesene unde rechtes to plegene.

Landrecht III, 57, 2:
In des keiseres kore scal de erste sin de biscop van Trire, de andere <de biscop> van Megenze, de dridde <de biscop> van Kolne. Under den leien is de erste an deme kore de palenzgreve van'me Rine, des rikes druzte; de andere de marschalk, de hertoge von Sassen; de dridde de kemerere, de markgreve van Brandeborch. De scenke des rikes, de koning von Behemen, de ne hevet nenen kore, umme dat he nicht dudisch n'is. Sint <so> kesen des rikes vorsten alle, papen unde leien. De to deme ersten an deme kore benant sin, de ne scolen nicht kesen na erme mutwillen; wan swene de vorsten alle to koninge irwelet, den scolen se aller erst bi namen kesen.

Rechte Seite unten:
Da König Konstantin dem Papst Silvester zur geistlichen auch die weltliche Macht verliehen hat, sollen weltliches und geistliches Gericht einander beistehen. Die zugehörige Miniatur betont diese Eintracht von Kaiser und Papst.

Rechte Seite oben:
Bei der Wahl des Kaisers wird – gemäß obigem Text – die Reihenfolge der Wähler festgelegt: Voran gehen (obere Bildreihe) die Erzbischöfe von Trier (als erster), Mainz und Köln. Unter den Laien (mittlere Bildreihe) gehen voran: der Pfalzgraf bei Rhein (als Truchsess), der Herzog von Sachsen (als Marschall) und der Markgraf von Brandenburg (als Kämmerer). Die Bildfiguren tragen Symbole ihres Ehrenamts. Dem König von Böhmen wird das Wahlrecht abgesprochen, weil er nicht deutsch sei. Danach wählen die übrigen geistlichen und weltlichen Fürsten (untere Bildreihe), indem sie den Namen des Königs rufen.

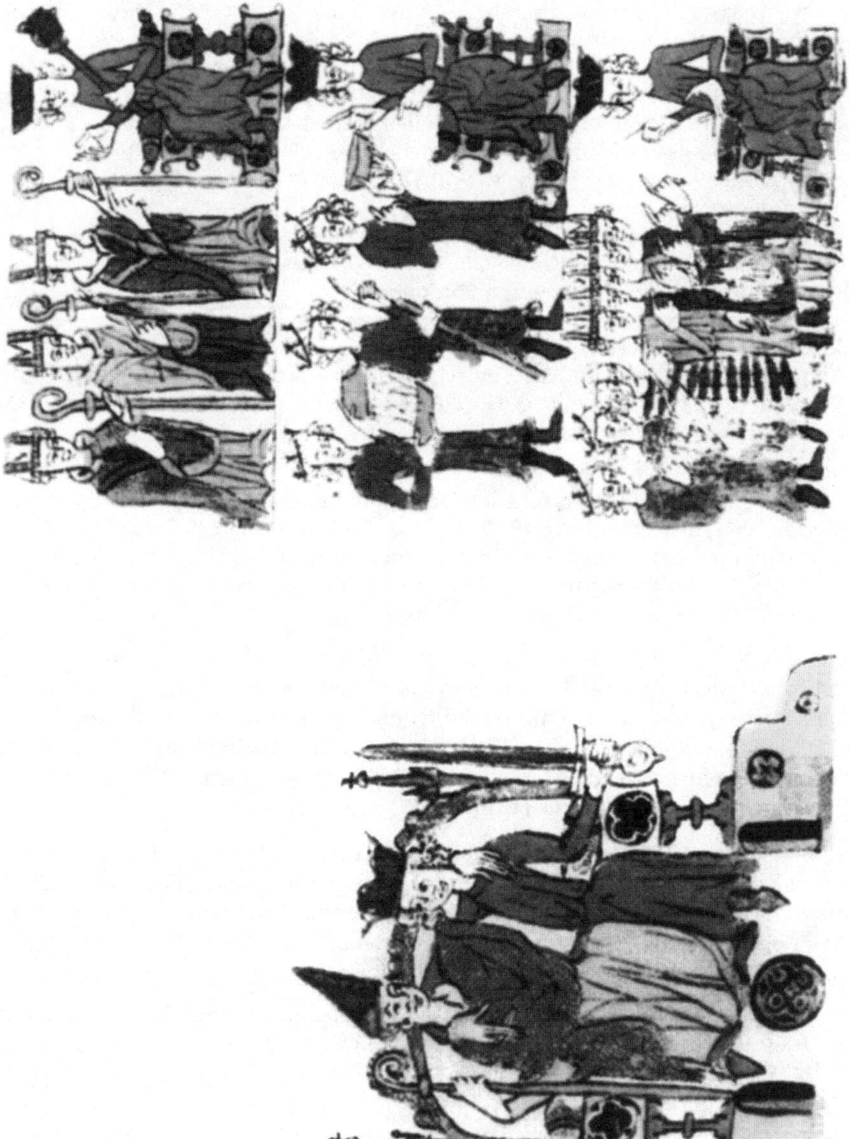

Abb. 9: *Miniaturen aus dem Sachsenspiegel.*

- Österreichische Weistümer, bisher 20 Bde., Wien 1870ff. (Tirol, Niederösterreich, Oberösterreich, Steiermark und Kärnten, Salzburg).
- Weistümer der Rheinprovinz (ab Abt. III unter dem Namen Rheinische Weistümer) I. Kurfürstentum Trier, Bd. 1, 1900; II. Kurfürstentum Köln, 2 Bde., Bonn 1913/14; III. Cleve, Bd. 1, 1975; IV. Jülich (Ämter Düren und Norvenich), 1983.
- Württembergische ländliche Rechtsquellen, 3 Bde., Stuttgart 1910–41.
- Pfälzische Weistümer, bearb. v. Wilhelm WEIZSÄCKER, Lfg. 1–7 (Abtfischbach–Gundersweiler), Speyer 1962–1973.
- Fränkische Bauernweistümer. hg. v. Karl DINKLAGE (Veröffentlichungen der Gesellschaft für Fränkische Geschichte 10,4) Würzburg 1954.

Vgl. im Einzelnen und zu weiteren Editionen:
- DOTZAUER (u. S. 250) S. 205ff.

Beispieltexte mit Übersetzung finden sich in:
- Quellen zur Geschichte des deutschen Bauernstandes im MA, hg. v. Günther FRANZ (FS 31) Darmstadt 1967, z. B. Nr. 165 (S. 432ff.: Rheingau, um 1324); Nr. 171 (S. 454ff.: Neuenzell, 14 Jh.).

Lit.:
- Deutsche ländliche Rechtsquellen. Probleme und Wege der Weistumsforschung, hg. v. Peter BLICKLE, Stuttgart 1977.
- Dieter WERKMÜLLER, Über Aufkommen und Verbreitung der Weistümer, Berlin 1972.
- Jürgen SEEMANN, Weistümer und andere ländliche Rechtsquellen. Positionen – Probleme – Perspektiven, JGF 10, 1986, S. 61–74.

„Weistümer", in der Forschung als Begriff für die dörflichen Rechtsweisungen eingebürgert, sind grundsätzlich auch aus anderen Lebensbereichen überliefert: aus Stiften, kirchlichen Sendgerichten, weltlichen Landgerichten oder Femegerichten. Solche Vielfalt ist wiederum Folge der bereits angesprochenen Überschneidung verschiedener Rechtskreise. Sog. Reichsweistümer dagegen sind Urteilssprüche des Königsgerichts in urkundlicher Form.[61]

Inhaltlich verwandt mit den Weistümern sind Akten der **Rechtsprechung**, die sich aus dem Königsgericht in urkundlicher Form – vor allem aus Italien – schon früh,[62] ansonsten vereinzelt erst seit dem 13. Jh. erhalten haben. Später sind ganze Serien von Gerichtsurteilen, allerdings nirgends systematisch oder vollständig, überliefert (z. B. die Magdeburger Schöffenspruchsammlungen).

Zu den Urteilen des Königsgerichts und des Reichskammergerichts liegen Regesten vor:
- Urkundenregesten zur Tätigkeit des deutschen Königs- und Hofgerichts bis 1451, hg. v. Bernhard DIESTELKAMP, bisher Bd. 1–9 (911–1371), 11 (1376–1387), 13–14 (1393–1400), 1988ff.

Lit.:
- Philipp GODDING, La jurisprudence (TS 6) Turnhout 1973.

---

61 Vgl. Bernhard DIESTELKAMP, Reichsweistümer als normative Quelle? in: Recht und Schrift im MA (o. S. 155) S. 281–310.

62 Vgl. Werner BERGMANN, Untersuchungen zu den Gerichtsurkunden der Merowingerzeit, AfD 22, 1973, S. 1–186.

(5) Jüdisches Recht

Lit.:
- Arieh Graboïs, Les sources hébraïques médiévales (TS 50) Turnhout 1987.

Von Bedeutung sind schließlich die Rechte anderer Volks- und Religionsgruppen, vor allem der abendländischen Juden. Wichtigste Rechtsquellen sind die von weithin angesehenen Rabbinern verfassten Rechtsgutachten, die **Responsen**, als Auslegungen der Religions- und Rechtsvorschriften. Vom jüdischen Recht zu unterscheiden ist das Judenrecht der christlichen Autoritäten als die Juden betreffende Verordnungen. Sie fügen sich in die übrigen rechtsgeschichtlichen Quellengattungen des christlichen Abendlandes ein.

2.2.4.3.3 Kapitularien

Ed.: MGH Capit. (o. S. 96).

Lit.:
- François-Louis Ganshof, Was waren die Kapitularien?, Darmstadt 1961.

Dazu:
- Reinhard Schneider, Zur rechtlichen Bedeutung der Kapitularientexte, DA 23, 1967, S. 273–294;
- Ders., Schriftlichkeit und Mündlichkeit im Bereich der Kapitularien, in: Recht und Schrift im MA (o. S. 155) S. 257–279;
- Dieter Hägermann, Zur Entstehung der Kapitularien, in: Grundwissenschaften und Geschichte. Festschrift Peter Acht, Kallmünz 1976, S. 12–27;
- Hubert Mordek, Karolingische Kapitularien, in: Überlieferung und Geltung normativer Texte (o. S. 155) S. 25–50;
- Arnold Bühler, Capitularia Relecta. Studien zur Entstehung der Kapitularien Karls des Großen und Ludwigs des Frommen, AfD 32, 1986, S. 305–502;
- Hubert Mordek, Kapitularien und Schriftlichkeit, in: Schriftkultur und Reichsverwaltung unter den Karolingern, hg. v. Rudolf Schieffer (Abhandlungen der Nordrhein-Westfälischen Akademie der Wissenschaften 97) Opladen 1996, S. 34–66 (zusammen mit anderen Aufsätzen in: Ders., Studien zur fränkischen Herrschergesetzgebung: Aufsätze über Kapitularien und Kapitulariensammlungen ausgewählt zum 60. Geburtstag, Frankfurt-Berlin-Bern u. a. 2000).

Auswertungsbeispiel:
- Ingrid Woll, Untersuchungen zu Überlieferung und Eigenart der merowingischen Kapitularien (Freiburger Beitrr. z. ma. Gesch. Studien und Texte 6) Frankfurt/M.-Berlin-Bern-New York-Paris-Wien 1995 (zu Überlieferung, Inhalten, Formen und Einordnung).

Übersicht:
- Hubert Mordek, Bibliotheca capitularium regum Francorum manuscripta: Überlieferung und Traditionszusammenhang der fränkischen Herrschererlasse (MGH Hilfsmittel 15) München 1995.

In gewisser Weise zählen auch die Kapitularien zur Gesetzgebung. Es handelt sich um (meist kurze und prägnante) Rechtsverordnungen (Erlasse/Satzungen) der fränkischen, vor allem der karolingischen Könige mit dem Ziel der Bekanntmachung gesetzgeberischer oder administrativer Maßnahmen. Kapitularien können

Text 6: Kapitular Karls des Großen (803/13) (MGH Capit. 1, nr. 56, S. 143)

Nemini liceat servum suum propter dampnum a se dimittere, sed iuxta qualitatem culpae dominus eius pro ipso servo respondeat aut componat quicquid ille fecit usque ad super plenam leudem liberi hominis; quicquid super hoc fuerit, in regis iuditio esse videtur.
2. Si inventus fuerit quis cartam falsam fecisse aut falsum testimonium dixisse, manum perdat aut redimat.
3. Si quis homo liber peccato imminente, quod absit, patrem aut matrem, avunculum vel nepotem interfecerit, hereditatem propriam amittat. Et si quis mechatus fuerit matrem, sororem, amitam aut neptam, similiter hereditatem perdat.
4. Ut homines fiscalini sive coloni aut servi in alienum dominium commorantes, a priore domino requisiti, non aliter eisdem concedantur, nisi ad priorem locum; ubi prius visus fuit mansisse, illuc revertatur et ibi diligenter inquiratur de statu ipsius cum cognatione eius.

Es sei niemandem erlaubt, seinen Leibeigenen wegen eines Schadens zu entlassen; vielmehr soll der Herr, je nach Art der Schuld, für seinen Leibeigenen haften und für das zahlen, was jener getan hat, bis zur Höhe des vollen Wergeldes eines Freien; was darüber hinausgeht, fällt unter das Gericht des Königs.
2. Wenn jemand ertappt wird, der eine Urkunde gefälscht oder ein falsches Zeugnis abgelegt hat, so soll er eine Hand verlieren oder sich freikaufen.
3. Wenn ein Freier in drohender Sünde, was fernliege, Vater oder Mutter, Onkel oder Neffen getötet hat, so verliere er sein erbliches Eigengut. Wenn jemand mit Mutter, Schwester, Tante oder Nichte Unzucht treibt, soll er gleichfalls sein Erbe verlieren.
4. Hörigen (Zinspflichtigen auf Königsgut), seien sie Kolonen oder Sklaven, die auf fremdem Boden wohnen und von ihrem früheren Herrn zurückgefordert werden, soll nichts zugestanden werden außer am früheren Ort; wo jemand zuvor gelebt hat, dorthin soll er zurückkehren und dort möge man sorgfältig (gerichtlich) Nachforschungen über seinen Stand mit Hilfe seiner Verwandtschaft anstellen.

Kapitularien regeln Rechts- und Verfahrensfragen. Im vorliegenden Text interessiert nicht das Verhältnis zwischen Herrn und Hörigen, sondern die Frage, wer im Schadensfall haftet (c. 1). Dennoch erfahren wir – indirekt – etwas über soziale Beziehungen. Andere Kapitel halten bestimmte Strafbestände (Urkundenfälschung, Meineid, Inzucht) fest (c. 2/3). Das letzte Kapitel gibt Einblick in eine gewisse ländliche Mobilität (Flucht eines Hörigen), in die soziale Ordnung und die Bedeutung der Verwandtschaft. Der König kommt in diesen Bestimmungen seiner Pflicht als oberster Rechtswahrer nach.

daher ebensogut als Verwaltungsakte angesehen werden. Ihren Namen tragen sie wegen der Einteilung in „Kapitel“. Die Kapitularien zeugen vom Willen der fränkischen Regierung und Verwaltung zu einem organisierten, auf Schriftlichkeit beruhenden Staatsaufbau. Ihre Verordnung geht auf das königliche Bannrecht zurück (das Recht, bei Strafe zu gebieten und zu verbieten), sie wurden aber wohl auf den Reichsversammlungen beraten und bilden folglich nicht ausschließliches Königsrecht, sondern beruhen auf der Zustimmung, dem *consensus*, der weltlichen wie (vor allem) geistlichen Führungsschicht.

Der Höhepunkt der Kapitularientätigkeit (vgl. Text 6) lag in der Zeit Karls des Großen und Ludwigs des Frommen. Kapitularien halten sich noch eine Zeitlang im Westfrankenreich und bis zum Ende des 9. Jh. in Italien, während sie im spätkarolingischen Deutschland und seit dem 10. Jh. im gesamten Abendland nicht mehr vorkommen. Die handschriftliche Überlieferung allerdings (als Anhaltspunkt für eine fortdauernde Geltung) reicht bis ins 12. Jh.

Dem Inhalt nach werden die Kapitularien oft in weltliche und kirchliche Verordnungen (capitularia mundana, capitularia ecclesiastica) geschieden, doch enthalten sie in aller Regel gemischte Bestimmungen. Auch die gängige Unterteilung der weltlichen Kapitularien in

- capitularia legibus addenda, die die Volksrechte erweitern oder ergänzen,
- capitularia per se scribenda als Einzelbestimmungen und
- capitularia missorum als Anweisungen an die Königsboten

ist in der Praxis selten strikt durchgeführt.

Trotz intensiver Forschung bleibt eine Reihe von Streitfragen. Schon die Überlieferung bietet Probleme, da Kapitularien in der Regel als Einzelbestimmungen im Zusammenhang mit anderen Texten, gelegentlich aber auch in „privaten“ Kapitulariensammlungen erhalten sind; am berühmtesten ist die umfangreiche Sammlung des Abtes Ansegis von St. Wandrille (Fontanelle) aus dem Jahre 827.[63] Überhaupt scheint das Interesse geistlicher Herren an der schriftlichen Fixierung der Kapitularien zu überwiegen. Viele Handschriften stammen aus den Bistümern Paris, Reims und Salzburg. Hingegen wurden die Kapitularien nicht offiziell am Hof aufgezeichnet. Das hat die Frage nach der Bedeutung der schriftlichen Fassung aufgeworfen, zumal jeweils nur wenige Abschriften erhalten sind. Die Meinung, rechtsverbindlich sei tatsächlich nur die mündliche Verkündigung in Übersetzung gewesen (Ganshof), ist auf entschiedenen Widerspruch gestoßen (Schneider, Hägermann). Umgekehrt wird man freilich auch der Schriftfassung nicht einen allein konstitutiven Charakter beimessen dürfen (Bühler); dass Kapitularien dieselbe Verbindlichkeit besaßen wie Urkunden, muss daher bezweifelt werden. Tatsächlich waren sie eher Handlungsanweisungen, die den Willen des Gesetzgebers erkennen lassen, aber erst durchgesetzt werden mussten. Die Geltungskraft war folglich nicht für alle Erlasse gleich – einen Anhaltspunkt bietet hier die Frequenz der handschriftlichen Überlieferung der einzelnen Kapitularien (Tabellen bei Bühler S. 483 ff.) –, und auch der Geltungsbereich war unterschiedlich. Schließlich bietet die verkürzte und oft wenig eindeutige Sprache Verständnisprobleme, und auch die Datierung ist in wenigen Fällen völlig sicher.

---

63 Ediert v. Gerhard Schmitz, MGH Capit. n. s. 1, 1996.

Dennoch zählen die Kapitularien zu den wichtigsten Quellen der fränkischen Geschichte, weil sie über nahezu alle Lebensbereiche Auskunft geben. Neben den königlichen gab es auch *bischöfliche Kapitularien*, die wohl im Zusammenhang mit kirchlichen Synoden erlassen wurden und daher inhaltlich den kirchlichen Rechtsquellen verwandt sind.

Lit.:
- Peter BROMMER, Capitula episcoporum. Bemerkungen zu den bischöflichen Kapitularien, ZKG 91, 1980, S. 207–236.
- DERS., Capitula episcoporum. Die bischöflichen Kapitularien des 9. und 10. Jh. (TS 43) Turnhout 1985.

2.2.4.3.4 Kirchliche Rechtsquellen

Für kirchliche Rechtsquellen (als Quellentyp) gelten die gleichen Vorbehalte, wie sie oben allgemein bzw. für weltliche Rechtsquellen geäußert worden sind: „Kirchlich" sind sie insofern, als sie von geistlichen Institutionen erlassen worden sind, während sich inhaltlich wiederum geistliche und weltliche Aspekte vermischen. Erneut spiegeln auch sie die Rechts*norm* wider, berühren die Rechtswirklichkeit allerdings insofern, als sie oft aus konkreten Anlässen erwachsen sind. Außerdem weist der kirchliche Bereich im Vergleich zum weltlichen eine größere Tradition hinsichtlich Schriftlichkeit und Gesetzgebung auf.

(1) Canones und Dekretalen

Die wichtigste Gruppe kirchlicher Rechtsquellen bilden die (synodalen) Canones und – inhaltlich damit verwandt – die (päpstlichen) Dekretalen. In ihrer Gesamtheit bilden sie das „kanonische Recht", das Kirchenrecht.

Canones sind Synodalbeschlüsse (also Rechtsentscheidungen der kirchlichen Konzilien) mit legislativem Charakter.

Ed.: MGH Conc. (o. S. 86 f.)
Ältere, aber umfassende und daher für die übrigen Zeiten unverzichtbare Edition: MANSI (o. S. 92).
Gratian: ed. Aem. FRIEDBERG, Leipzig 1879/82 (ND. 1959).
Zu spätmittelalterlichen Konzilien vgl. DOTZAUER (u. S. 250) S. 241 ff.

Lit.:
- Odette PONTAL, Les statuts synodaux (TS 11) Turnhout 1975.
- Gérard FRANSEN, Les collections canoniques (TS 10) Turnhout 1973.
- Paul FOURNIER/Gabriel LE BRAS, Histoire des collections canoniques en occident depuis des Fausses décrétales jusqu'au Décret de Gratien, 2 Bde., Paris 1931/32 (ND. 1972).
- Knut Wolfgang NÖRR, Die Entwicklung des Corpus iuris canonici, in: Handbuch der Quellen und Literatur der neuen europäischen Privatrechtsgeschichte (o. S. 154) S. 835–846.
- Peter LANDAU, Kanones und Dekretalen. Beiträge zur Geschichte der Quellen des kanonischen Rechts (Bibliotheca Eruditorum 2) Goldbach 1997 (Aufsatzsammlung).

Älterer Überblick:
- Johann Friedrich von Schulte, Die Geschichte der Quellen und Literatur des canonischen Rechts von Gratian bis auf die Gegenwart, 3 Bde., Stuttgart 1875–1880 (ND. Graz 1956).

Neuere Handbücher und Darstellungen: o. S. 66; Literatur: Berlioz (u. S. 255) S. 145–189.

Auswertungsbeispiel:
- Patrick Corbet, Autour de Burchard de Worms. L'Église allemande et les interdit de parenté (IXème–XIIème siècle) Frankfurt 2001.

Die Geltungskraft der Canones von Diözesan- und Provinzialsynoden beschränkte sich zunächst auf Bistum bzw. Kirchenprovinz, doch durch die Aufnahme in größere Sammlungen wuchs ihnen oft eine allgemeinere Geltung zu, wie man sich überhaupt immer wieder auf die Entscheidungen früherer, auch westgotischer Synoden berief. Inhaltlich bieten sie Einblicke in nahezu alle Lebensbereiche: Recht, Verfassung und Kultur der Kirche, in Doktrin, Liturgie, Kirchenorganisation und religiöses Leben, darüber hinaus, da sie in das Leben des Einzelnen eingriffen, in Kultur und Alltag der Menschen. Konzilsbeschlüsse sind daher gute (normative) Quellen für die gesamte Gesellschaft des Mittelalters (vgl. Text 7). Wegen der engen Verflechtung von „Kirche" und „Staat" nahmen die Konzilien oft auch zu politischen Fragen Stellung.

Konzilsakten sind entweder einzeln (als Akten bestimmter Konzilien) oder – häufiger – in **Canonessammlungen** überliefert, die die Akten verschiedener Synoden zusammenstellen. Das geschah zunächst in willkürlicher oder chronologischer Ordnung, dann – schon seit dem frühen Mittelalter – aber vorwiegend nach sachlichen Gesichtspunkten, unter völliger Auflösung des chronologischen Aspekts: Solche Sammlungen bieten das Kirchenrecht zu praktischen, später auch zu wissenschaftlichen Zwecken übersichtlich, nach bestimmten Fragen geordnet, dar. Sie entsprangen durchweg „privater" Initiative und nicht selten auch ganz bestimmten Interessen, die sich in der Zusammenstellung widerspiegeln, konnten sich also nicht auf eine offizielle Ausfertigung oder Billigung seitens „der" Kirche berufen. Nicht wenige erlangten aber eine weite Verbreitung und auf diesem Wege eine (nahezu) allgemeine Anerkennung. Das spezifische Interesse einzelner Sammlungen – oft war es die Kirchenreform – führte zur Betonung bestimmter Aspekte, unter Umständen aber auch zu Fälschungen: Die Sammlungen stellten daher nicht nur *altes* Kirchenrecht zusammen. Sie sind nicht allein wegen des Inhalts der einzelnen Synodalbestimmungen interessant, sondern gerade auch insgesamt in ihrer jeweiligen Zusammenstellung als Ausdruck der Bedürfnisse ihrer eigenen Zeit.

Beispiele nicht-systematischer, früher Sammlungen sind etwa die sog. Hispana aus dem 7. oder die Dionysio-Hadriana aus dem späteren 8. Jh. Berühmtestes Beispiel einer (Ver-)Fälschung des Kirchenrechts sind die vor 850 im Westfrankenreich entstandenen Pseudoisidorischen Fälschungen (angeblich das Werk eines Isidor Mercator), die (unter anderem) das Bischofsrecht gegenüber dem Metropoliten stärken wollten. Ihre Reformabsichten führten dazu, dass die – für echt gehaltene – Sammlung im Zuge der großen Kirchenreform des 11./12. Jh. ausgiebig herangezogen wurde und, entgegen ursprünglichen Absichten, auch dazu diente, die Stellung des Papstes zu stärken. – Den Charakter einer systematischen Canonessammlung trägt im frühen 10. Jh. das Visitationshand-

Text 7: Konzilsbeschluss: Synode von Hohenaltheim 916 (ed. Horst Fuhrmann, MGH Conc. VI, 1989, S. 19 ff.)

I. CAP. DE CANONUM INSTITUTIS. *Ut* evangeliorum *et canonum statuta sine praeiudicio ab omnibus custodiantur et nemo in actionibus vel iudiciis ęcclesiasticis suo sensu, sed eorum auctoritate ducatur. In exponendis etiam vel praedicandis divinis scripturis sanctorum catholicorum patrum et probatissimorum sensum quisque sequatur;...*

II. DE EPISCOPIS. Dominus dicit in Exodo sacerdotibus: *Sancti estote, quoniam ego sanctus sum.* Unde episcopi ante oculos semper habere debent *filios Aaron,* qui deum non sanctificando *alienum ignem obtulerunt* ac extemplo in conspectu patris *mortui sunt.* Et propheta: *Si populus peccaverit, orabit pro eo sacerdos; si autem sacerdos peccaverit, quis orabit pro eo?* ...

X. DE PRIVILEGIIS ECLESIARUM. *Privilegia ęcclesiarum et sacerdotum sancti apostoli iussu salvatoris intemerata et inviolata* omnibus *decreverunt manere temporibus.* ...

XVIII. PRO ROBORE REGUM NOSTRORUM. *Post instituta quaedam ęcclesiastici ordinis vel decręta, quae ad quorundam pertinent disciplinam, postremo nobis, cunctis* episcopis et *sacerdotibus,* presbiteris et omni clero consonoque populo una *sententia est, pro robore regum et stabilitate* christianae fidei *gentisque, pontificale ultimum sub deo iudice ferre decretum. Multarum quippe gentium, ut fama est, tanta extat perfidia animorum, ut fidem sacramento promissam suis regibus* et dominis *servare contemnant et ore* nefario *simulent iuramenti professionem, dum retineant mente perfidię inpietatem. Iurant enim regibus suis et fidem quam pollicentur praevaricant nec metuunt* sanctum *volumen illud* terribilis *iudicii dei, per quod inducitur maledictio, multaque pęnarum est comminatio super eos qui iurant in nomine dei mendaciter* ...

XXI. DE ERCHANGARIO ET SOCII SUIS. Erchengario et eius complicibus et sociis, quia peccaverunt et *in christum domini,* regem et *dominum* suum, *manus mittere* pertemptaverunt, insuper et episcopum suum venerabilem Salomonem dolo comprehenderunt sacrilegiumque in ęcclesiasticis rebus perpetraverunt, hanc pęnitentiam iniunximus, ut seculum relinquant, arma deponant, in monasterium eant, ibi iugiter pęniteant omnibus diebus vitae suae.

Kommentar:
Die in der Regierungszeit Konrads I. stattfindende Synode ruft die Rechtskraft der Synodalbeschlüsse ins Gedächtnis (can. 1): Kirchenrecht geht über den eigenen Rechtsverstand. Die Synode erinnert sodann an die Stellung, aber auch an die moralischen Aufgaben der Bischöfe (can. 2) und sucht Kirchenprivilegien zu sichern (can. 10). Die Kirchenversammlung tritt ferner – in einer Zeit, als Konrad Mühe hat, sich durchzusetzen – für eine Stärkung der königlichen Macht und Stellung ein (can. 19). Der hier verurteilte Treuebruch hat einen konkreten Anlass im Aufstand des Schwaben Erchanger, der mit seinen Komplizen verurteilt wird (can. 21). Das ist ein Beispiel dafür, dass

Can. 1: Über die Bestimmungen der Canones. Die Beschlüsse der Evangelien und der Canones sollen von allen ohne Vorgriff gewahrt werden, und niemand soll sich in kirchlichen Handlungen und Urteilen von seinem Verstand, sondern nur von ihrer Rechtskraft leiten lassen. Bei der Auslegung oder Predigt der Heiligen Schriften soll man dem Sinn der heiligen und erfahrensten katholischen (Kirchen-)Väter folgen ...

Can. 2: Über die Bischöfe. Der Herr sagt im 2. Buch Mose zu den Priestern: „Ihr seid heilig, weil ich heilig bin". Daher sollen die Bischöfe stets die Söhne Aarons vor Augen haben, die Gott nicht heiligten und ihm ein fremdes Feuer darboten und auf der Stelle beim Anblick des Vaters gestorben sind. Und der Prophet (sagt): „Wenn das Volk gesündigt hat, wird der Priester für dieses beten; wenn aber der Priester gesündigt hat, wer betet dann für ihn?"

Can. 10: Über die Privilegien der Kirchen. Die heiligen Apostel haben bestimmt, dass die Privilegien der Kirchen und Priester auf Geheiß des Heilands zu allen Zeiten unverletzt und unversehrt bleiben.

Can. 19: Zur Stärke unserer Könige. Nach gewissen Einrichtungen der kirchlichen Ordnung und Dekreten, die auf Disziplin abzielen, ist es letztlich unser aller, der Bischöfe und Priester, Beschluss, bei Zustimmung des gesamten Klerus und Volkes, ein letztes priesterliches Dekret unter Gottes Richterschaft zur Stärkung der Könige und zur Aufrechterhaltung des christlichen Glaubens und Geschlechts zu erlassen. Man hört, dass bei vielen Völkern die Treulosigkeit so weit geht, dass sie es verschmähen, die ihren Königen und Herren eidlich gelobte Treue zu halten, und mit ruchlosem Mund ein Eidgelöbnis heucheln, während sie im Geist in gottloser Untreue verharren. Sie schwören nämlich ihren Königen und übertreten die Treue, die sie geloben, und fürchten nicht die heilige Schriftstelle über das schreckliche Gottesgericht, das ihnen Verdammung bringt, (denn) viele Strafen drohen denjenigen, die im Namen Gottes falsch schwören ...

Can. 21: Über Erchanger und seine Genossen. Weil Erchanger und seine Komplizen und Genossen gesündigt haben und versuchten, gegen den Gesalbten des Herrn, ihren König und Herrn, Hand anzulegen und darüber hinaus den ehrwürdigen Bischof Salomon hinterlistig gefangengenommen und ein Sakrileg gegen den Kirchenbesitz begangen haben, erlegen wir ihnen diese Buße auf, dass sie die Welt verlassen, die Waffen niederlegen, in ein Kloster eintreten, wo sie immerfort bis an ihr Lebensende büßen mögen.

---

hinter den allgemeinen Bestimmungen durchaus konkrete Hintergründe stehen, und zeigt zugleich die inhaltliche Verflechtung geistlicher und weltlicher Rechtsbestimmungen. Die kanonische Rechtsgeltung wird auch darin sichtbar, dass viele dieser canones älteres Kirchenrecht wiederholen: Can. 1 entstammt der Synode von Meaux und Paris von 845/6, can. 10 den Pseudoisidorischen Fälschungen (s. S. 167), can. 19 dem 4. Konzil von Toledo von 633.

buch Reginos von Prüm (De synodalibus causis), das aber auch andere Quellen (Bußbücher, Kapitularien) heranzog.[64] Ähnliches gilt für das „Dekret“ Burchards von Worms aus dem frühen 11. Jh., das das Kirchenrecht in 20 „Büchern“ nach Sachgruppen zusammenfasste und weit verbreitet war. Das Reformzeitalter brachte dann, im Zuge einer vor allem in Italien (Bologna) aufkommenden kirchlichen Rechtswissenschaft (Kanonistik), viele bedeutende Sammlungen hervor (z. B. Deusdedit, Anselm von Lucca), von denen das um 1140 verfasste „Dekret“ Gratians (Concordia discordantium canonum) die größte Bedeutung und schließlich sogar offizielle Gültigkeit erlangte (als Bestandteil des „Corpus iuris canonici“).

Als eine Sonderform der Konzilsbeschlüsse sei noch auf die **Gottesfrieden** hingewiesen, die „Vorläufer“ der von weltlichen Gewalten beschlossenen Landfrieden (o. S. 152). Sie wurden seit dem Ende des 10. Jh. auf „Friedenskonzilien“ zunächst in Südfrankreich (Aquitanien, Burgund, Septimanien) erlassen, um Gewalttaten einzuschränken, Kirche und Geistlichkeit zu schützen und die innere Ordnung mit kirchlichen Mitteln (Androhung der Exkommunikation) zu sichern, griffen als Treuga Dei in den 30er-Jahren des 11. Jh. mit der Befriedung (Kampfverbot) bestimmter Festzeiten und Wochentage auf Nordfrankreich und gegen Ende des Jahrhunderts auch auf das Deutsche Reich über, wo sie aber bald von den Landfrieden abgelöst wurden.

Lit.:
- Reinhold KAISER, „Gottesfrieden“, LMA 4, 1989, Sp. 1587–1592.
- The Peace of God. Social Violence and Religious Response in France around the Year 1000, hg. v. Thomas HEAD u. Richard LANDES, Ithaca-London 1992.

Dekretalen (eigentlich *litterae decretales*) sind im Unterschied zu den Synodalbeschlüssen *(canones)* päpstliche Rechtsentscheide oder Erlasse, in der Regel als Papstbriefe rechtlichen Inhalts.

Lit.:
- Gérard FRANSEN, Les décretales et les collections de décretales (TS 2) Turnhout 1972.
- H. van DE WOUW, Dekretalen, LMA 3, 1986, Sp. 655 f.; St. CHODOROW, Dekretalensammlungen, ebd. Sp. 656 ff.
- Knut Wolfgang NÖRR, Die kanonistische Literatur, in: Handbuch der Quellen und Literatur der neueren europäischen Privatrechtsgeschichte (o. S. 154) S. 365–382.

Gemäß der seit der Reformzeit (Reformpapsttum) gestiegenen Bedeutung des Papsttums in der kirchlichen Hierarchie wurden Dekretalen erst seit dem 12. Jh. bedeutender, vor allem im Zuge der aufblühenden kirchlichen Rechtswissenschaft (Dekretistik und Kanonistik) in Norditalien (Bologna).

Der Funktion nach lassen sich päpstliche Rechtsantworten auf Anfragen, Rechtsentscheide und Gnadenerweise unterscheiden. Auch Dekretalen sind vielfach in selbstständigen, einem Papst zugehörigen (wie die Dekretalen Gregors IX. von 1234) oder systematischen Sammlungen überliefert. Vielfach enthalten solche Sammlungen, auch die vorhin behandelten Canonessammlungen, jedoch eine Mischung aus Canones und Dekretalen. Die frühen Dekretalen (vor dem 12. Jh.) sind ohnehin in der Regel in „Cano-

---

64 Vgl. jetzt die Ausgabe von Wilfried Hartmann, FSGA 42, Darmstadt 2004.

nessammlungen" aufgegangen. Dekretalen haben aber nie die gleiche Rechtsverbindlichkeit erlangt wie Synodalbeschlüsse.

(2) Bußbücher

Ed.:

Mit Ausnahme der irischen Bußbücher fehlen weitgehend noch moderne Editionen:
- Ludwig BIELER, The Irish Penitentials, Dublin 1963.
- Hermann Josef SCHMITZ, Die Bußbücher und die Bußdisziplin der Kirche, Mainz 1883 (ND. 1958).
- DERS., Die Bußbücher und das kanonische Bußverfahren, Düsseldorf 1898 (ND. 1958).

Lit.:
- Cyrille VOGEL, Les „libri paenitentiales" (TS 27) Turnhout 1978.
- Raymund KOTTJE, Bußbücher, LMA 2, 1983, Sp. 1118–23.
- DERS., Eine wenig beachtete Quelle zur Sozialgeschichte: Die frühmittelalterlichen Bußbücher – Probleme ihrer Erforschung, VSWG 73, 1986, S. 63–72.

Quellenkritische Beispielstudien:
- Raymund KOTTJE, Die Bußbücher Halitgars von Cambrai und des Hrabanus Maurus. Ihre Überlieferung und ihre Quellen (Beiträge zur Geschichte und Quellenkunde des Mittelalters 8) Berlin-New York 1980.
- Ludger KÖRNTGEN, Studien zu den Quellen der frühmittelalterlichen Bußbücher (Quellen u. Forschungen zum Recht im MA 7) Sigmaringen 1993.

Umfassendes Auswertungsbeispiel:
- Francis BEZLER, Les pénitentiels espagnols. Contribution à l'étude de la civilisation de l'Espagne chrétienne du haut moyen âge (Spanische Forschungen der Görresgesellschaft 2. R. 30) Münster 1994.

Einen anderen Charakter tragen die Bußbücher. Sie sind aus der kirchlich-priesterlichen Praxis erwachsen, Sünden mit kirchlichen Bußen zu ahnden – meist eine bestimmte Anzahl von Tagen, Monaten und Jahren bei Wasser und Brot zu leben –, und bestehen daher aus katalogartigen Zusammenstellungen von Verfehlungen und Bußen. Bußbücher verstehen sich als (persönliche) Handbücher für den Priester, um ihm entsprechende Anhaltspunkte zu geben.

Der Ursprung der Bußbücher (1. Phase) liegt in Irland (als ältestes, um 591 abgefasstes Bußbuch im eigentlichen Sinn gilt „Vinnian"). Von hier aus wirkten sie über die irische Mission (Columban) auf den Kontinent wie vor allem auch auf die Angelsachsen ein (2. Phase). Mit der angelsächsischen Mission fassten sie im 8./9. Jh. endgültig auf dem Kontinent Fuß, wo im früheren 9. Jh. im Zusammenhang mit Reformbestrebungen eigene große Werke entstanden (3. Phase: Halitgar, Hrabanus Maurus), die bereits weitgehend auf kanonische Quellen zurückgriffen. Danach endete die Zeit der Bußbücher (die handschriftliche Überlieferung reicht noch etwas weiter). Viele Bestimmungen fanden aber Eingang in die Canonessammlungen (vgl. Text 8) und erlangten dadurch weitere Verbreitung.

Die Quellenkritik der Bußbücher erstreckt sich vor allem auf drei Aspekte:
- einmal auf die Verfasserfrage: Verfasser und Herkunft sind oft unbekannt; die Bußbücher benennen sich – oft fälschlich – nach bekannten Personen (wie Erzbischof Theodor von Canterbury);

Text 8: Regino von Prüm, De synodalibus causis 2, 248 ff. (ed. F. G. A. Wasserschleben, Leipzig 1840, ND. Graz 1964, S. 311 ff.)

C. CCXLVIII. *Item de incestis.*

Si adolescens sororem suam duxerit, V annos poeniteat; si matrem, VII annos, et quamdiu vixerit, nunquam sit sine continentia.

C. CCXLIX. *De sordidatione puerorum.*

Pueri se manibus invicem coinquinantes, XL dies poeniteant, maiores vero C dies. Pueri se inter femora sordidantes, C dies, maiores III quadragesimas et legitimas ferias. Parvulus a maiore oppressus, VII dies poeniteat; si consenserit, XX dies. Puer voluntarie se polluens, XXX dies, iuvenis vero XL dies poeniteat.

C. CCL. *De menstruis abstinendis.*

Qui cum muliere menstruata nupserit, XL dies poeniteat. Si quis cum uxore sua retro nupserit, XL dies poeniteat. Si in terga nupserit, III annos poeniteat, quia sodomiticum est scelus. Viri inter femora fornicantes annum I poeniteant. Si in terga, III annos poeniteant. Si pueri sunt, duos annos.

C. CCLI. *De mulieribus.*

Mulier quocunque molimine aut in se ipsa aut cum altera fornicans III annos poeniteat. Si sanctimonialis cum alia sanctimoniali per aliquod machinamentum fornicatur, VII annos poeniteat.

C. CCLIII. *De clericis.*

Clericus si semen fuderit non tangendo, VII dies poeniteat; si tangit cum manu, XX dies poeniteat; si diaconus, XXX dies; si presbyter, hebdomadas IV. Presbyter si semen fuderit per cogitationem, VII dies poeniteat, monachus similiter. Qui voluntarie semen fudit in ecclesia, si clericus est, XIV dies; si monachus aut diaconus, XXX dies; si presbyter, XL; si episcopus, L dies poeniteat.

- sodann auf die Rechtsgeltung: Die Bußbücher waren durchweg „private“, kirchlicherseits nicht allgemein anerkannte und zeitweise sogar – allerdings vergeblich – bekämpfte Erzeugnisse. Ihre Bestimmungen weichen mehrfach vom (kanonischen) Kirchenrecht ab und weisen auch untereinander große Unterschiede auf. Ihre rechtliche Verbreitung ist daher nur quantitativ in einem Vergleich einer Vielzahl von Bußbüchern unter Berücksichtigung der handschriftlichen Überlieferung zu ermitteln;
- schließlich auf die Frage, wieweit die praktischen Zwecken dienenden Bußbücher auch wirklich benutzt wurden. Die handschriftliche, auch auf Pfarrkirchen (Niederkirchen) weisende Überlieferung lässt das durchaus wahrscheinlich erscheinen.[65]

65 Die handschriftliche Erfassung und Auswertung der Bußbücher war Ziel eines an der Universität Bonn durchgeführten Projekts. Vgl. Raymund Kottje, Studi medievali 26, 1985, S. 941–950.

C. 248: Gleichfalls zu Inzesten:
Wenn ein Heranwachsender mit seiner Schwester schläft, soll er fünf Jahre lang büßen, falls mit seiner Mutter, sieben Jahre, und solange er lebt, sei er enthaltsam.

C. 249: Zur Beschmutzung von Knaben:
Knaben, die sich mit den Händen gegenseitig „beflecken“ (d. h. masturbieren), sollen vierzig Tage lang büßen, wenn sie schon älter sind, aber 100 Tage. Knaben, die sich zwischen den Oberschenkeln „beschmutzen“, 100 Tage, sind sie älter, während der drei 40tägigen Fastenzeiten und an Feiertagen. Wird ein Jüngerer von einem Älteren gedrängt, so büße er sieben Tage, falls er eingewilligt hat, 20 Tage. Ein Knabe, der sich selbst befleckt, büße 30, ein Jugendlicher aber 40 Tage.

C. 250: Zur Enthaltsamkeit während der Menstruation:
Wer mit einer Frau während ihrer Periode verkehrt, soll 40 Tage büßen. Wer mit seiner Frau rücklings verkehrt, soll 40 Tage büßen. Wenn er von hinten Verkehr hat, büße er drei Jahre, weil das das Vergehen der Sodomie ist. Männer, die zwischen den Oberschenkeln Unzucht treiben, sollen ein Jahr büßen. Wenn anal, sollen sie drei Jahre büßen. Falls es noch Knaben sind, zwei Jahre.

C. 251: Über Frauen:
Eine Frau, die angestrengt mit sich selbst oder mit einer anderen Unzucht treibt, soll drei Jahre büßen. Wenn eine Nonne mit einer anderen Nonne mit Hilfe irgendeines Gegenstandes Unzucht treibt, soll sie sieben Jahre büßen.

C. 253: Über Kleriker:
Ein Kleriker, der seinen Samen vergießt, ohne sich zu berühren, soll sieben Tage büßen; berührt er sich mit der Hand, so büße er 20 Tage; wenn er ein Diakon ist, 30 Tage, ist er Priester, vier Wochen. Wenn ein Priester durch gedankliche Vorstellungen seinen Samen vergießt, so büße er sieben Tage, ebenso ein Mönch. Wer seinen Samen vorsätzlich in der Kirche vergießt, büße, wenn er Kleriker ist, 14 Tage, ist er Mönch oder Diakon, 30 Tage, ist er Priester, 40, ist er Bischof, 50 Tage.

Das Visitationshandbuch Reginos von Prüm aus dem frühen 10. Jh. enthält unter anderem Bußbestimmungen aus verschiedenen Bußbüchern, z. B., wie hier, über Inzest und sexuelle Vergehen. Die Bußen sind abgestuft nach der Art des Vergehens einerseits und nach Alter, Geschlecht und Stand der Delinquenten andererseits.

Dank ihrer Ausführlichkeit und der behandelten praktischen Fragen bilden die Bußbücher eine wichtige, erst in den letzten Jahren stärker beachtete Quelle für ein weites Spektrum historischer Fragebereiche, zumal sie nicht selten nach Stand, Geschlecht, Alter und Begleitumständen differenzieren. Sie bieten natürlich Einblicke in die geltende Bußpraxis wie in die Rechts- und Moralvorstellungen der Zeit – wobei freilich immer nur das in den Blick gelangt, was verboten war – sowie in das religiöse Leben, auch in Aberglaube und heidnische Bräuche. Darüber hinaus helfen Bußbücher aber auch, das sonst kaum zugängliche Privatleben zu erschließen. In dieser Hinsicht sind sie vor allem auf Aussagen über Ehe und Sexualität hin ausgewertet worden.[66]

(3) Klosterregeln und -gewohnheiten

Ed.:

Die Consuetudines, aber auch andere Schriftzeugnisse des Klosterlebens und der klösterlichen Verwaltung werden ediert in der Reihe Corpus Consuetudinum Monasticarum (CCM) (o. S. 92).

Lit.:

- Kassius Hallinger, Gorze – Kluny. Studien zu den monastischen Lebensformen und Gegensätzen im Hochmittelalter, 2 Bde. (Studia Anselmiana 22/23; 24/25) Rom 1950 (ND. 1971); dazu aber: Joachim Wollasch, Neue Methoden der Erforschung des Mönchtums im Mittelalter, HZ 225, 1977, S. 529–571.
- Adalbert De Vogüé, Les règles monastiques anciennes (400–700) (TS 46) Turnhout 1985.
- Gert Melville, Ordensstatuten und allgemeines Kirchenrecht. Eine Skizze zum 12./13. Jh., in: Proceedings of the Ninth International Congress of Medieval Canon Law, Munich 13–18 July 1992, hg. v. Peter Landau u. Joers Müller (Monumenta iuris canonici. Series C: Subsidia 10) Città del Vaticano 1997, S. 691–712.

Beispiel einer thematischen Auswertung:

- Gerd Zimmermann, Ordensleben und Lebensstandard. Die cura corporis in den Ordensschriften des abendländischen Hochmittelalters, 2 Bde. (Beiträge zur Geschichte des alten Mönchtums und des Benediktinerordens 32) Münster 1973.

Nur bedingt rechtlichen, aber normativen Charakter tragen die **Klosterregeln**, die das Zusammenleben der Mönche und die interne Organisation des Klosters regeln sollen.

Die ältesten Regeln gehören der Spätantike an; die berühmteste, die Regel Benedikts von Nursia, um 540 für das Kloster Monte Cassino geschaffen, setzte sich im Laufe der folgenden Jahrhunderte als wichtigste und im Zuge der Reform Benedikts von Aniane unter Ludwig dem Frommen als alleinige Grundlage des abendländischen Mönchtums durch,

---

66 Vgl. Raoul Manselli, Il matrimonio nei Penitenziali, in: Il matrimonio nella società altomedievale, Bd. 1 (SSCI 24) Spoleto 1977, S. 287–315; J. Flandrin, Un temps pour embrasser. Aux origines de la morale sexuelle occidentale (VIe–XIe siècle), Paris 1983; Pierre J. Payer, Sex and the Penitentials. The Development of a Sexual Code 550–1150, Toronto-Buffalo-London 1984; Hubertus Lutterbach, Sexualität im Mittelalter. Eine Kulturstudie zu den Bußbüchern des 6. bis 12. Jahrhunderts (Beihefte zum AKG 43) Köln-Weimar-Wien 1999.

nach der fortan alle Mönche lebten. Bis dahin gab es aber eine Reihe anderer Regeln für Mönche (Cassian; Columban), Nonnen (Caesarius von Arles) und Priestergemeinschaften (Chrodegang von Metz), die ebenfalls – ergänzend – ihren Einfluss behielten.

Im Laufe der Zeit reichten die Regeln mit ihren eher allgemeinen Richtlinien nicht mehr aus, um das Klosterleben im Einzelnen zu ordnen, und so traten ihnen, meist in Verbindung mit Klosterreformen (etwa in Cluny, den lothringischen Reformrichtungen des 10. oder den „Neuen Orden" des 12. Jh.) ergänzend **„Klostergewohnheiten" (Consuetudines)** zur Seite. Sie bieten hervorragende Einblicke in die jeweilige Zielsetzung der einzelnen Richtungen des Mönchtums, in den liturgischen Tagesablauf, die Organisation im Kloster (Ämter) sowie überhaupt in das – als Norm geforderte – Klosterleben. Die Verbreitung und Weitergabe der Consuetudines lässt darüber hinaus Filiationen und Beziehungen der Reformklöster untereinander, die einzelne Schrift aber auch interne Zielsetzungen erkennen.

(4) Visitationsakten

Ed.:

Bisher sind nur einzelne Akten des 13.–15. Jh., vor allem aus England, Frankreich und Italien, ediert (Übersicht bei Colet).

Lit.:

- Noël Colet, Les visites pastorales (TS 23) Turnhout 1977.
- Jörg Oberste, Die Dokumente der klösterlichen Visitationen (TS 80) Turnhout 1999.

Eher dem Verwaltungs- als dem Rechtsschrifttum gehören die Visitationsakten an, Aufzeichnungen über Visitationsreisen der Bischöfe oder ihrer Abgesandten, die der Pflicht der Bischöfe entsprangen, ihre Sprengel regelmäßig zu überwachen. Die ältesten Akten gehören in Frankreich und England – noch vereinzelt – dem 13., in Deutschland dem 15. Jh. an. Der Form nach können sie bischöfliche Direktiven, Fragenkataloge an Pfarrer und Diözesanbewohner oder Mahnschreiben enthalten, im engeren Sinn aber handelt es sich um Protokolle der Visitation. Sie bieten Informationen über die spätmittelalterliche Kirchenorganisation (Bistum, Pfarreien, Klöster), den geographischen Umfang des Sprengels, den Zustand der Pfarreien und liturgische Bräuche. Mit ihren Nachrichten über Reise und Verpflegung sind Visitationsakten aber auch wichtige Quellen der Sozial- und Wirtschaftsgeschichte, und sie bieten Einblicke in Brauchtum, Alltag und Mentalität der Menschen.

(5) Inquisitions- und Kanonisationsakten

Wichtige Einblicke in das Häresieverständnis und in kirchliche Prozesse bieten seit dem 14. Jh. Inquisitionsakten, die, als Zeugnisse kirchlicher Rechtsprechung, die Verhöre zum Teil protokollmäßig festhalten. Aus dem späten Mittelalter, als die Heiligsprechung einem förmlichen Verfahren unterworfen war, sind **Kanonisationsakten** erhalten.

Lit.:

Welche Einsichten damit auch über das dörfliche Gemeinschaftsleben gewonnen werden können, zeigt die Auswertung der Prozessakten des Bischofs Jacques Fournier bezüglich des albigensischen Pyrenäendorfs Montaillou (1318/25):

- Emmanuel Le Roy Ladurie, Montaillou. Ein Dorf vor dem Inquisitor, 1294–1324, Frankfurt-Berlin-Wien 1980 (frz. 1975). (Vgl. kritisch dazu: Leonard E. Boyle, Montaillou Revisited: Mentalité and Methodology, in: Pathways to Medieval Peasants, hg. v. A. Raftis, Toronto 1981, S. 119–140).

Weitere Beispiele behandelt

- Herbert Grundmann, Ketzerverhöre des Spätmittelalters als quellenkritisches Problem, DA 21, 1965, S. 519–575.

2.2.4.4 Verwaltungsschrifttum

Einen zunehmend wichtigeren Rang im Rahmen der mittelalterlichen Quellen nehmen Akten ein.

Lit.:

- Quirin (o. S. 45) S. 83ff.; Boshof (o. S. 45) S. 128f.; Theuerkauf (o. S. 46) S. 130ff.; Van Caenegem, Introduction (o. S. 84) S. 130ff.

Akten sind Aufzeichnungen und Verhandlungen laufender Rechtsgeschäfte, die der Verwaltung und Organisation angehören und damit wiederum herrschaftlicher, aber nicht nur normativer Natur sind, sondern auch Bestandsaufnahmen bieten. Akten unterscheiden sich von Urkunden (die sich ihnen eingliedern) weniger dem Inhalt als der geringeren Rechtskraft nach sowie dadurch, dass sie Serien aus einer Vielzahl von Einzelstücken desselben Bezugs bilden. In dieser Hinsicht ist erst die Neuzeit ein „Aktenzeitalter“; die Anfänge liegen aber in den spätmittelalterlichen Verwaltungen, während es sich bei den administrativen Zeugnissen vor dieser Zeit um Einzelstücke handelt (vgl. u. S. 297f. unter Aktenkunde).

2.2.4.4.1 Ländliches Verwaltungsschrifttum: Urbare und andere Bestandsverzeichnisse

Von besonderer Bedeutung sind, nicht zuletzt in Aspekten der Wirtschaftsgeschichte, die Quellen der mittelalterlichen Grundherrschaft als der vorherrschenden Organisations-, Sozial- und Wirtschaftsform des Landlebens unterhalb der rein staatlich-königlichen Ebene in dem lange Zeit vorwiegend agrarischen Mittelalter. Jene beruht darauf, dass die Herren (Könige, Kirche und Adel) sowohl über das Land als (damit) auch über die darauf wohnenden Leute, die Hörigen, verfügten und ihnen Leistungen abverlangten. Zwar war bei weitem nicht das gesamte Land grundherrschaftlich organisiert – es gab immer auch einen beträchtlichen Anteil „freier“ Bauern –, doch prägte die Grundherrschaft weithin den ländlichen Raum. Nur sie hat Quellen in Form von Bestandsaufnahmen hervorgebracht: die Urbare.

Urbare (im weitesten Sinn) sind in systematischer Form angelegte, grundherrschaftliche Besitz- und Einkünfteverzeichnisse einschließlich der bäuerlichen Leistungen. (Der Begriff „Urbar“ meint eigentlich „Ertrag“.) Inhaltlich berühren sie sich mit den Traditionsurkunden, halten aber nicht die einzelne Schenkung, sondern deren „Ergebnis“ an Besitz und Einkünften im Rahmen der grundherrschaftlichen Organisation fest. (Im übrigen machen Schenkungen nur einen – nur im kirchlichen Bereich den wichtigeren – Teil des Grundbesitzes aus.) Seit dem früheren Mittelalter sind Urbare königlicher und vor allem kirchlicher Grundherrschaften erhalten, erst seit dem 12. Jh. gibt es solche Quellen auch aus dem „privaten“, adligen Bereich.

Entstehung, Rechtskraft und Zweck der Urbare sind in der Forschung noch umstritten. Besitzverzeichnisse sind schon aus merowingischer, eigentliche Urbare erst seit karolingischer Zeit erhalten. Dass sie unmittelbar auf spätrömische Kataster und Steuerlisten zurückgehen, wie gelegentlich behauptet wird, scheint eher unwahrscheinlich. Jedenfalls sind merowingische Zwischenformen anzunehmen, und die karolingischen Urbare tragen bereits einen anderen Charakter (ohne dass man deshalb jegliche Vorläufer abstreiten muss). Vor einiger Zeit wurde die These wieder aufgegriffen, dass sie tatsächlich staatlichen Ursprungs seien und öffentliche Zins- und Heereslisten darstellen.[67] Tatsächlich belegen Art und Umfang der Angaben aber die grundherrschaftlichen („privaten“) Interessen. Hier wiederum ist es umstritten, ob Urbare hinsichtlich ihrer Rechtsgeltung als Mittel der grundherrschaftlichen Politik anzusehen sind und damit Ansprüche des Herrn oder ob sie, für den jeweiligen Moment, die wirtschaftliche und soziale Realität widerspiegeln (was heute eher angenommen wird). Ihrer Entstehung nach können Urbare aus älteren Quellen (etwa aus Traditionsnotizen) zusammengestellt, in ihrem Grundbestand aber auch – und wohl häufiger – von einer reisenden Kommission „vor Ort“ aufgenommen worden sein. Im letzten Fall stellen sie tatsächlich „Momentaufnahmen“ eines augenblicklichen Zustands dar. Stets dem Interesse der Herren entsprungen, die sich auf diese Weise wohl oft überhaupt erst einen Überblick über ihren verstreuten Besitz und ihre Rechte verschaffen wollten, beruhen sie damit ebenso auf Vereinbarungen zwischen dem Herrn und seinen Hörigen und vermitteln ein der Wirklichkeit nahekommendes Bild, doch sind Entstehung und Intention von Fall zu Fall zu prüfen. Theoretisch behielten Urbare ihre Gültigkeit. Caesarius von Prüm schrieb 1222 das Prümer Urbar von 893 ab, um der Abtei den alten Besitz zu behaupten. Tatsächlich zeigen seine zugefügten Kommentare aber, dass sich inzwischen manches gewandelt hatte, dass viel Besitz verlorengegangen war, ja dass man verschiedene Leistungen ohne Erläuterung später gar nicht mehr verstanden hat.[68] Die unterschiedliche Gestalt der Urbare legt die Deutung nahe, dass sie jeweils verschiedenen Zwecken dienten. Tatsächlich ist in den seltensten Fällen die vollständige Grundherrschaft erfasst, vielfach handelt es sich um – zu bestimmten Zwecken angelegte – Teilverzeichnisse. Solche wie auch Überlieferungsfragen sind daher im Einzelnen zu klären, jedes Urbar ist zunächst für sich zu betrachten.

Urbare begegnen in verschiedenen **Formen** (Metz): Hufenlisten verzeichnen den Landbesitz (Bauernhufen) – sie sind vor 800 vor allem im rechtsrheinischen Raum verbreitet –, während Heberollen in erster Linie an den Leistungen interessiert sind und Inventare den genauen Besitzstand verzeichnen (bestes Beispiel bilden die um 800 entstan-

---

67 Vgl. Jean DURLIAT, Le polyptyque d'Irminon et l'impôt pour l'armée, BEC 141, 1983, S. 183–208; dagegen Jean-Pierre DEVROEY, Polyptyques et fiscalité à l'époque carolingienne: une nouvelle approche?, Revue belge 63, 1985, S. 783–794.

68 Vgl. dazu Dieter HÄGERMANN, Eine Grundherrschaft des 13. Jh. im Spiegel des Frühmittelalters. Cäsarius von Prüm und seine kommentierte Abschrift des Urbars von 893, Rheinische Vierteljahresblätter 45, 1981, S. 1–34.

Text 9: Urbar: Das Polyptychon von Saint-Germain-des-Prés (um 820), c. 17 (ed. Dieter Hägermann, Köln-Weimar-Wien 1993, S. 147)

[1] Habet in Murcincto casa dominica cum aliis casticiis sufficienter. Habet ibi de terra arabili bunuaria .CXXII., quae possunt seminari modiis .DC. Habet ibi de vinea aripennos .CX., ubi possunt in totum colligi de vino modii .DC.; de prato aripennos .XXX., ubi possunt colligi de feno carra .XL.; de silva, sicut aestimatur in giro, per totum, leuas .II.; et possunt saginari por[ci] .CCC.
[2] Habet ibi ecclesias .II., cum omni apparatu diligenter constructas. Aspiciunt ibi mansus serviles . I. et dimidius, habentes de terra arabili bunuaria .III. et antsingam . I., de vinea aripennos . V., de prato aripennum . I. Exiit inde curvatas .III.
[3] Geningus, maior et colonus sancti Germani. Tenet mansum . I. ingenuilem, habentem de terra arabili bunuaria .IIII., de vinea aripennos .II., de prato dimidium aripennum. Solvit in pascione de vino modios .II. Facit in vinea aripennos .II.; ad tertium annum iuniculam . I. Arat perticas .VII. Curvadas, caplim, caropera, manopera, quantum ei iniungitur. Pullos .III., ova .XV.
[4] Grimhardus colonus et uxor eius colona, nomine Uualda, homines sancti Germani. Tenet mansum . I. ingenuilem, habentem de terra arabili bunuaria .III. et dimidiam antsingam, de vinea aripennum . I., de prato similiter. Solvit similiter.
[5] Gisoinus, colonus sancti Germani, et uxor eius libera, nomine Uuinedrudis, habent secum infantes .V., his nominibus, Bertfridus, Giso, Gisoardus, Gisoildis, Bernoildis. Tenet mansum . I. ingenuilem, habentem de terra arabili bunuaria .XI., de vinea aripennos .III., de prato quartam partem de aripenno. Solvit similiter.

denen königlichen „Brevium Exempla").[69] Tatsächlich überwiegen Mischformen, so dass eine solche Typisierung zur Einordnung der Einzelquelle nur bedingt brauchbar ist (Hägermann). Die Eintragungen kreisen – mit unterschiedlichem Schwerpunkt – um Besitzstand, Ertrag, bäuerliche Abgaben (= herrschaftliche Einnahmen) und Dienste. Ausführliche Urbare berücksichtigen alle diese Aspekte. Ein gutes Beispiel solcher „Vollurbare" bilden die sog. karolingischen **Polyptycha**. Der Begriff bezeichnet ursprünglich jedes aus mehreren Tafeln zusammengesetzte Schreibbuch, wurde in der Spätantike zur Bezeichnung für die römischen Kataster und in karolingischer Zeit für die Urbare. Das ausführlichste, um 820 entstandene Polyptychon des Klosters St. Germain-des-Prés bei Paris (vgl. Text 9), verzeichnet zu jedem Fronhofsverband (Villikation) Größe des Sal- oder Herrenlandes an Ackerland, Weinbergen, Weiden und Wald sowie die einzelnen Bauernhöfe mit Besitzern und Familienangehörigen, Größe und bäuerlichen Leistungen. Vergleichsweise ausführlich sind auch das Prümer Urbar von 893 und die ver-

69 MGH Capit. 1, Nr. 128, S. 254ff.

17. Aufstellung von Morsang-sur-Seine (südlich von Paris)

1. In Morsang hat (die Abtei) ein herrschaftliches Haus mit genügend anderen Gebäuden. Sie besitzt dort an Ackerland 122 Bunuaria [Flächenmaß], die man mit 600 Scheffeln (Getreide) besäen kann. Sie besitzt dort an Weinbergen 110 Aripenni, von denen man insgesamt 600 Scheffel Wein ernten kann; an Wiesen 30 Aripenni, von denen man 40 Wagen Heu ernten kann; an Wald schätzungsweise im Umkreis insgesamt zwei Meilen; darin können 300 Schweine gemästet werden.
2. Sie besitzt dort zwei sorgfältig mit allem Zubehör errichtete Kirchen. Dazu gehören anderthalb Unfreienhufen, die 3 Bunuaria und 1 Antsinga an Ackerland, 5 Aripenni an Weinbergen, 1 Aripennus an Wiesen aufweisen. Von dort kommen drei Corvadae [= Frontage].
3. Gening, Meier und Kolone des heiligen Germanus [von Saint-Germain], hat eine Freienhufe, die 4 Bunuaria Ackerland, 2 Aripenni Weinberge, ½ Aripennus Wiese umfasst. Er zahlt an Weidegebühr 2 Scheffel Wein. Er bearbeitet zwei Aripenni der (herrschaftlichen) Weinberge und jedes dritte Jahr „alte Reben". Er pflügt 7 Perticae. (Er leistet) Corvadae [Frondienste], Holzfällerdienste, Fuhrdienste und Handdienste, soviel man ihm auferlegt. (Außerdem) drei Hühner und 15 Eier.
4. Grimhard, Kolone, und seine Frau Walda, Kolonin, Hörige des heiligen Germanus. Er hat eine Freienhufe, die 3 Bunuaria und ½ Antsinga Ackerland, 1 Aripennus Weinberg und ebensoviel an Wiesen umfasst. Er leistet das Gleiche.
5. Gisoin, Kolone des heiligen Germanus, und seine freie Frau, Winedrud, haben 5 Kinder bei sich, die Bertfrid, Giso, Gisoard, Gisoildis und Bernoildis heißen. Er hat 1 Freienhufe, die 11 Bunuaria Ackerland, 3 Aripenni Weinberge, ¼ Aripennus Wiese umfasst. Er leistet das Gleiche.

Der Urbarausschnitt gibt einen Einblick in die grundherrschaftliche Organisation mit Salland und Hufenland, in Bestand und Größenverhältnisse, die bäuerlichen Leistungen und die bäuerliche Familie (mit familientypischen, den Elternnamen entnommenen Namen der Kinder). Er zeigt auch die unterschiedlichen Besitzverhältnisse der Bauern.

schiedenen Werdener Urbare des 9.–12. Jh.[70] Neben kirchlichen sind königliche Urbare des Früh- und Hochmittelalters erhalten, z. B. das Lorscher Reichsurbar aus karolingischer oder das Tafelgüterverzeichnis aus staufischer Zeit. Königlichen Ursprungs ist auch

---

70 Zur nachkarolingischen Zeit: Ludolf Kuchenbuch, Abschied von der „Grundherrschaft". Ein Prüfgang durch das ostfränkisch-deutsche Reich 950–1050, ZSRG, Germ. Abt. 121, 2004, S. 1–99.

das berühmte Domesday Book von 1086, das, allerdings wenig einheitlich, Leistungen, Lehen und Wert der Besitzungen in den einzelnen englischen Grafschaften festhält. Spätmittelalterliche Urbare sind in größerer Zahl erhalten; sie lassen die allmählichen Wandlungen der Grundherrschaft erkennen. Ihr Aussagewert wird durch andere, im Anschluss zu besprechende Quellen ergänzt, doch gehören sie immer noch zu den wichtigsten Zeugnissen der ländlichen Gesellschaft.

Urbare vermitteln gute Einblicke in die mittelalterliche Grundherrschaft (Besitz, Einkünfte, Organisation und Verwaltung), die Lage der hörigen Bauern, die grundherrschaftliche und bäuerliche Wirtschaft und Siedlung sowie die vorherrschenden Wirtschaftsformen (Natural- und Geldwirtschaft). Ausführliche Urbare, die Zahl und Namen der Kinder verzeichnen, lassen sich darüber hinaus für Familienforschung und Namengebung auswerten und liefern – allerdings unsichere – Anhaltspunkte für demographische Berechnungen.

Lit.:
- Boshof (o. S. 45) S. 136ff.
- Robert Fossier, Polyptyques et censiers (TS 28) Turnhout 1978.
- Wolfgang Metz, Zur Geschichte und Kritik der frühmittelalterlichen Güterverzeichnisse Deutschlands, AfD 4, 1958, S. 183–206.
- Gregor Richter, Lagerbücher- oder Urbarlehre. Hilfswissenschaftliche Grundzüge nach württembergischen Quellen (Veröffentlichungen der staatlichen Archivverwaltung Baden-Württembergs 36) Stuttgart 1979 (sehr schematisch).
- Dieter Hägermann, Anmerkungen zum Stand und den Aufgaben frühmittelalterlicher Urbarforschung, Rheinische Vierteljahresblätter 50, 1986, S. 32–58.
- Ders., Quellenkritische Bemerkungen zu den karolingerzeitlichen Urbaren und Güterverzeichnissen, in: Strukturen der Grundherrschaft im frühen Mittelalter, hg. v. Werner Rösener (Veröffentlichungen des MPI 92) Göttingen 1989, S. 47–73.
- Yoshiki Morimoto, État et perspectives des recherches sur les polyptyques carolingiens, Annales de l'Est 40, 1988, S. 99–149.
- Ludolf Kuchenbuch, Potestas und Utilitas. Ein Versuch über Stand und Perspektiven der Forschung zur Grundherrschaft im 9.–13. Jh., in: HZ 265, 1997, S. 117–146.

Zu Reichsurbaren:
- Wolfgang Metz, Zur Erforschung des karolingischen Reichsgutes, Darmstadt 1971;
- Ders., Staufische Güterverzeichnisse. Untersuchungen zur Verfassungs- und Wirtschaftsgeschichte des 12. und 13. Jh., Berlin 1964.

Zu Klöstern:
- Ludolf Kuchenbuch, Die Klostergrundherrschaft im Frühmittelalter. Eine Zwischenbilanz, in: Herrschaft und Kirche, Beiträge zur Entstehung und Wirkungsweise episkopaler und monastischer Organisationsformen, hg. v. Friedrich Prinz (Monographien zur Geschichte des MA 33) Stuttgart 1988, S. 297–343.

Kommentierte Quellensammlung zur Grundherrschaft (mit Übersetzungen):
- Ludolf Kuchenbuch, Grundherrschaft im früheren Mittelalter (Historisches Seminar. N. F. 1) Idstein 1991.

Zu Editionen spätmittelalterlicher Urbare vgl. Dotzauer (u. S. 250), S. 154ff.

Wie die grundherrschaftlichen Urbare, so haben auch andere, in der Folgezeit stärker spezialisierte Verwaltungsschriften den Zweck, Einkünfte und Besitz zu verzeichnen bzw., im späten Mittelalter, Verwaltungsakte kanzleimäßig festzuhalten.

Lehnbücher, seit dem 13. Jh., vor allem aber aus dem 15. Jh. erhalten, verzeichnen den Lehnsbesitz eines Herrn (vgl. Text 10), **Steuerlisten** die an den Besitz gebundenen schuldigen Abgaben (vgl. Text 11). Frühe Beispiele aus dem Reich bilden die Reichssteuerliste von 1241 (MGH Const. 3, S. 1 ff.) oder Bedeverzeichnisse (die Bede ist eine vom Herrn geforderte Abgabe). Landesherrliche Steuerlisten setzen bezeichnenderweise mit der Krise des späteren 14. Jh. ein. Aus Frankreich ist der berühmte „État des feux" von 1328 erhalten.

Lit.:
- Van CAENEGEM, Introduction (u. S. 84) S. 134 ff.
- M.-A. ARNOULD, Les relevés de feux (TS 18) Turnhout ²1985.

Zollregister reichen nur in Einzelfällen in das frühe Mittelalter zurück (Raffelstettener Zollordnung von 906). Seit dem 11. Jh. sind Zollregelungen urkundlich überliefert, während Zolltariflisten erst seit dem 13. Jh. häufiger auftreten. Auch hier bilden Überlieferung, Datierung, Lokalisierung, schwankende Begrifflichkeit und die Frage des Realitätsgehalts der angegebenen Tarife die wichtigsten Probleme einer Quellenkritik. Zollregister sind wichtige Quellen für die Wirtschafts-, vor allem die Handelsgeschichte. Sie geben Aufschluss über Handelswaren, Handelsrecht, relativen Warenwert, Transportmittel und Transportwege, bieten allerdings keine systematischen Informationen.

Lit.:
- Georges DESPY, Les tarifs de tonlieux (TS 19) Turnhout 1976 (Überblick über Editionen S. 9 ff.).

Ähnliche Aussagen gestatten die von ihrer Intention her anders gelagerten **Amts- und Rechnungsbücher** der Landesherren und Klöster des späten Mittelalters, die einen Einblick in das tatsächliche Finanzaufkommen und die Ausgaben bieten und mit ihren Auskünften über Haushalt und Haushaltsführung nicht nur Quellen für die Verwaltungs-, Wirtschafts- und Handelsgeschichte, sondern auch für die Alltagsgeschichte darstellen.

Lit.:
- Van CAENEGEM, Introduction (o. S. 84) S. 149 ff.
- Elsbet ORTH, Amtsrechnungen als Quelle spätmittelalterlicher Territorial- und Wirtschaftsgeschichte, Hessisches Jahrbuch für Landesgeschichte 29, 1979, S. 36–62.

Rechnungsbücher gehören bereits der Gruppe fortlaufend geführter Kanzleiakten an, wie sie in der englischen Königskanzlei seit dem hohen Mittelalter begegnen. Die sog. **writs**, königliche Instruktionen und Bekanntmachungen, mit deren Hilfe der englische König die Verbindung zu seinen lokalen Amtsträgern hielt, tragen letztlich urkundlichen Charakter, während die **rolls** – seit Johann Ohneland – fortlaufend geführte Kanzleiregister verschiedener Art bilden (die „pipe rolls" etwa sind Finanzregister). Die vom Public Record Office (o. S. 90) edierten „curia regis rolls" füllen von 1190–1237 bereits 15 Bände. Ähnliches ist aus Frankreich seit Philipp II. August, in Deutschland erst seit dem 14. Jh. erhalten.

Text 10: Beispiel für ein Lehenbuch mit den Namen der Lehnsträger sowie Größe, Art und Umfang der Lehen: Lehnbuch des Hochstifts Würzburg (ed. Hermann Hoffmann, Würzburg 1972, S. 32)

1 Anno a nativitate domini currente M°CCC°LVIII [*1358*] factus est iste liber feudorum episcopatus Herbipolensis sub copia per manus Johannis de Augusta notarii proscripcione reverendissimi in Christo patris ac domini domini Alb(erti) de Hohenloch episcopi Herbipolensis.
Hii sunt, qui receperunt feuda sua a domino Andrea electo et confirmato Herbipolensi in vigilia nativitatis Marie virginis anno domini M°CCC°III *[1303 IX 7]* in oppido Aschaffenburg.
2 Primo Cunr. de Trimperg recepit ab eo iudicium in Slůhter dictum Vndereych cum omnibus pertinenciis, ad quod quidem iudicium pertinent 10 ville vel plures. Item in alio iudicio Slůhter tenet duas villas in feudo. Item villam Grefenhusen iuxta Openheim, ad quam plura alia feuda pertinent, que in scriptis alia vice ostendet.
3 Item Albertus Magister Koquine Fuldensis et Th. frater suus hec feuda receperunt, scilicet medietatem iudicii in Slůhter et curiam in Ranningen cum omnibus suis pertinenciis, de quibus habentur litteras domini M(anegoldi) episcopi et sund feudum castrense. Item advocaciam super omnibus bonis, que habent in Sahsen.

1. Im Jahre 1358 wurde dieses Lehnbuch des Bistums Würzburg durch den Notar Johannes von Augsburg auf Anordnung des Herrn Albert von Hohenlohe, des Bischofs von Würzburg, erstellt, der ehrwürdig ist in Christus.
Folgende (Personen) haben Lehen von dem Herrn Andreas von Würzburg erhalten, der am Vorabend von Mariä Geburt des Jahres 1303 in der Stadt Aschaffenburg gewählt und bestätigt wurde.
2. Konrad von Trimberg erhielt von ihm das Gericht in Schlüchter, genannt „Untereich", mit allem Zubehör. Zu diesem Gericht gehören 10 oder mehr Dörfer. In einem anderen Gericht hält Schlüchter zwei Dörfer zu Lehen, ebenso das Dorf Grafenhausen bei Oppenheim, zu dem zahlreiche andere Lehen gehören, die ein anderes Mal in den Schriften erscheinen.
3. Der Küchenmeister Albert von Fulda und sein Bruder Thomas haben folgende Lehen erhalten: das halbe Gericht in Schlüchter und den Hof in Ranningen mit allem Zubehör, worüber man einen Brief des Herrn Bischofs Manegold besitzt und die Burglehen sind. Dazu (üben sie) die Vogtei über alle Güter (aus), die sie in Sachsen haben.

Text 11: Beispiel für ein Steuerbuch mit Angaben über die Namen der Steuerpflichtigen und die Höhe der Steuern: Die Steuerbücher der Stadt Konstanz, Teil 1, Konstanz 1966, S. 1

1.	Cůnrat Tanbach	500	800	2,18′
2.	Hayginger Schnider		140	12′
3.	Gåldrichin	100		6′
	vom huß d	2		10′
4.	Kettenaker	500	400	1,15½′
5.	Růprehtinen tochter *(gestrichen)*			
	git fúr sin můter			8′
	vom huß d	2,25′		10′6″
6.	Sússer	40		7′
7.	Nes Hůterin		500	36′
8.	Bentz Tekker			5′
9.	Schmidin	800	1500	5,6′
10.	Hug Ekkart		het gen 1 fl uf r(*echnung*) und 12′	
11.	Cůnrat Ekkart	530	700	
12.	Kurtzin	530	700	2½
13.	Nåstlin	800	4800	14,0′
14.	Cůnrat Minner	100	600	32′
15.	Hans Ber	700	850	3,6′
	Summa 23½			

2.2.4.4.2 Städtisches Verwaltungsschrifttum

Lit.:

- Josef HARTMANN/Jürgen KLOOSTERHUIS, Amtsbücher, in: BECK/HENNING (u. S. 231), S. 40–73.

Exemplarische Studie:

- Kommunales Schriftgut in Oberitalien. Formen, Funktionen, Überlieferung, hg. v. Hagen KELLER u. Thomas BEHRMANN (Münstersche MA-Schrr. 68) München 1995.

Das städtische Verwaltungsschriftgut ist seiner Struktur nach ähnlich, aber reichhaltiger.

Die meisten Steuer-, Vermögens- und Häuserlisten stammen aus spätmittelalterlichen Städten. Probleme der Quellenkritik liegen teilweise in der Überlieferung und Datie-

Text 12: Beispiel für ein Bürgerbuch mit Auskünften über Zeit und Umstand der Aufnahme in die Bürgerschaft, die dafür erbrachten Leistungen, die berufliche Zusammensetzung und die Bedeutung der Ehe: Die Bürgerbücher der Stadt Frankfurt 1401–70 (ed. D. Andernacht, Frankfurt 1978, S. 7)

1401 Peder ferber von Mittelsteden ist burger worden und hat 3 lb. 4 s. in die rechenunge geben, und wan er iz virmag, so sal er daz uberige auch geben (Jan. 29).

Clas Sicze durchscherer hat eins burgers dochter und hat gehuldet und gesworn (Febr. 4).

Henne Stolle von Friedeberg snyder ist burger worden und hat 3 lb. 4 s. in die rechenunge geben, und wan er iz virmag, so sal er daz uberige auch geben (Febr. 5).

Ebirhard Cleinsorge winknecht von Mencze ist burger worden und hat mit den rechenmeistern umb daz gelt ubirkommen (Febr. 18).

rung, vor allem aber in der Frage, welche Bevölkerungsteile hier überhaupt erfasst werden. Sind solche Fragen geklärt, bilden Steuer- und Haushaltslisten hervorragende Quellen für die Wirtschaftsgeschichte (Steuerwesen und Besitz), sie bieten aber auch Anhaltspunkte für die Zahl und Schichtung der Bevölkerung (wobei Nichtbemittelte meist ausgeklammert sind), und sie können als Grundlage für namenkundliche Untersuchungen dienen. Listen und Akten einzelner Institutionen wurden im Spätmittelalter häufiger. **Bürgerbücher** (vgl. Text 12) halten die Verleihung der Bürgerrechte fest. **Zunftakten** bieten hervorragende Einblicke in das spätmittelalterliche, städtische Handwerkswesen samt seinen sozialen Bindungen. **Universitätsmatrikel** unterrichten über Zahl, Herkunft und Studiengang spätmittelalterlicher Studenten.[71]

Einen besonderen Rang nehmen die spätmittelalterlichen **Stadtbücher** ein, die seit dem 13. Jh. erhalten sind und die rechtserheblichen Akte der städtischen Verwaltungsorgane, vor allem des Rates, festhalten (sie werden daher auch Ratsbücher genannt): Ratsbeschlüsse, Urkunden, Verträge, Gerichtsurteile, Ratslisten, Verpfändungen, Stadtverweisungen, Einnahmeverzeichnisse, Gerichtsgefälle und anderes mehr. Sie spiegeln die Vielfalt städtischen Lebens (soweit es die Stadtverwaltung berührt) wider und sind entsprechend vielfältig als historische Quellen auswertbar.

---

71 Vgl. Jacques Paquet † /Anne-Marie Bultot-Verleysen, Les matricules universitaires. Mise à jour du fascicule 65 (TS 65A) Turnhout 2003. Vgl. dazu die Auswertung von Rainer Christoph Schwinges, Deutsche Universitätsbesucher im 14. und 15. Jh. Studien zur Sozialgeschichte des Alten Reiches (Beiträge zur Sozial- und Verfassungsgeschichte des Alten Reiches 6 = Veröffentlichungen des Instituts für Europäische Geschichte Mainz. Abt. Universalgeschichte 123) Wiesbaden-Stuttgart 1986.

Wurden solche verschiedenen Einträge zunächst – in Kleinstädten auch später noch – in *einem* Buch festgehalten, so verlangte die Differenzierung der Verwaltung, zumal in größeren Städten, seit dem 14. Jh. nach der Anlage verschiedener, spezialisierter „Stadtbücher" (z. B. Pfandbücher, Schuldbücher, Gerichtsbücher, Finanz- und Kämmereibücher, Schadensbücher, Baubücher, Briefbücher für die Korrespondenz u. a. m.). Die vorhandene Überlieferung ist von Fall zu Fall zu klären. Da eine Übersicht fehlt, sind die Repertorien der einzelnen Stadtarchive zu konsultieren. Editionen liegen bislang nur in Einzelfällen vor (vgl. DOTZAUER, u. S. 250, S. 172 ff.).

2.2.4.5 Briefe (Korrespondenz)

Ed.:

- MGH Epp. (o. S. 87) (Briefsammlungen und Briefsteller sind erst in relativ wenigen Fällen in kritischer Edition zugänglich.)

Lit.:

- F.-J. SCHMALE (u. a.), Briefe, Briefliteratur, Briefsammlungen, LMA 2, 1983, Sp. 648–682.
- H. M. SCHALLER, Ars dictaminis, Ars dictandi, LMA 1, 1980, Sp. 1034–1039.
- QUIRIN (o. S. 45) S. 55 f.; BOSHOF (o. S. 45) S. 129 f.; THEUERKAUF (o. S. 46) S. 108 ff.; Van CAENEGEM, Introduction (o. S. 84) S. 81 ff., 161 ff.; Irmtraut SCHMID, in: BECK/HENNING (u. S. 231) S. 111–118.
- Giles CONSTABLE, Letters and Letter-Collections (TS 17) Turnhout 1976.
- Martin CAMARGO, Ars dictaminis, ars dictandi (TS 60) Turnhout 1991.
- Bernhard SCHMEIDLER, Über Briefsammlungen des frühen Mittelalters in Deutschland und ihre kritische Verwertung, in: Vetenskaps-Societaten i Lund: Årsbok, Lund 1926, S. 5–27.

Mittelalterliche Briefe bilden eine umfassende, sich mit anderen eng berührende, aber formale Quellengruppe ohne inhaltliche Festlegung. Zeichnet den Brief im Allgemeinen die persönliche (private oder geschäftliche) Korrespondenz zwischen zwei Personen, dem Aussteller und dem Empfänger, aus, so standen mittelalterliche Briefe, die meist gefaltet, mittels einer in Schnittlöchern befestigten Schnur zusammengehalten oder versiegelt und von hochstehenden Persönlichkeiten (wie Königen und Päpsten) ausgestellt wurden, in der Form wie auch in der Rechtserheblichkeit oft den Urkunden nahe, oder sie waren, wie die englischen „writs", administrative Schreiben, Dienstanweisungen offiziellen Charakters oder Berichte der Amtsträger. Dem diplomatischen wie auch dem literarischen Charakter entspricht die Abfassung der Briefe nach streng rhetorischen Regeln. Einerseits also amtlichen Dokumenten (Urkunden und Akten) ähnelnd, ist andererseits auch die Grenze zur Dichtung fließend, zumal es eine ganze Reihe fingierter Briefe – oft mit Übungscharakter – gibt. Schließlich tragen mittelalterliche Briefe nicht durchweg privaten Charakter, sondern haben – als „offene Briefe" – oft eine publizistische Absicht, die sie, nach Inhalt und Länge, in die Nähe der Traktate rückt. (Streitschriften etwa sind teilweise als Briefe abgefasst.) Sie können damit aber auch wissenschaftlichen Zwecken dienen. Der Brieftraktat war besonders in der Zeit des Humanismus beliebt.

Der Brief ist eine nach vielen Seiten hin offene *literarische Form*, deren Charakter jeweils im Einzelfall zu prüfen ist, die sich aber auch entsprechend vielseitig auswerten lässt und sich inhaltlich verschiedenen Quellengruppen einordnet.

Mittelalterliche Briefe sind relativ selten als Einzelstücke – und noch seltener im Original –, sondern in der Regel in **Briefsammlungen**, vor allem als Register (Kopien des Ausgangs eines Ausstellers) überliefert, häufig sind aber auch Ausgang und Eingang vermischt. Sie sind teils in der Kanzlei des Ausstellers (wie bei Papstbriefen, vermischt mit Urkunden), teils nachträglich zusammengestellt.[72] Daher sind jeweils Anlage, chronologische oder sachliche Ordnung und Entstehungsabsicht der einzelnen Briefsammlung wie auch Echtheit und – oft nicht überlieferte oder aus dem Zusammenhang gerissene – Datierung der Einzelstücke quellenkritisch zu prüfen. Generelle Regeln gibt es bei der Vielfalt der Überlieferungsformen nicht.

Von der Gesamtproduktion aus betrachtet, sind Briefe und Briefsammlungen ein Index der Schriftlichkeit. Wichtige Sammlungen sind aus der Karolingerzeit (z. B. die Briefe des Bonifatius und Lullus, Alcuins, Hinkmars von Reims), nur vereinzelt aus dem 10. (Gerbert von Aurillac), verstärkt wieder seit dem späten 11. und dem 12. Jh. (z. B. Petrus Damiani, Ivo von Chartres, Bernhard von Clairvaux, Johannes von Salisbury) und aus der Renaissance erhalten.

Der urkundliche und literarische Charakter der Briefe hat – vor allem seit dem frühen 12. Jh. – zur Abfassung von **Briefstellern** (artes dictaminis) als Anleitungen und Mustersammlungen für den Kanzlei- und Schulbetrieb geführt, die meist eine theoretische Einleitung und einen teils aus echten Vorlagen, teils aus erfundenen Briefen bestehenden Beispielteil enthalten, in dem wegen seines exemplarischen Charakters gern gebräuchliche Situationen geschildert werden.

Briefe sind – je nach Aussteller und Inhalt – vielfältig verwertbar; sie geben – in allen Zeiten – wertvolle Einblicke in das Denken und Handeln sowie die Biographie ihrer Aussteller und in drängende Probleme der Zeit, vor allem der Kirchen-, Bildungs- und Kulturgeschichte. Frühmittelalterliche Briefe sind oft gelehrt und theoretisch, spätmittelalterliche stärker realitätsbezogen und daher auch für alltags- und sozialgeschichtliche Fragen oder für die Situation einzelner Gruppen aussagekräftig (etwa Studentenbriefe).

2.2.4.6 Praktisch-theologische (liturgische) Schriften und Offenbarungsliteratur

Lit.:

- QUIRIN (o. S. 45) S. 108 ff.; BERLIOZ (u. S. 255) S. 100–119 (Gebete u. Liturgie), 201–209 (Predigten), 211–221 (Exempla).

Kirchliches Schriftgut diente teils praktischen, teils wissenschaftlichen Bedürfnissen. Im ersten Fall berührte es sich mit den kirchlichen Rechtsquellen (o. S. 166 ff.) oder aber mit der Hagiographie (o. S. 127 ff.). Das praktische Kirchenschrifttum

72 Zu päpstlichen Briefsammlungen vgl. Horst FUHRMANN/Detlev JASPER, Papal Letters in the Early Middle Ages (History of Medieval Canon Law) Washington, D. C. 2001.

stand, sofern es nicht rechtlich orientiert war, nahezu durchweg in liturgischen Zusammenhängen der Messe und der Chor- und Stundengebete, oder aber es regelte das mönchische oder kanonische Zusammenleben (o. S. 172f.). Manche dieser Quellen besitzen über den engeren liturgischen Zweck hinaus einen weitreichenden historischen Aussagewert.

(1) Das gilt nur bedingt für die eigentlichen **Messeregelungen**, die aber Einblick in die rituellen Handlungen und Vorstellungen, beispielsweise der Festtagsordnungen, geben.

Das Sakramentar enthält priesterliche Gebete,[73] das Pontifikale liturgische Vorschriften für Amtshandlungen, das Lektionar Perikopen (Schriftlesungen), das Antiphonar die liturgischen Gesänge (Antiphonen und Responsorien).[74] Hinzu kommen Orationale (für die Gebete), Hymnar,[75] Sermonar oder Homiliar (für die Predigten) und andere Aufstellungen. Später wurden solche Schriften im Missale bzw. im Brevier als priesterlichem Handbuch zusammengefasst. Zu den liturgischen Schriften zählen vor allem natürlich die (im Mittelalter vorerst selten in einem Band vereinten) biblischen Bücher, in erster Linie Psalter und Evangeliar.[76]

Darüber darf man nicht vergessen, dass es sich gerade bei den liturgischen Schriften, die an keiner Kirche fehlen durften, nicht nur um die am weitesten verbreiteten, sondern meist auch um die am besten ausgestatteten, mit Bildminiaturen, Initialen und Ornamenten verzierten und mit kostbarem Einband versehenen Handschriften handelt. Sie stellen daher eine hervorragende Quelle für die Bildungs-, Kultur-, Bibliotheks- sowie für die Kunstgeschichte dar. Spätmittelalterliche Stundenbücher – Berühmtheit hat das Stundenbuch des Herzogs von Berry erlangt – sind oft mit Buchmalereien versehen, die Motive der Alltagsbeschäftigung wiedergeben und daher eine unschätzbare Quelle für Alltagsgeschichte und Volkskunde bilden.[77]

Weiterführenden Wert haben auch die **Bibelglossen** zu einzelnen Stellen, die mit der Deutung die jeweils zeitgenössische Vorstellungswelt und den zeitgenössischen Begriffsgebrauch offenlegen. Ähnliches gilt für die alt- und mittelhochdeutschen Übertragungen oder Adaptionen biblischer Schriften und die spätmittelalterlichen **Bibelübersetzungen** (schon vor Luther). Immer wieder hat man schließlich die Liturgie auch

---

73 Überblick: Jean Deshusses, Les sacramentaires. État actuel de la recherche, Archiv für Liturgiewissenschaft 24, 1982, S. 19–46; Marcel Metzger, Les sacramentaires (TS 70) Turnhout 1994.

74 Dazu Michel Huglo, Les livres de chants liturgiques (TS 52) Turnhout 1988.

75 Zu den Hymnen vgl. Josef Szövérffy, Die Annalen der lateinischen Hymnendichtung. Ein Handbuch. Bd. 1: Die lateinischen Hymnen bis zum Ende des 11. Jh. (Die lyrische Dichtung des MA) Berlin 1964; Bd. 2: Die lateinischen Hymnen vom Ende des 11. Jh. bis zum Ausgang des Mittelalters, Berlin 1965; Ders., Latin hymns (TS 55) Turnhout 1989.

76 Einen Einblick in das frühere Mittelalter gibt die Aufsatzsammlung von Bonifatius Fischer, Lateinische Bibelhandschriften im frühen Mittelalter (Vetus Latina. Aus der Geschichte der altlateinischen Bibel 11) Freiburg 1985.

77 Als beispielhafte Auswertung sei auf Wilhelm Hansen, Kalenderminiaturen der Stundenbücher. Mittelalterliches Leben im Jahreslauf, München 1984, verwiesen.

summarisch in **Traktaten** bearbeitet und ihre einzelnen Elemente (nach damaligem Verständnis) wissenschaftlich erklärt (wie etwa in Amalars von Metz „De ecclesiasticis officiis" im 9. oder in der „Gemma aurea" des Honorius Augustodunensis im 12. Jh.). Auch solche Schriften verraten viel über das damalige Liturgieverständnis wie überhaupt über die Vorstellungswelt.

Liturgischen Ursprungs sind auch die **Krönungsordines** für die Herrscherweihe, die einen guten Einblick in die politische Theorie von König- und Kaisertum und in das Ritual des Weiheaktes bieten.

Ed.:
- MGH Font. iur. Germ. ant. 5 (o. S. 87).

(2) Einen anderen Stellenwert besitzen die vielfach, in der Regel wieder in Sammlungen eines Autors überlieferten **Predigten**, die viel über Normen, Moralvorstellungen, religiöse Anschauungen und (theologisches) Wissenschaftsverständnis verraten, allerdings ein noch ungeklärtes Auswertungsproblem aufwerfen: wieweit solche Predigten nämlich tatsächlich gehalten wurden (und damit einen konkreten und realen Bezug aufweisen) oder nur als Musterpredigten für den Priester gedacht waren und eher traditionellen Bahnen folgten. (Letzteres war wohl häufig der Fall.) Während frühmittelalterliche Predigten sich vor allem an der Exegese orientierten (sog. Homilien), also einen dieser Gattung vergleichbaren Aussagewert besitzen (vgl. u. S. 194f.), dank der ethischen Tendenz der Belehrung aber auch die kirchlichen Moralvorstellungen widerspiegeln, wurden die in großer Zahl überlieferten spätmittelalterlichen Predigten, vor allem der Bettelmönche, oft lebensnaher; sie lassen sich – mit der gebotenen Vorsicht – auch zur Erforschung der Alltagskultur heranziehen. Das gilt insbesondere für die volkssprachigen „Volkspredigten", deren bedeutendster Vertreter, der Franziskaner Berthold von Regensburg (um 1210–1272), vor allem die städtischen Mittel- und Unterschichten ansprach. Ihr Hauptzweck blieb aber die moralische Ermahnung. Leichenpredigten sind erst aus der frühen Neuzeit erhalten; ihre Tradition reicht jedoch weit ins Mittelalter zurück.

Lit.:
- The Sermon, hg. v. Beverly M. KIENZLE (TS 81–83) Turnhout 2000 (umfangreiche Bibliographie).

Einen Überblick über die Predigtliteratur bietet:
- Johann Baptist SCHNEYER, Repertorium der lateinischen Sermones des Mittelalters für die Zeit von 1150–1350 (Beiträge zur Geschichte der Philosophie und Theologie des Mittelalters 43) 6 Bde. (in 10, nach Autoren geordneten Teilbdn.), Münster 1969–74; weitere 5 Bde. über Predigttypen, 1975–1990 (auch als CD-Rom verfügbar); vgl. dazu Ludwig HÖDL/R. HETZLER, Zum Stand der Erforschung der lateinischen Sermones des Mittelalters (für die Zeit von 1350–1500), Scriptorium 46, 1992, S. 121–135.
- Johann Baptist SCHNEYER, Geschichte der katholischen Predigt, Freiburg 1969.
- Anton LINSENMAYER, Geschichte der Predigt in Deutschland von Karl dem Großen bis zum Ausgange des 14. Jh., München 1886 (ND. Frankfurt 1969) (Überblick über Gesetzgebung, Predigttheorie und Predigtsammlungen).

- Kurt RUH, Deutsche Predigtbücher des Mittelalters, in: Beiträge zur Geschichte der Predigt, hg. v. Heimo Reinitzer (Vestigia Bibliae 3) Hamburg 1981, S. 11–30 (Einblick in Typologie, Überlieferung und einzelne Beispiele).

Jüngere Beispielstudien:

- Die deutsche Predigt im Mittelalter. Internationales Symposium am Fachbereich Germanistik der Freien Universität Berlin vom 3.–6. Oktober 1989, hg. v. Volker MERTENS u. Hans-Jochen SCHIEWER, Tübingen 1992.
- Raymond ETAIX, Homéliaires patristiques latins. Recueil d'études de manuscrits médiévaux (Collection des études augustiniennes. Série „Moyen Age et Temps modernes" 29) Paris 1994.
- De l'homélie au sermon. Histoire de la prédication médiévale. Actes du Colloque international de Louvain-la-Neuve (9–11 juillet 1992), hg. v. Jacqueline HAMESSE u. Xavier HERMAND (Publications de l'Institut d'Études Médiévales. Textes, études, congrès 14) Louvain-la-Neuve 1993.
- Medieval monastic Preaching, hg. v. Carolyn A. MUESSIG (Brill's studies in intellectual history 90) Leiden-Boston-Köln 1998.
- Medieval sermons and society: cloister, city, university. Proceedings of International Symposia at Kalamazoo and New York, hg. v. Jacqueline HAMESSE, Beverly Mayne KIENZLE, Debra L. STOUDT u. Anne T. THAYER (Textes et études du Moyen Age 9) Louvain-la-Neuve 1998 (Aufsatzsammlung).
- Lutz E. von PADBERG, Die Inszenierung religiöser Konfrontationen. Theorie und Praxis der Missionspredigt im frühen Mittelalter (Monographien z. Gesch. d. MA 51) Stuttgart 2003.
- Siegfried WENZEL, Latin Sermon Collections from Later Medieval England. Orthodox Preaching in the Age of Wyclif (Cambridge Studies in Medieval Literature 53) Cambridge 2005.

Die Tatsache, dass Predigen gelernt sein wollte, hat, wie bei Urkunden und Briefen, zu einer eigenen Schriftgattung der **Predigtanleitungen** (artes praedicandi) geführt, die vor allem seit dem 12. Jh. ihre Blütezeit erlebten.

Als eigenen Schrifttyp kann man das **Exempel** (exemplum) betrachten, das eigentlich jede (meist kurze) Beispielerzählung belehrender Tendenz (also auch historische Exempla) meint (vgl. o. S. 125), gern aber im Zusammenhang mit der Predigtliteratur auftritt und daher begrifflich (zu Unrecht) oft auf diesen Typ, als homiletische Kurzgeschichte, beschränkt wird.

Lit.:

- Claude BREMONT/Jacques LE GOFF/Jean-Claude SCHMITT, L'exemplum (TS 40) Turnhout 1982.
- Michael MENZEL, Predigt und Geschichte. Historische Exempel in der geistlichen Rhetorik des Mittelalters (Beihefte zum AKG 45) Köln-Weimar-Wien 1998.

(3) Eine ebenso bedeutende wie umfangreiche Quellengattung bilden die **Memorialbücher** *(libri memoriales)*, die dem liturgischen Gebetsgedächtnis, der Totenmemoria, vorwiegend klösterlicher Gemeinschaften dienten. Sie bieten im Wesentlichen (nur) Namen, sind aber hervorragende Quellen für eine historische Analyse. Typologisch lassen sich verschiedene Arten unterscheiden, die jedoch nicht selten vermischt auftreten.

Abb. 10: *Verbrüderungsbuch: Das St. Galler Verbrüderungsbuch, fol. 9ᵛ, p. 16.*

Die Seite ist zunächst der Verbrüderung mit dem Kloster Müstair gewidmet (Incipiunt nomina fratrum Tobrensium), dann aber durch verschiedene Gruppeneinträge erweitert worden. Gut zu erkennen sind etwa die Gruppen Adalbero, Waldhere, Geilsind, Liutpret, Othere, Herebiric in der zweiten und Kebehart, Reginger, Heinrich, Richwin, Richart, Oto, Kerhart – die Namenglieder Ker/ger-, Rich- und -hart deuten hier auf Verwandtschaft – sowie Chnellus, Sum, Redwic, Tosti, Erbero, Affi, Wicman, Arbirn in der dritten Spalte. Die Mönche von Müstair sind mit ihren Weihegraden angegeben; voran steht der Abt, ansonsten aber folgt die Liste einer anderen Ordnung, vielleicht dem Professalter.

(a) **Verbrüderungs- und Gedenkbücher**: Verbrüderungsbücher *(libri confraternitatum)* halten die Gebetsverbrüderungen mit anderen Klostergemeinschaften, Gedenkbücher *(libri memoriales, libri vitae)* die Namen von Laien fest, die als Wohltäter der Abtei in das Gebetsgedächtnis aufgenommen wurden. Beide Gattungstypen wurden bald vermischt.

Von der Anlage her zeigten Memorialbücher (vgl. Abb. 10) – das älteste ist der Liber vitae von St. Peter in Salzburg von 784 – oft eine durchdachte Ordnung: nach Klostergemeinschaften (oft jeweils unter ornamentalen Arkaden), Lebenden und Toten, Mönchen und Laien, „Ständen" (St. Peter: Patriarchen und Propheten, Aposteln, Märtyrern und Bekennern, Heiligen, Bischöfen und Äbten, Königen, Herzögen, Mönchen, Nonnen, Laien). Diese Ordnung wurde aber bald zugunsten einer willkürlich eingetragenen Fülle von Namen aufgegeben. Jedes Buch hat seine eigene, spezifische Prägung. Aufgabe der Quellenkritik ist es daher, ursprüngliche Anlage und spätere Ergänzungen zu erkennen – manchmal wurden ältere Bücher später zusammengebunden – und Handschriften und Einträge zu sondern.

Verbrüderungs- und Gedenkbücher bieten zunächst also eine Namensfülle und damit hervorragende Zeugnisse für die Namenkunde, werden, wenn ihre Struktur erkannt ist, aber auch zu wertvollen historischen Quellen: Sie belehren uns nämlich einmal über die Zusammensetzung der Konvente und – im Zusammenhang mit anderen Mönchs- und Professlisten und im Vergleich verschiedener Eintragungen – über deren Wandel (Größe, Altersschichtung, Ämterfolge); zum andern spiegeln die Eintragungen die Außenbeziehungen des Klosters und eventuell auch seiner Gründerfamilie wider.[78] Sie bilden ein Spiegelbild vor allem der karolingischen Reichskirche in ihren kirchlichen und gesellschaftlichen Verflechtungen, und sie bezeugen die Kontakte zwischen Laien (vor allem Adel) und Mönchtum und dessen Rolle in der Gesellschaft. Bei den Laieneinträgen handelt es sich in der Regel um Gruppeneinträge, die sich, mit gleicher Hand und Tinte geschrieben, bei näherem Hinsehen oft als Verwandtschaftsgruppen erweisen. Damit gewinnen wir einen Zugriff auf die Adelsfamilien, deren Zusammensetzung, Verflechtung und Wandel hier bei sorgfältiger Aufarbeitung in den Blick geraten und deren Struktur erkennbar wird: z. B. der Zusammenhalt von geistlichen und weltlichen Verwandten, die Bedeutung der kognatischen (von der Frau abgeleiteten) Verwandtschaftsverhältnisse oder die Weitergabe bestimmter, von väterlicher und mütterlicher Seite hergeleiteter Namenstraditionen. Memorialbücher füllen damit eine Lücke in der Zeit der Einnamigkeit, die Personenidentifizierungen erschwert und nur wenig genealogische Stammbäume überliefert. In nachkarolingischer Zeit verlieren sie an Bedeutung.

---

78 Zum letzten Aspekt vgl. Gerd ALTHOFF, Adels- und Königsfamilien im Spiegel ihrer Memorialüberlieferung. Studien zum Totengedenken der Billunger und Ottonen (Münstersche Mittelalter-Schriften 47) München 1984; Uwe LUDWIG, Transalpine Beziehungen der Karolingerzeit im Spiegel der Memorialüberlieferung. Prosopographische und sozialgeschichtliche Studien unter besonderer Berücksichtigung des Liber vitae von San Salvatore in Brescia und des Evangeliars von Cividale (MGH Studien und Texte 25) Hannover 1999.

(b) Einen ganz ähnlichen Aussagewert besitzt eine zweite Gruppe der Memorialbücher: die Totenverzeichnisse **(Nekrologien)**. Sie knüpfen an **Martyrologien** an, Verzeichnisse von Märtyrern und anderen Heiligen mit ihren Todes- und Festtagen – und nur gelegentlich mit hagiographischen Nachrichten –, die, in verschiedenen Typen überliefert, den jeweils regionalen oder lokalen Festkalender bilden und damit, nach Klärung der Überlieferungs- und Datierungsverhältnisse, Grundlage einer Erforschung der Heiligenverehrung sind.[79] Durch Eintragung weiterer Namen (von Mitgliedern der eigenen und verbrüderter Gemeinschaften, Stiftern, Wohltätern, Amtspersonen) mit ihrem Gedenktag wurden sie zu Totenbüchern **(Nekrologien)**, die die Gruppeneinträge der Gedenkbücher zugunsten der Chronologie der Gedenktage (Kalendertage) aufgaben, um die Masse der zu gedenkenden Namen organisatorisch zu bewältigen. Nekrologien lösten die Gedenkbücher seit dem 10. Jh. ab, dienen aber wie diese der Namen- und Personenkunde, spiegeln, über die Liturgiegeschichte hinaus, ebenfalls Binnenstruktur und Außenbeziehungen der Klöster und Kirchen wider und lassen so, etwa anhand der Königseinträge, auch den jeweiligen „Wirkungskreis" des Königtums erkennen.[80] Nekrologien haben eine weit längere und größere Verbreitung erfahren als Gedenkbücher. Eine Sonderform bilden Totenannalen, die den Todestag dem jeweiligen Todesjahr zuordnen. Verwandt, aber nicht mehr vornehmlich auf das Totengedenken ausgerichtet sind spätmittelalterliche Sterberegister und Todesrotuli.

Die ältere Forschung hat der Memorialliteratur kaum Beachtung geschenkt. Viele Verbrüderungsbücher und Nekrologien sind daher in der Reihe „Antiquitates" der MGH völlig unzureichend und unvollständig ediert. Die Aussagekraft ist erst seit den späten 1950er-Jahren durch einen Freiburger und später Münsteraner Arbeitskreis um Gerd Tellenbach, Karl Schmid und Joachim Wollasch erwiesen worden, der die quellenkritischen Probleme weitgehend gelöst hat und in weitgespanntem Rahmen unter dem Titel „Societas et Fraternitas" die Edition dieser Quellen in einer neuen MGH-Serie „Libri memoriales et necrologia" vorangetrieben hat.[81] Der Charakter der Schriften macht Faksimile-Editionen notwendig. Muster- und Standardwerk bildet die Neuedition und Auswertung der fuldischen Gedenküberlieferung.[82] Das Hauptproblem historischer Auswertung liegt in der Identifizierung bestimmter Personen, im Verhältnis von Namen und Personen. Kernstück der Edition ist daher ein kommentiertes Parallelregister der verschiedenen, sich ähnelnden Gruppeneinträge, deren Übereinstimmungen auf diese Weise in den Blick geraten. „Memorialüberlieferung" ist in diesem Sinn aber nicht mehr auf die besprochenen liturgischen Quellen beschränkt, sondern bezieht alle Nachrichten über das Totengedenken, auch hagiographische oder Jenseitsvisionen, ein.

---

79 Vgl. Jacques Dubois, Les martyrologes du moyen âge latin (TS 26/30) Turnhout 1978.

80 Vgl. Wolfgang Metz, Nekrologische Quellen zum „Wirkungsbereich" des deutschen Königtums (919–1250), HJb 107, 1987, S. 254–295.

81 Vgl. Karl Schmid/Joachim Wollasch, Societas et Fraternitas. Begründung eines kommentierten Quellenwerkes zur Erforschung der Personen und Personengruppen des MA, FMSt 9, 1975, S. 1–48. Beiträge und Berichte über das Projekt finden sich in der Zeitschrift „Frühmittelalterliche Studien".

82 Die Klostergemeinschaft von Fulda im früheren Mittelalter, hg. v. Karl Schmid und Joachim Wollasch, 3 Bde. (in 5 Teil-Bdn.) (Münstersche MA-Schrr. 8) München 1978.

Die ausführliche Besprechung, die der Forschungsstand in diesem Fall ermöglicht, mag exemplarisch veranschaulichen, welche Bedeutung unscheinbare liturgische Quellen für die Geschichtswissenschaft erlangen können. Die Auswertung darf aber nie die eigentliche, liturgische Funktion der Memorialbücher außer acht lassen, denn sie allein hat deren Inhalt und Anordnung bestimmt.

Lit.:

- BOSHOF (o. S. 45) S. 133 ff.; O. G. OEXLE, Art. Memoria, Memorialüberlieferung, LMA 6, Sp. 510–513; Van CAENEGEM, Introduction (o. S. 84) S. 143 ff. (Personenlisten).
- N. HUYGHEBAERT, Les documents necrologiques (TS 4) Turnhout 1972.
- Gerd TELLENBACH, Liturgische Gedenkbücher als historische Quellen, in: Mélanges E. Tisserant 5,2 (Studi e Testi 235) Vatikan 1964, S. 389–399.
- Karl SCHMID/Joachim WOLLASCH, Die Gemeinschaft der Lebenden und Verstorbenen in Zeugnissen des Mittelalters, FMSt 1, 1967, S. 365–405.
- Otto Gerhard OEXLE, Memoria und Memorialüberlieferung im früheren Mittelalter, FMSt 10, 1976, S. 70–95.
- Franz-Josef JACOBI, Früh- und hochmittelalterliche Sozialstrukturen im Spiegel liturgischer Quellen, GWU 31, 1980, S. 1–20.
- Franz NEISKE, Visionen und Totengedenken, FMSt 20, 1986, S. 137–185.

Zum Umfeld:

- Memoria. Der geschichtliche Zeugniswert des liturgischen Gedenkens im MA, hg. v. Karl SCHMID u. Joachim WOLLASCH (Münstersche MA-Schrr. 48) München 1984.
- Memoria in der Gesellschaft des Mittelalters, hg. v. Dieter GEUENICH u. Otto Gerhard OEXLE (Veröffentl. d. Max-Planck-Instituts f. Gesch. 111) Göttingen 1994.
- Memoria als Kultur, hg. v. Otto Gerhard OEXLE (Veröffentl. d. Max-Planck-Instituts f. Gesch. 121) Göttingen 1995.

(4) **Visionen und Traumbücher**: Für unsere Begriffe schon nah der Dichtung, wurden mittelalterliche Visionen, meist in Träumen oder in ekstatischer Entrückung erfahren, als wahr, nämlich als unmittelbare göttliche Offenbarung verstanden und vielfach als „Revelationes" (Offenbarungen) betitelt. Sie besaßen für den mittelalterlichen Menschen daher einen ganz besonderen Realitätsgehalt als „transzendente Erlebnisberichte" und „Jenseitsreisen", verfolgten häufig aber auch politische Tendenzen.

Visionen stehen nicht zufällig im Zusammenhang mit mystischen Bewegungen, nicht zuletzt auch der spätmittelalterlichen Frauenmystik. Quellenkritisch zu beachten ist allerdings, dass sie selten von den Erlebenden selbst, sondern von anderen nach deren mündlichem Bericht aufgezeichnet und dabei ins Lateinische übertragen wurden. Sie sind daher stilisiert und verfolgen bestimmte Absichten (Tendenzen), wenngleich reine Fiktionen anscheinend selten sind. Von solchen Visionen zu unterscheiden sind demnach der Struktur nach eng verwandte, aber fiktive Jenseitsreisen, die der Dichtung angehören (wie Dantes „Divina Comedia"), oder die vielen, symbolhaften Träume in der Dichtung.[83]

---

83 Vgl. dazu Steven R. FISHER, Dreambooks and the Interpretation of Medieval Literary Dreams, AKG 65, 1983, S. 1–20.

Visionen hat es zu allen Zeiten des Mittelalters gegeben, ihr Höhepunkt liegt aber im 12. Jh. Sie sind teils einzeln überliefert, oft nur als Exempelerzählung in andere Schriften eingefügt – bezeichnenderweise auch in historiographische Werke – oder, seit dem hohen Mittelalter, als Visionssammlungen zu eigenen Werken verarbeitet (wie die Visionen Hildegards von Bingen). Inhaltlich handelt es sich vor allem um Jenseitsvisionen: „Besuche" im Paradies und im Himmel oder, öfter, in der Hölle und im Fegefeuer, Begegnungen mit Gott, mit Engeln oder Teufeln, Heiligen und Verstorbenen, vielfach Verwandten. Der Tendenz nach dienten Visionen neben theologisch-kontemplativen durchaus auch (kirchen-)politischen Zwecken. Sie trugen moralisch mahnenden oder rechtlich legitimierenden Charakter und richteten sich an eine Person oder eine Gemeinschaft.

Visionen haben nur bedingt faktenhistorischen Aussagewert, aber sie vermitteln einen ausgezeichneten Einblick in die mittelalterliche Frömmigkeit und Vorstellungswelt, vor allem in die Jenseits- und Todesvorstellungen und in das Verhältnis der Menschen zum Heiligen, das sich hier, an einer „Gattung", auch gut im Wandel verfolgen lässt.

Ed.:
Auswahl verschiedener Beispieltexte (mit Übersetzung):
- Mittelalterliche Visionsliteratur. Eine Anthologie, hg. v. Peter DINZELBACHER, Darmstadt 1989.

Lit.:
- Peter DINZELBACHER, Vision und Visionsliteratur im Mittelalter (Monographien zur Gesch. d. MA 23) Stuttgart 1981.
- DERS., Revelationes (TS 57) Turnhout 1991.

2.2.4.7 Wissenschaftliches Schrifttum

Die Wissenschaft war zumindest im frühen und hohen Mittelalter letztlich theologisch orientiert; als „weltlich" kann allenfalls die dazu vorbereitende Schulwissenschaft gelten. Fällt das wissenschaftliche Schrifttum daher primär in die Kompetenz der Theologie, so ist es vielfach auch für die Geschichtswissenschaft, und zwar durchaus nicht nur im Bereich der Wissenschafts- und Kirchengeschichte, von hoher Bedeutung.

Ed.: Vgl. DOTZAUER (u. S. 250) S. 297 ff.

2.2.4.7.1 Theoretisch-theologische Schriften

Das nicht-liturgische Schrifttum lässt sich grob in exegetische und dogmatische Werke unterteilen.
(1) Die **Bibelexegese** stand im frühen Mittelalter im Mittelpunkt theologischer Beschäftigung. Auf vier Ebenen, den vier Schriftsinnen der wörtlichen („historischen"), übertragenen („allegorischen"), moralischen („tropologischen") und metaphysischen („anagogischen") Auslegung suchte man in spätantiker Tradition den geheimnisvollen Sinn der biblischen Schriften, die als unmittelbare Offenbarung Gottes galten, zu erkunden. In der Regel legten exegetische Schriften einzelne Bi-

belbücher in chronologischer Folge aus, erst seit dem hohen Mittelalter kamen vereinzelt auch sachliche Ordnungen auf, traten systematische Schriften neben die exegetischen. Vor allem in dieser Zeit erfolgte Bibelexegese auch in Form von **„Glossen"**, Erläuterungen, die am Rand oder zwischen den Zeilen des Bibeltextes eingefügt wurden. Aus der Exegese erwachsen sind die Schriften des sog. Symbolismus, der biblische Gleichnisse (etwa die vier Nachtwachen oder die sieben Siegel der Apokalypse) konsequent auf historische Epochen der Kirchengeschichte anwandte (Rupert von Deutz, Gerhoh von Reichersberg). Die „Scholastik", die hoch- und spätmittelalterliche Theologie der Domschulen und Universitäten, schuf systematische, exegetische Kompendien der gesamten biblischen Geschichte (wie die „Historia scholastica" des Petrus Comestor). Die Vielzahl der spätmittelalterlichen exegetischen Schriften ist noch wenig erforscht.

Auch wenn die mittelalterliche Bibelexegese sehr traditionell verfuhr und weithin ältere, vor allem patristische Auslegungen aufnahm oder ausschrieb – zunächst wären also solche Abhängigkeiten zu klären –, lassen sich aus dem Versuch, den Bibelsinn für die Menschen der Gegenwart zu erfassen, doch auch wichtige Einblicke in die mittelalterliche Vorstellungswelt, in den Gebrauch und das Verständnis bestimmter (biblischer) Begriffe, in die allegorischen Assoziationen und das symbolische Weltverständnis, in das Wissenschaftsverständnis und die Denk- und Argumentationsweisen gewinnen. Seit dem hohen Mittelalter entstanden regelrechte Allegorienverzeichnisse als entsprechende Hilfsmittel.

Lit.:

- H. Riedlinger, Art. Bibel (Geschichte der Auslegung), LMA 2, Sp. 47 ff.; Berlioz (u. S. 255) S. 11–25.
- Henri De Lubac, Exégèse médiévale. Les quatre sens de l'écriture, 2 Bde. (in 4 Halbbdn.), Paris 1959–64 (grundlegend).
- Beryl Smalley, The Study of the Bible in the Middle Ages. Oxford 1952 (ND. Notre Dame/Indiana ^{2}1970).
- Neue Richtungen in der hoch- und spätmittelalterlichen Bibelexegese, hg. v. Robert E. Lerner (Schriften des Historischen Kollegs 32) München 1996.
- Guy Lobrichon, La Bible au Moyen Âge (Les Médiévistes français 3) Paris 2003.

Beispiele einer historischen Auswertung der Exegese (politische Theorie):

- Werner Affeldt, Die weltliche Gewalt in der Paulus-Exegese. Rom. 13,1–7 in den Römerbriefkommentaren der lateinischen Kirche bis zum Ende des 13. Jh. (Forschungen zur Kirchen- und Dogmengeschichte 22) Göttingen 1969.
- Johannes Heil, Kompilation oder Konstruktion? Die Juden in den Pauluskommentaren des 9. Jahrhunderts (Forschungen z. Gesch. d. Juden A 6) Hannover 1998.

Den symbolischen Bedeutungsgehalt hat die von der Münsteraner Schule Friedrich Ohlys initiierte historische Bedeutungsforschung erschlossen (vgl. u. S. 354):

- Friedrich Ohly, Schriften zur mittelalterlichen Bedeutungsforschung, Darmstadt 1977.
- Verbum et Signum. Beiträge zur mediävistischen Bedeutungsforschung, 2 Bde., München 1975.

(2) Inhaltlich weit weniger geschlossen sind die dogmatischen Schriften und Traktate (hier im weitesten Sinn verstanden), die theologische Lehrsätze behandeln und/oder zu moralischem Leben erziehen wollen und in formaler Hinsicht vor allem in zwei Ausgestaltungen begegnen: als Traktat zu einem bestimmten Thema oder aber als systematische Zusammenfassung des Lehrstoffs. Die **theologischen und politischen Traktate** können sehr verschiedene theologische Themen beinhalten.

Traktate behandeln z. B. die Eucharistie (Abendmahl), Tugenden und Laster, die Trinität, das Problem der Sünde und des freien Willens – und sind nicht selten als Streitschriften verschiedener Positionen aufeinander bezogen. Als für Historiker/innen besonders ergiebig sei hier eine Sonderform herausgestellt: die politischen Traktate als Erziehungs- oder Diskussionsschriften, die eine Theologie der politischen Gewalten, eine christliche Staatslehre, als Anleitung für eine gute Regierung bieten wollen. Viele solcher Traktate sind daher der Gruppe der **Fürstenspiegel** zuzuordnen, die aus westgotischer und irischer Tradition stammten, ihre Blütezeit aber – noch ausschließlich an Könige gerichtet – in karolingischer Zeit erlebten (Smaragd von St. Mihiel, Jonas von Orléans, Sedulius Scottus, Hinkmar von Reims). Neue Fürstenspiegel entstanden erst wieder seit dem 12./13. Jh. in den westlichen Monarchien (Johannes von Salisbury's „Policraticus"; Helinand von Froidmont). Spätmittelalterliche Fürstenspiegel und Staatsschriften, die sich auch an Landesherren richteten, griffen die Frage des Widerstandsrechts und Tyrannenmordes auf und suchten, durchaus parteilich, eine systematische Staatslehre zu entwickeln (Thomas von Aquin, Aegidius Romanus, Konrad von Megenberg, Lupold von Bebenburg, Marsilius von Padua, Macchiavelli).

Ed.:

Wichtige politische Traktate sind in der MGH-Serie „Staatsschriften des späteren Mittelalters" ediert (Alexander von Roes, Engelbert von Admont, Konrad von Megenberg, Dietrich von Nieheim, Reformatio Sigismundi).

Lit.:

- Quirin (o. S. 45) S. 56f.
- Hans Hubert Anton, Art. Fürstenspiegel, LMA 4, 1989, Sp. 1040–1049.
- Ders., Fürstenspiegel und Herrscherethos in der Karolingerzeit (Bonner Hist. Forsch. 32) Bonn 1968.
- Wilhelm Berges, Die Fürstenspiegel des hohen und späten Mittelalters, Leipzig 1938 (ND. 1952).
- Bruno Singer, Die Fürstenspiegel in Deutschland und Italien des Humanismus und der Reformation. Bibliographische Grundlagen und ausgewählte Interpretationen (Humanistische Bibliothek 1,34) München 1981.

Auswertungsbeispiele, die zugleich einen Überblick über politische Traktate verschaffen:

- Alois Dempf, Sacrum imperium. Geschichts- und Staatsphilosophie des Mittelalters und der politischen Renaissance, München-Berlin 1929 (ND. Darmstadt 1962).
- Wilhelm Kölmel, Regimen Christianum. Wege und Ergebnisse des Gewaltenverhältnisses und des Gewaltenverständnisses (8.–14. Jh.), Berlin 1970.
- Wolfgang Stürner, Peccatum und Potestas. Der Sündenfall und die Entstehung der herrscherlichen Gewalt im mittelalterlichen Staatsdenken (Beiträge zur Geschichte und Quellenkunde des Mittelalters 11) Sigmaringen 1987.

Andere „Spiegel" richteten sich an den Papst (wie Bernhard von Clairvaux' „De consideratione") oder waren allgemeine Tugend- (wie der „Liber de vita christiana" Bonizos von Sutri) oder Gesellschafts- bzw. Ständelehren. Wieder andere Traktate befassten sich mit der idealen Reichsverwaltung. Die Überlieferung reicht von der Beschreibung des karolingischen Königshofs in Hinkmars von Reims „De ordine palatii"[84] über den hochmittelalterlichen „Dialogus de scaccario", eine Schrift über die englische Finanzbehörde, den Exchequer, und seine Vorgehensweise, bis hin zu den Reformschriften des Spätmittelalters. Dem städtisch-familiären Bereich gehören die spätmittelalterlichen **Hausbücher** als Moralschriften für die Haushaltsführung an.[85]

Eine besondere Gruppe politischer Traktate bilden die **Streitschriften** des Investiturstreits (Libelli de lite).

Streitschriften hat es zu allen Zeiten gegeben. In der Zeit des Investiturstreits aber erhielten sie ein besonderes Gepräge: Zur Verteidigung zunächst der Kirchenreform und ihrer Belange, dann aber, im Streit zwischen Papsttum (sacerdotium) und Königtum (regnum) und deren (Vor-)Recht in der Kirche (= Christenheit), der päpstlichen oder königlichen Gewalt, nahmen sie in Traktat- oder Briefform Stellung, verteidigten ihre eigene Meinung und suchten die Ansichten der Gegenpartei zu widerlegen. So kam es nicht nur zu einer direkten Konfrontation, die Autoren sahen sich auch zur Argumentation und zu einer möglichst stichfesten Begründung ihrer Meinung gezwungen; sie griffen dazu auf Bibel, Kirchenväter und Kirchenrecht, aber auch auf historische Präzedenzfälle zurück. Die wichtigsten inhaltlichen Themen waren Simonie und Bischofsinvestitur, Bann und Absetzung des Königs durch den Papst sowie überhaupt das Gewaltenverhältnis zwischen Regnum und Sacerdotium. Im Laufe des späten 11. und frühen 12. Jh. tendierten die Autoren mehr und mehr zur Überwindung des Streits und zur Erarbeitung von Lösungsvorschlägen, die die Einheit wahren wollten. So bilden die Streitschriften nicht nur wichtige Quellen für den Verlauf des Investiturstreits – sie werden ihres Inhalts wegen oft noch zur Geschichtsschreibung gezählt –, sondern auch für die politische Stellungnahme, die Ziele und die Argumentationsweise der Zeit.

Ed.:
Die Streitschriften sind ediert in den drei Bänden MGH Libelli de lite, 1891–97 (o. S. 86). Eine Auswahl mit deutscher Übersetzung bietet: Quellen zum Investiturstreit, hg. v. Irene SCHMALE-OTT (FSGA 12b) Darmstadt 1984.

Lit.:
– Rudolf SCHIEFFER, Libelli de lite, LMA 5, 1991, Sp. 1937f.

Den besten Gesamtüberblick bietet immer noch:
– Carl MIRBT, Die Publizistik im Zeitalter Gregors VII., Leipzig 1894.

(3) Charakteristisch für die scholastische Literatur seit dem 12. Jh. sind weniger die Traktate als vielmehr die systematischen Übersichten und **Zusammenfassungen des Wissensstoffs** und der Glaubenslehre in enzyklopädischer Absicht.

---

84 Ed. (mit Übers.) Thomas GROSS u. Rudolf SCHIEFFER, MGH Font. iur. Germ. ant. 3, 1980.

85 Angekündigt: Haus- und Familienbücher in der städtischen Gesellschaft des Spätmittelalters und der Frühen Neuzeit, hg. v. Birgit STUDT (Städteforschung Reihe A 69) Köln-Weimar 2006.

Grundlage bildeten zunächst die (schon älteren) **Florilegien**, Zitatensammlungen vor allem aus den Schriften der Kirchenväter (die vielleicht größeren Einfluss ausübten als die Schriften der Kirchenväter selbst). Die bedeutendste **Enzyklopädie** als Zusammenfassung des gesamten antiken Wissens, gerade auch für kirchliche Zwecke, aber unter Einschluss der weltlichen Aspekte, verfasste Isidor von Sevilla im 7. Jh. mit seinen „Etymologiae sive origines". Ähnliche Enzyklopädien sind auch später entstanden, wie „De universo" des Hrabanus Maurus im 9., „De imagine mundi" des Honorius Augustodunensis im 12., mit Büchern über Raum, Zeit und Geschichte, oder das dreigeteilte „Speculum universale" des Vinzenz von Beauvais im 13. Jh.: das „Speculum doctrinale", „morale" und „historiale".[86]

Typische, nach systematischen Gesichtspunkten geordnete Gattungen der Scholastik sind **Glossen** als Kommentare zu älteren Texten (keineswegs nur der Bibel), die **Quaestionen** als Frage- und Antwortschriften, die **Sentenzensammlungen**, die die Väterzitate thematisch ordnen und diskutieren, also ebenfalls Lösungen zu aufgeworfenen Streitfragen bieten, und schließlich die **Summen** als kompendienhafte Zusammenfassungen des Wissensstoffs. Die Abgrenzung dieser Gattungen fällt oft nicht leicht. Gemeinsam ist ihnen, dass sie ein sachlich gegliedertes Kompendium der Vätergedanken bieten, diese diskutieren, nach Lösungen in Streitfragen suchen und sie zu dogmatischen Lehrsätzen ausgestalten. Die scholastischen Schrifterzeugnisse enthalten daher den gesamten (damals relevanten) theologischen Wissensstoff; sie vermitteln Einblick in die Glaubenslehre wie auch in das methodische Instrumentarium mittelalterlicher Wissenschaftlichkeit.

Lit.:
- Bernardo C. Bazán/John W. Wippel/Gérard Fransen/Danielle Jacquart, Les questions disputées et les questions quodlibétiques dans les facultés de théologie, de droit et de médicine (TS 44/45) Turnhout 1985.
- Rainer Berndt, La théologie comme système du monde. Sur l'évolution des sommes théologiques de Hugues de Saint-Victor à Saint Thomas d'Aquin, Revue des sciences philosophiques et théologiques 78, 1994, S. 555–572.

2.2.4.7.2 Nichttheologische Fachliteratur

Das sonstige wissenschaftliche Schrifttum kreist im Wesentlichen um die Schulbildung und damit vor allem um die sieben „freien Künste" (artes liberales): die „Sprachwissenschaften" Grammatik, Rhetorik und Dialektik einerseits und die „Zahlenwissenschaften" Arithmetik, Geometrie, Astronomie[87] und Musik andererseits. Die entsprechenden Fachschriften sind auch hier entweder Traktate, die Einzelprobleme behandeln und vor allem für die Wissenschaftsgeschichte von Interesse

86 Vgl. L'enciclopedismo medievale, hg. v. Michelangelo Picone, Ravenna 1994 (Beiträge in italienischer und französischer Sprache); Die Enzyklopädie im Wandel vom Hochmittelalter bis zur Frühen Neuzeit, hg. v. Christel Meier (Akten des Kolloquiums des Projekts D im Sonderforschungsbereich 231, 29.11.–1.12.1996) (Münstersche MA-Schrr. 78) München 2002 (Einblick in die Forschung und zugleich Überblick über die mittelalterlichen Enzyklopädien).

87 Vgl. Emmanuel Poulle, Les sources astronomiques (textes, tables, instruments) (TS 39) Turnhout 1981.

sind, oder aber „Schul- bzw. Lehrbücher" als Handreichungen für den Lehrer. Sie können sich auf einzelne Künste beziehen – z. B. Schriften „De grammatica", „De rhetorica", „De computo", „De musica" – oder aber die Künste übergreifend behandeln („Didaktiken").

Besonderen Einfluss hat hier das allegorische (fast romanhafte) spätantike Werk des Martianus Capella „Von der Hochzeit Merkurs mit der Philologie" (De nuptiis Mercurii et Philologiae) gewonnen, in dem die sieben Künste als allegorische Frauengestalten auftreten und ihren Inhalt, gleichsam spielerisch, verkünden.

Andere Fachschriften leiteten zu besonderen Fertigkeiten an, vor allem den „mechanischen Künsten" (artes mechanicae): zu Handwerk, einschließlich der Textilkunst und Färberei, Baukunst, Bergbau, Alchimie, Kriegswesen und Waffenkunde (De arte militari), Seefahrt (einschließlich Erd- und Handelskunde), Landwirtschaft, Gartenbau und Hauswirtschaft, Jagd[88] und Fischerei, Medizin und Heilkunde, zu Tieren (Bestiarien)[89] und Steinen (Lapidarien) sowie zu den Hofkünsten (Turnier- und Fechtbücher, Schachbücher etc.). Berühmte Beispiele solcher Werke sind das „Kunsthandbuch" des Theophilus („Schedula de diversis artibus") aus dem 12. Jh., das die Kunsttechniken (Malerei einschließlich der Zubereitung der Farben, Holzschnitzerei, Metallverarbeitung, vor allem Glockenguss) beschreibt, das „Bauhüttenbuch" des Villard de Honnecourt aus dem 13. Jh. oder das Handbuch der Falkenjagd („De arte venandi cum avibus") Kaiser Friedrichs II.; zur Heilkunst wären vor allem die Werke Hildegards von Bingen zu nennen; daneben gibt es eine große Zahl medizinischer Traktate[90] und Consilia.[91] Seit Mitte des 14. Jh. sind auch viele Kochbücher erhalten.[92] Schließlich gab es Anleitungen zu den verbotenen Künsten, Magie und Mantik (Wahrsagekunst).

Seit dem 12. Jh. wurde, besonders in Italien, auch das Recht wissenschaftlich in Traktaten und Fallentscheidungen, vor allem in Rechtsgutachten (Consilia), behandelt.[93] In den enzyklopädischen Zusammenfassungen des Wissens spielte schließlich die „Naturlehre" (Physik) eine besondere Rolle, z. B. bei Konrad von Megenberg 1349/50 (Liber de natura rerum) mit Kapiteln über den Menschen, Himmel, Tiere, Pflanzen, Edelsteine u. a.

Ed.:
Textauszüge zu den Naturwissenschaften in englischer Übersetzung:
– A Source Book in Medieval Science, ed. Edward Grant, Cambridge/Mass. 1974.

---

88 Vgl. Baudouin van den Abeele, La littérature cynégétique (TS 75) Turnhout 1996.

89 Vgl. Beasts and Birds of the Middle Ages. The Bestiary and Its Legacy, hg. v. Willene B. Clark u. Meradith T. McMunn, Philadelphia 1989 (Aufsatzsammlung mit ausführlicher Bibliographie).

90 Vgl. Enzyklopädie Medizingeschichte, hg. v. Werner E. Gerabek, Bernhard D. Haage, Gundolf Keil u. Wolfgang Wegner, Berlin-New York 2005

91 Vgl. Jole Agrimi/Chiara Crisciani, Les *Consilia* médicaux (TS 69) Turnhout 1994.

92 Vgl. Bruno Laurioux, Les livres de cuisine médiévaux (TS 77) Turnhout 1997.

93 Vgl. Ingrid Baumgärtner, Stadtgeschichte und Consilia im italienischen Spätmittelalter. Eine Quellengattung und ihre Möglichkeiten, ZHF 17, 1990, S. 129–154; Fallstudien: Consilia im späten Mittelalter. Zum historischen Aussagewert einer Quellengattung, hg. v. Ders. (Studi. Schriftenreihe des Deutschen Studienzentrums in Venedig 13) Sigmaringen 1995.

Lit.:

Zur weltlichen Fachliteratur:

- BERLIOZ (u. S. 255) S. 239–246.
- Gerhard EIS, Mittelalterliche Fachprosa der Artes, in: Deutsche Philologie im Aufriß, hg. v. Wolfgang Stammler, Bd. 2, Berlin 1960, Sp. 1103–1216;
- DERS., Mittelalterliche Fachliteratur, Stuttgart ^{2}1967 (zur deutschsprachigen Literatur; die Zuordnung der Werke erfolgt hier freilich nach modernen Gesichtspunkten, so wenn Inquisitionsbücher zur Hexenverfolgung, wie der berühmte „Hexenhammer" des Heinrich Institoris, zur Magie gerechnet werden.)
- William CROSSGROVE, Die deutsche Sachliteratur des Mittelalters (Germanistische Lehrbuchsammlung 63) Bern-Berlin-Frankfurt/M.-New York-Paris-Wien 1994.

Systematischen Gesichtspunkten entsprang auch der Wunsch, sich einen Überblick über das Schrifttum zu verschaffen. Immer wieder stellte man daher in einer Art **Literaturgeschichte** die bedeutendsten (theologischen) Schriftsteller und ihre Werke zusammen („De scriptoribus ecclesiasticis").

Dagegen dienten die seit dem 9. Jh. erhaltenen **Bibliothekskataloge** der Übersicht über den Buchbestand einzelner Institutionen (Klöster und Kirchen), vereinzelt auch einzelner Privatpersonen; seit dem 13. Jh. schwoll ihre Zahl an. Praktikabel (mit Index zum Auffinden) wurden sie erst gegen Ende des Mittelalters. Bibliothekskataloge spielen vor allem im Rahmen der Handschriftenkunde eine Rolle (vgl. u. S. 293 ff.). Sind sie kritisch auf Datierung, Zeitschichten und Vollständigkeit untersucht, so erlauben sie darüber hinaus wichtige Aussagen zum Bestand einzelner Bibliotheken wie – im Vergleich – zur Verbreitung bestimmter Bücher; sie helfen bei der Datierung bestimmter Werke und bei der Eruierung möglicher Vorlagen einzelner Schriften und vermitteln Einblick in die spezifische Ausrichtung und das kulturelle Niveau bestimmter Skriptorien (Schreibschulen). Für das mittelalterliche Selbstverständnis ist es aber bezeichnend, dass Bibliothekskataloge oft im Rahmen von „Schatzverzeichnissen", also im Zusammenhang mit dem meist aus liturgischen Geräten bestehenden Kirchenschatz überliefert sind.

Ed.:

Die mittelalterlichen Bibliothekskataloge Deutschlands und der Schweiz, Bd. 1–4, München 1928–1971 (ND. 1969–1979) (umfasst die Bistümer Konstanz, Chur, Mainz, Erfurt, Augsburg, Eichstätt, Bamberg, Regensburg, Passau, Freising und Würzburg). Erg.-Bd. 1989; Register-Bd. 1990.

Lit.:

- Albert DEROLEZ, Les catalogues des bibliothèques (TS 31) Turnhout 1979.

Eine Reihe neuerer Studien erschließt die Kultur- und Bildungsgeschichte einzelner Kirchen vornehmlich aus den Bibliothekskatalogen.[94]

---

94 Als Beispiele seien genannt: Rolf SCHMIDT, Reichenau und St. Gallen. Ihre literarische Überlieferung zur Zeit des Klosterhumanismus in St. Ulrich und Afra zu Augsburg um 1500 (Vorträge und Forschungen Sonderbd. 33) Sigmaringen 1985; Franz FUCHS, Bildung und Wissenschaft in Regensburg. Neue Forschungen und Texte aus St. Mang in Stadtamhof (Beiträge zur Geschichte und Quellenkunde des MA 13) Sigmaringen 1989.

2.2.4.8 Dichtung

Dichtung (Literatur) unterscheidet sich von Dokumenten durch ihren erzählenden Charakter, von der Geschichtsschreibung wie auch vom wissenschaftlichen Schrifttum aber dadurch, dass sie (mehr oder weniger) frei erfunden, Fiktion, ist. Sie gehört damit eigentlich in das Arbeitsgebiet der Literaturwissenschaft, auf deren Ergebnisse die Geschichtswissenschaft hier stets angewiesen bleibt. Im Zuge gewandelter Fragestellungen wird die Dichtung aber auch für Historiker/innen immer interessanter (ganz abgesehen von der Tendenz zu interdisziplinär bearbeiteten Themen). Die Grenzen der mittelalterlichen Dichtung zur Historiographie wie auch zur Theologie sind zudem vergleichsweise fließend, insofern auch die Dichtung gern historische oder theologische Themen aufgreift und vor allem stets in moralischer Absicht belehren will. Die Sprache der abendländischen Dichtung ist zunächst das Mittellatein, sind daneben aber von Anfang an auch und zunehmend die verschiedenen Volkssprachen (alt- und mittelhochdeutsch, altnordisch, alt- und mittelenglisch, altfranzösisch, provençalisch, altitalienisch, altspanisch). Bis über das hohe Mittelalter hinaus gehören die volkssprachigen Quellen sogar überwiegend der Dichtung an, erst im späten Mittelalter greifen sie in größerem Ausmaß auf andere Bereiche über. Gattungsmäßig lassen sich traditionell Lyrik, Epik, Prosaerzählungen und Dramen (Spiele) unterscheiden. Da an dieser Stelle nur ein grober Überblick möglich ist, sei auf literaturgeschichtliche Handbücher verwiesen.

Lit.: (vgl. auch o. S. 71 ff.):
- THEUERKAUF (o. S. 46) S. 184 ff.
- F. BRUNHÖLZL, Lateinische Sprache und Literatur des Mittelalters, LMA 5, Sp. 1726–1735.
- BERLIOZ (u. S. 255) S. 93–100.
- Epische Stoffe des Mittelalters, hg. v. Volker MERTENS u. Ulrich MÜLLER, Stuttgart 1984.
- Peter NUSSER, Deutsche Literatur im Mittelalter. Lebensformen, Wertvorstellungen und literarische Entwicklungen, Stuttgart 1992.

Zur englischen Literatur:
- Daniel DONOGHUE, Old English Literature. A Short Introduction (Blackwell Introductions to Literature) Oxford 2004.
- A Companion to Medieval English Literature and Culture c. 1350–c. 1500, hg. v. Peter BROWN (Companions to Literature and Culture) Oxford 2005 (angekündigt).

Zur nordischen Literatur:
- A Companion to Old Norse-Icelandic Literature and Culture, hg. v. Rory MCTURK (Blackwell Companions to Literature and Culture 31) Oxford 2005.

Zur mittellateinischen Literatur:
- LANGOSCH (u. S. 242); KINDERMANN (u. S. 251) S. 55 ff.
- Vgl. die Reihe LO SPAZIO LETTERARIO DEL MEDIOEVO. I: Il Medioevo latino, hg. v. Guglielmo CAVALLO, Claudio LEONARDI u. Enrico MENESTÒ (mit Bänden zur Produktion, Verbreitung und Rezeption der mittellateinischen, volkssprachigen, byzantischen und arabischen Literatur).

Die mittelalterliche **Lyrik** gehört nur der Form nach zur Dichtung. Sie ersetzte den antiken quantitierenden zunehmend durch einen akzentuierenden (rhythmischen) Vers und fügte einen Reim hinzu, wobei der ältere Stabreim – die ältesten volkssprachigen Beispiele sind stabreimende Zaubersprüche – bald dem Endreim wich. Inhaltlich nahm sie nicht nur literarische, sondern auch theologische oder historische Stoffe auf; meist wird zwischen geistlicher und weltlicher Lyrik unterschieden. Den frühmittelalterlichen Lehrgedichten traten im hohen Mittelalter stärker literarische Formen zur Seite: die provençalische Troubadourlyrik und die französische Trouvèredichtung sowie der deutsche Minnesang ritterlicher Ausprägung, die die „hohe Minne" des ritterlichen Dichters zu einer Herrin propagierten. Französischen Ursprungs war das Hirtenlied (Pastourelle), das umgekehrt die Beziehung eines Ritters zu einem Hirtenmädchen beschrieb, während der Lai keltischer Herkunft war und eher ein Abenteuer schilderte. Insgesamt gibt es eine Vielfalt von Themen und Formen, von der Minnelyrik bis zur politischen Spruchdichtung (Walther von der Vogelweide), vom ernsten Lehrgedicht bis zur Satire, etwa in der um Frauen, Spiel- und Trinkleidenschaft kreisenden, oft parodistischen mittellateinischen Vagantendichtung der wandernden Scholaren. Im Spätmittelalter setzte sich diese Ausdifferenzierung fort. Die international verbreitete lateinische Lyrik des europäischen Mittelalters lässt sich in ihrer Themenvielfalt am besten in den Carmina Burana greifen (Handschrift um 1230/50), die neben moralisch-satirischen Liedern auch Liebes-, Trink- und Spiellieder überliefern. Das Spätmittelalter brachte daneben eine reiche und formal vielfältige geistliche Lyrik hervor. Die Lyrik in den Volkssprachen ist im Wesentlichen ein Phänomen des 12./13. Jh.

Lit.:
- Peter DRONKE, Die Lyrik des Mittelalters. Eine Einführung, München 1973 (engl. 1968).
- Josef SZÖVÉRFFY, Weltliche Dichtungen des lateinischen Mittelalters. Ein Handbuch. I. Von den Anfängen bis zum Ende der Karolingerzeit, Berlin 1970.
- Omer JODOGNE, Le fabliau/Jean Charles PAYEN, Le lai narratif (TS 13) Turnhout 1975.
- Günter SCHWEIKLE, Minnesang (Sammlung Metzler 244) Stuttgart ^{2}1995.

Für historische Fragen am ergiebigsten ist sicherlich die mittelalterliche **Epik** mittellateinischer, vor allem aber volkssprachiger Prägung. Sie reicht mit der – zunächst mündlich tradierten und erst im nachhinein verschriftlichten – altenglischen (Beowulf), althochdeutschen (Hildebrandslied) und später der altnordischen Heldensage (Lieder der Edda), deren historisches Substrat nur noch andeutungsweise zutage tritt, an der aber alle volkssprachlichen Kulturen teilhaben, wie auch mit der altdeutschen Bibelepik, der epischen Umdichtung vor allem der Evangelien (Heliand, Otfried von Weißenburg) oder der Legendendichtung (Georgslied) ebenfalls ins frühe Mittelalter zurück. Die Blütezeit der Epik liegt im hohen Mittelalter. Literarhistorisch lässt sich – mit fließenden Übergängen – zwischen Heldenepik (z. B. dem Nibelungenlied) und Spielmannsepen, chansons de geste und sog. höfischen Romanen unterscheiden. Die Ursprünge dieser ritterlich-laikalen Versdichtungen lagen durchweg in Frankreich, wurden von hier aus aber in die anderen Länder und Sprachen übertragen. Die Stoffe sind meist historisch: Antike Themen[95] (wie der Roman von Theben, Aeneis, Troja oder Alexander), die Getreuen am Hof Karls des Großen (Roland, Wilhelm von Orange), später Dietrich von Bern sowie vor allem der Hof

95 Vgl. Elisabeth LIENERT, Deutsche Antikenromane des Mittelalters (Grundlagen der Germanistik 39) Berlin 2001.

des sagenumwobenen keltischen Königs Artus stehen im Vordergrund. Einen Höhepunkt der altfranzösischen Epik bilden im 12. Jh. die Epen Chrétiens de Troyes, die viele Nachfolger gefunden haben und von verschiedenen Dichtern für das deutsche Publikum adaptiert worden sind (Hartmann von Aue: Erec, Iwein; Gottfried von Straßburg: Tristan; Wolfram von Eschenbach: Parzival, Willehalm). Vor allem hier – und besonders mit den Gralsromanen – brach die heilsgeschichtliche Deutung in die dem Wesen und Ursprung nach weltliche Dichtung ein. Die spätmittelalterliche Epik setzte diese Tradition meist mit denselben Themen fort – allein aus Frankreich sind 24 verschiedene Wilhelm-(Guillaume-)bearbeitungen erhalten –, wenngleich sie gegenüber der idealisierenden Darstellung des hohen Mittelalters „realistischere", aber auch derbere Züge annahm oder die Satire („Helmbrecht") zum Schwank ausgestaltete (Wittenwilers „Ring"). Zu erwähnen sind schließlich noch die epischen Gesellschaftssatiren in der Form der Tierfabeln (Roman de Renart bzw. Reinhart Fuchs, Ysengrimus; im 11. Jh. bereits die mittellateinische „Ecbasis cuiusdam captivi"). Die Geschichtsdichtung (o. S. 125 ff.) liegt oft an der Grenze zwischen Historiographie und Epik. Eher der Fachliteratur gehören die sogenannten Minnereden, Anleitungen zur Liebeskunst, an.[96] Sie bilden ein Beispiel für ein verbreitetes Ineinandergreifen von Dichtung und „Sachbuch" in der volkssprachigen Prosa.

Ed. mittellateinischer Epen (mit Übersetzung):
- Karl LANGOSCH, Waltharius, Ruodlieb, Märchenepen. Lateinische Epik des Mittelalters mit deutschen Versen, Berlin 1956.

Von den volkssprachigen Epen gibt es zahlreiche Ausgaben.

Lit.:
- J. Ch. PAYEN/F. N. M. DIEKSTRA, Le Roman (TS 12) Turnhout ²1985.
- Régis BOYER/Danielle BUSCHINGER/André CRÉPIN/Jean FLORI/Jean-Marcel PAQUETTE/François SUARD/Madeleine TYSSENS/Juan VICTORIO, L'épopée (TS 49) Turnhout 1988.

Ausgesprochen mannigfaltig ist im Mittelalter die Welt der „**Kleinen Erzählformen**". Die aus der Antike tradierten aesopischen Fabelsammlungen wurden in zahlreichen mittellateinischen Fassungen in Vers und Prosa adaptiert und spätestens seit dem 12. Jh. auch in die Volkssprachen übersetzt. Daneben traten kleinere Erzählformen moralischen, höfischen oder auch schwankhaften Charakters, unter denen das Exempel eine besondere Bedeutung hatte (vgl. o. S. 125). Die – vielfach schwankhafte – Verserzählung ist seit dem 12. Jh. auch in den Volkssprachen belegt: in Frankreich das Fabliau mit vorwiegend komischen, erotischen, das Geschehen umdeutenden Themen, in Deutschland das Maere,[97] in Italien seit dem 13. Jh. die Novelle. Solche **Prosaerzählungen** und Novellen, manchmal in zyklischer Bindung, sind kennzeichnend für die spätmittelalterliche Dichtung (Jean de Meungs „Roman de la rose", Dantes „Divina Comedia", Boccaccios „Decamerone", Chaucers „Canterbury Tales").

Lit.:
- A. SEMPOUX, La nouvelle (TS 9) Turnhout ²1985.

---

96 Vgl. Ingeborg GLIER, Artes amandi. Untersuchungen zur Geschichte, Überlieferung und Typologie der deutschen Minnereden (Münchener Texte und Untersuchungen zur deutschen Literatur des Mittelalters 34) München 1971.

97 Hanns FISCHER, Studien zur deutschen Märendichtung, 2. durchges. u. erw. Aufl., bes. v. Johannes JANOTA, Tübingen 1983.

Die letzte Gattung, das „**Spiel**“, hat hochmittelalterliche, mittellateinische Ursprünge (Hrotsvith von Gandersheim; Ludus de Antichristo; Nachahmung antiker Komödien), gehört in der Mehrzahl, in den Volkssprachen sogar ausschließlich, jedoch dem Spätmittelalter an. Typische Formen religiöser „Dramen“ sind Mysterienspiele mit biblischen Themen, Mirakelspiele mit hagiographischen Stoffen und Moralitäten zu praktischen Fragen der Religion und Moral. Finden sich in allen Formen, etwa in Osterspielen, Szenen, die der zeitgenössischen Denk- und Lebensweise entnommen sind, so ist die Grenze zwischen den Moralitäten und den weltlichen Spielen besonders durchlässig. Unter letzteren ragen Fastnachts- und Jahreszeitenspiele hervor.

Lit.:
- L. R. Muir/H. J. Diller, Mirakelspiele, LMA 6, Sp. 659–663, Mysterienspiele, ebd. Sp. 979–981.
- Elke Ukena, Die deutschen Mirakelspiele des Spätmittelalters. Studien und Texte, 2 Bde. (Europäische Hochschulschrr. 1,115) Frankfurt 1975.
- Rolf Bergmann, Katalog der deutschsprachigen geistlichen Spiele und Marienklagen des Mittelalters, München 1986.

Da Dichtung stets im sozialen, aber auch im politisch-historischen und im Mittelalter zudem im religiösen Kontext steht, gibt sie ohne Zweifel Aufschluss über die Zeit, der sie entstammt: Dichtung zeichnet ein Spiegelbild einer Gesellschaft, allerdings – und darin liegt die Schwierigkeit der historischen Auswertung – ein vielfach gebrochenes und künstlerisch verfremdetes Spiegelbild der Realität, das sich selten eindeutig historisch festmachen lässt (etwa durch Identifizierung bestimmter Persönlichkeiten). Mittelalterliche Dichtung will belehren und verzeichnet deshalb die Realität, indem sie fiktionale, teils idealisierende, teils satirisch verzerrende „Gegenentwürfe“ schafft. Das eingerechnet, verrät sie aber viel über die Vorstellungswelt, die Mentalität und die Emotionen der Menschen, die Absichten der Dichter und die Schwächen der Hörer und Leser – mittelalterliche Dichtung war mehr zum Vortrag als zur Lektüre bestimmt –, aber auch über die sozialen und materiellen Lebensbedingungen. Dazu bedarf es allerdings einer gründlichen Quellenkritik und der Hilfe der Philologen.

2.2.4.9 Inschriften

Im Grenzbereich zwischen Schrift- und Sachquellen stehen Inschriften (auf Stein, Holz, Marmor, Metall, Leder, Stoff, Glas oder Elfenbein), deren Bedeutung aber eher in der Schrift und deren Inhalt als im „Beschreibstoff“ liegt. Inschriften bilden daher eine formale Quellengruppe, die inhaltlich sehr verschiedene Themen berühren kann, der stets aber eine Gedenkabsicht eigen ist. Mittelalterliche Inschriften sind fast durchweg lateinisch verfasst und tragen meist liturgischen Charakter (vor allem als Grabinschriften), aber auch Bau- und Kunstinschriften spielen eine Rolle. Ihr Aussagewert hängt vom jeweiligen Inhalt ab; Grabinschriften beispielweise gewähren Einblick in die Sprach- und Liturgie- wie auch in die Religions- und Mentalitätsgeschichte (Todesvorstellungen). Mit den Inschriften befasst sich eine eigene Hilfswissenschaft, die Epigraphik (u. S. 294f.).

Ed.:
Editionen sind meist regional orientiert. Über die Sammlungen informiert Kloos, Einführung S. 26 ff. Die deutschen Inschriften werden von den Akademien der Wissenschaften bearbeitet (Reihe: Die deutschen Inschriften).[98] In Frankreich erscheint seit 1974 ein landschaftlich gegliedertes „Corpus des inscriptions de la France médiévale".

Lit.:
- Robert Favreau, Les inscriptions médiévales (TS 35) Turnhout ^{2}1985.
- Rudolf M. Kloos, Einführung in die Epigraphik des Mittelalters und der frühen Neuzeit, Darmstadt ^{2}1992.
- W. Koch, Art. Inschriften, LMA 5, 1990, Sp. 442–445.

Beispielstudien:
- Inschriften bis 1300. Probleme und Aufgaben ihrer Erforschung, hg. v. Helga Giersiepen u. Raymund Kottje (Abhh. d. Nordrhein-Westf. Akademie d. Wissenschaften 94) Opladen 1995.

2.2.4.10 Sachquellen (Realien)

Eine von den Schriftquellen wiederum in der Form grundsätzlich unterschiedene, in sich aber höchst mannigfaltige Quellengruppe bilden die (eben nicht-schriftlichen) Sachquellen oder „Realien". Sie sind zwar in der Regel kaum zur *historischen* Erinnerung, sondern zu ganz anderen Zwecken geschaffen worden, die natürlich wieder zu berücksichtigen sind, sie sind gleichwohl aber historisch aussagekräftig. Einige Quellengruppen wie Münzen, Siegel, Wappen und Insignien sind sogar so eng mit historischen Fragen der Quellenkritik verbunden, dass sich mit ihnen einzelne Hilfswissenschaften befassen (vgl. u. S. 297–300). Sie seien als wichtige Sachquellen aber bereits hier behandelt.

(1) Münzen, Siegel, Wappen, Insignien
Welche wichtigen historischen Erkenntnisse Münzen vermitteln können, zeigt ihr Stellenwert in der Alten Geschichte. Ihr Aussagewert im Mittelalter ist nicht grundsätzlich geringer, sie haben hier jedoch nie die gleiche Rolle gespielt, weil genügend andere Quellen vorliegen. Dennoch sind sie wichtig.

Die Münzprägung war ursprünglich ein königliches Hoheitsrecht (Regal), das aber immer mehr an geistliche und weltliche Herren verliehen oder von diesen beansprucht wurde. Im Verlauf des frühen Mittelalters verschwanden die römischen Goldmünzen, und bald wurden nur noch vergleichsweise grobe und leichte Silberdenare ausgeprägt. Der – in karolingischer Zeit festgesetzte – (theoretische) Nennwert ging von Gewichtseinheiten aus: 1 Pfund (Edelmetall) = 20 Schillinge *(solidi)* aus Silber (à 12 Denaren) = 240 Denare. Später löste vielerorts die Mark (zu 16 *solidi* à 12 Denaren) das Pfund ab. Tatsächlich schwankte der Metallgehalt der Münzen und damit der Kaufwert aber erheblich. Nach dem Abbrechen von Goldprägungen im Verlauf der Germanenreiche und bald auch der Silberschillinge blieb der „Pfennig" (Denar) im frühen und hohen Mittel-

98 Vgl. Rudolf M. Kloos, Die deutschen Inschriften. Ein Bericht über das deutsche Inschriftenunternehmen, Studi medievali 14, 1973, S. 335–362.

alter die einzig ausgeprägte Münze; Pfund bzw. Mark und Schilling waren reine Rechenwerte. Erst seit dem 13. Jh. wurden mit zunehmendem Geldverkehr erneut Goldmünzen („Gulden“) geprägt (zunächst in Italien: florentinischer Florin, venezianischer Dukat). Das Spätmittelalter ist aber durch eine Münzvielfalt und große landschaftliche Unterschiede gekennzeichnet, wenngleich verschiedene Münzen, wie der Kölner Pfennig oder der „Heller“ aus Hall, besonders weite Verbreitung fanden.

Da Münzen von ihrer Funktion her als Zahlungsmittel dienen, liegt ihr unmittelbarster Quellenwert in ihrem Beitrag zur Münz- und Geldgeschichte. Über diesen engeren Zweck hinaus sind Münzen dank ihres Münzwerts und unter Berücksichtigung ihrer Verbreitung wichtige Quellen der Wirtschaftsgeschichte: Sie geben (insgesamt) Aufschluss über Art und Umfang der Geldwirtschaft im Vergleich zur im frühen Mittelalter oft, jedoch keineswegs durchweg, noch vorherrschenden Naturalwirtschaft, über die an der Kaufkraft ablesbare wirtschaftliche Stabilität sowie über Handel und Verkehr. Ein Hauptproblem der Wirtschaftsgeschichte bildet dabei das Verhältnis von Nennwert und Kaufkraft (Nominal- und Realwert). Da Münzprägung ein Hoheitsrecht war, sagen Münzen außerdem etwas zur Herrschafts- und Verfassungsgeschichte aus. Münzen sind Herrschaftszeichen, deren Orts- und Namensnennung, Umschrift und Münzbild Aussagen über das Selbstverständnis des Münzherrn und vielleicht auch seiner Zeit gestatten. Die zunehmende Zahl der Prägestätten seit dem hohen Mittelalter ist Ausdruck sowohl einer regionalen Aufsplitterung wie einer wachsenden Zahl von Münzherren, mit denen eine „Periode der regionalen Pfennigmünze“ begann. In Einzelfällen können Münzen auch auf konkrete politische Ereignisse Bezug nehmen und – auch als Massenfunde – zur politischen Geschichte beitragen; gleichfalls können sie Datierungen abstützen. Die Bilder tragen meist Symbolcharakter und sind, wenngleich bisher wenig beachtet, für die Kunstgeschichte ebenso interessant wie für die Vorstellungswelt. (In über 50 Beiträgen „Zur Ikonologie der Goldbrakteaten“ hat Karl Hauck aus diesen frühen, vor allem nordischen, einseitig geprägten Bildmünzen eine ganze Kulturgeschichte der nordischen Frühzeit herausgearbeitet.) Mit der hilfswissenschaftlichen Kritik der Münzen befasst sich die Numismatik (u. S. 298 f.).

Lit.:

- Philip GRIERSON, Les monnaies (TS 21) Turnhout 1977.
- Reinhold ZILCH, Münz- und Geldwesen, in: BECK/HENNING (u. S. 231) S. 333–339.
- Richard GAETTENS, Mittelaltermünzen als Quellen der Geschichte, Welt als Geschichte 14, 1954, S. 91–108.
- Peter BERGHAUS, Die frühmittelalterliche Numismatik als Quelle der Wirtschaftsgeschichte, in: Geschichtswissenschaft und Archäologie. Untersuchungen zur Siedlungs-, Wirtschafts- und Kirchengeschichte, hg. v. Herbert Jankuhn u. Reinhard Wenskus (Vorträge und Forschungen 22) Sigmaringen 1979, S. 411–429.
- Arthur SUHLE, Deutsche Münz- und Geldgeschichte von den Anfängen bis zum 15. Jh., Berlin [8]1975.
- Arnold Luschin von EBENGREUTH, Allgemeine Münzkunde und Geldgeschichte des Mittelalters und der neueren Zeit, München [2]1926 (ND. 1969).
- Philip GRIERSON, Münzen des Mittelalters, München 1976.

- Bernd KLUGE, Deutsche Münzgeschichte von der Spätkarolingerzeit bis zum Ende der Salier, Sigmaringen 1991.

Landschaftliche Darstellung:
- Manfred van REY, Einführung in die rheinische Münzgeschichte des Mittelalters, Mönchengladbach 1983.

Münzabbildungen:
- Heinrich DANNENBERG, Die deutschen Münzen der sächsischen und fränkischen Kaiserzeit, 4 Bde., Berlin 1876–1905.

Inventar:
- Clemens Maria HAERTLE, Karolingische Münzfunde aus dem 9. Jh., 2 Bde., Köln-Weimar-Wien 1997.

Den Münzen im Aussagegehalt bezüglich Symbolik und Vorstellungswelt eng verwandt sind **Medaillen**, denen zwar der Kaufkraftcharakter fehlt, die dafür aber Erinnerungswert haben. In diesem Sinne sind sie erst eine Schöpfung der Renaissance.

Lit.:
- Michel PASTOUREAU, Jetons, méteaux et médailles (TS 42) Turnhout 1984.

Wenngleich zu ganz anderen Zwecken erstellt, ist die Aussagekraft der **Siegel**, mit denen sich die Sphragistik (Siegelkunde) befasst (u. S. 297), den Münzen in mancher Weise ähnlich. Siegel (von lat. sigillum) wurden als Erkennungszeichen, als Verschlussmittel persönlicher Botschaften und vor allem – und das macht ihre große Bedeutung im Mittelalter aus – als Beglaubigungsmittel von Urkunden verwendet.

Bei einer Typologie der Siegel bildet das Ausstellerprinzip das wichtigste Kriterium; sekundär lassen sich Siegel nach ihrer Form (rund, oval etc.), dem Siegelstoff (Wachs, Blei, Silber, Gold) und dem Siegelbildtyp gliedern (z. B. Standbildsiegel, Reitersiegel). Wachssiegel wurden in der Regel aufgedrückt, nachdem man einen Kreuzschnitt im Pergament angebracht hatte; die seit dem hohen Mittelalter häufiger werdenden Metallsiegel aus Gold, Silber und Blei wurden an einer Hanf- oder Seidenschnur an die Urkunde angehängt.

Siegelrecht war wie das Münzrecht ein anfangs auf die Könige beschränktes Hoheitsrecht, das sich erst allmählich auf breitere Kreise ausweitete: So führten seit dem 10./11. Jh. geistliche, dann auch weltliche Fürsten Siegel, vom 12. Jh. an auch Städte und Grafen, im 13. Jh. Ministerialen und schließlich einzelne Bürger.

Das Siegel wird damit über den engeren Zweck hinaus zum Hoheitszeichen und, dank Umschrift und Siegelbild, mehr noch als die Münze, zum Zeichen der Repräsentation. Siegel dienen zunächst der Diplomatik als Quelle für die Urkundenkritik (der Echtheit) und, da sie jeweils nur eine Zeitlang benutzt wurden, auch für die Datierung. Darüber hinaus sind sie Quelle für die Rechts- und Verfassungsgeschichte (Siegelrecht, Urkundenrecht) wie auch für die politische Geschichte sowie für das Selbstverständnis und die politische Ideologie des Siegelherrn (vgl. die Thronsiegel der mit den Insignien ausgezeichneten Herrscher[99] oder die Reitersiegel der Ritterära) wie auch für die Symbolik und die Kunstgeschichte.

---

99 Vgl. Hagen KELLER, Zu den Siegeln der Karolinger und der Ottonen. Urkunden als ‚Hoheitszeichen' in der Kommunikation des Königs mit seinen Getreuen, FMSt. 32, 1998, S. 400–441.

Lit.:
- Michel PASTOUREAU, Les sceaux (TS 36) Turnhout 1981.
- Toni DIEDERICH, Siegel und andere Beglaubigungsmittel, in: BECK/HENNING (u. S. 231) S. 291–305.
- Erich KITTEL, Siegel (Bibliothek für Kunst- und Antiquitätenfreunde 11) Braunschweig 1970.

Abbildungen:
- Otto POSSE, Die Siegel der deutschen Kaiser und Könige von 751 bis 1806, 4 Tafelbde., 1 Textbd., Dresden 1909–13.
- Wilhelm EWALD, Rheinische Siegel, 6 Bde., 1906–63.

Inventar:
- Corpus des sceaux français du Moyen Age, Bd. 1: Les sceaux des villes, hg. v. Brigitte BEDOS, Paris 1980; Bd. 2: Les sceaux des rois et de régence, hg. v. Martine DALAS, Paris 1991.

Wappen, mit denen sich die Heraldik (u. S. 299f.) befasst, sind nach bestimmten Regeln hergestellte Abzeichen von Personen, Familien oder Körperschaften. Sie bildeten das an Helm und Schild angebrachte Erkennungszeichen des in seine Rüstung verhüllten Ritters – deshalb sind Wappen in der Regel schildförmig – und waren zugleich ein vererbtes Rechtssymbol und dynastisches Herrschaftszeichen. Wappen sind daher Quellen sowohl für die Genealogie, zur Feststellung von Verwandtschaftsverhältnissen, als auch für die Rechtsgeschichte (Lehn- und Staatsrecht), die Symbolforschung und die Kunstgeschichte.

Lit.:
- Michel PASTOUREAU, Les armoiries (TS 20) Turnhout [2]1998.
- Eckart HENNING, Wappen, in: BECK/HENNING (u. S. 231) S. 307–318.

Hoheitszeichen sind auch die **Herrschaftsinsignien** der Amtsträger und daher Münzen, Siegeln und Wappen im Prinzip als Quellen ähnlich, wenngleich ihnen wiederum eine andere Funktion und ein anderer Gebrauchswert zukommt.

Königliche Insignien etwa sind Krone und Zepter, aber auch die heilige Lanze, der Thron, Armspangen und königliche Kleidung, bei Päpsten und Bischöfen Tiara bzw. Mitra, Ring und Stab, bei Erzbischöfen das Pallium. Welche Bedeutung symbolischer wie rechtlicher Art solchen Insignien im Mittelalter zukam, zeigt nichts deutlicher als die harte Auseinandersetzung des späten 11. und frühen 12. Jh. um die Bischofsinvestitur mit Ring und Stab, im Streit nämlich, ob es sich um geistliche oder weltliche Symbole handelte. Insignien sind als Quellen daher Ausdruck der Staatssymbolik.

Lit.:
- Percy Ernst SCHRAMM, Herrschaftszeichen und Staatssymbolik. Beiträge zu ihrer Geschichte vom 3. bis zum 16. Jh., 3 Bde. (Schriften der MGH 13) Stuttgart 1954–1956; Nachtragsbd. 1978.
- Joachim OTT, Krone und Krönung. Die Verheißung und Verleihung von Kronen in der Kunst von der Spätantike bis um 1200 und die geistige Auslegung der Krone, Mainz 1998.

(2) Handwerkliche Erzeugnisse und Gegenstände des täglichen Bedarfs

Wertvolle Quellen, vor allem für die Wirtschafts-, Technik- und Alltagsgeschichte, sind alle handwerklichen Erzeugnisse und Gebrauchsgegenstände aus Holz, Keramik, Glas, Knochen, Leder, Stoffen, Metall oder anderen Materialien, die sehr verschiedenen Funktionen dienen konnten: als Küchen- und Arbeitsgeräte,[100] Textilien und Kleidung,[101] Möbel, Musikinstrumente, Waffen[102] usw. Je nach Funktion und Überlieferung fallen sie in die Kompetenz verschiedener Wissenschaften, sie besitzen aber ebenso eine historische Aussagekraft bezüglich Handwerk und Handwerkern, Stil und Geschmack der Menschen, Alltagsleben und Verhaltensformen, sozialen und ständischen Unterschieden (etwa bei der Kleidung), sind also vielseitig auswertbar. Eine gründliche Aufarbeitung fehlt bisher oder bleibt auf einzelne Gerätetypen beschränkt.

(3) Kunstgegenstände

Den handwerklichen Erzeugnissen von ihrer Entstehung her verwandt und nur dem Wert nach unterschieden sind die Kunstgegenstände, die primär in die Kompetenz der Kunstgeschichte wie auch der Archäologie fallen, sich aber ebenso als historische Quellen auswerten lassen. Typologisch kann man zwischen Architektur (Kirchen- und Profanbauten), Grabmonumenten,[103] Skulpturen (in Holz oder Stein), Malerei (als Wand-, Glas-[104] und Buchmalerei) und Kleinkunst unterscheiden. Quellenkritisch ist zunächst das Verhältnis von Form und Funktion zu klären. Jedes Kunstwerk erfüllt einen dreifachen Zweck: einen künstlerischen (der Kirchenbau ist beispielsweise ein architektonisches Kunstwerk), einen funktionalen (die Kirche ist Gotteshaus und Versammlungsort der Christen) und einen symbolisch-repräsentativen (die Kirche ist Abbild der Allmacht Gottes wie auch der Macht der jeweiligen Institution). In dieser Zweckbindung der Kunstwerke liegt ihre Aussagekraft als historische Quellen. Als Denkmäler bilden sie Quellen für die Technikgeschichte, als Kunstwerke stehen sie im Mittelpunkt der Kulturgeschichte und erlauben Aussagen über Stil, Auftraggeber (Mäzenatentum), Kultureinflüsse und Wechselwirkungen. Von ihrer Funktionalität her geben sie Rückschlüsse über Zielsetzung und Verwendung – der Kirchenchor für Kanoniker oder Mönche war zum Beispiel vom Langhaus als Versammlungsraum der Laien abgetrennt –, aber auch über die Sozialordnung: Der spätmittelalterliche Lettner zwischen Chor und Langhaus kennzeichnet augenfällig diese strikte Trennung zwischen Klerus/Mönchen und Laien. Vor allem aber wohnt Kunstwerken oft eine symbolische Bedeutung und Ausrichtung inne, die bezeichnend für die mittelalterliche Vorstellungswelt ist; hier sei etwa an die Kreuzform der Kirche, an die Heiligenattribute oder an die Lichtmetaphorik gotischer Kathedralen erinnert.

---

100 Vgl. Johan DAVID, L'outil (TS 78) Turnhout 1997.

101 Vgl. Mireille MADOU, Le costume civil (TS 47) Turnhout 1986.

102 Dazu Claude GAIER, Les armes (TS 34) Turnhout ^{2}1985.

103 Vgl. Hans KÖRNER, Grabmonumente des Mittelalters, Darmstadt 1997. Auswertungsbeispiele: Grabmäler. Tendenzen der Forschung an Beispielen aus Mittelalter und früher Neuzeit, hg. v. Wilhelm MAIER, Wolfgang SCHMID u. Michael Viktor SCHWARZ, Berlin 2000.

104 Vgl. Madeline H. CAVINESS, Stained Glass Windows (TS 76) Turnhout 1996.

Die für die Geschichtswissenschaft vielfältigsten Aussagen liefert die Malerei, vor allem die für das Mittelalter charakteristische **Buchmalerei**. Sie vermittelt, je nach Inhalt, Einblick in die politische Theorie und Intention (Herrscherdarstellungen), die sozialen Verhältnisse (Charakterisierung von Gruppen), die religiöse Interpretation, die Sicht bestimmter Ereignisse und Tatbestände, die Gestalt von Städten (Stadtansichten), soziale Verhaltensweisen und Mentalitäten bis hin zum Alltagsleben (Kleidung, Gebrauchsgegenstände, Arbeitsgeräte, Alltagssituationen). Da die Bildminiaturen und Zeichnungen jeweils im Kontext eines Schriftwerkes stehen, ist in den letzten Jahren zu Recht auch das Verhältnis von Text und Bild in das Forschungsinteresse gerückt. Bei solch vielfältigen Auswertungsmöglichkeiten bleibt aber stets zu berücksichtigen, dass die mittelalterliche Malerei solche Aussagen nur beiläufig bereithält und tatsächlich einen anderen, nämlich religiösen und belehrenden Zweck verfolgt, nicht den Alltag, sondern die besondere Situation verewigt (zum Beispiel: nicht *eine* Geburt, sondern die Geburt Jesu), nicht das realistische Porträt, sondern die idealisierte Gestalt zeichnet, nicht die Wirklichkeit, sondern – ikonographisch – die symbolische Bedeutung betont. Die Auswertung dieser reichen Quellengruppe bedarf daher besonders kritischer Aufmerksamkeit.

Lit.:

Zu Kunstgeschichten vgl. o. S. 71 f.

Zur Ikonographie: Berlioz (u. S. 255) S. 259–277.

Zur Interpretation von Bildern:

- Theuerkauf (o. S. 46) S. 204 ff.; Jaritz (u. S. 362) S. 71 ff.; Herbert Ewe, Bilder, in: Beck/Henning (u. S. 231) S. 140–148; Historische Bildkunde. Probleme, Wege, Beispiele, hg. v. Brigitte Tolkemitt u. Rainer Wohlfeil (ZHF Beiheft 12) Berlin 1991 (neuzeitliche Beispiele).

Zum Symbolgehalt:

- Horst Appuhn, Einführung in die Ikonographie der mittelalterlichen Kunst in Deutschland, Darmstadt ^{4}1991.
- Bernd Mohnhaupt, Beziehungsgeflechte. Typologische Kunst des Mittelalters (Vestigia Bibliae 22) Bern u. a. 2000.

Nachschlagewerk:

- Lexikon der christlichen Ikonographie (LCI), hg. v. Wolfgang Braunfels u. Engelbert Kirschbaum, 8 Bde., (Bd. 5–8 zur Ikonographie der Heiligen), Freiburg u. a. 1968–76 (ND. 1990).

Verschiedene Hefte der „Typologie des Sources“ befassen sich mit einzelnen Kunstgruppen:

- Luc-Francis Genicot, L'architecture, considérations générales (TS 29) Turnhout 1978.
- Maurice Smeyers, La miniature (TS 8) Turnhout ^{2}1985.
- Michel Bur, Le château (TS 79) Turnhout 1999.

Der Auswertung der Realien widmen sich zahlreiche Beiträge in den Veröffentlichungen des Instituts für Realienkunde des Mittelalters und der frühen Neuzeit in Krems (vgl. u. S. 361).

Weitere Auswertungsbeispiele:

- Hartmut Boockmann, Die Stadt im späten Mittelalter, München ^{3}1994.

- Gernot KOCHER, Zeichen und Symbole des Rechts. Eine historische Ikonographie, München 1992.
- Les images dans les sociétés médiévales: Pour une histoire comparée, hg. v. Jean-Marie SANSTERRE u. Jean-Claude SCHMITT (Bulletin de l'Institut Historique Belge de Rome 69) Bruxelles-Rome 1999.
- Jean-Claude SCHMITT, Le corps des images. Essais sur la culture visuelle au Moyen Âge, Paris 2002.

(4) Kartographie

Schließlich – die Typologie der Sachgüter ließe sich natürlich noch weiterführen – seien Karten, vor allem Weltkarten genannt, die im Mittelalter noch nicht die wirkliche Geographie, sondern entweder (Klima-)Zonenkarten darstellten oder, meist T-förmig die drei Erdteile unterscheidend, das heilsgeschichtlich orientierte Weltbild widerspiegelten und Raum und Zeit miteinander verknüpften (vgl. Abb. 11). Empirische Karten, die der Orientierung dienten, entstanden erst am Ende des Mittelalters.

Lit.:
- Anna-Dorothee VON DEN BRINCKEN, Kartographische Quellen. Welt-, See- und Regionalkarten (TS 51) Turnhout 1988.
- Andreas MATSCHENZ, Karten und Pläne, in: BECK/HENNING (u. S. 231) S. 128–139.
- Jörg-Geerd ARENTZEN, Imago mundi cartographica. Studien zur Bildlichkeit mittelalterlicher Welt- und Ökumenekarten (Münstersche Mittelalter-Schriften 53) München 1984.
- Hartmut KUGLER, Ein Weltbild vor Kolumbus. Die Ebstorfer Weltkarte, Weinheim 1991.
- Paul Dean Adshead HARVEY, Medieval Maps, London 1991.

2.2.4.11 Kulturlandschaft und Bodenfunde

Ganz in die Kompetenz der Archäologie (vgl. u. S. 301 ff.) und – nicht immer eindeutig abgrenzbar – der Historischen Geographie (u. S. 276 ff.) fallen die Bodenfunde (im weitesten Sinn), nämlich die Veränderungen, die der Mensch an der Naturlandschaft vornahm, indem er sie in eine „Kulturlandschaft“ umformte. Die Funde reichen von Spuren im Gelände und Erdverfärbungen als Hinweise auf menschliches Einwirken bis zu ganz oder teilweise erhaltenen Bauwerken und Siedlungen. Die wichtigsten Gegenstandsbereiche sind Gräber und Friedhöfe (samt Inventar), Gebäude (Kirchen, Pfalzen, Burgen, Häuser), dörfliche und städtische Siedlungen samt ihrer Topographie (Marktplätze, Gerichtsplätze, Straßen), Siedlungsräume sowie Nahrungs- und Güterproduktion. Folgt die Erforschung solcher Quellen auch archäologischen und naturwissenschaftlichen (z. B. anthropologischen oder paläobotanischen) Methoden, so sind die an sie zu stellenden Fragen und die aus ihnen ermittelbaren Erkenntnisse in hohem Maße historisch.

Kulturlandschaftliche Quellen, Bauten und Bodenfunde gestatten Aussagen zur Bau- und Technikgeschichte, zur Sozial- und Wirtschaftsgeschichte, zur Verfassungs- und Rechtsgeschichte, zur Stammes-, Volks- und Besiedlungsgeschichte (damit auch

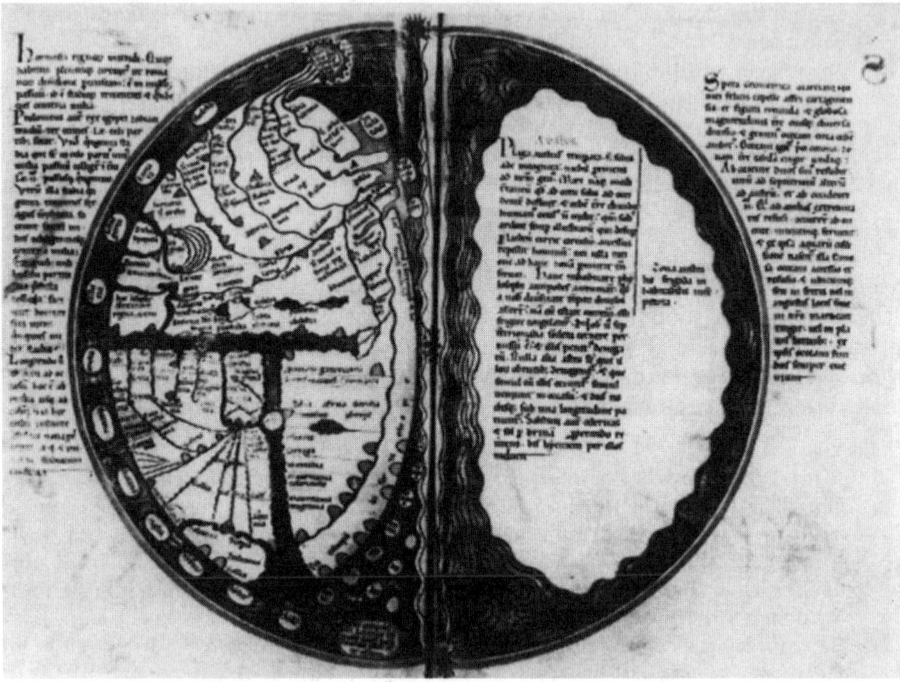

Abb. 11: *Weltkarte aus dem „Liber floridus" Lamberts von St. Omer in den Handschriften von Paris Gent (ca. 1180).*

Die von geographischen Erläuterungen eingerahmte Weltkarte zeigt die typische T-Form (der T-Schaft entspricht dem Mittelmeer). Oberhalb des Querbalkens liegt Asien, links des Schaftes Europa, rechts Afrika. Die Karte ist „orientiert" und verbindet biblische und geschichtliche mit wenig genauen geographischen Informationen. Ganz oben (im Osten) ist beispielsweise das (irdische) Paradies eingezeichnet. *(Paradisus terrestris. Enoch. Helyas)*, aus dem sich die vier Paradiesflüsse (Nil, Ganges, Tigris und Euphrat) ergießen; es ist durch eine Feuerwand von der Erde getrennt. Palästina (mit Jerusalem) liegt in der Mitte. Am Rand – im Weltmeer – liegen die Inseln. Unten (im Westen) sind die Antipoden angedeutet *(hic antipodes nostri habitant sed noctem diversam. diesque contrarios perferunt et estatem)*. In das Weltbild sind historische (am linken Rand: *Hic inclusit Alexander regna XXXII*) und ethnographische Hinweise eingestreut (oberhalb davon: *provincia Amazonum*; zu Arabien: *hic leones et fenix*, zu Indien im Südosten: *hic arbores solis et lune*).

zur Stadtgeschichte), zur Anthropologie (Skelettfunde), Aussagen, die aus Schriftquellen oft nicht zu ermitteln sind. Auch die Landschaft selbst ist Bestandteil einer Umweltgeschichte. Historiker/innen sollten daher auch solche Quellen zur Kenntnis nehmen und – gemeinsam mit Archäologen und Geographen, die hier die Quellenkritik vornehmen müssen – auf ihren historischen Erkenntniswert hin auswerten.

Lit.: s. u. S. 303
- Adriaan VERHULST, Le paysage rural: les structures parcellaires de l'Europe de Nord-Ouest (TS 73) Turnhout 1995.

2.2.4.12 Abstrakte Quellen

Besonders schwierig sind die gegenstandslosen, nichtschriftlichen Quellen zu beurteilen, da ihr zeitlicher Bezug oft nicht leicht festzumachen ist. Hier seien nur zwei Beispiele genannt.

Das erste betrifft die **Sprache**, die ursächlich in die Kompetenz der Philologie gehört, aber ebenso die Geschichtswissenschaft betrifft. Soweit es sich um die Schriftsprache handelt, bindet sich die Auswertung an die bereits behandelten Schriftquellen. Sprach- und Begriffsgeschichte ist nicht nur eine Frage der historischen Kultur, sondern erschließt über Wortbedeutung und -gebrauch erst den Sinn eines Textes und gibt Einblick in die menschliche Denkweise und Vorstellungswelt überhaupt (vgl. u. S. 328f.). Schwieriger verhält es sich mit der gesprochenen Sprache, die nur noch indirekt aus einzelnen schriftlichen Hinweisen zu erschließen ist. Solchen Hinweisen nachzugehen ist aber wichtig, da die mittelalterliche Gesellschaft trotz aller Bedeutung ihrer Schriftkultur weithin eine orale Gesellschaft war.

Das zweite Beispiel betrifft **Bräuche**, die sich aus zeitgenössischen Darstellungen (auch Bildern) und Traditionen erschließen lassen, deren Ursprünge oft in das Mittelalter zurückreichen. Sie sind eigentlich Gegenstand der Volkskunde, aber ebenso der Sozial- und Alltagsgeschichte.

Lit.:
- BERLIOZ (u. S. 255) S. 223–237.

*

Der Versuch, die Masse der Quellen nach ihrem Aussagezweck zu ordnen, stößt auf Grenzen, weil Funktionen und Formen selten übereinstimmen, er stellt zumindest aber eine Hilfe dar. Eine andere, heute mehrfach angewandte Möglichkeit der Typologisierung besteht darin, die Quellen mit Rücksicht auf das moderne Erkenntnisziel inhaltlich zu klassifizieren. So kann man etwa die gesamte Memorialliteratur (vgl. o. S. 189ff.) oder die Visionsliteratur (o. S. 193f.), „Selbstzeugnisse" oder auch Stadt- und Landesbeschreibungen[105] (und vieles andere mehr) als Gruppe zu-

---

105 Vgl. Gerhard THEUERKAUF, Stadt- und Landesbeschreibungen des Mittelalters aus der Sicht der historischen Quellenkunde, Jahrbuch für Regionalgeschichte 15, 1988, S. 43–51.

sammenstellen, der dann Quellen oder – meist – Quellenausschnitte sehr verschiedener „Gattungen“ angehören, deren Eigenarten wiederum geklärt werden müssen. Die Vielfalt der historischen Quellen des Mittelalters dürfte jedenfalls deutlich geworden sein. Sämtliche Spuren der Vergangenheit können zu Quellen werden, deren Wert und Aussagekraft sich nach dem jeweiligen Erkenntnisziel richten. Da dieses selten mit der Absicht übereinstimmt, aus der heraus die Quellen damals hergestellt und überliefert wurden, ist die ursprüngliche Funktion der Einzelquelle ebenso wie der Quellenart stets angemessen zu berücksichtigen. Das ist eine Frage des Umgangs mit den Quellen und besonders der Quellenkritik. Damit wird sich das nächste Kapitel beschäftigen.

3 Historisches Arbeiten

3.1 Einführung

Historisches Arbeiten bezieht sich grundsätzlich (1) auf Quellen als die (mehr oder weniger) unmittelbaren, zeitgenössischen Zeugnisse über die behandelte Epoche (vgl. o. S. 80ff.) und (2) auf Darstellungen als die auf Quellenauswertung beruhenden Ergebnisse der modernen Forschung (o. S. 40ff.). Quellenarbeit ist die ursprünglichere und fachspezifische geschichtswissenschaftliche Tätigkeit, die der (eigenen) Darstellung vorangeht. Sie wird daher auch hier im Mittelpunkt stehen. Andererseits beginnt die Quellenarbeit nicht jedes Mal von neuem, sondern auf der Grundlage des aktuellen Kenntnis- und Forschungsstandes. Zu jedem Thema gibt es bereits „Vorarbeiten", die berücksichtigt werden wollen. Die praktische Arbeit von Lehrenden und Studierenden der Geschichtswissenschaft beginnt daher in der Regel in Umkehrung der eigentlichen Forschungstätigkeit: nämlich mit den aus den Darstellungen gewonnenen Ergebnissen bisheriger Forschung. Hat man eine historische *Frage* entwickelt, so wird man zunächst den *Forschungsstand* erarbeiten, mittels dieser Kenntnis die Frage konkretisieren und „methodisieren", d. h. Wege suchen, um sie zu beantworten, und dann die dazu ergiebigen *Quellen* sammeln und auswerten. Das *Ergebnis* dieser Quellenarbeit ist dann wieder in den Forschungsstand einzuordnen. Selbstverständlich ist das nur ein grobes, „idealisierendes" Arbeitsschema, das in der Praxis in viele kleine Schritte oder Einzelfragen zerfällt und so ein ständiges Abwechseln und gegenseitiges Befruchten der Arbeit an Quellen und Darstellungen bewirkt. Wenn beide Arbeitsweisen im Folgenden nacheinander abgehandelt werden, so entspricht das folglich eher didaktischen als sachlichen Gründen. Da die Arbeit an Darstellungen sich zudem in der mittelalterlichen Geschichte in keiner Weise von anderen Bereichen der Geschichtswissenschaft unterscheidet, genügen hier knappste, auf die Epoche zugeschnittene Hinweise, während die Arbeit an den für das Fach Geschichte charakteristischen, hier spezifisch mittelalterlichen Quellen ausführlicher zu behandeln ist. Für die Arbeit an Darstellungen *und* Quellen lässt sich aber – sehr grob und schematisch – ein paralleler Arbeitsgang entwickeln, der daher vorangestellt sei (vgl. Abb. 12).

(1) Die **historische Fragestellung** geht jeder historischen Arbeit voran, weil diese sonst ufer- und ziellos würde und die historische Beschäftigung bereits von bestimmten Erkenntnisinteressen geleitet ist. Sie grenzt das Spektrum möglicher Erkenntnisobjekte, die allgemeinste historische Frage nach Abläufen oder Zuständen

	Arbeitsschritt an Darstellungen	Arbeitsschritt an Quellen
1. Historische Fragestellung		
2. Materialbeschaffung	Bibliographieren	Heuristik (Quellensuche)
3. Materialerschließung	←-- Sprachliches Verständnis (evtl. Übersetzung)	--→
	←-- Sachliches Verständnis:	Kommentare --→
	←-- Inhaltliches Verständnis:	Inhaltsangabe --→
	←-- Materialprüfung:	Kritik --→
4. Materialauswertung	Formulierung der Ergebnisse: Erarbeitung des Forschungsstandes	Interpretation
5. Reflexion der Ergebnisse hinsichtlich der Fragestellung und der angewandten Methode		
6. Materialverarbeitung und -vermittlung	←-- Darstellung (Referat) --→	

Abb. 12: *Schema des Historischen Arbeitens.*

in der Vergangenheit, thematisch (sachlich), zeitlich und räumlich ein und wird sich im Laufe des Arbeitsprozesses immer mehr konkretisieren lassen. Historische Fragen zu stellen, steht also nicht nur am Anfang der eigentlichen Arbeit, es ist ein diese begleitender Prozess.

Die historische Frage kann zunächst aus bloßer Neugier – noch ohne Einblick in mögliche Antworten – oder (häufiger) bereits aus der Kenntnis der Geschichte, des Quellenmaterials und des Forschungsstandes heraus erwachsen. Besonders im ersten Fall erweist sie sich offen für neue Wege und Erkenntnisse, muss aber noch auf ihre Beantwortbarkeit am Quellenmaterial hin geprüft werden. Sie vermittelt damit zwischen zwei Polen: Einerseits ist sie in die Vergangenheit gerichtet, ist der anschließende Arbeitsprozess an vorhandene Quellen gebunden, andererseits aber entspringt sie einem modernen, zunächst individuellen, in der Gesamtheit aber zeitspezifischen Erkenntnisinteresse; sie erfolgt somit nicht wertfrei, sondern ist den Bindungen, Erfahrungen und Wertvorstellungen der eigenen Person, ihrer Umgebung und ihrer Zeit verhaftet. Darin liegt ihr Erkenntniswert. In der historischen Frage spiegelt sich also jene zeitliche „Doppelsphärigkeit" zwischen Vergangenheit und Gegenwart wider, die der Geschichtswissenschaft insgesamt innewohnt (o. S. 18ff.). Gerade sie ermöglicht eine gründliche Reflexion, in deren Verlauf das aktuelle Interesse bewusst wird. Deshalb ist es wichtig, die Frage in der Einleitung eines jeden Referates (wie jeder größeren Arbeit) vorzustellen, einzuordnen, abzugrenzen, zu begründen und zu reflektieren.

(2) Die **Materialbeschaffung** (Heuristik) – als nächster Schritt – stellt die Quellen und Darstellungen zusammen, die zur Beantwortung der historischen Frage beitragen.

(3) Die **Materialerschließung** sucht alle Verständnisschwierigkeiten und Wissenslücken auszuräumen, die sich einer sicheren Erkenntnis in den Weg stellen. Sie muss also das Material (Quellen wie Darstellungen) aufbereiten und damit benutzbar machen, den Inhalt erschließen, die für die Frage relevanten Teile gegebenenfalls „übersetzen", nämlich in die eigene (moderne) Sprache und Begrifflichkeit übertragen, unbekannte Namen, Begriffe oder Sachverhalte klären, den historischen Kontext erarbeiten und das Material kritisch prüfen. Jedem dieser Arbeitsschritte entsprechen bestimmte Arbeitsformen (Edition, Inhaltsangabe, Übersetzung, Kommentar, Kritik), die – bis auf den letzten Aspekt – aber weder typisch für die Geschichtswissenschaft allein noch gar für die mittelalterliche Geschichte sind.

Zur ausführlichen Besprechung sei auf die einschlägigen Einführungen hingewiesen, etwa:

- FABER/GEISS (o. S. 46).
- Peter BOROWSKY/Barbara VOGEL/Heide WUNDER, Einführung in die Geschichtswissenschaft 1: Grundprobleme, Arbeitsorganisation, Hilfsmittel (Studienbücher Moderne Geschichte 1) Opladen [5]1989.
- Geschichtswissenschaften. Eine Einführung, hg. v. Christoph CORNELISSEN, Frankfurt/M. 2000.

Zu Einführungen in die (mittelalterliche) Geschichte vgl. o. S. 45.

(4) Die **Materialauswertung** formuliert vor dem Hintergrund dieser Informationen die Ergebnisse, also die überprüften und erschlossenen Aussagen, die sich aus dem Material in Bezug auf die gestellte Frage ergeben. Dabei sind die zunächst einzeln behandelten Materialien miteinander zu vergleichen und zueinander in Beziehung zu setzen.

(5) Die Ergebnisse sind anschließend noch einmal hinsichtlich der Frage und des gewählten Arbeitsganges (einschließlich der Methode) zu überdenken und schließlich

(6) in einer für Leser/innen oder Hörer/innen nachvollziehbaren und überprüfbaren, schriftlichen oder mündlichen Form darzustellen (**Materialverarbeitung und -vermittlung**). Im Studium geschieht das in Form eines Referates oder einer Hausarbeit, die in der Regel die Ergebnisse aus der Arbeit an Quellen *und* Darstellungen zusammenfassen (sich im Einzelfall aber auch auf einen der beiden Materialtypen beschränken können).

Die im Proseminar zu lernende Referatsabfassung in inhaltlicher wie in formaler Hinsicht sei hier ebenfalls vorausgesetzt. Vgl. etwa BOROWSKY/VOGEL/WUNDER (o. S. 46) S. 177 ff.; FABER/GEISS (o. S. 46) S. 92 ff., 135 ff.; Schreib-Guide Geschichte. Schritt für Schritt wissenschaftliches Schreiben lernen, hg. v. Wolfgang SCHMALE, Wien-Köln-Weimar 1999; Nils FREYTAG/Wolfgang PIERETH, Kursbuch Geschichte. Tipps und Regeln für wissenschaftliches Arbeiten, Paderborn ²2006; Matthias KARMASIN/Rainer RIBING, Die Gestaltung wissenschaftlicher Arbeiten (UTB 2774), Konstanz 2006.

Das **Referat**/die **Hausarbeit** vermittelt die zu einer Frage- und Aufgabenstellung gewonnenen Gedankengänge und Ergebnisse in einer nachvollziehbaren Form. Dazu werden
- in der Einleitung vor dem historischen Hintergrund und dem vorhandenen Kenntnisstand die Fragestellung entwickelt und das eigene Vorgehen erläutert,
- im Hauptteil in einer dem Gegenstand angemessen gegliederten Form die ermittelten Aussagen (Indizien) vorgestellt und diskutiert – und zwar nicht zwangsläufig mehr in der Reihenfolge der Arbeitsschritte, sondern bereits in einer auf das Ergebnis bezogenen Ordnung,
- im Schluss schließlich die Resultate formuliert oder zusammengefasst und auf Folgerungen hin abgefragt, also wiederum in die eingangs erläuterten größeren historischen Zusammenhänge und in den Forschungsstand eingeordnet. Dem kann sich ein kurzer Ausblick auf die weitere Entwicklung oder auf offene Fragen anschließen.

Das Referat/die Hausarbeit ist eine knappe, lesbare und korrekte Vermittlung der begründeten Ergebnisse eines gewählten Themas. Es sollte daher
- so kurz wie möglich gehalten werden,
- den Gedankengang des Verfassers erkennen lassen, also den Sachverhalt sinnvoll gliedern und die einzelnen Teile logisch aufeinander beziehen
- und bereits auf die gewonnenen Ergebnisse ausrichten,
- Argumentation und Wiedergabe der Sachverhalte aus Quellen und Darstellungen sachlich und inhaltlich richtig und möglichst in eigenen Worten und in der Sprache unserer Zeit gestalten,
- die Aussagen allgemein verständlich und durchsichtig darlegen

- sowie nachprüfbar machen, also – in der Regel in Anmerkungen – belegen, so dass eigenes und fremdes Gedankengut erkennbar voneinander abgegrenzt wird.

Schriftliche Hausarbeiten enthalten ein Titelblatt, ein Inhaltsverzeichnis, ggf. ein Abkürzungsverzeichnis, einen wissenschaftlichen Apparat (Anmerkungen mit Belegen und ggf. kurzen Erläuterungen, entweder als Fußnoten am Ende jeder Seite oder, durchnummeriert, am Ende des Textes) sowie ein Quellen- und Literaturverzeichnis (Reihenfolge: ungedruckte Quellen, gedruckte Quellen, Darstellungen) mit vollständigen bibliographischen Angaben der benutzten Werke.

Vorformen des schriftlichen Referates/der Hausarbeit bilden
- das **Arbeitspapier** (mit vorläufigen Ergebnissen),
- das **Thesenblatt** (mit stichsatzartiger, pointierter Zusammenfassung der Ergebnisse als Diskussionsgrundlage),
- der mündliche **Vortrag**, der sich darauf einstellen muss, dass Hörer/innen im Gegensatz zu Lesern nicht „zurückblättern" können, und der sich daher auf das Wesentliche beschränken, klar gegliedert und leicht verständlich sein und, soweit möglich, durch Medien (Schemata, Informationsmaterial, Bildmaterial) unterstützt werden sollte. Ein angemessener Sprechstil ist zu entwickeln.

Der „Weg" zu den – am Ende schriftlich festgehaltenen – Ergebnissen, die Schritte, Formen und Hilfsmittel des Historischen Arbeitens, sollen in den folgenden Abschnitten im Einzelnen besprochen und vorgestellt werden.

3.2 Die Arbeit an Darstellungen (Sammeln, Erschließen und Auswerten von Forschungsliteratur)

3.2.1 Erfassung von Darstellungen: Die Bibliographie

Die Arbeit an Darstellungen soll hier nur soweit charakterisiert werden, als sie grundlegend oder in Bezug auf die Hilfsmittel für die mittelalterliche Geschichte besonders charakteristisch ist. Das gilt, im Bereich der Arbeitsmittel, vor allem für die Materialbeschaffung: die Bibliographie.

Bibliographieren dient der Erfassung bisheriger Forschungen zu einem bestimmten Thema. Dazu gibt es vier (unterschiedlich intensive) Wege:
- Einen ersten Überblick kann man sich anhand der in einer Bibliothek vorhandenen Bücher (kaum allerdings von Aufsätzen) verschaffen, wenn ein systematisches Signatursystem oder ein Sachkatalog existieren. Der Befund bleibt dabei lückenhaft und von den jeweiligen Bibliotheksbeständen und -gliederungen abhängig.
- Eine zweite Möglichkeit bieten Literaturverzeichnisse und Anmerkungen neuerer Untersuchungen zum Thema, die man (auf diesem Wege) bereits gefunden hat.
- Die Literaturrecherche über EDV (Internet) nutzt die Bestände vorhandener Bibliotheken (z. B. Verbundkataloge oder den Katalog der American Library of

Congress), kann aber nur so vollständig sein wie deren Bestände! Die EDV-Recherche erleichtert ein schnelles Suchen, ersetzt aber nicht ein systematisches Bibliographieren.
- Zur Vorbereitung einer intensiveren Beschäftigung mit einem Thema ist daher ein **systematisches Bibliographieren** anhand eigens dafür erstellter Hilfsmittel, der Bibliographien, unerlässlich, von denen manche inzwischen auch als CD-ROM vorliegen.

Hier sind zu unterscheiden:
(1) **Allgemeine Bibliographien** enthalten alle Veröffentlichungen aller Fachgebiete. Sie sind in der Regel als Nationalbibliographien konzipiert und verzeichnen – meist jahrgangsweise – die in einem Land erschienenen Buchveröffentlichungen.
(2) **Fachspezifische Bibliographien** verzeichnen die Veröffentlichungen (Monographien und Aufsätze) eines Fachgebiets. Geschichtswissenschaftliche Bibliographien bilden die wichtigsten Hilfsmittel, zumal sie auch Aufsätze erfassen, haben allerdings den Nachteil, dass sie – zumal bei der heutigen Buchproduktion – niemals Vollständigkeit erreichen und außerdem mit einem Verzug von 2–4 Jahren erscheinen.
(3) **Spezialbibliographien** verzeichnen die Veröffentlichungen zu bestimmten Epochen, Landschaften oder Themen.
(4) Schließlich hilft der **Rezensionsteil** (Buchbesprechungen) einschlägiger Zeitschriften weiter (vgl. dazu o. S. 73 ff.). Viele Zeitschriften veröffentlichen am Schluss des Heftes darüber hinaus eine Liste zugesandter Neuerscheinungen.

Beim Bibliographieren sind folgende Grundsätze zu beachten:
- Da keine Bibliographie Vollständigkeit erreicht, sind stets verschiedene Hilfsmittel einzusehen.
- Um nicht wesentliche Titel zu übersehen, ist eine gewisse Vorkenntnis über den Gegenstand nötig: Vor dem Bibliographieren sollte man sich daher anhand einschlägiger Darstellungen und Handbücher (o. S. 51 ff.) über das Thema informieren.
- Um nicht wichtige Sachbereiche auszuklammern, muss man sich zunächst mit dem System der jeweiligen Bibliographie vertraut machen. Sachregister sind hilfreich, reichen aber in den wenigsten Fällen aus, da sie zwangsläufig nur die in den Titeln verzeichneten Schlagworte aufnehmen können. Die meisten Bibliographien gliedern sich nach Epochen und/oder nach Sachgebieten. Es ist also vorher zu überlegen, welche Rubriken jeweils zu durchsuchen sind.

  Moderne Fragestellungen sind meist epochen- und sachübergreifend angelegt, so dass sie mehrere Abschnitte der Bibliographien betreffen. Eine Bibliographie zum Thema „Graf" beispielsweise gehört zwar primär in den Bereich der Verfassungsgeschichte, berührt aber ebenso die politische Geschichte (einzelner wichtiger Grafen) und die Sozialgeschichte (Adel) etc.

- Je nach Bedarf muss die Bibliographie bis weit in die frühere Forschungsgeschichte zurück erstellt werden, am wichtigsten sind jedoch die jüngeren Veröf-

fentlichungen. Es empfiehlt sich daher, vom neuesten Jahrgang an rückwärts zu bibliographieren.
- Um Literaturtitel ggf. später wiederzufinden (auch zur Bestellung per Fernleihe), ist es ratsam, die genaue Fundstelle (Bibliographie, Band, Seite bzw. laufende Nummer) zu vermerken.
- Die gefundenen Titel sind nach Möglichkeit gleich so zu notieren, wie es der in der deutschen Geschichtswissenschaft üblichen **Zitierweise** entspricht (wenn es dafür auch keine allgemeinverbindlichen Richtlinien gibt). Dabei ist vor allem auf Vollständigkeit und Einheitlichkeit zu achten.

Zitierschema (Beispiele finden sich oben in Kapitel 2.1):
(a) Monographien:
- Verfassername, möglichst mit Vornamen (aber ohne akademische Titel),
- vollständiger Buchtitel (ggf. mit Untertitel),
- ggf. Reihentitel (in runden Klammern),
- Erscheinungsort und -jahr (Angabe der jüngsten Auflage als Exponent vor der Jahreszahl).

Bei ungedruckten Dissertationen: Diss. (masch.) Universitätsort und Jahr.
(b) Aufsätze:
- Verfassername (mit Vornamen),
- Aufsatztitel,
- (bei Sammelbänden:) in: Buchtitel (wie oben), hg. v. Namen der/des Herausgeber(s), ggf. Reihentitel in runden Klammern, Ort und Jahr, Seitenangaben,
- (bei Zeitschriften:) in (kann auch entfallen): Name der Zeitschrift, Jahrgang, Erscheinungsjahr (in Kommata oder in runden Klammern), Seitenangaben. Bei Zeitschriften können evtl. übliche Siglen (z. B. DA für Deutsches Archiv) verwandt werden.

Im Folgenden sollen die wichtigsten **Bibliographien** vorgestellt werden (vgl. die Übersicht in Abb. 13, u. S. 224). Eine Charakterisierung im Einzelnen erübrigt sich, da nur der praktische Gebrauch mit ihnen vertraut macht, der daher dringend anzuraten ist.

(1) Überblicke:

Übersicht über gängige Bibliographien:
- Renate DOPHEIDE, Wie finde ich Literatur zur Geschichtswissenschaft (Veröffentlichungen des Instituts für Bibliothekarausbildung der FU Berlin 26. Orientierungshilfen 8) Berlin 1980.
- Van CAENEGEM, Introduction (o. S. 84) S. 355–361.

Bibliographie der Bibliographien:
- Wilhelm TOTOK/Karl-Heinz WEITZEL, Handbuch der bibliographischen Nachschlagewerke, Bd. 1: Allgemeinbibliographien und Nachschlagewerke, Frankfurt ^{6}1984.

Eine auf das Geschichtsstudium zugeschnittene Arbeitsbibliographie bieten:
Allgemein:
- Winfried BAUMGART, Bücherverzeichnis zur deutschen Geschichte. Hilfsmittel, Handbücher, Quellen (dtv 34043) München ^{15}2003.

Mittelalter:
- Peter-Johannes Schuler, Grundbibliographie Mittelalterliche Geschichte (Historische Grundwissenschaften in Einzeldarstellungen 1) Stuttgart 1990.
- Alfred Heit/Ernst Voltmer, Bibliographie zur Geschichte des Mittelalters (dtv 33008) München 1997.

(2) Allgemeine Bibliographien:
Bücher:
- ***Deutsche Nationalbibliografie** (DNB) seit 1931, ab 2006 hg. von der Deutschen Nationalbibliothek (1947–1990 – parallel zur Leipziger Ausgabe – als „Deutsche Bibliographie" bearbeitet von der Deutschen Bibliothek Frankfurt).

  Reihe A: Erscheinungen des Buchhandels,
  Reihe B: Erscheinungen außerhalb des Buchhandels,
  Reihe C: Karten,
  Reihe H: Hochschulschriften,
  Reihe N: Neuerscheinungen (ab 2004 als eigenständiger Neuerscheinungsdienst).
  Die DNB erscheint in ihrer endgültigen Form als Dreijahresverzeichnis (mit Sach- und Autorenregister), interimsweise als Halbjahresverzeichnis (mit Sach- und Autorenregister), laufend als wöchentliches, nach Sachgebieten gegliedertes Verzeichnis (Geschichte: Abschn. 63–65; seit 2004: Abschn. 900ff.), so dass sie – zumal mit den Vorausanzeigen in der Reihe N – über die in Deutschland gedruckten Monographien auf dem laufenden hält. Sie ist für den Zeitraum seit 1945 auch als DVD verfügbar.

Vorläufer:
- Chr. G. Kayser, Vollständiges Bücherlexikon, 1750–1910, Leipzig (1834–1911).
- Deutsches Bücherverzeichnis, 1911–1930, Leipzig 1916ff.

Parallel zur Reihe H der DB:
- *Jahresverzeichnis der deutschen Hochschulschriften (1887–1987).

Für andere Länder gibt es meist ähnlich organisierte Bibliographien, deren wichtigste in den Universitätsbibliotheken zur Verfügung stehen, z. B. das Schweizer Buch, seit 1901; Österreichische Bibliographie, seit 1945; Bibliographie de la France, seit 1971; The British National Bibliography, seit 1950; Bollettino delle pubblicazioni italiane, seit 1886; u. a.
Generell:
- British Museum. General Catalogue of printed books (bis 1955), fortgesetzt durch: The British Library General Catalogue of Printed Books, reicht augenblicklich bis zum Berichtsjahr 1995.
- The National Union Catalogue (NUC), seit 1982 auf Mikrofiche.
- La Librairie Française: Catalogue des ouvrages en vente, Paris 1936ff.
- Books in Print, Jahresbände (Autoren, Titel, Verlage), New York.
- Verzeichnis Lieferbarer Bücher (VLB), hg. v. Verlag der Buchhändler-Vereinigung, Frankfurt; Jahresbände (Autoren, Titel, Stichwörter).
- Les Livres Disponibles (French books in print), Jahresbände.

Zeitschriftenaufsätze:
- *Internationale Bibliographie der Zeitschriftenliteratur (IBZ), begr. v. F. Dietrich, Leipzig 1897–1947, Osnabrück 1948ff. (auch Online verfügbar).

(3) Bibliographien zur Geschichtswissenschaft

(a) Internationale Historische Bibliographien:

Allgemeine Historische Bibliographien:

- *INTERNATIONAL BIBLIOGRAPHY OF HISTORICAL SCIENCES (IBHS), Paris 1930 ff. (für die Jahre 1926–1939, regelmäßig seit 1947, in turnusmäßig wechselnden Sprachen, aber mit gleichem Gliederungsschema).

Bibliographien zur mittelalterlichen Geschichte:

- *MEDIOEVO LATINO (ML). Bollettino bibliografico della cultura europea dal secolo VI al XIII, hg. v. Claudio LEONARDI, seit 1980 (Jahresbände).
  Ausführlichste Mittelalterbibliographie mit besonders leichtem Zugang zu mittelalterlichen Autoren, Bd. 1–10 (1980–1989) und Bd. 17 (1996) auch auf CD-ROM, Florenz 1997.
- *INTERNATIONAL MEDIEVAL BIBLIOGRAPHY (IMB), seit 1967 (Jahresbände) (auch als CD-ROM verfügbar).
- *REVUE D'HISTOIRE ECCLÉSIASTIQUE (RHE) (jährlich seit 1900, jeweils als Band II jedes Jahrgangs gebunden); für die mittelalterliche Geschichte besonders wichtig ist der ausführliche, kirchengeschichtlich orientierte, aber weit darüber hinausgehende bibliographische Teil der Zeitschrift.
- CAHIERS DE CIVILISATION MÉDIÉVALE (CCM), jährliche Bibliographie seit 1958.

außerdem die Rezensionen im

- *DEUTSCHEN ARCHIV (DA).

(b) Bibliographien zur deutschen Geschichte:

- DAHLMANN/WAITZ, Quellenkunde der deutschen Geschichte, 9. Aufl., hg. v. H. HAERING, Leipzig 1931/32, mit Autorenregister.

  Bibliographie zur deutschen Geschichte bis 1918, enthält ausgewählte, bis 1931 erschienene Literatur.

- *DAHLMANN/WAITZ, Quellenkunde zur deutschen Geschichte, 10. Aufl., hg. v. Hermann HEIMPEL u. Herbert GEUSS, 12 Bde. (Bd. 1–6 Mittelalter), Stuttgart 1965–1999.

  Bibliographie zur deutschen Geschichte bis 1945, enthält ausgewählte, bis 1960 erschienene Titel und wichtigere neuere Werke.

- Die deutsche Geschichtswissenschaft im Zweiten Weltkrieg. Bibliographie des historischen Schrifttums deutscher Autoren 1939–45, hg. v. Walther HOLTZMANN u. Gerhard RITTER, Marburg 1951.

Jahresberichte:

- JAHRESBERICHTE DER GESCHICHTSWISSENSCHAFT, Berlin 1880–1916 (für die Jahre 1878–1913);
- JAHRESBERICHTE FÜR DEUTSCHE GESCHICHTE, ALTE FOLGE, Leipzig 1927–42 (für die Zeit von 1925–1939);
- *JAHRESBERICHTE FÜR DEUTSCHE GESCHICHTE, NEUE FOLGE, hg. v. Institut für Geschichte an der Dt. Akad. d. Wissenschaften, Berlin 1952 ff., seit 1990 v. d. Kon-

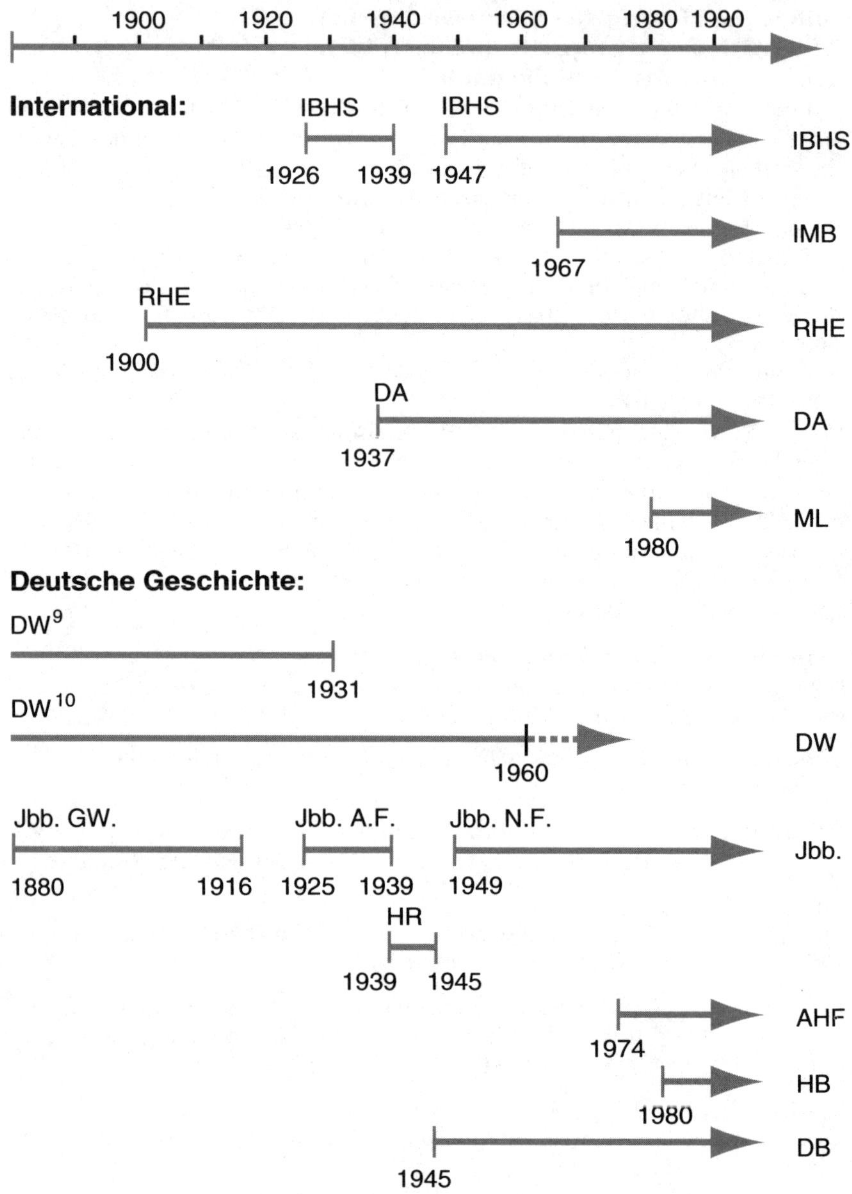

Abb. 13: *Überblick über die gängigen Bibliographien und ihren Berichtszeitraum.*

ferenz der Deutschen Akademien der Wissenschaften (Jahresbände seit 1949) (auch als CD-Rom verfügbar).

Die zügigste Bibliographie mit Veröffentlichungen deutscher Historiker/innen erscheint seit 1986 als:
- *Historische Bibliographie (stellt die von den Bearbeitern selbst als erschienen gemeldeten Titel des AHF zusammen):
- *Jahrbuch der Historischen Forschung in der BRD (AHF), hg. v. d. Arbeitsgemeinschaft außeruniversitärer historischer Forschungseinrichtungen in der BRD, seit 1974 (jeweils mit Angabe der Institution und des Bearbeitungsstandes) (nützlicher Überblick über die in Bearbeitung und im Druck befindlichen Arbeiten deutscher Historiker/innen).

(c) Bibliographien zur Geschichte anderer Länder:
Ähnliche Bibliographien gibt es auch für andere Länder, z. B.
- Bibliographie der Schweizer Geschichte, als Beilage der SZG, seit 1913,
- Österreichische Historische Bibliographie, seit 1965,
- *Bibliographie Annuelle de l'histoire de France, hg. v. C. N. R. S., seit 1939,
- *Annual Bibliography of British and Irish History, hg. v. der Royal Historical Society, seit 1974,
- Bibliography of Historical Works Issued in the United Kingdom, ed. William Melaway, 4 Bde., 1946–1970,
- A Bibliography of English History to 1485, hg. v. Charles Gross u. Edgar B. Graves, Oxford 1975,
- Bibliographie de l'histoire médiévale en France (1965–1990), hg. v. Michel Balard, Paris 1992.

(4) Bibliographien zu einzelnen Sachgebieten:
Von den zahlreichen Bibliographien zu einzelnen Sachgebieten seien exemplarisch genannt:
- Bibliographie zur deutschen historischen Städteforschung, bearbeitet v. Brigitte Schröder u. Heinz Stoob (Städteforschung B1) 2 Bde., Köln-Wien 1986/96 (nach Landschaften geordnet; Bd. 2 mit Autoren- und Ortsindex).
- Bibliographie zur Geschichte der Kreuzzüge, hg. v. Hans Eberhard Mayer, Hannover ^{2}1965.
- Frauen im Frühmittelalter (u. S. 366).
- Gertrud Jaron Lewis, Bibliographie zur deutschen Frauenmystik des Mittelalters (Bibliographien zur deutschen Literatur des Mittelalters 10) Berlin 1989.
- Europäische Reiseberichte des späten Mittelalters (o. S. 124).

(5) Zeitschriften:
Viele Zeitschriften enthalten regelmäßig Bibliographien zur Geschichte ihrer Länder, z. B. die Revue Belge de Philologie et d'Histoire (Belgien), die Tijdschrift voor Geschiedenis (Niederlande), The Scottish Historical Review (Schottland), regionale französische Zeitschriften wie die Annales de l'Est oder die Revue du Nord.

Die Historische Zeitschrift (HZ) veröffentlicht sporadisch Sonderhefte mit Literaturberichten über bestimmte Epochen und Länder, z. B. Bd. 7: Italien im Mittelalter

(1980); Bd. 11: Frankreich im Mittelalter (1982). Jedes Heft der Historischen Zeitschrift enthielt von 1969 bis 1993 außerdem eine ausführliche, nach Epochen gegliederte Aufsatzschau mit kürzlich erschienenen Zeitschriften- und Sammelbandbeiträgen. Eine regelmäßige Zeitschriftenschau (aus bestimmten Zeitschriften) bietet auch LE MOYEN ÂGE. Sammelberichte (im Abstand von einigen Jahren auch für das Mittelalter) enthält die Zeitschrift GESCHICHTE IN WISSENSCHAFT UND UNTERRICHT (GWU).

Viele Zeitschriften enthalten jährlich Bibliographien zu ihrem spezifischen **Sachgebiet**, z. B. das SCRIPTORIUM (zur Handschriftenkunde und zu mittelalterlichen Autoren), die CAHIERS DE CIVILISATION MÉDIÉVALE (CCM) (zu einzelnen Autoren), die REVUE BÉNÉDICTINE (RBen) (zu den einzelnen, alphabetisch geordneten Klöstern), die STUDIEN UND MITTEILUNGEN ZUR GESCHICHTE DES BENEDIKTINERORDENS UND SEINER ZWEIGE (SMGBO) (seit 1939); die ANALECTA PRAEMONSTRATENSIA (AnalPraem), CÎTEAUX und COLLECTANEA CISTERCIENSIA (zur Geschichte ihrer Orden); AUGUSTINIANA und REVUE DES ÉTUDES AUGUSTINIENNES (zur Augustinforschung), das ARCHIVUM HISTORIAE PONTIFICIAE (AHP) (zur Papstgeschichte); die TRADITIO (zum kanonischen Recht); die HANSISCHEN GESCHICHTSBLÄTTER (zur Geschichte der Hanse).

Die BLÄTTER FÜR DEUTSCHE LANDESGESCHICHTE (BDLG) bringen ausführliche Sammelberichte zu einzelnen Landschaften und regelmäßige Überblicke über den Inhalt regionaler und lokaler Zeitschriften. Daneben gibt es eine Reihe landesgeschichtlicher Bibliographien.

Eine zeitsparende Möglichkeit des Bibliographierens bieten EDV-Datenbanken, die in Form einer CD-ROM verfügbar oder im Online-Verfahren an die Datenbank des Anbieters angeschlossen sind und hier nach Autoren oder Schlagwörtern abgefragt werden können. Die Universitätsbibliotheken haben oft eine Informationsvermittlungsstelle (IVS), in der – meist gebührenpflichtig – Aufträge entgegengenommen und weiterbearbeitet werden. Die Ergebnisse werden dem Fragesteller per Diskette oder Ausdruck zugestellt. Auch einzelne Institute sind inzwischen bereits angeschlossen. Für die mittelalterliche Geschichte sind diese Möglichkeiten zur Zeit allerdings noch begrenzt.[1]
Für die mittelalterliche Geschichte von Belang sind:
- Historical Abstracts, seit 1973 (Hersteller: ABC-Clio Information Services; Anbieter: Dialog Information Services), enthält kurze Zusammenfassungen historischer Arbeiten über die Zeit seit 1450 (auch in Buchform existent).
- Guias de Fuentes Para la Historia de España e Italia (GUFU) (Hersteller und Anbieter: Ministerio de Cultura de España), enthält Quellen zur spanischen und italienischen Geschichte vom 14. Jh. an.
- Histoire des Sciences et des Techniques (Hersteller: C. N. R. S., Anbieter: Questel), enthält Titel zur Wissenschafts- und Technikgeschichte.

1 Einen Überblick über Online-Bibliographien und CD-ROM gibt: GALE DIRECTORY OF DATABASES; Bd. 1: Online Databases, hg. v. Lisa Kumar, Bd. 2: CD-ROM, Diskette, Magnetic Tape, Handheld, and Batch Access Database Products, hg. v. Annette Novallo, Mary Alampi u. Kathleen Lopez Nolan. Für das Mittelalter interessant sind die Datenbanken der Rutgers University, Department of History, New Brunswick („Medieval and Early Modern Data Bank"). Außerdem: Art and Music: The Medieval Era; Historical Abstracts on Disc; History through Art: The Middle Ages; Medieval and Early Modern Data Bank.

Eine Übersicht über Zitate wissenschaftlicher Literatur in nachfolgenden Arbeiten gibt:
- Art and Humanity Search (Hersteller: Institute for Scientific Information – ISI –, Philadelphia; Anbieter: Dialog und BRS Information Technologies).

Nützlich sind auch Informationen über das Bibliothekssystem. Da es in Deutschland keine Zentralbibliothek gibt (wie die Bibliothèque Nationale in Frankreich oder die Library of Congress in den USA), werden – dezentral – einzelne Universitäten jeweils zu bestimmten Sachgebieten gefördert, deren Bestand folglich besonders gut ist. Für die allgemeine Geschichte ist das die Bayerische Staatsbibliothek in München (eine „Spezialbibliothek" für die mittelalterliche Geschichte gibt es nicht).[2] Eine Reihe nützlicher Informationen bietet die „Erlanger Historikerseite" (Internet-Adresse: http://www.phil.uni-erlangen.de/~p1ges/home.html). Solche Möglichkeiten vermehren sich ständig. Die Universitätsbibliotheken können hier beraten. Vgl. auch Clio-online (Internet-Adresse: http://www.clio-online.de).

3.2.2 Erschließung von Darstellungen

Die Erschließung von Darstellungen besteht vor allem aus Inhaltsangabe und wissenschaftlicher Einordnung. Daneben wird es nötig sein, unbekannte Begriffe und Sachverhalte zu klären (dazu u. S. 246 ff.) und fremdsprachige Darstellungen in die eigene Sprache zu übertragen. Historiker/innen sollten in der Lage sein, englische und französische, Mediävisten auch italienische Literatur zu lesen. Für die Beschäftigung mit bestimmten Räumen sind entsprechende weitere Sprachkenntnisse letztlich unverzichtbar.

Die **Inhaltsangabe** folgt entweder dem Gedankengang des Autors (darstellungsbezogene I.) oder dem Themenkreis der eigenen Fragestellung (themenbezogene I., vgl. u. S. 237). Fachliteratur entwickelt in der Regel Forschungsergebnisse aus der wissenschaftlichen Argumentation heraus. Eine Inhaltsangabe sollte daher auf jeden Fall folgende Informationen berücksichtigen:
- das Thema der behandelten Arbeit, d. h. die genaue(n) Fragestellung(en) des Autors,
- die Ergebnisse der Arbeit,
- die gewählte Methode und den Gang der Argumentation (wie kommt der Verfasser/die Verfasserin zu den Ergebnissen?),
- die Grundlage dieser Ergebnisse (auf welches Material stützen sie sich?),
- evtl. abweichende Meinungen (sind die Ergebnisse in einer wissenschaftlichen Auseinandersetzung mit früheren Arbeiten gewonnen?).

Sind diese Aspekte berücksichtigt, so lassen sich die Ergebnisse verschiedener Arbeiten miteinander vergleichen und bewerten, lassen sich übereinstimmende Er-

---

2 Einen Überblick über solche „Sammelschwerpunkte aus deutschen Bibliotheken" verschafft das System „webis" der Hamburger Staats- und Universitätsbibliothek (Internet-Adresse: http://webis.sub.uni-hamburg.de), mit Links zu den Katalogen der betreffenden Bibliotheken. Außerdem wird hier auf weitere wichtige Internetquellen und die Homepages historischer Zeitschriften und Institute verwiesen.

gebnisse erhärten, abweichende erklären: Haben die Autoren etwa andere Fragen gestellt? Stützen sie sich auf unterschiedliches Material? Bewerten Sie dieses unterschiedlich? Betrachten sie das Material aus unterschiedlicher, standortgebundener Perspektive?

3.2.3 Auswertung von Darstellungen

Die Auswertung von Darstellungen muss darüber hinaus (soweit erkenn- oder ermittelbar) Parteinahme, ideologische Standortgebundenheit und Intention (Tendenz) des Autors/der Autorin berücksichtigen. Auch sie erklären voneinander abweichende Ergebnisse. Ziel der Auswertung ist in der Regel eine kritische Erarbeitung des Forschungsstandes zu einem vorgegebenen Thema. Nur vom Inhalt, nicht von der Methode her ist die Auswertung von Darstellungen mittelalterspezifisch.

3.3 Die Arbeit an den Quellen

Lit.:
- Quirin (o. S. 45), S. 126 ff.
- Theuerkauf (o. S. 46).
- Henri-Irénée Marrou, Comment comprendre le métier d'historien, in: L'histoire et ses méthodes (u. S. 275) S. 1465–1540.

Die Arbeit an den Quellen beginnt wie jede historische Arbeit mit einer bestimmten historischen Fragestellung, die dem weiteren Vorgehen Richtung und Gepräge gibt (vgl. o. S. 215 ff.); mit einer späteren Modifizierung der Frage ändern sich daher eventuell auch die Materialien und die Methoden ihrer Auswertung. Steht die Frage fest, so schließen sich die Arbeitsschritte der Quellenbeschaffung (Heuristik), ihrer Erschließung (vor allem der Kritik) und ihrer Auswertung (Interpretation) sowie die darstellerische Verarbeitung der gewonnenen Ergebnisse an. Heuristik, Kritik und Interpretation sind die „Basisoperationen" der Quellenarbeit.[3] Die folgende Anleitung geht vorerst von der Einzelquelle aus, weil sich hier prinzipiell – auch zwecks späteren Quellenvergleichs – stets die gleichen Arbeitsschritte wiederholen. Vgl. Abb. 16 (Schema der Quellenarbeit, u. S. 261).

3.3.1 Quellenbeschaffung (Heuristik)

3.3.1.1 Handschriften

Heuristik ist die Methode des (Quellen-)Findens (von griech. *heuriskein* = finden, entdecken). Die Suche nach Quellen, die geeignete Aussagen zu einer vorgegebenen Frage erlauben, bezieht sich im Studium (und in weiten Teilen der Forschung) auf die entsprechenden Editionen (vgl. o. S. 84 ff. zu Quellensammlungen), setzt

3 So Jörn Rüsen, in: Fischer-Lexikon Geschichte (u. S. 311) S. 13.

strenggenommen jedoch bei der ursprünglichen Überlieferung an. Die mittelalterlichen Schriftquellen sind in ihrem ursprünglichen Zustand in aller Regel in *Handschriften* – in Einzelfällen auch nur in späteren, auf verlorenen Handschriften beruhenden Drucken – überliefert, die in Archiven oder Bibliotheken lagern. Dabei handelt es sich entweder um Originale oder aber, ungleich häufiger, um spätere, aus verschiedenen Jahrhunderten stammende Abschriften. Da die meisten Texte mehrfach, manchmal sogar sehr häufig abgeschrieben wurden, ist ein- und derselbe Text meist in mehreren Handschriften überliefert, die, je nach ihrer Herkunft, an verschiedenen Orten liegen. Entstanden sind diese Handschriften vor allem, im frühen und hohen Mittelalter nahezu ausschließlich, in den *Skriptorien* (Schreibstuben) der Klöster und Domschulen, im späten Mittelalter auch in den Kanzleien der Höfe und Städte oder durch die Arbeit von Berufsschreibern. Die auf dauerhafte Aufbewahrung angelegten Texte wurden auf Pergament, später auch auf Papier geschrieben, die Blätter zu Lagen zusammengefügt und zu einem *Codex*, d. h. in Buchform, zusammengebunden. Ein Codex enthält meist mehrere, oft aufeinander abgestimmte und bewusst zusammengefügte Texte (vgl. u. S. 293 f. zur Codicologie). Die Untersuchung aller erhaltenen Handschriften *eines* Textes und der Art und Verbreitung seiner Überlieferung ist Voraussetzung für die Klärung der ursprünglichen Textgestalt (vgl. u. S. 231 ff. zu Editionen), aber auch aussagekräftig für deren (spätere) Rezeption und Verwertung.

Da Anfänger/innen in der Regel noch keine Archivmaterialien bearbeiten, sei auf **Faksimileausgaben** wichtiger Handschriften verwiesen, die einen ersten Eindruck von deren Aussehen vermitteln. Besonders wichtig sind zwei Serien:

- Codices selecti phototypice impressi, über 120 Bde., Graz 1960 ff. (enthalten unter anderem das Falkenbuch Friedrichs II., die Trierer Apokalypse, das Verbrüderungsbuch von St. Peter in Salzburg, die Goldene Bulle, den Werdener Psalter, den Utrechtpsalter, das Goslarer Evangeliar, das Turnierbuch für René d'Anjou, die Bibel Ludwigs des Heiligen, den Oldenburger Sachsenspiegel).
- Codices illuminati medii aevi (CIMA), bisher 62 Bde., München 1980 ff. (enthalten unter anderem die Aeneis Heinrichs von Veldeke, die Weltchronik Rudolfs von Ems, die Sächsische Weltchronik, den Apokalypsekommentar des Beatus von Liébana).

3.3.1.2 Archive

Archive sind Orte, an denen aus der Registratur herausgefallenes Schriftgut, vor allem Akten (vgl. u. S. 297 f.), aufbewahrt und zugänglich gemacht werden.
Sie werden geordnet:
(1) entweder nach der Bestimmung, als
- Eingang,
- Ausgang oder
- Innenlauf, oder

(2) nach der Ablage:
- als Serie in chronologischer Ordnung,
- als Sachakte in themen- bzw. vorgangsgebundener Ordnung.

Archive gliedern sich – hierarchisch – nach dem Kompetenzbereich. Es gibt
- ein Bundesarchiv (als Zentralarchiv) in Koblenz,
- Hauptstaatsarchive und Staatsarchive der Länder oder Regierungsbezirke,
- Kommunalarchive (Kreis- und Stadtarchive),
- Privatarchive (von Familien, Kirchen und Klöstern, Wirtschaftsunternehmen, Parteien, Universitäten, Medien, Organisationen).

Im deutschsprachigen Raum gibt es insgesamt etwa 8000 Archive. Ihre Aufgaben sind:
1. (und vor allem) die Erfassung, Wertung (Auswahl), Bewahrung und Erschließung archivalischer Materialien. Etwa 5–10 % des anfallenden Materials werden aufbewahrt, der Rest vernichtet („kassiert"). Auswahlprinzipien sind zum einen der geschichtliche Wert und zum andern die Beachtung einer „typischen Repräsentanz".
2. Zur Erschließung gehört die Ordnung und Verzeichnung der Materialien (Titelaufnahme, Signierung, Katalogisierung, regestenmäßige Verzeichnung besonders wichtiger Stücke).
3. Zur Bewahrung zählen auch Restaurierung und Konservierung des Materials. Heute schafft man sicherheitshalber eine Zweitüberlieferung auf Mikrofilmen.
4. Publikation wichtiger Quellen sowie der Archivbestände (Bestandsübersichten und Inventare).
5. Öffentlichkeitsarbeit (Dokumentation, Kontakte zu Geschichtsvereinen und Forschungseinrichtungen, Führungen, Vorträge, Ausstellungen).

Die Archive stehen jedem Benutzer für wissenschaftliche und öffentliche Zwecke offen. Die Ausschlussfrist für bestimmte Quellenbestände jüngerer Jahrzehnte betrifft die mittelalterlichen Quellen naturgemäß nicht.

Auf Archive und Handschriftenabteilungen der Bibliotheken – letzteres vor allem im westlichen Ausland – sind Historiker/innen einmal bei der Suche nach noch ungedruckten Quellen angewiesen, zum andern, wenn deren Behandlung die Arbeit an der Handschrift selbst erfordert. Auf nicht oder nicht hinreichend edierte Texte trifft man immer wieder bei neuen Fragestellungen, die bisher eher unbeachtet gebliebene Quellen in den Mittelpunkt rücken. Bei der Suche nach Archivmaterial wäre zunächst zu überlegen, in welchem Archiv welche Bestände lagern könnten, denn jedes Archiv hat eine territorial oder/und materiell begrenzte Zuständigkeit. In den modernen, zentralen Staatsarchiven werden die Materialien verschiedener Archive nach ihrer ursprünglichen Herkunft aufbewahrt (Provenienzprinzip). Bei der Quellensuche ist also das historische Zusammenwachsen der verschiedenen Archive zu berücksichtigen. Benutzer/innen benötigen folglich Kenntnisse über die Geschichte der Archivbestände wie über die innere Ordnung des Archivs. Dabei sind die Archivare behilflich.

Hilfestellung bei dieser Suche leisten vorab Handbücher des Archiv- und Bibliothekswesens, (mittelalterliche und moderne) Handschriftenkataloge, Inventare der einzelnen Archive – sie liegen nur zum kleinen Teil gedruckt vor –, Repertorien oder Findbücher in den Archiven, aber auch die einschlägige Fachliteratur und Berichte über Archivreisen in Fachzeitschriften. Über die Handschriften bestimmter Quellen informieren

Quellenrepertorien (u. S. 248 f.) und Einleitungen der entsprechenden Editionen. Die Handschriften können (nach Anmeldung) vor Ort eingesehen, oft aber auch (gegen Bezahlung) als Mikrofiche bestellt werden. Bei präziser Fragestellung lässt sich manches auch brieflich klären.

Lit.:
Bibliotheken:
- HANDBUCH DER BIBLIOTHEKSWISSENSCHAFT, 3 Bde. u. Register,
  Bd. 1: Schrift und Buch, Wiesbaden ^{2}1952;
  Bd. 2: Bibliotheksverwaltung, Wiesbaden ^{2}1961;
  Bd. 3: Geschichte der Bibliotheken, Wiesbaden ^{2}1955–57.
- Gilbert OUY, Les bibliothèques, in: L'histoire et ses méthodes (u. S. 275) S. 1061–1108.
- Van CAENEGEM, Introduction (o. S. 84) S. 181–201 (mit Überblick über Bibliotheksinventare).

Zu mittelalterlichen Bibliothekskatalogen vgl. o. S. 200.

Archive:
- Eckhart G. FRANZ, Einführung in die Archivkunde, Darmstadt ^{6}2004.
- Robert-Henri BAUTIER, Les archives, in: L'histoire et ses méthodes (u. S. 275) S. 1120–1166.
- MINERVA-HANDBUCH: Archive im deutschsprachigen Raum, 2 Bde., Berlin ^{2}1974.
- Van CAENEGEM, Introduction (o. S. 84) S. 202–216.
- Archive in der Bundesrepublik Deutschland, Österreich und der Schweiz, hg. v. Verein deutscher Archivare, Münster ^{18}2005.

Quellen:
- Die archivalischen Quellen. Mit einer Einführung in die Historischen Hilfswissenschaften, hg. v. Friedrich BECK u. Eckart HENNING, Köln-Weimar-Wien ^{4}2004; zu Akten: Gerhard SCHMID, Akten, ebd. S. 74–110.

Zu Zeitschriften zum Archivwesen vgl. o. S. 77.

3.3.2 Erschließung der Quelle

3.3.2.1 Aufbereitung der Quelle: Von der mittelalterlichen Überlieferung zur kritischen Edition (Textkritik und Editionsprinzipien)

Geschichtsstudenten und -studentinnen wie auch Historiker/innen sind vor allem dann nicht mehr primär auf die Archive angewiesen, wenn die benötigten Quellen bereits ediert, das heißt in gedruckten Ausgaben, vorliegen. Das gilt besonders im Fall sog., vor allem seit dem 19. Jh. gängiger kritischer Editionen, die nicht mehr nur eine Handschrift abdrucken, sondern den ursprünglichen Text aus der gesamten handschriftlichen Überlieferung zu rekonstruieren suchen. Die Arbeit besonders der Anfänger/innen setzt in der Regel auf der Stufe bereits aufgearbeiteter, edierter Quellen ein. Die Suche nach Quellen (Heuristik) wird sich daher zumeist auf solche Ausgaben beschränken. Dennoch ist daran zu erinnern, dass die Quelle zunächst – in ihrer ursprünglichen Überlieferung – neu entdeckt und aufbereitet werden musste. Die Edition einer Quelle gehört – als Aufbereitung – bereits zu deren Erschließung. Sie wird natürlich nicht vom Studierenden selbst vorgenommen, denn gerade Editionen erfordern viel Erfahrung. Nur wer diesen Schritt aber gedanklich nachzuvollziehen weiß, wird die darin verborgenen Probleme der Überlieferung und der Edition verstehen. Daher ist im Folgenden auch der Weg von der Entdeckung einer Quelle bis zur Edition, sind Überlieferung, Aufbewahrung und Editionsgrundsätze zu betrachten. Bereits Anfänger/innen sollten in der Lage sein, die Einleitung der jeweiligen Edition zu verstehen, um die Textgrundlage beurteilen zu können. Den Zugang zu Editionen bieten Quellenkunden (u. S. 248 ff.). Die meisten Editionen liegen in großen Quellensammlungen vor (vgl. o. S. 84 ff.).

Eine Edition der handschriftlich überlieferten Quellen ist sinnvoll, um die im Archiv aufbewahrten Texte allgemein zugänglich und – im Druckbild – besser lesbar zu machen, und weil die Handschriftenlage in der Regel höchst kompliziert ist und es nicht genügt, sich auf *eine* Handschrift zu stützen: Die Handschriften stammen aus verschiedenen Zeiten und Orten und weichen in vielen Fällen voneinander ab. Sie haben, wie man sagt, verschiedene „Lesarten", die teils auf Fehler, teils aber auch auf bewusste Veränderungen des Abschreibers zurückgehen. Teils sind sie fragmentarisch erhalten oder schwer lesbar. Die Edition ist das Ergebnis einer umfänglichen Handschriften-, Text- und zu guten Teilen auch schon Quellenkritik. Ihr Ziel ist die Herstellung des besten, d. h. originalen bzw. dem Original nächsten Textes aus einem Vergleich der gesamten handschriftlichen Überlieferung nach bestimmten Regeln.

- Dazu werden zunächst die Handschriften gesammelt und beschrieben.

  Eine Handschriftenbeschreibung enthält: den jetzigen Aufbewahrungsort und die ursprüngliche Herkunft (Provenienz), eine Charakterisierung von Beschreibstoff, Schreibstoff, Schrift und Schreiber(n), Angaben zur Anordnung und Zahl der Blätter und Lagen, zum Format, zur Einrichtung des Textes, zur künstlerischen Ausstattung und zu besonderen Merkmalen sowie die Angabe des Initium (der Anfangsworte).

- Anschließend sind die Handschriften zu lesen – dazu bedarf es guter paläographischer Kenntnisse (vgl. u. S. 285 ff.) – und miteinander zu vergleichen.

  Das geschieht durch Kollationieren des Textes in Form eines Koordinatensystems (eine Koordinate enthält den fortlaufenden Text, die andere die verschiedenen Handschriften). Auf diese Weise kann man die jeweiligen Abweichungen auf einen Blick erkennen und überschaut durch farbige Kennzeichnung zusammengehörige „Handschriftenklassen".

- Ziel des Handschriftenvergleichs ist die Feststellung von Abhängigkeiten: Welche der erhaltenen Handschriften beruht – unmittelbar oder mittelbar – auf einer anderen? Diese Phase der Textrekonstruktion bezeichnet man nach der Methode des Germanisten K. Lachmann als Recensio. An gemeinsamen, gegenüber anderen Überlieferungen abweichenden Lesarten erkennt man die Verwandtschaft bestimmter Handschriften. Aus dem Gesamtüberblick lassen sich dann die Abhängigkeiten (Filiationen) erschließen und in Form eines *Stemmas* (Handschriftenstammbaums) graphisch veranschaulichen. Je nach Überlieferungslage kann das Stemma eindeutig, aber auch unsicher sein. Dessen sollte man sich also vor der Benutzung der Edition vergewissern.

Der Vorgang sei an einem Beispiel erläutert.[4] Von der zu Beginn des 10. Jh. verfassten Weltchronik Reginos von Prüm sind 30 Handschriften erhalten, die man zunächst nach ihrem Aufbewahrungsort, nach Klärung der Abhängigkeitsverhältnisse aber auch nach der Handschriftenklasse bezeichnen kann, z. B.

H (= Hs. aus Hannover), bzw., nach der Handschriftenklasse: A1,
L_1 (= Hs. aus London), bzw. A2,
T (= Hs. aus Trier), bzw. A3,
K (= Hs. aus Karlsruhe), bzw. A4,
L_2 (= weitere Hs. aus London), bzw. A5,
S (= Hs. aus Schaffhausen), bzw. A6,
E (= Hs. aus Einsiedeln), bzw. A7,
Pl (= Hs. aus Paris), bzw. A8,
L_3 (= weitere Hs. aus London), bzw. A9,
P_2 (= weitere Hs. aus Paris), bzw. B1,
W (= Hs. aus Wien), bzw. B2,
M (= Hs. aus Modena), bzw. B3 usw.

Handschriften erhalten Siglen aus Großbuchstaben, spätere Drucke aus Kleinbuchstaben.

Rein äußerlich lassen sich zwei große Handschriftengruppen unterscheiden: die ursprüngliche Gruppe A oder X_1 – mit X, Y und Z werden verlorene Handschriften bezeichnet – und die um eine Fortsetzung erweiterte Gruppe B oder X_2. Mit Hilfe gemeinsamer Fehler (Korruptelen), z. B. Schreib- oder Lesefehler, Auslassungen, Zeilensprüngen, Dittographie (Doppelschreibung von Buchstaben), Umstellung von Wörtern und Satzteilen, aber auch bewusster Verbesserungen oder Einschübe (Interpolationen), lassen sich nun ebenso Gemeinsamkeiten, also gemeinsame Abhängigkeiten, wie Trennungen von anderen Handschriften und Handschriftengruppen nachweisen. Insgesamt ergibt sich ein (konstruiertes) Stemma, das im Falle Reginos – stark vereinfacht – auf Seite 234 dargestellt ist.

- Bestimmte Befunde legen es nahe, verlorene Zwischenglieder anzunehmen; die erhaltenen Handschriften müssen also nicht unmittelbar voneinander abhängen. In diesem Fall sind die erhaltenen Handschriften vom Archetyp tatsächlich weiter entfernt, beruhen also nicht unmittelbar auf dem Original.
- Das Alter der Handschrift ist ein wichtiges Indiz, besagt aber noch nichts über deren eigentlichen Wert. (Eine späte Handschrift könnte ja unmittelbar das – verlorene – Original zur Vorlage haben.)
- Handschriften können auch auf zwei verschiedenen Vorlagen beruhen, „kontaminiert" sein, wie in diesem Fall A7.
- Sekundäre Handschriften (wie A5 oder A9) können bei der Rekonstruktion des Textes unberücksichtigt bleiben.

---

4 Das Beispiel beruht auf: Wolf-Rüdiger SCHLEIDGEN, Die Überlieferungsgeschichte der Chronik des Regino von Prüm (Quellen und Abhandlungen zur mittelrheinischen Kirchengeschichte 31) Mainz 1977.

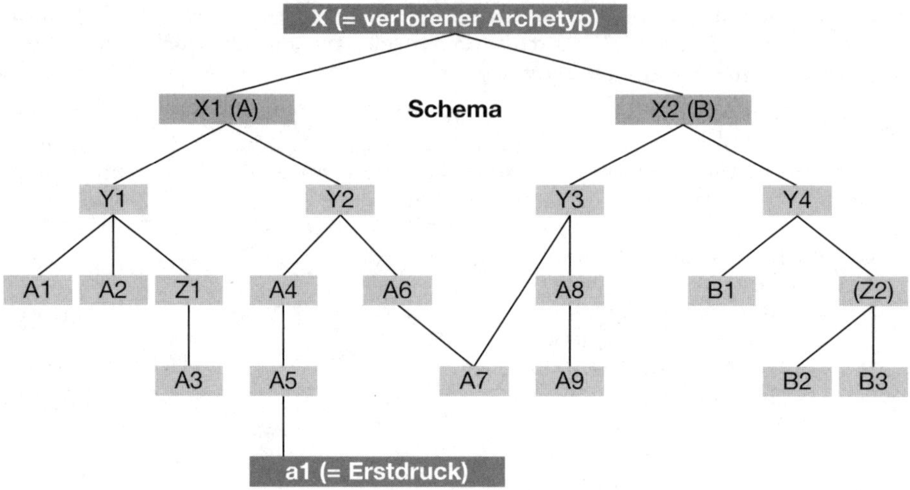

Ziel der Textkritik ist demnach das Erkennen des *Archetyps,* d.h. derjenigen Handschrift, auf die alle anderen zurückgehen. Im Idealfall ist das das Original (Autograph).[5] Lässt sich ein solcher Archetyp erkennen, dann wird man dieser Handschrift folgen. Andernfalls muss der Editor eine Entscheidung fällen: Entweder folgt er der seiner Meinung nach besten Handschrift, oder er konstruiert einen Mischtext, indem er von Fall zu Fall entscheidet, welche Lesart dem Original entsprochen haben wird. Dabei gilt der Grundsatz der „lectio difficilior": Der schwierigere Text ist oft der richtige, da die Abschreiber dazu neigen, Nichtverstandenes zu vereinfachen. Offensichtliche Schreibfehler werden in der Edition berichtigt. Diesen Teil der Editionsarbeit bezeichnet Lachmann als *Emendatio.* Aus solchen Erwägungen wird ersichtlich, wie wichtig es ist, die Entscheidung des Editors und die Handschriftenlage zu kennen.

Lachmanns Methode ist bis heute grundlegend, aber durch neuere Kriterien zu ergänzen. Tatsächlich muss die erhaltene Überlieferung keineswegs auf einen Archetyp zurückgehen bzw. sind dann oft, wie in dem obigen Beispiel, mehrere verlorene Zwischenglieder anzunehmen, ja die „geschlossene Überlieferung", die in einer Handschrift zusammenläuft, bildet geradezu die Ausnahme. Darüber hinaus gibt es das Problem der Ursprungskontamination, dass nämlich auch die ältesten Handschriften bereits aus verschiedenen Vorlagen schöpfen oder der Autor selbst sein Werk verschiedentlich überarbeitet hat, es folglich mehrere, auf den Autor zurückgehende „Rezensionen" gibt. Nicht immer ist auch das Erkennen gemeinsamer „Fehler" so eindeutig, dass die Über-

5 Vgl. dazu Gli autografi medievali. Problemi paleografici e filologici, hg. v. Paolo CHIESA u. Lucia PINELLI (Quaderni di cultura mediolatina 5) Spoleto 1994 (mehrsprachige Aufsatzsammlung). Einzelne Autographen werden in der von Claudio LEONARDI herausgegebenen Reihe Corpus Christianorum. Autographa Medii Aeui (Bd. 1: Liutprand von Cremona, 1994; Bd. 2: Guibert von Nogent, 1995; Bd. 3: Johannes Scottus Eriugena, 1996; Bd. 4: Lambert von Saint-Omer, 1998) behandelt.

lieferungsverhältnisse widerspruchsfrei abzuleiten sind. Schließlich ist es nicht in jedem Fall ratsam, den ursprünglichen Text zu rekonstruieren, falls nämlich eine spätere Version die ungleich größere historische Wirkung erzielt hat. Das ist beispielsweise bei der berühmten „Konstantinischen Schenkung" der Fall, mit der Kaiser Konstantin dem Papst Silvester angeblich die Herrschaft im gesamten Westen überließ.

Moderne Editionsgrundsätze lassen sich daher nicht allgemein verbindlich festlegen, sondern sind der Art der Quelle und der Überlieferung anzupassen. Die Edition muss sowohl die Besonderheiten der Überlieferung als auch die Wirkungsgeschichte einer Schrift berücksichtigen. Oberster Grundsatz aber ist die Durchschaubarkeit und Verständlichkeit der Edition. Deshalb wird – mit Rücksicht auf philologische Fragen – zwar die mittellateinische Orthographie beibehalten, offensichtliche Schreibfehler aber werden verbessert, und die Interpunktion folgt heutigen Grundsätzen (sie variiert daher aber auch in den einzelnen Ländern).

Der Wert – und die Unverzichtbarkeit – einer kritischen Edition besteht darin, dass einmal die Editionsprinzipien, -methoden und -ergebnisse in der Einleitung festgehalten werden und daher überprüfbar sind, dass zum andern alle wichtigen, abweichenden Lesarten einschließlich späterer Zusätze mit abgedruckt werden. Auch solche Zusätze haben ihren historischen Wert, der sich freilich nicht auf die Gedankenwelt des Autors, sondern des späteren Abschreibers bezieht.

Moderne Editionen sind nach einem bestimmten Schema aufgebaut (vgl. Abb. 14):
- Die **Einleitung** enthält Informationen über Verfasser und Werk (einschließlich Hinweisen über die Glaubwürdigkeit der Quelle, ihre Eigenarten und ihre Sprache), die handschriftliche Überlieferung (einschließlich des Stemmas als Ergebnis der Textkritik) sowie eine Bibliographie.
- Der **Text** selbst ist meist in Antiqua gesetzt, wobei – in den Editionen der MGH – aus älteren Quellen stammende Passagen petit gedruckt sind, wenn sie wörtlich, gesperrt, wenn sie sinngemäß übernommen sind.
- Unter dem Text stehen die Anmerkungen: der sog. **kritische Apparat**. Ein *Buchstabenindex* nennt die abweichenden Lesarten. Er bleibt gültig, sofern inzwischen nicht neue Handschriften gefunden worden sind oder die Überlieferungsverhältnisse völlig anders gesehen werden (darüber informieren Aufsätze und Rezensionen im Deutschen Archiv). Ein *Zahlenindex* gibt kurze Sacherläuterungen. Sie entsprechen dem Forschungsstand zur Zeit der Edition und sind in vielen Fällen daher überholt oder unzureichend.

Weiterführende Literatur:

- Probleme der Edition mittel- und neulateinischer Texte, hg. v. Ludwig HÖDL u. Dieter WUTTKE, Boppard 1978.
- Rudolf BUCHNER, Grundsätzliches zur Textkritik, ZRG Germ. Abt. 66, 1948, S. 343–364.
- Richtlinien für die Edition landesgeschichtlicher Quellen, hg. v. Walter HEINEMEYER (Gesamtverein der deutschen Geschichts- und Altertumsvereine) Marburg-Köln ^{2}2000.
- Robert MARICHAL, La critique des textes, in: L'histoire et ses méthodes (u. S. 275) S. 1247–1366.

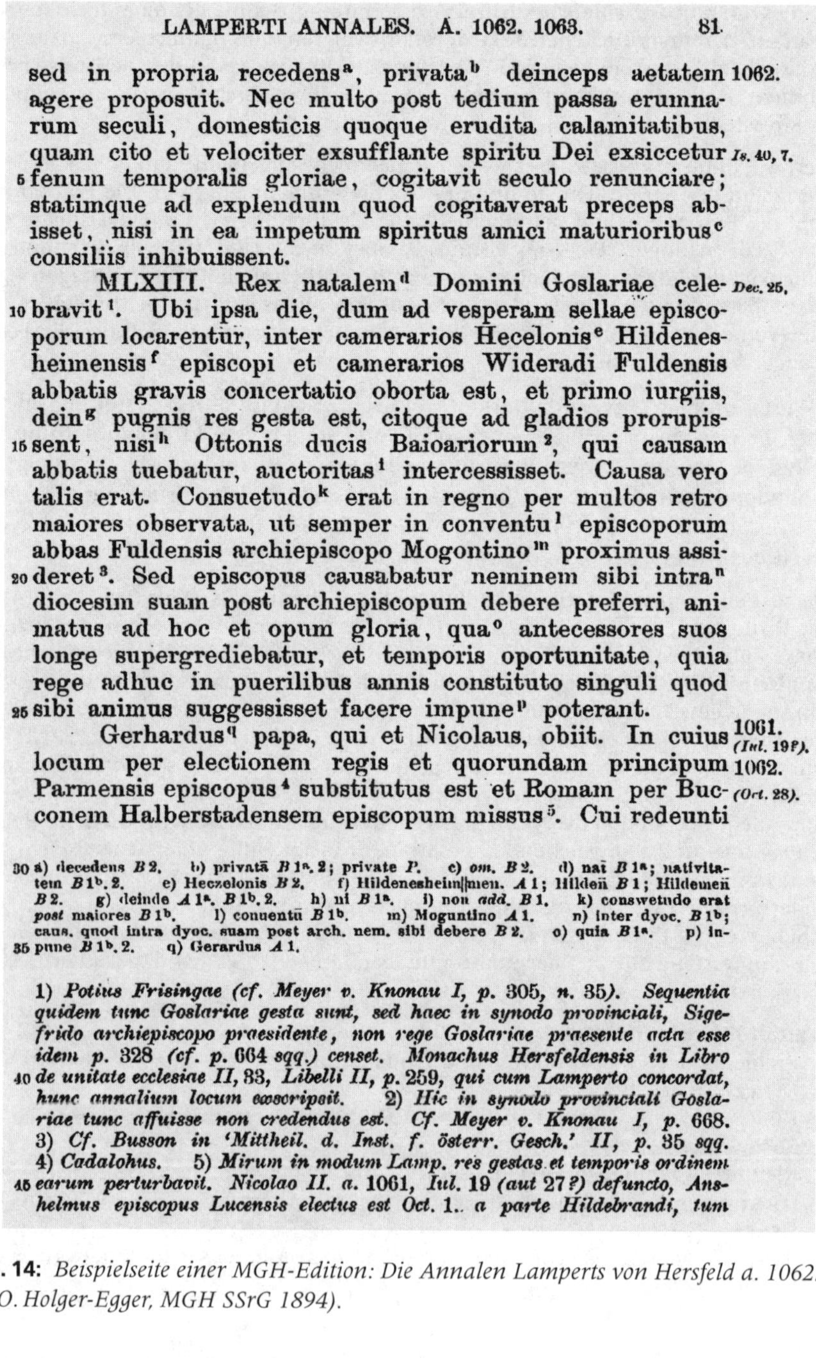

LAMPERTI ANNALES. A. 1062. 1063. 81.

sed in propria recedens[a], privata[b] deinceps aetatem 1062. agere proposuit. Nec multo post tedium passa erumnarum seculi, domesticis quoque erudita calamitatibus, quam cito et velociter exsufflante spiritu Dei exsiccetur Is. 40, 7. fenum temporalis gloriae, cogitavit seculo renunciare; statimque ad explendum quod cogitaverat preceps abisset, nisi in ea impetum spiritus amici maturioribus[c] consiliis inhibuissent.

MLXIII. Rex natalem[d] Domini Goslariae cele- Dec. 25. bravit[1]. Ubi ipsa die, dum ad vesperam sellae episcoporum locarentur, inter camerarios Hecelonis[e] Hildenesheimensis[f] episcopi et camerarios Wideradi Fuldensis abbatis gravis concertatio oborta est, et primo iurgiis, dein[g] pugnis res gesta est, citoque ad gladios prorupissent, nisi[h] Ottonis ducis Baioariorum[2], qui causam abbatis tuebatur, auctoritas[i] intercessisset. Causa vero talis erat. Consuetudo[k] erat in regno per multos retro maiores observata, ut semper in conventu[l] episcoporum abbas Fuldensis archiepiscopo Mogontino[m] proximus assideret[3]. Sed episcopus causabatur neminem sibi intra[n] diocesim suam post archiepiscopum debere preferri, animatus ad hoc et opum gloria, qua[o] antecessores suos longe supergrediebatur, et temporis oportunitate, quia rege adhuc in puerilibus annis constituto singuli quod sibi animus suggessisset facere impune[p] poterant.

Gerhardus[q] papa, qui et Nicolaus, obiit. In cuius 1061. (Iul. 19?) locum per electionem regis et quorundam principum 1062. Parmensis episcopus[4] substitutus est et Romam per Buc- (Oct. 28). conem Halberstadensem episcopum missus[5]. Cui redeunti

a) decedens *B* 2. b) privatā *B* 1ª. 2; private *P*. c) *om.* *B* 2. d) naī *B* 1ª; nativitatem *B* 1ᵇ. 2. e) Heczelonis *B* 2. f) Hildenesheim||men. *A* 1; Hildeñ *B* 1; Hildemeñ *B* 2. g) deinde *A* 1ª. *B* 1ᵇ. 2. h) ni *B* 1ª. i) non *add.* *B* 1. k) conswetudo erat *post* maiores *B* 1ᵇ. l) conuentū *B* 1ᵇ. m) Moguntino *A* 1. n) inter dyoc. *B* 1ᵇ; caus. quod intra dyoc. suam post arch. nem. sibi debere *B* 2. o) quia *B* 1ª. p) inpune *B* 1ᵇ. 2. q) Gerardus *A* 1.

1) *Potius Frisingae (cf. Meyer v. Knonau I, p.* 305, *n.* 35*). Sequentia quidem tunc Goslariae gesta sunt, sed haec in synodo provinciali, Sigefrido archiepiscopo praesidente, non rege Goslariae praesente acta esse idem p.* 328 *(cf. p.* 664 *sqq.) censet. Monachus Hersfeldensis in Libro de unitate ecclesiae II,* 83, *Libelli II, p.* 259, *qui cum Lamperto concordat, hunc annalium locum exscripsit.* 2) *Hic in synodo provinciali Goslariae tunc affuisse non credendus est. Cf. Meyer v. Knonau I, p.* 668. 3) *Cf. Busson in 'Mittheil. d. Inst. f. österr. Gesch.' II, p.* 35 *sqq.* 4) *Cadalohus.* 5) *Mirum in modum Lamp. res gestas et temporis ordinem earum perturbavit. Nicolao II. a.* 1061, *Iul.* 19 *(aut* 27*?) defuncto, Anshelmus episcopus Lucensis electus est Oct.* 1.. *a parte Hildebrandi, tum*

Abb. 14: *Beispielseite einer MGH-Edition: Die Annalen Lamperts von Hersfeld a. 1062/63 (ed. O. Holger-Egger, MGH SSrG 1894).*

- Mittelalterliche Texte. Überlieferung – Befunde – Deutungen, hg. v. Rudolf SCHIEFFER (Schriften der MGH 42) Hannover 1996.
- Quelleneditionen und kein Ende?, hg. v. Lothar GALL u. Rudolf SCHIEFFER (HZ Beih. N. F. 28) München 1999.

3.3.2.2 Aussage: Der Inhalt der Quelle

Ist die Quelle aufbereitet (ediert), liegt also ein verlässlicher Text vor, so kann man nach der Aussage der Quelle, also nach ihrem Inhalt fragen. Inhaltsangaben fassen den Text der Quelle in möglichst kurzer Form, in der Regel im Präsens, in der heute üblichen Sprache zusammen. Dabei zeigen sich bereits die ersten Verständnisprobleme. Für eine Inhaltsangabe gibt es grundsätzlich zwei Möglichkeiten, die zugleich das Wechselverhältnis zwischen der befragten Quelle und dem fragenden Historiker (vgl. o. S. 26 ff.) widerspiegeln:

(1) Man folgt der Thematik und dem Gedankengang des Quellenberichts, gibt den Inhalt also nach dessen Intention und Ordnung wieder (**berichts- oder werkbezogene Inhaltsangabe**).

Eine solche Vorgehensweise ist unerlässlich, um der Absicht und dem Berichtshorizont der Quelle genügend gerecht zu werden (auch wenn bzw. gerade weil den Fragenden im Augenblick nur ein Teil dieses Inhalts interessiert).

Eine kurze Inhaltsangabe, die den wesentlichen Inhalt (etwa den Rechtsinhalt einer Urkunde) knapp zusammenfasst, nennt man **Regest**. Das Anfertigen von Regesten empfiehlt sich vor allem bei der Auswertung einer größeren Anzahl gleichartiger Materialien.

(2) Man folgt der eigenen Themen- oder Fragestellung, hält also eine thematisch strukturierte Auswahl des Gesamttextes fest (**themenbezogene Inhaltsangabe**).

Eine solche Vorgehensweise ist unerlässlich, um der Quelle Aussagen zur eigenen Fragestellung zu entnehmen.

Berichts- und themenbezogene Inhaltsangabe ergänzen einander; sie überschneiden sich, je stärker das Thema der Quelle mit der eigenen Frage übereinstimmt.

3.3.2.3 Verständnis: Klärung von Verständnis- und Wissensdefiziten

3.3.2.3.1 Die Quellensprache

(1) Einführung: Da die mittelalterlichen Quellen in der Sprache ihrer Zeit abgefasst sind, müssen sie zunächst einmal in unsere Sprache übertragen, d. h. zumindest die für die eigene Frage interessanten Passagen übersetzt werden. Liegt bereits eine Übersetzung vor, so ist diese am Urtext zu überprüfen. Da sich weder Begriffsbedeutungen noch Syntax verschiedener Sprachen genau entsprechen, gibt es oft verschiedene Entscheidungsmöglichkeiten, die eine Übersetzung nicht mehr erkennen lässt. Das gilt sowohl für die Bedeutung einzelner Begriffe wie für die Struktur des Satzgefüges wie auch für die Interpunktion, die fast durchweg modern ist, zumal man im Mittelalter keine Kommata benutzt hat; ein anders gesetztes Satzzeichen kann aber leicht den ganzen Sinn ändern. *Jede Übersetzung ist daher bis zu einem gewissen Grade bereits Interpretation.* Darüber hinaus besitzt jedes Wort mehrere Nebenbedeutungen und Implikationen, die für die Interpretation oft eine wichtige Rolle spielen.

Auf dem Reichstag in Besançon im Jahre 1157 entbrannte über der Interpretation eines Papstbriefes beispielsweise ein heftiger Streit, weil Papst Hadrian IV. das Kaisertum in einem Brief als *beneficium* aus päpstlicher Hand gekennzeichnet hatte, ein Begriff, der sowohl (wörtlich) die Wohltat wie (übertragen) das Lehen bezeichnen konnte. Letzteres aber hätte eine Lehnsabhängigkeit des Kaisers vom Papst impliziert, so dass sich dagegen ein lauter Protest erhob. Wäre der Streit nicht offen ausgebrochen, so müssten wir vorsichtig aus dem Kontext heraus erkunden, in welchem Sinn der Begriff hier gemeint ist. Solche Schwierigkeiten kommen – mehr oder weniger deutlich – nahezu in jedem Text vor.

Bei solchem Sachverhalt ist es unerlässlich, zumindest die jeweils themenrelevanten Passagen am Urtext zu erörtern – trotz der für die heutigen Studierenden damit verbundenen Sprachschwierigkeiten; hier hilft nur konsequente Übung weiter!

Die überwiegende Masse der mittelalterlichen Quellen ist im mittelalterlichen Latein (sog. „**Mittellatein**") verfasst. Daneben treten, im Laufe der Zeit zunehmend, die jeweiligen **Volkssprachen**: Alt- bzw. Mitteldeutsch (Mittelhochdeutsch und Mittelniederdeutsch), Alt- bzw. Mittelenglisch, Altnordisch, Altfranzösisch, Altspanisch, Altitalienisch usw. Je nach Quellenart können volkssprachige Texte in den letzten beiden Jahrhunderten des Mittelalters bereits überwiegen. Der Grad der erforderlichen Kenntnis der Volkssprachen hängt von der jeweiligen Fragestellung ab; der Umgang mit dem Mittellatein hingegen ist für nahezu alle Themenbereiche unerlässlich. Man sollte sich daher früh genug mit dieser Sprache vertraut machen.

Über das Verständnisproblem der Fremdsprachen, vor allem des Mittellateins, hinaus ist daran zu erinnern, dass jede Sprache (auch die eigene)
a) individuell gefärbt,
b) geschichtlich, d. h. der jeweiligen Zeit verhaftet und
c) ein Kommunikationsmittel ist, das der Verständigung dient, aber – zumal in verschriftlichter Form – stets mehrdeutig bleibt und daher Anlass zu Missverständnissen geben kann. Solche Mehrdeutigkeiten sind bei der Quellenauswertung zu beachten.

(2) Mittellatein
Das Mittellatein ist eine Weiterführung des „Spätlateins" der Spätantike, das sich vom klassischen Latein bereits durch die Aufnahme vieler Elemente der gesprochenen Sprache einerseits sowie des „Kirchenlateins" bzw. (besser) des christlichen Lateins andererseits entfernt hatte. Da die Verfasser in zunehmendem Maß Geistliche und Mönche waren, war der Einfluss des christlichen Lateins besonders groß.

Spätantikes und mittelalterliches Latein bestanden demnach aus drei bzw. vier Elementen:

- dem *gelehrten Latein*, das sich am klassischen Latein orientierte und Elemente der Fachsprachen aufnahm;
- dem *Volkslatein*, d. h. den in die Schriftsprache eindringenden Elementen der gesprochenen Sprache in den Reichsteilen mit romanischer Bevölkerung,[6] und
- dem *christlichen Latein*, das sich seinerseits aus drei Elementen speiste: vor allem dem *Bibellatein* der verschiedenen Bibelübersetzungen; gegenüber den älteren Vetus-Latina-Versionen setzte sich schließlich die bewusst an der Volkssprache orientierte Übersetzung des Hieronymus durch, die später „Vulgata" genannt wurde; dann dem durch seine ständige Wiederholung einprägsamen *liturgischen Latein* und schließlich der ihrerseits am Gelehrtenlatein orientierten Sprache der *Kirchenväter*. Über das Kirchenlatein drangen hebräische und vor allem griechische Lehnwörter (z. B. für alle Kirchenämter) ein.
- Dazu kam noch der Einfluss der nicht-romanischen *Volkssprachen* in Form von Lehnwörtern und Lehnübersetzungen. Dadurch haben sich Wortbedeutungen geändert, und auch in der Syntax glichen sich Latein und Volkssprachen einander an. Daher bereitet die mittellateinische Syntax in der Regel aber auch weniger Schwierigkeiten als die konstruktionsgeladenen Texte des gehobenen klassischen Latein. Schließlich ist zu bedenken, dass das Lateinische für viele mittelalterliche Völker eine Fremdsprache war, die schulmäßig erlernt werden musste; im Zuge der Herausbildung der romanischen Sprachen gilt das zunehmend auch für das Schriftlatein der romanischen Bevölkerung. Insofern war das Mittellatein nur noch bedingt eine lebendige Sprache, die sich dennoch, und zwar nicht nur durch eine Öffnung gegenüber den gewohnten Volkssprachen, weiterentwickelte: Wurde das Mittellatein von weiten Teilen der Bevölkerung eher verstanden als gesprochen, so war es als Schriftsprache doch in dauerndem Gebrauch. Es war also nicht – wie heute – eine „tote", *nur* passiv beherrschte Sprache. Die Schriftsprache entwickelte noch neue Sprach- und auch Literaturformen, und sie wirkte ihrerseits in beträchtlichem Ausmaß auf die Volkssprachen ein.[7]

Der kulturhistorische Einfluss des von der Klassischen Philologie lange Zeit vernachlässigten Mittellateins kann nicht hoch genug eingeschätzt werden. Die Überlieferung der in mittellateinischer Sprache verfassten Quellen übertrifft die Werke der klassisch-römischen Antike immerhin um das Zehnfache! Mittellatein war die universale Buchsprache des gebildeten, abendländisch-christlichen Mittelalters.

---

6 Vgl. Latin vulgaire – latin tardif VI. Actes du VIe colloque international sur le latin vulgaire et tardif. Helsinki, 29 août – 2 septembre 2000, hg. v. Heikki Solin, Martti Leiwo u. Hilla Halla-aho, Hildesheim-Zürich-New York 2003, mit einer Fülle von Beiträgen zu volkssprachigen Elementen.

7 Vgl. Peter Stotz, Was lebt, will wachsen – Veränderlichkeit von Sprache zwischen Praxis und Reflexion im lateinischen Mittelalter, ALMA 53, 1995, S. 87–118; Christel Meier, Königin der Hilfswissenschaften? Reflexionen zu Geschichte, Selbstverständnis und Zukunft der Mittellateinischen Philologie, FMSt 35, 2001, S. 1–21.

Im Laufe des Mittelalters lassen sich verschiedene **Perioden** ausmachen, die durch „Verfall" – im Sinne einer Zunahme der vulgärlateinischen Elemente – und „Renaissancen" – im Sinne einer Reorientierung an klassischen Autoren – geprägt sind:

- Im frühen Mittelalter (5.–8. Jh.), der Periode der Umbildung hin zu den romanischen Sprachen, überwogen – früher als Entartung des Lateins betrachtet – vielfach Elemente der gesprochenen Sprache; der gegliederte Satz trat an die Stelle der klassischen Konstruktionen.
- Die Hochphase des eigentlichen Mittellateins (9.–13. Jh.) war hingegen durch eine Reinigung der Sprache von den vulgärsprachlichen Elementen, durch eine stärkere Anlehnung an die (spät-)antiken Vorbilder und durch systematischen Unterricht (karolingische „Renaissance", „Renaissance" des 12. Jh.) gekennzeichnet. Latein blieb universale Verständigungssprache.
- Im 14./15. Jh. blieb dieses Verhältnis prinzipiell erhalten, das Latein wurde aber insgesamt von den Volkssprachen zurückgedrängt und entwickelte sich zu einer rein wissenschaftlichen Gelehrten- (und Amts-)sprache, die sich im Zuge der Renaissance, zunächst in Italien, dann auch nördlich der Alpen, an der Klassik ausrichtete (sog. Neulatein).

Mit der mittellateinischen Sprache und Literatur des Mittelalters befasst sich die **Lateinische Philologie des Mittelalters**.

- *Stilistisch* ist zumindest die literarische Sprache durch die ausgiebige Verwendung klassischer, patristischer, liturgischer und vor allem biblischer Zitate, durch Entlehnungen aus älteren Werken und die Benutzung fester Redensarten (Topoi) gekennzeichnet, die aber zu einem – jeweils autorenspezifischen – Text umgestaltet wurden.
- Der **Wortbestand** unterscheidet sich vom klassischen Latein durch die Häufung von Affixen (z. B. aus Präpositionen gebildete Präfixe), die jedoch nicht unbedingt den Sinn des Wortes veränderten, die schon in der Spätantike erfolgte Übernahme von Fremdwörtern aus dem Hebräischen (wie abbas = Abt) und Griechischen (wie episcopus = Bischof oder presbyter = Priester), vielen Lehnwörtern aus dem germanischen (z. B. feodum = Lehen, allodium = Eigengut, guerra/werra = Krieg, Fehde) und keltischen Sprachschatz (wie vassallus = Lehnsmann oder cervisia = Bier), Lehnübersetzungen, vor allem bei Ortsnamen (vgl. Herbipolis = Würzburg), aber auch Neubildungen aus lateinischer Wurzel (wie unigenitus für das griechische homoiousios, „eingeboren", des katholischen Glaubensbekenntnisses).
- Das Mittellatein orientierte sich in einem Maße am Spätlatein, dass in den meisten Fällen ein Wörterbuch, das dieses einschließt, ausreicht (etwa der „Georges") – ein rein klassisches Wörterbuch hingegen genügt nicht –, doch ist darüber hinaus auch mit einer mittelalterlichen Weiterentwicklung zu rechnen. Bilden völlig neue Wörter arbeitstechnisch kein Problem, weil man sie nur in mittellateinischen Wörterbüchern findet, so ist der *Bedeutungswandel* zahlreicher, gerade auch wichtiger Begriffe schwieriger zu handhaben: Dieser Tatbestand zwingt zur Benutzung mittellateinischer Wörterbücher (u. S. 243 f.).

Manche Wörter erhalten – neben der klassischen Bedeutung – einen völlig neuen Sinn: „feria", Feiertag, wurde zusätzlich zum Wochentag (feria secunda = Montag), „dux", Führer, zum Herzog, „comes", Begleiter, zum Grafen, „palatium" zur Pfalz, „miles", der Soldat, im hohen Mittelalter zum Ritter, „advocatus", der Rechtsbeistand, zum Vogt (Schutzherrn) usw.: Der Bedeutungswandel erklärt sich hier aus dem Wandel der Institutionen. Abstrakte Begriffe nahmen gern konkrete Bedeutungen an: „honor", die Ehre, bedeutete auch das Amt, das Lehen und, je nach dem Zusammenhang, Recht oder Besitz; „beneficium", die gute Tat, wurde, wie schon erwähnt, zum Lehen; „auctoritas", die Würde, konnte konkret auch die Urkunde meinen. Andere Wörter nahmen, oft im Zusammenhang mit dem Christentum, zusätzlich übertragene Bedeutungen an: „fides", die Treue, wurde zum Glauben, „fidelis" zum Gläubigen, „dominus", der Herr, meinte oft Gott (der weltliche Herr wurde dagegen häufig „domnus" genannt), „frater", der Bruder, konnte auch der Mönch sein.

Die meisten Begriffe behielten ihre alte Bedeutung neben der neuen bei, so dass der Sinn jeweils aus dem Kontext zu erschließen ist. Die Vielfalt der Bedeutungen macht die Benutzung ausführlicher Wörterbücher erforderlich, die nicht nur „Übersetzungen", sondern auch exemplarische Stellenbelege bieten. Gelegentlich reicht selbst das nicht aus, so dass man Begriffsuntersuchungen vornehmen muss, die sowohl die diachrone Sprachtradition wie den synchronen, zeit- und autorspezifischen Gebrauch berücksichtigen.

Um mittellateinische Wörterbücher benutzen bzw. die Begriffe dort auffinden zu können, sind kurz die wichtigsten Besonderheiten in der „**Orthographie**" (Rechtschreibung) bzw. Schreibweise vorzustellen:

- æ (auch œ) wurde zunächst, seit dem 10. Jh., zur e caudata (ę), dann, seit dem 12. Jh., zum einfachen e (in vermeintlicher Verbesserung konnte auch umgekehrt klassisches e zu æ werden: *aecclesia*).
- Austauschbar waren aus phonetischen Gründen:
y und i,
f und ph, t und th, bisweilen c und ch,
t und c als Zischlaut vor e und i *(iusticia)*,
c und qu in romanischen Sprachgebieten (vor a, o, u),
d und t im Auslaut *(aput)*,
gelegentlich o und u,
ferner u und v aus Gründen der Lautgleichheit beider Buchstaben.
- Anlautendes h wurde vielfach weggelassen, in anderen Fällen aber auch hinzugefügt.
- Zwischen m einerseits und n, s, t andererseits schob man aus phonetischen Gründen oft ein p ein *(dampnum)*.

Da die Wörterbücher die klassische Schreibweise bieten, muss man diese Wandlungen kennen, um bestimmte Begriffe dort aufzufinden.

Auch in der **Grammatik** (Morphologie und Syntax) unterscheidet sich das Mittellatein vom klassischen Latein. Hier seien nur die wichtigsten Unterschiede aufgeführt:

- Vor allem anfangs begegnet man bei manchen Autoren einer gewissen „Nachlässigkeit“ bei der Beachtung der Kongruenz von Numerus (Zahl) und Genus (Geschlecht) und der Anwendung der Modi (Indikativ und Konjunktiv), der Zeiten, der Deklinationen sowie der Kasusbedingtheit bestimmter Verben.
- Die Pronomina verloren immer mehr ihre scharfe Distinktion: *is* und *hic* wurden gleichbedeutend, *is, ille, iste, idem* konnten die Funktion des bestimmten Artikels übernehmen. Die Demonstrativpronomina wurden gern durch *praefatus, praenominatus* oder *memoratus* ersetzt, an die Stelle der Possessivpronomina konnte *proprius* treten.
- Steigerungsformen (Komparativ und Superlativ) waren nicht streng getrennt.
- Ebensowenig wurden Präpositionen streng unterschieden: *de* konnte die Bedeutung von *ex, intra* von *infra, super* von *de, absque* von *sine* übernehmen; *iuxta* hieß „gemäß“. Außerdem traten Präpositionen an die Stelle von Kasuskonstruktionen.
- Auch Konjunktionen änderten ihren Sinn: Beiordnenden Charakter hatten (neben *et*) auch *vel, seu, etiam, simul, necnon,* finalen Charakter (neben *ut*) auch *quo, quia, qualiter* und *quatinus,* kausalen Charakter (neben *cum*) auch *quod, quia, qualiter* und *quoniam.* Nebensätze ersetzten oft den a. c. i.

Lit. zur Einführung in das Mittellatein:
Übersicht:
- Van CAENEGEM, Introduction (o. S. 84) S. 371–383.
- Franz BRUNHÖLZL, LMA 5, Sp. 1722–1726; KINDERMANN (u. S. 251); zu Besonderheiten der Grammatik, ebd. S. 39 ff.
- Karl LANGOSCH, Lateinisches Mittelalter. Einleitung in Sprache und Literatur, Darmstadt ^{5}1988.
- DERS., Europas Latein des Mittelalters. Wesen und Wirkung – Essays und Quellen, Darmstadt 1990.
- Medieval Latin. An Introduction and Bibliographical Guide, hg. v. F. A. C. MANTELLO u. A. G. RIGG, Washington ^{2}1999.

Handbuch der mittellateinischen Sprache:
- Peter STOTZ, Handbuch zur lateinischen Sprache des Mittelalters.
  Bd. 1: Einleitung. Lexikologische Praxis, Wörter und Sachen. Lehnwortgut, München 2002;
  Bd. 2: Bedeutungswandel und Wortbildung, München 2000;
  Bd. 3: Lautlehre, München 1996;
  Bd. 4: Formenlehre, Syntax und Stilistik, München 1998;
  Bd. 5: Bibliographie, Quellenübersicht und Register, München 2004.

Übersetzungsbeispiele:
- Monique GOULLET/Michel PARISSE, Traduire le latin médiéval. Manuel pour grands commençants, Paris 2003.

Zu **Zeitschriften** zur mittellateinischen Philologie vgl. o. S. 77.

Handbücher und Einführungen in das Alt- und Mittelhochdeutsche:
- Sprachgeschichte. Ein Handbuch zur Geschichte der deutschen Sprache und ihrer Erforschung, hg. v. Werner BESCH, Anne BETTEN, Oskar REICHMANN u.

Stefan SONDEREGGER (Handbücher zur Sprach- und Kommunikationswissenschaft 2.1–4) 4 Teilbde., Berlin-New York ^{2}1998–2004.
- Peter von POLENZ, Deutsche Sprachgeschichte vom Spätmittelalter bis zur Gegenwart. Bd. 1: Einführung, Grundbegriffe, 14. bis 16. Jh., Berlin-New York ^{2}2000.
- Hilkert WEDDIGE, Mittelhochdeutsch. Eine Einführung, München ^{6}2004.
- Eckhard MEINEKE unter Mitarbeit v. Judith SCHWERDT, Einführung in das Althochdeutsche (UTB 2167) Paderborn u. a. 2001.

Andere Sprachen:
- Peter S. BAKER, Introduction to Old English, Oxford 2003.
- Romanische Sprachgeschichte. Histoire linguistique de la Romania. Ein internationales Handbuch zur Geschichte der romanischen Sprachen. Manuel international d'histoire linguistique de la Romania. 1. Teilbd, hg. v. Gerhard ERNST, Martin-Dietrich GLESSGEN, Christian SCHMITT u. Wolfgang SCHWEICKARD, Berlin-New York 2003.

Wörterbücher

[1] Mittellatein

[a] Allgemeine Wörterbücher (mit Berücksichtigung des Spätlateins und Belegstellen):
- THESAURUS LINGUAE LATINAE (ed. auctoritate et consilio academiarum quinque Germanicarum), Leipzig 1900 ff., bisher 10 Bde. (– protego).
- *Karl Ernst GEORGES, Ausführliches lateinisch-deutsches Handwörterbuch, 2 Bde., Hannover-Leipzig ^{8}1912/18 (ND. 1969) (auch als CD-ROM verfügbar).

[b] Mittellateinische Wörterbücher

Die europäischen Akademien der Wissenschaften geben zunächst national gegliederte Wörterbücher heraus, deren Bearbeitungsstand aber noch unterschiedlich weit gediehen ist. Diese Lexika sind am zuverlässigsten.
- **Deutschland:** *MITTELLATEINISCHES WÖRTERBUCH bis zum ausgehenden 13. Jh., hg. v. d. Bayerischen Akademie der Wissenschaften, München 1959 ff., bisher 3 Bde. (A – defatigo).
- **Italien:** LATINITATIS ITALICAE MEDII AEVI inde ab anno CDLXXVI usque ad MXXII lexicum imperfectum, hg. v. I. ARNALDI, M. TURRIANI u. P. SMIRAGLIA, in: ALMA 10–34; Nachträge in ALMA 44/45, 1983/85, S. 5–38; 46/47, 1986/87, S. 5–38; 48/49, 1988/89, S. 7–45; 50, 1990/91, S. 5–32; 52, 1994, S. 5–36.
- **Niederlande:** LEXICON LATINITATIS NEDERLANDICAE MEDII AEVI, hg. v. Johan W. FUCHS, Olga WEIJERS u. M. GUMBERT, 10 Bde., Leiden 1970–2005.
- **England:** DICTIONARY OF MEDIEVAL LATIN FROM BRITISH SOURCES, London 1975 ff., bisher 9 Bde. (A – Pel); Ronald Edward LATHAM, Revised Medieval Latin Word-List from British and Irish Sources, London 1965.
- **Polen:** LEXICON MEDIAE ET INFIMAE LATINITATIS POLONORUM . . ., Krakau 1953 ff., bisher 8 Bde. (A – reticulum).
- **Ungarn:** LEXICON LATINITATIS MEDII AEVI HUNGARIAE, Budapest 1989 ff., bislang 5 Bde. (A – ivagio).

Das einzige vollständige mittellateinische Wörterbuch, freilich nur mit wenigen Belegen, bietet:

- *Jan Frederik NIERMEYER/C. VAN DE KIEFT, Mediae latinitatis lexicon minus, 2 Bde., Neuausgabe bearb. v. J. W. J. BURGERS, Leiden 2002.

Kürzer:

- Novum Glossarium mediae Latinitatis ab anno DCCC usque ad annum MCC. Edendum curavit Consilium academiarum consociatarum, Kopenhagen 1957ff. (derzeit bis pingo). Dazu: Index scriptorum novus mediae Latinitatis ... qui afferuntur in Novo glossario, 1973, Supplementum 1989.

Kleines **Handwörterbuch** (für den ersten Überblick, ohne Belege):

- Edwin HABEL/Friedrich GRÖBEL, Mittellateinisches Glossar (^{2}1959), ND. mit einer Einführung von Heinz Dieter HEIMANN, Paderborn ^{2}1997 (UTB 1551).

Für seltene Wörter ist hilfreich:

- DU CANGE, Glossarium mediae et infimae latinitatis (1678), Neuaufl. in 7 Bdn., bearb. v. G. A. L. HENSCHEL, 1840–50 (mit lateinischen Erklärungen). Die ältere Ausgabe ist der 10bändigen von Léopold FAVRE, Paris ^{5}1883–87, vorzuziehen. Dazu Nachträge in: ALMA 1, 1924; 2, 1925; 22, 1952.

Speziallexika

- Albert SLEUMER, Deutsch-Kirchenlateinisches Wörterbuch, Bonn ^{3}1962.
- Lorenz DIEFENBACH, Glossarium Latino-germanicum mediae et infimae aetatis e codicibus manuscriptis et libris impressis, Frankfurt 1857 (ND. 1968).
- Eduard BRINCKMEYER, Glossarium diplomaticum zur Erläuterung schwieriger, einer diplomatischen, historischen, sachlichen oder Worterklärung bedürftiger lateinischer, hoch- und bes. niederdeutscher Wörter und Formeln ..., 2 Bde., Hamburg-Gotha 1856–63 (ND. 1961).
- Vgl. auch Karl E. DEMANDT, Laterculus notarum. Lateinisch-deutsche Interpretationshilfen für spätmittelalterliche und frühneuzeitliche Archivalien (Veröff. d. Archivschule Marburg. Institut für Archivwissenschaft 7) Marburg ^{7}1998.

Daneben gibt es einige Spezialwörterbücher zu bestimmten (theologischen) Autoren.

[2] Alt- und Mittelhoch- bzw. -niederdeutsch[8]

- E. G. GRAFF, Althochdeutscher Sprachschatz oder Wörterbuch der althochdeutschen Sprache, 7 Bde., Berlin 1834–46 (ND. 1963).
- Rudolf SCHÜTZEICHEL, Althochdeutsches Wörterbuch, Freiburg ^{5}1995.
- Rudolf GROSSE, Althochdeutsches Wörterbuch. Auf Grund der von Elias von Steinmeyer hinterlassenen Sammlungen im Auftrag der Sächsischen Akademie der Wissenschaften zu Leipzig begründet v. Elisabeth KARG-GASTERSTÄDT u. Theodor FRINGS, hg. v. Rudolf GROSSE, Berlin 1968ff. (bislang 5 Bde., bis L).

8 Übersicht: Dictionaries of Medieval Germanic Languages. A Survey of Current Lexicographical Projects. Selected Proceedings of the International Medieval Congress. University of Leeds, 4–7 July 1994, hg. v. K. H. van DALEN-OSKAM, K. A. C. DEPUYDT, W. J. J. PIJNENBURG u. T. H. SCHOONHEIM (International Medieval Research 2) Leiden 1997.

- Mittelhochdeutsches Wörterbuch, mit Benutzung des Nachlasses von Georg Friedrich BENECKE, bearb. v. Wilhelm MÜLLER u. Friedrich ZARNCKE, 5 Bde., Leipzig 1854–66 (ND. 1990), mit Indexband.
- Matthias LEXER, Mittelhochdeutsches Handwörterbuch, 3 Bde., Leipzig 1872–78 (ND. 1992, mit neuer Einleitung).
- Wörterbuch der mittelhochdeutschen Urkundensprache (WMU) auf der Grundlage des Corpus der altdeutschen Originalurkunden bis zum Jahr 1300 (Veröffentlichungen der Kommission für Deutsche Literatur des Mittelalters der Bayerischen Akademie der Wissenschaften), Berlin 1986 ff., bisher erschienen Bd. 1 u. 2 (ab – swester), Bd. 3 bis zur 21. Lieferung (– vaschanc).
- Karl SCHILLER/August LÜBBEN, Mittelniederdeutsches Wörterbuch, 6 Bde., Münster-Bremen 1875–1881 (ND. 1969).
- August LÜBBEN/Christoph WALTHER, Mittelniederdeutsches Handwörterbuch, Norden-Leipzig 1888 (ND. Darmstadt 1990).
- Agathe LASCH/Conrad BORCHLING, Mittelniederdeutsches Handwörterbuch, fortgeführt v. Gerhard CORDES, bisher 3 Bde., Lief. 34 (A – swür), Neumünster 1956 ff.
- CD-ROM Middelnederlands Woordenboek en teksten, 1999.

Lateinisch-althochdeutsch:

- Gerhard KÖBLER, Lateinisch-althochdeutsches Wörterbuch, Gießen 1996.
- Heinrich GÖTZ, Lateinisch-althochdeutsch-neuhochdeutsches Wörterbuch (Beiband des Althochdeutschen Wörterbuchs) Berlin 1999.

Eine Übersicht über Übersetzungen gibt:

- Norbert OHLER, Bibliographie ins Neuhochdeutsche übersetzter mittelalterlicher Quellen, Wiesbaden 1991.

Zu weiteren mittelalterlichen Volkssprachen vgl. die Übersicht bei Van CAENEGEM, Introduction (o. S. 84) S. 383–391.

3.3.2.3.2 Der historische Hintergrund

Zur Einordnung des Quelleninhalts, der in der Regel ja nur eine bestimmte Situation beleuchtet, ist es nötig, sich mit Hilfe der einschlägigen Handbücher (o. S. 53 ff.) über den (jeweiligen) historischen Hintergrund zu informieren. Das kann je nach Thema aber auch detaillierte Fragen einschließen, für die speziellere Fachliteratur heranzuziehen ist. Dabei bleibt zu beachten, dass Hand- und Sachwörterbücher einerseits auf Quellen, möglicherweise sogar auf denselben Quellen beruhen, die man selbst gerade bearbeitet, so dass die Gefahr eines Zirkelschlusses gegeben ist, dass andererseits Handbücher zwangsläufig verallgemeinern und vereinfachen und damit das Spektrum der Quellenaussagen verkürzen. Hier geht es folglich noch nicht darum, die Interpretation vorwegzunehmen und den Deutungen der Forscher ungeprüft zu folgen, sondern vorläufig erst Wissenslücken über das jeweilige Umfeld des historischen Geschehens zu schließen.

3.3.2.3.3 Klärung unbekannter Namen, Begriffe und Sachverhalte

Schließlich begegnen in jeder Quelle eine Reihe nicht oder nicht genügend bekannter Orts- und Personennamen, Begriffe oder Sachverhalte, die einer näheren Klärung bedürfen. Dazu dienen verschiedene Kommentare.

(1) Ortskommentar

Der Ortskommentar dient zwei Zielen:

- einmal der Identifizierung des (meist lateinisch oder latinisiert genannten) Ortes. Das kann sich – bei bekannten Orten – in einem bloßen Vergewissern erschöpfen, bei vielen kleinen Orten aber bleibt die genaue Identifizierung unsicher.

  Bei der Ortsidentifizierung helfen **Ortsverzeichnisse**.
  Zur Identifizierung kleinerer Orte sind die Register der Editionen und regionale Ortsverzeichnisse heranzuziehen, die zum Teil modern und ausführlich gestaltet sind, wie das in vielen Lieferungen erscheinende, von der Kommission für bayerische Landesgeschichte herausgegebene Historische Ortsnamenbuch von Bayern.

- Zum andern kann es sich – je nach Fragestellung – als nützlich erweisen, nähere Informationen über den Ort, seine Geschichte, Bebauung, Herrschaftsverhältnisse etc. einzuholen.

  Zu entsprechenden Hilfsmitteln vgl. o. S. 49f. Für detaillierte Informationen sind Ortsgeschichten heranzuziehen. Vergleichbare Verzeichnisse gibt es für andere Länder.

Ebenso unerlässlich ist es, sich die Lage der historischen Schauplätze auf einer möglichst zeitgemäßen Karte in Historischen Atlanten (u. S. 277f.) zu vergegenwärtigen.

(2) Personenkommentar

Ähnlich hat man sich über die in der Quelle genannten Personen mittels eines Personenkommentars zu informieren, der

- den vollen Namen,
- Lebens- und Amtsdaten,
- die ausgeübte Stellung oder Funktion und
- die Bedeutung der Persönlichkeit

enthält; alles weitere ist vom Textzusammenhang abhängig. Dabei ist darauf zu achten, dass der Kommentar sich auf die Berichtszeit der Quelle bezieht.

Für den Personenkommentar bieten **Personenverzeichnisse** (o. S. 48f.) sowie die einschlägigen Sachwörterbücher wie das Lexikon des Mittelalters (o. S. 47) und die theologischen Lexika (o. S. 61f.) die wichtigsten Informationen. Über die Bischofsdaten informieren die Bischofslisten bei Gams und Eubel, ausführliche Lebensdaten finden sich – in lateinischer Sprache – in der Neubearbeitung des Gams (o. S. 48f.). Für einzelne Bistümer liegen Bände der Germania Sacra vor (o. S. 65).

Viele Personen wird man in diesen Nachschlagewerken allerdings vergeblich suchen; manche sind vielleicht überhaupt nur in der gerade bearbeiteten Quelle bezeugt, und sehr häufig bleibt die Personenidentifizierung ein Problem, solange man nur den Namen kennt. Man wird dann in speziellerer Literatur suchen müssen (beispielsweise in Bistumsgeschichten nach Bischöfen). Als „Fundgrube“ erweisen sich hier ältere Handbücher, etwa Albert Haucks Kirchengeschichte Deutschlands (o. S. 62), vor allem aber die Jahrbücher des Deutschen Reiches (o. S. 56f.).

(3) Sachkommentar

Schließlich sind unbekannte oder nicht genügend bekannte Begriffe, die mit der bloßen Übersetzung noch nicht eindeutig bestimmt sind, oder auch in der Quelle angedeutete, aber nicht ausgeführte historische und damit jeweils zeitspezifische Sachverhalte mittels eines Sachkommentars zu klären. Ausgangspunkt können explizit in der Quelle enthaltene Indizien – vor allem, wenn es sich um unbekannte Begriffe handelt –, aber auch klärenswerte Fragen (nach Begriffen, Institutionen, Rechten, Vorgängen oder Strukturen) sein, die sich erst im Laufe der Quellenarbeit ergeben. Oft genügt es zu wissen, was mit einem Begriff überhaupt gemeint ist, manchmal empfiehlt es sich aber auch, sich – textbezogen, aber über die Quelle hinaus – über den Sachverhalt zu informieren, vor allem dann, wenn Begriffe und Anspielungen den Zeitgenossen noch ohne weiteres verständlich waren und deshalb unerläutert blieben. Außerdem ist zu berücksichtigen, dass der einzelne Autor individuelle Vorstellungen entwickeln konnte, die nicht aus einem Sachkommentar, sondern nur aus seinen Texten selbst zu ermitteln sind.

Ein solcher Sachkommentar umfasst in der Regel
- eine kurze Erklärung (Definition) oder Beschreibung des Sachverhalts,
- einen knappen Überblick über dessen Ursprünge und die Entwicklung bis zur interessierenden Zeit,
- eine auf die Quelle (Raum, Zeit und Situation) bezogene Charakterisierung (Funktion, Bedeutung, Umfang etc.) und
- evtl. einen kurzen Ausblick auf die weitere Entwicklung.

Sachkommentare besitzen keinen Selbstzweck, sondern dienen dem Verständnis der Quelle. Daher ist darauf zu achten, dass man nicht endlos weitere Informationen sammelt, sondern diese auf das engere Thema bezieht, von dem auch die Art der gesuchten Informationen abhängt; das genannte Schema bietet deshalb nur einen groben Anhaltspunkt.

Hilfsmittel für den Sachkommentar sind Sachwörterbücher und Handbücher (o. S. 47ff.), und zwar sowohl deren chronologisch-erzählende (für Vorgänge) wie strukturell-beschreibende Teile (für Sachverhalte).

- **Sachwörterbücher** haben – zumal bei Begriffsbestimmungen – den Vorteil, dass man die zu erläuternden Sachverhalte dank der alphabetischen Ordnung in der Regel leicht auffindet und begriffsgerecht erläutert bekommt, sie differenzieren meist jedoch zu wenig zeitlich, so dass die Anwendbarkeit auf den engeren Textzusammenhang fraglich bleiben kann. Sie bieten aber eine schnelle Erstinformation, die dann ausreicht, wenn es nur darum geht, einen unbekannten Begriff zu verstehen.
- **Handbücher** sind weniger leicht zu handhaben und müssen über Inhaltsverzeichnis und Register erschlossen werden, bieten dann aber den Vorteil, dass sie den gesuchten Begriff oder Sachverhalt gleich in sein historisches Umfeld einordnen.

Bei wichtigen Fragen empfiehlt es sich daher unbedingt, mehrere Hilfsmittel einzusehen und miteinander zu vergleichen und sowohl Sachwörterbücher als auch Handbücher zu benutzen. Außerdem sei daran erinnert, dass es neben den allgemeinen auch sektorgebundene Hilfsmittel (zur Kirchen-, Rechts-, Sozial-, Kulturgeschichte usw.) gibt, die – je nach Sachverhalt – genauere Auskünfte bieten als die allgemeinen Lexika und Handbücher. Viele Begriffe lassen sich unterschiedlichen Fachgebieten zuordnen. Hier wäre demnach zu überlegen, welcher Aspekt für die augenblickliche Fragestellung der wichtigere ist; vielfach empfiehlt sich aber ein Vergleich verschiedener Spezial-Hilfsmittel.

3.3.2.4 Kritische Prüfung: Quellenkritik

Sind Sinn und Inhalt des Quellentextes geklärt und Verständnisschwierigkeiten solcher Art beseitigt, so kann man an die Prüfung der Zuverlässigkeit der Quelle gehen. Eine Quellenkritik ist notwendig, weil keine Quelle bereits „Geschichte" liefert, sondern einen Geschichtsbericht, eine in mancherlei Hinsicht persönlich gefärbte Sicht (Interpretation) bietet und somit in der Regel etwas anderes bezweckt oder aussagt, als wir erfahren wollen (vgl. o. S. 80 ff.). Diese Diskrepanz zu überwinden, die es verhindert, der Quelle von vornherein uneingeschränktes Vertrauen entgegenzubringen, ist Aufgabe der Historiker/innen. Die Quellenkritik klärt folglich auch, was man von der Quelle erwarten und was man nicht erwarten darf. (Quellensammlungen ohne historischen Kommentar, wie sie immer wieder auf den Markt kommen, verfehlen daher ihren Zweck.) Die kritische Analyse der Quellen steht sogar im Zentrum geschichtswissenschaftlicher Arbeit.

Da die Quelle unsere Frage selten unmittelbar und kaum jemals vollständig beantwortet, lautet die erste, an sie zu richtende Frage: *Was darf ich von der Quelle erwarten? Was nicht?*
Die Antwort ist von drei Faktoren abhängig, über die man folglich nähere Informationen benötigt:
- von der *Quellenart und -gattung* (dazu ausführlich o. S. 98 ff.),
- vom *Autor der Quelle*,
- vom Werk selbst, dem *Quellenbericht*.

Über *Autor und Werk* informieren sog. **Quellenkunden**, Hilfsmittel, die einen ersten Einblick für einen (nun zu erstellenden) *quellenkundlichen Kommentar* bieten und entweder alphabetisch oder zeitlich, räumlich oder/und nach Sachgruppen gegliedert sind (vgl. die Übersicht in Abb. 15, u. S. 252).

(1) Einen – wegen ihrer Übersichtlichkeit schnellen – ersten Überblick über die Quelle, ihre handschriftliche Überlieferung und die Editionen bieten **Quellenrepertorien**, die wertvolle Dienste auch bei der Quellensuche oder zur schnellen Vergewisserung leisten.
Das wichtigste Repertorium der mittelalterlichen Geschichte ist das
- *REPERTORIUM FONTIUM HISTORIAE MEDII AEVI.
  Bd. 1 (Series collectionum), Rom 1962, Nachtragsheft: Additamenta 1: Series collectionum continuata et aucta (1962–1972), Rom 1977, verzeichnet die

einzelnen Quellensammlungen (vgl. o. S. 84ff.) mit den jeweils darin enthaltenen Titeln;
Bd. 2ff. (Rom 1967ff.) überblickt die Quellen in alphabetischer Folge; bisher bis Bd. 10, 3. Lief. (– Si).
Das Repertorium ist eine Neubearbeitung des „Potthast", der für die noch ausstehenden Bände weiterhin als Ersatz zu Rate zu ziehen ist und im Anhang außerdem eine nach der Berichtszeit geordnete Übersicht über die Quellen gibt:
- *August POTTHAST, Bibliotheca historica medii aevi. Wegweiser durch die Geschichtswerke des europäischen Mittelalters bis 1500, 2 Bde., Berlin ^{2}1896 (ND. Graz 1954).

Ein Repertorium der **hagiographischen Quellen** bietet die von der Société des Bollandistes herausgegebene:
- BIBLIOTHECA HAGIOGRAPHICA LATINA ANTIQUAE ET MEDIAE AETATIS (BHL), 2 Bde. (Subsidia hagiographica 6/12) Brüssel 1898–1911 (ND. Brüssel 1949); Ergänzungsband: Novum supplementum, hg. v. Henricus FROS (Subsidia hagiographica 70) Brüssel 1986.

Überblick:
- Van CAENEGEM, Introduction (o. S. 84).

Als Wegweiser zu den Editionen der Einzelquellen vgl. auch BAK (o. S. 85).

(2) Genauere Informationen bieten die **Quellenkunden** im engeren Sinn, die nach Zeit, Region und Autoren unterteilt sind.

(a) Quellenkunden zur deutschen Geschichte:
- Die wichtigste Quellenkunde ist der „WATTENBACH" (von Wilhelm Wattenbach begründet, seither in verschiedenen Abteilungen überarbeitet):
  *WATTENBACH-LEVISON-LÖWE:
  Wilhelm WATTENBACH/Wilhelm LEVISON/Heinz LÖWE, Deutschlands Geschichtsquellen im Mittelalter. Vorzeit und Karolinger.

  H. 1: Die Vorzeit von den Anfängen bis zur Herrschaft der Karolinger, Weimar 1952 (ND. 1967);
  H. 2: Die Karolinger vom Anfang des 8. Jh. bis zum Tode Karls des Großen, Weimar 1953 (ND. 1970);
  H. 3: Die Karolinger vom Tode Karls des Großen bis zum Vertrag von Verdun, bearb. v. Heinz LÖWE, Weimar 1957 (ND. 1966);
  H. 4: Die Karolinger vom Vertrag von Verdun bis zum Herrschaftsantritt der Herrscher aus dem sächsischen Hause. Italien und das Papsttum, bearb. v. Heinz LÖWE, Weimar 1963;
  H. 5: Die Karolinger vom Vertrag von Verdun bis zum Herrschaftsantritt der Herrscher aus dem sächsischen Hause. Das westfränkische Reich, bearb. v. Heinz LÖWE, Weimar 1973;
  H. 6: Die Karolinger vom Vertrag von Verdun bis zum Herrschaftsantritt der Herrscher aus dem Sächsischen Hause. Das ostfränkische Reich, bearb. von Heinz LÖWE, Weimar 1990.
  Beiheft: Rudolf BUCHNER, Die Rechtsquellen, Weimar 1953.

*WATTENBACH-HOLTZMANN-SCHMALE:
Wilhelm WATTENBACH/Robert HOLTZMANN, Deutschlands Geschichtsquellen im Mittelalter. Die Zeit der Sachsen und Salier, 1938–1943. Neuausgabe, besorgt von Franz-Josef SCHMALE, T. 1–3, Darmstadt 1967–71:

T. 1: Das Zeitalter des Ottonischen Staates (900–1050);
T. 2: Das Zeitalter des Investiturstreits (1050–1125);
T. 3: Italien. England. Nachträge.
Die Neuausgabe hat Teil 1 und 2 unverändert gelassen und nur Teil 3 hinzugefügt. Der Wattenbach-Holtzmann ist daher stets mit den Nachträgen im 3. Teil zu benutzen!

*WATTENBACH-SCHMALE:
Wilhelm WATTENBACH/Franz-Josef SCHMALE, Deutschlands Geschichtsquellen im Mittelalter. Vom Tode Heinrichs V. bis zum Ende des Interregnums.

Bd. 1 (unter Mitarbeit von Irene SCHMALE-OTT und Dieter BERG), Darmstadt 1976; (Bd. 2 zur außerdeutschen Geschichtsschreibung ist nicht erschienen).

Als Quellenkunde ist „der Wattenbach“ einzigartig und ohne gleichwertiges Pendant in späteren Zeiten und anderen Ländern (zu entsprechenden Quellenkunden vgl. unten). Obwohl eigentlich auf Quellen aus dem deutschen Raum beschränkt, behandelt er auch die wichtigen ausländischen Quellen (vor allem soweit sie etwas zur deutschen Geschichte aussagen), ist also auch hier zu benutzen. Gleichwohl ist er in vielen Teilen bereits veraltet, so dass neuere Hilfsmittel ergänzend hinzugezogen werden müssen (dazu u. S. 251). Im Zentrum stehen die historiographischen Quellen (im weitesten Sinn); andere Quellenarten werden nur gestreift.

Für das **Spätmittelalter** liegt (mit knappen Kommentaren) vor:
- Quellenkunde zur deutschen Geschichte im Spätmittelalter (1350–1500), hg. u. bearb. v. Winfried DOTZAUER, Darmstadt 1996.

Demgegenüber ausführlicher, aber veraltet und auf die Geschichtsschreibung beschränkt:
- Ottokar LORENZ, Deutschlands Geschichtsquellen im Mittelalter seit der Mitte des 13. Jh., 2 Bde., Berlin ^{3}1880/87 (ND. Graz 1966).

Knapp gefasste Kurzinformationen bieten:
- Karl JACOB, Quellenkunde der deutschen Geschichte im Mittelalter (bis zur Mitte des 15. Jh.) (Sammlung Göschen 279, 280, 284) 3 Bde., Berlin ^{6}1968.

(b) Quellenkunden zur außerdeutschen Geschichte:
Österreich:
- Alphons LHOTSKY, Quellenkunde zur mittelalterlichen Geschichte Österreichs (MIÖG-Erg.-Bd. 19) Graz-Köln 1963 (ND. 1991).

Frankreich:
- Auguste MOLINIER, Les sources de l'histoire de France des origines aux guerres d'Italie, 6 Bde., Paris 1901–06.
- Robert FAWTIER (u. a.), Les sources de l'histoire de France des origines à la fin du XVe siècle (bislang nur Bd. 1: P. M. DUVAL, La Gaule jusqu'au milieu du Ve siècle, 2 Bde., Paris 1971).

Großbritannien:
- Charles GROSS, The Sources and Literature of English History from the Earliest Times to about 1485, London ^{2}1915 (ND. 1975).
- William S. HOLDSWORTH, Sources and Literature of English Law, Oxford 1925.
- Antonia GRANSDEN, Historical Writing in England, 2 Bde., London 1974–82.
- James F. KENNEY, The Sources for the Early History of Ireland: Ecclesiastical. An Introduction and Guide, Columbia (UP) 1929 (ND. Dublin 1979).

(3) Eine ähnliche Aufgabe wie die Quellenkunden erfüllen **Literaturlexika**. Wegen seines jüngeren Erscheinungsdatums ist vor allem heranzuziehen: das
- *„VERFASSERLEXIKON“: Die deutsche Literatur des Mittelalters, begr. v. Wolfgang STAMMLER u. Karl LANGOSCH, 2. Aufl., hg. v. Kurt RUH u. a., 11 Bde., Berlin 1978–2004.

  Das alphabetisch geordnete Lexikon enthält nicht nur, wie der Titel nahelegen könnte, die deutschsprachige, sondern auch die mittellateinische „Literatur“ – im weitesten Sinn – aus dem deutschen Raum, darunter auch wichtige Geschichtsschreiber.

(4) Schließlich sind, vor allem bei nichthistoriographischen (etwa theologischen oder dichterischen) Quellen **Literaturgeschichten** hilfreich. Eine knappe Übersicht bietet:

- Gustav GRÖBER, Übersicht über die lateinische Literatur von der Mitte des 6. bis zur Mitte des 14. Jh. (Grundriss der romanischen Philologie 2,1) Straßburg 1902 (ND. München 1974)

  (gibt keine hinreichenden Quellenkommentare, aber einen nach Sachgebieten geordneten Überblick über das Vorhandene).

- Neues Handbuch der Literaturwissenschaft (o. S. 72).

Mittellateinische Literatur (Dichtung und wissenschaftliche Schriften):
- Karl LANGOSCH, Mittellatein und Europa. Führung in die Hauptliteratur des Mittelalters, Darmstadt 1990.
- Udo KINDERMANN, Einführung in die lateinische Literatur des mittelalterlichen Europa, Turnhout 1998.
- *Max MANITIUS, Geschichte der lateinischen Literatur des Mittelalters (Handbuch der klassischen Altertumswissenschaft 9,2) 3 Bde., München 1911–31 (ND. 1973–76).

Neubearbeitung:
- *Franz BRUNHÖLZL, Geschichte der lateinischen Literatur des Mittelalters, Bd. 1: Von Cassiodor bis zum Ausklang der karolingischen Erneuerung, München ^{2}1992; Bd. 2: Die Zwischenzeit vom Ausgang des Karolingischen Zeitalters bis zur Mitte des 11. Jh., München 1992.

Zur deutschen und romanischen Literatur vgl. o. S. 72f.
Zur Information über bestimmte Quellenarten vgl. o. S. 98ff.

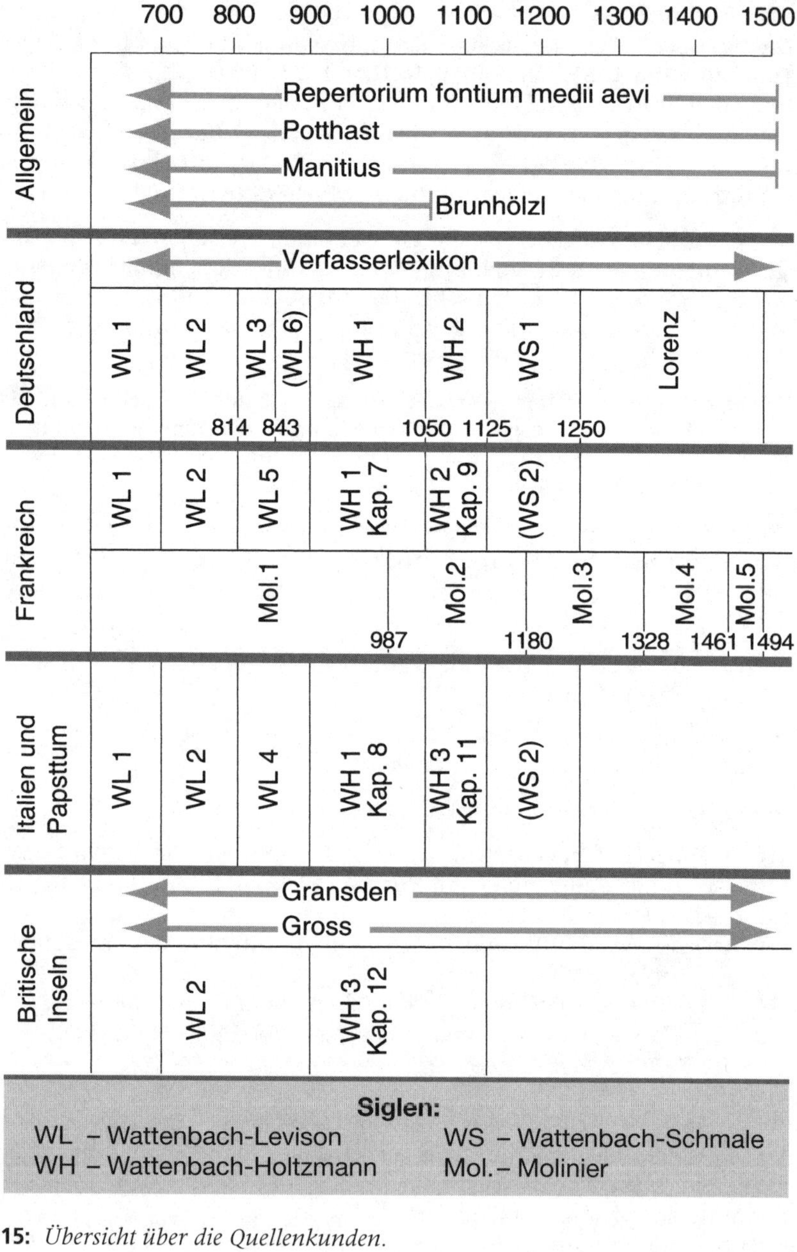

Abb. 15: *Übersicht über die Quellenkunden.*

Die Information über Autor und Werk ist ein weiterer Arbeitsschritt der Quellenerschließung; ihr dient der quellenkundliche Kommentar. Er erfasst – unbeschadet anderer, jeweils themenbezogener Fragen im Einzelfall – vor allem folgende Informationen:

(a) Zum *Autor*:
Horizont:
- Lebensdaten,
- Stellung,
- (Aus-)Bildung,
- Nähe zu den Ereignissen,

Tendenz: Weltbild, Werturteile, Stellungnahmen;

(b) Zum *Werk*:
- Abfassungszeit,
- Berichtszeit (zeitgenössisch?),
- Abhängigkeiten (Quellen des Autors),
- Art (Gattung) und Absicht des Werkes,
- Überlieferung,
- maßgebliche kritische Edition.

Vor diesem Hintergrundwissen kann dann die eigentliche **Quellenkritik** einsetzen, die den Wahrheitsgehalt der Quellenaussage kritisch prüft. Ihre Leitfrage lautet in der allgemeinsten und traditionellen Form: *Wieweit entspricht der Quellenbericht den tatsächlichen (historischen) Verhältnissen?* Wodurch ist der Realitätsgehalt eingeschränkt? Dazu sind formale und inhaltliche Richtigkeit zu überprüfen.

(A) *Äußere (formale) Kritik*:
Die äußere Kritik prüft, wieweit die Textgestalt glaubwürdig ist, und zwar in dreierlei Hinsicht:
(1) *Kritik der Provenienz* (Herkunft):
Wann, wo und wie wurde der Text verfasst? Wer hat ihn verfasst?
Diese Informationen stellt der quellenkundliche Kommentar bereit.
(2) *Kritik der Echtheit* (discrimen veri ac falsi):
- Autorschaft: Ist der genannte Autor wirklich der Verfasser? Ist der Text das, wofür er sich ausgibt?
- Überlieferung: Ist der Text so erhalten, wie der Autor ihn geschrieben hat? Diese Fragen werden in (und mit) der Edition geklärt.

(3) *Kritik der Originalität*:
Beruhen die Informationen auf eigenen Beobachtungen des Autors, oder worauf stützt er sich? Auch hier hilft in vielen Fällen die kritische Edition weiter.

(B) *Innere (inhaltliche) Kritik*:
Die innere Kritik prüft, wieweit die Quellenaussage glaubwürdig ist. Deren Zuverlässigkeit oder Glaubwürdigkeit wird grundsätzlich durch zwei entscheidende Faktoren eingeschränkt:

(1) das (mangelnde) Wissen des Autors,
(2) die (erklärte) Absicht des Autors.
Es ist also zu unterscheiden,
- ob der Autor selbst die ausgesagten Inhalte für Tatsachen hält und
- ob sie (objektiv) den Tatsachen entsprechen.

Die Quellenkritik prüft entsprechend zwei Elemente:

(1) den *Horizont* oder „Standort“ des Autors: *Was hat er wissen (und folglich berichten) können?*
Der Horizont offenbart die Kenntnis, die der Autor von dem berichteten Sachverhalt besaß. Diese ist abhängig von folgenden (quellenkundlich ja schon erfassten) Daten:
- Wie nah steht der Autor den Ereignissen *zeitlich*? Ist er Zeitgenosse?
- Wie nah steht er ihnen *räumlich?* Ist er Augenzeuge? Auf welche Gewährsleute (Quellen) kann er sich stützen? Bei Berichten über fernere Zeiten schließt das die Frage nach den Bibliotheksverhältnissen ein.
- Welchen Einblick hatte er in das Geschehen von seiner *Stellung* her?
- Welche Möglichkeiten der (zutreffenden) Vermittlung hatte er von seiner *Bildung* her?

(2) die *Tendenz* oder den „Standpunkt“ des Autors: *Was hat er berichten wollen?*
Die Tendenz offenbart die Absicht, die der Autor mit seinem Bericht verfolgt. Sie manifestiert sich:
- in bewusster Verfälschung oder Verzerrung der Tatsachen,
- in einer bestimmten Akzentuierung der Sachverhalte,
- in Idealisierungen, Diffamierungen oder anderen (explizit oder implizit) wertenden Kommentaren,
- im Verschweigen ungünstiger und im Überbetonen günstiger Nachrichten,
- in der Absicht der Belehrung und Einflussnahme (normativer Charakter).

Die Tendenz lässt sich in ihren Grundzügen dem quellenkundlichen Kommentar entnehmen, muss im Einzelnen aber an der Quelle selbst – oft über den speziellen Textausschnitt hinaus – und weiterhin aus einem Quellenvergleich (dazu u. S. 258f.) erarbeitet werden.

Während der „Horizont“ des Autors die unbewusst-ungewollten (möglichen) Verfälschungen der Tatsachen offenlegt, zeigt die „Tendenz“ die bewusst-gewollten und durch Werturteile geprägten Akzentuierungen und Verfälschungen an. Um dem Autor gerecht zu werden, sollte man sich aber daran erinnern, dass die subjektive, von seiner Wert- und Vorstellungswelt geprägte „Tendenz“ nicht unbedingt – und wahrscheinlich sogar in den seltensten Fällen – bewusste „Lüge“ bedeutete, sondern vom Autor selbst als „wahr“ empfunden wurde, insofern sie nämlich seiner inneren Überzeugung entsprach. Zu berücksichtigen ist aber auch die nachlassende Erinnerung der Autoren, wenn sie über zurückliegende Ereignisse schreiben.[9]

9 Vgl. dazu Johannes FRIED, Der Schleier der Erinnerung. Grundzüge einer historischen Memorik, München 2004.

Insgesamt lässt die Quellenkritik den **Aussagewert** einer Quelle erkennen. Vor ihrem Hintergrund liest sich die zuvor erarbeitete inhaltliche Aussage oft erheblich anders, als es der bloße Wortlaut nahelegt. Quellen- und Aussagewert variieren (a) mit der jeweiligen Quelleninformation: Sie beziehen sich teils auf die gesamte Quelle, teils auf den bearbeiteten Quellenausschnitt; beides ist durchaus nicht immer identisch und daher gesondert zu ermitteln. Sie variieren (b) mit der jeweiligen Fragestellung. Die Quellenkritik bestimmt Aussagewert und Aussagegrenzen der Quellen also niemals allgemein (und deshalb können Quellenkunden nur wichtige Hinweise, aber keine eindeutigen Antworten geben), sondern auf die eigene Fragestellung bezogen. Ihre unverzichtbare Bedeutung liegt folglich in erster Linie darin, den Unterschied zwischen den eigenen Interessen und denen der mittelalterlichen Verfasser (o. S. 80 ff.) herauszuarbeiten, denn wer deren Inhalte, Absichten, Ziele und Eigenarten vernachlässigt, wird zu unmittelaltergemäßen und damit unhistorischen Folgerungen gelangen! In dieser Hinsicht ist und bleibt die Quellenkritik, in traditionellen wie in neueren Fragestellungen, Kernstück der „historischen Methode“ und damit eines geschichts*wissenschaftlichen* Vorgehens.

Ein solcher Arbeitsschritt verlangt häufig eine genaue Betrachtung nicht nur des Wortlauts, sondern – über die engere Textstelle hinaus – auch der Wortwahl und der Schreibweise des Autors (Stilanalyse), die Untersuchung, wieweit der Autor seinen Text mit Zitaten (imitatio), vor allem aus der Bibel, Kirchenvätern und einer Reihe von klassischen Autoren, mit rhetorischen Stilfiguren (colores rhetorici) oder Gemeinplätzen (Topoi) schmückt, welche Worte und welche Stilelemente er verwendet (z. B. rhythmischen Satzschluss oder Reimprosa). Die Stilanalyse hilft, Eigenes vom Fremden zu scheiden, und sie zeigt, welchen inhaltlichen Aussagen der Autor mit Hilfe stilistischer Mittel ein besonderes Gewicht beimisst. Eine detaillierte Besprechung einer Stilanalyse bietet Quirin (o. S. 45) S. 168 ff. Vgl. auch u. S. 325 zur Textualität.

Lit.:
Einen Überblick mit bibliographischen Hinweisen über die zitatträchtigen Vorlagen (Bibelliteratur, Dichtung, Gebete, Viten, Recht, Liturgie, etc.) mittelalterlicher Werke gibt:

- Jacques Berlioz (avec la collaboration de Joseph Avril, Louis-Jacques Bataillon, Nicole Bériou, Laurence Bobissahel, Gilbert Dahan, Gérard Giordanengo, Bertrand-Georges Guyot et Eric Palazzo), Identifier sources et citations (L'atelier du médiéviste 1) Turnhout 1994, mit Abschnitten auch zur Identifikation lateinischer und französischer Autoren (S. 27–45), zu Zitaten (S. 77–92), Sprichwörtern (S. 103–110), Topoi und Symbolik (S. 247–257) und zur Ikonographie (S. 259–277).

Um der Diskrepanz zwischen Quellenaussage und historischer Fragestellung Rechnung zu tragen und die Absichten des mittelalterlichen Quellenautors gebührend zu berücksichtigen, sollte man etwa nachstehende, auf den bisherigen Arbeitsschritten beruhende Fragenreihe verfolgen:

- Aussage: Welche historischen Informationen überliefert der Autor in Bezug auf mein Thema?
- Verständnis: Was meint er damit? Diese Frage stellt die zeitgemäße Interpretation sicher und verhindert allzu moderne Rückschlüsse.

- Absicht: Was hat er eigentlich sagen wollen?
- Tendenz: Was hat er damit bezweckt?
- Interpretation: Was bedeuten die gewonnenen Informationen vor dem Hintergrund der eigentlichen Aussage und der Aussagetendenz?

Nur wenn man dieses Fragenbündel zusammensieht, lassen sich Möglichkeiten und Grenzen der Aussagekraft des Quellenberichts ermessen, lässt sich verhindern, dass man die Aussage zu wörtlich, zu naiv oder zu wenig zeitbezogen versteht. Dass sich in der Praxis dennoch nicht alle Fragen hinreichend beantworten lassen, liegt an der Lückenhaftigkeit der Überlieferung, an der mangelnden Eindeutigkeit der Sprache und den unterschiedlichen Auffassungen verschiedener Interpreten. Historische Antworten fallen daher durchaus nicht immer einhellig aus, und man tut gut daran, von vornherein verschiedene Deutungsmöglichkeiten einzukalkulieren und gegeneinander abzuwägen. Der besonderen Kritik bestimmter Quellenarten dienen die *Historischen Hilfswissenschaften*, die hier in einem eigenen Kapitel (u. S. 274ff.) behandelt sind.

3.3.3 Auswertung der Quelle

Während die Erschließung der Quelle als eine Phase der vorbereitenden Klärung der Quellenaussagen zu betrachten ist, hält deren Auswertung die auf dieser Grundlage methodisch abgesicherten und reflektierten, der Quelle entnehmbaren historischen Informationen fest. Es hat sich aber schon gezeigt, dass Quellenerschließung und Quellenauswertung in der Praxis ständig ineinander übergreifen (dass die hier vorgenommene Trennung also eine idealtypische, der didaktischen Vermittlung dienende ist), dass im Bearbeitungsgang, bei der methodischen Sicherung von Teilergebnissen, ständig neue Fragen auftauchen, die noch der Klärung bedürfen. So fügen sich erst allmählich Teilergebnisse zu einem Ganzen zusammen.

3.3.3.1 Interpretation

Wie man die Quellenkritik als methodischen Kern der Erschließung einer Quelle betrachten kann, so steht die „Interpretation" im Mittelpunkt ihrer Auswertung. Dieser in der Geschichtswissenschaft völlig gebräuchliche und allgemein bekannte, aber selten reflektierte und heute – in Abkehr von den „historistischen" Traditionen – gelegentlich sogar in Misskredit geratene Begriff oder Arbeitsschritt ist inhaltlich gar nicht so leicht zu definieren. Der Begriff soll hier bewusst weit verstanden werden. Von ihrem Stellenwert im Prozess des historischen Arbeitens her gesehen, könnte man sagen: *Die Interpretation (als Arbeitsschritt der Quellenauswertung) ermittelt aus der bearbeiteten Quelle auf der Grundlage sowohl genauer Textbetrachtung wie dessen Hintergrundes, nämlich des aus den vorangegangenen Arbeitsschritten angehäuften Wissens, den aufgrund der Fragestellung untersuchten historischen Sachverhalt und ordnet ihn in die gegebenen Zusammenhänge ein.* (Theuerkauf nennt diese letzten Arbeitsvorgänge Analyse und Synthese). *Sie eruiert folglich die aus der bearbeiteten Quelle ableitbaren Antworten auf die gestellte historische Frage und formuliert das Ergebnis wissenschaftlicher Quellenarbeit.*

Im Einzelnen leiten sich aus einer solchen Charakterisierung mehrere Folgerungen ab:

- Die Interpretation einer Quelle bietet nicht eine umfassende Auswertung, sondern konzentriert sich auf *den* Sachverhalt, der durch die historische Fragestellung umschrieben ist.
- Sie unterscheidet sich von der Inhaltsangabe – auch von der ihr enger verwandten themenbezogenen Inhaltsangabe – dadurch, dass die inhaltlichen Aussagen einmal, durch die Kritik, auf ihre Haltbarkeit hin geprüft, zum andern, durch die Kommentare, in ihr zeitgenössisches Umfeld eingebettet und erklärt und schließlich auch auf mögliche Implikationen hin abgeklopft sind, die der Wortlaut nicht explizit ausdrückt, sei es, dass sie dem Autor gar nicht bewusst oder dass sie ihm und seinen Lesern selbstverständlich waren und daher nicht niedergeschrieben werden mussten oder dass er sie bewusst verschleiert hat.
- In diesem Sinn ist Interpretation – mit Droysen – zunächst Interpretation der Materialien (der Quellen), noch nicht der Sachverhalte selbst. Eine entsprechende Bewertung der Ergebnisse aus heutiger Sicht, ein „Urteil", ist unvermeidbar und letztlich schon in der Fragestellung selbst angelegt, und es ist auch unverzichtbar, wenn „Geschichte" einen Aktualitätssinn haben soll (vgl. o. S. 26f.), sollte aber, soweit möglich, *hinter* der Interpretation der Quellen stehen und nicht schon in diese hineingetragen werden.
- Gerade um hier Fehl- und Zirkelschlüsse zu vermeiden, ist Interpretation immer *auch* das Bemühen, den Quelleninhalt und den darin enthaltenen Sachverhalt aus der jeweiligen Zeit heraus zu *verstehen*: Die Interpretation ist Ausfluss eines hermeneutischen Charakters der Geschichtswissenschaft (dazu u. S. 314ff.). Sie hat daher das begriffliche, geistige, politische, soziale und persönliche Umfeld des Quellenautors und seines Werks zu berücksichtigen.

  Dass moderne Begriffe und Anschauungen keinesfalls als Interpretationshilfen dienen dürfen und sich nicht auf die Vergangenheit übertragen lassen (so Quirin), wird man so sicher nicht behaupten können, weil schon die Fragen aus der Moderne gewonnen sind. Moderne Denkweisen sind als Zugang daher durchaus legitim, dürfen aber nicht leichtfertig (= kritiklos) übertragen werden, sondern sind jeweils als *vorsichtige Fragen* an die Quellen zu stellen! Die Rücksichtnahme auf das – in vielen Hinsichten vom heutigen verschiedene – Denken, Handeln, Fühlen und Schreiben (die „Mentalität") der mittelalterlichen Menschen ist hier also eine Frage der Quellenkritik. Es kann ebensogut aber zum Gegenstand der Forschung und damit zum Ziel der Interpretation werden!

- Als methodisierter Versuch, die gestellte Frage aus den Quellen zu beantworten, ist die Interpretation aber keineswegs auf die Hermeneutik beschränkt, sondern auch anderen Verfahren zugänglich: quantifizierenden, analytischen, narrativen. Solche Verfahren, einschließlich der Diskursanalysen (s. u. S. 325), ersetzen nicht, wie gelegentlich behauptet wird, das hier beschriebene Vorgehen oder gar die Quellenkritik, sondern sind letztlich nur unterschiedliche Formen der Quelleninterpretation.

- Ebenso zu reflektieren ist aber auch das Verhältnis zwischen Gegenwart und Vergangenheit, zwischen dem modernen Interpreten und seiner Fragestellung einerseits und der Quelle und ihrer damit selten identischen Thematik andererseits. Erst dadurch ergeben sich Stellenwert und Reichweite des Quellenbeitrags zur Ausgangsfrage, die meist nicht oder jedenfalls nicht in der spezifischen Akzentuierung im Blickfeld des Quellenautors lag. Wer eine Quelle auf seine Fragestellung hin interpretiert, muss also vorher sorgfältig prüfen, was er ihr überhaupt zumuten darf.

Gegenstand und Art der Interpretation sind nahezu ebenso vielfältig wie die Möglichkeiten der Fragestellung, von der die Interpretation abhängig ist. Grundsätzlich lassen sich, je nach erfragtem Gegenstand, entsprechend der drei „Ebenen" der Geschichtsschreibung (vgl. u. S. 326 ff.), aber vielleicht drei, natürlich auch miteinander kombinierbare Grundrichtungen unterscheiden:

- die (geistige) „Rekonstruktion" eines historischen Vorgangs (ereignisgeschichtliche Interpretation);
- die Aufarbeitung der (im Wesentlichen) „materiellen" Bedingungen eines Vorgangs bzw. eines bestimmten, strukturellen Sachverhalts (strukturgeschichtliche Interpretation);
- die Aufarbeitung der leitenden Ideen, Vorstellungen und Motive entweder der nach dem Quellenbericht Handelnden (Droysen spricht von einer „psychologischen Interpretation") oder des Autors der Quelle (ideen- oder vorstellungsgeschichtliche Interpretation) und/oder seiner Adressaten.

Über mögliche Forschungs- und Frageansätze, die jeweils auf die Interpretation zurückwirken, informiert das 5. Kapitel.

3.3.3.2 Quellenvergleich

Die bisher – exemplarisch – vorgenommene Erschließung und Auswertung *einer* Quelle ist natürlich an allen uns bei der Quellensuche zur Kenntnis gekommenen und für unsere Frage ergiebig scheinenden Quellen auszuführen, die dann – unter Berücksichtigung ihrer jeweiligen Eigenart und ihres Wertes – auf ihre Aussagen hin miteinander zu vergleichen sind: Erst der Quellenvergleich macht eine gewonnene Aussage zuverlässiger. Das Ergebnis lässt verschiedene Möglichkeiten zu:
(1) Aussagen verschiedener Quellen können einander *ergänzen*: Wir erfahren aus jeder einzelnen Quelle Dinge, die in den anderen Quellen nicht angesprochen sind.
(2) Sie können sich auf diesem Wege möglicherweise gegenseitig *erklären*, wenn nämlich durch die neuen Informationen plötzlich ein Zusammenhang erläutert oder ein Motiv verdeutlicht wird, und damit Probleme lösen helfen, die bisher noch offen waren.
(3) Sie können aus einer anderen Sicht und Absicht heraus aber auch die *Akzente verschieben* und damit vor einer einseitigen Auswertung warnen, indem sie aufzeigen, dass es – bereits damals – verschiedene Sichtweisen gegeben hat.

(4) Sie können sich in ihrer Tendenz wie auch in ihrer Aussage allerdings auch regelrecht *widersprechen.* Solche Widersprüche müssten erklärt werden.

Zur Einschätzung von Glaubwürdigkeit und Aussagewert ist erneut die Verschiedenheit der Quellen zu berücksichtigen:

- nach dem *Werk* (vgl. o. S. 98ff.): Bietet die Quelle beispielsweise eine rechtsgeschichtliche oder dogmatische Norm, eine momentane oder auch vermeintliche Realität oder eine ideale Fiktion? Betrachtet sie eine gewertete Ereignisfolge oder einen exemplarischen Einzelfall?
- nach dem *Autor*: Ist der Wissensstand vergleichbar? Sind die Ziele ähnlich?
- nach *Horizont* und *Tendenz*: Sind die Absichten und Auffassungen unterschiedlich?

Die Antworten auf solche Fragen können Widersprüche auflösen, zumindest aber erklären oder zurechtrücken. Der Quellenvergleich klärt das Verhältnis der Quellen zueinander wie auch zu den historischen Aussagen: Quellen sind selten gleichwertig, wobei sich ihr Wert aber je nach der Fragestellung verschiebt. Das bedeutet zugleich, dass die Informationen der zwangsläufig auf allgemeine Tendenzen ausgerichteten Quellenkunden der jeweiligen Fragestellung anzupassen sind. Im Quellenvergleich werden Bedeutung und Notwendigkeit der bisherigen Arbeitsschritte somit vollends deutlich. Aus dem – solcherart methodisch abgestützten – Vergleich der Quellen und ihrer Informationen gelangt man schließlich zu einer vergleichenden Gesamtaussage (vergleichende Interpretation).

Ist auf diese Weise ein (einzelnes) Ergebnis gewonnen, so bleibt eine letzte Schwierigkeit: Historische Ereignisse sind aus der Zeitsituation heraus jeweils einmalig (individuell), interessieren uns aber oft nicht in ihrer Einmaligkeit, sondern weil sie als typisch anzusehen sind (vgl. u. S. 320f.). Demnach wäre nach der *Repräsentativität der gewonnenen Aussage* (bzw. deren repräsentativen Elementen) zu fragen, wäre auf diese Weise Einmaliges und Typisches voneinander zu scheiden. Die qualitative (inhaltliche) Interpretation wäre mit anderen Worten, soweit möglich, durch eine quantitative („statistische") zu ergänzen. Erst dieser Arbeitsschritt erlaubt es, die gewonnene *Einzelaussage* zu *verallgemeinern.* Auch dafür bietet ein auf breiter Basis vorgenommener Quellenvergleich die methodische Grundlage. *Ein* Ziel einer historischen Diskursanalyse (u. S. 325) ist die möglichst dichte Zusammenstellung von Aussagen zu einem Thema. So betrieben, wird der quantitative Aspekt per se berücksichtigt, doch darf auch darüber natürlich nicht die quellenkritische Prüfung der Einzelaussage und der Einzeltexte vernachlässigt werden.

3.3.4 „Verarbeitung" und Vermittlung der gewonnenen Ergebnisse

3.3.4.1 Kritische Reflexion

Als letzter Schritt der Quellenarbeit schließt sich die darstellerische Vermittlung der in den einzelnen Arbeitsschritten gewonnenen Ergebnisse an. Zunächst aber wird man feststellen, dass sich im Laufe der Arbeit das Bewusstsein erweitert hat, dass sich immer neue Gesichtspunkte ins Blickfeld geschoben haben, deren Auswertung (Interpretation) eventuell auch auf die Fragestellung zurückwirken und diese abwandeln, ergänzen oder verschieben kann – etwa im Zuge einer anders als erwartet ausgerichteten Quellenlage oder eines Bewusstwerdens andersartiger, stärker „mittelalterlicher" Denk-, Schreib- und Handlungsweisen. Dadurch verschiebt sich das Verhältnis von „Gegenwart" (Historiker) und „Vergangenheit" (Quelle), das jeder historischen Arbeit innewohnt. Die Interpretation ist ja ein Dialog zwischen Historiker/in und Quelle, ein Versuch, über die Quelle der Vergangenheit (dem Mittelalter) näherzukommen, die Kluft zwischen dem Mittelalter und der Gegenwart gedanklich zu überwinden. Daher ist es nötig, am Ende – oder auch jeweils in den einzelnen Arbeitsschritten – Frage und Ergebnis noch einmal miteinander zu konfrontieren, die eigene Frage hinsichtlich des gefundenen Quellenmaterials, des eingeschlagenen methodischen Wegs und der gewonnenen Ergebnisse zu überdenken, zu modifizieren oder zu präzisieren, um damit das Verhältnis zwischen Gegenwart und Vergangenheit klarer zu fassen und den Erkenntniswert der Ergebnisse für die heutige Gesellschaft abzuklären.

3.3.4.2 Darstellung

Die darstellerische Verarbeitung der Interpretation kann auf verschiedene Weise erfolgen. Grundformen bilden dabei: Vorgangserzählung, Situationsbeschreibung und Gedankenanalyse.

- Die *Vorgangserzählung* fasst das Ergebnis einer ereignisgeschichtlichen Frage zusammen, indem sie die Ereignisse (den historischen Verlauf) in ihrer Abfolge und unter Berücksichtigung ihres inneren Zusammenhangs sowie ihrer Ursachen und Folgen vorstellt.
- Die *Situationsbeschreibung* fasst das Ergebnis einer strukturgeschichtlichen Frage zusammen, indem sie die Charakteristika eines historischen Phänomens (in einer bestimmten Situation) vermittelt.
- Die *Gedankenanalyse* fasst das Ergebnis einer vorstellungs- oder mentalitätsgeschichtlichen Frage zusammen, indem sie die Ideen der Menschen (vor allem des Autors der Quelle) wiedergibt.

In der Praxis werden sich solche (und andere) Darstellungstypen überschneiden. Entscheidend bleibt, dass die abschließende Darstellung das Ergebnis der Quellenarbeit nicht nur zusammenfasst, sondern – unter Nutzbarmachung der vollzogenen Arbeitsschritte – *argumentativ aus den Quellen entwickelt*, also sowohl den eingeschlagenen methodischen Weg als auch den rationalen Gedankengang erkennen lässt, der zu den Ergebnissen führt, und dass sie die gefolgerten Schlüsse aus den Quellenaussagen und deren geschichtswissenschaftlicher Deutung beweist bzw. belegt (unter Angabe möglicher Unsicherheiten). Die zuvor einzeln durchgeführten Kommentare erscheinen hier nicht mehr geschlossen, als Selbstzweck, sondern werden – zur Erläuterung oder Stützung des Gedankengangs – in diese Argumentation einbezogen.

a. Nach Jörn Rüsen:

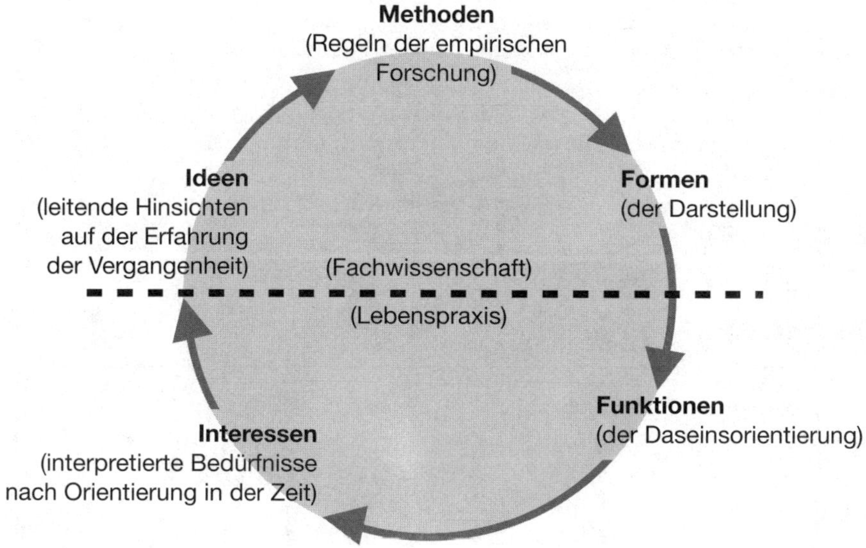

b. Nach Henri-Irénée Marrou:

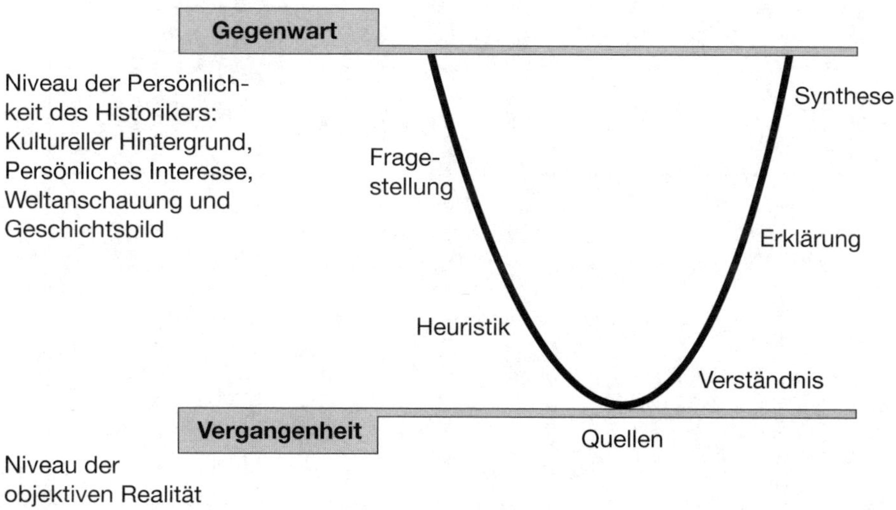

Abb. 16: *Schematische Darstellung des Historischen Arbeitens.*

Arbeitsschritt	Arbeitsgang	Hilfsmittel
1. Historische Fragestellung		
2. Quellenbeschaffung	(Heuristik)	Quellenkunden/Quellenrepertorien (→ S. 248 ff.); Quellensammlungen u. -editionen (→ S. 84 ff.); Archive
3. Quellenerschließung		
a. Aufbereitung - der Handschriften:	Edition	Editionen (→ S. 231 ff.)
- des Textes:	Übersetzung	Übersetzungen; Wörterbücher (→ S. 243 ff.)
b. Aussage	Inhaltsangabe/Vorgangs- bzw. Zustandsbeschreibung	Quelle
c. Verständnis - Historischer Hintergrund:	Historischer Kommentar	Handbücher/Jahrbücher, ggf. speziellere Darstellungen
- Namen: Ortsnamen	Ortskommentar	Ortsverzeichnisse; allg. Sachwörterbücher (→ S. 47 f.)
Personennamen	Personenkommentar	Personenverzeichnisse (→ S. 48 f.); Sachwörterbücher (→ S. 47 ff.), ggf. Handbücher (→ S. 51 ff.), Jahrbücher (→ S. 56 f.)
Begriffe u. Sachverhalte:	Sachkommentar	Sachwörterbücher u. Handbücher (→ S. 47 ff.) (versch. Sachgebiete)
d. Prüfung	Quellenkritik - Äußere Kritik: : der Echtheit (discrimen veri ac falsi) : der Herkunft (Provenienz): Autor, Zeit, Ort, Institution; handschriftliche Überlieferung : der Originalität: Abhängigkeiten - Innere Kritik: : "objektive" Richtigkeit: Feststellen des Horizontes : "subjektive" Richtigkeit: Feststellen der Tendenz (Verfälschung, Absicht, Akzentuierung, Auswahl, Wertung)	Quellenkunde (→ S. 248 ff.); Einleitung zur Edition
4. Quellenauswertung	Interpretation - quellenimmanent - Quellenvergleich - Kombination verschiedener Fragestellungen und Methoden	
5. Quellenverarbeitung	Referat	

Abb. 17: *Schema der Quellenarbeit.*

Es versteht sich von selbst, dass das Ergebnis am Ende die beiden – in der Praxis ohnehin miteinander verwobenen – Arbeitsgänge, die hier um der didaktischen Strukturierung willen zunächst getrennt behandelte Arbeit an den Quellen und an Darstellungen, zusammenführt, das Ergebnis der Quelleninterpretation also in den Forschungsstand, aus dem die Frage letztlich erwachsen ist, einordnet und die Bedeutung der gewonnenen Ergebnisse in diesem Rahmen reflektiert.

Schlussbemerkung: Die hier gewissermaßen idealtypisch strukturierte Einführung in die Quellenarbeit darf nicht darüber hinwegtäuschen, dass bei der Auswertung der Quellen einer – jedenfalls im Vergleich mit neueren Epochen – quellenarmen Zeit viele Unsicherheiten bleiben. Zwar ist die Masse auch der mittelalterlichen Quellen insgesamt für einzelne Bearbeiter/innen unüberschaubar, aber bei engerer Fragestellung schmilzt die Zahl der aussagekräftigen Quelleninformationen leicht auf wenige Belegstellen zusammen, die, nach strukturellen Sachverhalten befragt, oft wenig zusammenhängend und in verschiedenen Situationen erstellt sind (auch das ist zu berücksichtigen!), während über bestimmte Vorgänge nicht selten überhaupt nur eine einzige Quelle berichtet, so dass ein Quellenvergleich entfällt und die Analyse sich auf die immanente Kritik beschränken muss. Diese (relative) Quellenarmut bietet – gegenüber den Quellenmassen der jüngsten Jahrhunderte – einerseits die Aufgabe (und die Chance), jede Quelle ganz genau zu betrachten, den Wortlaut detailliert zu analysieren und auf jede Feinheit der Formulierung zu achten (ohne dass man darüber aber die Gefahr übersehen sollte, durch solch feinsinnige Kombinationen mehr in den Text hineinzulesen, als seinem Autor bewusst war). Andererseits wird man an vielen Stellen nicht über Wahrscheinlichkeiten oder auch nur Vermutungen hinauskommen. Auch hier gilt es, den Sicherheits- oder Wahrscheinlichkeitsgrad der gewonnenen Ergebnisse erkennbar zu machen. Die quellenbedingten Schwierigkeiten dürfen den Versuch einer Interpretation nicht verhindern, sie sollten aber vor allzu sicheren Schlüssen warnen und dazu anleiten, andere Möglichkeiten in Betracht zu ziehen. Erst durch die Kombination verschiedenster Quellen und Ansätze erhöht sich der „Wahrscheinlichkeitscharakter", die „Historizität" der Ergebnisse.

3.4 Anwendungsbeispiel der Quellenarbeit: Der Bericht Lamperts von Hersfeld zum Jahr 1062/63 über einen kirchlichen Rangstreit

Die hier vorgeführten Arbeitsschritte lassen sich sinnvollerweise nur praktisch – im Proseminar – üben, zumal erst dann die spezifischen Probleme auftreten, die vielfach eine individuelle Behandlung erfordern und die in diesem Rahmen daher niemals umfassend vorgestellt werden können. Wohl aber mag es sinnvoll sein, das Dargelegte exemplarisch an einem Beispiel zu erörtern und die einzelnen Schritte der Quellenarbeit an einem konkreten Vorfall zu erläutern: dem Bericht Lamperts von Hersfeld zum Jahre 1062/63 über einen Streit zwischen dem Bischof von Hildesheim und dem Abt von Fulda, der einen guten Einblick in typisch mittelalterliche Vorstellungen von Rang und Kompetenzen vermittelt. Dieses Thema: Rang und Kompetenzenabgrenzungen, und zwar innerhalb kirchlicher Institutionen des hohen Mittelalters, sei daher unsere Leitfrage, die historische Fragestellung.

Die nachfolgende Quellenauswertung vermag wegen der Fülle verschiedener Ansätze und Deutungen kein allseits anwendbares „Rezept" zu bieten, sondern dient lediglich der Konkretisierung der beschriebenen Arbeitsschritte. Zunächst ist der Text (Text 13, S. 266 f.) zu lesen.

Nehmen wir an, wir seien bei der Lektüre zufällig auf diesen Text und darüber auf unsere Frage gestoßen. Zur Einordnung des Vorfalls wird man im Laufe der Arbeit bibliographisch prüfen müssen, ob weitere Quellenberichte existieren und welche Darstellungen diesem Ereignis oder dem Kompetenzenproblem Aufmerksamkeit widmen.[10]

Der **Vorgang** ist schnell erfasst (Aussage): Bei den Vorbereitungen zur Weihnachtsfeier des Königs (Heinrichs IV.) in Goslar entstand zwischen den Kämmerern des Bischofs Hezilo von Hildesheim und des Abtes Widerad von Fulda ein handfester Streit darüber, wem der Stuhl neben dem Mainzer Erzbischof zustand. Nur das Eingreifen des Bayernherzogs Otto verhinderte Schlimmeres. Auf der Pfingstfeier des Königs am selben Ort aber wiederholte sich der Streit um die Sitzordnung. Dieses Mal war man darauf vorbereitet, und hinter dem Altar versteckte Krieger des Bischofs vertrieben gewaltsam die Leute des Abtes aus der Kirche. Diese bewaffneten sich und drangen in die Kirche ein, wurden aber in einem blutigen Kampf vertrieben. Der König war machtlos und zog sich in die Pfalz zurück. Bei der gerichtlichen Untersuchung am nächsten Tag hingegen fand der Anstifter, Graf Ekbert, ein Verwandter des Königs, Nachsicht, während dem Fuldaer Abt die Schuld geplanter Unruhestiftung zugewiesen wurde. Der Bischof aber schloss die „Übeltäter" aus der Kirche aus.

Der Text gibt eine Reihe von Rätseln auf. Vieles wird nur angedeutet. Zwar lässt sich der Vorgang selbst recht anschaulich rekonstruieren, die tieferen Hintergründe aber bleiben ebenso im Dunkeln wie die Rechtsfrage, zumal der Verfasser (Lampert) hier offensichtlich das Recht auf den Kopf gestellt und eher die Unschuldigen bestraft sieht. Merkwürdig mutet für unsere Begriffe auch der – scheinbar nichtige – Anlass an; er zeigt, wie wichtig man im Mittelalter offensichtlich die Sitzordnung nahm, und lässt ahnen, dass sich dahinter Wichtigeres verbarg als *nur* der Sitzplatz.

Zur Klärung der offenen Fragen sind – neben genauester Betrachtung des Textes – Kommentare zu erstellen. Zunächst lassen sich Ort und Zeit bestimmen: Schnell geklärt ist dabei das Problem der **Datierung**: Der zum Jahr 1063 berichtete Vorfall fand tatsächlich zu Weihnachten 1062 statt, weil nach mittelalterlicher Jahreszählung das Jahr weithin mit dem Weihnachtsfest begann. Hier hilft die Chronologie (als Hilfswissenschaft) weiter (vgl. u. S. 278 ff.). Die Fortsetzung fand zu Pfingsten 1063 statt, das – mit Hilfe der chronologischen Tabellen bei Grotefend (u. S. 281) entschlüsselt – auf den 8. Juni fiel.

10 Monographisch behandelt ist der Vorfall – aus fuldischer Sicht – bei Konrad Lübeck, Der kirchliche Rangstreit zu Goslar, Niedersächsisches Jahrbuch für Landesgeschichte 19, 1942, S. 96–133; jetzt ausführlich: Tuomas Heikkilä, Das Kloster Fulda und der Goslarer Rangstreit (Annales academiae scientiarum Fennicae. Ser. Humaniora 298) Helsinki 1998.

Inhaltlich ist es nicht ohne Belang, dass der Streit beide Male an hohen Festtagen, und zwar jeweils am Vorabend des Festes bei den Vorbereitungen zum Vespergottesdienst, ausbrach. Darin liegt einerseits ein gewisser „Widerspruch", weil man gerade an den hohen Festen Ruhe und Frieden erwartete, zeigt sich andererseits aber eine typisch mittelalterliche Verflechtung von Weltlichem und Geistlichem, offenbart sich in unserem Zusammenhang vor allem das schon im Vorfeld vorbereitete Bedürfnis, seinen Rang öffentlich und repräsentativ, also gerade an diesen allseits gefeierten Festen, sichtbar zu machen. (Solche Überlegungen verdeutlichen im Übrigen, wie sich Information und Interpretation durchdringen, wie aus der Beobachtung bereits Interpretation wird.)

Ort der Handlung ist beide Male Goslar, das, wie aus der Argumentation des Hildesheimer Bischofs hervorgeht, im Bistum Hildesheim lag, während zu Fulda anscheinend keine Beziehung bestand. Darüber hinaus aber lehrt ein *Ortskommentar* (etwa anhand des Handbuchs der Historischen Stätten Deutschlands: Niedersachsen, S. 87 oder des Repertoriums der Königspfalzen (o. S. 50), dass Goslar Königsstadt war und sich gerade zur Zeit der Salier zu einem zentralen Vorort der Königsherrschaft entwickelte. Heinrich III., der Vater des jetzigen Königs, hatte die Pfalz und den Dom neu bauen lassen und ein Domstift errichtet, das seinen Geburtsheiligen Simon und Juda geweiht wurde. Wie Goslar zu seiner Lieblingsresidenz wurde, so entwickelte sich das Stift zu einer der bedeutendsten Schulen und zur Pflanzstätte für künftige Bischöfe (Sachkommentar!), die – in dieser Zeit, kurz vor dem Investiturstreit – letztlich vom König bestimmt und eingesetzt („investiert") wurden und wichtige Aufgaben in der Reichsverwaltung übernahmen. Sie zählten zu den Großen, die die Geschicke des Reichs auf den Reichsversammlungen bestimmten, stellten große Heereskontingente für die Kriegszüge und beherbergten den von Amts wegen reisenden König in ihren Bischofsstädten. Wir stellen also fest, dass der Streit sich in dem vielleicht wichtigsten königlichen Pfalzort ereignete, an dem die Repräsentation eine entscheidende Rolle spielte, an einem Ort (Stift) zudem, an dem – allseits bewusst – so manche Bischofskarriere begann: Zwischen 1050 und 1125 sind 29 Bischöfe aus allen Reichsteilen bekannt, die vorher Kanoniker in Goslar waren (darunter auch Hezilo von Hildesheim, der dort sogar Propst war).[11]

Der König war angeblich beide Male anwesend (was die repräsentative Funktion der Feier noch erhöhen würde). Das ist für das Pfingstfest auch gesichert. Ein Blick in die „Regesta imperii" (o. S. 93 f.) belehrt uns aber, dass Heinrich IV. das Weihnachtsfest 1062 in Freising, also weitab von Goslar, verbracht hatte, wie eine andere Quelle bezeugt. Also entweder irrt Lampert hier (was durchaus möglich ist), oder er will uns bewusst belügen, um einen bestimmten Effekt zu erzielen. Beide Möglichkeiten sind in die Überlegung einzubeziehen.

Damit wenden wir uns aber den „dramatis personae" zu, für die *Personenkommentare* anzufertigen sind. Da ist zunächst der **König**, Heinrich IV., den Lampert als machtlos vorstellt, unfähig, in den Kampf einzugreifen oder ihn gar zu schlichten: Er musste sich zurückziehen, um nicht selbst in Gefahr zu geraten. In der Gerichtsversammlung des folgenden Tages aber urteilte er nicht nach der Rechtslage (wie Lampert sie sieht), sondern nach persönlichen und familiären Bindungen. Wir kommen auf dieses Urteil noch

11 Vgl. Herbert Zielinski, Der Reichsepiskopat in spätottonischer und salischer Zeit (1002–1125), Stuttgart 1984, Liste 4, S. 264 f.

Text 13: Lampert von Hersfeld, Annalen a. 1063

MLXIII. Rex natalem Domini Goslariae celebravit. Ubi ipsa die, dum ad vesperam sellae episcoporum locarentur, inter camerarios Hecelonis Hildenesheimensis episcopi et camerarios Wideradi Fuldensis abbatis gravis concertatio oborta est, et primo iurgiis, dein pugnis res gesta est, citoque ad gladios prorupissent, nisi Ottonis ducis Baioariorum, qui causam abbatis tuebatur, auctoritas intercessisset. Causa vero talis erat. Consuetudo erat in regno per multos retro maiores observata, ut semper in conventu episcoporum abbas Fuldensis archiepiscopo Mogontino proximus assideret. Sed episcopus causabatur neminem sibi intra diocesim suam post archiepiscopum debere preferri, animatus ad hoc et opum gloria, qua antecessores suos longe supergrediebatur, et temporis oportunitate, quia rege adhuc in puerilibus annis constituto singuli quod sibi animus suggessisset facere impune poterant. . . .

1063 Der König feierte Weihnachten in Goslar. Als dort an diesem Tage die Stühle der Bischöfe zur Vesper zurechtgestellt wurden, entstand zwischen den Kämmerern des Bischofs Hezelo von Hildesheim und des Abtes Widerad von Fulda ein heftiger Streit, der zuerst mit Scheltworten und dann mit Fäusten ausgefochten wurde, und sie hätten sich dazu hinreißen lassen, die Schwerter zu zücken, wäre nicht Herzog Otto von Bayern, der die Sache des Abtes vertrat, mit einem Machtwort dazwischengetreten. Der Anlaß aber war folgender: Es war seit vielen Generationen Brauch im Reich, daß bei einer Versammlung von Bischöfen stets der Abt von Fulda unmittelbar neben dem Erzbischof von Mainz saß. Der Bischof aber machte geltend, daß ihm innerhalb seiner Diözese niemand nach dem Erzbischof vorgezogen werden dürfe; dazu ermutigte ihn einmal der Ruhm seines Reichtums, worin er seine Vorgänger weit übertraf, und dann die Gunst der Zeitumstände, da jetzt, wo der König noch im Knabenalter stand, jeder ungestraft tun konnte, was ihm in den Sinn kam.
. . .

Rex pentecosten Goslariae celebravit. Ibi dum ad vespertinalem sinaxim rex et episcopi convenissent, rursus de positione sellarum episcopalium tumultus exoritur, non fortuita, ut prius, concursione, sed premeditata diu machinatione. Nam episcopus Hildenesheimensis, acceptae prius contumeliae memor, Ecbertum comitem cum expeditis militibus retro altare occuluerat. Hi audito tumultuantium camerariorum strepitu ocius advolant, Fuldensium alios pugnis, alios fustibus cedunt, prosternunt et de sacrario aecclesiae inopinato periculo attonitos facile proturbant. Quibus ilico ad arma conclamantibus, Fuldenses, quibus arma in promptu erant, facto grege aecclesiam irrumpunt, in medio chori psallentiumque fratrum manus conserunt, rem non iam fustibus, sed gladiis gerunt. Pugna atrox committitur, atque per totam aecclesiam pro ymnis et canticis spiritualibus vociferatio adhortantium et ululatus morientium exauditur. Super altaria Dei tristes iugulantur hostiae, passimque per aecclesiam sanguinis currunt flumina, non legali, ut quondam, religione, sed hostili crudelitate profusa.

Der König feierte Pfingsten in Goslar. Als sich hier der König und die Bischöfe zum Abendgottesdienst versammelten, kam es wegen der Aufstellung der bischöflichen Stühle wieder zu einem Tumult, nicht wie das vorige Mal durch einen zufälligen Zusammenstoß, sondern durch einen seit langem vorbereiteten Anschlag. Denn der Bischof von Hildesheim, der die damals erlittene Zurücksetzung nicht vergessen hatte, hatte den Grafen Ekbert mit kampfbereiten Kriegern hinter dem Altar verborgen. Als diese nun den Lärm der sich streitenden Kämmerer hörten, stürzen sie rasch hervor, schlagen auf die Fuldaer teils mit Fäusten, teils mit Knüppeln ein, werfen sie zu Boden und verjagen die über den unvermuteten Angriff wie vom Donner Gerührten mühelos aus der Kapelle der Kirche. Sofort rufen diese zu den Waffen; die Fuldaer, die Waffen zur Hand hatten, scharen sich zu einem Haufen zusammen, brechen in die Kirche ein, und inmitten des Chors und der psalmodierenden Mönche kommt es zum Handgemenge: man kämpft jetzt nicht mehr nur mit Knüppeln, sondern mit Schwertern. Eine hitzige Schlacht entbrennt, und durch die ganze Kirche hallt statt der Hymnen und geistlichen Gesänge Anfeuerungsgeschrei und Wehklagen Sterbender. Auf Gottes Altären werden grausige "Opfer" abgeschlachtet, durch die Kirche rinnen allenthalben Ströme von Blut, vergossen nicht wie ehedem durch vorgeschriebenen Religionsbrauch, sondern durch feindliche Grausamkeit.

Episcopus Hildenesheimensis, capto ediciori loco, tamquam militari quodam classico suos, ut fortiter preliarentur, hortabatur, et ne loci religione ab armis terrerentur, suae auctoritatis et permissionis titulum obtendebat. Multi utrimque vulnerati, multi occisi sunt, inter quos precipui erant Reginbodo signifer Fuldensis et Bero, Ecberto comiti miles carissimus. Rex inter haec vociferans et sub obtentu regiae maiestatis populum adiurans surdis fabulam narrare videbatur. Tandem monitus a suis, ut vitae propriae pugna excedens consuleret, vixque inter constipatam arcius multitudinem eluctatus, in palacium se recepit. Hildenesheimenses, qui instructi premeditatique ad pugnam venerant, superiores efficiuntur. Fuldenses, utpote quos inermes inopinatosque subito exortae sedicionis procella contraxerat, fusi fugatique atque de aecclesia expulsi sunt. Fores ilico obserantur. Fuldenses, qui primo tumultu ad arma tollenda paulo longius discurrerant, frequentes armatique assunt, atrium aecclesiae occupant, aciem instruunt, ut de aecclesia progressos statim adoriantur. Sed nox concertationem diremit.

Der Bischof von Hildesheim hatte einen erhöhten Standort gewonnen und feuerte seine Leute wie durch ein militärisches Trompetensignal zu tapferem Kampfe an, und damit sie sich nicht durch die Heiligkeit des Ortes vom Waffengebrauch abschrecken ließen, gewährte er ihnen das Aushängeschild seiner Machtbefugnis und seiner Erlaubnis. Auf beiden Seiten wurden viele verwundet, viele getötet, unter ihnen vornehmlich Reginbodo, der Fuldaer Bannerträger, und Bero, ein dem Grafen Ekbert besonders teurer Gefolgsmann. Der König erhob zwar währenddem laut seine Stimme und beschwor die Leute unter Berufung auf die königliche Majestät, aber er schien tauben Ohren zu predigen. Auf die Mahnung seines Gefolges, an die Sicherung seines Lebens zu denken und den Kampfplatz zu verlassen, bahnte er sich schließlich mit Mühe einen Weg durch die dicht zusammengeballte Menge und zog sich in die Pfalz zurück. Die Hildesheimer, die mit Vorsatz gerüstet, zum Kampf gekommen waren, gewannen die Oberhand. Die Fuldaer, die, unbewaffnet und nichtsahnend, der Sturm des plötzlich ausbrechenden Aufruhrs zusammengetrieben hatte, wurden völlig geschlagen und aus der Kirche vertrieben. Sogleich werden die Türen verrammelt. Diejenigen Fuldaer, die sich beim Ausbruch des Tumults etwas weiter entfernt hatten, um ihre Waffen zu holen, finden sich jetzt in großer Zahl ein, besetzen die Vorhalle der Kirche und ordnen sich zum Kampf, um die Gegner sofort anzugreifen, wenn sie aus der Kirche herauskämen. Doch die Nacht machte dem Kampf ein Ende.

Postero die severissime habita questione, Ecbertus comes facile crimen removit, non tantum iuris et legum patrocinio, quantum favore et indulgentia regis, cuius patruelis erat. Totum accusationis pondus in abbatem versum est. Hunc inquiunt omnium quae acciderant caput fomitemque fuisse, hunc ad disturbandam quietem regiae curtis premeditato furore venisse; argumento rei esse, quod tanta vi hominum, tanta bellici apparatus pompa instructus, nullo periculi metu urgente, eo venisset. Tum vero urgebat et ille apostolicae sanctitatis ac Mosaicae mansuetudinis episcopus, qui tanti sanguinis effusione manus suas Deo consecraverat et violatae aecclesiae iniurias truculentius atque inmitius quam rex suas persequebatur. In quorum corpora prius ferro debachatus fuerat, ad perimendas horum animas gladio spiritus modo fulminabat, precidens tam defunctos quam eos qui cedi superfuerant de corpore aecclesiae.

Am folgenden Tag wurde eine strenge Untersuchung durchgeführt. Graf Ekbert konnte mit Leichtigkeit die Schuld von sich weisen, nicht so sehr durch den Schutz von Recht und Gesetz als durch Gunst und Nachsicht des Königs, dessen Vetter er war. Das ganze Gewicht der Anklage fiel auf den Abt. Er sei, so hieß es, Haupt und Anstifter all des Geschehenen gewesen, er sei mit dem wütenden Vorsatz gekommen, die Ruhe des königlichen Hoflagers zu stören; Beweis dafür sei, daß er mit einer so großen Menge seiner Leute, ausgerüstet mit einem so gewaltigen Aufgebot kriegerischer Rüstung gekommen sei, ohne daß ihn Furcht vor Gefahr dazu genötigt hätte. Hart gegen ihn an ging da vollends auch jener Bischof von apostolischer Heiligkeit und mosaischer Sanftmut, der seine Hände durch so reiches Blutvergießen Gott geheiligt hatte und nun das Verbrechen der Kirchenschändung grimmiger und erbarmungsloser verfolgte als der König die ihm zugefügte Unbill. Um auch noch die Seelen derer zu vernichten, gegen deren Leiber er vorher mit dem Schwert gewütet hatte, schleuderte er jetzt mit dem Schwert des Geistes seinen Blitzstrahl und schloß sowohl die Toten als auch die Überlebenden aus der Gemeinschaft der Kirche aus.

zurück. Lamperts Nachricht wird freilich weniger auffällig, wenn wir – dank eines Personenkommentars – erfahren, dass es sich bei Heinrich IV. um ein 12jähriges Kind handelte. Die Reichsgeschäfte wurden in dieser Zeit der Minderjährigkeit (bis 1065) also von anderen geleitet, vor allem von Erzbischof Anno von Köln.

Hezilo von Hildesheim[12] (Bischof 1054–79) stand in enger Beziehung zum Königshof: In Bamberg erzogen, wurde er Kaplan Heinrichs III. und 1051/52 Propst des Goslarer St. Simon und Judastiftes, hatte also auch hierher enge Bindungen. Hezilo war ein typischer Reichsbischof, erhielt viele Privilegien und war auf den Ausbau seiner bischöflichen Herrschaft bedacht. Der Rangstreit fügt sich demnach gut in diese Politik ein.

Dem Abt **Widerad von Fulda**[13] (1060–75) hingegen fehlten solche Beziehungen. Er war nicht vom König, sondern von Papst Alexander II. in sein Amt eingesetzt worden, aber ein Verwandter des Mainzer Erzbischofs Siegfried, wie sich sein Anspruch überhaupt nur aus dem traditionellen Kontakt zwischen Fulda und Mainz, von den Anfängen des Klosters an, erklärt: Fulda war eine Gründung des ersten Mainzer Bischofs Bonifatius. Seither stammten viele Mainzer Erzbischöfe aus Fulda, und auch Siegfried war vor seiner Bischofsweihe Abt dieses Klosters gewesen.

Widerad hatte nach Lampert den Herzog Otto hinter sich. **Otto von Northeim** war seit 1061 Herzog von Bayern, griff in Goslar also nicht aus dieser amtlichen Stellung heraus ein, sondern eher als Sachse und in dieser Zeit noch als einer der weltlichen Reichsregenten (erst später überwarf er sich mit dem König).

Dagegen verfocht Graf **Ekbert** (von Braunschweig), ein Verwandter des Königs, der sich 1062 an dem Staatsstreich Annos von Köln in Kaiserswerth beteiligt hatte und später Markgraf von Meißen wurde, die Sache des Bischofs.[14]

Ein bezeichnendes Licht auf die Verhältnisse wirft auch die Tatsache, dass der Streit von den **Kämmerern** ausging. Ein *Sachkommentar* belehrt uns, dass es sich dabei um eines der (vier) klassischen Hofämter handelt: Ursprünglich der oberste Kammerdiener, wurde der Kämmerer, der auch für den Schatz (und damit die Finanzen) zuständig war, dank seiner Königsnähe zum wichtigsten Amtsträger. Die Nachricht belegt jedenfalls, dass sich sowohl Abt wie Bischof mit einer (königsähnlichen) Hofverwaltung umgaben.[15]

Schwieriger ist die Frage des Verhältnisses von **Macht und Recht** zu klären. Selbst in den ausführlichsten Darstellungen des Kirchenrechts (wie bei Hinschius) sucht man einen solchen Fall vergebens: Kirchenrechtlich war die Sitzordnung nicht geregelt. Wir müssen uns also näher mit diesem speziellen Fall beschäftigen. Sachkommentare zu Erzbischof bzw. Metropolitanverband, Bischof und Abt vermögen zunächst einmal allge-

---

12 Vgl. W. Berges, NDB 9, S. 102ff.; U. Mattejiet, LMA 4, Sp. 2206; Hans Goetting, Die Hildesheimer Bischöfe von 815 bis 1221 (Germania sacra. N. F. 20) Berlin 1984, S. 271ff.

13 Vgl. Mechthild Sandmann, Die Folge der Äbte, in: Die Klostergemeinschaft von Fulda im früheren Mittelalter, Bd. 2.2, hg. v. Karl Schmid, München 1978, S. 198f.; Konrad Lübeck, Die Fuldaer Äbte und Fürstäbte des Mittelalters, Fulda 1952, S. 102ff.

14 Vgl. E. Karpf, LMA 3, Sp. 1762.

15 Ausführlich zu den Hofämtern zuletzt Werner Rösener, Hofämter an mittelalterlichen Fürstenhöfen, DA 45, 1989, S. 485–550.

mein Rechtsstellung, Kompetenzen und Verhältnis zueinander zu bestimmen. Sie lassen erkennen, dass es einerseits eine hierarchische Ordnung gab, dass die Kompetenzen andererseits aber kaum eindeutig abgegrenzt waren: Dem Erzbischof blieben nur wenige Rechte über die Bischöfe, die ihre Diözese selbstständig verwalteten und, als Reichsbischöfe, sowohl eine geistliche wie eine weltliche Stellung einnahmen. Ähnlich ambivalent war das Verhältnis von Bischof und Abt: Ursprünglich gleichrangig, suchten die Bischöfe die Klöster bald unter ihre geistliche Gewalt zu beugen, und gerade im hohen Mittelalter traten solche Bestrebungen wieder verstärkt auf. Fulda bildete allerdings einen Sonderfall, da es exemt (aus der üblichen Kirchenorganisation ausgenommen) war und ohnehin nicht in der Hildesheimer Diözese lag. Um solcherlei Kompetenzabgrenzungen konnte es in diesem Fall also nicht gehen. Wohl konnte Fulda nach einem Papstprivileg Johannes XIII. vom 8. November 969 den „Vorsitz" (primatus sedendi) unter den Äbten Galliens und Germaniens beanspruchen,[16] hier aber ging es um den Streit mit einem Bischof. (Noch einmal zeigt sich, dass der „Vorsitz" Zeichen der Stellung und daher mehr als ein Ehrenvorrang war.) – Anders ist das Verhältnis zwischen Mainz und Hildesheim gelagert: Das Bistum lag in der Mainzer Kirchenprovinz, leitete daraus hier aber nicht eine Unterordnung, sondern einen Anspruch auf den Ehrenplatz ab (wobei Lampert ein solches Argument allerdings nicht erwähnt). Der Vorrang und Vorsitz des Mainzer Erzbischofs als des vornehmsten Kirchenfürsten auf deutschem Boden war im übrigen völlig unangefochten, zumal Goslar in seiner Provinz lag.

Sehen wir uns daher genauer die Argumente an, die beide Seiten (nach Lampert) in dem anschließend mit Gewalt ausgetragenen Streit vorbrachten:

- Der Abt von Fulda, so Lampert, beanspruchte den Ehrenplatz aus langer Gewohnheit *(consuetudo … per multos retro maiores observata)*. Ein Blick in die mittelalterlichen Rechtsvorstellungen belegt diesen Anspruch als ausgesprochen legitim: Lange Gewohnheit schuf Recht, ja Gewohnheit *(consuetudo) war* Recht, denn mittelalterliches Recht war weithin Gewohnheitsrecht, das keineswegs schriftlich fixiert sein musste (vgl. o. S. 154). Das hohe Alter aber schuf einen besonders begründeten Rechtsanspruch.
- Ganz anders nehmen sich dagegen die Argumente des Hildesheimer Bischofs aus: Er berief sich nicht auf die Autorität (das alte Recht), sondern auf sein (kirchliches) Amtsrecht. Wir sehen, dass hier verschiedene Rechtsvorstellungen aufeinanderprallten, die jeweils anderen Kriterien folgten und letztlich gar nicht miteinander vergleichbar (und damit rechtlich nicht entscheidbar) waren. Immerhin besitzt diese Rechtfertigung noch einigen Wahrscheinlichkeitscharakter. Darüber hinaus, so Lampert, habe der Bischof sich auf seinen Reichtum *(gloria opum)*, der seine Vorgänger weit übertraf – also gerade nicht von alters her galt! –, und auf die Zeitzustände berufen, da der König ein Kind war und daher eine gewisse Rechtlosigkeit herrschte. Spätestens diese beiden Argumente müssen stutzig machen: Sie mögen ein Stück Wirklichkeit beschreiben – und das Goslarer Urteil scheint das ja zu bestätigen –, sich aber darauf zu berufen, hätte den Bischof nach mittelalterlicher Vorstellung in den Augen der Zeitgenossen sofort ins Unrecht gesetzt. (In solchen Überlegungen zeigt sich die Notwendigkeit, die zeitgenössische Vorstellungswelt bei der Interpretation zu berücksichtigen.) Es liegt daher nahe, in Hezilos Äußerungen nicht die bischöflichen

16 Vgl. Regesta imperii II,5: Papstregesten 911–1024, Nr. 462, S. 185.

Argumente, sondern deren verzerrte Wiedergabe durch den – auf diese Weise verbrämt, aber doch deutlich genug – Stellung beziehenden Geschichtsschreiber Lampert zu vermuten.

Spätestens an dieser Stelle ist es folglich geboten, sich anhand eines **quellenkundlichen Kommentars** näher mit diesem Autor zu befassen.[17] Der Text als solcher ist durch die kritische Edition von Holder-Egger (MGH SSrG) gesichert; wir können uns also auf die innere Kritik beschränken. Hier freilich gehört Lampert von Hersfeld zu den umstrittensten Autoren des Mittelalters: Lange Zeit als einer unserer besten und objektivsten Geschichtsschreiber angesehen, wurde er von Leopold Ranke als antiköniglicher Tendenzschriftsteller entlarvt und sein Quellenwert nun umgekehrt bestritten. Möglich sind zwei so widersprüchliche Urteile, weil Lampert seine Kritik oft versteckt anbringt und in einer bewegten Zeit schreibt, in der man geordnete Verhältnisse nicht erwarten darf, aber auch, weil die Charakterisierung seiner Tendenz mit den Schlagwörtern antiköniglich bzw. propäpstlich den komplexen Sachverhalt allzu sehr verkürzt. Heute sehen wir in Bezug auf seinen geistigen und vorstellungsgeschichtlichen Hintergrund klarer.[18] **Lampert** wurde um 1028 geboren, erhielt seine geistliche Ausbildung in Bamberg und trat 1058 in das Kloster Hersfeld ein. Hier war er zeitweilig Leiter der Klosterschule, stieß aber auf den Widerstand der Mönche. Seine Schriften, die Vita des Klostergründers Lull und eine Klostergeschichte, künden von dem engen Bezug zu seinem Konvent. Sein Hauptwerk, die 1078/79 in einem Zug verfassten „Annalen", geben sich als Weltchronik, weiten sich in der Gegenwart aber zu einer der ausführlichsten Zeitgeschichtsschreibungen aus (vgl. o. S. 107): Lampert schreibt also sehr detailliert, er berichtet als Zeitgenosse und als Mönch des Klosters Hersfeld, das sich gegen Fulda und Mainz zu verteidigen hatte. (Wir müssten in unserem Bericht daher eigentlich eine antifuldische Tendenz erwarten.) Auch politisch war er alles andere als unparteiisch – sicher schrieb er die gesamten Annalen nicht *nur*, um nachzuweisen, dass ein neuer König gewählt werden müsse (so Holder-Egger) –, aber er war wohl kein planvoller Lügner, sondern wurde von einer Reihe von Faktoren beeinflusst, in die sich sein politisches Weltbild einbettete: einmal eine (mit Struves Worten) „altväterliche Haltung", die das Ideal in der Vergangenheit, vor allem in der glücklichen Zeit Heinrichs III., suchte, dem Neuen misstrauisch gegenüberstand und sich sozial am Standpunkt der Adelsgesellschaft orientierte (Struve nennt ihn einen „konservativen Idealisten"); zum andern seine Nähe zur Kirchenreform (die ihn der päpstlichen Politik näherrückte), ferner sein mönchischer, an der Benediktregel orientierter Standpunkt und schließlich seine an antiken Schriften geschulte Bildung. Mächte und Völker außerhalb des Reichs interessierten ihn nicht.

Vor solchem Hintergrund wird auch Lamperts Stellungnahme in dem hier zu interpretierenden Text deutlicher: Dem König gegenüber wenig wohlwollend eingestellt, galt seine Kritik doch eher den unsicheren Zeitzuständen, die wenig Rechtssicherheit boten, also auch der Machtlosigkeit des kindlichen Königs. Wie immer Lamperts persönliche

---

17 Vgl. WATTENBACH-HOLTZMANN, Bd. 2, S. 456 ff. (mit den Nachträgen in Bd. 3, S. 141f.!); jünger: R. SCHIEFFER, Verfasserlexikon Bd. 5, 1985, Sp. 515–520.

18 Vgl. Tilman STRUVE, Lampert von Hersfeld. Persönlichkeit und Weltbild eines Geschichtsschreibers am Beginn des Investiturstreits, Hessisches Jahrbuch für Landesgeschichte 19, 1969, S. 1–123; 20, 1970, S. 33–142.

Stellungnahme aussehen mag, entscheidend war ihm zunächst, dass die gesellschaftliche und moralische Norm sich hier umkehrte, dass es zu einem blutigen Kampf in der geheiligten und friedensgeweihten Kirche kommen konnte. Es ist nicht auszuschließen, dass Lampert den Vorfall zunächst überhaupt wegen dieses unwürdigen Charakters aufgriff, der zugleich aber seine Zeit insgesamt kennzeichnete. Der Mönch verrät seine Einstellung, indem er den Vorgang mit bissiger Ironie, ja mit Sarkasmus schildert: „Auf Gottes Altären *(super altaria Dei)* werden grausige ‚Opfer' *(hostiae!)* abgeschlachtet, durch die Kirche rinnen allenthalben Ströme von Blut *(sanguis)*". Der bewusst ironisch angewandte Doppelsinn der lateinischen Worte – und spätestens hier zahlen sich hinreichende Lateinkenntnisse aus – gibt vor, dass die Kirche – scheinbar – ihrem alten Zweck, der Eucharistiefeier (mit Christi Blut und Leib/Hostie), diente, tatsächlich aber ging es nicht um Blut und Leib Christi, sondern um ein weltliches Abschlachten: Lamperts Worte enthüllen somit eine Perversion der eigentlich zu erwartenden Eucharistiefeier durch diesen unheiligen Vorfall. Darüber hinaus nimmt Lampert aber auch personell Stellung in dem Streit, indem er – wiederum ironisch – den Bischof, der nach seinen Worten ja den Streit angezettelt hat, als *apostolicae sanctitatis ac Mosaicae mansuetudinis episcopus* bezeichnet, „der seine Hände durch so reiches Blutvergießen geheiligt habe" und sich nun anschickte, die selbst verursachte Kirchenschändung an anderen zu ahnden: Die Heiligkeit wird damit als Scheinheiligkeit entlarvt. – Lampert ergreift also durchaus persönlich Partei (und entsprechend vorsichtig ist sein Bericht auszuwerten), diese Stellungnahme ist jedoch eingebettet in die Komplexität seiner Vorstellungs- und Wertewelt, in der das mönchische Element eine wichtige Rolle spielt. Dabei darf man seine Entrüstung über das Blutvergießen in der Kirche sicher als seine ehrliche Meinung unterstellen, das bessere Recht des Fuldaer Abtes aber kann bereits Lamperts Parteilichkeit entspringen.

Damit sind die Informationen, die zur Erschließung des Textes nötig sind, zusammengetragen, kann die Auswertung in Form der **Interpretation** folgen, deren einzelne Elemente ja längst in den bisherigen Arbeitsschritten erfasst sind, so dass sich eine Zusammenfassung an dieser Stelle erübrigt. Lamperts Tendenz ist zu komplex, als dass man den Text einfach von ihr reinigen könnte. Solange wir keine Vergleichsmaßstäbe haben, müssen wir stets daran denken, dass uns der Vorgang eigentlich nur in seiner Perspektive bekannt ist.

Eine – möglichst wahrheitsgetreue – Rekonstruktion des Vorgangs war aber ihrerseits nur Vorarbeit zur Klärung unserer eigentlichen historischen Frage an diesen Text: des Verhältnisses von Rang und Kompetenz im hohen Mittelalter. Vor dem Hintergrund der Erschließung der Quelle können wir dazu nun folgende (thesenartige) Aussagen machen:

1. Die Rangfrage wurde so wichtig genommen, dass es darüber zu blutigen Auseinandersetzungen kommen konnte, obwohl es offenbar nicht um ein konkretes, etwa mit Einnahmen verbundenes Recht ging.
2. Sie äußerte sich in einem allseits und vor allem öffentlich sichtbaren, repräsentativen Zeremoniell: dem Sitzplatz während des Gottesdienstes, an einem entscheidenden Ort: der wichtigsten Königspfalz im Reich, und zu einem entscheidenden Termin: den hohen Herrenfesten Weihnachten und Pfingsten.
3. Die Fortsetzung zu Pfingsten zeigt, dass es sich nicht um einen spontanen Akt, sondern um eine über längere Zeit verfolgte Streitfrage handelt.

4. Die Rangfolge war dabei keineswegs eindeutig, etwa im Sinne der Kirchenhierarchie, geklärt: Ein Bischof stand nicht grundsätzlich über einem Abt. Daneben galten andere Kriterien, wie persönliches Ansehen und die institutionelle Nähe zum Mainzer Erzbischof. Dessen Führungsrolle aber war unbestritten. Hintergrund der Auseinandersetzung war, im individuellen Fall, die Rangfrage, strukturell aber wohl auch die Tendenz der Bischöfe, Abteien ihrer Amtsgewalt unterzuordnen.
5. Die jeweiligen Kompetenzen der Streitenden sind hingegen kaum zu klären. Die Behauptungen standen gegeneinander.
6. Der Streit wurde ohne Zweifel als ein Rechtsstreit empfunden. Das Recht aber war schon in jener Zeit strittig, weil sich verschiedene Rechtskreise (wie einzelne Gewohnheit bzw. Privileg und Kirchenrecht) überlagerten. Das angerufene Königsgericht konnte daher keine grundsätzliche Klärung bringen, sondern nur – nach keineswegs eindeutigen Kriterien – den Einzelfall entscheiden. Dabei spielte aber wohl auch die Machtlosigkeit des minderjährigen Königs bzw. seiner Regenten eine Rolle.
7. Die faktische Entscheidung zugunsten des Abtes zu Weihnachten schuf keineswegs vollendete Tatsachen. Der Bischof versuchte vielmehr – und letztlich mit Erfolg –, sich zu Pfingsten sein Recht gewaltsam zu verschaffen. Die Entscheidung des Rechtsstreits war letztlich also eine Machtfrage, das heißt: Sie war abhängig von der Stärke der Streitkräfte, aber auch der jeweiligen Anhänger, die für die eine oder andere Partei eintraten. Das schließt nicht aus, dass man den Ausgang, der rechtlich durch das Urteil des Königsgerichts entschieden wurde, im Blick auf die Intrigen und die unmoralischen Handlungsweisen des Bischofs durchaus als ein Unrecht empfinden konnte. So jedenfalls sah es der in dieser Hinsicht allerdings alles andere als objektive Lampert.
8. Bemerkenswert ist schließlich, dass es sich um einen Streit zweier Kirchenfürsten handelte, die sich mit einer Schar kriegerischer Vasallen umgaben und vor handfesten Auseinandersetzungen und Intrigen keineswegs zurückschreckten. Es ging also nicht um einen Konflikt zwischen kirchlichem und weltlichem Recht oder zwischen geistlichen und weltlichen Machthabern. Der Streit beweist vielmehr, wie sehr man differenzieren muss, wenn man von *der* mittelalterlichen Kirche spricht. Andererseits wäre es ebenso verfehlt, hier von einem rein innerkirchlichen Streit zu sprechen, weil die weltlichen Gewalten in ihn hineingezogen wurden und man den Streit mit weltlichen Mitteln austrug.

Über den einmaligen Vorgang hinaus erfassen wir in dieser Begebenheit also „typisch" Mittelalterliches: die enge Verflechtung von Geistlichem und Weltlichem und die recht weltliche Struktur der Kirche, das Ineinander von (rechtlicher) Kompetenz und deren symbolhafter Repräsentation, die Unentwirrbarkeit von Recht und Macht, die tiefe Verflechtung von Politik und Moral.

Bezeichnend ist aber auch, dass diese Episode ein Nachspiel hatte: Den „geschlagenen" Abt Widerad erwartete bei seiner Rückkehr nach Fulda ein Aufstand der Mönche (und damit eine ganz regelwidrige Handlungsweise), weil er Klostergut verschleudert hatte, um nach all den Anschuldigungen sein Amt und seine Leute zu retten. (Zumindest diente diese Handlung als Vorwand, um den ungeliebten Abt loszuwerden.[19])

19 Lampert a. 1063, S. 80ff.

Die aus der Interpretation *einer* Quelle gewonnenen Ergebnisse müssten nun durch einen **Quellenvergleich** abgestützt werden, doch fehlen dazu hinreichende Nachrichten. Kurze Erwähnungen in den Corveyer Annalen bestätigen aber zumindest die Historizität des Vorgangs. Ein Brief, den möglicherweise Widerad an Hezilo schrieb und der seine ganze Wut ausdrückt und erkennen lässt, dass das vorher freundschaftliche Verhältnis zwischen beiden empfindlich gestört war,[20] mag ebenfalls im Gefolge dieser Ereignisse geschrieben worden sein. Eindeutig und näher aber wird der Vorfall nur in einer Streitschrift, dem „Liber de unitate ecclesiae conservanda", behandelt.[21] Die in den Jahren 1091/93 ebenfalls in Hersfeld entstandene Schrift ist offensichtlich von Lampert abhängig und stimmt inhaltlich daher vielfach mit diesem überein, ist aber dennoch wegen ihrer anders gerichteten, proköniglichen Tendenz nicht ohne Wert. Der Autor betrachtet den Vorfall als ein Beispiel für die wirren Zustände in dem von den Reichsfürsten gelenkten Reich und als ein Teufelswerk: Der Streit um den Sitzrang entsprang dem Hochmut dieser Kirchenfürsten (dem Teufelslaster schlechthin). Beide werden also verurteilt, beide hatten sich zu Pfingsten auch auf die handfeste Auseinandersetzung vorbereitet und mit Kriegern umgeben. Der Hildesheimer berief sich auf das Privileg seines Sprengels, der Fuldaer auf den Primat seiner Abtei. Bringt dieser Text zum Vorgang demnach wenig Neues, so lehrt er zumindest, dass man den Vorfall auch anders deuten kann und schon damals – selbst am gleichen Ort – anders gedeutet hat. Ging es Lampert um eine Verurteilung unmoralischer Handlungsweisen, so hatte der Autor der Streitschrift vor allem den Schaden im Blick, den König und Reich durch diesen Zwist erlitten.

Unsere Frage zielte nun weniger auf diesen konkreten Vorfall als vielmehr auf die Strukturen und Denkweisen ab, die sich hinter solchen Rangstreitigkeiten verbergen. Der Quellenvergleich kann folglich noch in anderer Weise ansetzen und andere Ereignisse heranziehen, in denen ähnliche Rangstreitigkeiten ausgetragen wurden, und hier böten sich tatsächlich viele, insgesamt kaum mehr überschaubare Vergleichsfälle an. Das sei hier nur noch als Anregung angefügt. Denkbar wäre zum Beispiel ein Vergleich mit dem Hersfelder Zehntstreit von 1059, über den wiederum Lampert berichtet, oder mit dem Gandersheimer Streit um das Weiherecht in diesem Kloster unter Otto III.[22] oder auch mit den Auseinandersetzungen der drei rheinischen Erzbistümer um den Primat.[23]

---

20 Hildesheimer Briefsammlung, ep. Nr. 37, hg. v. Carl ERDMANN u. Norbert FICKERMANN, MGH Briefe der dt. Kaiserzeit 5: Briefsammlungen der Zeit Heinrichs IV., 1950, S. 79 ff.; der mit W. angegebene Aussteller muß allerdings nicht Widerad sein.

21 Cap. 2,33, mit deutscher Übersetzung herausgegeben von Irene SCHMALE-OTT (FSGA 12b) 1984, S. 520 ff.

22 Vgl. Thangmar, Vita Bernwardi c. 12–15 (FSGA 22) S. 290 ff.

23 Dazu Egon BOSHOF, Köln, Mainz, Trier – Die Auseinandersetzung um die Spitzenstellung im deutschen Episkopat in ottonisch-salischer Zeit, Jahrbuch des Kölnischen Geschichtsvereins 49, 1978, S. 19–48.

4 Historische Hilfswissenschaften

Als „Historische Hilfswissenschaften" bezeichnet man bestimmte Disziplinen, die grundlegende Vorklärungen im Rahmen der Quellenkritik (vor der Interpretation) ermöglichen und damit die wissenschaftliche Bearbeitung der Quellen erst gewährleisten (sie heißen deshalb auch „Grundwissenschaften"). Zumindest einige bilden das „Werkzeug des Historikers" (von Brandt), der sich deshalb – schon im Proseminar – mit ihnen auseinandersetzen muss. Die Prüfung der Einzelquelle ist meist aber nur im umfassenden Vergleich möglich und bedarf daher des Spezialisten.

Grundsätzlich kann jede Disziplin, je nach der augenblicklichen Fragestellung, zur Hilfswissenschaft einer anderen werden. Es gibt aber einen Kanon „klassischer", der Mediävistik besonders verbundener Hilfswissenschaften, die über ihre kritische Hilfeleistung hinaus, als Zweigdisziplinen der Geschichtswissenschaft, auch wertvolle eigenständige historische Erkenntnisse liefern.

Eine erste Gruppe bezieht sich auf die Grundbedingungen der Geschichte (und hat daher zumindest teilweise naturwissenschaftliche Wurzeln):
- die *Historische Geographie* erfasst den historischen Raum,
- die *Chronologie* Zeitablauf und Zeitmessung,
- die *Genealogie* befasst sich mit dem Menschen in seiner familiären Abstammung.

Eine zweite Gruppe prüft die Überlieferungsgrundlagen historischer Quellen:
- die *Paläographie* als Geschichte der Schrift sowie der Schreib- und Beschreibstoffe,
- die *Codicologie* als Wissenschaft von der textlichen Überlieferung.
- Die ebenso wichtige *Sprachgeschichte* (des Mittellateins und der einzelnen Volkssprachen) ist wissenschaftsgeschichtlich keine *historische* Zweigwissenschaft (und daher hier ausgeklammert), sondern den Sprachwissenschaften angegliedert, sie bildet aber eine unverzichtbare und entscheidende Grundlage der Interpretation (vgl. o. S. 238ff. zum Mittellatein).

Eine dritte Gruppe schließlich befasst sich mit bestimmten Quellengattungen, deren kritische Prüfung besondere Kenntnisse verlangt:
- die *Diplomatik* (vor allen anderen zu nennen) mit den Urkunden,
- die *Sphragistik* mit Siegeln,
- die *Numismatik* mit Münzen,
- die *Heraldik* mit Wappen.

Diese Gruppe ließe sich prinzipiell um alle Quellengattungen erweitern, und tatsächlich ist im Laufe der Zeit eine Reihe weiterer Hilfswissenschaften hinzugetreten, die für bestimmte Fragestellungen wichtig werden können: etwa die *Insignienkunde* (für Herrschaftszeichen), die *Symbolkunde* und die *Ikonographie* (für symbolische Bildaussagen), die *Realienkunde* (die sich mit Sachquellen befasst), die *Waffenkunde*, die *Kostümkunde* oder die *Paramentenkunde* (für liturgische Gewänder), die sämtlich aber auch als historische Teildisziplinen (u. S. 333ff.) verstanden werden können.

Von den für die mittelalterliche Geschichte wichtigen Hilfswissenschaften anderer (nichtgeschichtswissenschaftlicher) Disziplinen sei hier exemplarisch die *Mittelalterarchäologie* vorgestellt, die genuin historische Fragestellungen bearbeitet und deshalb tatsächlich eine eigene – historische – Disziplin bildet und nur unter Umständen, in Bezug auf die Kritik der Bodenfunde, als Hilfswissenschaft dient. Darüber hinaus kann jede andere Disziplin bei bestimmten Fragen, vor allem im Bereich der Quellenkunde und der Quellenkritik, zur historischen Hilfswissenschaft werden. Als eine immer wichtiger werdende, moderne Hilfswissenschaft ist schließlich die *Informatik* zu nennen, soweit sie nämlich auf die historische Arbeitsweise zugeschnittene EDV-Programme entwirft. (Dagegen bedeutet die Bedienung eines Computers noch keine Hilfs*wissenschaft*, der Computer ist lediglich ein Arbeits*mittel*.)

Lit.:

- von Brandt (o. S. 45; grundlegend).
- Beck/Henning, Die archivalischen Quellen (o. S. 231).
- L'Histoire et ses méthodes, hg. v. Charles Samaran (Encyclopédie de la Pléïade) Paris 1961.
- Delort, Introduction (o. S. 98).
- Historische Hilfswissenschaften. Stand und Perspektiven der Forschung, hg. v. Toni Diederich u. Joachim Oepen, Köln-Weimar-Wien 2004.
- Medieval Studies. An Introduction, hg. v. James M. Powell, Syracuse Univ. ^{2}1992 (mit Beiträgen zu Paläographie, Diplomatik, Numismatik, Chronologie sowie verwandten Fachgebieten).
- Luc-Francis Genicot, Introduction aux sciences auxiliaires traditionelles de l'histoire de l'art. Diplomatique, Héraldique, Épigraphie, Sigillographie, Chronologie, Paléographie, Louvain-la-Neuve 1984 (ein vom kunstgeschichtlichen Aspekt her gedachter, aber auch für Historiker/innen nützlicher Überblick, nicht zuletzt dank der Begriffserklärungen und kommentierten Beispiele).
- Heinrich Fichtenau, Die historischen Hilfswissenschaften und ihre Bedeutung für die Mediävistik, in: Methoden der Geschichtswissenschaft und der Archäologie (Enzyklopädie der geisteswissenschaftlichen Arbeitsmethoden 10) München-Wien 1974, S. 115–143.

Überblick über die Hilfsmittel:

- van Caenegem, Introduction (o. S. 84) S. 455–550.

4.1 Historische Geographie

Lit.:
- von BRANDT (o. S. 45) S. 25 ff.; DELORT (o. S. 98) S. 175 ff.
- Helmut JÄGER, Historische Geographie, Braunschweig ²1973.
- Klaus FEHN, Historische Geographie, in: Geschichte. Ein Grundkurs (u. S. 312) S. 394–407.

Zur wissenschaftlichen Einordnung:
- Klaus FEHN, Stand und Aufgaben der Historischen Geographie, BDLG 111, 1975, S. 31–53.
- Perspektiven der Historischen Geographie. Siedlung – Kulturlandschaft – Umwelt in Mitteleuropa, hg. v. Klaus-Dieter KLEEFELD u. Peter BURGGRAAFF, Bonn 1997.

Zur Methode:
- Period and Place. Research Methods in Historical Geography, hg. v. Alan R. H. BAKER u. Mark BILLINGE (Cambridge Studies in Historical Geography) Cambridge 1982.

Die Historische Geographie befasst sich mit dem (sich wandelnden) Raum in der Geschichte und damit mit den geographischen Grundlagen historischer Prozesse. Sie ist eine – mit naturwissenschaftlichen Methoden und Archivmaterialien arbeitende – Teildisziplin der Geographie, die zwischen dieser und der Geschichtswissenschaft vermittelt; ihr Erkenntniswert geht daher weit über den Charakter einer historischen Hilfswissenschaft hinaus. Ihre wissenschaftsgeschichtliche Ausrichtung und Aufgabe wird heute im Fach selbst allerdings keineswegs einheitlich beurteilt.

Die Aufgaben der Historischen Geographie sind:
1. die Erforschung der *Naturlandschaft*, z. B. der Verteilung der Wälder, des Küstenverlaufs, des Verlaufs von Flüssen. Die Verlagerung eines Flussverlaufs etwa hat katastrophale Auswirkungen auf Städte, deren Infrastruktur auf den Binnenhafen ausgerichtet ist;
2. die Erforschung der *Kulturlandschaft*, d. h. des vom Menschen geschaffenen oder veränderten Raumes in seinen Wandlungen, z. B. der Verbreitung und Verteilung der Wirtschaftsflächen, der Siedlungen und Siedlungsformen (Siedlungsgeographie), aber auch der Wüstungen (der aufgegebenen Siedlungen) und der Verkehrswege;
3. die Erforschung der *politischen Geographie*, vor allem also der Staats- und Territorialgrenzen.

Bei den veränderten Fragestellungen der heutigen Geschichtswissenschaft werden die ersten beiden Aufgabenbereiche zunehmend wichtiger, da nur sie die räumlichen Bedingungsfaktoren menschlichen Lebens erkennen lassen, während der dritte Bereich seit jeher seine Bedeutung für die Geschichtswissenschaft besessen hat.

Die *Ergebnisse* der Historischen Geographie sind in dreierlei Formen zugänglich:
- einmal in wissenschaftlichen Publikationen zu einzelnen Landschaften oder Aspekten;
- dann in (meist lexikalischen) historischen *Ortsverzeichnissen* (dazu o. S. 49 f.);
- schließlich in historischen *Kartenwerken* (Atlanten).

Ortsverzeichnisse und Atlanten bilden wichtige Hilfsmittel der Geschichtswissenschaft, wenngleich die fertige Karte nur noch bedingt Veränderungen festhält und die Eintragungen auf sehr unterschiedlichen Informationen (Quellen) beruhen können. Moderne Kartenwerke enthalten daher oft einen Kommentarband, der Quellengrundlagen und Kriterien der Kartierung erläutert. Die kartographische Darstellung eines raumbezogenen Sachverhalts ist aber ein wesentlicher Bestandteil historischer Darstellungen.

Wichtige Kartenwerke:

- **Großer Historischer Weltatlas, hg. v. Bayerischen Schulbuchverlag, Teil II: Mittelalter, München ^{2}1983; Kommentarband: Erläuterungen, hg. v. Ernst W. Zeeden, München 1983 (vor den anderen empfehlenswert).
- *Westermanns Großer Atlas zur Weltgeschichte. Vorzeit, Mittelalter, Neuzeit, hg. v. Hans Erich Stier u. a., München 1990.
- Knaurs Großer Historischer Weltatlas, hg. v. Geoffrey Barraclough, überarb. Aufl., München 1992.
- Putzger, Historischer Weltatlas, Berlin ^{103}2001.
- dtv-Atlas zur Weltgeschichte, hg. v. Hermann Kinder u. Werner Hilgemann, 2 Bde., München ^{37}2004.
- Atlas of Medieval Europe, hg. v. Angus Mackay u. David Ditchburn, London 1997.

Daneben gibt es eine Reihe spezieller Atlanten zu bestimmten Aspekten:
(a) **nach landschaftlichen Gesichtspunkten** (die, zum Nachteil der Mediävistik, meist die heutige Landschaft, etwa das Bundesland, und nicht die mittelalterliche Landschaft zugrunde legen). Solche historischen Atlanten gibt es etwa zur Schweiz (Ammann/Schib, Historischer Atlas der Schweiz, ^{2}1958), Österreich (Historischer Atlas der Österreichischen Alpenländer, 1906 ff.), Bayern (Historischer Atlas von Bayern, über 100 Lieferungen, 1951 ff.), Baden-Württemberg (Historischer Atlas von Baden-Württemberg, 1972–1988), Hessen (Geschichtlicher Atlas von Hessen, 1960–1984), Pfalz (Pfalzatlas, 1963 ff.), die Rheinlande (Geschichtlicher Atlas der Rheinlande, 1982 ff.), Westfalen (Geschichtlicher Handatlas von Westfalen, 1975 ff.), Niedersachsen (Historischer Handatlas von Niedersachsen, 1989), Brandenburg (Historischer Atlas von Brandenburg, 1962; Historischer Handatlas von Brandenburg und Berlin, 1962–1978), Elbe-Saale-Gebiet (Atlas des Saale- und mittleren Elbegebietes, ^{2}1958–61), Mecklenburg (Historischer Atlas von Mecklenburg, 1960 ff.), Pommern (Historischer Atlas von Pommern, N. F., 1959 ff.) oder zu anderen Staaten, z. B. Atlas historique français (1969–1979); Atlas de historia universal y de España (1980) u. a.
(b) **nach thematischen Gesichtspunkten**. Zu nennen sind hier vor allem:

- Atlas zur Kirchengeschichte, hg. v. Hubert Jedin, S. Latourette u. Jochen Martin, Freiburg-Basel-Wien ^{3}1988.
- Städteatlanten: Deutscher Städteatlas, hg. v. Heinz Stoob, bisher 6 Lieferungen mit jeweils bis zu 15 Ortsbeschreibungen zu einzelnen Städten, Dortmund 1973 ff.; Atlas historique des villes de France, 1982 ff. Daneben gibt es regionale Städteatlanten vergleichbarer Anlage (Westfälischer, Rheinischer, Niedersächsischer Städteatlas).

Einen Überblick über neuere landesgeschichtliche Atlanten gibt:
- Klaus FEHN, Territorialatlanten – raumbezogene und interdisziplinäre Grundlagenwerke der Geschichtlichen Landeskunde, BDLG 127, 1991, S. 19–45.

4.2 Chronologie

Lit.:
- Von BRANDT (o. S. 45) S. 36 ff.; QUIRIN (o. S. 45) S. 143 ff.; BOSHOF (o. S. 45) S. 163 ff.; DELORT (o. S. 98) S. 103 ff.; P.-J. SCHULER u. a., LMA 2, Sp. 2035 ff.; Alfred CORDOLIANI, in: L'histoire et ses méthodes (o. S. 275) S. 37–51; Josef HARTMANN, in: BECK/HENNING (o. S. 231) S. 245–250; Van CAENEGEM (o. S. 84) S. 443–449.
- Anna-Dorothee von den BRINCKEN, Historische Chronologie des Abendlandes. Kalenderreformen und Jahrtausendrechnungen. Eine Einführung, Stuttgart 2000.
- Thomas VOGTHERR, Zeitrechnung. Von den Sumerern bis zur Swatch (Becksche Reihe 2163) München 2001.
- Georges DECLERCQ, Anno Domini. The Origins of the Christian Era, Turnhout 2000.

Die Chronologie umfasst eigentlich zwei Aspekte: Als Lehre von der natürlichen Zeit fällt sie in die Kompetenz der Astronomie, deren Ergebnisse die Historiker/innen nur als naturgegebene Bedingungen des Zeitablaufs zur Kenntnis nehmen können; als Lehre von der (von den Menschen auf solcher Grundlage wie auch unabhängig davon vorgenommenen) **Zeitmessung, Zeitrechnung und Datierung** aber fällt sie in die Kompetenz der Geschichtswissenschaft. Als Historische Hilfswissenschaft schafft die Chronologie die nötigen Hilfsmittel zur Ermittlung und Überprüfung der Datierungen (unbeschadet der Tatsache, dass Zeitmessung immer auch eine Frage der Mentalität ist und daher wiederum weit über die Hilfswissenschaft hinausgehende historische Erkenntnisse bietet).

Die astronomischen Grundlagen der Zeitrechnung resultieren aus der Umlaufzeit der Erde um die Sonne (Sonnenjahr = 365 Tage, 5 Stunden, 48 Minuten und 46 Sekunden) und des Mondes um die Erde („synodischer" Monat = 29 Tage, 12 Stunden, 44 Minuten und 3 Sekunden) sowie aus der Drehung der Erde um die eigene Achse (an einem Tag). Das Jahr wiederum teilt sich nach Sonnenwenden (21./22. 6. und 21./22. 12.) und Tag- und Nachtgleichen (21. 3. und 21. 9.) in vier Jahreszeiten. Ein heute wie im Mittelalter gebräuchliches lunisolares Jahr, das sich sowohl am Mond- wie am Sonnenlauf orientiert, entspricht nur annäherungsweise den astronomischen Bedingungen und verlangt die Einfügung von Schalttagen. Alle 19 Jahre wiederholt sich der Mondzyklus (die „Goldene Zahl" gibt die jeweilige Phase innerhalb dieses Zyklus an), alle 28 Jahre („Sonnenzyklus") die Übereinstimmung der Wochentage im Jahreslauf (der „Sonntagsbuchstabe" gibt den jeweiligen Kalender an). Alle 19 × 28 = 532 Jahre beginnt daher ein neuer Zyklus des lunisolaren Jahres. Stunden- und Minutenzählung sind dagegen „künstliche" (= willkürlich gewählte) Zeitmessungseinheiten.

Der **mittelalterliche Kalender** orientierte sich vorwiegend am römisch-antiken, in der Wochenzählung auch am jüdischen Kalender, der sich an die Schöpfungsgeschichte anlehnte. Maßgeblich war (in vielen Gegenden weit über das Mittelalter hinaus) der zur Zeit Caesars eingeführte Iulianische Kalender, der das Jahr zu 365 ¼ Tagen maß und daher alle vier Jahre einen Schalttag (am 24. Februar) einschob (er lag damit um 11 Min. 14 Sek. über dem natürlichen Sonnenjahr, so dass sich im Laufe der Jahrhunderte bis 1582, der Einführung „unseres" Gregorianischen Kalenders, eine Verschiebung von rund 10 Tagen angesammelt hatte).

Im Einzelnen sind für die Datierungen Jahreszählung, Tageszählung und Tageseinteilung wichtig.

Jahreszählung:

- Die übliche Jahreszählung des Mittelalters, die sich allerdings erst allmählich gegenüber älteren Zählungen, vor allem der römischen (ab Vrbe condita) durchsetzen musste, war die **Inkarnationsära** (anno incarnationis Domini = im Jahr der Menschwerdung des Herrn = n. Chr. Geb.), die der römische Mönch Dionysius Exiguus im 6. Jh. einführte, die sich über die Ostertafeln verbreitete und die der Angelsachse Beda im 7. und Regino von Prüm in seiner Weltchronik zu Beginn des 10. Jh. erstmals durchgängig auch für die Vergangenheit anwandten. (Dagegen fehlte eine Zählung „vor Christi Geburt").
- Eine ältere, im Mittelalter nur noch bei besonderen Daten angewandte Form der Jahreszählung bilden die **Weltären**, vor allem seit der Schöpfung.

  Für den Weltenbeginn kursierten zahlreiche Ären, die, im christlichen Bereich, den beiden unterschiedlichen Bibelversionen der hebräischen und griechischen Überlieferung (Septuaginta) folgten oder zwischen ihnen vermittelten. Die anfangs einflussreiche Ära des Aphrikanos, die die Schöpfung 5500 v. Chr. ansetzte, wurde bald durch die Ären des Hieronymus (5198 v. Chr.) und Bedas (3952 v. Chr.) verdrängt, doch gab es zahlreiche Varianten.[1] Die byzantinische Ära begann im Jahre 5508 v. Chr., die jüdische 3761 v. Chr.; die mohammedanische Ära setzte mit der Hedschra (Auswanderung) Mohammeds von Mekka nach Medina am 15. oder 16. 7. 622 ein und zählte nach Mondjahren.

- Ausgesprochen häufig hat man im Mittelalter nach **Regierungsjahren** datiert: nach Kaiser- und Königsjahren (oft getrennt angegeben) ebenso wie nach päpstlichen und bischöflichen Pontifikatsjahren. Die Zählung begann mit dem Tag der Wahl (König) oder der Weihe (Papst und Bischöfe).

  Die Datierung nach Regierungsjahren in Urkunden lässt Schlüsse auf die politischen Verhältnisse und Herrschaftsrechte zu („politische Datierungen"). In der päpstlichen Kanzlei etwa datierte man bis etwa 780 nach dem byzantinischen Kaiser, seither nach eigenen Pontifikatsjahren, bald danach zusätzlich nach den Herrscherjahren Karls des Großen in Italien, nach 800 nach den Kaiserjahren, seit 1047 aber, im Zuge der Kirchenreform, mit wenigen Ausnahmen nur noch nach den Pontifikatsjahren der Päpste.

---

1 Vgl. Anna-Dorothee von den BRINCKEN, Weltären, AKG 39, 1957, S. 133–149.

– Schließlich wurde zusätzlich immer wieder, v.a. in der königlichen Kanzlei, nach **Indiktionsjahren** datiert, einem von Kaiser Diocletian 297 eingeführten 15-jährigen Steuerzyklus, von dem jeweils nur das Jahr der laufenden Indiktion angegeben wurde.

  Da das erste Jahr einer Indiktion in das Jahr 3 v. Chr. Geb. gefallen wäre, ergibt sich das Indiktionsjahr aus folgender Rechnung:
  Indiktion = Rest aus: (Inkarnationsjahr + 3) : 15.
  (Umgekehrt ist das Inkarnationsjahr aus der Indiktionsangabe allein nicht zu berechnen.)

Ein Datierungsproblem bilden auch die variierenden **Jahresanfänge**, so dass bei der Umrechnung zunächst nach den Gewohnheiten der jeweiligen Kanzlei bzw. des jeweiligen Autors zu fragen ist.

Folgende Möglichkeiten waren verbreitet: v.a. der „Weihnachtsstil" (Beginn am 25. Dezember, zumal in der Reichskanzlei und bei den meisten Chronisten), der römische „Circumcisionsstil" (Beginn am 1. 1., zeitweise in der Papstkanzlei), der „Annunziationsstil" (Beginn am 25. 3. entweder vor oder nach unserer Jahreszählung, letzteres verbreitet im Zisterzienserorden und in England), der altrömische Stil (Beginn am 1. 3., verbreitet in den Germanenreichen, auch im Merowingerreich) und der „Osterstil" (in Frankreich verbreitet, daher auch „mos Gallicus"), demzufolge die Jahre freilich unterschiedlich lang wurden. Auch das Indiktionsjahr begann zu unterschiedlichen Terminen („griechisch", am 1. 9., etwa in Byzanz und an der Kurie; „bedaisch", am 24. 9., in England, vielfach Deutschland und Italien; „römisch", am 25.12., teilweise in Deutschland, an der Kurie seit 1087).

Tageszählung:

– Im früheren Mittelalter war v. a. die **römische Zählung** nach Kalenden (1. eines Monats), Nonen (5. bzw. 7. eines Monats) und Iden (13. bzw. 15. eines Monats) verbreitet. Bei Nonen und Iden galt in den Monaten März, Mai, Juli und Oktober – Merkwort: MOMJul – der spätere, sonst der frühere Termin. Die Tage wurden vom – mitgezählten – Stichtag an rückwärts berechnet; II. Id. Mart. wäre also der 14. März, XIV. Kal. Nov. der 19. Oktober.
– Von großer zum Spätmittelalter hin zunehmender Bedeutung war daneben der christliche **Festkalender**, der nach Kirchen- und Heiligenfesten datierte.

  Der Kirchenkalender richtete sich nach dem Osterfest, dessen Berechnung (nach jüdischem Vorbild am ersten Sonntag nach Frühlingsvollmond) daher besondere Aufmerksamkeit gewidmet und das in Ostertafeln festgehalten wurde (vgl. o. S. 108 ff. zu Annalen; LMA 2, Sp. 2040). Die Schwierigkeit bei der Datierung nach Heiligenfesten besteht darin, dass diese teilweise an örtlich unterschiedlichen Terminen begangen wurden. Im Zweifelsfall ist hier im „großen Grotefend" (u. S. 282) nachzuschlagen.

– Eine uns geläufige Zählung nach Monatstagen war grundsätzlich zwar schon im frühen Mittelalter bekannt, aber vor dem 15. Jh. kaum verbreitet. Spätmittelalterlich war auch der sog. **Cisiojanus**, 12 Hexameterpaare für die Monate mit 364 Silben als Merkverse, die jedem Monatstag eine Silbe zuschrieben (cisio steht für *circumcisio domini* = 1. Januar usw.).

– Innerhalb der siebentägigen Woche galt die noch heute übliche **Wochentagsbezeichnung** oder, vom Sonntag beginnend, eine Durchnummerierung der Wochentage:

  Sonntag = dominica oder dies dominicus,
  Montag = dies lunae oder feria secunda,
  Dienstag = dies Martis oder feria tertia,
  Mittwoch = dies Mercurii oder feria quarta,
  Donnerstag = dies Iovis oder feria quinta,
  Freitag = dies Veneris oder feria sexta,
  Samstag = dies Saturni oder sabbatum.

Tageseinteilung:
Die Tageszeiten wurden nach Sonnenstand (Sonnenuhren) und Gestirnshöhe (wissenschaftlich mit Hilfe eines Astrolabs) gemessen. Der Tag, der von Sonnenuntergang bis Sonnenuntergang gezählt wurde, teilte sich im Ablauf des klösterlichen Lebens in 3-Stunden-Rhythmen (horae) als Gebetszeiten von je nach Jahreszeit unterschiedlicher Länge: die vier Vigilien (Nachtwachen), Prim (ab 6 Uhr), Terz (ab 9 Uhr), Sext (ab 12 Uhr), Non (ab 15 Uhr) und Vesper (ab 18 Uhr).

Mittelalterliche Chronisten und vor allem Urkunden datierten in aller Regel die wichtigen Ereignisse und Rechtsakte, allerdings in einer je nach Aussteller und Verfasser spezifischen, oft uneinheitlichen und unvollständigen Weise, so dass Besonderheiten und Entwicklungen zu berücksichtigen sind.

In der Papstkanzlei wurden nach großer und kleiner Datierung praktisch zwei Arten von Urkunden und Briefen (unterschiedlicher Wichtigkeit) geschieden. Die Königskanzlei datierte – in schwankender Reihenfolge – nach Tag (in römischer Zählung), Inkarnationsjahr (ab 876), Indiktionsjahr (ab 802) und Herrscherjahren. Privaturkunden datierten sehr unterschiedlich. Undatierte Urkunden lassen sich nur nach Aussteller, Empfänger und Inhalt zeitlich eingrenzen.

Lit.:
– P.-J. SCHULER, Datierung von Urkunden, LMA 3, Sp. 575 ff.

Die Auflösung der – nicht immer fehlerfreien – Daten bildet daher eine wichtige Aufgabe, bei der v. a. drei Hilfsmittel benötigt werden:
– die Regierungszeiten der Könige und die Pontifikatszeiten der Päpste (und Bischöfe),
– der christliche Festkalender und
– der vom Ostertermin abhängige Jahres- und Festtagskalender jedes einzelnen Jahres.

Lit.:
Die dazu nötigen Tabellen finden sich im „**Grotefend**“:
– **Hermann GROTEFEND, Taschenbuch der Zeitrechnung des deutschen Mittelalters und der Neuzeit, 13. Aufl., bearb. v. Jürgen Asch, Hannover 1991.
  Hier finden sich die notwendigen Tabellen und Kalender (zu erschließen mit der Übersichtstafel XV auf S. 215 ff.).

Für spezielle Fragen (beispielsweise zu den Gebräuchen in einzelnen Bistümern):
- *DERS., Zeitrechnung des deutschen Mittelalters und der Neuzeit, 2 Bde., Hannover 1891–98 (ND. Aalen 1997).

Für Kurzinformationen:
- Hans LIETZMANN, Zeitrechnung der römischen Kaiserzeit, des Mittelalters und der Neuzeit für die Jahre 1–2000 n. Chr., 4. Aufl., durchgesehen von Kurt ALAND, Berlin-New York 1984.

Zu Amtsdaten britischer Könige, Bischöfe und Grafen:
- Handbook of British Chronology, hg. v. E. B. FRYDE, D. E. GREENWAY, S. PORTER u. I. ROY, London ^{3}2003.

Die Verteilung der Wochentage auf das Jahr bzw. auf die einzelnen Monatstage erschließt sich mit dem Sonntagsbuchstaben (Tafel I und II bei Grotefend), die Reihenfolge innerhalb des neunzehnjährigen Mondzyklus mit der sog. Goldenen Zahl (Tafel III).

Weitere Bedürfnisse erfüllt das von Werner Bergmann entwickelte EDV-Programm „Chronos", das Ostertermine (verschiedener Zyklen und Kalender), Heiligenkalender, komputistische Daten, Ären und Passahdaten bereitstellt.

Zur Übung des Umgangs mit dem „Grotefend" sei das folgende (fiktive) Datum aufgelöst: „Datum Romae, die Ascensionis Domini, regnante domno Heinrico imperatore Romanorum, sub pontificatu domni Gregorii papae".

Eine solche Datierung, die etwa in einer Privaturkunde denkbar wäre, lässt sich trotz vager Anhaltspunkte eindeutig auflösen mittels folgender Arbeitsschritte, wobei alle Tabellen bei Grotefend benutzt werden müssen:
(1) Festkalender: Ascensio Domini = Christi Himmelfahrt.
(2) Papst- und Kaiserlisten: Einen Kaiser namens Heinrich gab es unter vier Päpsten mit Namen Gregor: Heinrich II. zu Zeiten des Gegenpapstes Gregor (VI.) (1012), Heinrich III. zu Zeiten Gregors VI. (1045/46), Heinrich IV. zu Zeiten Gregors VII. (1073–85) und Heinrich V. zu Zeiten des (kaiserlichen) Gegenpapstes Gregor (VIII.) (1118–21). Die beiden Gegenpäpste scheiden aus, da sie nicht in Rom residiert haben; Gregor VI. scheidet aus, da Heinrich III. erst am Weihnachtstag 1046 zum Kaiser gekrönt worden ist. Die Urkunde wäre also unter Kaiser Heinrich IV., und zwar nach seiner Kaiserkrönung am 31.3.1084, und Papst Gregor VII., also vor dessen Tod am 25.5.1085, ausgestellt worden. Als Ausstellungsjahre kommen folglich nur 1084 und 1085 in Frage.
(3) Kalender (nach der Übersicht auf S. 217 gilt für 1084 Kalender Nr. 10, für 1085 Kalender Nr. 30): Da Himmelfahrt im Jahre 1085 erst auf den 29. Mai fiel, als Gregor bereits gestorben war, wurde die Urkunde am Himmelfahrtstag des vorigen Jahres, also am 9. Mai 1084, ausgestellt.

Geläufig sind auch Datierungen nach Wochen- und Heiligentagen (z. B. feria quinta ante purificationem Marie anno incarnationis Domini MLXVII = Donnerstag vor Mariä Reinigung = 1. Februar 1067).

Wochentag: Auf welchen Wochentag fiel der 24. März 1084 (Weihe des Gegenpapstes Clemens III. = Wibert). Hier gibt es zwei Möglichkeiten der Berechnung:
- nach den Kalendern: 1084 = Kalender 10; 24. 3. = Sonntag (Palmsonntag);

- nach dem Sonntagsbuchstaben (Tab. I): 1084 = F; man suche den 24. 3. in Tab. II, Spalte F und verfolge die Spalte senkrecht nach unten bis zur Zeile F; dabei ergibt sich: Sonntag.

4.3 Genealogie

Lit.:
- Von Brandt (o. S. 45) S. 47 ff.; Boshof (o. S. 45) S. 167 ff.; Quirin (o. S. 45) S. 147 ff.; Delort (o. S. 98) S. 226 ff.; Jacques Meurgey De Tupigny, in: L'histoire et ses méthodes (o. S. 275) S. 724–739; Van Caenegem (o. S. 84) S. 507–511.
- Otto Forst De Battaglia, Wissenschaftliche Genealogie. Eine Einführung in ihre wichtigsten Grundprobleme, Bern 1948.
- Handbuch der Genealogie, hg. v. Eckart Henning u. Wolfgang Ribbe, Neustadt/Aisch 1972.
- Waldemar Schupp, Abstammung und Verwandtschaft, in: Beck/Henning (o. S. 231) S. 269–290.

Zur Disziplin in internationaler Sicht:
- Archives and Genealogical Sciences. Les Archives et les Sciences Généalogiques (Archivum 37) München-London-New York-Paris 1992.

Zum genealogischem Denken im Mittelalter:
- Kellner, Ursprung (o. S. 119).

Stammtafeln:
- Wilhelm Karl Hermann Prinz von Isenburg, Stammtafeln zur Geschichte der europäischen Staaten, 2. Aufl., hg. v. Frank Baron Freytag von Loringhoven, 4 Bde., Marburg ³1960–64, 2 Erg.-Bde., Marburg ²1958/61; Neubearbeitung durch Detlev Schwennicke, bisher 22 Bde., 1980 ff.
- Genealogische Tafeln zur mitteleuropäischen Geschichte, hg. v. Wilhelm Wegener, Bd. 1: Bayern, Göttingen 1962–69.

Die dritte Hilfswissenschaft, die Genealogie, wendet sich dem Menschen selbst zu: Genealogie ist die Wissenschaft von den auf familiärer Abstammung beruhenden Verhältnissen zwischen den Menschen bzw. vom Werden und Vergehen von Geschlechtern. Als solche ist sie Teil einer – oft privat und nicht immer methodisch sauber betriebenen –Familienforschung, während es der Historischen Hilfswissenschaft um die überprüfbaren Verwandtschaftsverhältnisse geht; das wird vor allem bei dynastischen Beziehungen oder bei Fragen der Erbfolge wichtig. Das Ergebnis genealogischer Forschungen stellt sich in Form von *Verwandtschaftstafeln* dar.

Diese können verschiedene Formen annehmen: Als Nachfahrentafeln – sie sind in der Geschichtswissenschaft üblich – gehen sie vom „Urahn" aus (Deszendenz), enthalten also auch die Seitenlinien, als Vorfahrentafeln dagegen von einem letzten, augenblicklich lebenden Mitglied der Familie (Aszendenz). Der Sonderfall der Stammtafel verfolgt die Nachfahrenschaft in männlicher Linie.

Die mittelalterliche, vor allem die frühmittelalterliche Genealogie stößt auf erhebliche Schwierigkeiten: Einmal kommen „Familiennamen", zunächst als Beinamen und als (adlige) Herkunftsbezeichnungen nach der Stammburg, erst – allmählich – seit dem hohen Mittelalter auf; zum andern entsteht erst in dieser Zeit ein auf die männliche Linie konzentriertes Geschlechterbewusstsein. Das Mittelalter ist in namenkundlicher Hinsicht über weite Strecken also durch die *Einnamigkeit* geprägt, die das Feststellen genauer Verwandtschaftsverhältnisse dort, wo diese nicht explizit belegt sind, erheblich erschwert und in vielen Fällen unsicher oder gar unmöglich macht. Die Genealogie des frühen und hohen Mittelalters muss daher nach anderen, zusätzlichen Wegen suchen. Sie werden dadurch legitimiert, dass es durchaus ein Familien- und Abstammungsbewusstsein gab (vgl. o. S. 119f.: „Genealogien" als Quellengattung), das sich im Namen niederschlug: Der (eine) Name war Vor- und Sippenname zugleich, indem er sich in der Familie vererbte und dadurch die Zugehörigkeit zu einer bestimmten Familie dokumentierte. Die Namengebung folgte dabei zwei Prinzipien: Im frühen Mittelalter herrschte die „Namenvariation" vor, indem von dem in aller Regel zweigliedrigen germanischen Namen ein Glied von den Eltern oder Verwandten weitergegeben und mit einem anderen (eventuell ebenfalls familientypischen) Glied kombiniert wurde. (In der Merowingerfamilie hießen die Söhne Chlodwigs etwa Chlodo-mer und Chlot-har, ein weiterer Sohn Theuderich nannte seinen Sohn Theudebert, dessen Sohn hieß Theudebald.) Daneben wurde mehr und mehr der ganze Name weitergegeben (Nachbenennung), eine Methode, die zumindest im Adel seit dem 9. Jh. vorherrschte, aber nicht unbedingt in direkter Folge (von den Eltern) angewandt wurde. Dadurch bildeten sich in den einzelnen Familien *Leitnamen* aus. Feste Regeln der Namengebung – die ältere Genealogie ging von einer Regelvererbung vom Großvater auf den Enkel aus – gab es nicht. Hinzu kommt, dass besonders in der frühmittelalterlichen Gesellschaft die Namen der mütterlichen Verwandtschaft eine fast ebenso große Rolle für das Familienbewusstsein spielten wie die der väterlichen (kognatisches, nicht agnatisches Bewusstsein); dadurch veränderte und erweiterte sich der Namenbestand in jeder Generation. Das bedeutet für die Genealogie, dass der Name ein (wesentliches) Indiz für die Familienzugehörigkeit darstellt, aber keine konkreten Abstammungsverhältnisse erschließt. Genealogische Konstruktionen sind daher sehr oft hypothetisch; letztes Erkenntnisziel bleibt in vielen Fällen die Feststellung der Verwandtschaft und der Verwandtschaftsgruppen (vgl. o. S. 189ff., zu Verbrüderungsbüchern), nicht des bestimmten Verwandtschaftsgrades. Wegen der weitverzweigten Namengebung bedarf es zur Erhärtung einer Verwandtschaft aber noch weiterer Indizien, besonders der Besitz- und/oder Amtsnachfolge (Erbfolge) und der Besitznachbarschaft („genealogisch-besitzgeschichtliche Methode"). Versagen damit im früheren Mittelalter meist exakte genealogische Bestimmungen, so tritt um so deutlicher die Familienstruktur vor Augen. Im hohen Mittelalter wandelte sich die – wegen des kognatischen Denkens offene – „Sippe" zum – agnatisch bestimmten – „Geschlecht". Mit den Namen selbst befasst sich eine weitere (sprachwissenschaftliche) Spezialdisziplin: die **Onomastik**.

Lit.:

– Namenforschung. Name Studies. Les noms propres. Ein internationales Handbuch zur Onomastik, hg. v. Ernst EICHLER, Gerold HILTY, Heinrich LÖFFLER, Hugo STEGER u. Ladislav ZGUSTA (Handbücher zur Sprach- und Kommunikationswissenschaft 11.1), Berlin-New York 1995.

Mit der Genealogie verwandt ist die **Prosopographie** (Personenforschung), die aus der Sammlung aller Nachrichten über bestimmte Personengruppen (etwa: die Amtsträger) historische Erkenntnisse erzielt. Eine solche Fragestellung ist also wesentlich breiter und richtet sich nicht allein auf genealogische, sondern auf biographische, verfassungs- und sozialgeschichtliche Aspekte. Dabei handelt es sich aber weniger um eine Hilfswissenschaft als um einen methodischen Ansatz, der deshalb erst im nächsten Kapitel zu besprechen ist (u. S. 355).

4.4 Paläographie, Codicologie, Epigraphik

Lit.:

- Von BRANDT (o. S. 45) S. 76 ff.; BOSHOF (o. S. 45) S. 153 ff.; QUIRIN (o. S. 45) S. 134 ff.; Charles PERRAT, in: L'histoire et ses méthodes (o. S. 275) S. 585–615; Ilka STAHLBERG/Friedrich BECK, in: BECK/HENNING (o. S. 231) S. 169–230; Van CAENEGEM (o. S. 84) S. 463–478.
- *Hans FÖRSTER, Abriß der lateinischen Paläographie, Stuttgart ^{2}1963 (ND. 1981).
- *Bernhard BISCHOFF, Paläographie des römischen Altertums und des abendländischen Mittelalters (Grundlagen der Germanistik 24) Berlin ^{3}2004.
- Jacques STIENNON, Paléographie du Moyen Âge, Paris ^{3}1999.
- DERS., L'écriture (TS 72) Turnhout 1995.
- Elke Frfr. von BOESELAGER, Schriftkunde. Basiswissen (Hahnsche Historische Hilfswissenschaften 1) Hannover 2004.
- Wilhelm WATTENBACH, Das Schriftwesen im Mittelalter, Leipzig ^{3}1896 (ND. 1958) (zu weitergehenden Fragen, die mit der Gestaltung der Handschriften zusammenhängen).

Auflösung der **Abkürzungen:**

- Adriano CAPPELLI, Lexicon abbreviaturarum, Mailand ^{6}1961 (ND. 1979) (ital.) (dt.: Leipzig 1928).

Tafelwerke:

- Franz STEFFENS, Lateinische Paläographie, Berlin-Leipzig ^{2}1964.
- Wilhelm ARNDT/Michael TANGL, Schrifttafeln zur Erlernung der lateinischen Paläographie, 3 Hefte, 1904–1907 (ND. Hildesheim-New York 1976).

Anderer Art ist die **Paläographie**, die Lehre von den alten Schriften. Sie hilft uns, die für die Geschichtswissenschaft nach wie vor wichtigsten, nämlich die Schriftquellen, handschriftlich zu erschließen und in ihren Überlieferungszusammenhang einzuordnen, leistet darüber hinaus wertvolle Dienste bei der ungefähren Datierung und räumlich-örtlichen Zuordnung eines Schriftstücks sowie bei der Bestimmung des Schreibers und bietet mit ihren Ergebnissen insgesamt ein Stück Kulturgeschichte. Das Lesen und Transkribieren selbst ist dagegen eine von Historikern und Historikerinnen geforderte „handwerkliche" Tätigkeit. Auch wenn man es im Studium fast durchweg mit edierten Texten zu tun hat, sollten sich doch schon Anfänger/innen einen Überblick über die Entwicklung und die Eigenarten der Schrift verschaffen, damit sie die entsprechenden, quellenkritischen Bemerkungen der Editionen verstehen und einordnen können.

Die lateinische Paläographie, um die es hier geht, bemüht sich um die Entwicklung und Einordnung der abendländischen Schriften von den Anfängen bis zur Entstehung des Buchdrucks. Im Folgenden sind nur die wichtigsten Angaben über Schreib- und Beschreibstoffe, Entwicklung und Ausgestaltung der mittelalterlichen Schrift zusammengestellt. Für speziellere Fragen sei auf die einschlägige Literatur verwiesen.

Der normale **Beschreibstoff** des Mittelalters (also das Material, auf dem geschrieben wurde) war, vom 4. Jh. an, das *Pergament*, das in einem komplizierten Arbeitsgang aus Tierhäuten (Schafs-, im Süden auch Ziegen-, im Norden auch Kalbshaut) hergestellt wurde.[2] Pergament war entsprechend teuer (und damit einer Gesellschaft angemessen, deren Schriftlichkeit sich auf Wichtiges beschränkte); es wurde deshalb oft abgerieben und neu beschrieben (sog. Palimpseste).

Der Vorteil des Pergaments liegt in seiner Haltbarkeit sowie in der Tatsache, dass es zweiseitig beschreibbar war und sich – im Gegensatz zur antiken Rollenform – zum Buch (Codex) zusammenfügen ließ, so dass man leichter nachschlagen und abschreiben konnte, weil die Seiten aufgeschlagen blieben. Das Pergament löste den in der Antike gebräuchlichen, nur begrenzt bzw. unter bestimmten klimatischen Bedingungen haltbaren, brüchigen und nicht flüssig zu beschreibenden *Papyrus* ab, der aus dem Mark der Papyrusstauden gewonnen wurde. (Seiner Erschließung widmet sich eine eigene, antike Hilfswissenschaft: die Papyrologie.)

Das aus Holz oder im Mittelalter vor allem aus Lumpen hergestellte, weit billigere, aber weniger haltbare, in China entwickelte und in islamischen Ländern schon im Frühmittelalter bekannte *Papier* gelangte erst seit dem 13. Jh. ins Abendland und wurde zunächst nur für Konzepte verwendet. Für vorläufige Notizen benutzte man im Mittelalter *Wachstafeln*. **Schreibwerkzeuge** waren der Griffel (für die Wachstafeln) und die Vogelfeder, Schreibstoffe Tinten verschiedener Farbe, vor allem eine dunkelbraune, aus Galläpfeln und Vitriol hergestellte Flüssigkeit.

Die Entwicklung der Schrift

Die lateinische Schrift ist eine Buchstabenschrift. Man unterscheidet

(1) von der Sorgfalt her
- eine schön geschriebene („kalligraphische") *Buchschrift* (als Vorläufer der Druckschrift)
- und eine flüchtigere Schreib- oder Geschäftsschrift *(Kursive)*;

(2) von der variierenden Größe der Buchstaben her
- eine *Majuskel* (annähernd gleich große Buchstaben in einem Zweilinienschema)
- und eine *Minuskel* (mit Ober- und Unterlängen in einem Vierlinienschema).

Im Mittelalter existierten lange Zeit fast ausschließlich Buchschriften. Die Schreiber waren in aller Regel Geistliche und vor allem Mönche. Erst mit zunehmender Schriftlichkeit an den Universitäten und in den Städten verbreiteten sich wieder Geschäftsschriften.

---

2 Vgl. Pergament. Geschichte, Struktur, Restaurierung, Herstellung, hg. v. Peter RÜCK (Historische Hilfswissenschaften 2) Sigmaringen 1997.

Lange Zeit hat man die Entwicklung der Schrift in Form geradliniger Ableitungen (als Stemma) verstanden (vgl. Abb. 18). Dagegen ist zu betonen, dass jede Schrift zunächst auch individuell gestaltet ist; erst im Vergleich ergeben sich, unter Abzug individueller Eigenheiten, feste Schriftarten, während man bei der einzelnen Schrift eher die Schrifttendenzen beschreibt (etwa zur Kursive, zur Rundung oder Neigung der Buchstaben usw.). Zum andern vernachlässigt die Vorstellung eines Stammbaums die ständigen Formwandlungen wie auch die Tatsache, dass jede neue Schrift meist eine Vielfalt von Anregungen aufnimmt und sich selten unmittelbar von Vorläufern ableitet. Dennoch lässt die Entwicklung gerade der mittelalterlichen, sehr normiert wirkenden Schrift charakteristische Tendenzen erkennen (vgl. zum Folgenden die Beispiele in Abb. 19).

Grundlage der lateinischen Schrift bildet die aus der Epigraphik (Steinschrift) abgeleitete **Capitalis** (eine Papyrusschrift) mit sauberen und gleichmäßigen Majuskeln, strikter Liniierung und gleichmäßigem Zeilenabstand. Die Capitalis quadrata (Abb. 19a) hat vertikale, fast quadratische Buchstaben und kaum Ligaturen (aus der Kursive stammende Buchstabenverbindungen); Worttrennung ist selten. Die Capitalis rustica (Abb. 19b) hat schmalere, etwas schwungvollere Buchstaben (vertikale Tendenz, ovale Rundungen). Die bis ins 6. Jh. verbreitete Capitalis wurde noch in der Karolingerzeit für Kapitelüberschriften bzw. Kopftexte verwandt (daher stammt ihr Name). Sie bildet die Grundlage für die Großbuchstaben späterer Schriften und noch der modernen Druckschrift. Als Leitbuchstabe (an dem man die Schrift identifiziert) eignet sich besonders das spitze V. Die sehr schwer lesbaren römischen Kursivschriften sind hier nicht näher zu behandeln. Besonders die jüngere Minuskelkursive hat aber auf die Entwicklung der frühmittelalterlichen Schriften eingewirkt.

Mit der Verbreitung des Pergaments anstelle des Papyrus entwickelte sich seit dem 4. Jh. aus der Capitalis eine neue, dem geschmeidigeren Beschreibstoff und dem Schreibwerkzeug, der Feder, angemessene Majuskelschrift, die **Unziale**, deren wesentliches Merkmal in der Rundung der Buchstaben liegt (Abb. 19c). Sie blieb bis ins 8. Jh. verbreitet und diente auch danach noch für Auszeichnungen (Überschriften) und Prachthandschriften. Für diese Schrift typische Leitbuchstaben sind die gerundeten Buchstaben: A, D, E, H (Minuskelform), M, Q, U.

Zeitlich parallel und eng verwandt, aber mit kursiven Einflüssen (auch Ligaturen) entfaltete sich die **Halbunziale** (Abb. 19d) als erste eindeutige Minuskelschrift (Oberlängen bei b, d, h, l, t; Unterlängen bei f, g, p, q). Leitbuchstaben sind die typischen Minuskelbuchstaben: a (neue Form mit geradem Strich, ci ähnelnd), g (mit wellenförmiger Unterlänge), N (Majuskelform) und r (mit breitem Schulterstrich).

Mit der Auflösung des Römischen Reichs entwickelten sich in den einzelnen romanischen Regionen, unter starkem kursiven Einfluss, unterschiedliche Schriften (sog. „**Nationalschriften**“), die sich durch ihre Variabilität auszeichnen und sich oft nur bedingt zu „Typen“ zusammenfassen lassen. Als solche könnte man (unter anderem) nennen:

- Die **Kuriale** der päpstlichen Kanzlei mit großen, breiten, aufrechten Minuskeln; Leitbuchstaben: offenes a, dem o ähnelndes e, großes Q, spitzes r, kreisförmiges t. Die Kuriale hielt sich auffällig lange. Erst im 11. Jh. nahm sie als jüngere Kuriale zierlichere Formen an, bis sie im 12. Jh. von der Minuskel abgelöst wurde.

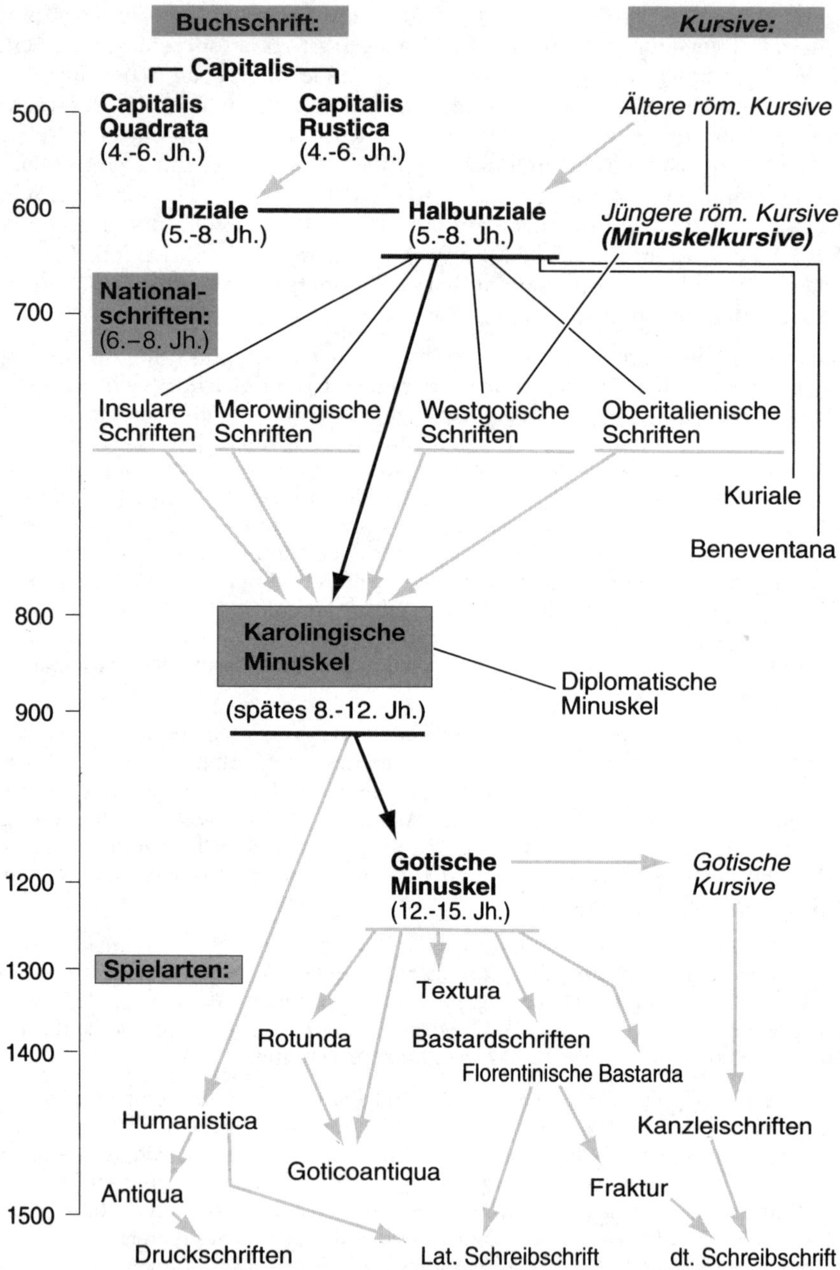

Abb. 18: *Schematische Darstellung der Entwicklung der lateinischen Schriften.*

- Die **Westgotische Schrift** (in Spanien) war aus der Kursive entwickelt und wurde bis ins 11. Jh. hinein verwendet (Abb. 19e). Sie hatte kräftige, steile, an den Oberlängen oft verdickte Buchstaben. Leitbuchstaben: offenes a (u-förmig), e (mit vergrößerter Zunge), g (q-förmig), kleines r, t (mit meist geneigtem Querbalken).
- Die **Beneventana** (Abb. 19f), die langobardisch-beneventanische Buchschrift, war vor allem in Süditalien verbreitet und erlebte ihre Blüte in Montecassino (dem Kloster Benedikts von Nursia). Ihre Kennzeichen sind gleichmäßige, deutliche, aber eckige Buchstaben mit starker Brechung der Schäfte. Leitbuchstaben: a (cc-förmig), e (mit langem Mittelstrich und Oberlänge), g (mit offener Rundung oben und unten), t (mit tief geneigtem Querbalken).
- Auf den Britischen Inseln haben sich zwei einander ähnelnde Schrifttypen entwickelt (**Insulare Schriften**): eine irische und eine angelsächsische Schrift, die jeweils zwei sehr unterschiedliche Spielarten kennen: eine der Unziale manchmal zum Verwechseln ähnliche *Rundschrift* (Abb. 19g) mit großen, breiten, runden Buchstaben, die teils der Unziale (d, e, n, r, s), teils der Halbunziale entstammen (a, g) und deren Schäfte sich nach links biegen (vor allem b und l) – Leitbuchstabe: r mit weit herabhängendem Schulterstrich –, und eine *Spitzschrift* (Abb. 19h), die sich hinsichtlich der Buchstabenformen zwar aus der Rundschrift ableitet, aber dennoch einen völlig anderen, fast kursiven Charakter gewinnt. Leitbuchstaben dieser Minuskel mit spitz zulaufenden Unterlängen und Schäften sind a (dreieckförmig), f (mit Unterlänge und Mittelstrich auf der Grundlinie), halbunziales g, r (mit herabhängendem Schulterstrich, n-ähnlich) und s (r-ähnlich, aber mit kürzerem Schulterstrich). Gegenüber der ähnlichen karolingischen Minuskel heben sich gerade diese Leitbuchstaben sowie das runde d ab. Für volkssprachige Texte hat man das lateinische Alphabet um Runen erweitert. (thorn-Rune: ð,þ; wen-Rune: Ƿ; yogh-Rune: ȝ).
- Im Frankenreich schließlich wurde die **Merowingische Schrift** (mit zahlreichen, von Kloster zu Kloster variierenden Spielarten) verwendet (Abb. 19i). Sie zeichnet sich meist durch schmale, lange, eng aneinandergerückte und oft nach links geneigte Buchstaben und keulenförmig verdickte Oberlängen aus. Die einzelnen Typen werden gern nach der variablen Form des a und anderen charakteristischen Buchstaben gekennzeichnet, z. B. Luxeuil-Typ (cc-a), az-Typ (a aus zwei Winkeln, hochragendes z), ab-Typ (Corbie: ic-a, b in Ligatur mit dem folgenden Buchstaben vom oberen Ende des Bogens aus) u. a.

Die Schriftenvielfalt der Merowingerzeit wurde durch die *karolingische Schriftreform* im späteren 8. und frühen 9. Jh. im Zusammenhang mit der karolingischen Renaissance und einer gewaltigen Abschreibetätigkeit in den Klöstern vereinheitlicht. Dabei setzten sich in einem relativ kurzen Zeitraum an verschiedenen, teils weit voneinander entfernten Orten – nicht auf einmalige Verfügung hin am Königshof, wie man früher glaubte – aus dem Streben nach Kalligraphie heraus ähnliche Tendenzen durch. Das Ergebnis ist die von vielen verschiedenen Vorläufern, vor allem aber der Halbunziale beeinflusste, sich durch Schönheit, Einfachheit und Klarheit auszeichnende (**Karolingische**) **Minuskel** (Abb. 19k). Ihre Kennzeichen sind ein einheitliches, streng gleichmäßiges Minuskelalphabet mit selbständigen Buchstaben und einem Minimum an Ligaturen, ihre Leitbuchstaben das unziale a, dessen Schaft im Laufe der Zeit zunehmend senkrechter wurde, das halbunziale, aber oben geschlossene e, das insulare g mit offenem, später aber geschlossenem oberen und unteren Bogen, variables r, langes s und niedriges t mit

a) 

...m aliae totidemq(ue) pares aetate ministri
...ibus mensas onerant et pocula ponunt

b) 

Montibus et silvis studio iactabat inani. Cor(ydon) O crudelis Alexi, nihil mea carmina curas?

c) 

Devoti affectus pignora mitto mei

d) 

Et quia omne quod fit, antequam fiat, non fuit, nos cum fili non fuissemus, ad id quod sumus

e) 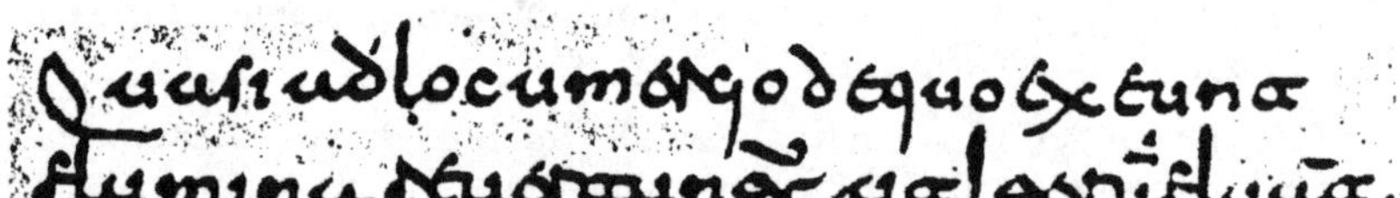

Quasi ad locum ergo de quo exeunt flumina revertuntur ut iteru(m) flua(n)t,

f) 

ad supradictas Novembres sic temperetur hora vigiliarum agenda parvissimo inter-

Abb. 19: *Schriftenbeispiele.*

g) 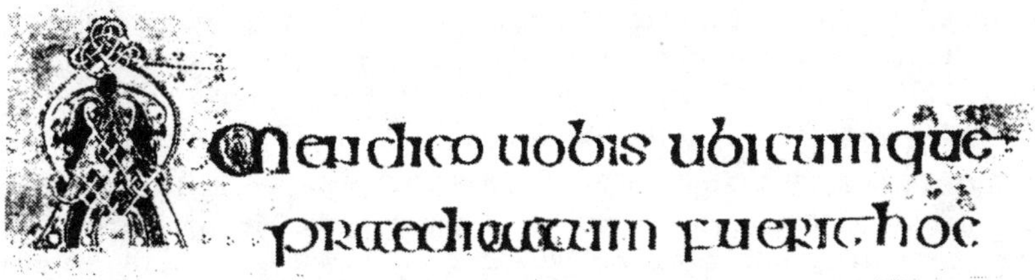

Amen dico vobis, ubicumque praedicatum fuerit hoc

h) 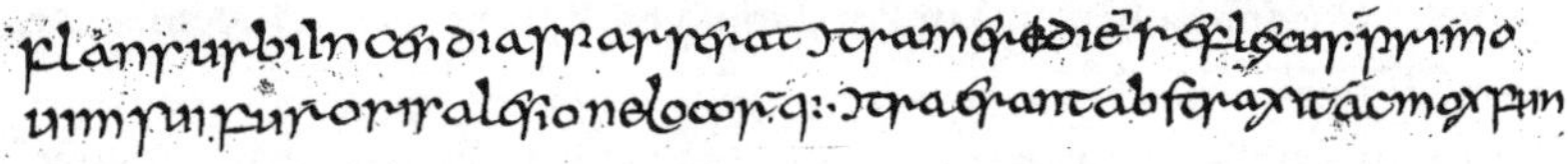

flans urbi incendia sparserat (con)tra meridie(m) reflexus primo vim sui furoris a lesione locor(um) q(uae) (con)tra erant abstraxit ac mox fun-

i) 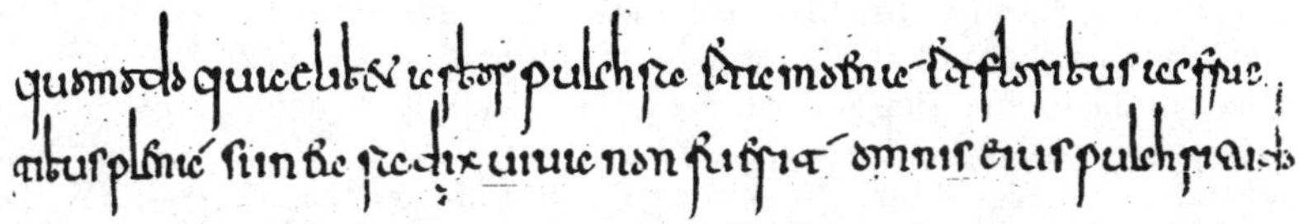

quomodo quaelibet arbor pulchra et amoena et floribus ac fructibus plena, si in ea radix viva non fuerit, omnis eius pulchritudo

k) 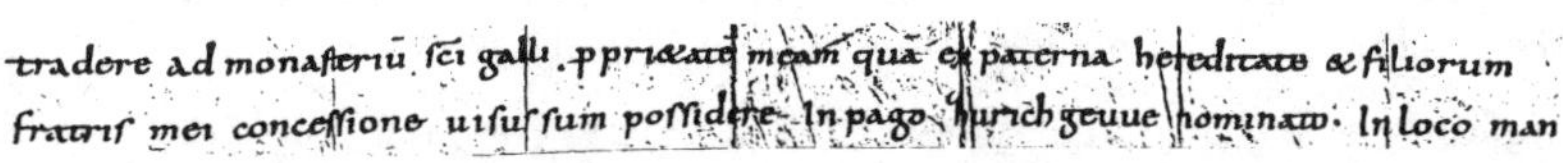

tradere ad monasteriu(m) s(an)c(t)i Galli p(ro)prietate(m) meam, qua(m) ex paterna hereditate et filiorum fratris mei concessione visus sum possidere in pago Zurichgeuue nominato, in loco Man-

l) 

a D(e)o co(m) missis feralis exitii aliq(uo)d remediu(m) querens, p(er) q(uo)d egre m(en)tes,

m) 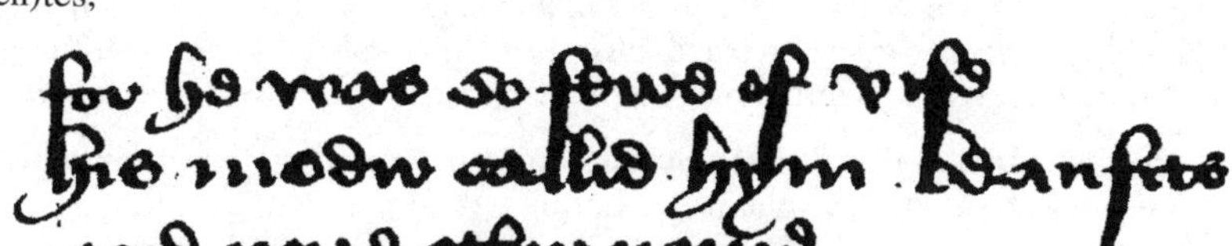

For he was so feire of vise. His modir callid hym Beaufits. And none othir name,

geradem Querbalken. Im Laufe der Zeit löste die e caudata (ę) die Ligaturen æ und œ ab. In den nächsten beiden Jahrhunderten verdrängte *die* Minuskel die anderen Schriften nahezu im gesamten Abendland (außer in Süditalien) und wurde zu *der* Schrift des hohen Mittelalters.

Eine Sonderform stellt die Urkundenschrift der Königskanzlei, die **Diplomatische Minuskel**, dar, die erst zur Zeit Ludwigs des Deutschen die Merowingische Schrift verdrängte, aber durch große, geschwungene Oberlängen, die Gitterschrift der ersten und der Recognitionszeile, die Beibehaltung alter Buchstaben (a, c, r, t) und Ligaturen, verschiedene Schnörkel, Unterlängen und eine Schleife als Kürzungszeichen auffällt (vgl. Abb. 7, o. S. 145). In die Papsturkunden fand die Minuskel erst seit dem späten 11. Jh. (allmählich) Eingang.

Im 12. Jh. wurden die Buchstaben der Minuskel enger, die senkrechte Tendenz stärker betont, die Grundstriche verdickt, die Bögen spitzer, die Oberlängen gegabelt („romanische Minuskel"). Damit war der Weg zur sog. **Gotischen Minuskel** gewiesen (Abb. 19l), die sich, zunächst in Nordfrankreich, unmittelbar aus der karolingischen Minuskel entwickelte und im 13. und 14. Jh. im ganzen Abendland verbreitet wurde. Der Name umfasst eine Vielzahl von Schriftentwicklungen, denen senkrecht gestellte, gestreckte, eng zusammengerückte und auf der Zeile stehende Buchstaben, spitze Winkel, eckige Formen (durch Brechung der Rundungen wie der Schäfte, die durch eine schräglinks geschnittene Feder möglich wurden), Gabelung der Schäfte und Bogenverbindungen gemeinsam sind. Leitbuchstaben sind das a (mit tief herabhängendem oberen Bogen), das runde d, das lange s am Anfang und in der Wortmitte, das runde (später geschlossene, 8-förmige) s am Wortende und das t.

Mit zunehmender Schriftlichkeit entwickelten sich neben der gotischen Normalschrift, der (gewebeartigen) *Textura* mit langen, spitzen Buchstaben und doppelter Brechung der Rundungen, vor allem im 15. Jh. mannigfache Spielarten, z. B. die südeuropäische *Rotunda* (breite Buchstaben, zweistöckiges a, Bogenverbindungen), die italienische *Goticoantiqua*, die vom langen s und f geprägte *Fraktur* oder die humanistische *Antiqua*, die auf die (als antike Schrift missverstandene) karolingische Minuskel zurückgriff und die Grundlage für die lateinische Druckschrift bildet. Der frühe Buchdruck lehnte sich zunächst aber an alle gängigen spätmittelalterlichen Buchschriften (einschließlich der Bastarden) an.[3]

Im Zuge anwachsender Schriftlichkeit – und parallel zur Verbreitung des Papiers – bildete sich aber auch wieder eine **Gotische Kursive** mit kleineren, flüchtiger geschriebenen, miteinander verbundenen Buchstaben aus; die Ober- und Unterlängen wurden zu Schleifen (Abb. 19m).

Als eine Mischung aus Buchschrift und Kursive setzten sich die in vielen regionalen Spielarten verbreiteten sog. **Bastardschriften** (mit spitzbogigen Rundungen und Köpfen an den oberen Gabelungen der Schäfte) durch.

Ein Leseproblem bilden in manchen Schriften die vielen, meist aber durch ein Zeichen angezeigten **Kürzungen**, vor allem der häufig gebrauchten Wörter, nicht zuletzt der

---

3 Einen Überblick bietet Otto MAZAL, Paläographie und Paläotypie. Zur Geschichte der Schrift im Zeitalter der Inkunabeln (Bibliothek des Buchwesens 8) Stuttgart 1984.

„nomina sacra“: als Suspensionskürzungen (Weglassen des Wortendes, wie ꝗ für quod, q̄ für que, ꝑ für per, p̄ für prae, ꝓ für pro, manchmal mit besonderem Kürzungszeichen wie ꝰ für us) oder als Kontraktionskürzungen (Auslassung von Buchstaben, wie dm̄s für dominus). Bei den Auflösungen hilft „der“ Cappelli, o. S. 285.[4]

Reine **Kurzschriften** wie die Tironischen Noten sind in nachmerowingischer Zeit aus dem Gebrauch geraten, nur einzelne Zeichen haben sich erhalten (wie ⁊ für et oder ɔ für con).

Die mittelalterliche **Interpunktion** zeigt, soweit vorhanden, rhetorische Sprechpausen an und wird in der Regel durch einen Punkt – in steigender Intensität – auf der unteren Linie, in der Mitte oder auf der oberen Linie angezeigt.

Trotz der Ähnlichkeit der mittelalterlichen Minuskelbuchschriften zeigt jede Schreibschule ihr eigenes Gepräge. Das herauszuarbeiten ist die Aufgabe der mit der Paläographie eng verwandten **Skriptorienforschung**.[5] Die Voraussetzungen für die Einheitlichkeit aber liegen bis zum 12. Jh. in der weitgehend auf Kirchen und Klöster beschränkten Schreibkultur und in der Identität von Buch- und Geschäftsschrift (bzw. dem Fehlen der letzteren). Ein Sonderfall der Skriptorien sind die Kanzleien, in denen Urkunden ausgestellt werden (mit ihnen befasst sich die Diplomatik).

Eine eigene, von den Arbeitsmaterialien her mit der Paläographie verwandte Hilfswissenschaft bildet die **Codicologie**, die sich mit den überlieferten Handschriften (Manuskripten) selbst, den Codices, befasst.

Die Pergamentblätter wurden seit dem 4. Jh. auf gleiche Größe geschnitten, zu Lagen zusammengelegt, gefaltet und dann aufgeschnitten. Durch mehrfaches Falten erreichte man unterschiedliche Formate: Folio = einmal, Quart = zweimal, Oktav = dreimal gefaltet. (Im Prinzip ähnlich verfährt man noch heute beim Buchbinden.) Die Anordnung der Lagen anzugeben ist für die Rekonstruktion der ursprünglichen Textgestalt wichtig, weil viele Codices später auseinandergenommen und umgeordnet wurden. Die Anordnung des Textes erfolgte entweder in Langzeilen oder in zwei Kolumnen auf jeder Seite.

Die mittelalterliche Handschrift war – im Gegensatz zum gedruckten Buch – ein jeweils einzigartiges und individuell zu behandelndes Erzeugnis, dessen Inhalt durch „Kopieren“ (Abschreiben) verbreitet wurde. Das geschah v. a. in den Klöstern, erst im Spätmittelalter, dann auch gewerbemäßig.

Zur Ausstattung der Bände gehören auch künstlerische Verzierungen mit zum Teil bildlichen oder ornamentalen Initialen und Miniaturmalereien, die ebenfalls erst durch die Anwendung des Pergaments möglich wurden. Dazu zählen aber auch der Einband mit Buchschließen, meist in Form eines lederüberzogenen Holzdeckeleinbandes, der für besonders kostbare Bücher mit Edelsteinen verziert werden konnte, manchmal auch nur eines Pergamentumschlags.

---

4 Vgl. auch die Internetversion: Abbreviationes™ Online (http://abbreviationes.net).

5 Beispielhaft: Bernhard Bischoff, Die südostdeutschen Schreibschulen und Bibliotheken in der Karolingerzeit, Bd. 1, Wiesbaden ³1974, Bd. 2, Wiesbaden 1980.

Neben der technischen steht die inhaltliche Erschließung der Handschrift. Weniger Beachtung hat lange Zeit die Tatsache gefunden, dass die Handschriften nicht nur über die Verbreitung, sondern auch über die Benutzung einer Schrift Aufschluss geben. Die meisten Codices sind Sammelhandschriften, die eine Reihe verschiedener Texte vereinigen, deren Zusammenstellung Aufschlüsse über Anlage und Zweck der Handschrift gibt. Dieses Aufgabenfeld der Codicologie ist weithin von Historikerinnen und Historikern (bzw. Paläographen) selbst zu beherrschen. Einen guten Einblick in mittelalterliche Handschriften geben die zahlreich vorhandenen Ausstellungskataloge.

Lit.:

Zur Technik der Buchherstellung:

- Jacques LEMAIRE, Introduction à la codicologie (Université Catholique de Louvain. Publications de l'Institut d'études médiévales. 2e série. Textes, Études, Congrès 9) Louvain-la-Neuve 1989.
- Le livre au moyen âge, hg. v. Jean GLENISSON, Paris 1988.
- Vera TROST, Skriptorium. Die Buchherstellung im Mittelalter, Stuttgart 1992.

Zur Ausstattung:

- Otto MAZAL, Lehrbuch der Handschriftenkunde, hg. v. Fridolin Dressler (Elemente des Buch- und Bibliothekswesens 10) Wiesbaden 1986.

Zeitschriften:

- Scriptorium. Revue internationale des études relatives aux manuscrits, seit 1946; halbjährlich; Bd. 61, 2007; Hrsg.: Olivier Legendre.
- Bulletin codicologique (Anhang zum Scriptorium, seit 1959).

Sammelbände zur Methode und Typologie:

- Codicologica. Bausteine zur Handschriftenkunde, 5 Bde., Leiden 1976–1980.

Eigentlich einen Teilaspekt der Paläographie, in der Praxis aber eine eigene Hilfswissenschaft bildet die **Epigraphik** (Inschriftenkunde), die sich mit Inschriften (o. S. 204f.) befasst, in der Mediävistik, ganz anders als in der Alten Geschichte, aber noch wenig entwickelt ist. Als Inschriftenschrift diente bis ins 14. Jh. hinein vor allem die Capitalis, die aus der Buchschrift im 11./12. Jh. zunächst unziale, später gotische Einflüsse aufnahm. Die Epigraphik klärt neben der Entschlüsselung auch Auftraggeber und Anlass, Datierung und Symbole.

Lit.:

- Van CAENEGEM (o. S. 84) S. 479–491 (mit Editionen und Sammlungen).
- KLOOS (o. S. 205).
- R. FAVREAU, L'épigraphie médiévale: Naissance et développement d'une discipline, Académie des Inscriptions et belles lettres. Comptes rendus 1979, S. 328–363.
- Walter KOCH u. a., Literaturbericht zur mittelalterlichen und neuzeitlichen Epigraphik (1976–2002), bislang 4 Bde. (MGH Hilfsmittel 11/14/19/22) München/Hannover 1987–2005.
- Robert FAVREAU, Épigraphie médiévale (L'atélier du médiéviste 5) Turnhout 1997.

Einzelbeiträge (als Einblick in Methoden, Arbeitsweise und Aussagebereiche der Epigraphik):

- Epigraphik 1982, hg. v. Walter Koch (Denkschriften der Österreichischen Akademie der Wissenschaften 169) Wien 1983.
- Epigraphik 1988, hg. v. Walter Koch (ebd. 213) Wien 1990.

Übersicht über verschiedene europäische Inschriftenunternehmen in:

- Fachtagung für lateinische Epigraphik des Mittelalters und der Neuzeit, hg. v. Rudolf M. Kloos (Münchener Hist. Studien. Abt. Geschichte. Hilfswissenschaften 19) Kallmünz/Opf. 1982.

4.5 Diplomatik (Urkundenlehre)

Lit.:

- Von Brandt (o. S. 45) S. 97ff., Boshof (o. S. 45) S. 144ff., Quirin (o. S. 45) S. 137ff.; Georges Tessier, in: L'histoire et ses méthodes (o. S. 275) S. 633–676; Van Caenegem (o. S. 84) S. 457–462.

Einführung:

- Leo Santifaller, Urkundenforschung. Methoden, Ziele, Ergebnisse, Köln-Wien [4]1986.
- La diplomatique médiévale, hg. v. O. Guyotjeannin, J. Pycke u. B. Tock (L'atélier du médiéviste 2) Turnhout 1993.

Zu Handbüchern vgl. o. S. 134f. unter Urkunden.

Überblick über die Forschung:

- Rudolf Schieffer, Zur derzeitigen Lage der Diplomatik, in: Diplomatische Forschungen in Mitteldeutschland, hg. v. Tom Graber (Schriften zur sächsischen Geschichte und Volkskunde 12) Leipzig 2005, S. 11–28.

Unter den Hilfswissenschaften, die sich mit bestimmten Quellengattungen befassen, nimmt die Diplomatik, die kritische Wissenschaft von den Urkunden, für die mittelalterliche Geschichte zweifellos den wichtigsten Rang ein. Ein Einblick in die Arbeitsweise ist schon für Anfänger/innen unerlässlich, während die kritische Erforschung bestimmter Urkundenbestände (die sog. Spezialdiplomatik) gründliche Kenntnisse und Einarbeitung erfordert. Über den Gegenstand selbst, die Urkunden, und deren Erstellung in der Kanzlei vgl. o. S. 134ff.; zur Quellenkritik o. S. 248ff.

Aufgabe der Diplomatik, deren Anfänge in das späte 17. Jh. zurückreichen – der Begriff wurde 1681 von Jean Mabillon geprägt –, ist vor allem die Urkundenkritik (das discrimen veri ac falsi). Wegen der vielen Fälschungen spielt die Echtheitskritik hier eine besondere Rolle.

Insgesamt sind ca. 10–15 % der Königsurkunden **Fälschungen**; unter den Merowingern sind es sogar 50 %. Oft handelt es sich um ganze Serien von Fälschungen, die im Auftrag einer Person zu bestimmten Zwecken angefertigt worden sind. Man hat viel über die Hintergründe solcher Fälschungen nachgedacht. Entscheidend scheint ein anderes Rechtsverständnis (oder auch eine andere Mentalität) zu sein: Zwar war man sich des strafrechtlichen Charakters der Urkundenfälschung durchaus bewusst, sie wurde aber als ein (mehr oder weniger legitimes) Mittel angesehen, sich ein vermeintliches Recht zu verschaffen oder abzusichern oder auch ein vorhandenes urkundlich zu verbriefen oder einem angeseheneren und vor allem älteren Aussteller zuzuschreiben. Dahinter steckt also ein anderer Wahrheitsbegriff. Das Fälschen diente freilich ebenso als „Waffe“ der schreibkundigen Geistlichen in ihren Auseinandersetzungen untereinander oder mit dem Adel um ihre Rechte. Eine solche Sicht hat Konsequenzen für die Quellenauswertung: Einmal führt es historisch nicht weiter, jeden Fälscher von vornherein zu verurteilen. Man muss vielmehr den Einzelfall prüfen, Motive und Hintergründe klären. Zum andern kann der Rechts*inhalt* einer gefälschten Urkunde im Einzelfall durchaus den historischen Tatsachen entsprechen (nur die Urkunde als solche ist dann falsch). Schließlich aber ist auch die als reine Fälschung erkannte Urkunde eine hervorragende Quelle, allerdings nicht über den Aussteller und das (angebliche) Ausstellungsdatum, sondern über den Fälscher, seine Motive und seine Zeit. Insgesamt ist es aufschlussreich, dass sich bestimmte Inhalte in bestimmten Fälschungsperioden häuften.

Lit.:

Einen Einblick in die mittelalterliche Fälschungstätigkeit auf vielen Gebieten (nicht nur in Bezug auf Urkunden) geben die Kongressakten einer Münchener Tagung von 1986:

- Fälschungen im Mittelalter, 6 Bde. (Schriften der MGH 33) Hannover 1988–90.
- Gilbert Ouy, Les faux dans les archives et les bibliothèques, in: L'histoire et ses méthodes (o. S. 275) S. 1367–1383.

Es können ganze Urkunden ge- oder auch nur Teile verfälscht, d. h. meist ausradiert und überschrieben sein (man spricht dann von „Verunechtungen“; sie werden in Editionen in eckige Klammern gesetzt); aber auch ganze Fälschungen benutzen meist eine echte Vorlage, um nur die für sie relevanten Teile zu ändern. An Originalen sind Fälschungen in aller Regel leicht zu erkennen, weil die Fälscher allenfalls die Schrift (mehr oder weniger geschickt) nachzuahmen suchten, aber nicht auf Beschreibstoff und Siegel achteten. Bei abschriftlich erhaltenen Urkunden aber hilft nur die innere Kritik weiter. Hier bleiben Unsicherheiten, und so ist die Echtheit mancher wichtigen Urkunde in der Forschung bis heute umstritten.

Die **äußere Kritik** orientiert sich an den äußeren Merkmalen einer Urkunde: dem Schreib- und Beschreibstoff, der Schrift, dem Siegel, den Zeichen (Chrismon, Monogramm, Rekognitionszeichen) sowie an Kanzleivermerken (vgl. Abb. 7, o. S. 145). Die **innere Kritik** untersucht hingegen – neben inhaltlichen Unstimmigkeiten – Formular und Diktat und zielt damit auf die „Kanzleimäßigkeit“ einer Urkunde ab, d. h. sie stellt fest, ob diese in der Kanzlei des Ausstellers und von wem sie dort angefertigt wurde (vgl. o. S. 139 f.). Es versteht sich von selbst, dass das nur im Rahmen ganzer Urkundenserien, nämlich möglichst aller erhaltenen Urkunden eines Ausstellers möglich ist. Diese im 19. Jh. von Theodor Sickel entwickelte Methode reicht allein zur Echtheitskritik allerdings nicht aus, weil auch Urkunden, die nicht in der Kanzlei, sondern von anderen, meist von den Empfängern selbst, ausgefertigt wurden, echt sein können, soweit das nämlich mit dem Willen des Ausstellers geschah; tatsächlich gibt es etwa unter den Königsurkunden viele Empfängerausfertigungen. In der Tradition Julius Fickers sind daher auch Beurkundungsvorgang und Rechtshandlung kritisch zu untersuchen.

Am weitesten fortgeschritten ist die Diplomatik im Bereich der Königs- und Papsturkunden. Die Vielfalt der Privaturkunden erfordert eine Untersuchung jedes einzelnen Bestandes; hier gibt es zahlreiche Einzelstudien, aber auch viele Lücken. Gemäß der Bedeutung der Urkunden steuert die Diplomatik auf vielen Gebieten zu historischen Erkenntnissen bei, die weit über die Echtheitskritik hinausgehen, z. B. dadurch, dass sie die Urkunde in das historische Geschehen einordnet und selbst als historisches Geschehen begreift, aber auch durch Untersuchungen zur Kanzlei- und Verwaltungsgeschichte. Schwerpunktzentren heutiger diplomatischer Tätigkeit sind (unter anderem) das Wiener Institut für Österreichische Geschichtsforschung und die Pariser École des chartes.

4.6 Sphragistik (Siegelkunde)

Lit.: (vgl. o. S. 207f., zu Siegeln):

- Von Brandt (o. S. 45) S. 159ff.; Boshof (o. S. 45) S. 160ff.; Delort (o. S. 98) S. 273ff.; Yves Metman, in: L'histoire et ses méthodes (o. S. 275) S. 393–437; Van Caenegem (o. S. 84) S. 500–506.
- Wilhelm Ewald, Siegelkunde, München 1914 (ND. München 1975).
- Theodor Ilgen, Sphragistik, München [7]1912.
- Andrea Stieldorf, Siegelkunde. Basiswissen (Hahnsche Historische Hilfswissenschaften 2) Hannover 2004.

Inhaltlich mit der Diplomatik verbunden, ja in gewisser Weise, in Bezug auf Urkundensiegel, Hilfswissenschaft der Diplomatik, ist die Siegelkunde, die sich mit Echtheit, Gestalt und Aussagekraft der Siegel und mit dem Siegelrecht befasst (vgl. o. S. 207f., zu Siegeln).

Auch hier spielen Siegelfälschungen eine Rolle; häufiger als der Versuch, Siegelstempel zu fälschen, ist das Ablösen der Siegel von echten und ihr Anbringen an gefälschte Urkunden vorgekommen. Die Siegelkritik kann sich daher nicht damit begnügen, die Echtheit des Siegels festzustellen, sondern muss dieses in seinem Bezug zur Urkunde untersuchen.

4.7 Aktenkunde

Lit.:

- Von Brandt (o. S. 45) S. 125ff.; Gerhard Schmid, in: Beck/Henning (o. S. 231) S. 74–110.

Eng mit der Urkundenlehre ist auch die Aktenkunde verbunden (tatsächlich sind in Aktenbeständen viele Urkunden enthalten), die sich mit dem Verwaltungsschriftgut (im weitesten Sinn), dem (in einer Kanzlei oder Behörde) anfallenden Niederschlag schriftlicher Geschäftsführung befasst (vgl. o. S. 176f.). Insofern sind Urkunden ein – für das Mittelalter besonders wichtiger – Spezialfall von „Akten". Während in einer Zeit relativer Quellenarmut wie dem frühen Mittelalter jedes Einzelstück für sich wichtig ist, kann man von Akten sinnvollerweise erst reden, wenn jeweils ganze Serien von Schriftstücken zu bestimmten Vorgängen als zusammenhängender Bestand erhalten sind, der die Entwicklung eines Vorgangs erkennen lässt. Das ist – in noch bescheidenem Umfang – erst im späten Mittelalter und dann vor allem in der Neuzeit der Fall.

Weit stärker als bei den überschaubaren Urkundenbeständen bilden die Hauptprobleme hier die (fortschreitend zunehmende) Masse, der quantitative Aspekt, und die Vielfalt der je nach Kanzlei und Bearbeiter variierenden Formen, aber auch die Ordnung, die Zusammenfügung von Schriftstücken zu Aktenserien (die in dieser Folge ja nicht der heutigen Fragestellung entsprechen müssen). Dabei ist (wie bei der Urkunde) auf äußere (Form und Einrichtung, Beschreibstoff, Schrift) und innere Merkmale (Inhalt, Vermerke), auf Überlieferung, Aufbewahrungsort und historische Zusammenhänge zu achten. Ediert sind mit wenigen Ausnahmen (Reichstagsakten; Public Record Office; vgl. o. S. 88/90) allenfalls einzelne Aktenstücke, so dass die Benutzer auf die Arbeit in den Archiven verwiesen sind; daher sind Akten- und Archivkunde oft zu einer Disziplin zusammengefasst (zur Archivierung von Akten vgl. o. S. 229 ff.).

4.8 Numismatik (Münzkunde) und Metrologie (Lehre der Maße und Gewichte)

Lit. (vgl. o. S. 205 ff., zu Münzen):
- Von Brandt (o. S. 45) S. 177 ff.; Boshof (o. S. 45) S. 170 ff.; Quirin (o. S. 45) S. 150 ff.; Delort (o. S. 98) S. 298 ff.; Jean Babelon, in: L'histoire et ses méthodes (o. S. 275) S. 329–392; Van Caenegem (o. S. 84) S. 492–499.
- Hubert Frère, Numismatique. Initiation aux méthodes et aux documents (Université Catholique de Louvain. Institut supérieur d'archéologie et d'histoire de l'art. Documents de travail 12) Louvain-la-Neuve 1982.
- Françoise Dumas/Marc Bompaire, Numismatique médiévale. Monnaies et documents d'origine française (L'Atelier du médiéviste 7) Turnhout 2000.
- Wörterbuch der Münzkunde, hg. v. Friedrich Frhr. v. Schrötter, Berlin ^{2}1970.
- Walter Holtz, Abkürzungen auf Münzen. Deutung und Erläuterung, Braunschweig 1972.

Zu **Zeitschriften** vgl. o. S. 76 f.

Einen Überblick über Literatur, Münzsammlungen und Inventare in Frankreich geben:
- Marie-Thérèse Kaiser-Guyot/Reinhold Kaiser, Documentation numismatique de la France médiévale. Collections de monnaies et sources de l'histoire monétaire, München-New York-London-Paris 1982.

Ähnlich wie die Epigraphik, hat auch die **Numismatik** in der mittelalterlichen Geschichte nie dieselbe Rolle als Hilfswissenschaft gespielt wie in der Alten Geschichte, obwohl der Quellenwert der Münzen unbestritten ist (vgl. dazu o. S. 205 ff.). In jüngerer Zeit aber häufen sich Untersuchungen, die anhand der Münzen und des Münzumlaufs Erkenntnisse vor allem zur Wirtschaftsgeschichte erzielen. Der Numismatik als Hilfswissenschaft geht es dabei zunächst um die Bestimmung der Münze nach Material, Gewicht, Form, Wert, Herkunft (Prägeort), Alter (Prägedatum), Echtheit und Münzrecht. Auf solchen Grundlagen kann sie dann in vielfältiger Weise historische Erkenntnisse beisteuern, vor allem durch die Auswertung von Münzfunden, die Untersuchung von Münzbildern und Umschriften, die Eruierung der Münzmeister und die Kartierung der Fundorte als Indiz für die Verbreitung der Münzen. Die Münzzersplitterung macht den wechselseitigen Kurswert wie auch den Geltungs- und Nutzungsbereich zu einem numismatischen Problem.

In der Aufgabe, Nennwert und Kurswert der Münzen zu vergleichen, berühren sich Numismatik und **Metrologie**, die Lehre von Maßen und Gewichten. Trotz jüngster Versuche, ein genau geregeltes Zahlen- und Wertverhältnis anzunehmen, scheint die mittelalterliche Praxis doch eher von einer Vielfalt unterschiedlicher regionaler und lokaler Bräuche geprägt, die jede Generalisierung verbietet. Das gilt für Münzen ebenso wie für Längen, Flächen- und Hohlmaße sowie Gewichte. Ist eine jeweilige Korrelation oft noch erschließbar, so bleibt eine (verallgemeinerte) Umrechnung in moderne Maße in den meisten Fällen strittig.

Lit.:

- Van CAENEGEM (o. S. 84) S. 522–532; Reinhold ZILCH, in: BECK/HENNING (o. S. 231) S. 333–339.

Einen Überblick über mittelalterliche Maße und Gewichte geben:

- Friedrich WIELANDT, Münzen, Gewichte und Maße bis 1800, in: HDWSG (Handbuch der dt. Wirtschafts- und Sozialgeschichte, o. S. 67), Bd. 1, 1971, S. 658 ff.
- Hans-Joachim v. ALBERTI, Maß und Gewicht. Geschichtliche und tabellarische Darstellung von den Anfängen bis zur Gegenwart, Berlin-O. 1957.
- Gerhard HELLWIG, Lexikon der Maße und Gewichte, Gütersloh 1982.
- Helmut KAHN/Bernd KNORR (Hg.), Alte Maße, Münzen und Gewichte. Ein Lexikon, Mannheim-Zürich 1987.
- Jean-Claude HOCQUET, La métrologie historique (Que sais-je?) Paris 1995.

Die These eines durchgeklügelten Münzwertsystems vertritt:

- Harald WITTHÖFT, Münzfuß, Kleingewichte, pondus Caroli und die Grundlegung des nordeuropäischen Maß- und Gewichtswesens in fränkischer Zeit, Ostfildern 1985.

Einführung in die Hilfswissenschaft:

- DERS., Umrisse einer historischen Metrologie zum Nutzen der wirtschafts- und sozialgeschichtlichen Forschung, 2 Bde. (Veröffentlichungen des MPI 60) Göttingen 1979.
- DERS., Die historische Metrologie in den Wissenschaften (Sachüberlieferung und Geschichte 3) Ostfildern 1987.

4.9 Heraldik (Wappenkunde)

Lit.:

- Von BRANDT (o. S. 45) S. 143 ff.; BOSHOF (o. S. 45) S. 173 ff.; DELORT (o. S. 98) S. 256 ff.; Jacques MEURGEY DE TUPIGNY, in: L'histoire et ses méthodes (o. S. 275) S. 740–767; Van CAENEGEM (o. S. 84) S. 511–521.
- Donald Lindsay GALBREATH, Handbüchlein der Heraldik, Lausanne [2]1948.

- DERS./Léon JÉQUIER, Handbuch der Heraldik, Augsburg 1990.
- Michel PASTOUREAU, Traité d' Héraldique, Paris [4]2003.
- Václav Vok FILIP, Einführung in die Heraldik (Historische Grundwissenschaften in Einzeldarstellungen 3) Stuttgart 2000.
- Georg SCHEIBELREITER, Heraldik (Oldenbourg Historische Hilfswissenschaften) Wien u. a. (für 2006 angekündigt).

Genealogisches Lexikon:
- Alfred ZAPPE, Grundriss der Heraldik (Grundriss der Genealogie 8) Limburg/L. [2]1971.
- Gert OSWALD, Lexikon der Heraldik, Mannheim-Wien-Zürich 1984.

Bibliographie:
- Eckart HENNING/Gabriele JOCHUMS, Bibliographie zur Heraldik, Köln-Wien 1984.

Als letzte der „klassischen" Hilfswissenschaften hat die Heraldik (Wappenkunde) – ähnlich der Genealogie als Familiengeschichtsforschung – oft mehr Interesse bei Laien als bei Historikern gefunden. Die Beschäftigung mit den Wappen (vgl. o. S. 208) kann aber wertvolle Aufschlüsse über die Adelsfamilien und ihr Selbstverständnis bzw. die Wappen führenden Institutionen und damit über die Rechts- und Verfassungsgeschichte (Wappenrecht, Wappenansprüche) vermitteln und zur Symbolforschung beitragen.

4.10 Insignien- und Realienkunde

Die Reihe der „klassischen", einzelnen Quellengattungen zugewandten Hilfswissenschaften lässt sich ohne weiteres erweitern. So versteht man oft die in der Nachfolge Percy Ernst Schramms ausgebildete Insignienkunde, die sich mit den (meist realen) Herrschaftszeichen (wie Krone, Szepter, Thron, Bischofsstab etc.) befasst und damit vor allem für die Verfassungsgeschichte interessant ist, als eine eigene Hilfswissenschaft (vgl. o. S. 208).

Die Beschäftigung mit Insignien in ihrer Eigenschaft als Sachquellen fügt sich aber auch in den größeren Rahmen einer Sachquellen- oder **Realienkunde** ein, die man durchaus als Hilfswissenschaft begreifen kann, der einerseits freilich viele historische Sachquellengruppen wie Münzen, Siegel etc. in eigenen Disziplinen entzogen sind, die sich andererseits aber auch mit Kunstwerken und Bodenfunden befasst und so mit Kunstgeschichte und Archäologie überschneidet. Heute versteht sich die Realienkunde von ihrem Aussagegehalt her oft breiter als Kultur- und Alltagsgeschichte und gehört somit in den Bereich der Forschungsansätze (vgl. u. S. 360 ff.).

4.11 Nachbardisziplinen als Hilfswissenschaften: das Beispiel der Mittelalterarchäologie

Mit Ausnahme der Historischen Geographie bewegen sich die bisher behandelten Hilfswissenschaften im Rahmen der Geschichtswissenschaft. Darüber hinaus können aber auch alle anderen Disziplinen hilfswissenschaftliche Beiträge zur Geschichtswissenschaft leisten, zumal dann, wenn sie historische Fragen stellen. Sie haben ihre eigenen Methoden, die im Rahmen dieser Einführung nicht mehr dargelegt werden können. Zu denken wäre zunächst an die verschiedenen Philologien (Mittellateinische Philologie, Germanistik, Romanistik, Anglistik, Slawistik etc.), und zwar sowohl als *Sprachgeschichte*,[6] deren Kenntnis unerlässlich ist für jede Beschäftigung mit Schriftquellen (vgl. dazu o. S. 237 ff.), als auch als *Literaturgeschichte*, die sich im Grunde wieder mit einer Quellengattung, der Dichtung, heute aber auch mit volkssprachigen Texten aller Art befasst, während umgekehrt die Dichtung auch von der Geschichtswissenschaft mit ihren umfassenden Fragestellungen immer stärker herangezogen wird (vgl. o. S. 201 ff.). Ein wichtiges Teilgebiet der Sprachgeschichte bildet die *Namenkunde*.[7] Zu denken wäre ebenso an die Kunstgeschichte, nämlich bei der Beschäftigung mit mittelalterlichen Kunstwerken,[8] die keineswegs nur im Rahmen der Kulturgeschichte, sondern auch für die Alltagsgeschichte interessant und von ihrem Inhalt und ihrer Ausdruckskraft her Indiz der Mentalität sind (vgl. o. S. 209 ff.). Der Symbolgehalt bildlicher Darstellungen des Mittelalters hat die *Ikonographie* zu einem eigenen bedeutenden Zweig werden lassen, der den Bedeutungsgehalt der Bilder klären hilft.

Zu nennen wären – je nach Interessen – aber auch die Musikgeschichte, die mittelalterliche Theologie mit ihren Zweigen (vor allem Liturgiewissenschaft und Dogmatik), die Rechtswissenschaft, die Sozial- und Wirtschaftswissenschaften (bei der Entwicklung moderner Fragestellungen und Theorien), die Geschichte der Medizin, die Ethnologie, die Volkskunde, die Naturwissenschaften (etwa für eine Klimageschichte), die Astronomie und andere mehr. Ihr historischer Beitrag beschränkt sich jeweils auf bestimmte Anwendungsbereiche.

Den größten Auftrieb verspricht die **Mittelalterarchäologie**, die als eigene Disziplin erst seit relativ kurzer Zeit besteht und die historischen Kenntnisse in vielerlei Hinsichten ergänzt. Sie kann als (Hilfs-)Wissenschaft für das Fundmaterial (die Bodenfunde, o. S. 211 ff.) betrachtet werden und ist ohnehin sehr stark durch historische Fragestellungen geleitet. Die Mittelalterarchäologie, die durch zeitliches Ausgreifen unmittelbar aus der Ur- und Frühgeschichte erwachsen ist, ist folglich eine historische Wissenschaft, die sich freilich nicht nur ihren eigenen Quellenbestand bewahrt, sondern vor allem ihre eigene (vornehmlich naturwissenschaftliche) Methode besitzt.

---

6 Vgl. Marcel Cohen, La linguistique et l'histoire, in: L'histoire et ses méthodes (o. S. 275) S. 823–846.

7 Vgl. D. P. Blok, Ortsnamen (TS 54) Turnhout 1988; Paul Lebel, Onomastique, in: L'histoire et ses méthodes (o. S. 275) S. 677–723 (am Beispiel Frankreichs). Vgl. o. S. 284.

8 Vgl. o. S. 209 ff.

Weit stärker als in der Ur- und Frühgeschichte können sich Bodenfunde und Schriftquellen hier potentiell ergänzen. Während die Kenntnis der Schriftquellen nur noch durch gelegentliche Funde erweitert wird, lagert im Boden noch weithin unerschöpftes Material; darin liegt die künftige Bedeutung der Mittelalterarchäologie.

Bei der Auswertung der Funde sind Archäologen ihrerseits auf die Hilfe von Spezialisten, vor allem von Chemikern, Anthropologen, Paläobotanikern und Paläozoologen, angewiesen. Die archäologischen **Methoden** (Prospektion und Aufnahme des Fundgutes durch Begehung, Luftaufnahmen, elektromagnetische Messungen und chemische Bodenuntersuchungen; Grabungen, bei Flächengrabungen vor allem durch Abtragen einzelner Schichten; Dokumentation der Grabung und Beschreibung des Fundbestandes durch Darstellung, Kartierung und Fotos; Auswertung des Befundes durch Laboranalysen, Fundvergleich, Datierung – mittels Hinweisen im Befund, Pollenanalyse, Dendrochronologie und Radiocarbonmethode – und Einordnung; Konservierung und Restauration) sind disziplinspezifisch und hier nicht darzustellen. Statt dessen sollen die wichtigsten Aussagebereiche und ihre Berührungspunkte mit der Geschichtswissenschaft angesprochen werden. Untersuchungsgegenstand sind vor allem Bauten (Kirchen, Burgen, Pfalzen, Häuser), Gräberfelder, Kirchhöfe, ländliche und städtische Siedlungen sowie alles darin enthaltene Fundgut.

- Die *Siedlungsarchäologie* (einschließlich Bauten, Gräbern und Wüstungen), die sich eng mit der Siedlungsgeographie (als Teil der Historischen Geographie) berührt, erfasst Bereiche, die von den Schriftquellen in der Regel ausgespart bleiben oder dort nur schemenhaft erkennbar sind: die Baugeschichte einzelner Gebäude sowie die Besiedlungsgeschichte einschließlich der Siedlungsformen und der Dauer der Besiedlung; die Untersuchung der Gräberfelder leistet einen Beitrag zur Anthropologie.
- Die *Anthropologie* zieht Erkenntnisse aus menschlichen Skeletten, einschließlich des Erkennens verbreiteter Krankheiten.
- Die *Wirtschaftsarchäologie* erfasst – vielfach an denselben Befunden – Nahrungsmittelproduktion und Nährhaushalt, Tierhaltung, Güteraustausch (Handel) und Verkehrswege, Rohstoffbeschaffung (z. B. Bergbau) und gewerbliche Produktion.
- Die *Archäo-Technologie* klärt damals angewandte technische Verfahren.
- Die *Ethnoarchäologie* befasst sich mit den Stämmen und Völkern.

Insgesamt liegt der Beitrag der Archäologie vornehmlich also auf dem Gebiet der Bau-, Siedlungs- und Wirtschaftsgeschichte; hier lassen sich konkrete Fragen an sie richten, die die Geschichtswissenschaft allein nicht lösen kann. Der Wert archäologischer Erkenntnisse für die Geschichtswissenschaft ist – je nach deren Quellenlage – unterschiedlich: Teils ergänzen oder bestätigen sie Bekanntes, teils klären sie Sachverhalte erst durch die gegenseitige Animation, teils erfassen sie aber auch Gegenstandsbereiche, die von den Schriftquellen her völlig dunkel bleiben würden (z. B. beim alltäglichen Hausrat). Auf der anderen Seite besitzt aber auch der archäologische Aussagebefund enge Erkenntnisgrenzen, wenn es um die Deutung von Entwicklungen und die Zuordnung zu historischen Kategorien geht. Das betrifft beispielsweise die Frage, wieweit sich archäologisch nachweisbare Befunde auf die von den Schriftquellen her bekannte Gesellschaftsgliederung übertragen lassen oder wieweit im Fundgut ablesbare Kulturkreise einer Stammes-und Volkszugehörigkeit entsprechen (was man bis vor wenigen Jahrzehnten vorausgesetzt hat). Um hier Zirkelschlüsse zu vermeiden, tendiert man heute vielfach dazu, historische und archäologische Befunde zunächst unabhängig voneinander auszuwerten und erst dann interdisziplinär zu vergleichen. Die Zusammenarbeit ist bisher noch von mancherlei Missverständnissen und gegenseitigen Fehlerwartungen begleitet, ihr kommt aber eine wachsende Bedeutung zu.

Lit.:
- Günther P. Fehring, Einführung in die Archäologie des Mittelalters, Darmstadt [3]2000 (zur Disziplin, ihren Arbeitsbereichen und bisherigen Ergebnissen).
- Herbert Jankuhn, Einführung in die Siedlungsarchäologie, Berlin-New York 1977.
- Jean Hubert, L'archéologie médiévale, in: L'histoire et ses méthodes (o. S. 275) S. 275–328.
- Methoden und Perspektiven der Archäologie des Mittelalters. Tagungsberichte zum interdisziplinären Kolloquium vom 27.–30. September 1989 in Liestal, hg. v. Jürg Tauber (Archäologie und Museum 20) Liestal 1991.
- Mittelalterarchäologie in Zentraleuropa. Zum Wandel der Aufgaben und Zielsetzungen, hg. v. Günter P. Fehring u. Walter Sage (ZAM Beih. 9) Bonn 1995.
- Barbara Scholkmann u. a., Archäologie des Mittelalters und der Neuzeit in Mitteleuropa: Theorien – Methoden – Arbeitsfelder, in: ZAM 25/26, 1997/98, S. 3–57.

Zur Methode:
- Hans-Jürgen Eggers, Methodik der Prähistorie, in: Enzyklopädie der geisteswissenschaftlichen Arbeitsmethoden 10: Methode der Geschichtswissenschaft und der Archäologie, München-Wien 1974, S. 146–215; Hans Georg Niemeyer, Methodik der Archäologie, ebd. S. 217–252; Wolfgang Müller-Wiener, Archäologische Ausgrabungsmethoden, ebd. S. 253 ff.
- Günther P. Fehring, Methodische Möglichkeiten der Archäologie des Mittelalters, BDLG 122, 1986, S. 193–205.

Zum Verhältnis zur Geschichtswissenschaft:
- Herbert Jankuhn, Umrisse einer Archäologie des Mittelalters, ZAM 1, 1973, S. 9–19.
- Walter Schlesinger, Archäologie des Mittelalters in der Sicht des Historikers, ZAM 2, 1974, S. 7–31 (zu bestimmten Fragestellungen, in denen Hilfe von seiten der Archäologie zu erwarten ist).
- Geschichtswissenschaft und Archäologie. Untersuchungen zur Siedlungs-, Wirtschafts- und Kirchengeschichte, hg. v. Herbert Jankuhn u. Reinhard Wenskus (Vorträge und Forschungen 22) Sigmaringen 1979.
- Werner Rösener, Archäologie und Geschichtswissenschaft: Erwartungen der Mediävistik von der Archäologie des Mittelalters, in: Methoden und Perspektiven (o. S. 303) S. 101–111.

Zu **Zeitschriften** vgl. o. S. 78.

4.12 Die EDV – eine Hilfswissenschaft?

Eine immer wichtiger werdende Hilfe leistet die Informatik bei der Erstellung von EDV-Programmen, die die geschichtswissenschaftliche Erfassung, Erschließung und Auswertung der Quellen, und zwar besonders quantitativ erschließbarer Quellenbestände, erleichtern. Dabei geht es im Wesentlichen einmal um die Registrierung, zum andern um die Organisation und Ordnung des Materials. Computerprogramme helfen beispielsweise bei der Erfassung des Wortbestandes einer Quelle, bei der Edition und bei der Registerherstellung sowie bei der statistischen Erschließung quantitativer Daten eines Umfangs, dessen Bearbeitung mit herkömmlichen Methoden umständlich und langwierig wäre. Das Programm muss dabei auf den jeweiligen Zweck hin erstellt bzw. zugeschnitten werden.

Inzwischen sind für gängige Bedürfnisse verschiedene Programme auf dem Markt, die gleichwohl der jeweiligen Aufgabe anzupassen sind. Speziell auf historische Bedürfnisse ausgerichtet ist das von Manfred Thaller entwickelte Programm Kleio. Die schnelle Entwicklung der kommerziellen Software erfordert eine dauernde Anpassung, macht aber auch die individuell zugeschnittene Nutzung möglich. Man darf die Möglichkeiten der EDV andererseits nicht überschätzen (wie das in der anfänglichen Euphorie geschah). Versuche, Computer auch bei der qualitativen Quellenauswertung, etwa der Interpretation, einzusetzen, dürfen als fehlgeschlagen gelten. Aber auch der quantitativen Auswertung sind nicht nur in Bezug auf die Zahl der Variablen Grenzen gesetzt, sie bleibt vor allem an die vorab getroffenen Eingaben und deren Strukturierung gebunden, so dass der sorgfältigen Erstellung des Programms, der Umsetzung von Material und Fragestellungen sowie Programmiersprachen eine entscheidende Bedeutung zukommt. Dabei ist auf die Verhältnismäßigkeit von Aufwand und Ergebnis zu achten. Man muss also die eigenen Fragestellungen und die Möglichkeiten des Materials schon vorab genau klären (Pretest). (Es geht nicht an, dass für die Programmerstellung mehr Zeit investiert wird als bei herkömmlicher Auswertung.)

Ist man sich solcher Grenzen bewusst, so bedeutet der Einsatz der EDV bei vielen Projekten eine große Arbeitserleichterung. Hilfswissenschaftlich ist bei diesem Vorgehen lediglich die Erstellung, nicht aber die Anwendung von Programmen.

In der Mediävistik sind in den letzten Jahrzehnten gute Erfolge durch den Einsatz der EDV bei groß angelegten Projekten erzielt worden, deren Programmierung allerdings auch viel Zeit gekostet hat und immer noch vervollkommnet wird. Zu erwähnen wäre etwa der Einsatz der EDV bei der Auswertung von Personennamen der Memorialüberlieferung (vgl. o. S. 189 ff.)[9] oder bei der Erschließung der in der Reihe „Corpus Christianorum Latinorum" edierten Texte (Projekt CETEDOC = Centre de traitement électronique des documents in Louvain-la-Neuve).

Die wichtigste Hilfe bei der historischen Arbeit bietet wohl die Vielzahl der im letzten Jahrzehnt auf dem Markt befindlichen **CD-ROM**. Editionen werden ebenso elektronisch erschlossen wie Bibliothekskataloge und Bibliographien. Das Corpus Christianorum ist seit langem auf CD-ROM verfügbar. Die Editionen der MGH werden zur Zeit schrittweise (als eMGH) elektronisch erfasst. Ebenso sind wichtige allgemeine Bibliographien (wie die Historische Bibliographie oder die Deutsche Nationalbibliographie) und Mittelalterbibliographien (International Medieval Bibliography, Medioevo Latino) auf CD-ROM verfügbar.

9 Zu den Problemen bei der Personenforschung vgl. Informatique et prosopographie (Table ronde, CNRS) Paris 1984.

Eine weitere, in ihren Ausmaßen noch gar nicht abzusehende Nutzungsmöglichkeit im Hinblick auf eine schnelle und weltweite Information bietet das **Internet**.[10] Die Zahl der für Mediävisten interessanten Adressen wächst und wechselt ständig, so dass es sinnlos wäre, an dieser Stelle einen Überblick geben zu wollen (vgl. o. S. 219). In Zukunft wird das Internet zunehmend auch als Publikationsform genutzt werden. Das erfordert nicht nur lizenzrechtliche Klärungen, sondern auch neue Wege eines kritischen Umgangs mit den neuen Medien.

Lit.:

- Van CAENEGEM, Introduction (o. S. 84) S. 533–550.

Von den zahlreichen programmatischen Aufsätzen seit den 70er-Jahren seien stellvertretend wegen ihrer Ausgewogenheit genannt:

- Informatique et histoire médiévale, hg. v. Lucien FOSSIER, André VAUCHEZ u. Cinzio VIOLANTE (Collection de l'école française de Rome 2) Rom 1977 (informiert über einige der quantitativen Quellenbestände und die frühen Versuche der Auswertung mit EDV).
- Mediaevistik und Neue Medien, hg. v. Ingrid BENNEWITZ, Klaus VAN EICKELS u. Ruth WEICHSELBAUMER, Ostfildern 2004.
- Computer in den Geisteswissenschaften. Konzepte und Berichte, hg. v. Manfred THALLER u. Albert MÜLLER (Studien zur Historischen Sozialwissenschaft 7) Frankfurt/M.-New York 1989.
- Werner BERGMANN, Multimediale Gesellschaft – Geschichtsstudium multimedial und computergestützt I, in: Studienreform Geschichte – kreativ, hg. v. Wolfgang Schmale (Herausforderungen. Historisch-politische Analysen 4) Bochum 1997, S. 217–240.

Zeitschrift:

- Le médiéviste et l'ordinateur (seit 1979); Bd. 34, 1996/97, hg. v. Institut de Recherche et d'Histoire des Textes.

---

10 Vgl. Christian von DITFURTH, Internet für Historiker, Frankfurt/M. ^{3}1999; Stuart JENKS/Paul TIEDEMANN, Internet für Historiker. Eine praxisorientierte Einführung, Darmstadt ^{2}1999, zum Mittelalter S. 87 ff.

5 Methoden und Forschungsansätze der Mediävistik

Die Arbeit an Quellen und Darstellungen bildet die grundlegende geschichtswissenschaftliche und im Proseminar zu erlernende Tätigkeit, die Bestandteil jeder historischen Untersuchung ist. Die methodischen „Grundoperationen", Heuristik, Kritik und Interpretation, sind Errungenschaften der im 18. und 19. Jh., vor allem im Zeitalter des sog. „Historismus" (u. S. 308 ff.), ausgebildeten kritischen Geschichtswissenschaft und gelten als solche im Prinzip unverändert fort. Daher haben sich die verschiedenen Arbeitsschritte zunächst für sich behandeln lassen. Andererseits reichen sie heute aber kaum mehr aus, die Fülle methodischer Möglichkeiten zu vermitteln. Die Auswertung und Deutung der Quellen und die anschließende Verarbeitung und Akzentuierung der Ergebnisse ist darüber hinaus nämlich nicht unwesentlich von der jeweiligen Fragestellung wie auch von der individuellen Geschichtsanschauung, von den Auffassungen über Aufgaben und Leistungen der Geschichtswissenschaft, abhängig. Eine Darstellung der historischen Arbeitsweise kann sich daher nicht auf die behandelten Arbeitsschritte beschränken, wie das noch – weitgehend – bei Droysen (o. S. 17), vor dem Hintergrund relativ unstrittiger Auffassungen über Wesen und Ziel historischer Forschung, wie auch in neueren Einführungen der Fall ist. Der Inhalt eines Geschichtsstudiums kann nicht nur darin bestehen, „Fakten" zu ermitteln (und zu lernen), in Beziehung zueinander zu setzen oder auch zu erklären. Vielmehr zeichnet sich gerade die heutige Geschichtswissenschaft durch ein breites Spektrum möglicher, oft auch miteinander konkurrierender Frageansätze und methodischer Herangehensweisen aus, die im Rahmen eines Proseminars allenfalls exemplarisch berücksichtigt werden können, mit denen Studierende schon bei der Auswertung historischer Darstellungen aber ständig – wenngleich nicht immer explizit – konfrontiert werden. „Die heutige Geschichtswissenschaft ist zu einem viel breiteren Wissen gelangt, das die gesamte Vergangenheit des Menschen in seiner ganzen Komplexität und seiner totalen Fülle erfassen möchte."[1] Daher ist der Einführung in Quellenarbeit (Kapitel 3.3) und Historische Hilfswissenschaften (Kapitel 4) ein letztes Kapitel anzufügen, das einen ersten Überblick einmal über die vielfältigen Methoden und Methodenprobleme der Geschichtswissenschaft und deren Selbstverständnis, zum andern über deren Arbeitsfelder (Teilgebiete) und neuere Forschungsansätze und -gegenstände vermittelt,

---

1 So (hier in deutscher Übersetzung) Henri-Irénée Marrou, in: L'histoire et ses méthodes (o. S. 275) S. 32.

soweit sie die Geschichtswissenschaft insgesamt oder die Mediävistik im Besonderen betreffen. Solche Darlegungen knüpfen – bewusst nach der Behandlung der praktischen Arbeit – an die allgemeinen Überlegungen zur Geschichtstheorie im ersten Kapitel an.

5.1 Zur jüngeren Geschichte und heutigen Situation der Geschichtswissenschaft

Lit.:

- Georg G. IGGERS, Deutsche Geschichtswissenschaft. Eine Kritik der traditionellen Geschichtsauffassung von Herder bis zur Gegenwart (dtv 4059) München 1971; ND. Wien-Köln-Weimar 1997.
- DERS., Neue Geschichtswissenschaft. Vom Historismus zur Historischen Sozialwissenschaft. Ein internationaler Vergleich (dtv 4308) München 1978.
- DERS., Geschichtswissenschaft im 20. Jahrhundert. Ein kritischer Überblick im internationalen Zusammenhang (KVR 1565) Göttingen ²1996.
- Karl-Georg FABER, Ausprägungen des Historismus, HZ 228, 1979, S. 1–22.
- Ernst SCHULIN, Geschichtswissenschaft in unserem Jahrhundert, HZ 245, 1987, S. 1–30.
- Wolfgang HARDTWIG, Geschichtskultur und Wissenschaft (dtv wiss. R. 4539) München 1990.
- Über das Studium der Geschichte, hg. v. Wolfgang HARDTWIG (dtv 4546) München 1990.
- Otto Gerhard OEXLE, Geschichtswissenschaft im Zeichen des Historismus. Studien zu Problemgeschichten der Moderne (Kritische Studien zur Geschichtswissenschaft 116) Göttingen 1996.
- Historismus am Ende des 20. Jahrhunderts, hg. v. Gunter SCHOLTZ, Berlin 1997.

Zur neueren Geschichtswissenschaft außerdem:
- Winfried SCHULZE, Deutsche Geschichtswissenschaft nach 1945, München 1989.
- Georges DUBY, Über einige Grundtendenzen der modernen französischen Geschichtswissenschaft, HZ 241, 1985, S. 543–554.
- Die DDR-Geschichtswissenschaft als Forschungsproblem, hg. v. Georg G. IGGERS, Konrad H. JARAUSCH, Matthias MIDDELL u. Martin SABROW (HZ Beih. 27) München 1998.

Zur Mediävistik:
- Klaus SCHREINER, Wissenschaft von der Geschichte des Mittelalters nach 1945. Kontinuitäten und Diskontinuitäten der Mittelalterforschung im geteilten Deutschland, in: Deutsche Geschichtswissenschaft nach dem Zweiten Weltkrieg (1945–1965), hg. v. Ernst Schulin (Schriften des Historischen Kollegs. Kolloquien 14) München 1989, S. 87–146.
- Peter SEGL, Mittelalterforschung in der Geschichtswissenschaft der DDR, in: Geschichtswissenschaft in der DDR, Bd. 2: Vor- und Frühgeschichte bis Neueste Geschichte, hg. v. Alexander Fischer u. Günther Heydemann (Schriftenreihe der Gesellschaft für Deutschlandforschung 25/II) Berlin 1990, S. 99–148.
- BORGOLTE (Hg.), Mittelalterforschung nach der Wende (o. S. 33, Anm. 31).

- GOETZ, Moderne Mediävistik (o. S. 34).
- Mediävistik im 21. Jahrhundert. Stand und Perspektiven der internationalen und interdisziplinären Mittelalterforschung, hg. v. Hans-Werner GOETZ und Jörg JARNUT (MittelalterStudien des Instituts zur interdisziplinären Erforschung des Mittelalters und seines Nachwirkens 1) München 2003.

Die moderne Geschichtswissenschaft hat dem sog. **Historismus** des 19. Jh., vor allem in methodischer Hinsicht, viel zu verdanken.[2] Sie hat sich schon seit dem Beginn des 20. Jh. aber auch kritisch mit ihm auseinandergesetzt und seinen ideologischen Rahmen zu überwinden versucht. Die Kritik richtete sich dabei weniger gegen die methodischen Leitlinien als vielmehr gegen die zugrundeliegende Weltanschauung, deren Überwindung allerdings auch auf das methodische Vorgehen zurückwirkte. Hier können nur die wichtigsten Entwicklungslinien skizziert werden.

Entscheidendes Kennzeichen des Historismus ist die (geschichtsphilosophische) Überzeugung, dass alles Leben und Denken geschichtlich bestimmt ist; konsequent weitergedacht, wird Geschichte damit zu einem Wissenschaftsprinzip, das sich nach Johann Gustav Droysen als eigenständige, auf Ethik abzielende und durch das „Verstehen" gekennzeichnete Methode neben die physikalische, auf ein Erklären ausgerichtete, und die spekulative oder logische, am Erkennen orientierte Methode stellt und den Geisteswissenschaften zugrunde liegt. „Geschichte" als kontinuierlich fortschreitende Entwicklung der Menschheit besitzt somit einen hohen Stellenwert, eine eigene Methode und die bedeutende gesellschaftliche Funktion der moralischen und vor allem der politischen Erziehung. Wegweisend für das moderne historische Denken ist die Betonung der Einmaligkeit und Besonderheit unwiederholbarer historischer Erscheinungen, nämlich die damals verbreitete Anschauung, dass jede Epoche wichtig und dass jede Epoche anders und daher aus ihren jeweils eigenen Voraussetzungen heraus zu begreifen sei (Ranke: „Jede Epoche ist unmittelbar zu Gott"). „Historismus" war damit weit mehr als eine historische Methode, es war eine Geschichtsphilosophie, ja, wie man gesagt hat, eine „Geschichtsreligion", in deren Rahmen die mittelalterliche Geschichte einen bedeutenden Rang einnahm.

Die Reaktion gegen solche Überzeugungen richtete sich vor allem gegen vier Elemente: gegen die Verabsolutierung der Geschichte um ihrer selbst willen, gegen einen aus der Gleichwertigkeit der Epochen resultierenden Werterelativismus, gegen die enge Identifizierung mit Staat und Staatlichkeit – die „universale" Ausrichtung der Geschichtswissenschaft war in Wirklichkeit eine sehr politische – wie vor allem gegen die Überzeugung, dass die Vergangenheit objektiv erkennbar sei: Geschichte, schrieb Leopold von Ranke, „will bloß zeigen, wie es eigentlich gewesen",[3] auch wenn das letztlich nur ein anzustrebendes Ideal blieb: „Ich wünschte mein Selbst gleichsam auszulöschen und nur die Dinge reden, die mächtigen Kräfte erscheinen zu lassen."[4] Solche Vorstellungen sind

2 Wolfgang HARDTWIG, Geschichtsreligion – Wissenschaft als Arbeit – Objektivität. Der Historismus in neuer Sicht, HZ 252, 1991, S. 1–32; Ulrich MUHLACK, Geschichtswissenschaft im Humanismus und in der Aufklärung: Die Vorgeschichte des Historismus, München 1991; Friedrich JAEGER/Jörn RÜSEN, Geschichte des Historismus. Eine Einführung, München 1992.

3 Leopold von RANKE, Sämtliche Werke Bd. 33/34, Leipzig ³1877, S. VII.

4 Ebd. Bd. 15, S. 101.

längst strittig geworden: Jedes Wissen sei subjektiv, behauptete Wilhelm Dilthey zu Beginn des 20. Jh. Andere Arten der Geschichtsbetrachtung traten neben die traditionelle: Karl Lamprecht suchte eine sozial- und kulturgeschichtliche Perspektive neben die politische zu stellen (konnte sich damit aber nicht durchsetzen), Friedrich Meinecke betonte die politische Triebkraft der Ideen.

Hielten sich solche Umdeutungen noch im Rahmen eines historistischen Systems, so geriet die Geschichtswissenschaft, die in Deutschland – personell wie der inhaltlichen Ausrichtung nach – ihren Umbruch bezeichnenderweise nicht nach 1945, sondern erst in den 1960er- und frühen 1970er-Jahren erlebte, bald darauf auch in eine methodische Grundlagenkrise, die durch die Infragestellung ihrer theoretischen Prämissen, ihrer traditionellen Methoden wie auch ihrer praktischen Wirksamkeit außerhalb der Wissenschaft bedingt war. Letzteres war auch eine Folge der Enthistorisierung der Geisteswissenschaften schon seit den 1920er-Jahren. War im 19. Jh. die Geschichtlichkeit Maßstab aller Geisteswissenschaften, so verlagerte sich der Akzent endgültig in der zweiten Hälfte des 20. Jh. stärker auf das Bleibende bzw. auf die Gegenwart, wurden die Sozialwissenschaften zum Maßstab der Historie. Geschichte wurde „theoriebedürftig", das heißt, man dachte über das Fach, seine Voraussetzungen, Leistungen und Methoden nach (vgl. o. S. 25 ff.) und nahm Ansätze aus anderen Wissenschaften auf. Daraus resultierte eine Wandlung in den Zielen und Methoden der Geschichtswissenschaft, auf die gleich noch näher einzugehen ist und die zu einer solchen Verunsicherung geführt hat, dass man – in Anlehnung an das Schlagwort der „Postmoderne" – sogar von einer „posthistoire" zu sprechen wagte und fragte, ob die „Geschichte" zu Ende sei.[5]

Die Neuorientierung der Geschichtswissenschaft hat dem historischen Element – auch in anderen Wissenschaften – inzwischen wieder den ihm zustehenden Rang verschafft. Die heutige Geschichtswissenschaft ist zweifellos nicht mehr *die* Grundwissenschaft schlechthin, sie bringt mit ihrem Blick auf das Historische, im Zeitablauf sich Verändernde aber eine allgemein anerkannte, wichtige und unverzichtbare Perspektive ein. Sie besitzt zwar nicht ein ihr allein eigenes inhaltliches Erkenntnisobjekt, mit dem Bezug auf die Zeitebene wohl aber eine fachspezifische Perspektive, während die inhaltlichen Berührungen mit anderen Wissenschaften zu interdisziplinärem Vorgehen anreizen. Scheint die „Krise" des gesamten Fachs demnach inzwischen überwunden,[6] ist die Geschichtswissenschaft heute durch innere Identitätszweifel oder – trotz anhaltender Beschneidungen im Personalbestand und in der materiellen Ausstattung – als gesellschaftlich relevante Disziplin nicht mehr gefährdet als andere Geisteswissenschaften, so bleibt ihr Ergebnis doch eine gesunde Unsicherheit gegenüber verbindlichen Leitlinien und methodischen Prämissen. Die heutige Geschichtswissenschaft ist eher bereit, neue Methoden und

5 Kritisch dazu: Lutz Niethammer, Posthistoire. Ist die Geschichte zu Ende? (rowohlts enzyklopädie 504) Reinbek 1989.

6 Vgl. F. R. Ankersmit, Geschiedenis, historiciteit en wetenschapsbeoefening, Tijdschrift voor geschiedenis 101, 1988, S. 497–509. Das ganze Heft dieser Zeitschrift handelt von der „Historizität" einzelner Wissenschaften und enthält Beiträge in niederländischer und englischer Sprache zu Theologie, Philosophie, Rechtswissenschaft, Sprachwissenschaft, Soziologie, Psychologie, Anthropologie, Politologie und Wirtschaftswissenschaften, die sämtlich ihre historische Perspektive wiederentdeckt haben.

Ansätze aufzunehmen als alte abzustoßen, auch wenn immer wieder Richtungsstreitigkeiten um deren Vorrang ausbrechen. Sie zeichnet sich durch eine Methoden- und Blickwinkelvielfalt aus, die als Chance für eine multiperspektivische Geschichtsbetrachtung angesehen werden sollte, unverkennbar aber doch eine Folge der Tatsache ist, dass sie die innere Sicherheit und Überzeugung von einem unantastbaren Wert des Fachs und vor allem von einer einheitlichen historischen Methode verloren hat.

Hintergrund des pluralistischen Geschichtsbildes ist die Tatsache, dass die geschichtsphilosophischen Überzeugungen von einem festen Sinn und Ziel des Geschichtsablaufs verlorengegangen, die Anschauungen vom Wesen und Wirken geschichtsprägender Kräfte umstritten sind. Die mittelalterliche Geschichtsphilosophie etwa war Geschichtstheologie, nämlich die Vorstellung von einer von Gott planvoll gelenkten und zielstrebig auf die Ewigkeit zulaufenden Entwicklung des heilsgeschichtlich gedeuteten historischen Ablaufs. Selbst das geschlossenste philosophische System der jüngeren Vergangenheit, der sich auf Karl Marx berufende und trotz seines oppositionellen Ursprungs der Vorstellungswelt des 19. Jh. verhaftete historische Materialismus, der den Geschichtsablauf als einen von Produktivkräften und Produktionsverhältnissen gesteuerten dialektischen Prozess betrachtet, hatte in den letzten Jahrzehnten, noch bevor auch in sozialistischen Ländern Zweifel an der Wirksamkeit seines politischen Systems aufkamen, viel von seiner systematischen Einheitlichkeit eingebüßt und zum Beispiel die Formationen sowohl in ihrer Abfolge (Urgesellschaft, Sklavenhaltergesellschaft, Feudalgesellschaft, Bürgerliche Gesellschaft, klassenlose Gesellschaft) wie in ihren revolutionären Umwälzungen kaum mehr schematisch, sondern als einen evolutionären und durch Gegenbewegungen vielfach unter- und gebrochenen Prozess betrachtet.

Lit.:

Konziser Überblick über mögliche geschichtsphilosophische Deutungen aus theologischer Sicht:

- Richard Schaeffler, Einführung in die Geschichtsphilosophie, Darmstadt ^{4}1991.

Geschichtsphilosophie (als systematische Betrachtung des historischen Geschehens), Geschichtstheorie (als systematische Betrachtung der historischen Forschung) und Geschichtsbild (als konkrete, systematisierende Vergegenwärtigung der Vergangenheit) sind daher heute nicht allgemein verbindlich festgelegt. Aufgabe eines „Proseminars" kann es folglich nicht sein, feste Leitlinien für *die* historische Methode zu bieten, noch lassen sich umgekehrt (pluralistisch) sämtliche Ansätze hinreichend beschreiben. Die Vielzahl der historischen Fragen erschwert nicht nur die Antworten, sondern auch eine systematische Ordnung im Rahmen einer Einführung. Im Folgenden sollen daher nur einige wichtige Aspekte (und Streitpunkte) des Selbstverständnisses einer modernen Geschichtswissenschaft vorgestellt werden, und zwar

- einmal hinsichtlich ihrer Methoden (Kap. 5.2),
- zum andern hinsichtlich ihrer wichtigsten Betrachtungs- und Beschreibungsebenen (Kap. 5.3)
- und schließlich hinsichtlich ihrer traditionellen Themenfelder (Teilgebiete) und neueren Ansätze (Kap. 5.4),

soweit sie von Interesse für die mittelalterliche Geschichte sind. Die im Folgenden erörterten Probleme greifen um der Verständlichkeit willen jeweils einzelne Gesichtspunkte heraus, die tatsächlich, wie im Laufe der Darstellung wohl deutlich wird, in vielfältiger Weise miteinander verknüpft sind.

5.2 Methodenprobleme der Geschichtswissenschaft

Lit.:

Zu allgemeinen Werken der Geschichtstheorie vgl. o. S. 17f.

Ferner:

- Fischer Lexikon Geschichte, hg. v. Richard van DÜLMEN, vollst. aktual. Ausg., Frankfurt 2003.
- Jörn RÜSEN, Zeit und Sinn. Strategien historischen Denkens (Fischer Tb. wiss. 7435) Frankfurt 1990.
- DERS., Historische Orientierung – Über die Arbeit des Geschichtsbewußtseins, sich in der Zeit zurechtzufinden, Köln-Weimar-Wien 1993.

Nützliche Sammelbände:

Frankreich:

- Faire de l'histoire. Noveaux problèmes. Nouvelles approches. Nouveaux objets, hg. v. Jacques LE GOFF u. Pierre NORA, 3 Bde., Paris [2]1986.
- La nouvelle histoire, hg. v. Jacques LE GOFF, Roger CHARTIER und Jacques REVEL (Les encyclopédies du savoir moderne) Paris 1978; dt.: Die Rückeroberung des historischen Denkens. Grundlagen der Neuen Geschichtswissenschaft, Frankfurt 1990.

England/USA:

- International Handbook of Historical Studies. Contemporary Research and Theory, hg. v. Georg G. IGGERS u. Harold T. PARKER, London 1980.
- New Perspectives on Historical Writing, hg. v. Peter BURKE, Cambridge [2]2001.

Deutschland:

- Seminar: Geschichte und Theorie. Umrisse einer Historik, hg. v. Hans Michael BAUMGARTNER u. Jörn RÜSEN (suhrkamp Tb. wiss. 98) Frankfurt 1976.
- Jörn RÜSEN, Für eine erneuerte Historik. Studien zur Theorie der Geschichtswissenschaft (Kultur und Gesellschaft 1) Stuttgart-Bad Cannstatt 1976.
- Theorieprobleme der Geschichtswissenschaft, hg. v. Theodor SCHIEDER u. Kurt GRÄUBIG (Wege der Forschung 378) Darmstadt 1977.
- Theorie der Geschichte. Beiträge zur Historik (hg. v. der Studiengruppe „Theorie der Geschichte", Bad Homburg):

  Bd. 1: Objektivität und Parteilichkeit in der Geschichtswissenschaft, hg. v. Reinhart KOSELLECK, Wolfgang J. MOMMSEN u. Jörn RÜSEN (dtv wiss. 4281) München 1977;

  Bd. 2: Historische Prozesse, hg. v. Karl Georg FABER u. Christian MEIER (dtv wiss. 4304) München 1978;

  Bd. 3: Theorie und Erzählung in der Geschichte, hg. v. Jürgen KOCKA u. Thomas NIPPERDEY (dtv wiss. 4342) München 1979;

  Bd. 4: Formen der Geschichtsschreibung, hg. v. Reinhart KOSELLECK, Heinrich LUTZ u. Jörn RÜSEN (dtv wiss. 4389) München 1982;

Bd. 5: Historische Methode, hg. v. Christian MEIER u. Jörn RÜSEN (dtv wiss. 4390) München 1988;
Bd. 6: Teil und Ganzes, hg. v. Karl ACHAM u. Winfried SCHULZE (dtv wiss. 4544) München 1990.

- Theorie der modernen Geschichtsschreibung, hg. v. Pietro ROSSI (edition suhrkamp 390) Frankfurt 1987.
- Geschichtsdiskurs, hg. v. Wolfgang KÜTTLER, Jörn RÜSEN u. Ernst SCHULIN, 5 Bde., Frankfurt/M. 1993–1999.
- Geschichte. Ein Grundkurs, hg. v. Hans-Jürgen GOERTZ, Reinbek b. Hamburg ^{2}2001.

Theoretische Versuche der Durchdringung der methodischen Probleme:

- Franz Martin WIMMER, Verstehen, Beschreiben, Erklären. Zur Problematik geschichtlicher Ereignisse, München 1978.
- C. Behan MCCULLAGH, Justifying Historical Descriptions, Cambridge 1984.
- Thomas HAUSSMANN, Erklären und Verstehen: Zur Theorie und Pragmatik der Geschichtswissenschaft (suhrkamp Tb. wiss. 918) Frankfurt 1991.

Marxismus:

- Probleme der marxistischen Geschichtswissenschaft. Beiträge zu ihrer Theorie und Methode, hg. v. Ernst ENGELBERG, Köln 1972.
- Feudalismus. Entstehung und Wesen, hg. v. Eckhard MÜLLER-MERTENS (Akademie der Wissenschaften der DDR. Zentralinstitut für Gesch. Studienbibl. 4) Berlin 1985. Vgl. auch
- Feudalismus. Materialien zur Theorie der Geschichte, hg. v. Ludolf KUCHENBUCH unter Mitarbeit von Bernd MICHAEL (Ullstein 3354) Frankfurt-Berlin-Wien 1977.

Die historische Forschung unterliegt gewissen Regelungen, die die Verwissenschaftlichung des Erkenntnisprozesses gewährleisten und die Ergebnisse begründbar machen sollen. Solche methodologischen Prinzipien, wie wir sie bereits im 3. Kapitel kennengelernt haben, bezeichnet man als „historische Methode“. Ihre Möglichkeiten und problematischen Streitpunkte sind noch genauer zu besprechen.

5.2.1 Zum Charakter historischer Erkenntnis

Die historische Methode ist zunächst ein Vermächtnis der Zeit des Historismus, der von einer (übergeordneten) geisteswissenschaftlichen Methode ausging und deren hermeneutischen, auf „Verstehen“ abzielenden Charakter von naturwissenschaftlichen Herangehensweisen unterschied. Solche Abgrenzungen sind ebenso strittig geworden wie der Absolutheitsanspruch und die Ausschließlichkeit *einer* geisteswissenschaftlichen Methode. Andere Herangehensweisen sind hinzugetreten, die nicht zuletzt den Zweck verfolgten, die (in Frage gestellte) Wissenschaftlichkeit der Geschichtswissenschaft zu verteidigen: Man ringt um die Vereinbarkeit, vor allem aber um den Vorrang geschichtswissenschaftlicher Ansätze. Das Problem ist noch ungelöst und äußerst komplex; die im Folgenden vorgestellten Ansätze hängen tatsächlich eng miteinander zusammen, betrachten die Forschung aber aus unterschiedlichen Blickwinkeln und vermögen von daher die Problematik eines „Methodenstreits“ deutlich zu machen.

Es handelt sich im Wesentlichen um drei, wegen ihres inneren Zusammenhangs oft gleichbedeutend verwendete Gegensatzpaare, die tatsächlich aber unterschiedliche Aspekte des Methodenproblems betonen:
(1) Die Grundfrage lautet: Beruht historische Forschung auf der *hermeneutischen*, auf ein „Verstehen" ausgerichteten, *oder* auf *analytischen*, mehr den „exakten" Wissenschaften folgenden, empirischen *Methoden*? Dabei geht es auch um die Frage, ob sich die Geschichtswissenschaft als Geistes- oder als Sozialwissenschaft versteht.

Mit diesem Grundsatzstreit wird gern eine zweite Frage verbunden: Soll Geschichtswissenschaft die Vergangenheit *verstehen oder erklären*? Ein solcher Gegensatz wird der Sache jedoch nicht gerecht, da auch die Hermeneutik, allerdings auf einem anderen Weg, „erklären" will.

(2) Ist die Geschichtswissenschaft eine *individualisierende*, auf den Einzelfall bezogene *Wissenschaft*, oder erlaubt sie eine Verallgemeinerung *(Generalisierung)* der Einzelfakten?
(3) Soll sie *qualifizierend* jedes Einzelstück wichtig nehmen und den individuellen Inhalt und Sinngehalt auswerten *oder quantifizierend* das einzelne Ereignis durch serielle Daten ersetzen und sich auf eine statistische Auswertung von Zahlen- und Datenmassen stützen?

So gegensätzlich solche Alternativen auch erscheinen mögen, sie schließen sich keineswegs grundsätzlich aus. Daher geht es bei dem sog. „Methodenstreit" tatsächlich eher um einen „Richtungsstreit", um die in unserer Zeit angemessenere Methode.[7] Die Umorientierung ist aber immerhin so groß, dass Geschichtstheoretiker von einem „Paradigmenwechsel" (einem grundlegenden Wandel der Betrachtungsmuster) sprechen. Im Prinzip lassen sich drei geschichtswissenschaftliche „Operationen" unterscheiden, aber auch als komplementäre Abfolge begreifen, nämlich
(1) das *„Erkennen"* im Sinne eines faktischen Feststellens (als erstes Ziel der im 3. Kapitel beschriebenen Quellenarbeit),
(2) das *Verstehen* als die der betrachteten Zeit gemäße Einordnung der eruierten „Fakten" im Rahmen der Interpretation,
(3) das *Erklären* im Sinne einer modernen Deutung.

Die Deutung kann sich dabei ganz verschiedenen Kriterien unterwerfen. Sie kann beispielsweise „kasuistisch" nach den im Geschehnisablauf selbst immanenten Ursachen oder „positivistisch" nach gesetzmäßigen Abläufen fragen, „intentionalistisch" die Absichten der Handelnden untersuchen, „psychologisch" den unbewussten Verhaltensmotiven nachgehen oder „strukturell" nach tieferen Wirkfaktoren oder ursächlichen Rahmenbedingungen fahnden.[8]

---

7 Vgl. Konrad Repgen, Methoden- oder Richtungskämpfe in der deutschen Geschichtswissenschaft seit 1945?, GWU 30, 1979, S. 591–610.

8 Die unterschiedlichen Deutungen eines Themas behandelt exemplarisch: August Nitschke, Zur Italienpolitik Ottos des Großen. Ein methodenorientiertes Proseminar, GWU 26, 1975, S. 155–169.

Verstehen und Erklären bilden nicht zwangsläufig Gegensätze, sondern notwendige Ergänzungen geschichtswissenschaftlicher Arbeitsweise.

5.2.2 Hermeneutik: Das Verstehen als geschichtswissenschaftliche Methode

Lange Zeit galt die historische Methode ihrem Wesen nach als rein hermeneutisch, auf Verstehen und Sinn hin ausgerichtet, deren angemessene Ausdrucksweise die Interpretation war: „Das Wesen der historischen Methode ist forschend zu verstehen", schrieb Johann Gustav Droysen.[9] Aus dem Verstehen erwachse unmittelbar die historische Erkenntnis, die geistige Rekonstruktion einer – als faktisch gesichert betrachteten – Vergangenheit. Eine hermeneutische Geschichtsbetrachtung stellt Fragen nach dem Wie (dem Ablauf), dem Woher (den Ursachen) und dem Wohin (den Folgen). Ein solches „Verstehen" ist zwiegerichtet und umschließt das Verständnis einmal der Quellen (Textverständnis), zum andern der Sachverhalte. Es entspricht einer auf Handlungs- und Ereigniszusammenhänge orientierten Geschichtsbetrachtung, ohne grundsätzlich darauf beschränkt zu sein. „Verstehen" ist aber auch in methodischer Hinsicht zweideutig und bezieht sich einmal – und hauptsächlich – auf ein Verstehen der historischen Zusammenhänge (mit dem Anspruch, diese aus dem Rückblick besser zu verstehen), aber auch auf ein einfühlendes Verstehen der epochenspezifischen Phänomene und Werte. Letzteres ist in fernen und andersartigen Zeiten wie dem Mittelalter besonders wichtig, aber auch besonders schwierig und erfordert ein konsequentes, ständiges gedankliches Annähern an mittelalterliche Denk- und Handlungsweisen.

Die hermeneutische Methode (nicht der Inhalt) machte die Geschichtswissenschaft nach früherer Meinung zu einer von den Naturwissenschaften strikt unterschiedenen *Geisteswissenschaft*. Vor allem Wilhelm Dilthey setzte zu Beginn des 20. Jh. das geisteswissenschaftliche Verstehen einem naturwissenschaftlichen Erklären entgegen; in seiner Nachfolge sprach Wilhelm Windelband von idiographischen, das Individuelle betonenden, gegenüber nomothetischen, auf festen Gesetzen beruhenden Wissenschaften. Dieser strikte Gegensatz ist heute schon deshalb fraglich geworden, weil auch die Naturwissenschaften nur noch zum Teil empirisch arbeiten und Bereiche erschlossen haben, die nur noch gedanklich, mit Modellen, zu durchdringen sind und damit die Grenzen der Exaktheit überschreiten. War mit dem Gegensatz anfangs der Wert der Geisteswissenschaften betont, so kehrte sich das Verhältnis zudem bald um, seit die Einsicht wuchs, dass eine auf das Verstehen beschränkte Geschichtswissenschaft keine absolut sicheren Erkenntnisse liefert und damit eben keine „exakte" Wissenschaft ist, weil ein „Verstehen" stets auch von zeitspezifischen Wertvorstellungen abhängt. Die philosophische Hermeneutik habe sich daher bereits auf das vorwissenschaftliche Verständnis zu richten (so Gadamer).[10] Seiner „normativen" Hermeneutik, die die Vergangenheit von den Normen und Werturteilen der Gegenwart her interpretiert, aber setzte

---

9 Historik (o. S. 17) S. 423.

10 Hans-Georg GADAMER, Wahrheit und Methode. Grundzüge einer philosophischen Hermeneutik, Tübingen ³1972.

man – etwa von seiten der „Kritischen Theorie" um Jürgen Habermas[11] – die „kritische" Hermeneutik entgegen, die solche Werte in Frage stellte. Das Verstehen ist hier nicht mehr gleichzusetzen mit historischem Erkennen (wie bei Gadamer); es erfordert ein Heraustreten des Wissenschaftlers aus den Traditionszusammenhängen mit ihren Vorurteilen. Der Geschichtswissenschaft aber geht es – im Gegensatz zu dieser „philosophischen Hermeneutik" – gerade nicht um eine zeitlose Erfassung der Vergangenheit, sondern um deren zeitbedingte Faktoren.

Im Gefolge solcher Umwertungen einer sich von den optimistischen Überzeugungen des Historismus entfernenden Geschichtswissenschaft erhoben sich Zweifel an der **Objektivität** historischer Erkenntnisse, daran, dass Historiker/innen die Geschichte wirklich so erkennen können, wie sie gewesen ist. Zwar hat es immer wieder Versuche gegeben, das Objektivitätsprinzip zu erweisen bzw. die Bedingungen darzustellen, unter denen Objektivität möglich ist. „Historische Erkenntnis," so schließt Hans-Walter Hedinger sein in diesem Sinne angelegtes, ausführliches Plädoyer, „ist allgemein möglich; der Historiker kann zeigen, wie es eigentlich gewesen."[12] Im Allgemeinen aber ist man sich der Standortgebundenheit historischer Aussagen bewusst (vgl. o. S. 24), die sich schon in der Auswahl des Erforschten und in entsprechenden Akzentuierungen zeigt: Geschichtsbilder wandeln sich, weil die Geschichte jeweils aus verschiedenen Blickwinkeln gesehen werden kann und es tatsächlich eine Vielzahl solcher Perspektiven gegenüber ein- und derselben Vergangenheit gibt.

Ein berühmtes, immer wieder zitiertes Beispiel solcher Standortgebundenheit ist der im 19. Jh. ausgetragene Streit, ob die Italien-, Kaiser- und Rompolitik der mittelalterlichen deutschen Könige für das deutsche Reich vor- oder nachteilhaft war. Während Heinrich von Sybel (der Begründer der Historischen Zeitschrift) sie als den deutschen Interessen schädlich verurteilte, hielt Julius von Ficker sie für absolut notwendig im Gesamtinteresse des Abendlandes. Abgesehen davon, dass die Frage überhaupt „modern" ist und sich den mittelalterlichen Menschen von den Traditionen her gar nicht als Alternative stellte, stand hinter dem vor allem in den Jahren 1861/62 ausgetragenen Streit und seinen Deutungen das damals gegenwartsaktuelle Ringen um eine klein- oder großdeutsche Lösung. Heutige Werturteile gegenüber der mittelalterlichen Geschichte, etwa der Auseinandersetzung zwischen Kaiser und Papst seit dem Investiturstreit, entzünden sich kaum mehr an nationalen oder parteipolitischen Stellungnahmen (wie noch in den 1930er- und 1940er-Jahren). Das könnte den (irrigen) Eindruck erwecken, als ob eine weit zurückliegende Geschichte objektiver betrachtet werden könne. Tatsächlich haben sich die Urteile aber nur auf andere, ebenso standortgebunden diskutierte Schwerpunkte verlagert, beispielsweise auf die Frage, wie gut oder schlecht es den mittelalterlichen Bauern ging, wie weit die Hörigen sich ihrem Schicksal widersetzten oder wie groß oder gering der Einfluss der Frauen im Mittelalter war. Aber auch die „Größe" historischer Persönlichkeiten und die Richtigkeit ihrer Handlungen werden weiterhin oft genug noch kontrovers diskutiert.

---

11 Jürgen Habermas, Erkenntnis und Interesse, Frankfurt/M. 1968.

12 Hans-Walter Hedinger, Subjektivität und Geschichtswissenschaft – Grundzüge einer Historik (Historische Forschungen 2) Berlin 1969, mit einer Zusammenfassung („Grundriß der Historik") in § 73, S. 663 ff.

Versuche, an der Objektivierbarkeit historischer Aussagen festzuhalten, fußen auf einem eingeschränkten Objektivitätsbegriff, der beispielsweise den Kriterien der Standortreflexion, der rationalen Begründbarkeit und der intersubjektiven (d. h. allseits akzeptierten) Nachprüfbarkeit verpflichtet ist. In solchem Sinn scheint es durchaus sinnvoll, sich an einem Objektivitäts*ideal* zu orientieren.[13] Der Verlust des Objektivitätsglaubens birgt nämlich zwei einander entgegengesetzte Gefahren in sich: zum einen die Gefahr des Relativismus, die Annahme, dass in der Geschichte ohnehin alles relativ sei und Urteile und differenzierende Aussagen damit sinnlos würden; zum andern die Gefahr, Geschichte bewusst nicht nur subjektiv, sondern parteilich zu schreiben. Es ist also zwischen der (unvermeidbaren) Standortgebundenheit und einer (durchaus vermeidbaren) Parteilichkeit zu unterscheiden. Ist eine wirkliche Objektivität unmöglich, so wird eine Annäherung daran, eine Objektivierbarkeit der eigenen Aussagen gefördert durch

- eine Reflexion und Kenntlichmachung des eigenen Standorts,
- ein Abwägen möglicher anderer Perspektiven,
- eine rational und methodisch geregelte Argumentation im Sinne des oben beschriebenen historischen Arbeitens,
- eine erkennbare Quellenbindung und ein Belegen der eigenen Aussagen,
- ein Messen *auch* an damals zeitgenössischen Kriterien,
- eine intersubjektive Vergleichbarkeit und
- das Bemühen um einen Konsens unterschiedlicher Standpunkte.

Dennoch bleibt ein Rest unreflektierbarer, zeitgemäßer Perspektivität, die erst späteren Forschergenerationen bewusst werden wird.

Historische Erkenntnis ist also nicht allgemein gültig, sondern standortbezogen und zudem auf jeweils zeitspezifische Themen gerichtet. Letzteres macht gerade den Charakter historischer Erkenntnis aus, die sich nicht durch die hermeneutische Methode an sich, sondern durch die Betrachtung ihrer Inhalte in der Zeit auszeichnet.[14] Schon aus diesem Grunde bleibt die hermeneutische Methode für die Geschichtswissenschaft unverzichtbar, sie ist jedoch ergänzungsbedürftig. Die Diskussion um die Wissenschaftlichkeit der traditionellen Geschichtswissenschaft hatte zur Folge, dass man andere, über die Hermeneutik hinausgehende Methoden erprobte und damit zugleich eine Vielzahl gängiger Forschungsansätze erreichte, die noch näher zu betrachten sind.

5.2.3 „Analytische" Methoden in der Geschichtswissenschaft

Nichthermeneutische Methoden sind – aus dem Wunsch nach wissenschaftlich exakteren Ergebnissen, aber auch aus erweiterten Fragestellungen heraus – aus anderen Disziplinen, vor allem aus der Sozialwissenschaft, in die Historie hineingetragen worden. Ihr Kennzeichen ist nicht eigentlich die Erklärung der Sachverhalte,

---

13 Ausgewogen in dieser Richtung: Thomas NIPPERDEY, Kann Geschichte objektiv sein?, GWU 30, 1979, S. 329–342.

14 So Wolfgang J. MOMMSEN, Geschichte als Historische Sozialwissenschaft, in: Theorie der modernen Geschichtsschreibung (o. S. 312) S. 121 f.

wie gern betont wird – das leistet, wie gesagt, auf andere Weise auch die hermeneutische Interpretation –, sondern ein anderer methodischer Weg: Strukturelle Zustände treten neben die Akteure und ihre Handlungen, der Vergleich neben den Einzelfall. Analytische Methoden sind stärker auf Wirkungs- als auf Handlungs- und Sinnzusammenhänge hin orientiert und beziehen quantitativ auswertbares Material ein. Sie interpretieren letztlich also vor einem anderen Fragehorizont, einem auf die Bedingungen von Geschichte gerichteten Erkenntnisziel und aufgrund teils anders gearteter, jedenfalls aber anders gewichteter Materialien und ständig verfeinerter Forschungsmethoden. Induktive – von außen durch entsprechende Fragen und Theorien an das Material herangetragene – Verfahren treten neben deduktive, die Fragen und Ergebnisse aus dem Quellenmaterial selbst ableiten. Die Interpretation dient hier nicht mehr allein dem Verstehen, sondern der Geschichtsanalyse. Der historische Vergleich aber kann in dieser Hinsicht bewusst zur unmittelbaren (gedanklichen) Konfrontation mit der Gegenwart eingesetzt werden. Damit gewinnt prinzipiell auch die mittelalterliche Geschichte einen neuen Stellenwert, der über die genetisch-entwicklungsgeschichtliche Komponente des Werdens der Gegenwart weit hinausgeht (vgl. o. S. 30 ff.).

Im Streben nach größerer Exaktheit der Ergebnisse hat man sich zeitweise nicht mehr damit begnügt, rationale Erklärungen zu finden, sondern in der Tradition des Positivismus (Auguste Comte) versucht, **historische Gesetze** zu entwerfen, die möglichst Allgemeingültigkeit beanspruchen sollten. Am meisten Aufsehen hat das von Karl Popper angeregte und von Carl G. Hempel entwickelte, später *Covering law-Modell*[15] genannte Verfahren erregt, das noch deutlich hermeneutischen Fragen nach Handlungsverläufen verpflichtet ist und diese aus empirischen Gesetzen zu erklären sucht: Das zu erklärende Faktum (explanandum) wird durch die sie bewirkenden Bedingungen (explanans) erklärt. Das Gesetzmäßige beruht darauf, dass ein Ereignis bei Gleichheit aller Bedingungen immer wieder eintreten werde. So anregend ein solcher Ansatz auch auf die Forschung gewirkt hat, das Modell ist zu Recht auf breiten Widerspruch gestoßen und in letzter Konsequenz abzulehnen, weil es monokausale Erklärungen fördert, während die heutige Geschichtswissenschaft sich der Multikausalität aller historischen Ereignisse bewusst ist. Selbst handlungsbestimmte Ereignisse – und sie bilden noch den einfachsten Modellfall – sind kaum allgemein zu erklären, da das Ergebnis (die Wirkung) aus einer Vielzahl von Gründen in aller Regel von den der Handlung zugrundeliegenden Intentionen abweicht; die Gründe selbst und die äußerst komplexen strukturellen Bedingungen aber lassen sich mit dieser Methode gar nicht mehr erklären. Es macht eben das Historische solcher Ereignisse aus, dass sie unter einer Vielzahl zeit-, raum-, natur-, struktur- und personenabhängiger Faktoren ablaufen, die sich in dieser – jeweils einmaligen – Zusammensetzung gar nicht wiederholen *können*. Die Geschichtswissenschaft zeigt deshalb nicht, weshalb etwas immer wieder geschehen *muss*, sondern weshalb es sich gerade in einer bestimmten historischen Situation ereignet hat, während allgemeingültige Verlaufs*gesetze* sich bisher nicht haben nachweisen lassen. Historische „Prognosen" haben allenfalls Wahrscheinlichkeitscharakter. Sie sind um so wahrscheinlicher, je größer der Abstraktionsgrad ist, ein Verfahren, das dem Wesen des Historischen eigent-

15 Vgl. dazu Philosophical Analysis and History, hg. v. William H. Dray, New York 1966.

lich widerspricht. Historische Sachverhalte lassen sich letztlich nur „historisch erklären" – und gerade darin liegt der Sinn der Geschichtswissenschaft.[16] Das bedeutet freilich nicht, dass diese sich auf den individuellen Einzelfall beschränken sollte: Die „analytische" Aussagekraft des Materials liegt nicht in den diesem innewohnenden Gesetzen, sondern im *Strukturvergleich* bestimmter Situationen in unterschiedlichen Zeiten; sie zielt damit auf – relative – Verallgemeinerungen und prozesshafte Entwicklungen, vor allem aber auf vergleichende Konfrontationen ab (vgl. u. S. 320ff.).

Bei allem Streit um den Vorrang hermeneutischer *oder* analytischer Verfahren in der Geschichtswissenschaft, der bis zur Behauptung ihrer einander ausschließenden Gegensätzlichkeit geht, ergänzen sich beide Methoden, wenn sie schon nicht vereinbar sein sollten, doch in hervorragender Weise. Beide sind für eine moderne Geschichtswissenschaft notwendig. Welches Verfahren man anwenden will, hängt letztlich von der jeweiligen Fragestellung ab. „Analytisch" ist dabei heute zu einem wenig konkreten Sammelbegriff für eine Reihe verschiedener Verfahren geworden, die sich nicht sämtlich von der traditionellen Methode entfernen. Es scheint daher sinnvoller, im Folgenden einige modernere Verfahrensweisen oder methodische „Strategien" vorzustellen, ohne die Frage ihrer jeweiligen Zuordnung zu einer der beiden Methodenrichtungen zu stellen. Sie stehen weder gleichwertig nebeneinander, noch unterliegt die folgende Aufstellung einheitlichen Kriterien. In diesem Zusammenhang kommt es nur darauf an, sie als Möglichkeiten der Forschung vorzustellen, die immer wieder begegnen und teilweise sogar unverzichtbar sind. Letzteres gilt vor allem für die Theorie- und Typenbildung.

5.2.4 Neuere Strategien der Geschichtswissenschaft

5.2.4.1 Theorien in der Geschichtswissenschaft

Lit.:

- Theorien in der Praxis des Historikers. Forschungsbeispiele und ihre Diskussion, hg. v. Jürgen KOCKA (Geschichte und Gesellschaft. Sonderheft 3) Göttingen 1977.
- Theorien in der Geschichtswissenschaft, hg. v. Jörn RÜSEN u. Hans SÜSSMUTH, Düsseldorf 1980.
- Josef MERAN, Theorien in der Geschichtswissenschaft. Die Diskussion über die Wissenschaftlichkeit der Geschichte (Kritische Studien zur Geschichtswissenschaft 66) Göttingen 1985.
- Theorie der Geschichte 3 (o. S. 311).

Der Begriff „Theorie" ist mehrdeutig und bedarf der Erläuterung. Mit Theorien sind zunächst Erklärungen gemeint, die sich nicht zwangsläufig aus dem Quellenmaterial selbst ergeben. Zu solchen Erklärungen zwingen schon dessen Lückenhaftigkeit oder Widersprüchlichkeit sowie die Diskrepanz zwischen moderner Fragestellung und tatsächlicher Quellenlage, die, gerade in ferneren Zeiten wie dem Mittelalter,

---

16 Vgl. Hermann LÜBBE, Was heißt: „Das kann man nur historisch erklären"? (1973) in: Theorieprobleme der Geschichtswissenschaft (o. S. 311) S. 148–163.

selten eine unmittelbare Antwort auf die gestellte Frage zulässt, berechtigt aber ebenso die Tatsache, dass wir aus dem Rückblick Verläufe und Zustände erklären können, die den damaligen Zeitgenossen noch unbekannt waren. Die Erforschung fernerer Zeiten wie des Mittelalters ist daher extrem theoriebedürftig, auch wenn das nicht immer bewusst ist. Theorien sind aber ebenso nötig, um den historischen Einzelfall in einen größeren Zusammenhang einzuordnen, um geschichtswissenschaftlich zwischen dem individuellen Charakter der Geschichte und dessen systematisierender Verallgemeinerung zu vermitteln. Insofern ist jede Deutung – auch die hermeneutische – in gewissem Sinn schon „Theorie", kann diese – im alltäglichen Sprachgebrauch – sogar lediglich eine noch unsichere Erklärung, eine These oder gar Hypothese bedeuten. Im engeren Sinn bezieht sich die Anwendung von Theorien aber auf systematische Deutungen, die in der Regel aus anderen – gegenwartsorientierten – Wissenschaften, vor allem den Sozial- und Wirtschaftswissenschaften, aber auch anderen Disziplinen wie der Linguistik, den Literaturwissenschaften, der Ethnologie, der Psychologie oder den Naturwissenschaften, stammen.

Theorien sind auf verschiedenen Ebenen anwendbar: Sie können sich – als „Geschichtstheorie" („Historik") – auf die Geschichtswissenschaft (vgl. o. S. 308 f.), – als Geschichtsphilosophie – auf eine Gesamtinterpretation der Geschichte, eine historische Weltdeutung, oder aber – als Theorien *in* der Geschichts*wissenschaft,* und um sie geht es hier – auf die Erklärung einzelner historischer Sachverhalte beziehen. Solche „Theorien sind explizite und konsistente Begriffssysteme, mit deren Hilfe die historische Realität über die Quellenaussagen hinaus in ihrer Struktur und Prozeßhaftigkeit und in der Interdependenz ihrer Elemente beschrieben wird" (Jürgen Kocka). Der Sinn solcher Theorieanwendung dürfte kaum mehr umstritten sein. Sie schärft einerseits den Blick für die Fragestellung, ja viele Fragen werden überhaupt erst durch solche Anstöße an die Geschichtswissenschaft herangetragen und führen oft zu überraschenden Ergebnissen. Andererseits dient sie der Begründbarkeit, Erklärung und Beschreibung des konkreten historischen Geschehens durch eine systematische Abstrahierung. Zielt die Heuristik auf die Erfassung historischer Daten, die Kritik und die Interpretation auf die Eruierung historischer Tatsachen, so dient die Theoriebildung deren Erklärung (Josef Meran), aber auch der Strukturierung des Materials und der Überbrückung zwischen damaliger und heutiger Sicht. Theorien (unterschiedlicher Reichweite) lassen sich demnach auf allen Stufen historischer Arbeit (Fragestellung, Heuristik, Analyse und Kritik, Interpretation und Vermittlung) anwenden. Tatsächlich gibt es keine theorielose Geschichtswissenschaft; der Unterschied zu früheren Geschichtsbetrachtungen liegt vielmehr darin, dass die Theorien nun bewusst – aus anderen Wissenschaften – aufgegriffen und explizit gemacht werden, dass sie gegenwärtigen Verhältnissen verpflichtet sind und dass sie schon das Fragemodell für die gesamte historische Untersuchung bilden können und nicht nur nachträglich das Material ausdeuten. Theorien sind – trotz derartiger Tendenzen – aber nicht Selbstzweck, sondern bleiben Instrumente historischer Arbeit, die sich als solche in den (traditionellen) Arbeitsgang einbauen lassen. Dass bei ihrer Übertragung auf die Geschichte allerdings kritisch die Frage ihrer *Anwendbarkeit* auf frühere Zeiten gestellt werden muss, versteht sich von selbst. Es ist also zu prüfen, wieweit eine moderne Theorie „empirisch", das heißt historisch gültig ist und wieweit sie modifiziert werden muss. Theorien gehen ihrer deutenden Natur nach zwar über die Quellenaussage und über eine bloße Beschreibung hinaus, bleiben andererseits – geschichtswissenschaftlich – aber an die Quellen gebunden, dürfen deren Aussagen also nicht widersprechen. Auf die anders geartete mittelalterliche Geschichte werden sich moderne Theorien sogar in aller Regel nur in höchst modifizierter Form anwenden lassen. Das Ziel könnte die Erstellung *historischer* Theorien sein – eine mehrfach gestellte, bisher in größerem Umfang aber noch nicht eingelöste Forderung.

Ein Aspekt der Theorie auf höherer Ebene, nämlich als Deutung des Geschichts*ablaufs*, ist die Frage, wieweit die **Geschichte als Prozess** zu verstehen ist, vor allem als ein erkennbar zielgerichteter Prozess. In dieser Hinsicht hat beispielsweise die Deutung des Soziologen Norbert Elias, die mittelalterliche Geschichte als einen Prozess der Zivilisation zu begreifen,[17] gerade die Mediävistik eine Zeitlang tief beeinflusst. Eine solche „Theorie" stellt natürlich eine (auch willkürliche) Vereinfachung des komplexen Geschehens dar. Tatsächlich ist „Geschichte" als eine Vielzahl gleichzeitiger oder sich ablösender, sich überschichtender und auch gegeneinander gerichteter Prozesse zu verstehen.

5.2.4.2 Das Problem der Verallgemeinerung: Typenbildung und Begrifflichkeit

Als systematische Zusammenfassung historischer Einzelfälle, wie sie in jeder Geschichtsschreibung vorkommt, die nicht nur Ereignisse aneinanderreiht und in einer strukturell orientierten Geschichtsschreibung (u. S. 326 ff.) sogar vorherrscht, kann die Generalisierung historischer Aussagen als ein Anwendungsbereich der Theoriebildung gelten. Sie dient dazu, die historische Einzelanalyse (als Forschungsgegenstand) in ihre größeren Zusammenhänge einzufügen. Letztlich ist daher jede historische Darstellung gezwungen, zu generalisieren, denn nur eine Verallgemeinerung der historischen Erkenntnisse schafft ein lern- und anwendbares Wissen. Verallgemeinerung in der Geschichtswissenschaft kann allerdings nicht Allgemeingültigkeit bedeuten, sondern bleibt epochenbezogen: *Die verallgemeinerte Aussage muss den historischen Verhältnissen entsprechen, diese treffend charakterisieren und für die betreffende Zeit Wesentliches erfassen.* Gerade Verallgemeinerung erfordert daher einen großen Überblick. (Hier liegt im übrigen eine weitere Legitimation der berufsmäßig betriebenen Geschichtswissenschaft.)

Als gangbarer Weg einer solchen Verallgemeinerung in der Geschichtswissenschaft hat sich die von Max Weber entwickelte sog. **Typenbildung** erwiesen: die Beschreibung typischer Sachverhalte der Vergangenheit in Zusammenfassung vieler Einzelfälle. Je nach dem Gegenstand der Anwendung lassen sich mit Theodor Schieder Gestalttypus (historischer Persönlichkeiten), Verlaufstypus (historischer Ereignisfolgen) und Strukturtypus (historischer Zustände) unterscheiden. Sie haben in

17 Norbert ELIAS, Über den Prozeß der Zivilisation, 2 Bde. (suhrkamp tb. 158/159) Frankfurt/M. [16]1991.

dieser reinen Form zwar nicht existiert, sind also nicht „Geschichte“, sondern geschichtswissenschaftliche Konstrukte (Theorien), die aber – und darin liegt ihr Wert – das Charakteristische einer historischen Erscheinung deutlich zu machen vermögen. Max Weber hat deshalb von „Idealtypen“ gesprochen, weil es sich letztlich um „Ideen“ handelt, die der Vermittlung und Bewusstmachung dienen, aber der Wirklichkeit doch möglichst nahekommen (sog. „Realtypen“), das „Individuelle in seiner reinsten Form“ beschreiben sollten, wie man gesagt hat (Theodor Schieder). Ihre Funktion besteht darin, den Sachverhalt in der Weise zu vereinfachen, dass gerade das Wesentliche erfasst wird. Historische Typen sind demnach vergleichbar mit naturwissenschaftlichen Modellen, nicht real, aber anschaulich und fähig, die wahren Sachverhalte durchschaubar zu machen. Auf diesem Wege ist es möglich, auf einer hohen Abstraktionsebene von *der* mittelalterlichen Stadt oder *dem* mittelalterlichen Rittertum zu sprechen. Je stärker wir dabei nach Zeit, Raum und Aspekt differenzieren (also nicht: *die* Stadt, sondern die spätmittelalterliche/deutsche Stadt, die Hansestadt/Reichsstadt/Bischofsstadt), desto näher rücken wir der historischen Realität, die sich letztlich nur im Einzelfall manifestiert.

Lit.:

- Max Weber, Gesammelte Aufsätze zur Wissenschaftslehre, Tübingen ^{6}1985 (auch UTB 1492, ^{7}1988) S. 190 ff.
- Theodor Schieder, Der Typus in der Geschichtswissenschaft, Studium generale 5, 1952 (auch in: Ders., Staat und Gesellschaft im Wandel unserer Zeit. Studien zur Geschichte des 19. und 20. Jahrhunderts, München ^{3}1970, S. 172–185).

Ein Problem der Verallgemeinerung, vor allem aber der Übertragung vergangener Zustände in die Sprache unserer Zeit bildet schon die **Begrifflichkeit**. Mit den modernen Begriffen erzeugen wir Erwartungen und Implikationen, deren Gültigkeit für frühere Zeiten keineswegs selbstverständlich und in der Regel sogar nicht gegeben ist. So hat man immer wieder darüber gestritten, ob man im frühen Mittelalter schon von einem „Staat“ reden dürfe (den man im institutionellen Sinne des 19. Jh. verstand). Spätestens seit den Forschungen Otto Brunners wird gern die Forderung nach einer quellengemäßen Begrifflichkeit erhoben. Das kann freilich nicht bedeuten, die Quellenbegriffe stehenzulassen (die in sich im übrigen ebensowenig eindeutig und, nach anderen Kategorien, ebenso ideologiegeladen sind wie die modernen), sondern muss dazu auffordern, das Verhältnis von heutiger und mittelalterlicher Begrifflichkeit zu reflektieren, die modernen Begriffe also einerseits als allgemeine Kategorien („Staat“ = politische Ordnung) zu begreifen, deren inhaltliche Beschreibung dann – unter vergleichendem Rückgriff auf die Quellensprache – epochenspezifisch erfolgen muss, und die Quellenbegriffe andererseits genauestens nach ihren Bedeutungen hin abzufragen (vgl. u. S. 353 f., zur Begriffsgeschichte). Wo die Übereinstimmung es erlaubt, wäre eine verallgemeinernde „Kategorialisierung der Quellensprache“ denkbar.[18] In vielen Fällen aber wird man moderne Ka-

18 Dafür plädiert Winfried Schulze, Theoretische Probleme bei der Untersuchung vorrevolutionärer Gesellschaften, in: Theorien in der Praxis des Historikers (o. S. 318) S. 55–74.

tegorien schon deshalb vorziehen, weil die Quellensprache zu disparat oder missverständlich wäre, oft aber auch einfach deshalb, weil sie sich – trotz ihrer Problematik – fest eingebürgert haben. Zur Vermeidung von Missverständnissen ist es aber dringend geboten, das eigene Verständnis zentraler begrifflicher Kategorien anzugeben.

5.2.4.3 Quantifizierung in der Geschichtswissenschaft

Eine Geschichtsbetrachtung, die nicht *nur* den individuellen Einzelfall, sondern das Typische in der Geschichte herausfiltern und generalisieren will, muss notwendig quantifizieren, um den Stellenwert einzelner Erscheinungen abschätzen zu können.

Das geschieht in der herkömmlichen Methode auf einfachste Weise, z.B. durch Berücksichtigung der Zahl der erhaltenen Handschriften einer Schrift, deren Nachwirkung erfragt ist, oder philologisch durch quantitative Auszählung benutzter Begriffe (so neuerdings in den Beilagen der Editionen des „Corpus Christianorum Latinorum. Continuatio mediaevalis“). Das entsprechende Quellenmaterial liegt in diesen Fällen noch nicht in statistischer Form vor, sondern muss erst entsprechend aufbereitet werden, kann dann aber sehr aufschlussreich sein, zumal es sich auch anschaulich graphisch darstellen lässt. Um Fehlschlüsse zu vermeiden, muss man sich allerdings der Grenzen bewusst bleiben, die teils im Material selbst, teils in der angewandten Auswahl und im Vorgehen liegen. Auf Vergleichbarkeit ist vor allem dann zu achten, wenn man verschiedene und verschiedenartige Quellen benutzt, um quantitatives Material zusammenzustellen.

Komplizierter ist die Auswertung bereits statistisch vorliegenden Materials mit quantitativen Methoden. Im Grunde handelt es sich dabei um eine eigene, formale Quellengattung, die als solche zunächst quellenkritisch nach ihren Aussagemöglichkeiten und -grenzen abzufragen ist. Letztere hängen von den verfolgten Absichten und Hintergründen – auch Statistiken sind selten „wertfrei“ erstellt –, der Repräsentativität der Daten und der Methode ihrer Aufnahme ab; in der Regel erfassen Statistiken nämlich nur Teilbereiche. Mittelalterliche Quellen, die Statistiken ähneln, sind selten, aber doch keineswegs ungewöhnlich; im späten Mittelalter werden sie häufiger. Zu nennen wären etwa Zinslisten oder auch Urbare; diese sind aber selten so geartet, dass sie ohne weiteres auszählbar wären; vielmehr müssen auch sie erst kritisch auf- und in bearbeitbare Statistiken umbereitet werden.

Der Versuch einer Gruppe vorwiegend amerikanischer Historiker, der sog. „Cliometriker“, Geschichte grundsätzlich quantifizierend zu betreiben, hat sich nicht durchgesetzt. Quantifizierende Methoden sind kein Selbstzweck, und sie machen die Geschichtswissenschaft nicht zu einer Zahlenwissenschaft; auch ihre Ergebnisse bedürfen der Deutung. Sie bilden also keine Alternative, sondern eine wertvolle Ergänzung der qualitativen Auswertung dort, wo das Material eine quantitative Analyse erlaubt.

Die Anwendung statistischer und quantitativer Methoden im Sinne der Sozialwissenschaften bedarf einer eigenen Einführung, für die in diesem Rahmen nur weiterführende Literatur genannt werden kann.

Lit.:

- Quantifizierung in der Geschichtswissenschaft. Probleme und Möglichkeiten, hg. v. Konrad H. JARAUSCH, Düsseldorf 1976.
- Norbert OHLER, Quantitative Methoden für Historiker. Eine Einführung, München 1980.
- Roderick FLOUD, Einführung in quantitative Methoden für Historiker, Stuttgart 1980 (engl. 1973).
- François FURET, Le quantitative en histoire, in: Faire de l'histoire Bd. 1 (o. S. 311) S. 42–61.

Werkstattberichte über EDV-bearbeitete, quantitative Forschungsprojekte zur mittelalterlichen und frühneuzeitlichen Geschichte:

- Quantitative Methoden in der Wirtschafts- und Sozialgeschichte der Vorneuzeit, hg. v. Franz IRSIGLER (Historisch-sozialwissenschaftliche Forschungen 4) Stuttgart 1978.

Zur geschichtstheoretischen Erörterung:

- Gerhard BOTZ, Was gewinnt die Geschichtsforschung durch die Quantifizierung? Versuch einer Bestandsaufnahme und Bewertung internationaler Strömungen der quantifizierenden Geschichte, in: Neue Ansätze in der Geschichtswissenschaft, hg. v. Herta Nagl-Docekal u. Franz Wimmer (Conceptus-Studien 1) Wien 1984, S. 48–70.

5.2.4.4 Narrativität, „linguistic turn", Diskursanalyse

In den letzten Jahrzehnten hat sich – auch als Reaktion gegen eine allzu analytische, quantifizierende und theoretisierende Geschichtsschreibung – die Forderung verstärkt, zur „erzählenden" Darstellungsweise zurückzukehren, hat sich als grundsätzliches Problem darüber hinaus das Bewusstsein geschärft, dass das Ergebnis jeder historischen Forschung dargestellt werden muss: In diesem Sinn ist Geschichts*schreibung* stets narrativ, da auch eine theorieorientierte Geschichtsforschung ihre Ergebnisse darstellerisch vermitteln muss und sie nicht in eine Art mathematischer Formeln kleiden kann (und auch diese beruhen auf definitorischer Konvention), wie auch Tabellen und Graphiken nicht für sich sprechen, sondern erläutert und ausgewertet werden müssen. Geschichtsschreibung ist (als *narratio rerum gestarum)* sogar der ursprünglichere Inhalt der „Geschichte" *(historia)*. Ebenso sind „Typen" narrative Konstrukte einer darstellenden Geschichtswissenschaft. In ihnen verbinden sich „Theorie" und „Erzählung" sogar in besonderer Weise. „Narrativität" im weiteren Sinn bezieht sich daher auf die historische Darstellung schlechthin, im engeren Sinn meint sie die Ereigniserzählung. Nur im letzteren Sinn werden „Erzählung" und „Theorie" zu gegensätzlichen historischen Betrachtungsweisen.

Es kann bei der Diskussion um die „Erzählung" nun nicht darum gehen, die rein ereignisgeschichtliche Form der Darstellung wieder zur alleinigen Norm zu erheben; sie bildet nur *eine* Möglichkeit, „Geschichte" zu schreiben (vgl. o. unter Darstellungen, S. 40). Es sollte auch nicht mehr um die alte Frage gehen, ob die Geschichte eine „Kunst" *(ars)* oder eine „Wissenschaft" *(scientia)* sei (treffender, weil weniger zweideutig, mit den englischen Begriffen „art" und „science" umschrieben), ob sie also wegen ihrer Narrativität unwissenschaftlich sei. Wohl aber ist daran zu erinnern, dass es zu den Vorteilen der Geschichtswissenschaft zählt, dass sie letztlich keines Fachjargons bedarf, den nur noch wenige Spezialisten beherrschen. Werden historische Ergebnisse aber erst durch die Darstellung vermittelt, so ist es unerlässlich, auch sie nicht einfach als gegeben hinzunehmen, sondern ihren Sinn und Charakter zu reflektieren: Damit wird auch die Darstellung zu einem Theorieproblem.

In diesem Zusammenhang ist die Frage erörtert worden, wieweit überhaupt erst die Geschichtsdarstellung sinnstiftend ist, „Geschichte" schafft und die Geschichtswissenschaft von anderen Disziplinen abhebt. Richtig ist, dass erst die Darstellung ein Geschichtsbild *vermittelt.* Inhaltlich aber bleibt sie auf die oben beschriebenen Kriterien der Forschung festgelegt: Diese geht der Darstellung stets voran. „Theorie" und „Erzählung" haben in diesem Sinn nicht *nur* komplementären Charakter, wie man gemeint hat, sondern betreffen verschiedene Ebenen historischer Arbeit: Die Theorie ist eine Frage der auf allen Ebenen anwendbaren Forschungsstrategie, muss aber notwendig formuliert, also in Darstellung übertragen werden; die Darstellung hingegen ist eine Frage der Vermittlung; auch diese sollte – wie alle Schritte der historischen Arbeit – theoriebewusst vorgenommen werden.

Lit.:
- Theorie der Geschichte Bd. 4 (o. S. 311).
- Geschichte – Ereignis und Erzählung, hg. v. Reinhart Koselleck u. Wolf-Dieter Stempel (Poetik und Hermeneutik 5) München 1973.
- Historisches Erzählen. Formen und Funktionen, hg. v. Siegfried Quandt und Hans Süssmuth (KVR 1485) Göttingen 1982.
- The Representation of Historical Events (History and Theory Beiheft 26) Wesleyan University 1987.

Im Zuge sogenannter „postmoderner" Theorien[19] sind, bislang vor allem in den USA, darüber hinaus die traditionellen Überzeugungen und Methoden der Geschichtswissenschaft in die Kritik geraten. Das verbindet sich mit Schlagworten wie „linguistic turn", „new historicism", „Diskursanalyse", Begriffen (und Sachverhalten), die jedoch zum einen keineswegs identisch sind oder in die gleiche Richtung zielen und zum andern, auch innerhalb der Verfechter dieser neuen Richtungen, derzeit noch höchst unterschiedlich verstanden werden.[20] Der „**linguistic turn**" knüpft an die Narrativität an, geht aber erheblich weiter. Der „Text" tritt nicht nur in den Mittelpunkt, sondern wird

19 Vgl. Michael Borgolte, Mittelalterforschung und Postmoderne. Aspekte einer Herausforderung, ZfG 43, 1995, S. 615–627.

20 Vgl. zur Einführung etwa Peter Schöttler, Wer hat Angst vor dem „linguistic turn"?, Geschichte und Gesellschaft 23, 1997, S. 134–151 (als Plädoyer für eine offene Auseinandersetzung); Ernst Hanisch, Die linguistische Wende. Geschichtswissenschaft und Literatur, in: Kulturgeschichte Heute (u. S. 369) S. 212–230 (eher kritisch). Zur Anwendung in der Mediävistik: Gabrielle M. Spiegel, The Past as Text. The Theory and Practice of Medieval Historiography (Parallax. Re-Visions of Culture and Society) Baltimore-London 1997.

zum alleinigen Zentrum der Aussage: Es gibt keinen Text außerhalb des Textes, also keine Differenz zwischen Text und Kontext, zwischen Text und „Realität" (so etwa in Stephen Greenblatts „New Philology" und im sogenannten amerikanischen New Historicism). Das ist in dieser „radikalen" Form geschichtswissenschaftlich nicht akzeptabel, da der Text selbst stets in einem „historischen Kontext" steht. Es lehrt uns aber erstens, die „Texte" – und damit sind letztlich alle Quellen gemeint – genauer in sich und aus sich heraus zu betrachten (was in der Mediävistik im übrigen, um der notwendigen Genauigkeit der Quellenanalyse in einer verhältnismäßig quellenarmen Zeit willen, seit langem betrieben wird), zweitens die „Bedeutung" – ein Schlüsselwort postmoderner Theorien – (auch) in den Äußerungen selbst zu suchen und drittens, und vor allem, die darin enthaltenen historischen „Fakten" nicht als solche, sondern in ihrer „Textualität", eben als „erzählte Fakten", zu werten. In dieser (keineswegs einhelligen) Auslegung verliert die Quellenkritik nicht an Wert, sie wird vielmehr um wichtige Aspekte erweitert. Ebensowenig akzeptabel ist es, den „linguistic turn" als vollkommene Auflösung oder Leugnung der Differenz zwischen Fakten und Fiktion zu verstehen, er lehrt uns aber, die Fiktionalität, den Konstruktionscharakter nicht nur der Quellen, sondern auch der eigenen geschichtswissenschaftlichen Erzeugnisse – Hayden White spricht von „verbal fictions"[21] – und unserer Geschichtsbilder ernst zu nehmen und somit deren Haltbarkeit ebenso wie ihre ideologischen Hintergründe zu hinterfragen.[22] Auch wissenschaftliche Mittelalterbilder sind „konstruiert", allerdings – und das unterscheidet sie von außerwissenschaftlichen – auf einer rationalen Grundlage. Sie sind nicht unwissenschaftlich, wie man (als Konsequenz solcher „Angriffe") befürchtet hat, weil sie „konstruiert" sind, sondern wissenschaftlich, wenn sie quellenmäßig gestützt, methodisch erarbeitet und nachprüfbar sind.

Einen anderen philosophischen Hintergrund haben die Begriffe „Diskurs" und „**Diskursanalyse**", die vor allem wohl auf Michel Foucault zurückgehen,[23] der in Deutschland erst verhältnismäßig spät rezipiert wurde. Für Foucault ist der Diskurs „eine Menge von Äußerungen *(énoncés)*, die einem gleichen Formationssystem zugehören". Der Diskursanalyse geht es weniger um die Quelle und deren Urheberschaft, sondern vor allem um die Dichte der „Äußerungen" (nämlich der Bedeutung tragenden Einheiten) in einem einheitlichen, abgegrenzten Diskurs (über ein bestimmtes Thema). Das kann als methodischer Zugriff in der Geschichtswissenschaft den Horizont erheblich erweitern, wird allerdings dann „unhistorisch", wenn die „Diskurse" (wie Theorien) modern gebildet und nicht mehr in Bezug auf ihre Zeitgemäßheit geprüft und wenn die Äußerungen ohne Quellenkritik aus ihrem „Kontext", ihrer Intention und Funktion, kurz: aus

---

21 Hayden White, Metahistory. The historical imagination in nineteenth-century Europe, Baltimore-London 1973 (deutsch: Metahistory. Die historische Einbildungskraft im 19. Jahrhundert, Frankfurt/M. 1991); Ders., Auch Klio dichtet oder Die Fiktion des Faktischen, Stuttgart 1986 (ND. 1991), der zu Recht betont, dass die Geschichtswissenschaft in erster Linie von sprachlichen Ausdrucksformen lebt. Deshalb muss aber nicht ihr Wahrheitscharakter bestritten werden.

22 Eine Verteidigung der traditionellen Geschichtswissenschaft unternimmt: Richard Evans, In Defence of History, London 1997 (dt. Fakten und Fiktionen. Über die Grundlagen historischer Erkenntnis, Frankfurt/M.-New York 1998); Otto Gerhard Oexle, Im Archiv der Fiktionen, Rechtshistorisches Journal 18, 1999, S. 511–525.

23 Michel Foucault, Archäologie des Wissens (suhrkamp tb. wissenschaft 356) Frankfurt/M. [6]1994 (zuerst Paris 1969).

ihrer „Pragmatik“ gerissen werden. Die moderne Geschichtswissenschaft muss sich – aus philosophischen und literaturwissenschaftlichen Anregungen heraus – der Bedeutung der „Sprachlichkeit“ sowohl der Quellen wie der geschichtswissenschaftlichen Arbeiten selbst bewusst werden. Sie wird sich allerdings nie auf eine Untersuchung der Sprachlichkeit oder auf textimmanente Analysen beschränken können. Andererseits muss sich geschichtswissenschaftliche Forschung (längst) nicht (mehr) auf die Erfassung oder gar „Rekonstruktion“ (vgl. o. S. 314) der „Realität“ richten, sondern kann der Erforschung des Selbstverständnisses früherer Zeiten, einer „inneren Realität“ der Interessen und Wahrnehmungen der Zeitgenossen dienen. Hier würden die neuen Ansätze ihre größten Dienste leisten können.

5.3 Ebenen historischer Betrachtung und Darstellung: Ereignisse, Strukturen, Ideen

Jede Geschichtsbetrachtung ist – zeit- und personengebunden – perspektivisch (vgl. o. S. 312ff.). Insgesamt lässt sich die Geschichte unter zahlreichen Perspektiven vergegenwärtigen, die von der Auswahl und der Akzentuierung ihrer vielfältigen Inhalte abhängen (darüber handelt der nächste Abschnitt, u. S. 329ff.). Darüber hinaus lässt sich aber auch die Geschichte als Ganzes – unabhängig von ihren jeweiligen Ausschnitten – unter bestimmten Voraussetzungen und Blickwinkeln betrachten und darstellen, die man ebenfalls als „Perspektiven“, besser aber als Ebenen historischer Betrachtungs- und Darstellungsweise bezeichnen könnte und die als Anschauung von der Geschichte schlechthin Ausfluss der Geschichtsphilosophie, als Darstellungsweise aber Inhalt der Geschichtstheorie sind. In dieser Hinsicht lassen sich drei grundlegende Ebenen unterscheiden: Ereignisse, Strukturen und Ideen.

Ereignisgeschichte (histoire événementielle) ist die traditionelle historische Betrachtungsweise. Sie ist personenorientiert und stellt das individuelle Ereignis in den Mittelpunkt: Die Geschichte gilt ihr als Abfolge einzelner, aufeinander bezogener Ereignisse. Ziel der Erforschung und Inhalt der Darstellung ist der Geschichts*ablauf*, und zwar in relativ kurzen Zeitabschnitten im Rahmen der Chronologie; die angemessene Darstellungsform ist daher die Geschichts*erzählung*.

Strukturgeschichte (histoire structurelle oder infraévénementielle) beruht auf der Vorstellung, dass der Geschichtsablauf in erster Linie nicht durch die menschlichen Handlungen, sondern durch diesen zugrundeliegende, teilweise „übermenschliche“, jedenfalls aber überindividuelle und lang dauernde Wirkkräfte und Ordnungen, eben die Strukturen, bestimmt sei, die nicht in der Abfolge der Ereignisse aufgehen. Strukturen bilden gleichsam eine tiefere Ebene, an deren „Oberfläche“ – der Spitze eines Eisbergs vergleichbar – die ganz darauf fußende Ereignisgeschichte ins Blickfeld rückt. Strukturgeschichte fragt deshalb nach den – nicht „offen“sichtlichen – tieferen, „materiellen“ Hintergründen des Geschichtsablaufs, die sich nicht so kurzfristig ändern wie die Ereignisse, sondern weit dauerhafter, von einer „longue durée" geprägt sind. Sie ist daher weniger personen- als vielmehr sachorientiert, nicht an Abläufen, sondern an Zuständen, nicht an individuellen Erfahrungen, sondern an Spielräumen und Möglichkeiten interessiert. Die ihr angemessene Darstellungsform ist die Geschichts*beschreibung*.

Strukturgeschichte galt lange (und letztlich bis heute) als die modernere, der heutigen Zeit angemessene Form historischer Betrachtung, auch in der Mediävistik. „Nicht Barbarossa, sondern Barbarossas Welt steht im Vordergrund des Interesses".[24] Ereignisgeschichte hingegen ist tatsächlich nur unter engem Blickwinkel, etwa als Königs- und Reichsgeschichte, möglich. Strukturgeschichte entspricht aber auch der Tendenz heutiger Geschichtswissenschaft, neben oder sogar an die Stelle der großen historischen Persönlichkeiten die „normalen" oder „durchschnittlichen" Menschen zu setzen.[25]

„Struktur" wird tatsächlich in einem doppelten Sinn verstanden, der trotz unbestreitbarer Zusammenhänge auseinanderzuhalten ist:

- Dahinter steht einmal ein geschichts*philosophischer* Aspekt, wenn vorausgesetzt wird, dass Strukturen die eigentlich geschichtswirkenden Kräfte darstellen. Historisch erwiesen ist das nicht, und es gibt Gegenstimmen, die die Geschichtsmächtigkeit der Persönlichkeiten verteidigen. Es ist, mit anderen Worten, umstritten, ob die Strukturen Triebkräfte oder nur Ordnungen der Geschichte sind. *Dass* sie ein wichtiges geschichtliches Phänomen bilden, ist unstrittig.
- Weiterhin unbestritten ist zum andern (noch) der geschichts*methodische* Aspekt der Strukturen: Strukturgeschichte im Sinne einer Verallgemeinerung individueller Sachverhalte ist der Komplexität des Geschichtsablaufs angemessen und nötig zu dessen Erklärung ebenso wie zu einer begreifbaren, systematischen Vermittlung historischen Wissens. Die Struktur wird hier gleichsam zur typologischen Summe aller Einzelfakten.

Im Sinne einer Verallgemeinerung der Ereignisse ist Strukturgeschichte immer schon, gerade auch in der Mediävistik, betrieben worden, als bewusst von der Ereignisgeschichte abgehobene Form (und Norm) der Geschichtsbetrachtung aber ist sie eine Errungenschaft der sog. Schule der „Annales" (dazu u. S. 350ff.), die sie der Ereignisgeschichte kämpferisch als eigentliches Objekt historischer Betrachtung entgegenstellte. Letztlich geht sie auf sozialwissenschaftliche Anschauungen zurück. Allerdings ist die – zunächst gar nicht explizierte – Theorie der „Annales" auch kritisiert und modifiziert worden, indem man zu Recht einmal darauf hinwies, dass sich auch Strukturen ändern, man gerade in historischer Betrachtung also den „Strukturwandel" untersuchen müsse, und zum andern Zweifel an der „übernatürlichen" Ordnung der Strukturen äußerte, die ebenfalls vom Menschen bestimmt oder zumindest mitbestimmt seien und ihrerseits von den Ereignissen abhingen. Tatsächlich besteht demnach eine Wechselwirkung zwischen Strukturen und Ereignissen: Das Ereignis vollzieht sich stets im Rahmen struktureller Bedingungen, die aber nur über die Ereignisse greifbar werden (Reinhart Koselleck); diesen wohnen jeweils sowohl individuelle wie strukturelle Momente inne (Ernst Engelberg). Ereignisgeschichte bleibt daher eine wichtige Form historischer Betrach-

---

24 So Hermann HEIMPEL im Vorwort zu: QUIRIN (o. S. 45) S. 13.

25 Ein Beispiel für eine strukturgeschichtliche Betrachtungsweise einzelner Menschengruppen bietet der von Jacques LE GOFF herausgegebene Band: Der Mensch des Mittelalters (o. S. 69).

tungsweise, aber sie kann heutigen Bedürfnissen allein nicht mehr genügen, und sie ist weder Selbstzweck noch Endziel, sondern durch strukturelle Betrachtungsweisen zu ergänzen. Diese Grundannahme bestimmt die heutige Geschichtswissenschaft, deren Überblicksdarstellungen nicht selten einen ereignisgeschichtlichen *und* einen strukturellen Teil enthalten (damit allerdings deren Wechselwirkung verschleiern).

Lit.:

- Fernand BRAUDEL, Die lange Dauer [La longue durée (1958)], in: Theorieprobleme der Geschichtswissenschaft (o. S. 311) S. 164–204.
- Theodor SCHIEDER, Strukturen und Persönlichkeiten in der Geschichte, HZ 195, 1962, S. 265–296 (auch in: Ders., Geschichte als Wissenschaft. Eine Einführung, München-Wien 1965, S. 149–186).
- Karl Erich BORN, Der Strukturbegriff in der Geschichtswissenschaft, in: Der Strukturbegriff in den Geisteswissenschaften, hg. v. Herbert von Einem (Abhandlungen der Akademie der Wissenschaften und Literatur Mainz. Geistes- und sozialwiss. Kl. 1973, 2) Mainz 1973, S. 17–30.
- Reinhart KOSELLECK, Darstellung, Ereignis und Struktur, in: Geschichte heute. Positionen, Tendenzen, Probleme, hg. v. Gerhard Schulz, Göttingen 1973, S. 307–317 (auch abgedruckt in: Geschichte – Ereignis und Erzählung, o. S. 324, S. 560–571).
- Ernst ENGELBERG, Ereignis, Struktur und Entwicklung in der Geschichte, ZfG 23, 1975, S. 613–635.

Als eine „dritte Ebene" historischer Betrachtungsweisen hat man die menschlichen **Ideen** oder **Vorstellungen** und die **Mentalitäten** bezeichnet, die tatsächlich weder mit handlungsorientierten Ereignissen noch mit den diesen zugrundeliegenden Strukturen zu erfassen sind, sondern deren „ideologischen Überbau" beschreiben und, soweit sie bewusst waren, die damalige Sicht, die „Wahrnehmung", der Zeitverhältnisse und der Geschichte bieten. (Leitfragen: Wie sahen Menschen früherer Zeiten sich selbst? Wie sahen und beurteilten sie ihre Lebenswelt?) Ideen bilden unbestritten einen weiteren wichtigen Bereich der Geschichte, der, im Gegensatz zu den Strukturen, ganz den Menschen in den Mittelpunkt stellt und von daher eine – auf den „geistigen" Aspekt beschränkte – anthropologische Komponente enthält. Ideen und Vorstellungen bilden dabei – den Ereignissen vergleichbar – den bewussten, Mentalitäten – den Strukturen vergleichbar – den unbewussten Teil der geistigen Bedingtheit menschlicher Existenz (dazu u. S. 356ff.). Eine Geschichte der Ideen, Vorstellungen und Wahrnehmungen erklärt Handlungen wie Zustände der Vergangenheit aus der Sicht der Zeitgenossen und bildet durch die Berücksichtigung zeitgenössischer Sichtweisen und Bewertungen ein Korrektiv gegen moderne Fehldeutungen; eine Geschichte der Mentalitäten erklärt Handlungen aus den Denk- und Verhaltens*mustern*, die solchen Vorstellungen und Verhaltensweisen zugrunde liegen. Die Untersuchung von Vorstellungswelt und Mentalität ist gerade in fremden Zeiten wie dem Mittelalter besonders dringlich.

Gleichwohl bestehen auch hier Wechselbeziehungen, sind Ideen oder Vorstellungen der Menschen stets solche über Ereignisse und Strukturen, und sie lassen sich ebenso individuell wie – in ihrer Verallgemeinerung – strukturell erfassen; das Denken beeinflusst sowohl die Handlungen wie – langfristig – die Strukturen, von denen es ebenso unzweifelhaft seinerseits geprägt ist. Ereignisse, Strukturen und Ideen bilden insofern keine Gegensätze, sondern andere Betrachtungsebenen, die sich gegenseitig ergänzen.

Lit.:
- Hans-Werner Goetz, „Vorstellungsgeschichte": Menschliche Vorstellungen und Meinungen als Dimension der Vergangenheit. Bemerkungen zu einem jüngeren Arbeitsfeld der Geschichtswissenschaft als Beitrag zu einer Methodik der Quellenauswertung, AKG 61, 1979, S. 253–271.
- Ders., Moderne Mediävistik (o. S. 34) S. 264–276.

Wie anders die mittelalterlichen Zeitgenossen beispielsweise das einzelne „epochale" Ereignis bewerteten und die eigene Zeit in den Geschichtsablauf einordneten als die spätere Geschichtswissenschaft, zeigt
- Arnold Esch, Zeitalter und Menschenalter. Die Perspektiven historischer Periodisierung, HZ 239, 1984, S. 309–351.

Zur Wahrnehmung des Fremden:
- Ders., Anschauung und Begriff (o. S. 125, Anm. 31).

Zur Mentalität vgl. u. S. 356 f.

5.4 Teilgebiete und neuere Forschungsansätze der Mediävistik

5.4.1 Allgemeines

Die einst abgelaufene Geschichte ist in all ihrer Vielfalt weder quellenmäßig erkennbar noch darstellbar – auch nicht in begrenztem Raum, wie man geglaubt hat –, noch kann es nach verbreiteter Ansicht überhaupt sinnvoll sein, eine „totale Geschichte", wie sie führenden Mitgliedern der Schule der „Annales" (vgl. u. S. 350 ff.) zeitweilig vorschwebte, als Erkenntnisobjekt der Geschichtswissenschaft anzustreben, da die Forschungsinteressen sich stets nur auf bestimmte Aspekte richten, damaliges Geschehen aber auch nur zum kleinsten Teil folgeträchtige Wirkungen zeigte, die es zu erkunden lohnt. Wohl aber ist es nötig, die Vielfalt der Erkenntnisobjekte in ein gewisses Ordnungssystem zu bringen, das die Übersicht erleichtert und die historische Erkenntnis praktikabel macht. Schon die Epochengliederung in Altertum, Mittelalter und Neuzeit gehört in diesen Zusammenhang. Eine andere (oft allzu) beliebte Möglichkeit besteht in der räumlichen Auffächerung in „Nationalgeschichten" und – innerhalb dieses Rahmens – Regional- und Lokalgeschichten. Neben die zeitliche und räumliche Einteilung aber tritt eine sachliche, mit der wir uns näher beschäftigen müssen.

Eine **Universalgeschichte** im Sinne der Jenaer Antrittsvorlesung Friedrich Schillers („Was heißt und zu welchem Ende studiert man Universalgeschichte?"[26]) über Epochen, Kulturen und Aspekte hinweg, wie sie sich bis ins späte 19. Jh. hinein zumindest noch im Ansatz findet, kann niemand mehr leisten. Sie setzt – schon bei Schiller auf die

26 Abgedruckt in: Über das Studium der Geschichte (o. S. 307) S. 18–36.

jeweils „heutige Weltauffassung“ bezogen – als Zusammenfassung der vielen Geschichten in einer einzigen eine geschlossene geschichtsphilosophische Überzeugung von einem zielgerichteten Ablauf voraus, wie sie beispielsweise auch der mittelalterlichen Geschichtstheologie eigen war, dem heutigen, pluralistischen Verständnis aber widerspricht. Ein modernes Plädoyer für eine universalgeschichtliche Betrachtungsweise – deren Forum die Zeitschrift „Saeculum“ ist – richtet sich daher weniger auf die Gesamtheit des Geschehenen als vielmehr auf einen sinnvollen und notwendigen Vergleich einzelner Aspekte in verschiedenen Zeiten, auf eine Überwindung der eurozentrischen Geschichtssicht und auf eine Konfrontation mit anderen Kulturen, aber auch darauf, den inneren Zusammenhang der in der geschichtswissenschaftlichen Betrachtung aspekthaft zerrissenen Geschichte nicht zu vernachlässigen.

Lit.:
- Oskar KÖHLER, Die vielen „Geschichten“ und die eine „Fundamentalgeschichte“, Saeculum 29, 1978, S. 107–146.
- Michel HAMMER, Histoire universelle: Reflexions sur la validité et les limites d'un concept, SZG 33, 1983, S. 207–216.

Für eine aus inhaltlichen wie methodischen Gründen notwendige, aspekthafte Aufgliederung der Geschichtswissenschaft gibt es mehrere Möglichkeiten, die aus den jeweiligen Interessen und Spezialisierungen, der unterschiedlichen methodischen und darstellerischen Bewältigung, oft aber auch einfach aus der Wissenschaftsgeschichte resultieren. Von besonderer Bedeutung haben sich dabei sogenannte „Teilgebiete“ oder Sektoren der Geschichtswissenschaft erwiesen. Sie unterscheiden sich in ihrem Erkenntnisobjekt und bieten jeweils einen Ausschnitt, zugleich aber auch eine Perspektive, eine spezifische Betrachtungsweise, des vergangenen Geschehens. Es gibt ein ganzes Spektrum solcher Teilgebiete, das sich ständig erweitern lässt (und auch erweitert wird), wenngleich sich neue, meist engere Teilgebiete mühelos größeren Sektoren eingliedern ließen. Das Tableau gängiger Teilgebiete ist aber weder abgeschlossen noch nach einheitlichen Kriterien ausgebildet:

- Die „klassischen“ Teilgebiete der Geschichtswissenschaft folgen zentralen Ordnungen, die den Inhalt der Geschichte bilden, während ihre Etablierung durchaus auf wissenschaftsgeschichtliche Gründe zurückgeht:
  (1) die politisch-staatliche Ordnung ist Gegenstand der *Verfassungsgeschichte*,
  (2) die normativ-rechtliche Ordnung bildet das Aufgabenfeld der *Rechtsgeschichte*, deren Inhalte sich mit der Verfassungsgeschichte aber zwangsläufig überschneiden; man kann das „Recht“ daher auch als Teil der Verfassung betrachten (und umgekehrt).
  (3) Mit der gesellschaftlichen Ordnung befasst sich die *Sozialgeschichte*,
  (4) mit der ökonomischen Ordnung die *Wirtschaftsgeschichte*. Wie Rechts- und Verfassungsgeschichte sind auch Sozial- und Wirtschaftsgeschichte eng verbunden und oft zu einer Arbeitseinheit zusammengefasst. Nicht weniger enge inhaltliche Bezüge bestehen zwischen Verfassungs- und Sozialgeschichte.
  (5) Als weiteren Sektor der Geschichte könnte man die Kultur als Arbeitsgebiet der *Kulturgeschichte* auffassen. Der Begriff ist allerdings mehrdeutig und kann

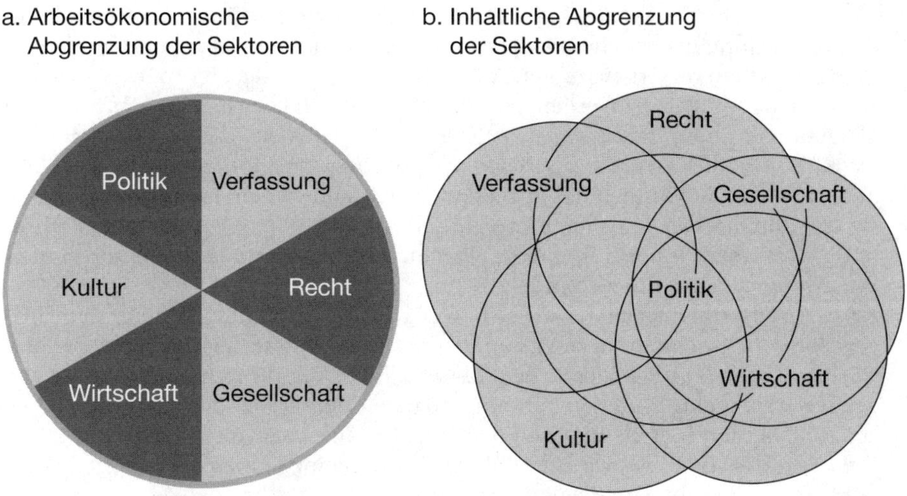

Abb. 20: *Schematische Darstellung der „klassischen" Teilgebiete der Geschichtswissenschaft.*

im weitesten Sinn alle vom Menschen geschaffenen Ordnungen, also einschließlich des Rechts, der Verfassung und der sozioökonomischen Regelungen, bezeichnen. Im engeren Sinn umfassen „kulturelle" Aspekte geistige und künstlerische Errungenschaften. Mit ersteren befasst sich die *Geistesgeschichte* als Sektor innerhalb der Kulturgeschichte.

(6) Eng mit der Kulturgeschichte verbindet sich die *Religionsgeschichte*, die sich im christlichen Abendland institutionell als *Kirchengeschichte* versteht, die in sich wieder Aspekte des Rechts, der Gesellschaft, Wirtschaft, Verfassung und Kultur einschließt.

(7) Die einzelnen Teilgebiete haben sich nach und nach aus der „allgemeinen" Geschichte ausgegliedert und dabei den Bereich ausgespart, der einst deren Grundlage bildete und nun als *politische Geschichte* (der Innenpolitik und der internationalen Beziehungen) als ein eigenes Teilgebiet anzusehen ist, das sich in der Praxis eng mit einer Ereignisgeschichte (vgl. o. S. 326) verknüpft.

Beschränkte man die Geschichte auf diese Aspekte, so würde eine pragmatische und arbeitsökonomische Aufgliederung in Sektoren (Abb. 20a) zwar ein klares Bild ergeben, aber kaum der historischen Wirklichkeit entsprechen, die vielmehr durch ein ständiges Ineinandergreifen dieser Aspekte gekennzeichnet ist (Abb. 20b). Solche Überschneidungen dürfen daher bei der sektoralen Auffächerung nicht vernachlässigt werden.

– Die Teilgebiete sind damit aber noch nicht vollständig erfasst. Als eigene Teilgebiete lassen sich etwa die *Geschichtstheorie* (Historik), die sich mit der Selbstreflexion der Geschichtswissenschaft befasst, und die *Geschichtsdidaktik* als Lehre von der Vermittlung historischen Wissens (im weitesten Sinne) begreifen.

- Eine Reihe neuerer Arbeitsgebiete, die gern als eigene Teilgebiete der Geschichtswissenschaft propagiert werden, ließen sich inhaltlich ebensogut in das bisherige Schema einordnen. Dazu zählen beispielsweise die *Mentalitätsgeschichte*, die *Alltagsgeschichte*, die *Bevölkerungsgeschichte*, die *Historische Verhaltensforschung* und andere mehr, die sämtlich der Sozialgeschichte nahestehen. Institutionell ließen sie sich durchaus als Teilgebiete konstituieren, werden hier, wie auch die *Frauen-* und *Geschlechtergeschichte*, in einem eigenen Abschnitt zunächst aber als neuere Forschungsgegenstände behandelt.
- Daneben gibt es Arbeitsfelder, die sich weniger inhaltlich durch ihren Erkenntnisgegenstand als vielmehr durch ihren methodischen Ansatz auszeichnen, wie beispielsweise die *Begriffsgeschichte* oder die *Prosopographie*, die sich inhaltlich auf alle genannten Aspekte beziehen können und daher übergreifenden Charakter besitzen. Sie werden hier als neuere Forschungsansätze und -methoden vorgestellt. Die *Historische Anthropologie* nimmt dabei insofern eine Sonderstellung ein, als sie sich – in Anknüpfung an die naturwissenschaftliche Anthropologie – zwar ebenfalls methodisch, von ihrem Gegenstand her aber auch inhaltlich abgrenzt und als dem Menschen gewidmete Wissenschaft so umfassend ist, dass sie letztlich alles Genannte einschließt und sich nur per Definition näher eingrenzen lässt.
- Schließlich gibt es historisch betrachtbare Teilgebiete, die traditionell anderen Wissenschaften angehören. Dazu zählen beispielsweise die Historische Geographie, aber auch die Sprachgeschichte, die Kunstgeschichte oder die Geschichte jeder anderen Disziplin.

In strukturgeschichtlichen Darstellungen werden solche Aspekte, in der mittelalterlichen Geschichte vor allem Verfassung, Gesellschaft, Wirtschaft, Recht sowie Kirche und Kultur, gern nacheinander in einzelnen Kapiteln abgehandelt. Das ist didaktisch sinnvoll. Zusammen ergeben sie dann eine Art Gesamtbild einer Epoche. Andererseits bestehen zwischen diesen Aspekten natürlich enge Zusammenhänge. Eine inhaltliche Abgrenzung ist daher nur im Kern möglich und führt in der Praxis zwangsläufig zu zahlreichen Überschneidungen.

Entscheidend ist, dass alle erwähnten Arbeitsgebiete in zweierlei Hinsicht verstanden werden können:
(1) Als sektorale **Teilgebiete** betrachten sie – aus inhaltlichen ebenso wie aus arbeitsteiligen Gründen – jeweils einen Ausschnitt der gesamten Geschichte;
(2) als perspektivische **Betrachtungsweisen** aber behandeln sie die gesamte Geschichte unter einem bestimmten, ihnen jeweils eigenen Blickwinkel. So hat man der Sozialgeschichte (als Teilgebiet) eine „Gesellschaftsgeschichte" (als Gesamtgeschichte unter sozialgeschichtlichem Blickwinkel) entgegenstellen wollen, doch beruhen solche Begriffe natürlich nur auf Übereinkunft und sind keineswegs selbstverständlich.

Die heutige Geschichtswissenschaft tendiert eher zu der zweiten Möglichkeit und versteht ein einmal etabliertes (jeweils eigenes) Teilgebiet meist im Sinne einer umfassenden Geschichtsbetrachtung. Daraus (und nur daraus) entstehen dann „Richtungsstreitigkeiten", deren Protagonisten in aller Regel nicht die Relevanz einer historischen Richtung und schon gar nicht deren Zugehörigkeit zum Geschichtsablauf bestreiten, sondern um den Stellenwert der Teildisziplinen innerhalb der Geschichtswissenschaft und im Rahmen des Geschichtsbewusstseins ringen. Bei solchen Auseinandersetzungen geht es also nicht um die Anerkennung der eigenen Richtung als Teilgebiet – sie erfährt wenig Widerspruch – als vielmehr um den Anspruch, die vorherrschende Richtung zu sein.

Richtig ist, dass jede Zeit ihre eigenen Prioritäten setzt. Die Geschichtswissenschaft des 19. Jh. war zwar keineswegs ausschließlich von der politischen Ereignisgeschichte geprägt, wie heute gern vereinfachend behauptet wird, aber sie stand doch eindeutig unter dem *Primat* der politischen Geschichte und besonders der Außenpolitik. Die Geschichtswissenschaft des früheren 20. Jh., und zumal die Mediävistik, war vor allem verfassungsgeschichtlich bestimmt, während seit den 50er-/60er-Jahren des 20. Jh. immer stärker – in der Mediävistik allerdings nie vorherrschend – sozialgeschichtliche Fragestellungen in den Mittelpunkt gerückt sind. Heute beginnt anscheinend die anthropologische und kulturwissenschaftliche Komponente einer Sozialgeschichte im engeren Sinn allmählich den Rang abzulaufen, oft allerdings in einem so engen mentalitäts-, alltags-, frauen- oder umweltbezogenen Sinn, dass diese Richtungen sich kaum als fähig erwiesen haben oder erweisen dürften, die anderen Gebiete zu verdrängen, wohl aber sinnvoll zu ergänzen. Um die Einheitlichkeit des gesamten Geschehens zu betonen und zugleich überschaubar zu halten, neigt man heute auch dazu, die Geschichte nicht mehr nur von solchen „Sektoren" her, sondern – in veränderter Perspektive – als *Lebenswelt* der Menschen bzw. einzelner Gruppen von Menschen zu betrachten und den Schwerpunkt damit in anderem Sinn von der politischen auf eine sowohl sozioökonomische wie anthropologische Ebene zu verlagern. Die Ergebnisse der genannten „Teilgebiete" ordnen sich hier als strukturgeschichtliche Hintergründe in übergreifende Zusammenhänge ein, die das Gesamtbild mit der Schwerpunktsetzung allerdings ihrerseits verkürzen (Abb. 21).

Der Primat einer Richtung geht jeweils von vorwissenschaftlichen Prämissen aus. Galt der traditionellen Geschichtswissenschaft des 19. Jh. die Nation als die maßgebliche Ordnung in der Geschichte, so stellten Marx und andere dem einen Vorrang wirtschaftlicher Gegebenheiten entgegen. Beides ist epochenspezifisch und daher nicht ohne weiteres auf andere Zeiten übertragbar. (Beide Kriterien waren im Mittelalter beispielsweise gerade nicht vorherrschend.) Ähnlich zeitbedingt sind unsere heutigen Anschauungen von dem, was „Geschichte" ist und was die Geschichtswissenschaft erkunden soll, wie erst spätere Generationen klarer erkennen werden.

5.4.2 Teilgebiete

Lit.:

- Quirin (o. S. 45) S. 31 ff.; Boshof (o. S. 45) S. 176 ff.

Forschungsergebnisse im Überblick zu einzelnen Themenbereichen mittelalterlicher Geschichte:

- Mittelalter-Forschung (Forschung und Information 29) Berlin 1981.
- Goetz, Moderne Mediävistik (o. S. 34).

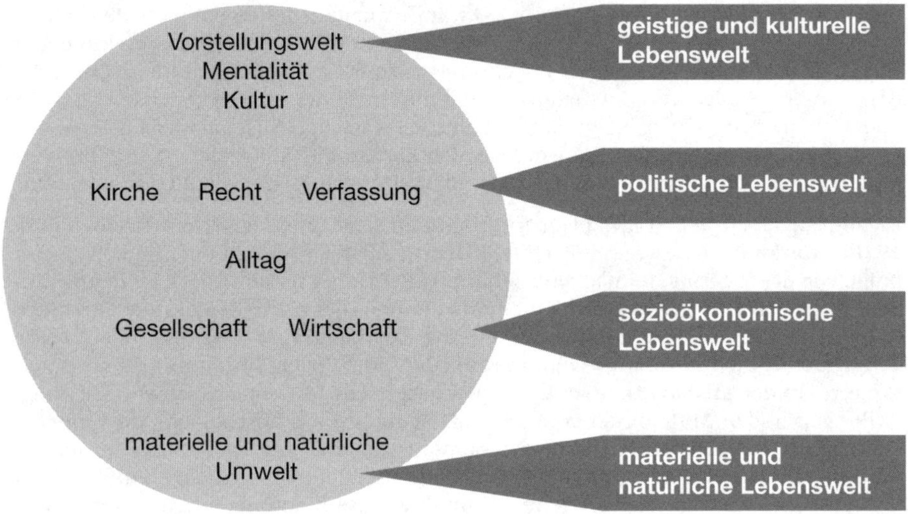

Abb. 21: *Schematische Darstellung der Lebenswelt des Menschen.*

5.4.2.1 Politische Geschichte

Die politische Geschichte bildet den traditionellsten Bereich der Geschichtswissenschaft, die bis weit in das 20. Jh. hinein unter dem Primat des Politischen stand.

Eine Umkehr zugunsten stärker sozialgeschichtlicher Aspekte erfolgte in Westeuropa seit den 1940er-, in Deutschland erst seit den 1960er-Jahren vor allem in der neueren Geschichte, trotz apologetischer Verteidigungen der politischen Geschichte.[27] Ähnliche „Richtungsstreitigkeiten" hat es in der Mediävistik, in der modernere Fragestellungen allmählich neben die traditionellen getreten sind, nicht gegeben.

Politische Geschichte mit den beiden Aspekten der Innen- und der Außenpolitik ist heute nicht mehr identisch mit der Geschichtswissenschaft schlechthin, bildet nach wie vor aber ein wichtiges Teilgebiet historischer Betrachtung. Die moderne politische Geschichte ist zudem breiter ausgerichtet und beschränkt sich nicht auf die „Staats- und Staatengeschichte", sondern ist Geschichte des politischen Handelns im weitesten Sinn; sie befasst sich auch mit den politischen Institutionen und schließt jede politische Betätigung auf allen Ebenen des politischen Lebens ein. Damit berührt sie sich eng mit anderen Teilgebieten: institutionell mit der Verfassungsgeschichte, in Bezug auf die Gruppenpolitik mit der Sozialgeschichte, hin-

---

27 Vgl. die Auseinandersetzung von Klaus HILDEBRAND, Geschichte oder „Gesellschaftsgeschichte"? Die Notwendigkeit einer politischen Geschichtsschreibung von den internationalen Beziehungen, HZ 223, 1976, S. 328–357, mit der „Historischen Sozialwissenschaft" Hans-Ulrich Wehlers.

sichtlich der politischen Theorie mit der Geistesgeschichte. Anders als die Sozialgeschichte hat sie bisher aber keine Theorien aus der Politologie aufgenommen, um sie historisch zu untersuchen.

Mittelalterliche politische Geschichte ist zwangsläufig zunächst Reichs- und Königsgeschichte, aber ebenso Geschichte der Territorien, der Städte, der politischen Bündnisse. (Auch eine Wirtschaftsmacht wie die Hanse als wirtschaftlicher Zusammenschluss von Kaufleuten und Städten ist ein eminent politischer Faktor.) Viele mittelalterliche Darstellungen, vor allem auch die Handbücher, sind nach wie vor aus primär politikgeschichtlichem Winkel geschrieben. Es kennzeichnet die Situation der heutigen Mediävistik, dass in den vergangenen zwanzig Jahren allein in Deutschland vier verschiedene Sammelbände oder Serien mit Biographien von Kaisern und Königen und weitere Einzelbiographien erschienen sind (deren Bedeutung für die politische Geschichte ja nicht zu bestreiten ist), die allerdings sämtlich betonen, die Biographie nun in die strukturellen Zusammenhänge einordnen zu wollen.[28] „Außenpolitisch" geht es um die militärischen und diplomatischen Beziehungen zwischen den Reichen, die sich erst allmählich zu „Nationen" in einem sich dem unsrigen annähernden Sinn entwickelt haben. Die langwierige Entstehung solcher Nationen im Verlauf des frühen Mittelalters, vor allem aus dem Zerfall des Frankenreichs, ist daher seit langem ein wichtiges Arbeitsgebiet der Mediävistik, während die Anfänge des ausgeklügelten, neuzeitlichen Staatensystems im Spätmittelalter liegen. Innenpolitische Themen betreffen zum Beispiel die Auseinandersetzungen der Könige mit den Fürsten oder die Verhandlungen auf den Reichstagen, im weiteren Sinn die Italien- und Ostpolitik der deutschen Könige oder die Einfälle fremder Völker (Normannen, Ungarn, Mongolen). Zunehmend geht es in der politischen Geschichte aber auch um Fragen der Herrschaftspraxis und der Macht (power, pouvoir) an sich.

5.4.2.2 Rechts- und Verfassungsgeschichte

Das Recht ist ein grundlegender Sektor der Geschichte. Institutionell aber ist die **Rechtsgeschichte** aus der Rechtswissenschaft, der im frühen 19. Jh. begründeten „Historischen Rechtsschule" Friedrich Karl von Savignys und Karl Friedrich Eichhorns, hervorgegangen, die das Recht auf seine historischen Grundlagen zurückführen wollte, und sie ist bis heute den Juristischen Fakultäten und Fachbereichen zugeordnet.

Inhaltlich werden – wie in den Abteilungen der Zeitschrift der Savigny-Stiftung für Rechtsgeschichte – drei Bereiche abendländischer Rechtsgeschichte unterschieden: das germanische, das römisch-romanische und das kirchlich-kanonische Recht. Themen der Rechtsgeschichte im engeren Sinn sind das Privatrecht (Personen-, Familien-, Ehe-, Erb- und Schuldrecht), das Strafrecht, die Rechtspflege (Rechtsprechung) und die

---

28 Kaisergestalten des Mittelalters, hg. v. Helmut BEUMANN, München [3]1991; Deutsche Könige und Kaiser des Mittelalters, hg. v. Evamaria ENGEL u. Eberhard HOLTZ, Köln-Wien [2]1990; Mittelalterliche Herrscher in Lebensbildern. Von den Karolingern zu den Staufern, hg. v. Karl Rudolf SCHNITH, Graz 1990. Den Anspruch auf strukturgeschichtliche Einordnung scheint am ehesten die von Peter Herde herausgegebene Reihe „Gestalten des Mittelalters und der Renaissance" zu erfüllen; vgl. o. S. 55f.

Rechtsideen (Rechtsphilosophie), in der Praxis aber geht man weit darüber hinaus und schließt mit den staatlichen Institutionen nahezu alle Elemente der Verfassung ein. Traditionell ist die Rechtsgeschichte sehr an der mittelalterlichen Geschichte interessiert. Bis weit in das 20. Jh. hinein hat sie das Bild vom mittelalterlichen Staat maßgeblich geprägt. Erst in den letzten Jahren hat das Interesse am Mittelalter bedenklich abgenommen.

Als juristische Disziplin neigt die von den Rechtsquellen her an der Norm orientierte und mit juristischen Begriffen operierende Rechtsgeschichte zu klaren und eingängigen, systematisierenden Beschreibungen, die der komplexen Realität kaum entsprechen, dafür aber typologische Entwicklungslinien erkennen lassen. Das schematische Vorgehen hat immer wieder zu Spannungen zwischen der Rechtsgeschichte und der allgemeinen Geschichtswissenschaft geführt, die ihr mit der Verfassungsgeschichte des frühen 20. Jh. bewusst eine historische Gegenrichtung entgegengesetzt hat. Gleichzeitig hat man stets aber das komplementäre Aufeinander-Angewiesensein betont. Die heutige Rechtsgeschichte, die auch moderne Ansätze aus der Soziologie aufnimmt, arbeitet weit differenzierter, so dass die disziplinären Unterschiede geringer geworden sind.

Lit. zum Verhältnis von Rechtsgeschichte und Geschichtswissenschaft:
- Otto BRUNNER, Der Historiker und die Geschichte von Verfassung und Recht, HZ 209, 1969, S. 1–16.
- Otto Gerhard OEXLE, Rechtsgeschichte und Geschichtswissenschaft, in: Akten des 26. Deutschen Rechtshistorikertages, hg. v. Dieter Simon (Ius Commune Sonderheft. Studien zur Europäischen Rechtsgeschichte 30) Frankfurt 1987, S. 77–107.
- Peter LANDAU, Rechtsgeschichte und Soziologie, VSWG 61, 1974, S. 145–164.
- Gerhard DILCHER, Warum mittelalterliche Rechtsgeschichte heute?, ZRG Germ. Abt. 116, 1999, S. 1–22.

Die **Verfassungsgeschichte** ist inhaltlich eigentlich ein Teil der Rechtsgeschichte oder zumindest eng mit ihr verwandt, aber, wie erwähnt, von ihren institutionellen Ursprüngen her auch eine geschichtswissenschaftliche Antwort auf das juristische Vorgehen. Sie arbeitet deskriptiv und ist weit stärker an der Verfassungswirklichkeit als an der Verfassungsnorm orientiert. Gegenstand der Verfassungsgeschichte ist die staatlich-politische Ordnung. Die Behandlung der mittelalterlichen Staatsordnung erfordert dabei einen offeneren Verfassungsbegriff, der sich von dem heutigen, an einem schriftlichen Grundgesetz (einer Konstitution) orientierten abhebt, denn ein solches hat es im Mittelalter nie gegeben. „Verfassung" wird deshalb mit Walter Schlesinger allgemein definiert als Geschichte der politischen Ordnungen im Sinne einer Gesamtheit von Einrichtungen, die das Leben in der Gemeinschaft ermöglichen.[29] Von solchem Verständnis aus ergibt sich eine Affinität zur Sozialgeschichte.

Begründer der „modernen" Verfassungsgeschichte ist Georg Waitz, dessen „Deutsche Verfassungsgeschichte" (o. S. 66), die den Anspruch erhebt, möglichst alle Quellenaus-

---

29 SCHLESINGER, Verfassungsgeschichte und Landesgeschichte (u. S. 338) S. 11.

sagen zu berücksichtigen, bis heute ein Standardwerk bildet, aber nicht zufällig unvollendet und auf das vergleichsweise quellenärmere Früh- und Hochmittelalter beschränkt blieb. Die Verfassungsgeschichte stand und steht seit langem im Mittelpunkt der deutschen Mediävistik. Den entscheidenden Durchbruch erlebte sie seit den 1930er-Jahren, als Historiker wie Heinrich Dannenbauer, Theodor Mayer, Otto Brunner, später dann Walter Schlesinger und Karl Bosl eine völlig neue Sicht von den verfassungsgeschichtlichen Zuständen vor allem des Frühmittelalters schufen und von überholten rechtsgeschichtlichen Vorstellungen abrückten. Vor allem Otto Brunner machte auf die Zeitbedingtheit der bisher verwendeten juristischen Begriffe aufmerksam und plädierte für eine quellennahe Terminologie. Die alte Streitfrage, wieweit man im Mittelalter überhaupt schon von „Staaten" sprechen kann, wurde (zu Recht) durch die Untersuchung der spezifisch mittelalterlichen Staatlichkeit gelöst, die man durch den Begriff der „Herrschaft" charakterisiert fand. Zu dieser (im Prinzip bis heute nachwirkenden, wenngleich umstrittenen) Erkenntnis führte eine Reihe von Faktoren, darunter nicht zuletzt eine Betrachtung der frühmittelalterlichen Glossen (volkssprachiger Übersetzungen der lateinischen Begriffe). Zeitgemäß suchte man nämlich – überspitzt – nach den germanischen Grundlagen des Staates, trat das Zusammenwirken mit dem Adel als Herrschaftsträger an die Seite eines vom König regierten Staates, wurden Gefolgschaftsgedanke und Personalitätsprinzip betont: Der frühmittelalterliche Staat galt als ein „Personenverbandsstaat" (Theodor Mayer), der auf den persönlichen Bindungen unter den Herrschaftsträgern (wie dem Lehnswesen) wie auch zwischen Herrschern und Beherrschten beruhte. Er war ein aristokratischer Personenverband mit monarchischer Spitze (Heinrich Mitteis).

Heute weiß man, wie zeitbedingt auch diese „neue Verfassungsgeschichte" zu beurteilen ist (František Graus). Trotz aller Anerkennung ihrer Verdienste und Errungenschaften ist man von manchen, auf allzu schmaler Quellenbasis und vorgefasster Theorie ruhenden Ergebnissen wieder abgerückt, nicht zuletzt auch von der Annahme typisch germanischer Verfassungselemente (Hans K. Schulze). Die neuere Verfassungsgeschichte ist offener, stärker auf bestimmte „Ordnungen" (wie Familie, Stamm, Lehnswesen, Grundherrschaft) konzentriert und enger der Sozialgeschichte als der Rechtsgeschichte verbunden. Sie bedient sich zunehmend prosopographischer Methoden (dazu u. S. 355) und hat sich zudem stärker auch dem zuvor vernachlässigten Spätmittelalter zugewandt, in dem nicht erst ähnlich hemmende Forschungstraditionen zu überwinden waren (vgl. die Arbeiten Peter Moraws und Ernst Schuberts). In Westeuropa und in den Territorien, nicht aber im Reich, sind die Anfänge einer modernen Staatlichkeit und Verwaltung zu erkennen. Die heutige Verfassungsgeschichte besitzt aber kein ähnlich klares Konzept, wie es ihre Vorgänger aufwiesen. Wichtige Themen im Bereich der mittelalterlichen Geschichte bilden nach wie vor Königtum und Königsherrschaft mit ihren Grundlagen (Wahl, Regierungspraxis, Itinerar = Reiseweg, frühmittelalterliche Pfalzen und spätmittelalterliche Residenzen, Reichsgut), Organe und Verwaltung (Hofämter, Kanzlei, Grafen, Herzöge, Einbindung der Reichskirche, Reichstage und Reichsstände), Kaisertum, institutionelle Bindungen (Lehnswesen), Territorien (Landesherrschaften), Reichsreformpläne und städtische Verfassung. Neuere Fragestellungen richten sich – mentalitätsgeschichtlich – auf Ausgestaltung und Wirkung der Herrschaft: auf Herrschaftsrepräsentation, höfisches Zeremoniell, symbolische Rituale und Raumerfassung.

Lit. (zu Überblicken und Handbüchern vgl. o. S. 65 ff.):
- Otto BRUNNER, Moderner Verfassungsbegriff und mittelalterliche Verfassungsgeschichte (zuerst MIÖG-Erg. Bd. 14, 1939), in: Herrschaft und Staat (s. u.).
- Walter SCHLESINGER, Verfassungsgeschichte und Landesgeschichte (1953), in: Ders., Beiträge (s. u.) Bd. 2, S. 9–41.

Einen Überblick über Themen und Errungenschaften der sog. „Neuen Deutschen Verfassungsgeschichte" bieten verschiedene Sammelbände, z. B.:
- Herrschaft und Staat im Mittelalter, hg. v. Hellmut KÄMPF (Wege der Forschung 2) Darmstadt 1956.
- Walter SCHLESINGER, Beiträge zur deutschen Verfassungsgeschichte des Mittelalters, 2 Bde., Göttingen 1963; DERS., Ausgewählte Aufsätze 1965–1979 (Vorträge und Forschungen 34) Sigmaringen 1987; dazu in kritischer Würdigung: Joachim EHLERS, in: Göttingische Gelehrte Anzeigen 240, 1988, S. 263–282.

Kritisch zu dieser Richtung:
- František GRAUS, Verfassungsgeschichte des Mittelalters, HZ 243, 1986, S. 529–589.

Diskussion um Gegenstand und Abgrenzung einer Verfassungsgeschichte:
- Gegenstand und Begriffe der Verfassungsgeschichtsschreibung (Der Staat Beih. 6) Berlin 1983.
- Bernd SCHNEIDMÜLLER, Von der deutschen Verfassungsgeschichte zur Geschichte politischer Ordnungen und Identitäten im europäischen Mittelalter, ZfG 53, 2005, S. 485–500.

Zum Spätmittelalter:
- Peter MORAW, Neuere Forschungen zur Reichsverfassung des späten Mittelalters, in: Borgolte (Hrsg.), Mittelalterforschung nach der Wende (o. S. 33, Anm. 31) S. 453–484.
- GOETZ, Moderne Mediävistik (o. S. 34) S. 174–224.

5.4.2.3 Sozial-, Wirtschafts- und Technikgeschichte

Lit.:

Einführung:
- Wolfgang ZORN, Einführung in die Wirtschafts- und Sozialgeschichte des Mittelalters und der Neuzeit. Probleme und Methoden, 2. erw. Aufl. München 1974.

Überblick über die Geschichte des Fachs:
- Gerhard OESTREICH, Die Fachhistorie und die Anfänge der sozialgeschichtlichen Forschung in Deutschland, HZ 208, 1969, S. 320–363.

Ursprünglich entstammt auch die **Sozial- und Wirtschaftsgeschichte** einem anderen Fach, nämlich den Wirtschaftswissenschaften.

Wegbereitend waren im 19. Jh. die Ältere Historische Schule der Nationalökonomie um Friedrich List und dann vor allem die Jüngere Schule der Nationalökonomie um Gustav Schmoller. Eingang in die Geschichtswissenschaft fanden sozialgeschichtliche Forschungen zunächst unter dem Etikett der Kulturgeschichte, deren Zurückdrängung in Deutschland zugunsten der politischen Geschichtsschreibung zu Beginn des 20. Jh. einen Rückschlag für die Sozialgeschichte bedeutete, die sich ihrem Ursprung nach als eine sowohl gegen die außergeschichtswissenschaftliche Nationalökonomie wie gegen die politische Geschichte gerichtete „Oppositionsrichtung" verstand. Als ihr Organ wurde 1893 die Vierteljahrschrift für Sozial- und Wirtschaftsgeschichte gegründet, die – nach ihrer Wiederbegründung 1903 – mit ihrem Herausgeber Georg von Below bezeichnenderweise aber ganz in die Bahnen der traditionellen, hermeneutischen Geschichtswissenschaft einlenkte. Einen neuen Aufschwung nahmen sozial- und wirtschaftsgeschichtliche Fragestellungen hierzulande seit den 1950er-/60er-Jahren. Seither stehen sie – längst auch institutionell in die Geschichtswissenschaft integriert – durchaus im Zentrum historischer Betrachtung.

Die Sozialgeschichte unterscheidet sich (relativ) von der stärker traditionellen Geschichtsausrichtung dank der strukturellen Betrachtungsweise mittels einer gewissen Entpersonalisierung, dank der Langfristigkeit struktureller Vorgänge mittels einer gewissen Entzeitlichung sowie durch die Anwendung statistischer Methoden.

Die jüngere Sozialgeschichte zeichnet sich durch eine enge Verbundenheit mit der Soziologie aus, der sie wichtige Anregungen hinsichtlich Fragestellungen, vergleichenden und analytischen Methoden, Modell- und Theoriebildung (vgl. o. S. 318ff.) verdankt. Solche Indienstnahme hatte aber auch eine Reflexion über methodische Abgrenzung und Eigenständigkeit der Geschichtswissenschaft zur Folge, die vor allem den sozialen *Wandel* betont. Mittlerweile haben sich die beiden Disziplinen einander erneut angenähert, seit sich historische Betrachtungsweisen auch in der Soziologie durchgesetzt und damit die Voraussetzung für einen fruchtbaren Dialog geschaffen haben.

Lit.:

Hinsichtlich des Verhältnisses zur Soziologie gibt es eine ganze Reihe einschlägiger, durchweg neuzeitlich orientierter Bücher. Davon seien hier genannt:

- Winfried SCHULZE, Soziologie und Geschichtswissenschaft. Einführung in die Probleme der Kooperation beider Wissenschaften (Kritische Information 8) München 1974.
- Peter BURKE, Soziologie und Geschichte, Hamburg 1989 (engl. 1980).

Gegen einen Gegensatz von historischen und sozialwissenschaftlichen Methoden:

- Theodor SCHIEDER, Unterschiede zwischen historischer und sozialwissenschaftlicher Methode, in: Festschrift Hermann Heimpel Bd. 1 (Veröffentlichungen des Max-Planck-Instituts für Geschichte 36,1) Göttingen 1971, S. 1–27.

Zur Wirtschaftsgeschichte:

- Robert BOYER, Économie et histoire: vers de nouvelles alliances?, Annales 44, 1989, S. 1397–1426.

Neue Richtungsstreitigkeiten *innerhalb* der Geschichtswissenschaft ergaben sich aber dadurch, dass die Sozialgeschichte der Neuzeit, die sich vor allem mit den Namen Hans-Ulrich Wehler und Jürgen Kocka verbindet und die sich bewusst dieser Synthese aus Historie und Soziologie verschreibt, als **Historische Sozialwissenschaft** den Anspruch auf die den heutigen Anforderungen gemäße Art der Geschichtsbetrachtung erhoben hat und nicht mehr – als „Sozialgeschichte" – einen Sektor der Gesamtgeschichte, sondern – als „Gesellschaftsgeschichte" (eine freilich missverständliche und nur im Deutschen mögliche Differenzierung) – die Gesamtgeschichte, die ja stets eine wesentlich soziale Komponente in sich trägt, unter gesellschaftlicher Perspektive betrachtet. Organ dieser Richtung ist die Zeitschrift „Geschichte und Gesellschaft. Zeitschrift für Historische Sozialwissenschaft" (seit 1975), die sich, wie die Forschungen dieser Gruppe, aber durchweg mit dem industriellen Zeitalter beschäftigt.

Lit.:
- Hans-Ulrich WEHLER, Geschichte als Historische Sozialwissenschaft (edition suhrkamp 650) Frankfurt ³1980.
- Jürgen KOCKA, Sozialgeschichte. Begriff – Entwicklung – Probleme (KVR) Göttingen ²1986.
- Sozialgeschichte in Deutschland, hg. v. Wolfgang SCHIEDER u. Volker SELLIN, 4 Bde. (KVR 1517, 1518, 1523, 1531) Göttingen 1986/87.

Vom Standpunkt der Mediävistik aus:
- Karl BOSL, Gesellschaftsgeschichte – Sozialgeschichte. Modellfall Mittelalter, in: Festschrift Friedrich Hausmann, Graz 1977, S. 39–57.

Zur deutschen Mediävistik:
- BORGOLTE, Sozialgeschichte (o. S. 34).
- GOETZ, Moderne Mediävistik (o. S. 34) S. 225–242.

In der mittelalterlichen Geschichte haben die neuen Ansätze einer „Historischen Sozialwissenschaft" bisher kaum Fuß fassen können. Das liegt einmal an deren neuzeitlicher Ausrichtung, zum andern daran, dass soziologische Modelle und Theorien auf das Mittelalter nur bedingt anwendbar sind, nicht zuletzt aber daran, dass die mittelalterliche Sozialgeschichte eng mit der Verfassungsgeschichte verknüpft ist und von daher durchaus eine eigene, längere Tradition besitzt: Der „Adel" als Gesellschaftsschicht war eben zugleich die politisch führende Gruppe, die mittelalterliche Adelsgesellschaft ist daher seit langem Gegenstand historischer Betrachtung. Dagegen sind Unterschichten erst seit kürzerer Zeit stärker in das Blickfeld der Mittelalterforschung getreten.

Im Mittelpunkt moderner, sozialgeschichtlicher Betrachtungsweise stand lange Zeit das Problem der Gesellschaftsschichtung (Stratifikation) in Ober-, Mittel- und Unterschichten. Die Anwendung des Schichtenmodells auf die mittelalterliche Geschichte ist wegen der von den unsrigen sehr unterschiedenen Kriterien sozialer Stufung (Besitz statt Einkommen, Funktion statt Beruf, Herrschaft statt Status) und der entsprechend grundverschiedenen Begrifflichkeit zwar nicht unproblematisch,[30] doch kann kein Zweifel daran bestehen, dass auch die mittelalterliche Gesellschaft vertikal gegliedert war, wenngleich sie sich selbst eher im Zeichen einander horizontal ergänzender Funktionsstände sah. Mittelalterliche Sozialgeschichte fragt aber auch nach dem Charakter der Gesellschaft überhaupt (die mittelalterliche Gesellschaft als Stände- oder gar Klassengesellschaft?, als „Feudalgesellschaft", als Adelsgesellschaft, als Agrargesellschaft) und nach der Integration neuer gesellschaftlicher Formationen (bürgerliche Stadtgesellschaft), nach der sozialen Mobilität in dem lange Zeit als allzu statisch angesehenen Mittelalter sowie zunehmend nach gruppendynamischen Bindungen und Beziehungen wie Lehnswesen, Grundherrschaft, Schwurvereinigungen und „Gilden", aber auch nach sozialen Konflikten auf dem Lande und in der Stadt des Spätmittelalters.

Die mittelalterliche Sozialgeschichte wurde, mit einem gewissen Hang zum Schematismus, wesentlich durch das Werk Karl Bosls angeregt und lange Zeit bestimmt.[31] Im Mittelpunkt stand zunächst die Adelsforschung, die durch prosopographische Studien (vgl.

---

30 Vgl. Michael MITTERAUER, Probleme der Stratifikation in mittelalterlichen Gesellschaftssystemen, in: Theorien in der Praxis des Historikers (o. S. 318) S. 13–43.

31 Zur Würdigung seines Werks vgl. Ferdinand SEIBT, Gesellschaftsgeschichte, in: Gesellschaftsgeschichte. Festschrift Karl Bosl, Bd. 1, München 1988, S. 16–28.

u. S. 355f.) und die Erforschung der Adelsfamilien seit den 1950er-Jahren eine wesentliche Bereicherung erfuhr (Forschungen Gerd Tellenbachs und seiner Schule, Wilhelm Störmers u. a.). Daran schlossen sich Arbeiten zum hoch- und spätmittelalterlichen Rittertum an, die das zuvor vornehmlich aus der Dichtung entnommene Bild erheblich modifiziert haben. Mittlerweile gilt das Augenmerk ebenso anderen Schichten: den Bauern, dem Bürgertum, Handwerkern und Handwerksgesellen. Moderne sozialgeschichtliche Fragestellungen gelten schließlich einzelnen Gruppen, die sich sozial nach ihrer Ausgrenzung (z. B. Randgruppen wie Juden, Bettler oder Prostituierte), nach ihrem Geschlecht (vgl. u. S. 364ff. zur Frauen- und Geschlechtergeschichte) oder ihrem Alter (Geschichte der Kinder und Jugendlichen sowie der alten Leute) unterscheiden. Teil der Sozialgeschichte ist darüber hinaus die historische Familienforschung, die sich nahezu zu einem eigenen Teilgebiet ausgeweitet hat,[32] oder die Kriminalitätsgeschichte.[33] Nicht mehr primär an der sozialen Schichtung, sondern an der Kommunikation und an den sozialen Beziehungen in Gruppen ist ein sozialgeschichtlicher Ansatz interessiert, der sich an den Lebensformen – Arno Borst definiert sie als „geschichtlich eingeübte soziale Verhaltensweisen"[34] – oder Lebenskreisen (wie mönchisches, bäuerliches, höfisches, städtisches Leben im Rahmen von Kloster, Grundherrschaft, Fürstenhof, Stadt) orientiert. Solche Ansätze berühren sich eng mit einer Mentalitäts- und Alltagsgeschichte (vgl. u. S. 356ff.), die sich, wie auch die Frauengeschichte, inhaltlich durchaus im Rahmen der Sozialgeschichte bewegen, auch wenn ihre Vertreter ihr Fach gern als eigenes Teilgebiet oder gar als besondere Perspektive begreifen.

Zu neueren Ansätzen:
- Gerd ALTHOFF, Verwandte, Freunde und Getreue. Zum politischen Stellenwert der Gruppenbindungen im früheren Mittelalter, Darmstadt 1990.

Die mittelalterliche **Wirtschaftsgeschichte** besitzt bislang nicht den gleichen Stellenwert wie die Sozialgeschichte, wenngleich auch hier zu den Grundphänomenen Landwirtschaft (ein Schwerpunkt vor allem der französischen Mediävistik), Handwerk, Handel (Messen) und Verkehr wichtige Forschungen vorliegen. Die Arbeiten Wilhelm Abels suchen die spätmittelalterliche Wirtschaft mit wirtschaftswissenschaftlichen Theorien zu erfassen (Konjunkturforschung). In Trier (Franz Irsigler) wurde beispielsweise die mittelalterliche Geldwirtschaft, in Siegen (Ulf Dirlmeier) das städtische Haushaltswesen des späten Mittelalters untersucht.

Lit.:
Zu Fragen und Möglichkeiten einer mittelalterlichen Wirtschaftsgeschichte:
- Arnold ESCH, Der Historiker und die Wirtschaftsgeschichte, DA 43, 1987, S. 1–27.

---

32 Vgl. Michael MITTERAUER, Historisch-anthropologische Familienforschung. Fragestellungen und Zugangsweisen (Kulturstudien. Bibliothek der Kulturgeschichte 15) Wien-Köln 1990; Le médiéviste et la monographie familiale. Sources, méthodes et problématiques, hg. v. Martin AURELL (Histoires de famille. La parenté au Moyen Age 1) Turnhout 2005.

33 Vgl. Gerd SCHWERHOFF, Aktenkundig und gerichtsnotorisch. Einführung in die historische Kriminalitätsforschung (Historische Einführungen 3) Tübingen 1999; Kriminalitätsgeschichte. Beiträge zur Sozial- und Kulturgeschichte der Vormoderne, hg. v. Andreas BLAUERT u. Gerd SCHWERHOFF (Konflikte und Kultur – Historische Perspektiven 1) Konstanz 2000.

34 Lebensformen im Mittelalter (o. S. 46) S. 9ff.

- Philippe WOLFF, L'étude des économies et des sociétés avant l'ère statistique, in: L'histoire et ses méthodes (o. S. 275) S. 847–892.
- Adriaan VERHULST, Medieval socio-economic historiography in Western Europe: towards an integrated approach, JMH 23, 1997, S. 89–101.

Zu neueren Forschungen:
- GOETZ, Moderne Mediävistik (o. S. 34) S. 242–261.

Einen eigenen Sektor innerhalb der Sozial- und Wirtschaftsgeschichte oder auch ein eigenes Teilgebiet bildet die mit der Wirtschaftsgeschichte eng verknüpfte **Technikgeschichte**, die in der Mediävistik aber stärker von archäologischer als von historischer Seite her betrieben wird. Technikgeschichtliche Gesamtperspektiven (zum Beispiel des Amerikaners Lynn White) sind selten und stoßen eher auf Skepsis. Arbeitsweise, Arbeitsgeräte und Arbeitsverfahren sind aber durchaus ein wichtiger Gegenstand der Forschung (Arbeiten Dieter Hägermanns und Dietrich Lohrmanns).

5.4.2.4 Kultur- und Geistesgeschichte

Kulturgeschichte ist der weitere, Geistesgeschichte der engere Begriff für den mit der kulturellen und geistigen Welt befassten Sektor der Geschichtswissenschaft.

Die Schwierigkeit einer Abgrenzung liegt im Begriff *„Kultur"*, der teils sehr weit verstanden werden kann als alles vom Menschen Geschaffene (im Gegensatz zur „Natur"), teils – und nur das kann hier gemeint sein – die Erzeugnisse der Bildung und Kunst beinhaltet (im Gegensatz zu Politik und sozioökonomischen Strukturen, aber auch zur „Zivilisation" als stärker materieller Lebenswelt). Auch dann ist „Kultur" aber noch verschieden weit auslegbar: Sie kann sich im wertenden Sinn eng auf die kulturellen „Leistungen" einer Hoch- oder Elitenkultur beschränken, bezieht sich im heutigen Sprachgebrauch jedoch eher auf das kulturelle „Schaffen" insgesamt und schließt andere Sparten wie Volkskultur, Arbeiterkultur, Alltagskultur, Jugendkultur usw. ein. Entsprechend haben sich auch die Inhalte einer Kulturgeschichte erweitert.

Der Begriff hat – zumindest in Deutschland – eine nachwirkende Vergangenheit. Einmal war die „Kultur- und Sittengeschichte" des 19. Jh., die das Privatleben im Gegensatz zum öffentlich-staatlichen Bereich betrachtete, durch ihr teilweise recht unkritisches Vorgehen in Verruf geraten, während deren Gegenstand heute durchaus wieder geschichtswürdig ist. Zum andern ist die „Kulturgeschichte" im Gefolge des sog. Lamprechtstreits um die Ausrichtung der Geschichtswissenschaft (vgl. o. S. 308f.) seit dem frühen 20. Jh. aus der wissenschaftlichen Behandlung zurückgedrängt und erst in den letzten Jahrzehnten – vom westlichen Ausland inspiriert, wo sie eine teilweise ungebrochene Kontinuität erlebte – „wiederentdeckt" worden. Karl Lamprecht hatte um die Wende zum 20. Jh. für eine kulturgeschichtliche Ausrichtung der Geschichtswissenschaft – in Abgrenzung von der politischen und Verfassungsgeschichte – plädiert. Er verstand „Kulturgeschichte" allerdings sehr weit und ebenso als methodische wie als inhaltliche Richtung im Sinne einer kollektiven und analytischen (statt individualistischen) Geschichtsbetrachtung, als „die vergleichende Geschichte der sozialpsychischen Entwicklungsfaktoren", das heißt vornehmlich in wirtschafts- und sozialgeschichtlicher Ausrichtung.[35]

---

35 Vgl. Karl LAMPRECHT, Was ist Kulturgeschichte? Beitrag zu einer empirischen Historik, Deutsche Zeitschrift für Geschichtswissenschaft 7 (N. F. 1), 1896/97, S. 75–150.

Ungeachtet dieser Zurückdrängung hat die Kulturgeschichte des frühen 20. Jh. große Werke hervorgebracht, die sich beispielsweise mit den Namen Jakob Burckhardt oder Johan Huizinga verbinden. Kulturgeschichte ist in diesem Sinn stets „universaler" geblieben als die zeitweise sehr national ausgerichtete politische Geschichte.

Von den „Produzenten" her verbindet sich die mittelalterliche Kulturgeschichte vor allem der früheren Jahrhunderte weithin mit der Kirchengeschichte, da Bildung und Kunst im Dienst religiöser Zwecke standen und in kirchlichen Institutionen oder für sie entstanden sind. Inhaltlich umschließt sie verschiedene Bereiche: die *Kunst-, Musik- und Literaturgeschichte* zum Beispiel, die institutionell Gegenstand eigener Disziplinen sind. Die kulturgeschichtliche Betrachtung legt die Betonung aber nicht auf den künstlerischen, sondern auf den historischen Aspekt und betrachtet die Werke aus ihren zeitlichen Entstehungsbedingungen heraus. Ähnliches gilt für die *Sprach-* sowie für die *Medizingeschichte*, die mit der Geschichte der Krankheiten bereits alltagsgeschichtliche Fragen aufgreift, für die Geschichte der Naturwissenschaften oder anderer Wissenschaftsdisziplinen. Kulturgeschichte berührt mit der Geschichte der Erfindungen aber auch technikgeschichtliche Inhalte.

Im Mittelpunkt einer geschichtswissenschaftlichen Kulturgeschichte stehen jedoch zweifellos die „geistigen Produktionen", steht die „Geschichte des Denkens", die man auch als *Geistesgeschichte* bezeichnet. Darin eingeschlossen sind die *Wissenschaftsgeschichte*, nicht zuletzt natürlich die Geschichte der Geschichtswissenschaft bzw. der Geschichtsschreibung sowie – gerade im Mittelalter – die Geschichte der Philosophie und Theologie, und, umfassender und diese einschließend, die *Bildungsgeschichte* schlechthin: die Geschichte der mittelalterlichen „Bücher", also der Handschriften und Codices, der Schulen und Universitäten. *Geistesgeschichte* (intellectual history) bezieht sich traditionell vornehmlich auf die großen Denker, lässt sich als *Ideengeschichte* oder Geschichte des Denkens im weiteren Sinn (history of ideas) aber ebensogut auf die eher „alltägliche" Vorstellungswelt ausweiten (wobei Bildung im Mittelalter natürlich nur für bestimmte Schichten „alltäglich" war). Sie befasst sich gleichsam mit dem menschlichen Selbstverständnis früherer Epochen. Man hat „Geistesgeschichte" aber auch – umfassend und gleichwohl intellektuell – als historische „Zeitgeistforschung" definieren wollen (Schoeps). Schließlich wurde versucht, die Kulturgeschichte als Geschichte der Innovationen von einer Zivilisationsgeschichte als Geschichte der Ausbreitung und Verankerung solcher Güter im Leben der Gesellschaft abzugrenzen (Labuda).

Lit.:

- Gerard LABUDA, Kulturgeschichte als Geschichte der kreativen Innovationen, AKG 75, 1993, S. 195–220.
- Ernst SCHULIN, Geistesgeschichte, Intellectual History und Histoire des mentalités seit der Jahrhundertwende, in: Ders., Traditionskritik und Rekonstruktionsversuch. Studien zur Entwicklung von Geschichtswissenschaft und historischem Denken, Göttingen 1979, S. 144–162.

Vom philosophischen Standpunkt aus:
- Donald H. KELLEY, What is Happening to the History of Ideas? Journal of the History of Ideas 51, 1990, S. 3–25.

Zur Zeitgeistforschung:
- Hans-Joachim SCHOEPS, Was ist und was will die Geistesgeschichte? Über Theorie und Praxis der Zeitgeistforschung, Göttingen 1959; DERS., Was ist und was will die Geistesgeschichte? Zs. für Religions- und Geistesgeschichte 25, 1973, S. 243–260.

Beispiellektüre:
- Johan HUIZINGA, Wege der Kulturgeschichte, München 1930.

In der Mediävistik der jüngeren Jahrzehnte standen vor allem die von Johannes Spörl initiierte Geschichte des Geschichtsdenkens, die „politische Ideengeschichte" – etwa Helmut Beumanns oder Heinz Löwes (vgl. o. S. 33f.) –, die politisches Handeln aus den Gedanken der Geschichtsschreiber zu erklären sucht, wie die Geschichte mittelalterlicher Vorstellungen und Wahrnehmungen überhaupt im Vordergrund (vgl. o. S. 328f.).

Mit gewisser Betonung der privaten Sphäre sind kulturgeschichtliche Fragestellungen in jüngster Zeit wieder unter dem Etikett einer *Alltagsgeschichte* aufgegriffen worden, die sich nun aber stärker sozialgeschichtlich oder sogar als eigene Perspektive versteht (dazu u. S. 360ff.). Ebenso kultur- wie sozialgeschichtlich ist die *Mentalitätsgeschichte* ausgerichtet (dazu u. S. 356ff.). Kulturgeschichtlich ist aber auch die wichtige (noch junge) Frage nach dem Verhältnis von Schriftlichkeit und Mündlichkeit in einer Gesellschaft, die vorwiegend als *orale Gesellschaft* zu kennzeichnen ist. Auch dieser, von der Linguistik und Ethnologie beeinflusste Aspekt ist in den letzten Jahren zu einem wichtigen Forschungsgegenstand der Mediävistik geworden, wie derzeit überhaupt darüber gestritten wird, wieweit die heutige Geschichtswissenschaft sich insgesamt kultur*wissenschaftlichen* Interessen zuwendet (vgl. u. S. 367ff.). Die historische Anthropologie (u. S. 352f.) bildet hier ein wichtiges Bindeglied.

5.4.2.5 Kirchengeschichte

Die Kirchengeschichte bildet nur als Religionsgeschichte einen von den historischen Grundkategorien (wie Verfassung, Gesellschaft, Kultur), ansonsten aber von der Institution Kirche her bestimmten Sektor der Geschichtsbetrachtung, der sich aspekthaft auf alle genannten Bereiche erstrecken kann (es gibt also eine kirchliche Rechts-, Verfassungs-, Sozial- und Kulturgeschichte).

Institutionell ist auch die Kirchengeschichte, ähnlich der Rechtsgeschichte, fachfremd, nämlich nicht Teil der Geschichtswissenschaft, sondern der Theologie, in Bezug auf die mittelalterliche Kirchengeschichte vor allem der katholischen Theologie, während die evangelische Theologie ihr erst allmählich mehr Interesse entgegenbringt. Daraus erwachsen erkenntnistheoretische Probleme: Als „historische Theologie" ist die Kirchengeschichte nämlich auch dogmatisch geprägt und von vornherein mit Vorverständnissen „belastet".[36] Dass „Kirche" auf der anderen Seite eine geschichtliche (und damit sich

36 Dezidiert in dieser Richtung: Erwin ISERLOH, Kirchengeschichte – Eine theologische Wissenschaft (Abhandlungen der Akademie der Wissenschaften und der Literatur Mainz. Geistes- u. sozialwiss. Kl. 1982,1) Mainz 1982. Dagegen plädiert für eine nichttheologische Kirchengeschichte: Victor CONZEMIUS, Kirchengeschichte als „nicht-theologische" Disziplin, Theologische Quartalschrift 155, 1975, S. 187–197. Beide Aspekte verbindend, aber aus theologischer Sicht: Hubert JEDIN, in: Kirchengeschichte heute (u. S. 345) S. 33–48.

ändernde) Institution ist, macht die Kirchengeschichte zwangsläufig aber zu einem Gegenstand auch der Geschichtswissenschaft, deren Deutungen naturgemäß oft anders aussehen als die theologischen. Das Mittelalter war bekanntlich – schon von den Quellen her – in einem Maße vom Glauben geprägt, dass kirchengeschichtliche Aspekte in irgendeiner Form hinter nahezu allen Forschungen zum Mittelalter stehen. Das wird schon dadurch bedingt, dass Weltliches und Geistliches sich im Mittelalter bis zur Untrennbarkeit durchdrangen.

„Kirche“ ist nun ein weiter Begriff. Im engen Sinn wäre Kirchengeschichte die Geschichte der Kirche als Institution, tatsächlich umfasst sie als Geschichte der Christenheit aber alle Bereiche der christlichen Religion. Sie ist gerade deshalb so wichtig, weil die Religion im Mittelalter das gesamte Leben mitgestaltet hat. Im Einzelnen befasst sich die mittelalterliche Kirchengeschichte mit der Christianisierung (Mission), mit der Geschichte der Kirche als Institution, ihren Organen – Papst, Bischöfen, Klerus sowie Konzilien (Kirchenverfassung) –, ihrer Rechtsordnung (Kirchenrecht; vgl. o. S. 166ff., zu kirchlichen Rechtsquellen) und ihrer Entwicklung, z. B. auch mit den Kirchenreformen bis hin zur Reformation; ferner mit der Ordensgeschichte, also der Geschichte des Mönchtums und der Ordenskleriker, die in sich eine – auch im Bereich der Mission und Kultur wirkende – geistliche Institution darstellen; sodann mit der Geschichte der Theologie: der Kirchenlehre (Dogmatik), der Wissenschaft (Theologiegeschichte) und der Liturgie (Liturgiegeschichte) wie überhaupt mit der im Mittelalter vorwiegend kirchlicherseits betriebenen und vermittelten Bildung; schließlich mit der auf breite Bevölkerungsschichten bezogenen Frömmigkeitsgeschichte, dem religiösen Leben, und zwar sowohl mit der Heiligenverehrung wie mit den religiösen Vorstellungen und Mentalitäten, der Alltagspraxis (zum Beispiel Gebets- und Bußpraxis), den religiösen Bewegungen (in die sich die Geschichte des Mönchtums eingliedert), den Häresien. Besonders in diesem, in jüngerer Zeit stark beachteten Bereich wird Kirchengeschichte zur Sozialgeschichte.

Lit.:
- Kurt-Viktor SELGE, Einführung in das Studium der Kirchengeschichte, Darmstadt 1982 (von evangelisch-theologischer Seite her verfasste, an den Gegenständen ausgerichtete Einführung).
- Peter STOCKMEIER, Kirchengeschichte und Geschichtlichkeit der Kirche, ZKG 81, 1970, S. 145–162.
- Kirchengeschichte heute – Geschichtswissenschaft oder Theologie? hg. v. Raymund KOTTJE, Trier 1970.
- Grundfragen der kirchengeschichtlichen Methode – heute, Römische Quartalschrift für christliche Altertumskunde und Kirchengeschichte 80, 1985, S. 1–199 (verschiedene Beiträge zur Standortreflexion der katholisch-theologischen Kirchengeschichte).
- John VAN ENGEN, The Future of Medieval Church History, Church History 71, 2002, S. 492–522.

Zur geschichtstheoretischen Grundlegung des Fachs:
- Hans Reinhard SEELIGER, Kirchengeschichte – Geschichtstheologie – Geschichtswissenschaft. Analysen zur Wissenschaftstheorie und Theologie der katholischen Kirchengeschichtsschreibung, Düsseldorf 1981.

5.4.2.6 Landesgeschichte, Lokalgeschichte, Stadtgeschichte

Anders als die bisher besprochenen Teilgebiete konstituiert sich die Landesgeschichte weder von ihrem der Geschichte innewohnenden Aspekt (wie Verfassung, Gesellschaft, Wirtschaft, Kultur) noch von einer historischen Institution als Gegenstand (wie die Kirchengeschichte), sondern von dem betrachteten Raum als einer organischen Einheit, als „Kulturprovinz" und als „Geschichtslandschaft" her. Handelte es sich dabei zunächst vornehmlich um die politische Geschichte eines Territoriums, so zeichnet die Landesgeschichte seit Beginn des 20. Jh. der Versuch einer ganzheitlichen Erfassung der Beziehungen zwischen Mensch und Boden aus, will sie als „Geschichtliche Landeskunde" die Fülle der historischen Erscheinungen möglichst in ihrer Gesamtheit – also einschließlich Verfassung, Recht, Gesellschaft, Wirtschaft, Kultur und Kirche – in einem begrenzten geographischen Raum erforschen. Institutionell geht man dabei meist von modernen Landschaften aus, deren mittelalterliche Geschichte, damaligen Raumordnungen gemäß, aber entsprechend flexibel zu handhaben ist. Die Raumbindung stellt die Geschichtliche Landeskunde in engen Zusammenhang mit der Historischen Geographie, die weithin ähnliche Gegenstände behandelt; diese zielt auf die Geschichte der Landschaft, jene auf die Geschichte der Menschen ab.

Die Geschichtliche Landeskunde im modernen Sinn ist durch Rudolf Kötzschke um die Wende zum 20. Jh. in Leipzig begründet und mit einem Schwerpunkt in der Siedlungsgeschichte versehen worden, während Hermann Aubin am Bonner Institut für Geschichtliche Landeskunde der Rheinlande später eine „Historische Kulturraumforschung" in den Mittelpunkt stellte. Landesgeschichte ist seither schwerpunktmäßig mediävistisch ausgerichtet. In den ersten beiden Dritteln des 20. Jh. verbinden sich viele große Namen der Mediävistik – wie, neben Kötzschke und Aubin, Karl Lamprecht, Otto Brunner, Walter Schlesinger oder Karl Bosl – mit der Landesgeschichte, allerdings auch deshalb, weil sie stets die großen Entwicklungslinien im Auge hatten und das „Land" in übergeordnete Zusammenhänge stellten. Diese Weite scheint in der jüngsten Zeit wieder verloren zu gehen.

Inhaltlich liegt der Schwerpunkt der mediävistischen Landesgeschichte traditionell auf verfassungs- und sozialgeschichtlichen Fragen (wie Stamm, Herzogtum, Grafschaft, Gau, Territorium, Adel), zunehmend aber auch auf siedlungs- (Besiedlung, Dorfformen, Wüstungen) und sprachgeschichtlichen Aspekten (Sprachgrenzen). Gerade hier ist eine enge Verbindung zu anderen Disziplinen gegeben: Aus der Sprachgeschichte tragen vor allem Dialektforschung und Ortsnamenkunde bei; letztere stellt die Verbindung zur Siedlungsgeschichte her, die ihrerseits der Historischen Geographie verpflichtet ist. Weitere wichtige Anregungen kommen von der Ur- und Frühgeschichte bzw. der Mittelalterarchäologie (vgl. o. S. 301 ff.) und von der Volkskunde. Insgesamt kann man – nach einem Schema von Ernst Hinrichs – drei große Arbeitsgebiete der Landesgeschichte mit jeweils mehreren Teilaufgaben unterscheiden: den staatlich-verfassungsgeschichtlichen, den geographisch-landeskundlichen und den sozialgeschichtlich-anthropologischen Aspekt (vgl. Abb. 22).

Auf demgegenüber räumlich untergeordneter Ebene bewegt sich die **Lokal- oder Ortsgeschichte**, die sich mit der Geschichte einzelner Orte (Dörfer und Städte) in ihren ver-

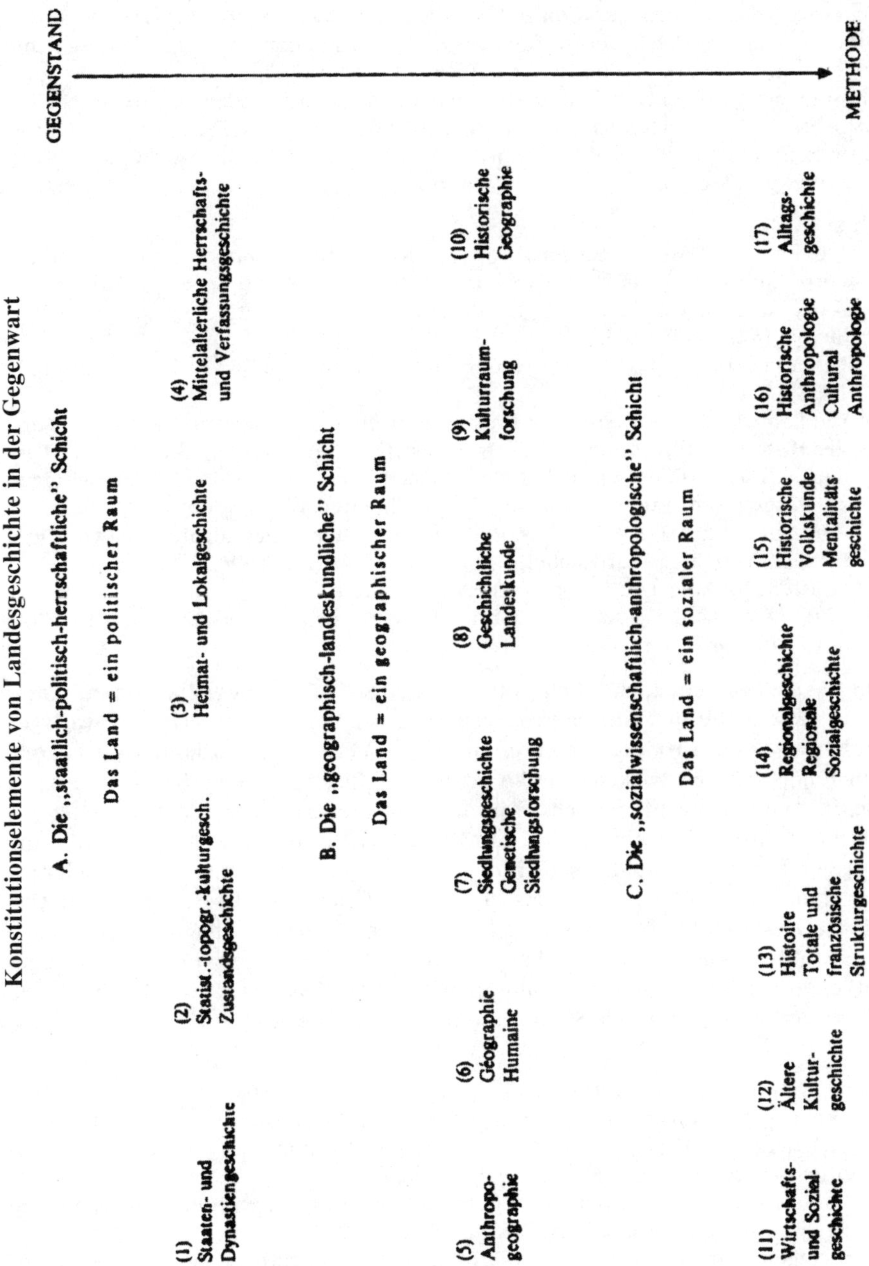

Abb. 22: *Schematische Darstellung der landesgeschichtlichen Arbeitsfelder.*

schiedenen Aspekten befasst. Vermittelnd zwischen beiden wirkt die *Regionalgeschichte*, die oft, vor allem im Osten Deutschlands, aber auch als Synonym für Landesgeschichte begriffen wurde, während eine „Heimatgeschichte" eher die unprofessionelle Beschäftigung mit der eigenen Lokal- und Regionalgeschichte bezeichnet. Landesgeschichte umschließt in gewissem Sinn auch vergleichende Lokalgeschichte. Sie wird heute ihrerseits oft raumübergreifend als *Vergleichende Landesgeschichte* betrieben, die die historischen Aspekte verschiedener Landschaften in ihrem Bezug zueinander betrachtet.

Lit.:
- Probleme und Methoden der Landesgeschichte, hg. v. Pankraz FRIED (Wege der Forschung 492) Darmstadt 1978.
- Alois GERLICH, Geschichtliche Landeskunde des Mittelalters. Genese und Probleme, Darmstadt 1986.
- Landesgeschichte heute, hg. v. Carl-Hans HAUPTMEYER (KVR 1522) Göttingen 1987.
- Die Landesgeschichte und ihre Nachbarwissenschaften (Vorträge auf der Tagung der Historischen Kommission für Niedersachsen und Bremen, Stade 1984), Niedersächsisches Jahrbuch für Landesgeschichte 57, 1985, S. 1–68 (mit Beiträgen zur Kunstgeschichte, Archäologie, Geographie und Volkskunde).
- Carl-Hans HAUPTMEYER, Landes-, Regional- und Heimatgeschichte. Rückblick und Perspektiven, Zs. f. Württembergische Landesgesch. 55, 1996, S. 11–25.

Überblick über Aufgaben und erstellte Arbeitsmittel:
- Hans PATZE, Landesgeschichte, Jahrbuch für historische Forschung (AHF) 1980, S. 15–40; 1981, S. 11–33.

Während die Lokalgeschichte sich – oft in heimatgeschichtlichem Zusammenhang – mit der Geschichte der einzelnen (eigenen) Stadt befasst, hat sich die **Stadtgeschichte**, wie die Landesgeschichte, zu einer eigenen, raumorientierten historischen Teildisziplin entwickelt, die die Stadt in all ihren Aspekten behandelt. Auch sie besitzt einen gewichtigen Schwerpunkt im Mittelalter. Dabei steht die einzelne Stadt meist nur noch exemplarisch im Mittelpunkt, während es letztlich im Sinne einer „vergleichenden Stadtgeschichte" um die typischen Phänomene mittelalterlicher Städte geht. Jüngeren Datums ist – als Pendant zur Stadtgeschichte – die **Geschichte des Landes bzw. des Dorfes**, die sich im Prinzip aber sozialgeschichtlichen Studien einordnet. Hatte sich die ältere Forschung hier vor allem mit dem rechtlichen Aspekt der Gemeindebildung befasst (K. S. Bader), so werden heute die sozialen Verhältnisse und die Siedlungsentwicklung betont.

Lit.:
Den besten Einblick in die Themen und Ergebnisse der Stadtgeschichte bieten die in der Reihe „Städteforschung" herausgegebenen Bände des Münsteraner Instituts für vergleichende Städtegeschichte, ferner die Reihe „Stadt in der Geschichte" des südwestdeutschen Arbeitskreises für Stadtgeschichte. Zur Methode:
- Voraussetzungen und Methoden geschichtlicher Städteforschung, hg. v. Wilfried EHBRECHT (Städteforschung A 7) Köln-Wien 1979.
- Stadtgeschichtsforschung. Aspekte, Tendenzen, Perspektiven, hg. v. Fritz MAYRHOFER, Linz/Donau 1993.

Zu Überblicken vgl. o. S. 69 f.
Zu Dörfern:
- Robert FOSSIER, Les « communes rurales » au Moyen Âge, Journal des Savants 1992, S. 235–276.
- Monique BOURIN/Robert DURAND, Vivre au village au Moyen Âge. Les solidarités paysannes de XIe au XIIIe siècle, Rennes 2000.

5.4.2.7 Geschichtstheorie und Geschichtsdidaktik

Als eigene Teildisziplinen der Geschichte haben sich in den letzten Jahrzehnten Geschichtstheorie und Geschichtsdidaktik etabliert, eine im Sinne der Spezialisierung notwendige Auffächerung, die aber nicht darüber hinwegtäuschen darf, dass deren Ergebnisse und Inhalte bis zu einem gewissen Grade von allen Historikern/innen reflektiert und berücksichtigt werden müssen (sie sind deshalb ja auch Inhalt dieses Kapitels einer Proseminareinführung).

Aufgabe der **Geschichtstheorie oder Historik** ist die theoretische und methodische Durchdringung der Geschichte als Wissenschaft, der Möglichkeiten und Bedingungen historischer Erkenntnis, Forschung und Vermittlung (Historiographie), aber auch der vorwissenschaftlichen Bestimmungsfaktoren der Geschichtswissenschaft. Geschichtstheorie als „Selbstreflexion der Geschichtswissenschaft" vermittelt zwischen (Geschichts-)Philosophie und Geschichtswissenschaft. Sie analysiert deren (frühere und heutige) Praxis und begründet den Wissenschaftscharakter des Fachs. Sie ist daher besonders in Zeiten der methodischen Wandlungen und Verunsicherungen notwendig.

Geschichtsdidaktik befasst sich – in theoretischer Ausrichtung – mit der Geschichtsvermittlung, der „nachwissenschaftlichen" Weiterwirkung und Funktionalisierung historischen Wissens in der alltäglichen Lebenswelt, und zwar auf allen Ebenen (Schuldidaktik ist folglich nur *eine* Anwendungsmöglichkeit); sie richtet sich letztlich auf das Geschichtsbewusstsein, auf den Umgang mit der Geschichte. Geschichtsdidaktik vermittelt zwischen der Geschichtswissenschaft und den allgemeinen Geschichtskenntnissen und -vorstellungen.

Lit.:
Zur Geschichtstheorie vgl. o. S. 17 f. sowie S. 311 ff.
- Geschichtswissenschaft. Didaktik – Forschung – Theorie, hg. v. Erich KOSTHORST (KVR 1430) Göttingen 1977.
- Hans SÜSSMUTH, Geschichtsdidaktik. Eine Einführung in Aufgaben und Arbeitsfelder (KVR 1454) Göttingen 1980.
- Wolfgang HASBERG, Didaktik der Geschichte (UTB 2846M) Köln-Weimar 2006.
- Handbuch der Geschichtsdidaktik, hg. v. Klaus BERGMANN u. a., 2 Bde., Düsseldorf ^{5}1997.

Verschiedene **Zeitschriften** haben sich auf Geschichtstheorie und Geschichtsdidaktik spezialisiert. Zur Geschichtstheorie wären zu nennen: HISTORY AND THEORY (seit 1960), STORIA DELLA STORIOGRAFIA. RIVISTA INTERNAZIONALE (seit 1982); zur Geschichtsdidaktik: GWU (o. S. 74) und GESCHICHTE LERNEN: GESCHICHTSUNTERRICHT HEUTE (seit 1998; 1976–1989: GESCHICHTSDIDAKTIK; 1990–1997: GESCHICHTE, ERZIEHUNG, POLITIK).

5.4.3 Neuere Forschungsansätze und -methoden

Neben die traditionellen Teilgebiete der Geschichtswissenschaft sind in den letzten Jahrzehnten neue Arbeitsfelder getreten, die teils daran anknüpfen, teils darüber hinausgreifen und insofern als eigene Teilgebiete (Sektoren) betrachtet werden können. Auf inhaltliche Schwerpunktthemen bezogen, lassen sie sich aber durchaus eingliedern, wenngleich sie sich selbst mit einem gewissen Recht meist umfassender als neue historische Perspektiven verstehen. Das gilt insbesondere für solche Richtungen, die nicht nur neue Forschungs*gegenstände* einschließen, sondern neue Forschungs*ansätze* repräsentieren. Gemeinsam ist ihnen in der Regel ein streitbarer, gegen die traditionelle Geschichtswissenschaft gerichteter Charakter, der sich gelegentlich mit einem gewissen Missionsbewusstsein vom Wert der eigenen, für die künftige Geschichtswissenschaft wegweisenden Richtung verbindet. In dieser Hinsicht zeichnen sich nach dem Streit um politische oder Kulturgeschichte zu Beginn des 20. Jh. und um politische oder sozialwissenschaftliche Geschichtswissenschaft in den 1960-er Jahren neue (bescheidene) Richtungsstreitigkeiten um eine sozialwissenschaftliche oder eine anthropologische bzw. – zuletzt – kulturwissenschaftliche Geschichtswissenschaft ab (ohne dass man beides tatsächlich als Gegensatz oder Alternative verstehen müsste). Dass sich eine der neuen Richtungen als bestimmend durchsetzen wird, ist kaum zu erwarten, dass sie sämtlich aber notwendige und wichtige Ergänzungen des traditionellen Kanons darstellen, steht außer Zweifel. *Eine* Richtung hat sich allerdings längst erfolgreich etabliert und bestimmt in Frankreich – und auch darüber hinaus – zunehmend die gesamte Historie, nämlich die mit dem Namen der „Annales“ verbundene Geschichtswissenschaft. Sie ist inhaltlich so breit angelegt und mit methodischen Prinzipien verknüpft, dass man sie nicht lediglich als neuen Forschungsansatz würdigen kann, sondern als eine andere Art der Geschichtsbetrachtung insgesamt werten muss. Sie selbst bezeichnet sich als die „neue Geschichte“ (nouvelle histoire).

5.4.3.1 Die Geschichtswissenschaft der „Annales“

Aus dem Wunsch nach einer durch neue Fragestellungen und Methoden geleiteten, sozial- und wirtschafts- statt politikgeschichtlichen, struktur- statt ereignisgeschichtlichen Geschichtswissenschaft im Umfeld des menschlichen Lebens gründeten der Neuzeitler Lucien Febvre und der Mediävist Marc Bloch 1929 die Zeitschrift „Annales d'histoire économique et sociale“, die bis 1938 erschien. Die neue Richtung verstand sich umfassend als Wissenschaft vom Menschen (Humanwissenschaft) im Sinne einer universalhistorischen Synthese. Die Weiterführung der Zeitschrift seit 1946 unter dem Titel „Annales. Économies – sociétés – civilisations“ (vgl. o. S. 75) deutet mit der Titelerweiterung die Betonung des im weitesten Sinn kulturgeschichtlichen Interesses, die Umbenennung seit 1994 in „Annales Histoire, Sciences Sociales“ allerdings eine erneute Abkehr davon an. Nach dieser Zeitschrift wird die neue Richtung fast durchweg benannt; institutionell ist sie in der Sixième Section der École Pratique des Hautes Études an der Sorbonne organisiert.

Seit langem stellt diese Richtung keine „Oppositionswissenschaft“ mehr dar; tatsächlich beherrscht sie weitgehend, wenngleich zuletzt nicht mehr so umfassend, die französische Geschichtswissenschaft, ihre Tendenz neigt seit einiger Zeit eher zur Integration anderer Ansätze und damit zur Aufgabe der anfänglichen methodischen Geschlossenheit. Nach anfangs zögerlicher Aufnahme reicht ihr Einfluss inzwischen aber weit über die Grenzen Frankreichs hinaus, auch in die osteuropäischen Länder hinein. Hierzulande wird die „neue Geschichtswissenschaft" geachtet und gewürdigt, aber nicht kritiklos aufgenommen und eher in die traditionelleren Ansätze integriert, ohne auch nur annähernd die Geschichtswissenschaft als Ganzes zu bestimmen.[37] In weit höherem Maße als die „Historische Sozialwissenschaft" wirkt sie dank ihrer vorindustriellen Themen aber auf die Mediävistik ein.

Die Forscher der „Annales" haben auf viele Fragen aufmerksam gemacht, die zwar nicht allesamt neu sind, sich aber so verdichten, dass daraus insgesamt eine „neue Geschichtswissenschaft" entstehen konnte. Sie verdankte ihre Anregungen außerhistorischen Disziplinen, vor allem der Ethnologie und der Anthropologie, der Psychologie und der Linguistik, und hat ihrerseits viele Themen abseits der großen Ereignisse und der großen Persönlichkeiten aufgegriffen und hier manche Anstöße gegeben. Entscheidend ist, dass man dabei nie bei programmatischen Forderungen stehen blieb (eine heute beliebte Spielart), sondern praktische Forschungsbeiträge lieferte. Wichtige Untersuchungsthemen sind beispielsweise Gegenstände der historischen Anthropologie (etwa menschliche Eigenschaften wie „Neid" oder das Verhalten der Menschen), aber auch die Lebensbedingungen. In diesem Zusammenhang haben sich Klimageschichte und historische Demographie etabliert. In sozialer Hinsicht sind bisher kaum beachtete Gruppen (wie Behinderte oder Geisteskranke) oder Faktoren der Sozialisation (wie Erziehung oder Sexualverhalten) untersucht worden. Die Schwerpunkte der „Annales" liegen perspektivisch auf den Strukturen (vgl. o. S. 326f.), in Abwendung von der (politischen) Ereignisgeschichte, vom Gegenstand her, in Abwendung von den großen Persönlichkeiten und Schauplätzen, auf den Durchschnittsmenschen mit ihrem Alltag und ihrem Denken und Fühlen, inhaltlich daher einmal in den materiellen Lebensbedingungen, zum andern in der Mentalität (dazu u. S. 356ff.) und nicht zuletzt im Unbewussten und Imaginären, in der Geschichte der „Mythen", zeitlich aber – wohl nicht zufällig – in der vorindustriellen Zeit mit ihren relativ stabilen Bedingungen. Das Mittelalter wird demgemäß zu einem bevorzugten Forschungsbereich, und die Mediävistik hat Historikern wie zunächst Marc Bloch und dann Georges Duby, Jacques Le Goff oder Emmanuel Le Roy Ladurie viel zu verdanken. Obwohl die „Annales", denen alles Menschliche von historischem Interesse ist, von ihrem Programm her sehr breit ausgerichtet sind und eine „totale Geschichte" als Zusammenschau verschiedener Aspekte anstreben, bleiben Forschung und Ansatz in der beschriebenen Ausrichtung dennoch beschränkt und lassen erst in – noch zu leistender – Kombination mit traditionelleren Gegenständen und Methoden ein Gesamtbild entstehen. Das wird inzwischen auch in Frankreich selbst so gesehen. Die im Folgenden zu besprechenden, einzelnen Richtungen sind in vielfältiger Weise mit den „Annales" verbunden.

Lit.:
Überblick:
- Michael ERBE. Zur neueren französischen Sozialgeschichtsforschung (Erträge der Forschung 110) Darmstadt 1979.

37 Vgl. Otto Gerhard OEXLE, Was deutsche Mediävisten an der französischen Mittelalterforschung interessieren muß, in: Borgolte (Hg.), Mittelalterforschung (o. S. 33, Anm. 31) S. 89–127.

Kritische Würdigungen:
- Karl-Erich BORN, Neue Wege in der Wirtschafts- und Sozialgeschichte in Frankreich. Die Historikergruppe der „Annales", Saeculum 15, 1964, S. 298–309.
- Manfred WÜSTEMEYER, Die „Annales": Grundsätze und Methoden ihrer „neuen Geschichtswissenschaft", VSWG 54, 1967, S. 1–45.
- Dieter GROH, Strukturgeschichte als „totale" Geschichte?, VSWG 58, 1971, S. 289–322 (auch in: Theorieprobleme, o. S. 311, S. 310–351).
- Georg G. IGGERS, Die „Annales" und ihre Kritiker. Probleme moderner französischer Sozialgeschichte, HZ 219, 1974, S. 578–608.
- Peter BURKE, Offene Geschichte. Die Schule der „Annales", Berlin 1991 (engl. The French Historical Revolution, 1990).

Selbstdarstellung:
- Die Rückeroberung des historischen Denkens (o. S. 311).
- Alles Gewordene hat Geschichte. Die Schule der ANNALES in ihren Texten, hg. v. Matthias MIDDELL u. Steffen SAMMLER, Leipzig 1994.

Beispiellektüre:
- Jacques LE GOFF, Für ein anderes Mittelalter. Zeit, Arbeit und Kultur im Europa des 5.–15. Jh., Frankfurt-Berlin-Wien 1984 (frz. Pour un autre moyen âge, 1977).
- DERS., Phantasie und Realität des Mittelalters, Stuttgart 1990 (frz. L'imaginaire médiéval, Paris 1985).

5.4.3.2 Historische Anthropologie

Als Disziplin ist die Historische Anthropologie (ein Schwerpunktthema der „Annales") eigentlich ein Teilgebiet der Anthropologie, als Perspektive – und das ist hier gemeint – aber bezeichnet sie eine Geschichtsbetrachtung, die die Menschen insgesamt in ihrem Menschsein (und zwar gerade nicht die großen, „historischen" Persönlichkeiten) in den Mittelpunkt stellt und nach Formen und Bedingungen menschlicher Existenz in der Geschichte fragt. Das kann sich naturwissenschaftlich auf die Untersuchung von Skeletten oder geschichtswissenschaftlich auf menschliches Handeln, Denken und Empfinden erstrecken und so mit einer Mentalitätsgeschichte verschmelzen (diese ist ebenso Teil einer Historischen Anthropologie wie die auf die Bedingungen der Lebenswelt ausgerichtete Alltagsgeschichte). Das Schlagwort einer „Historischen Anthropologie" wird daher oft als Synonym für umfassende, moderne Fragestellungen solcher Art gebraucht.

Während die allgemeine Anthropologie auf das Konstante am und im Menschen abzielt, sucht eine Historische Anthropologie das Menschliche gerade in seinen Veränderungen und unter seinen zeitgemäßen Bedingungen zu ergründen. Geschichtstheoretischer Hintergrund ist die Anschauung, dass Menschen überhaupt nur in konkreten, historischen Lebenswelten handeln und leben.[38] Von ihrem Ansatz her arbeitet die Historische Anthropologie weitgehend universal-, aber auch sozialgeschichtlich. Sie rich-

38 Vgl. Jürgen HABERMAS, Philosophische Anthropologie, in: Ders., Kultur und Kritik. Verstreute Aufsätze (suhrkamp tb. 125) Frankfurt/M. 1973, S. 89–111.

tet sich auf das menschliche Denken, die Psyche ebenso wie den Körper,[39] die Lebensweise und die Geschlechterdifferenz.

Lit.:
- Thomas NIPPERDEY, Kulturgeschichte, Sozialgeschichte, Historische Anthropologie, VSWG 55, 1968, S. 145–164 (auch in: Theorieprobleme, o. S. 311, S. 286–310).
- Historische Anthropologie, hg. v. Hans SÜSSMUTH (KVR 1499) Göttingen 1984.
- Richard VAN DÜLMEN, Historische Anthropologie. Entwicklung, Probleme, Aufgaben, Köln-Weimar-Wien ^{2}2001.

Zu naturwissenschaftlichen Aspekten:
- Bernd HERRMANN, Historische Anthropologie als Teilbereich einer umfassenden Mediävistik, in: Zusammenhänge, Einflüsse, Wirkungen, hg. v. Joerg O. Fichte, Karl Heinz Göller u. Bernhard Schimmelpfennig, Berlin-New York 1976, S. 95–105.

Universalgeschichtliche Beispiele (zu Aggression, asketischer Aussonderung und Rechtsbegründung):
- Oskar KÖHLER u. a., Versuch einer „Historischen Anthropologie", Saeculum 25, 1974, S. 129–250.

Zum (durchaus gespannten) Verhältnis von Anthropologie und Geschichtswissenschaft:
- Mayke DE JONG, The foreign past. Medieval historians and cultural anthropology, Tijdschrift voor geschiedenis 109, 1996, S. 326–342.

Zu neueren Forschungen:
- GOETZ, Moderne Mediävistik (o. S. 34) S. 262–329.

5.4.3.3 Begriffsgeschichte und Historische Bedeutungsforschung

Aus Überlegungen einer problematischen Begrifflichkeit (o. S. 321 f.) heraus ist die Begriffsgeschichte als methodischer Ansatz erwachsen. Im Lexikon der „Geschichtliche(n) Grundbegriffe" (o. S. 48) hat sie ein enzyklopädisches Organ gefunden, das den Wandel der Begrifflichkeit wichtiger Sachverhalte im Laufe der Geschichte verfolgt.

Begriffsgeschichte ist zunächst Bestandteil einer Sprachgeschichte und damit ein (selbstverständliches) philologisches Problem, das aus der Mehrdeutigkeit der Begriffe und einem jeweils autorspezifischen Begriffsgebrauch resultiert und durch die Übersetzungsproblematik fremdsprachiger, im Mittelalter vor allem lateinischer Begriffe noch verstärkt wird. Der geschichtswissenschaftliche Stellenwert begriffsgeschichtlicher Studien ergibt sich einmal aus deren notwendigem Beitrag zum inhaltlichen Verständnis der Quellentexte – sie bilden also ein Problem der Quellenerschließung und -auswertung –, zum andern aber aus dem Bedeutungswandel, der seinerseits eine Veränderung sowohl der Verhältnisse wie der menschlich-sprachlichen Reaktionen darauf anzeigt. Aus dieser Sicht leistet die Begriffsgeschichte, die

---

39 Vgl. allgemein (frühneuzeitlich ausgerichtet): Maren LORENZ, Leibhaftige Vergangenheit. Einführung in die Körpergeschichte, Tübingen 2000.

methodisch der Hermeneutik (o. S. 314ff.) verpflichtet ist, einen eigenständigen historischen Beitrag, indem sie das Verhältnis von Begriff (Sprache), Bedeutung (Sinn) und Bezeichnetem (Wirklichkeit) erforscht. Dabei kann sie entweder von einem bestimmten Quellenbegriff oder aber von einem Sachverhalt ausgehen, der sich in verschiedenen, miteinander verwandten oder voneinander abgegrenzten Termini äußert. In der Regel werden die Begriffe in den Quellen nicht eigens definiert, soweit sie den Zeitgenossen nämlich ohne weiteres verständlich erschienen (erst wir haben damit unsere Schwierigkeiten beim Verständnis vergangener Zeiten). Die Bedeutung muss daher indirekt aus dem jeweiligen Kontext erschlossen werden. Oft reicht aber auch das nicht aus, so dass außersprachliche Phänomene, etwa im Rechtsbereich, herangezogen werden müssen. Die Begriffsgeschichte klärt demnach

- die Bedeutungen historischer Begriffe (Mehrdeutigkeit),
- den autor-, raum-, zeit-, bildungs- und zweckgebundenen Begriffsgebrauch,
- das Verhältnis von historischer und heutiger Begrifflichkeit (die Übersetzungsproblematik),
- das Verhältnis von Sprache und Materie.

Im Ergebnis beleuchtet sie von der Sprache her einen wichtigen Teil der früheren – bewussten wie unbewussten – Vorstellungswelt (vgl. o. S. 328f.). In der Mediävistik werden begriffsgeschichtliche Studien seit langem erfolgreich betrieben. Einen besonderen Stellenwert erhalten sie noch durch die Neigung des Mittelalters zu übertragenen, „symbolischen" Bedeutungen. Daraus hat sich als eigener Zweig die **historische Bedeutungsforschung** entwickelt (dazu o. S. 195).

Lit.:

- Reinhart KOSELLECK, Einleitung, in: Geschichtliche Grundbegriffe Bd. 1, Stuttgart 1972, S. XIX–XXIV.
- Historische Semantik und Begriffsgeschichte, hg. v. Reinhart KOSELLECK (Sprache und Geschichte 1) Stuttgart 1979.
- Paul VEYNE, L'histoire conceptualisante, in: Faire de l'histoire 1 (o. S. 311) S. 62–92.
- Hans K. SCHULZE, Mediävistik und Begriffsgeschichte, in: Festschrift Helmut Beumann, Sigmaringen 1977, S. 388–405.

Beispielstudien mittelalterlicher Begriffsgeschichte:

- Hans-Werner GOETZ, „Nobilis". Der Adel im Selbstverständnis der Karolingerzeit, VSWG 70, 1983, S. 153–191.

Aus rechtshistorischer Sicht verschiedene Arbeiten Gerhard Köblers, z. B.

- Gerhard KÖBLER, *burg* und *stat* – Burg und Stadt?, HJb 87, 1967, S. 305–325.

Zur Bedeutung der frühen Rechtswörter:

- Ruth SCHMIDT-WIEGAND, Sprache und Geschichte im Spiegel historischer Bezeichnungen, FMSt 19, 1985, S. 31–47.

Zur mittelalterlichen Bedeutungsforschung vgl. o. S. 195 sowie

- Ruth SCHMIDT-WIEGAND, Historische Onomasiologie und Mittelalterforschung, FMSt 9, 1975, S. 49–78.

5.4.3.4 Prosopographische Studien

Einen in seiner Aussagekraft inzwischen bereits vielfach erprobten neueren Ansatz bildet die Personenforschung oder Prosopographie. Sie ist inhaltlich mit der Biographie und methodisch mit der Genealogie verwandt, zielt aber weder wie jene auf die Lebensgeschichte einer einzelnen, meist bedeutenden Persönlichkeit noch wie diese allein auf die Abstammungsverhältnisse ab, sondern sucht aus der Sammlung und dem Vergleich der aus allen verfügbaren Quellen zusammengestellten Daten über eine größere Anzahl vergleichbarer, also einer Gruppe zuzuordnender, gerade auch individuell historisch nicht herausragender Personen allgemeine Aussagen über damalige Verhältnisse unter bestimmten Aspekten zu gewinnen (man spricht deshalb auch von einer „kollektiven Biographie"). Solche Gruppen können zum Beispiel Amtsträger (Bischöfe, Grafen) oder Angehörige bestimmter Tätigkeitssparten (Studenten, Handwerker, Gesellen) sein. Die Auswertung erfolgt, bei aller Berücksichtigung der Einzelaussage, primär mit quantifizierenden Methoden (vgl. o. S. 322f.).

Prosopographische Studien besitzen seit langem in der Alten Geschichte, aber auch in der Mediävistik einen hohen Stellenwert, zum Beispiel bei der Erforschung der Adelsfamilien und der weltlichen und geistlichen Amtsträger im frühen Mittelalter. Im frühen Mittelalter bleibt wegen der Einnamigkeit der Namensträger die Personenidentifizierung stets ein Problem (vgl. o. S. 283f.). Im späten Mittelalter werden prosopographische Untersuchungen dank des reicheren Quellenmaterials auf vielen Gebieten möglich.

Lit.:
- Medieval Lives and the Historian. Studies in Medieval Prosopography, hg. v. Neithard Bulst u. Jean-Philippe Genet, Kalamazoo 1986.
- Prosopographie als Sozialgeschichte? Methoden personengeschichtlicher Erforschung des Mittelalters, München 1978.
- Karl Schmid, Prosopographische Forschungen zur Geschichte des Mittelalters, in: Aspekte der historischen Forschung in Frankreich und Deutschland. Schwerpunkte und Methoden, hg. v. Gerhard A. Ritter u. Rudolf Vierhaus (Veröffentlichungen des MPI 69) Göttingen 1981, S. 54–78.
- Personenforschung im Mittelalter, ZHF 2, 1975, S. 1–30 (Aufsätze von Jürgen Petersohn, Peter Moraw und Klaus Wriedt).

Beispiele einer mittelalterlichen Prosopographie:
- Michael Borgolte, Die Grafen Alemanniens in merowingischer und karolingischer Zeit. Eine Prosopographie (Archäologie und Geschichte. Freiburger Forschungen zum ersten Jahrtausend in Südwestdeutschland 2) Sigmaringen 1986. Dazu die inhaltliche Auswertung von Dems., Geschichte der Grafschaften Alemanniens in fränkischer Zeit (Vorträge und Forschungen Sonderbd. 31) Sigmaringen 1984.
- Philippe Depreux, Prosopographie de l'entourage de Louis le Pieux (781–840) (Instrumenta 1) Sigmaringen 1997.
- Keats-Rohan, Domesday People (o. S. 48).

5.4.4 Neuere Forschungsgegenstände

Wenn sich die bisher besprochenen Ansätze eher auf inhaltlich übergreifende, methodische Neuerungen bezogen haben, so hat die Mediävistik gleichermaßen neue Inhalte entdeckt. Die Mentalitätsgeschichte soll dabei am Anfang stehen, weil sie gleichsam beide Aspekte einschließt.

5.4.4.1 Mentalitätsgeschichte und Historische Verhaltensforschung

Einen wichtigen anthropologischen Aspekt bilden die Vorstellungen der Menschen (vgl. o. S. 328f.), die inhaltlich von der Ideen- und Geistesgeschichte erfasst werden (o. S. 342ff.). Sobald nicht mehr die Vorstellungswelt des einzelnen, sondern weiter verbreitete, typische Denk*weisen* im Forschungsinteresse stehen, spricht man von Mentalitätsgeschichte. Gerade sie verbindet sich eng mit dem Ansatz der „Annales" (o. S. 350ff.). Der Begriff ist nicht eindeutig und gerade von den französischen „Erfindern" bewusst schillernd gehalten (Le Goff spricht von einer „histoire ambiguë"). Ihr Gegenstand ist im Wesentlichen aber ein gruppen- und lebensweltbezogenes, typisches Vorstellen, Fühlen und Handeln der Menschen, sind Geisteshaltungen und Einstellungen (attitudes), Empfindungen und Wertungen, Verhaltensweisen und Reaktionsmechanismen bestimmter sozialer Gruppen; man spricht daher auch von „kollektiven Einstellungen". In dieser Ausrichtung verbindet die Mentalitätsgeschichte – anthropologisch – kultur-, ideen- und sozialgeschichtliche Aspekte in einer neuartigen Weise.

Die Grenzen zwischen Vorstellungen und Mentalitäten, zwischen individuellen und kollektiven Einstellungen, bleiben dabei zwangsläufig fließend, da letztere methodisch nur aus Einzelberichten erschließbar sind. In Bezug auf ihren spezifischen Gegenstand ist Mentalitätsgeschichte gewissermaßen die strukturgeschichtliche Form der individualisierenden Vorstellungsgeschichte, doch ist damit nur ein Aspekt erfasst. Mentalitäten, so formuliert František Graus, sind „funktionierende, oft widersprüchliche, aber immer strukturierte Systeme, die das Handeln, Fühlen und Denken der Menschen in Gemeinschaften mitbestimmen." Mentalitätsgeschichte schließt folglich gerade auch die strukturell bedingten Hintergründe der Denk- und Verhaltensweisen ein. Die französische Forschung geht von einer „longue durée" der Mentalitäten aus, doch sind auch diese wie alles Menschliche dem historischen Wandel unterworfen. Anders als bei den Vorstellungen und Ideen geht es darüber hinaus nicht zuletzt um unwillkürliche und unbewusste Denk- und Verhaltensformen.[40]

Besonders in der deutschen Geschichtswissenschaft sind immer wieder Diskussionen um Begriff und Reichweite einer Mentalitätsgeschichte entbrannt. Der Begriff „Mentalität" wird dabei oft als unglücklich empfunden; „Ideologie" (im eigentlichen, von „Idee" abgeleiteten Wortsinn) sei geeigneter, auch Bewusstes einzuschließen (gleichsam „Vorstellungs-" und Mentalitätsgeschichte zu vereinigen), doch erweckt dieser Begriff in der heu-

40 Vgl. Alain Besançon, L'inconscient, in: Faire de l'histoire 2 (o. S. 311) S. 31–55; Marcel Detienne, Le mythe, ebd. S. 56–75.

tigen Alltagssprache seinerseits andere, einschränkende Assoziationen im Sinne ganzheitlicher, verzerrender Weltanschauungen. Will man beides voneinander abgrenzen, dann bezieht Ideologie sich – mit Theodor Geiger – auf den geistigen Gehalt, Mentalität auf die geistig-seelische Haltung.[41] Der Begriff der Mentalitätsgeschichte ist inzwischen aber so verfestigt, dass er sich wohl kaum mehr durch einen anderen ersetzen lässt. Wichtiger bleibt es, ihn wegen seiner grundsätzlichen Offenheit auf die jeweils eigenen Forschungen hin einzugrenzen. Dass die Mentalitäten im oben beschriebenen Sinn wichtige „Strukturgegebenheiten der geschichtlichen Wirklichkeit" darstellen (Volker Sellin), die unser Verständnis von Geschichte wesentlich erweitern, steht außer Zweifel.

Eine Mentalitätsgeschichte besitzt gerade in fremden, uns gedanklich schwer zugänglichen Zeiten wie dem Mittelalter einen besonderen Wert, um das Andersartige erfassen und verstehen zu lernen. In den bisherigen Untersuchungen stehen – schon dank der Quellenlage – Forschungen zur religiösen Mentalität entschieden im Vordergrund, in die sich Fragen nach dem Zeitempfinden oder nach der Einstellung zum Tod einordnen. Daneben gibt es aber auch Versuche, die Mentalität sozialer Gruppen, z. B. die typische Kaufmanns- oder Rittermentalität, zu beschreiben. Die oft wenig reflektierte Zuordnung der Mentalitäten zu bestimmten Gruppen bleibt vorerst aber noch problematisch, ist doch die Frage ungelöst, ob die Gruppe eine ihr eigene Mentalität entwickelt oder diese erst die Gruppe konstituiert (Rolf Sprandel). Bisher geht man von erkennbar abgegrenzten sozialen Gruppen aus, ohne dass deren gruppenspezifische Mentalität schon bewiesen wäre. Hinzu kommt, dass das Individuum stets verschiedenen Gruppen angehört, so dass es so etwas wie einen Mentalitätenkonflikt geben müsste. Schwierigkeiten einer Methodisierung der Mentalitätsgeschichte liegen aber auch in der Frage, woran sich Mentalitäten eigentlich ablesen und wie sie sich am besten darstellen lassen. Die bisherigen Beschreibungen bedürfen noch der theoretischen Durchdringung sowie der Klärung des Verhältnisses von „Wirklichkeit" und „Wissen" (Otto G. Oexle) und der Wechselwirkung von ideeller und materieller Wirklichkeit.

Lit.:

- Georges Duby, Histoire des mentalités, in: L'histoire et ses méthodes (o. S. 275) S. 937–966.
- Jacques Le Goff, Les mentalités – une histoire ambiguë, in: Faire de l'histoire (o. S. 311) Bd. 3, S. 76–94.
- Philippe Ariès, L'histoire des mentalités, in: La nouvelle histoire (o. S. 311) S. 402–423.
- Gerd Tellenbach, „Mentalität", in: Geschichte, Wirtschaft, Gesellschaft. Festschrift Clemens Bauer, Berlin 1974, S. 11–30.
- Michel Vovelle, Idéologies et mentalités, Paris ²1992.
- P. Den Boer, Mentaliteitsgeschiedenis: een begripsbepaling, Bijdragen en mededelingen betreffende de geschiedenis der Nederlanden 98, 1983, S. 318–336.
- Hagen Schulze, Mentalitätsgeschichte – Chancen und Grenzen eines Paradigmas der französischen Geschichtswissenschaft, GWU 36, 1985, S. 247–270.
- Volker Sellin, Mentalität und Mentalitätengeschichte, HZ 241, 1985, S. 555–598.
- Mentalitäten-Geschichte. Zur historischen Rekonstruktion geistiger Prozesse, hg. v. Ulrich Raulff, Berlin 1987.

41 Theodor Geiger, Ideologie und Wahrheit. Eine soziologische Kritik des Denkens, Stuttgart-Wien 1953.

- František GRAUS, Mentalität – Versuch einer Begriffsbestimmung und Methoden der Untersuchung, in: Mentalitäten im Mittelalter (s. u.) S. 9–48.
- Alain BOUREAU, Propositions pour une histoire restreinte des mentalités, Annales 44, 1989, S. 1491–1504.

Zur Mediävistik:
- KORTÜM, Menschen und Mentalitäten (o. S. 69).
- GOETZ, Moderne Mediävistik (o. S. 34) S. 276–287.

Forschungspraktische Untersuchungen der französischen Mentalitätsgeschichte des Mittelalters finden sich in der Zeitschrift „Annales“. Von deutscher Seite vgl.
- Rolf SPRANDEL, Mentalitäten und Systeme. Neue Zugänge zur mittelalterlichen Geschichte, Stuttgart 1972.
- Mentalität und Alltag im Spätmittelalter, hg. v. Cord MECKSEPER u. Elisabeth SCHRAUT (KVR 1511) Göttingen ²1991.
- Mentalitäten im Mittelalter. Methodische und inhaltliche Probleme, hg. v. František GRAUS (Vorträge und Forschungen 35) Sigmaringen 1987.
- Heinrich FICHTENAU, Lebensordnungen des 10. Jahrhunderts. Studien über Denkart und Existenz im einstigen Karolingerreich (Monographien zur Geschichte des Mittelalters 30) 2 Bde., Stuttgart 1984, als dtv-Taschenbuch, München ²1994 (lesenswerter Versuch, Denk- und institutionelle Strukturen miteinander in Beziehung zu setzen).
- Europäische Mentalitätsgeschichte (o. S. 69).

Da unbewusste Denk- und Verhaltensformen letztlich einer psychologischen Erklärung bedürfen, spielt im Rahmen der Mentalitätsgeschichte – aber auch als eigener Ansatz, besonders bei biographischer Geschichtsbetrachtung – die sog. **Psychohistorie** eine wichtige Rolle, vor allem in der amerikanischen Geschichtswissenschaft. Sie verhilft zu neuen Erkenntnissen, verlangt allerdings eine psychoanalytische Schulung. Auf das Mittelalter bezogen, fehlen ihr, von wenigen Ausnahmen abgesehen, in der Regel die Selbstaussagen als sichere Quellen (vgl. o. S. 122 ff., zu Autobiographien). Der Mentalitätsgeschichte, aber auch der Psychohistorie verpflichtet ist eine sich zuletzt als eigenständiger Ansatz begreifende **Emotionsgeschichte**, die sich bislang allerdings noch sehr auf die symbolhafte Anwendung oder Ausprägung von Gefühlen in Politik und Gesellschaft konzentriert.

Lit.:

Zur Geschichte des Ansatzes:
- Robert DEUTSCH, Die Psychohistorie als Geschichte einer Innovation, SZG 36, 1986, S. 215–230.

Zur Theorie:
- Hans-Ulrich WEHLER, Zum Verhältnis von Geschichtswissenschaft und Psychoanalyse, HZ 208, 1969, S. 529–554.
- Thomas A. KOHUT, Psychohistory as History, AHR 91, 1986, S. 336–354.
- Biographie als Geschichte, hg. v. Hedwig RÖCKELEIN (Forum Psychohistorie 1) Tübingen 1993.

Zum Mittelalter:
- Psychologie in der Mediävistik. Gesammelte Beiträge des Steinheimer Symposiums, hg. v. Jürgen KÜHNEL (Göppinger Arbeiten zur Germanistik 431) Göppingen 1985 (germanistisch).

- Wolfgang MAAZ, Psychologie und Mediävistik. Geschichte und Tendenzen der Forschung, in: Klio und Psyche, hg. v. Thomas Kornbichler (Geschichte und Psychologie 1) Pfaffenweiler 1990, S. 49–72.
- Jean LECLERCQ, Moderne Psychologie und die Interpretation mittelalterlicher Texte, Erbe und Auftrag 51, 1975, S. 409–426 (engl. Fassung in: Speculum 48, 1973, S. 476–490).
- Hedwig RÖCKELEIN, Psychohistorie und Mediävistik, in: Goetz, Moderne Mediävistik (o. S. 34) S. 288–299.

Zu Emotionen:
- Kulturen der Gefühle in Mittelalter und früher Neuzeit, hg. v. Ingrid KASTEN, Gesa STEDMAN u. Margarete ZIMMERMANN (Querelles 7) Stuttgart 2002.
- Codierungen von Emotionen im Mittelalter. Emotions and Sensibilities in the Middle Ages, hg. v. C. Stephen JAEGER u. Ingrid KASTEN (Trends in Medieval Philology 1) Berlin-New York 2003 (ausschließlich germanistisch).
- Barbara H. ROSENWEIN, Worrying about Emotions in History, AHR 107, 2002, S. 821–845.
- Eine Debatte über Emotionen bietet Bd. 10/2, 2001, der Zeitschrift Early Medieval Europe mit Beiträgen von Catherine CUBITT, Barbara H. ROSENWEIN, Stuart AIRLIE, Mary GARRISON u. Carolyne LARRINGTON.

Ganz eng mit der Mentalitätsgeschichte verknüpft und letztlich kaum davon zu trennen ist auch die **Historische Verhaltensforschung**. Sie sucht menschliches Verhalten und menschliche Bewegungen, besonders unbewusste Affekthandlungen, zu erfassen und zu erklären, die sich mit dem Denken und Empfinden der Handelnden verknüpfen. Damit ist eine entscheidende anthropologische Kategorie berührt, deren Erforschung gerade auch im interkulturellen Vergleich sinnvoll ist. Historisch verweisen aber auch Verhaltensformen auf die zeitbedingten Ordnungen der jeweiligen Gesellschaft.

In der deutschen Geschichtswissenschaft hat die Historische Verhaltensforschung in einem von August Nitschke begründeten Institut der Universität Stuttgart lange Zeit eine Organisationsform erhalten, deren Schwerpunkt auf der mittelalterlichen Geschichte lag. Ihr Ziel ist aber ein langfristiger Vergleich über die Epochen hinweg unter besonderer Ausnutzung der Aussagekraft von Gesten und Handlungen in bildlichen Darstellungen.

Lit:
- August NITSCHKE, Historische Verhaltensforschung. Analysen gesellschaftlicher Verhaltensweisen. Ein Arbeitsbuch, Stuttgart 1981.
- DERS., Historische Verhaltensforschung – eine interdisziplinäre Wissenschaft, AHF 1981, S. 57–64.
- DERS., Ziele und Methoden historischer Verhaltensforschung, in: Methodenprobleme der Geschichtswissenschaft, hg. v. Theodor SCHIEDER (HZ Beih. 3), München 1974, S. 74–97.

5.4.4.2 Alltagsgeschichte

Eine scheinbar neue Dimension der Geschichte hat man seit einiger Zeit auch mit dem Alltag der Menschen entdeckt, einem Begriff, der verschieden weit gefasst und verstanden werden kann.

Auch die Alltagsgeschichte war zunächst als Reaktion auf eine theoriegeleitete, scheinbar „entmenschlichte" Strukturgeschichte – das beträfe aber eher die neuzeitliche als die mittelalterliche Geschichtswissenschaft – sowie auf eine (gerade auch in der Mediävistik lange vorherrschende) Geschichte der politisch Handelnden entstanden und band sich mit der Geschichte „einfacher" Menschen bewusst an soziale wie lokale Identitäten (als „dig where you stand"-Bewegung). Sie hat tatsächlich aber mehrere Wurzeln, nicht zuletzt in der Kulturgeschichte, die in anderen Ländern wie in England oder Österreich eine weit größere Kontinuität aufweist als in Deutschland. Der anfängliche Wirbel um die Alltagsgeschichte ist auch hier ebenso vorüber wie deren Anspruch einer neuen Geschichtssicht. Alltagsgeschichtliche Aspekte aber sind inzwischen weithin in die Mediävistik integriert.

Bei unterschiedlichen Konzepten im Einzelnen zielt Alltagsgeschichte auf eine Vergangenheit
- abseits der großen Ereignisse, auf die Welt des Privaten anstelle des Öffentlichen, der „Miniaturen" anstelle der großen Strukturen,
- abseits der großen Persönlichkeiten, auf die Welt des „Normal"- oder „Durchschnittsmenschen" und des „kleinen Mannes"; die vielberufene sog. „Geschichte von unten" bildet aber nur einen Ausschnitt der Alltagsgeschichte, die keineswegs grundsätzlich auf die lange Zeit vernachlässigten unteren Schichten beschränkt ist, da alle Menschen einen Alltag haben,
- schließlich abseits der großen Schauplätze, auf die „kleine" Welt der sogenannten Mikrohistorie, die Welt der Familie, der Nachbarschaft, der Arbeitsstätte und allenfalls der Siedlung (und zwar eher des Stadtteils als der Stadt).

Alltagsgeschichte ist aktives Gestalten, passives Erleben und geistiges Wahrnehmen der je eigenen Umwelt. Mit dem letzten Aspekt (der sog. „Geschichte von innen") ergeben sich enge Berührungen auch zur Mentalitätsgeschichte. Der Blick auf alle Menschen entspricht dem heutigen, breiten Gesellschafts- und Geschichtsbild; indem der Alltag alle betrifft, bewirkt Alltagsgeschichte einen besonderen Grad von „Betroffenheit".

Eine genauere Abgrenzung des Gegenstandes fällt nicht leicht. „Alltag" wird aber gern als das sich ständig Wiederholende, Routinehafte definiert. In diesem Sinn umfasst der Alltag mit dem Privaten und Persönlichen zweifellos auch kulturgeschichtliche Inhalte wie Ernähren, Kleiden, Wohnen, Arbeit und Freizeit wie überhaupt den Lebenslauf von der Geburt bis zum Tod. Solche Aspekte werden in der modernen Alltagsgeschichte aber sozialgeschichtlich verstanden und machen nur einen Teil des Forschungsinteresses aus.
- Einmal bilden biographische und individuelle Elemente hier nur *einen* (vorläufigen) Weg, ist der Alltag vielmehr in seiner Typik zu erfassen: Alltäglich ist letztlich erst, was sich „massenhaft" zuträgt. (Insofern sind auch nichtwerktägliche Besonderhei-

ten wie Feste Gegenstand der Alltagsgeschichte.) Wie jede Geschichtswissenschaft arbeitet damit auch die Alltagsgeschichte strukturell und generalisierend, auch wenn das in den frühen Veröffentlichungen kaum deutlich wurde, gibt es Alltagsereignisse ebenso wie Alltagsstrukturen. Alltagsgeschichte ist damit nicht die untheoretische, konkrete und den Menschen unmittelbar erfassende Geschichtsbetrachtung, als die sie anfangs propagiert wurde. Das Individuum steht hier vielmehr in demselben Verhältnis zum Typus wie in der gesamten Geschichtswissenschaft (vgl. o. S. 320ff.). Der mittelalterliche Alltag ist quellenmäßig nur sehr schwer zu erfassen und erfordert schon von daher die Anwendung von Theorien.
- Zum andern ist Alltagsgeschichte auf die Lebenswelt bezogen, sie betrachtet die Menschen also in ihrer Umwelt, in ihrem jeweiligen politischen, rechtlichen, religiösen, sozialen, kulturellen und mentalen Umfeld. Damit ist der Alltag „historisch": Er wandelt sich mit seinen Bedingungen, und er schließt – auf einer anderen Betrachtungsebene – alle Elemente des Historischen ein, die wir als Teilgebiete kennengelernt haben.
- Schließlich ist in solchem Verständnis aber auch die Erforschung der „kleinen Welt" der Alltagsgeschichte nicht Selbstzweck, sondern in ihrem Verhältnis zu den großen Strukturen der Gesellschaft, der Politik, der Normen und der Kultur zu betrachten, sind die Wechselbeziehungen zwischen den Strukturen und ihrer Wirkung auf den einzelnen zu untersuchen. Auch die Alltagsgeschichte sollte, mit anderen Worten, nicht nur beschreiben, sondern auch erklären.

Die Alltagsgeschichte hat keine ihr eigene Methode, der Alltag früherer Zeiten ist aber keineswegs leichter, sondern im Gegenteil oft schwerer zu erfassen als andere Bereiche der Vergangenheit. Die mittelalterlichen Quellen sind in der Regel nicht am „Alltäglichen", das nur beiläufig und verstreut in die Aussagen einfließt, sondern am Normativen und Idealen, am Erhabenen und Besonderen, am Außergewöhnlichen und Fremden interessiert, das den Alltag durchbricht, und sie verzerren den Alltag durch symbolische Deutungen und Wertungen. Daher ist hier in besonderem Maße auf eine angemessene Quellenkritik zu achten, zumal gerade die Alltagsgeschichte „neue" Quellen heranziehen muss, deren Realitätsgehalt oft noch nicht kritisch erschlossen ist, deren Informationen aber erst zu einer Alltags*geschichte* verarbeitet werden müssen. Das gilt beispielsweise für Bilder und Dichtungen, aber auch für Predigten, Inventare und Reiseberichte oder für archäologisches Fundgut.

Insgesamt liegt bereits eine stattliche Anzahl von Veröffentlichungen des noch relativ jungen Arbeitsgebietes der mittelalterlichen Alltagsgeschichte vor, doch handelt es sich meist noch um Überblickswerke und Sammelbände und erst in beschränktem Umfang um Untersuchungen. Zu erwähnen ist die französische, vielbändige Reihe „La vie quotidienne ..." mit Veröffentlichungen zu einzelnen Epochen[42] oder sozialen Gruppen.[43] In Österreich widmet sich das 1969 gegründete „Institut für Realienkunde des Mittelalters und der frühen Neuzeit", das seinen Sitz in Krems hat, der Erforschung der Bild- und sonstigen Sachquellen und der Berichte zur Alltagsgeschichte vorwiegend des spä-

42 Vgl. etwa Pierre RICHÉ, La vie quotidienne dans l'Empire carolingien, Paris 1973 (dt. Die Welt der Karolinger, Stuttgart 1981); Edmond POGNON, La vie quotidienne en l'an mille, Paris 1981.

43 Z. B. Michel PASTOUREAU, La vie quotidienne en France et en Angleterre au temps des chevaliers de la table ronde, Paris 1976; Leo MOULIN, La vie quotidienne des religieux au moyen âge. X^e–XVe siècle, Paris 1978.

teren Mittelalters; in jeweils zweijährigem Abstand erscheinen die Sammelbände der Kongresse und Round-Table-Gespräche zu bestimmten praktischen und methodischen Themen (bisher 25 Bände). „Realienkunde“ wird hier umfassend im Sinne einer interdisziplinär betriebenen Alltagsgeschichte verstanden. In den Heften „Medium Aevum Quotidianum“ werden Werkstattberichte, vor allem aus Osteuropa, und Bibliographien zur Alltagsgeschichte veröffentlicht. Eine entsprechende Institution in Deutschland fehlt bislang.

Lit.:
- Alltagsgeschichte. Zur Rekonstruktion historischer Erfahrungen und Lebensweisen, hg. v. Alf LÜDTKE, Frankfurt-New York ^{2}2000.
- Sozialgeschichte, Alltagsgeschichte, Mikro-Historie. Eine Diskussion, hg. v. Winfried SCHULZE (KVR 1569) Göttingen 1994.
- Gerhard JARITZ, Zwischen Augenblick und Ewigkeit. Einführung in die Alltagsgeschichte des Mittelalters, Wien-Köln 1989 (mit Bibliographie).
- Hans-Werner GOETZ, Geschichte des mittelalterlichen Alltags. Theorie – Methoden – Bilanz der Forschung, in: Mensch und Objekt im Mittelalter und in der frühen Neuzeit. Leben – Alltag – Kultur (Veröffentlichungen des Instituts für Realienkunde des Mittelalters und der frühen Neuzeit 13 = SB. Wien 568) Wien 1990, S. 67–101 (mit Forschungsüberblick und Literaturhinweisen).

Zur mediävistischen Forschung:
- GOETZ, Moderne Mediävistik (o. S. 34) S. 299–318.

Zu Überblicken vgl. o. S. 69.

5.4.4.3 Umweltgeschichte

Eng mit der Alltagsgeschichte im Sinne einer Lebensweltanalyse ist eine „Umweltgeschichte“ verbunden, die sich mit den natürlichen, räumlichen und anthropologischen Lebensbedingungen der Menschen befasst, sich damit inhaltlich aber in die schon besprochenen Ansätze einfügt. Sie konstituiert sich daher bislang weniger als ein letztlich umfassendes Teilgebiet als vielmehr in fruchtbaren Einzelfragen und -disziplinen, die in der Regel – auch methodisch – zwischen den naturwissenschaftlichen und den anthropologischen Grundlagen der Geschichte vermitteln.

Lit.:

Einen Überblick über Themen und Möglichkeiten einer mittelalterlichen Umweltgeschichte gibt:
- Mensch und Umwelt im Mittelalter, hg. v. Bernd HERRMANN, Stuttgart ^{3}1987.

Beispielstudien:

L'ambiente vegetale nell'alto medioevo (SSCI 37) Spoleto 1990.
- Vito FUMAGALLI, Mensch und Umwelt im Mittelalter, Berlin 1992.
- Die Wasserversorgung im Mittelalter (Geschichte der Wasserversorgung 4) Mainz 1991.
- Jean-Pierre LEGUAY, L'eau dans la ville au Moyen Âge (Histoire) Rennes 2002.

Naturkatastrophen:
- Jacques BERLIOZ, Les catastrophes naturelles et calamités au Moyen Âge (Micrologus Library 1) Florenz 1998.

- Jankrift, Brände (o. S. 69).
- Christian Rohr, Mensch und Naturkatastrophe. Tendenzen und Probleme einer mentalitätsbezogenen Umweltgeschichte des Mittelalters, in: Umwelt-Geschichte. Arbeitsfelder, Forschungsansätze, Perspektiven, hg. v. Sylvia Hahn u. Reinhold Reith (Querschnitte 8) Wien 2001, S. 13–31.

Anthropologische Fragestellungen dieser Art zielen beispielsweise auf Hygieneverhältnisse, Krankheiten (und deren Ursachen) und Ernährungsgrundlagen, aber auch auf entsprechende Regelungen des Zusammenlebens, etwa in der mittelalterlichen Stadt, sowie auf die Infrastruktur, die Energieversorgung (und Versorgungskrisen) sowie (modern) auf Umweltprobleme der Landschaftsnutzung (Kahlschlag) und der Versorgung. In den mittelalterlichen Städten hatte man bereits mit Problemen der Nahrungsmittelversorgung, der Wasserversorgung und der Wasserreinheit, der Versorgung mit Rohstoffen (Holz), der Abfallbeseitigung und der Lärmbelästigung zu kämpfen. Solche Aspekte integrieren sich allerdings mühelos in eine Alltagsgeschichte; gerade sie machen die Beziehungen zwischen dem Alltagsleben und seinen strukturellen Bedingungen deutlich. Vor einigen Jahren ist, initiiert durch Robert Delort, auch eine „Geschichte der Tiere" (nämlich in ihrer Beziehung zum Menschen) in das geschichtswissenschaftliche Blickfeld gerückt;[44] auch sie lässt sich als Teil einer Umweltgeschichte begreifen. Zu den nicht unwesentlichen, naturwissenschaftlichen Bedingungen der Lebenswelt zählt das Wetter, mit dem sich seit einigen Jahren, vor allem in Frankreich, die **Klimageschichte** befasst.[45]

5.4.4.4 Historische Demographie

Einen wichtigen, erst in jüngerer Zeit historisch behandelten Faktor bildet die Bevölkerungsentwicklung (in ihrem Verhältnis zum Lebensraum). Sie ist Gegenstand der Historischen Demographie.

Verlässliche Angaben über Bevölkerungszahlen sind erst in der Neuzeit möglich, sobald Kirchenbücher mit Geburts-, Heirats- und Sterbelisten vorliegen. Für das Mittelalter können nur allgemeine Tendenzen der Bevölkerungsentwicklung formuliert werden, die sich, neben vielen Einzelbelegen über Zahlenangaben (wie Heeresstärken), Seuchen oder Nahrungsmittelmengen, auf archäologische Gräberfelder- und Friedhofsuntersuchungen, Stadterweiterungen, Wüstungen und vor allem Steuer- und Abgabelisten oder ähnliche statistische Quellen stützen. Verläßlichere Schätzungen sind allenfalls in spätmittelalterlichen Städten möglich. Noch schwieriger sind Versuche, die Entwicklung, etwa die Bevölkerungszunahme vom 9. bis zum 13. Jh., zu erklären. Neben solchen Gesamttendenzen fallen auch Fragen des zahlenmäßigen Geschlechterverhältnis-

44 Vgl. Robert Delort, Der Elefant, die Biene und der heilige Wolf. Die wahre Geschichte der Tiere, München-Wien 1987 (frz. 1984).

45 Vgl. Emmanuel Le Roy Ladurie, Le climat. L'histoire de la pluie et du beau temps, in: Faire de l'histoire 3 (o. S. 311) S. 3–30; Stefan Militzer, Klima – Klimageschichte – Geschichte. Status und Perspektiven von Klimageschichte und Historischer Klimawirkungsforschung, GWU 47, 1996, S. 71–88; Rüdiger Glaser, Klimageschichte Mitteleuropas. 1000 Jahre Wetter, Klima, Katastrophen, Darmstadt 2001 (zum Mittelalter S. 61–92).

ses oder des Verhältnisses der sozialen Schichten in das Aufgabenfeld der Historischen Demographie.

Lit.:
- Arthur E. IMHOF, Einführung in die Historische Demographie (Beck'sche Elementarbücher) München 1977 (an neuzeitlichen Beispielen).
- André BURGUIÈRE, La démographie, in: Faire de l'histoire 2 (o. S. 311) S. 74–104.
- Christian PFISTER, Bevölkerungsgeschichte und Historische Demographie 1500–1800 (EDG 28) München 1994.
- Determinanten der Bevölkerungsentwicklung im Mittelalter, hg. v. Bernd HERRMANN u. Rolf SPRANDEL (Acta humaniora) Weinheim 1987.
- Die Bevölkerungsentwicklung des europäischen Mittelalters. Das wirtschaftsgeographische und kulturelle Umfeld, Saeculum 39,2, 1988, S. 106–216 (verschiedene Beiträge in Fortsetzung des vorigen Titels).

5.4.4.5 Frauen- und Geschlechtergeschichte

Aus der Erkenntnis heraus, dass auch das Geschlecht eine wichtige historische Kategorie ist, und aus dem Bedürfnis der Frauen heraus, ihre lange Zeit vernachlässigte Geschichte zu erkunden, hat sich die **Frauengeschichte** in den letzten Jahrzehnten zu einem beachtlichen und produktiven Zweig der Geschichtswissenschaft entwickelt. Auch sie ist letztlich sozialgeschichtlich ausgerichtet. Die Vernachlässigung der Geschichte der Frauen, denen allenfalls kulturgeschichtlich im Rahmen der Familie Aufmerksamkeit gewidmet wurde, hatte ihren Sinn, solange die Geschichtswissenschaft unter dem Primat einer politischen Geschichte stand, die wesentlich nur von einzelnen Frauen mitbestimmt wurde (und nur sie werden in den großen Handbüchern berücksichtigt). In der heutigen, alle Schichten erfassenden Geschichtsbetrachtung aber gebührt der Frauengeschichte ein angemessener Platz, weil das Geschlecht eine epochenspezifisch veränderliche Größe bildet.

Die Anstöße der Frauengeschichte kamen von (zunächst noch außeruniversitärer) feministischer Seite und richteten sich in dem größeren Rahmen einer allgemeinen Frauenforschung in engagierten und damit zumeist parteilichen Stellungnahmen kritisch gegen die traditionell männerorientierte Geschichtsschreibung *und* Geschichtssicht. Besonders in den USA sind daraus längst „Women's Studies“ als eine fachübergreifende Forschungsdisziplin geworden. Fragwürdig werden solche in ihrer Kritik berechtigten Plädoyers für eine bewusst feministische Geschichtsbetrachtung dort, wo nicht nur Thematik und Deutung, sondern auch die historische Methode als männergebunden abgelehnt und durch – postulierte, aber unbewiesene – angeblich geschlechtstypische, aus spezifisch weiblichen Erfahrungen gewonnene Sichtweisen ersetzt werden. Hier wird leicht übersehen, dass auch letztere historisch bedingt und daher nicht unveränderlich, sondern gesellschaftsgebunden sind und sich somit in die vorgegebenen, sozialen und kulturellen Verhältnisse eingliedern. Manche frühen Urteile, gerade auch in Bezug auf die mittelalterliche Frauengeschichte, waren daher vorschnell und überspitzt und ähnlich eher ideologie- als quellengestützt, wie das bei der frühen Alltagsgeschichte der Fall war. Aus einer engen Quelleninterpretation ließen sich im Mittelalter beispielsweise einseitig sowohl eine Unterdrückung wie ein maßgeblicher Einfluss der Frauen belegen, wenn beides nicht in die zeitgemäßen Strukturen und Denkweisen eingeordnet wird. Ziel einer Frauengeschichte muss es sein, die Geschichtswissenschaft um eine wichtige Perspektive zu ergänzen, kaum aber, eine „weibliche" Methodik zu entwickeln. In dieser Hinsicht liegen inzwischen viele vom Ansatz und von der Methode her saubere und differenzierende Arbeiten vor, die die Frauengeschichte anerkanntermaßen als unverzichtbares Teilgebiet in die Geschichtswissenschaft integrieren helfen.

Die mittelalterlichen Quellen verraten bei genauerer Analyse weit mehr über Frauen, als man lange Zeit angenommen hat. Eine männerorientierte Historiographie lässt sich daher nicht mit der Quellenlage begründen. Allerdings sind die Frauen – ähnlich dem Alltag – selten primärer Gegenstand der Quellenzeugnisse, so dass wiederum in besonderem Maße eine umsichtige Quellenkritik nötig ist. So ist beispielsweise die Frage, ob die höfische Frau in der ritterlichen Welt des hohen Mittelalters eine Besserstellung erlebte, heftig umstritten. Als Problem stellt sich hier die vorwiegend von der Dichtung bestimmte Quellenlage dar, und selbst innerhalb der Dichtung zeichnet die Epik ein ganz anderes Frauenbild, als es uns etwa im Minnesang entgegentritt. Zudem sind solche Aussagen und Wertungen in die vielfältigen Strukturen einzuordnen und aus der damaligen Zeit heraus zu verstehen, sind die Bewertungskriterien auch gegeneinander abzuwägen: Für die mittelalterlichen Menschen selbst waren schichten-, standes-, lebensform- oder altersmäßige Unterschiede beispielsweise in vielerlei Hinsicht wichtiger als geschlechtsspezifische, auch wenn letztere keineswegs völlig fehlen. Das will bedacht sein. So scheint dem Mittelalter ein höchst ambivalentes Frauenbild eigen – das sich in der Forschung gern um die Pole der sündigen Eva und der reinen Maria gruppiert –, wenn man dazu neigt, die einzelne Aussage als grundsätzliche Äußerung über „die" Frau zu werten und darüber die eigentliche Intention der Quellenautoren vernachlässigt. Auch die (unbezweifelbare) Bindung der Frau an Haus und Familie erhält im Mittelalter einen anderen Stellenwert, weil die Familie andere Funktionen ausübte: Ist sie Produktionseinheit, so wird die Frau – unauffällig, aber im Sinne einer komplementären Arbeitsteilung – in den Wirtschaftsprozess integriert. Die Ehe galt – vom Ideal einer religiösen Lebensform abgesehen – zudem durchweg als erstrebenswerte und normale Zweckbindung. Damit sind exemplarisch nur einige der anstehenden Probleme angedeutet.

Erfahrungen wie Fehlurteile haben gelehrt, dass Frauengeschichte nicht isoliert betrieben werden darf, sondern in die jeweiligen Zeitumstände und sozialen Beziehungen einzuordnen ist. Die Frage nach den Frauen in der Geschichte impliziert damit automatisch die Notwendigkeit eines Vergleichs mit der Geschichte der Männer und eine Betrachtung des Geschlechterverhältnisses. Daher spricht man heute oft nicht mehr von einer Frauen-, sondern von einer **Geschlechtergeschichte**. Sie wiederum kann den Anspruch auf eine umfassende, perspektivische Betrachtung der gesamten Geschichte unter dem besonderen Blickwinkel des Geschlechts erheben, also – wie auch die anderen Ansätze – ebenso als sektorales Teilgebiet wie als historische Perspektive betrieben werden, die von den behandelten Aspekten her die anderen Teilgebiete einschließt: Wie jede vom Forschungsgegenstand her bestimmte Teildisziplin umfasst auch die Frauen- und Geschlechtergeschichte rechts-, gesellschafts-, wirtschafts-, kultur- und geistesgeschichtliche Aspekte. Mittelalterliche Geschlechtergeschichte zählt damit wie die Alltagsgeschichte letztlich zu den anspruchsvollen und umfassenden Gebieten einer modernen Geschichtswissenschaft. Sie steht – wie jene – erst am Anfang und bietet noch viele Möglichkeiten.

Lit.:
Die Forschungslage zur mittelalterlichen Frauengeschichte umfasst inzwischen ein weites Spektrum verschiedener Überblicke (vgl. o. S. 69), Sammelbände und Einzeluntersuchungen. Einen Einblick in die Themenbreite geben, auf das frühe Mittelalter bezogen, die unter AFFELDT und WUNDER aufgeführten Sammelbände des Berliner Arbeitskreises.
Zur Konstituierung einer Frauengeschichte allgemein:
- Weiblichkeit oder Feminismus? Beiträge zur interdisziplinären Frauentagung Konstanz 1983, hg. v. Claudia OPITZ, Weingarten 1984.
- Frauengeschichte – Geschlechtergeschichte, hg. v. Karin HAUSEN u. Heide WUNDER (Geschichte und Geschlechter 1) Frankfurt-New York 1992.
- Geschlechtergeschichte und Allgemeine Geschichte. Herausforderungen und Perspektiven, hg. v. Hans MEDICK u. Anne-Charlott TREPP (Göttinger Gespräche zur Geschichtswissenschaft 5) Göttingen 1998.
- Gender-Studien. Eine Einführung, hg. v. Christina VON BRAUN u. Inge STEPHAN, Stuttgart 2000 (allgemeine Einführung zu einzelnen Fächern).
- Gender@Wissen. Ein Handbuch der Gender-Theorien, hg. v. Inge STEPHAN u. Christina VON BRAUN (UTB 2584 M) Köln-Weimar-Wien 2005.

Eine umfassende Methodik der mittelalterlichen Frauengeschichte fehlt bisher. Wichtige Erwägungen bietet aber:
- Werner AFFELDT, Frühmittelalter und Historische Frauenforschung, in: Frauen in der Geschichte VII: Interdisziplinäre Studien zur Geschichte der Frauen im Frühmittelalter. Methoden – Probleme – Ergebnisse, hg. v. Dems. u. Annette Kuhn, Düsseldorf 1986, S. 10–30.
- DERS., Lebensformen für Frauen im Frühmittelalter. Probleme und Perspektiven ihrer Erforschung, in: Weiblichkeit in geschichtlicher Perspektive. Fallstudien und Reflexionen zu Grundproblemen der historischen Frauenforschung, hg. v. Ursula A. J. Becher u. Jörn Rüsen (suhrkamp Tb. wiss. 725) Frankfurt 1988, S. 51–78.
- Heide WUNDER, Historische Frauenforschung. Ein neuer Zugang zur Gesellschaftsgeschichte, in: Frauen in Spätantike und Frühmittelalter. Lebensbedingungen – Lebensnormen – Lebensformen, hg. v. Werner Affeldt, Sigmaringen 1990, S. 31–41.
- Judith M. BENNETT, Medievalism and Feminism, Speculum 68, 1993, S. 309–331.
- Bernd-Ulrich HERGEMÖLLER, Masculus et femina. Systematische Grundlinien einer mediävistischen Geschlechtergeschichte (Hergemöllers Historiographische Libelli 1) Hamburg ²2005.

Zur neueren Forschung:
- GOETZ, Moderne Mediävistik (o. S. 34) S. 318–329.

Bibliographien zur frühmittelalterlichen Frauengeschichte:
- Frauen im Frühmittelalter. Eine ausgewählte, kommentierte Bibliographie, hg. v. Werner AFFELDT, Cordula NOLTE, Sabine REITER u. Ursula VORWERK, Frankfurt u. a. 1990.
- Werner AFFELDT, Frauen und Geschlechterbeziehungen im Frühmittelalter. Ein Forschungsbericht, Mediaevistik 10, 1997, S. 15–156.

Kommentierte Quellensammlung:
- Peter KETSCH, Frauen im Mittelalter (Geschichtsdidaktik. Studien, Materialien 14/19) 2 Bde., Düsseldorf 1983/84.

Sachwörterbuch:
- Women in the Middle Ages. An Encyclopedia, hg. v. Katharina M. WILSON u. Nadia MARGOLIS, 2 Bde., London 2004.

Exemplarische Auswertung einzelner Quellengattungen und Quellenbestände im Hinblick auf eine Frauengeschichte:
- Medieval Women and the Sources of Medieval History, hg. v. Joel T. ROSENTHAL, Athens-London 1990.

Beispielstudien:[46]
- Claudia OPITZ, Frauenalltag im Mittelalter. Biographien des 13. und 14. Jh., Weinheim ^{3}1991.
- Histoire des femmes en Occident (o. S. 69).
- Hans-Werner GOETZ, Frauen im frühen Mittelalter. Frauenbild und Frauenleben im Frankenreich, Weimar-Köln-Wien 1995.
- Patricia SKINNER, Women in Medieval Italian Society, 500–1200 (Women and Men in History) London 2001.
- Lisa M. BITEL, Women in Early Medieval Europe, 400–1100 (Cambridge Medieval Textbooks) Cambridge 2002.
- Jennifer WARD, Women in Medieval Europe, 1200–1500, Harlow 2002.

Zu einzelnen Frauengestalten:
- Herrscherinnen und Nonnen. Frauengestalten von der Ottonenzeit bis zu den Staufern, hg. v. Erika UITZ, Barbara PÄTZOLD u. Gerald BEYREUTHER, Berlin 1990.
- Fürstinnen und Städterinnen, Frauen im Mittelalter, hg. v. DENS., Freiburg-Basel-Wien 1993.
- Frauen des Mittelalters in Lebensbildern, hg. v. Karl Rudolf SCHNITH, Graz-Wien-Köln 1997.
- Georges DUBY, Dames du XIIe siècle, 3 Bde., Paris 1995/96 (dt. Frankfurt 1997–98).
- Helmut FELD, Frauen des Mittelalters. Zwanzig geistige Profile (AKG, Beihefte 50) Köln-Weimar-Wien 2000.

5.4.4.6 Mediävistik als „Historische Kulturwissenschaft"

Haben weitere Teile der Geschichtswissenschaft sich seit den 1960er- und 1970er-Jahren als „Historische Sozialwissenschaft" verstanden (vgl. o. S. 339 ff.), so könnten mancherlei Indizien darauf hindeuten, dass in der jüngeren Entwicklung nicht mehr die „Gesellschaft", sondern die „Kultur" im Mittelpunkt der Geisteswissenschaft steht, allerdings nicht im Sinne der „Kulturgeschichte" als eines Teilgebietes (vgl. o. S. 342 ff.), als vielmehr in einem umfassenden, andere Richtungen integrierenden Sinn. „Kultur" wird hier zur Summe aller menschlichen Errungenschaften. In diesem Sinne sind sowohl sozial- als auch alltags- und mentalitätsgeschichtliche

46 Mittelalterliche Beiträge finden sich auch in der von Annette Kuhn herausgegebenen, acht Bände umfassenden Reihe „Frauen in der Geschichte". Zahllose Monographien und Sammelbände stammen aus dem amerikanisch-angelsächsischen Bereich.

Perspektiven ebenso integriert wie die Historische Anthropologie (einschließlich der Geschlechtergeschichte). „Historische Kulturwissenschaft" ist dann lediglich ein Dachbegriff, der weniger eine neue Richtung als vielmehr die oder eine wesentliche Ausrichtung der heutigen Geschichtswissenschaft programmatisch unter einem Etikett zusammenfasst.

Eine kulturwissenschaftliche Ausrichtung hat jedenfalls – in unterschiedlichem Ausmaß und in Frankreich, England und nicht zuletzt in den USA weit stärker als in der deutschen, in ihren Themen und Ansätzen vergleichsweise traditionellen Mediävistik – auch die Mittelalterforschung erfasst, wobei es freilich nicht immer leicht zu entscheiden ist, ob „kulturwissenschaftliche" oder „anthropologische" Fragerichtungen den Ausschlag geben. Man sucht neue – theoretische – Vorbilder (immer noch) bei Max Weber, aber auch bei Émile Durkheim, Maurice Halbwachs (in Bezug auf das „kollektive Gedächtnis") oder dem Kunsthistoriker Aby Warburg (dem „Vater der Kulturwissenschaft"), bei den Soziologen Michel Foucault oder Pierre Bourdieu oder Ethnologen wie Clifford Geertz oder Jack Goody. Überall aber stehen Menschen statt Strukturen, Individuen statt anonymer Mächte, (Quellen-)Texte statt (realhistorischer) Informationen, „symbolisches Kapital" (neben dem materiellen) im Blickfeld. Geschichtswissenschaft wird, wie man gesagt hat, zur „Humanwissenschaft", in der Leben, Denken und Fühlen der Menschen interessieren. Hier fügt sich aber auch das verstärkte Interesse am Fremden, Außergewöhnlichen, ja Grotesken ein, welches das neuere Mittelalterbild vom „anderen" Mittelalter prägt. Und schließlich greifen auch „postmoderne" Einflüsse wie das Gespür für eine gewisse „Fiktionalität" sowohl der Quellen wie der geschichtswissenschaftlichen Darstellungen in kulturwissenschaftliche Belange hinein.

Viele der bereits besprochenen Ansätze gliedern sich zwanglos in eine „Kulturwissenschaft" ein: die Vorstellungs- und Mentalitätsgeschichte ebenso wie die neuere Sicht der Quellen als Zeitzeugnisse, die Wahrnehmungsperspektive der Quellenautoren oder die „pragmatische" Funktion der Schriftlichkeit bzw. der Quellen,[47] aber auch das Interesse an einer „Volkskultur" (in Abgrenzung zur Kultur der „Eliten") oder einer „Alltagskultur", an Frömmigkeit und Religiosität der mittelalterlichen Menschen und nicht zuletzt an der „oralen Kultur und Gesellschaft" des Mittelalters und deren Verhältnis zur Schriftkultur. „Oralität" – und hier fügen sich auch die rechtshistorischen Vorstellungen vom „Gewohnheitsrecht" und von „Rechtsgewohnheiten" ein – ist nicht mehr nur (negativ) Schrift*losigkeit*, sondern Ausdruck einer eigenen Kulturform (oder – oft – auch Kulturstufe). Es ist naheliegend, dass hier ethnologische Modelle als Vorbild dienen.[48] Hat man anfangs den Gegensatz beider „Kulturen" betont und den Übergang von der

---

47 Beispielstudien: Pragmatische Schriftlichkeit im Mittelalter. Erscheinungsformen und Entwicklungsstufen, hg. v. Hagen KELLER, Klaus GRUBMÜLLER u. Nikolaus STAUBACH (Münstersche Mittelalter-Schriften 65) München 1992; The Uses of Literacy in Early Mediaeval Europe, hg. v. Rosamond MCKITTERICK, Cambridge 1990.

48 Programmatisch: Hanna VOLLRATH, Das Mittelalter in der Typik oraler Gesellschaften, HZ 233, 1981, S. 571–594. Eine Kulturgeschichte der oralen Gesellschaft des Mittelalters bietet Michael RICHTER, The Formation of the Medieval West. Studies in the Oral Culture of the Barbarians, Dublin 1994.

schriftlosen zur schriftlichen Gesellschaft im Verlauf des Mittelalters gesucht,[49] so sind inzwischen die Verflechtungen beider Ebenen bewusster geworden: Schriftlichkeit und Mündlichkeit verteilen sich nicht einfach auf die große Masse der Ungebildeten und die kleine Elite der „Schriftgelehrten" *(litterati)*, sondern sind in vielfältigen Wechselwirkungen miteinander verknüpft. Schließlich haben Literaturwissenschaftler längst betont, dass die mittelalterliche Schriftkultur, der Klöster ebenso wie der hoch- und spätmittelalterlichen Höfe, zugleich eine „Lesekultur" des mündlichen Vortrags war.

„Geschichte" aber beginnt längst nicht mehr dort, wo schriftliche Aufzeichnungen vorliegen (wie einst Ranke lehrte). Kulturwissenschaftlich lassen sich die verschiedenen Ebenen unter dem Aspekt der „Kommunikation" zusammenfassen, wobei nicht nur die schriftliche und mündliche, sondern auch die nonverbale, auf Symbolen und Zeichen beruhende Kommunikation zu beachten ist (mit Parallelen zur kunstgeschichtlichen Ikonographieforschung).[50] Ein weiteres, neueres, kulturwissenschaftliches Arbeitsfeld kreist um die Frage des „kulturellen Gedächtnisses" oder der „Erinnerungskultur".[51] Unter dem Titel „Lieux de mémoire" sind in Frankreich mehrere Bände veröffentlicht worden, die historische „Stätten" Frankreichs unter dem Aspekt ihrer Erinnerungsfunktion, des in ihnen gespiegelten Frankreichbewusstseins, betrachten.[52] Unter den Stichworten „Kultur" und „Kulturtransfer" geraten darüber hinaus verstärkt auch vergleichende Studien in den Blick, die das Abendland in seinen Beziehungen zu Byzanz oder zum Islam betrachten. Insgesamt rückt eine „historische Kulturwissenschaft" die geschichtswissenschaftliche Mediävistik enger an andere kulturwissenschaftliche Fächer wie die Sprach- und Literaturwissenschaften, Kunst- und Musikgeschichte, Ethnologie oder Archäologie heran und fördert auf diese Weise Interdisziplinarität und Verbundenheit der Geisteswissenschaften.

Lit.:

- Kulturgeschichte Heute, hg. v. Wolfgang HARDTWIG u. Hans-Ulrich WEHLER (Geschichte und Gesellschaft. Sonderheft 16) Göttingen 1996.
- Ute DANIEL, Kompendium Kulturgeschichte. Theorie, Praxis, Schlüsselwörter (Suhrkamp Wissenschaft 1523) Frankfurt/M. ⁴2004.
- Markus FAUSER, Einführung in die Kulturwissenschaft (Einführung Germanistik) Darmstadt ²2004.
- Germanistik als Kulturwissenschaft. Eine Einführung in neue Theoriekonzepte, hg. v. Claudia BENTHIEN u. Hans Rudolf VELTEN (rowohlt enzyklopädie 55643) Reinbek b. Hamburg 2002 (auch zur mittelalterlichen Germanistik).

Zu mediävistischen Forschungen:

- GOETZ, Moderne Mediävistik (o. S. 34) S. 330–370.

---

49 Grundlegend: Michael T. CLANCHY, From Memory to Written Record. England 1066–1307, Oxford ²1995.

50 Vgl. Gerd ALTHOFF, Rituale – symbolische Kommunikation. Zu einem neuen Feld der historischen Mittelalterforschung, GWU 50, 1999, S. 140–154; DERS., Die Macht der Rituale. Symbolik und Herrschaft im Mittelalter, Darmstadt 2003.

51 Vgl. als Hinführung Otto Gerhard OEXLE, Memoria als Kultur, in: Memoria als Kultur, hg. v. Dems. (Veröffentlichungen des Max-Planck-Instituts für Geschichte 121) Göttingen 1995, S. 9–78.

52 Les lieux de mémoire, hg. v. Pierre NORA (Bibliothèque illustrée des histoires), 3 Bde., Paris 1984–1992.

Mediävistische Beispielstudie:
- Rosamond McKitterick, The Carolingians and the written word, Cambridge-New York-Port Chester-Sydney 1989.

*

Die neuen Ansätze weisen durchaus noch Defizite in der methodischen Durchdringung hinsichtlich der Abklärung der Möglichkeiten und *Grenzen* angesichts der Quellenlage auf, wenngleich auch hier inzwischen Fortschritte erzielt sind. Das Spektrum der neuen Ansätze, Teilgebiete und Perspektiven ist damit im übrigen nicht erschöpft und wird tatsächlich ständig erweitert. Meist geht es aber um beschränktere Aspekte, die sich in die vorgestellten Arbeitsgebiete eingliedern lassen. Neben solchen thematischen Teilgebieten und Ansätzen stehen ansatz- und themenübergreifende Fragestellungen, die ganze Forschungsrichtungen initiiert haben, wie beispielsweise die Frage nach den Epochengrenzen, nach Kontinuität und Diskontinuität zwischen Antike und Mittelalter; ähnlich problematisiert wird zunehmend die Grenze zwischen Mittelalter und Neuzeit. Neben dem Blick über die Epochengrenzen hinweg regen Seitenblicke auf außerabendländische Kulturen des Mittelalters – hier wären vor allem Byzanz und die islamische Welt zu nennen – wie überhaupt (ethnologisch inspirierte) interkulturelle Vergleiche zu vertieftem Verständnis des Mittelalters an, ohne dass man – etwa im Vergleich mit heutigen Kulturen der Dritten Welt – hier freilich von vornherein eine gleichförmige Entwicklungslinie erwarten oder gar eine vergleichbare Entwicklungsstufe voraussetzen darf. Zu erwähnen ist aber auch der zunehmend enger werdende Bezug zu den Nachbarwissenschaften (nicht nur als Hilfswissenschaften; dazu o. S. 301 ff.). Interdisziplinarität ist geradezu zu einem Zauberwort moderner Wissenschaft geworden. Tatsache ist, dass das Gespräch zwischen den Wissenschaften stattfindet, beispielsweise im Mediävistenverband (vgl. o. S. 39) sowie auf vielen Tagungen, die inzwischen sogar überwiegend mehr oder weniger interdisziplinär ausgerichtet werden. Solche Gespräche haben vielfache, gegenseitige Anregungen zur Folge, führen zu neuen Fragen und zu vertieftem Durchdenken älterer Themen. Nur vereinzelt hat man bisher auch gemeinsame Antworten gesucht: Der Phase der Kommunikation muss noch eine Phase intensiver Zusammenarbeit folgen.
Die weitere Entwicklung ist noch schwer abzusehen. Kennzeichen heutiger Mediävistik sind eher die Vielfalt und die Verknüpfung der geschichtswissenschaftlichen Horizonte als ein Streit um (künftige) Richtungen. Das Kapitel über die Forschungsansätze hat nicht nur diese Vielfalt, sondern darüber hinaus deutlich machen können, dass auch die Geschichtswissenschaft mit ihren Themen und Methoden dem – zeitgemäßen – Wandel unterliegt. Geschichtsstudentinnen und -studenten müssen folglich offen sein für die Vielfalt der – jetzigen und künftigen – Möglichkeiten des Fachs.

Rück- und Ausblick

Der Überblick über Leistungen und Vorgehensweise der heutigen Geschichtswissenschaft und insbesondere der Mediävistik, über die Methode, die perspektivische und sektorale Auffächerung und die neueren Ansätze (Kapitel 5) ergänzt die Abschnitte über die Konstituierung der Geschichtswissenschaft (Kapitel 1) und deren Arbeitsweise (Kapitel 3 und 4) und rundet sie ab. Die Prinzipien der Quellenarbeit bleiben von solcher Vielfalt der Herangehensweise unberührt. Gerade die neueren Ansätze lagen kaum im Interesse der Quellenautoren und erfordern daher eine besonders mühsame Quellensuche und eine sorgsame Quellenkritik und -auswertung. Ihre Ergebnisse, deren Reichweite abzuwarten bleibt, sind noch in der Diskussion. Andererseits wirkt eine aspekt- oder sektorenhafte Zielsetzung entscheidend auf Fragestellung, Quellenauswahl, methodischen Ansatz und Deutungsrichtung zurück; vor allem entscheidet sie über die jeweilige Perspektive, unter der die Geschichte – ausschnitthaft und akzentuierend – betrachtet wird. In solcher Akzentuierung offenbart sich vornehmlich das „Moderne", da jede Zeit bekanntlich ihre eigenen Fragen stellt. Wie die Geschichte insgesamt mit ihrer Fülle der Epochen, Kulturen, Materialien und Aspekte viel zu komplex ist, als dass sie im Studium auch nur annähernd umfassend behandelt werden könnte, so bieten auch die hier vorgeführten Ansätze und Herangehensweisen ein breites Spektrum, in das man sich nur teilweise und allmählich intensiver einarbeiten kann. Das Geschichtsstudium geht exemplarisch vor – wie auch der Proseminarstoff heute exemplarisch an einem Thema erarbeitet wird. Es ist wichtig, das Exemplarische, und zwar Inhalte *und* Forschungsansätze, gründlich und vertieft zu behandeln, weil nur dadurch eine Vertrautheit mit *der* historischen Methode entsteht – in der begründeten Hoffnung, dass ein methodischer Transfer des Erlernten auf andere Inhalte jederzeit möglich ist. Ebenso wichtig ist es, verschiedene Gegenstände, Epochen und Ansätze miteinander zu vergleichen, damit sich eine (von der Arbeitskraft her unvermeidliche) Einseitigkeit nicht schon im Bewusstsein als „geschichtsspezifisch" niederschlägt.

Die geschichtswissenschaftlichen Ansätze stellen keineswegs nur Forschungsalternativen dar, sondern sie ergänzen einander: Mentalitätsgeschichtliche Fragestellungen helfen beispielsweise im Rahmen des Quellenverständnisses bezüglich religiöser oder auch politischer Fragen und Vorgänge, wie deren Kenntnis umgekehrt Voraussetzung für die Bewertung der Sichtweise mittelalterlicher Zeitgenossen ist. Dieser Hinweis mag noch einmal die innere Verbundenheit der Frageansätze wie auch deren komplexen Einsatz bei der Quelleninterpretation verdeutlichen. Letztere – auch das sei noch einmal betont – verbindet Quellen- bzw. Vergangenheitsanalyse mit dem Gegenwartsinteresse. Sie ist daher der historischen Methode verpflichtet, wie sie hier vorgestellt wurde. Ihr Ergebnis, die historische Erkenntnis oder auch das Geschichtsbild, ist aber kaum je identisch mit dem tatsächlich Gewesenen; das verhindern Gegenwartsbindung und bewusste Akzentuierung oder Auswahl seitens der Historiker/innen. Es bleiben also stets Unsicherheiten, die um so geringer werden, je mehr die Ergebnisse nach verschiedenen Seiten hin, also auch durch Anwendung unterschiedlicher Herangehensweisen und Ansätze, abgestützt werden, wo immer das möglich ist. Sie erinnern aber auch noch einmal an die Bedeutung einer nachvollziehbaren Argumentation und an die Notwendigkeit der Reflexion eigener Interessen und Vorgehensweisen. Und sie mahnen schließlich, in der Darstellung den Grad der Sicherheit oder Unsicherheit der Ergebnisse erkennen zu lassen, der ebenso aus der Quellenlage wie aus der Deutung resultieren kann. Gute Historiker/innen zeichnen sich aus durch a) einen offenen Blick für Fragen, Möglichkeiten und Wege, b) die gewissenhafte Erarbeitung des erfragten Sachverhalts und Sicherheit im methodischen Umgang mit den Materialien, c) aber auch durch eine gewisse Vorsicht und Umsicht im Urteil: Sie bleiben sich daher stets auch der Grenzen historischer Erkenntnis bewusst.

Am Ende eines mittelalterlichen Proseminars sollten die Studierenden mit den wichtigsten Hilfsmitteln, Fragestellungen, Quellenarten und Arbeitsschritten an Quellen und Darstellungen sowie mit Grundproblemen der Geschichtswissenschaft vertraut sein und sie an *einem* Beispielthema angewandt haben, um danach andere Themen – schon vergleichsweise selbständig – zu erarbeiten und sich allmählich zu vervollkommnen. Dabei wird natürlich weiterhin eine gewisse Anleitung durch Lehrende bereitstehen. Sie ist nötig, um den Blick für Erkennbares zu schärfen, Fehldeutungen vermeiden zu helfen und das Erfahrene in größere Zusammenhänge und andere Forschungen einzuordnen. Eine schriftliche Anleitung zu historischem Arbeiten, ein „Proseminarbuch“, kann nicht mehr leisten, als das notwendige „Rüstzeug“, eine hilfreiche Orientierung und eine zarte Einführung in die Inhalte und Probleme des Fachs bereitzustellen. Erst durch eigene Arbeit erwirbt man sich die notwendige Vertrautheit mit ihnen, erst sie verhilft zu tieferen inhaltlichen wie methodischen Einblicken und Entdeckungen und verschafft so (hoffentlich) eine gewisse Befriedigung mit dem gewählten Fach. Die eigenständige Arbeit sollte daher im Mittelpunkt eines jeden Geschichtsstudiums stehen. Die Lernangebote der *mittelalterlichen Geschichte* bereiten – nicht zuletzt methodisch – über das rein Mediävistische hinaus auch auf Probleme vor, die nicht mehr epochenspezifisch sind. Ihre Inhalte helfen im Vergleich, Späteres (oder Früheres) in ihrer besonderen (– historischen) Eigenart abzuschätzen. In diesem Sinne sind Kenntnisse der mittelalterlichen Geschichte auch dort sinnvoll und unerlässlich, wo der Schwerpunktbereich – wie in der Mehrzahl der Fälle – in einer neueren Epoche gewählt wird. Eine nähere Beschäftigung mit den interessanten Phänomenen der Mediävistik mag aber wohl auch den einen oder die andere dahin bringen, eine gewisse (fachliche) Zuneigung zum Mittelalter in sich keimen zu spüren.

Verzeichnisse

Abbildungsverzeichnis und -nachweis

Soweit kein Nachweis angegeben ist, handelt es sich um Eigenentwürfe.

Abb. 1 (S. 19): Schematische Darstellung der „Geschichten“, in die der Mensch hineingestellt ist

Abb. 2 (S. 22): Schematische Darstellung der Geschichte als Prozess

Abb. 3 (S. 26): Schematische Darstellung der Erarbeitung des Geschichtsbildes aus den Quellen

Abb. 4 (S. 81): Schematische Darstellung der Quellenauswertung

Abb. 5 (S. 83): Schematische Einteilung der Quellen nach Droysen und Bernheim (nach: Gunther Wolf, in: FISCHER LEXIKON GESCHICHTE, hg. v. Waldemar Besson, Frankfurt 1961, S. 274)

Abb. 6 (S. 110): Ostertafel und Klosterannalen (aus: DIE CORVEYER ANNALEN. Textbearbeitung und Kommentar, hg. v. Joseph Prinz (Veröffentlichungen der Historischen Kommission für Westfalen X. Abhandlungen zur Corveyer Geschichtsschreibung 7) Münster 1982, Abb. 8)

Abb. 7 (S. 145): Urkunde Ludwigs des Jüngeren für das Kloster Gandersheim vom 26. 1. 877 (D LJ 4) (Lichtbild der im Niedersächsischen Staatsarchiv Wolfenbüttel liegenden Originalurkunde – Urkunde 6 Urk 3 –, freundlicherweise vom Marburger Lichtbildarchiv älterer Originalurkunden zur Verfügung gestellt)

Abb. 8 (S. 148 f.): Übersicht über die Urkunden und Regesten zur ostfränkischen und deutschen Geschichte

Abb. 9 (S. 161): Miniaturen aus dem Sachsenspiegel (aus: DER SACHSENSPIEGEL IN BILDERN. Aus der Heidelberger Bilderhandschift ausgewählt und erläutert von Walter Koschorreck, Frankfurt 1976, Abb. 1, S. 35; 4–6, S. 37)

Abb. 10 (S. 190): Verbrüderungsbuch: Das St. Galler Verbrüderungsbuch, fol. 9^{v}, p. 16 (aus: SUBSIDIA SANGALLENSIA I. Materialien und Untersuchungen zu den Verbrüderungsbüchern und zu den älteren Urkunden des Stiftsarchivs St. Gallen, hg. v. Michael Borgolte, Dieter Geuenich u. Karl Schmid, St. Gallen 1986, S. 108)

Abb. 11 (S. 212): Weltkarte aus dem 'Liber floridus' Lamberts von Saint-Omer (aus: Jörg-Gerd ARENTZEN, Imago mundi cartographica. Studien zur Bildlichkeit mittelalterlicher Welt- und Ökumenekarten unter besonderer Berücksichtigung des Zusammenwirkens von Text und Bild, Münstersche Mittelalter-Schriften 53, München 1984, Abb. 18)

Abb. 12 (S. 216): Schema des Historischen Arbeitens

Abb. 13 (S. 224): Überblick über die gängigen Bibliographien und ihren Berichtszeitraum

Abb. 14 (S. 236): Beispielseite einer MGH-Edition (Lampert von Hersfeld, Annales a. 1062/63, ed. Oswald Holder-Egger, MGH SSrG 1894, S. 81)

Abb. 15 (S. 252): Übersicht über die Quellenkunden

Abb. 16 (S. 261): Schematische Darstellung des Historischen Arbeitens (a. nach Jörn RÜSEN, Historische Vernunft, Grundzüge einer Historik 1, Göttingen) 1983, S. 29; b. nach Henri-Irénée MARROU, in: L'HISTOIRE ET SES MÉTHODES, Paris 1961, S. 1502)

Abb. 17 (S. 262): Schema der Quellenarbeit

Abb. 18 (S. 288): Entwicklung und Formen der lateinischen Schrift

Abb. 19 (S. 290f.): Schriftenbeispiele (Die Beispiele entstammen sämtlich dem Tafelwerk von Steffens, dessen Erläuterungen weitere Hinweise zur Handschrift geben):

Abb. a: Vergilhandschrift aus St. Gallen, 4. Jh. (STEFFENS Nr. 12)

Abb. b: Vergilhandschrift aus Rom, 5./6. Jh. (STEFFENS Nr. 19)

Abb. c: Codex Amiatinus (Bibelhandschrift), um 700 (STEFFENS Nr. 21)

Abb. d: Handschrift des Hilarius von Poitiers, Rom, 509/10 (STEFFENS Nr. 20a)

Abb. e: De miraculis, 911 (STEFFENS Nr. 66b)

Abb. f: Benediktregel, Montecassino, nach 1075 (STEFFENS Nr. 68a)

Abb. g: Book of Kells (Evangeliar), Ende 7. Jh. (STEFFENS Nr. 30a)

Abb. h: Handschrift der Kirchengeschichte des Beda Venerabilis, Echternach, um 737 (STEFFENS Nr. 32)

Abb. i: Homilienhandschrift des Caesarius von Arles, Nordfrankreich, 8. Jh. (STEFFENS Nr. 29a)

Abb. k: Privaturkunde aus St. Gallen, 933 (STEFFENS Nr. 63c)

Abb. l: Rufinushandschrift, Trier, 1191 (STEFFENS Nr. 86)

Abb. m: Englische Dichterhandschrift, 1457 (STEFFENS Nr. 115a)

Abb. 20 (S. 331): Schematische Darstellung der „klassischen" Teilgebiete der Geschichtswissenschaft

Abb. 21 (S. 334): Schematische Darstellung der Lebenswelt des Menschen

Abb. 22 (S. 347): Schematische Darstellung der landesgeschichtlichen Arbeitsfelder (aus: Ernst HINRICHS, in: Niedersächsisches Jahrbuch für Landesgeschichte 57, 1985, S. 5)

Verzeichnis der Texte

Text 1 (S. 104 f.):	Beispiel einer Quellenkompilation: Berichte zur Kaiserkrönung Karls des Großen
Text 2 (S. 142 ff.):	Diplom Ludwigs des Jüngeren Nr. 4 (MGH D LJ 4)
Text 3 (S. 151):	Privaturkunde aus dem Kloster St. Gallen (URKUNDENBUCH DER ABTEI ST. GALLEN, hg. v. Hermann Wartmann, Bd. 2, St. Gallen 1866, Nr. 416)
Text 4 (S. 156 f.):	Volksrecht: Pactus legis Salicae (65-Titel-Text) tit. 41 (ed. Karl August Eckhardt, GERMANENRECHTE, Göttingen 1965, S. 262 ff.)
Text 5 (S. 160):	Rechtsbuch: Der Sachsenspiegel Eikes von Repgow, Ldr. III,63,1 und III,57,2 (ed. Karl August Eckhardt, GERMANENRECHTE, Göttingen ^{2}1955, S. 248 f.)
Text 6 (S. 164):	Kapitular Karls des Großen (MGH Capit. 1, nr. 56, S. 143)
Text 7 (S. 168 f.):	Konzilsbeschluss: Synode von Hohenaltheim 916 (ed. Horst Fuhrmann, MGH Conc. 6, 1989, S. 19 ff.)
Text 8 (S. 172 f.):	Regino von Prüm, De synodalibus causis 2,248 ff. (ed. F. G. A. Wasserschleben, Leipzig 1840, ND. Graz 1964, S. 311 ff.)
Text 9 (S. 178 f.):	Urbar: Das Polyptychon von Saint-Germain-des-Prés (um 820), c. 17,1–5 (ed. Dieter Hägermann unter Mitwirkung von Konrad Elmshäuser und Andreas Hedwig, Köln – Weimar – Wien 1993, S. 147)
Text 10 (S. 182):	Lehnbuch von 1358 (LEHNBUCH DES HOCHSTIFTS WÜRZBURG, ed. Hermann Hoffmann, Würzburg 1972, S. 32)
Text 11 (S. 183):	Steuerbuch (DIE STEUERBÜCHER DER STADT KONSTANZ, Teil 1, Konstanz 1966, S. 1)
Text 12 (S. 184):	Bürgerbuch (DIE BÜRGERBÜCHER DER STADT FRANKFURT 1401–1470, ed. D. Andernacht, Frankfurt 1978, S. 7)
Text 13 (S. 266 f.):	Lampert von Hersfeld, Annales a. 1063 (aus: FREIHERR VOM STEIN-GEDÄCHTNISAUSGABE 13, Darmstadt 1973, S. 74 ff.)

Abkürzungsverzeichnis

AA SS	= Acta Sanctorum
ADB	= Allgemeine Deutsche Biographie
AfD	= Archiv für Diplomatik
AHDLMA	= Archives d'histoire doctrinale et littéraire du moyen âge
AHF	= Jahrbuch der historischen Forschung in der BRD
AHP	= Archivum historiae pontificiae
AHR	= American Historical Review
AHVNr	= Annalen des Historischen Vereins für den Niederrhein
AKG	= Archiv für Kulturgeschichte
ALMA	= Archivum Latinitatis medii aevi
Arch. stor. ital.	= Archivio storico italiano
Archiv	= Archiv der Gesellschaft für ältere deutsche Geschichtskunde
BDLG od. Bll. dt. LG.	= Blätter für deutsche Landesgeschichte
BEC	= Bibliothèque de l'École des Chartes
BHL	= Bibliotheca hagiographica latina antiquae et mediae aetatis
CCL	= Corpus Christianorum. Series latina
CCL cont. med.	= Corpus Christianorum. Continuatio mediaevalis
CCM	= Cahiers de civilisation médiévale
CSEL	= Corpus scriptorum ecclesiasticorum latinorum
DA	= Deutsches Archiv für Erforschung des Mittelalters
DB	= Deutsche Bibliographie
DDC	= Dictionnaire de droit canonique
DHGE	= Dictionnaire d'histoire et de géographie ecclésiastique
DLZ	= Deutsche Literaturzeitschrift für Kritik der internationalen Wissenschaft
EHD	= English Historical Documents
EHR	= English Historical Review
FMSt	= Frühmittelalterliche Studien
FSGA	= Freiherr vom Stein-Gedächtnisausgabe
GGA	= Göttingische Gelehrte Anzeigen
GWU	= Geschichte in Wissenschaft und Unterricht
HDA	= Handwörterbuch des deutschen Aberglaubens
HdSW	= Handwörterbuch der Sozialwissenschaften
HDWSG	= Handbuch der deutschen Wirtschafts- und Sozialgeschichte
HdWW	= Handwörterbuch der Wirtschaftswissenschaften
HEG	= Handbuch der europäischen Geschichte

HEWSG	=	Handbuch der europäischen Wirtschafts- und Sozialgeschichte
HJb	=	Historisches Jahrbuch
HPB	=	Das historisch-politische Buch
HRG	=	Handwörterbuch zur deutschen Rechtsgeschichte
HZ	=	Historische Zeitschrift
IBHS	=	International Bibliography of Historical Sciences
IBZ	=	Internationale Bibliographie der Zeitschriftenliteratur
IMB	=	International Medieval Bibliography
JEH oder Journ. Eccl. Hist.	=	The Journal of Ecclesiastical History
JGF	=	Jahrbuch für Geschichte des Feudalismus
JGMOD	=	Jahrbuch für Geschichte Mittel- und Ostdeutschlands
JMH	=	Journal of Medieval History
JMRS	=	Journal of Medieval and Renaissance Studies
KVR	=	Kleine Vandenhoeck-Reihe
LCI	=	Lexikon der christlichen Ikonographie
LMA	=	Lexikon des Mittelalters
LThK	=	Lexikon für Theologie und Kirche
MA	=	Le Moyen Âge
MGH	=	Monumenta Germaniae Historica
AA	=	Auctores antiquissimi
Capit.	=	Capitularia regum Francorum
Conc.	=	Concilia
Const.	=	Constitutiones
Dt. Chron.	=	Deutsche Chroniken
DD	=	Diplomata
EE od. Epp. (sel.)	=	Epistolae (selectae)
Font. iur. Germ.	=	Fontes iuris Germanici antiqui in usum scholarum
Font. iur. Germ. n. s.	=	Fontes iuris Germanici antiqui, nova series
Ldl	=	Libelli de lite
LL	=	Leges
LL nat. Germ.	=	Leges nationum Germanicarum
Necr.	=	Necrologia Germaniae
Poetae	=	Poetae latini medii aevi
SS	=	Scriptores
SS rer. Germ. oder SSrG	=	Scriptores rerum Germanicarum in usum scholarum
SS rer. Germ. n. s.	=	Scriptores rerum Germanicarum nova series
SS rer. Lang.	=	Scriptores rerum Langobardicarum et Italicarum
SS rer. Merov. oder SSrM	=	Scriptores rerum Merovingicarum
Migne PL	=	Jacques-Paul Migne: Patrologiae cursus completus ... Series Latina
MIÖG	=	Mitteilungen des Instituts für Österreichische Geschichtsforschung

ML	= Medioevo latino (Leonardi)
MPI	= Max-Planck-Institut für Geschichte
NA	= Neues Archiv der Gesellschaft für ältere Geschichtskunde
NDB	= Neue Deutsche Biographie
NUC	= The National Union Catalogue
P&P	= Past and Present. A Journal of Historical Studies
PRO	= Public Record Office
QFIAB	= Quellen und Forschungen aus italienischen Archiven und Bibliotheken
RAC	= Reallexikon für Antike und Christentum
RB oder RBen	= Revue Bénédictine
RGA	= Reallexikon der germanischen Altertumskunde
RGG	= Die Religion in Geschichte und Gegenwart
RH	= Revue Historique
RHC	= Recueil des Historiens des Croisades
RHE	= Revue d'histoire ecclésiastique
RHF	= Recueils des historiens des Gaules et de la France
RhVjbll.	= Rheinische Vierteljahresblätter
RI	= Regesta Imperii
RTAM	= Recherches de théologie ancienne et médiévale
SMGBO	= Studien und Mitteilungen zur Geschichte des Benediktinerordens und seiner Zweige
SSCI	= Settimane di studio del Centro italiano di studi sull'alto medioevo
StM	= Studi medievali
SZG	= Schweizerische Zeitschrift für Geschichte
TRE	= Theologische Realenzyklopädie
TS	= Typologie des sources du moyen âge occidental
VLB	= Verzeichnis lieferbarer Bücher
VSWG	= Vierteljahrschrift für Sozial- und Wirtschaftsgeschichte
WMU	= Wörterbuch der mittelhochdeutschen Urkundensprache
WZ	= Westfälische Zeitschrift
ZAA	= Zeitschrift für Agrargeschichte und Agrarsoziologie
ZAM	= Zeitschrift für Archäologie des Mittelalters
ZBLG	= Zeitschrift für bayerische Landesgeschichte
ZfG	= Zeitschrift für Geschichtswissenschaft
ZGO	= Zeitschrift für die Geschichte des Oberrheins
ZHF	= Zeitschrift für historische Forschung
ZKG	= Zeitschrift für Kirchengeschichte
ZRG od. ZSRG	= Zeischrift der Savigny-Stiftung für Rechtsgeschichte
ZWLG	= Zeitschrift für württembergische Landesgeschichte

Register

bearbeitet von Bele Freudenberg

Autoren- und Werktitelregister

Das Autoren- und Werktitelregister dient ausschließlich dem Zweck, die entsprechenden Titel aufzufinden. Es verweist daher nur auf die Seiten, die die vollständigen bibliographischen Angaben enthalten, und lässt weitere Nennungen der Autoren unberücksichtigt. Aufgenommen sind bei Büchern und Aufsätzen im Regelfall die Autorennamen, bei Sammelbänden die Namen der Herausgeber, bei Bibliographien, Lexika, Zeitschriften, einschlägigen Reihen sowie Standardwerken hingegen die Werktitel.

Abbreviationes Online 293
Abeele, Baudouin van den 199
Abel, Sigurd 57
Abel, Wilhelm 68
Abulafia, David 51, 60
Acham, Karl 312
Acta Sanctorum 92
Affeldt, Werner 195, 366
Agrimi, Jole 199
Aigrain, René 127
Airlie, Stuart 359
Alberti, Hans-Joachim von 299
Allgemeine Deutsche Biographie 48
Allmand, Christopher 52
Althoff, Gerd 54–56, 77, 118, 191, 341, 369
American Historical Review 75
Analecta Bollandiana 128
Analecta Cisterciensia 78
Analecta Praemonstratensia 78
Anderson, Roberta 89
Angenendt, Arnold 56, 63
Angermeier, Heinz 152
Ankersmit, F. R. 309
Annalen des Historischen Vereins für den Niederrhein 79
Annales 75
Annual Bibliography of British and Irish History 225
Anton, Hans Hubert 196
Appuhn, Horst 210
Archa Verbi 78
Archiv der Gesellschaft für ältere deutsche Geschichtskunde 75
Archiv für Diplomatik 76
Archiv für Kulturgeschichte 77
Archivalische Zeitschrift 77
Archivar, Der 77
Archive in der Bundesrepublik Deutschland, Österreich und der Schweiz 231
Archives and Genealogical Sciences 283
Archives d'histoire Doctrinale et Littéraire du Moyen Âge 78
Archivio Storico Italiano 74
Archivum 77
Archivum Franciscanum Historicum 78
Archivum Historiae Pontificiae 78
Archivum Latinitatis Medii Aevi 77
Arentzen, Jörg-Geerd 211
Ariès, Philippe 357

Arndt, Wilhelm 285
Arnold, Klaus 30, 123
Arnould, M.-A. 181
Art and Humanity Search 227
Art and Music 226
Atlas of Medieval Europe 277
Atlas zur Kirchengeschichte 277
Aubin, Hermann 67
Aurell, Martin 59, 341
Avril, François 70

Babelon, Jean 298
Bader, Karl S. 66
Bagge, Sverre 99
Bak, János M. 85
Baker, Alan R. H. 276
Baker, Peter S. 243
Balard, Michel 34
Barford, P. M. 60
Barnwell, Paul S. 53
Barral i Altet, Xavier 70
Barrell, A. D. M. 59
Bartlett, Robert 52
Bauer, Dieter R. 128
Baumgart, Winfried 221
Baumgartner, Hans Michael 311
Baumgärtner, Ingrid 199
Bautier, Robert-Henri 231
Bayer, Erich 48
Bazán, Bernardo C. 198
Beck, Friedrich 231, 285
Bedos, Brigitte 208
Behrmann, Thomas 183
Bein, Thomas 46
Bellenger, Dominic Aidan 89
Belting, Hans 71
Benecke, Georg Friedrich 245
Bennett, Judith M. 366
Bennewitz, Ingrid 305
Benthien, Claudia 369
Berg, Dieter 56, 59
Berges, Wilhelm 196, 268
Berghaus, Peter 206
Bergmann, Klaus 349
Bergmann, Rolf 203
Bergmann, Werner 162, 305
Berlioz, Jacques 255, 362
Berndt, Rainer 198
Bernhardi, Wilhelm 57
Bernheim, Ernst 17
Berschin, Walter 128
Besançon, Alain 356
Besch, Werner 242
Betten, Anne 242
Beumann, Helmut 33, 55, 133, 335
Beumer, Johannes 64
Bevölkerungsentwicklung des europäischen Mittelalters, Die 364
Beyer, Jürgen 73
Beyreuther, Gerald 367
Bezler, Francis 171
Bibliographie Annuelle de l'histoire de France 225
Bibliographie de l'histoire médiévale en France (1965–1990) 225
Bibliographie der Schweizer Geschichte 225
Bibliographie zur deutschen historischen Städteforschung 225
Bibliographie zur Geschichte der Kreuzzüge 225
Bibliography of English History to 1485, A 225
Bibliography of Historical Works Issued in the United Kingdom 225
Biblioteca de historia hispanica 91
Bibliotheca Hagiographica Latina Antiquae et Mediae Aetatis 249
Bibliotheca Sanctorum 62
Bibliothek der Kirchenväter 91
Bibliothèque de l'École des Chartes 76
Bieler, Ludwig 171
Bihlmeyer, Karl 63
Bildwörterbuch der Kleidung und Rüstung 48
Billinge, Mark 276
Binding, Günther 71
Bischoff, Bernhard 285, 293
Bitel, Lisa M. 367
Blackwell Encyclopaedia of Anglo-Saxon England, The 47
Blätter für Deutsche Landesgeschichte 78
Blauert, Andreas 341
Bleiber, Waltraut 55
Blickle, Peter 56, 162
Bloch, Marc 17, 68
Blok, D. P. 301
Blumenthal, Uta-Renate 55
Böhmer, Johann Friedrich 88, 93
Bompaire, Marc 298
Bonnell, Heinrich Eduard 56
Boockmann, Hartmut 30, 32, 53f., 89, 210
Books in Print 222
Borchardt, Knut 68
Borchling, Conrad 245
Borgolte, Michael 33f., 51, 56, 324, 355
Born, Karl Erich 328, 352
Borowsky, Peter/Vogel, Barbara/Wunder, Heide 46, 217
Borst, Arno 31, 46
Boshof, Egon 55f., 61, 273
Boshof, Egon/Düwell, Kurt/Kloft, Hans 45

Bosl, Karl 61, 67, 340
Botz, Gerhard 323
Bouquet, M. 90
Boureau, Alain 358
Bourin, Monique 349
Boyer, Régis 203
Boyer, Robert 339
Boyle, Leonard E. 176
Brackmann, Albert 135
Brandmüller, Walter 63f.
Brandt, Ahasver von 45
Brandt, Rüdiger 46
Braudel, Fernand 328
Braun, Christina von 366
Braunfels, Wolfgang 210
Brednich, Rolf Wilhelm 71
Bremont, Claude 189
Brendle, Franz 119
Bresslau, Harry 57, 134
Breysig, Theodor 57
Brincken, Anna-Dorothee von den 112, 211, 278f.
Brinckmeyer, Eduard 244
British Library General Catalogue of Printed Books, The 222
Brodkorb, Clemens 49
Brommer, Peter 166
Brown, Peter 201
Brunhölzl, Franz 201, 242, 251
Brunner, Heinrich 65
Brunner, Karl 45, 58
Brunner, Otto 48, 336, 338
Buchner, Rudolf 154, 235
Buck, August 73
Bühler, Arnold 163
Bull, Marcus 58
Bulletin codicologique 294
Bullettino dell'Istituto Storico Italiano 75
Bultot-Verleysen, Anne-Marie 184
Bulst, Neithard 355
Bumke, Joachim 72
Bur, Michel 210
Burggraaff, Peter 276
Burguière, André 364
Burke, Peter 311, 339, 352
Burrows, Toby 30
Buschinger, Danielle 203
Buschmann, Arno 153
Büssem, Eberhard/Neher, Michael 47
Byock, Jesse L. 60
Byzantinische Geschichtsschreiber 91

Caenegem, Raoul C. van 84, 155
Cahiers de civilisation médiévale 75, 223
Camargo, Martin 185
Cambridge Economic History of Europe, The 67
Campbell, James 59
Capitani, Ovidio 60
Cappelli, Adriano 285
Carozzi, Claude 98
Carr, Edward Hallett 22
Caspar, Erich 63
Caviness, Madeline H. 209
CD-ROM Middelnederlands Woordenboek en teksten 245
Chartae Latinae Antiquiores 88
Chartes et diplômes relatifs à l'histoire de France 90
Chartier, Roger 311
Chatelet, Albert 70
Chauvin, Monique 59
Chibnall, Marjorie 60
Chiesa, Paolo 234
Chodorow, St. 170
Chroniken der deutschen Städte, Die 88
Church History 78
Cipolla, Carlo M. 68
Cîteaux 78
Clanchy, Michael T. 369
Clark, Willene B. 199
Classen, Peter 155
Codices illuminati medii aevi 229
Codices manuscripti 76
Codices selecti phototypice impressi 229
Codicologica 294
Cohen, Marcel 301
Coing, Helmut 154
Colet, Noël 175
Collectanea Cisterciensia 78
Collectanea Franciscana 78
Collection de textes 90
Collins, Roger 60
Congar, Yves M.-J. 64
Conrad, Hermann 66
Constable, Giles 185
Conze, Werner 48
Conzemius, Victor 344
Corbet, Patrick 167
Cordoliani, Alfred 278
Cornelißen, Christoph 217
Corpus Christianorum. Autographa Medii Aeui 234
Corpus Christianorum. Continuatio mediaevalis 91
Corpus Christianorum. Series latina 91
Corpus Consuetudinum Monasticarum 92
Corpus der altdeutschen Originalurkunden bis zum Jahr 1300 89
Corpus scriptorum ecclesiasticorum latinorum 91
Coué, Stephanie 130

Councils and Ecclesiastical Documents relating to Great Britain and Ireland 90
Courth, Franz 64
Cramer, Thomas 72
Crépin, André 203
Crisciani, Chiara 199
Crossgrove, William 200
Crusades 79
Csendes, Peter 55, 150
Cubitt, Catherine 359
Curta, Florin 60
Cutler, Anthony 71

Dahlmann/Waitz 223
Dalas, Martine 208
Daniel, Ute 369
Dannenberg, Heinrich 207
David, Johan 209
Davies, R. R. 59
De Boüard, Alain 134
De Jong, Mayke 353
De Libera, Alain 70
De Lubac, Henri 195
De Vogüé, Adalbert 174
De Wouw, H. van 170
Declercq, Georges 278
Delogu, Paolo 60
Delort, Robert 98, 363
Demandt, Alexander 29
Demandt, Karl E. 244
Dempf, Alois 196
Den Boer, P. 357
Depreux, Philippe 68, 355
Derolez, Albert 200
Derville, Alain 68
Deshusses, Jean 187
Despy, Georges 181
Detienne, Marcel 356
Deutsch, Robert 358
Deutsche Agrargeschichte 67
Deutsche Biographische Enzyklopädie 48
Deutsche Geschichte 54
Deutsche Königspfalzen 50
Deutsche Nationalbibliografie 222
Deutsche Reichstagsakten 88
Deutsche Verwaltungsgeschichte 67
Deutschen und das europäische Mittelalter, Die 52
Deutscher Städteatlas 277
Deutsches Archiv für Erforschung des Mittelalters 75
Deutsches Bücherverzeichnis 222
Deutsches Rechtswörterbuch 65
Devroey, Jean-Pierre 177
Dhondt, Jan 51
Dictionaries of Medieval Germanic Languages 244
Dictionary of Medieval Latin from British Sources 243
Dictionary of the Middle Ages 47
Dictionnaire d'Histoire et de Géographie ecclésiastique 62
Dictionnaire de Droit Canonique 62
Dictionnaire de Spiritualité Ascétique et Mystique 62
Dictionnaire du Moyen Âge 47
Dictionnaire Encyclopédique du Moyen Âge 47
Dictionnaire Raisonné de l'Occident Médiéval 47
Diederich, Toni 208, 275
Diefenbach, Lorenz 244
Diekstra, F. N. M. 203
Diestelkamp, Bernhard 162
Dietrich, F. 222
Dievoet, Guido van 159
Dilcher, Gerhard 66, 155, 336
Diller, H. J. 204
Dinklage, Karl 162
Dinzelbacher, Peter 64, 69f., 194
Dirlmeier, Ulf 52, 69
Dirsch-Weigand, Andrea 101
Ditchburn, David 277
Ditfurth, Christian von 305
Documents relatifs à l'histoire des croisades 93
Dolbeau, François 128
Donoghue, Daniel 201
Dopheide, Renate 221
Dopsch, Alfons 68
Dopsch, Heinz 58
Dormeier, Heinrich 53
Dotzauer, Winfried 250
Dray, William H. 317
Droege, Georg 61
Dronke, Peter 202
Droysen, Johann Gustav 17
dtv-Atlas zur Weltgeschichte 277
dtv-Wörterbuch der Kirchengeschichte 62
Du Cange 244
Dubois, Jacques 192
Duby, Georges 58, 68f., 307, 357, 367
Dülmen, Richard van 353
Dumas, Françoise 298
Dümmler, Ernst 57
Dunbabin, Jean 58
Durand, Robert 349
Durliat, Jean 177
Dyer, Christopher 69

Early Medieval Europe 75
Ebengreuth, Arnold Luschin von 206
Eberlein, Johann Konrad 71
Eckermann, Walter/Mohr, Hubert 24
Eckhardt, Karl August 92
Edad Media 75
Eggers, Hans-Jürgen 303
Eggert, Wolfgang 121
Ehbrecht, Wilfried 348
Ehlers, Joachim 52, 56, 58f., 338
Eichler, Ernst 284
Eickels, Klaus van 305
Eis, Gerhard 200
Elenchus fontium historiae urbanae 92
Elias, Norbert 320
Elze, Reinhard 37
Encyclopedia of Medieval Literature 71
Engel, Evamaria 70, 335
Engel, Pál 61
Engelberg, Ernst 312, 328
Engels, Odilo 20, 55, 61
Engen, John van 34, 345
English Historical Documents 91
English Historical Review, The 74
Ennen, Edith 68, 69
Enzyklopädie des Märchens 71
Enzyklopädie Deutscher Geschichte 56
Epperlein, Siegfried 69
Erbe, Michael 351
Erben, Wilhelm 135
Erbstösser, Martin 64
Erdmann, Karl Dietrich 39
Erkens, Franz-Reiner 56
Erlande-Brandenburg, Alain 70
Ernst, Gerhard 243
Ertzdorff, Xenja von 124
Erzgräber, Willi 72
Esch, Arnold 36, 97, 125, 329, 341
España sagrada 91
Etaix, Raymond 189
Eubel, Conrad 49
Evans, Richard 325
Everard, Judith 59
Ewald, Paul 95
Ewald, Wilhelm 208, 297
Ewe, Herbert 210
Ewig, Eugen 55, 61, 119

Faber, Erwin/Geiss, Imanuel 46
Faber, Karl Georg 18, 307, 311
Faire de l'histoire 311
Fälschungen im Mittelalter 296
Fauser, Markus 369
Favier, Jean 58
Favreau, Robert 205, 294
Fawtier, Robert 67, 250
Fehn, Klaus 276, 278
Fehring, Günther P. 303
Feine, Hans Erich 66
Feld, Helmut 367
Felten, Franz J. 133
Fichtenau, Heinrich 64, 141, 146, 275, 358
Filip, Václav Vok 300
Fillitz, Hermann 70
Fink, Karl August 62
Finkenzeller, Josef 65
Fischer Lexikon Geschichte 311
Fischer Weltgeschichte 51
Fischer, Bonifatius 187
Fischer, Hanns 203
Fisher, Steven R. 193
Flandrin, J. 174
Fleckenstein, Josef 54, 140
Flori, Jean 203
Floud, Roderick 323
Fontes Christiani 91
Fontes rerum Austriacarum 89
Fonti per la storia d'Italia 89
Forst De Battaglia, Otto 283
Förster, Hans 285
Förstemann, Ernst 50
Fossier, Lucien 305
Fossier, Robert 51, 180, 349
Foucault, Michel 325
Fouilloux, Étienne 91
Fouquet, Gerhard 52
Fouracre, Paul 52, 131
Fournier, Paul 166
France, John 122
Francia 74
Frank, Isnard Wilhelm 63
Fransen, Gérard 166, 170, 198
Franz, Eckhart G. 231
Franz, Günther 67f., 162
Franziskanische Studien 78
Frauen im Frühmittelalter 366
Frauen in der Geschichte 367
Freedman, Paul 34
Frei, Alfred Georg 38
Freiherr vom Stein-Gedächtnisausgabe 89
Frenz, Thomas 135
Frère, Hubert 298
Freske, Hans 61
Freytag, Nils 218
Fricke, Harald 72
Fried, Johannes 32, 52, 54, 254
Fried, Pankraz 348
Friedland, Klaus 55
Fros, Henricus 127
Frugoni, Chiara 70
Frühmittelalterliche Studien 75

Fryde, E. B. 282
Fuchs, Franz 200
Fuchs, Konrad/Raab, Heribert 48
Fuhrmann, Horst 32, 46f., 54, 85, 186
Fuhrmann, Bernd 52
Fumagalli, Vito 362
Furet, François 323

Gaborit-Chopin, Danielle 70
Gadamer, Hans-Georg 314
Gaettens, Richard 206
Gaier, Claude 209
Galbreath, Donald Leonel 299f.
Gale Directory of Databases 226
Gall, Lothar 237
Gallia pontificia 95
Gams, Pius Bonifatius 48
Ganshof, François-Louis 163
Garland Encyclopedias of the Middle Ages 47
Garrison, Mary 359
Gatz, Erwin 49
Gauvard, Claude 58
Gawlik, Alfred 146
Geary, Patrick, J. 55
Gebhardt, Bruno 53
Geiger, Theodor 357
Genet, Jean-Philippe 355
Genicot, Léopold 98, 119, 134, 154
Genicot, Luc-Francis 210, 275
Georges, Karl Ernst 243
Gerabek, Werner E. 199
Gerbet, Marie-Claude 60
Gerlich, Alois 348
Germanen, Die 53
Germanenrechte 92
Germania pontificia 95
Germania Sacra 65
Gerwing, Manfred 65
Geschichte der Frauen 69
Geschichte des Christentums, Die 62
Geschichte, Erziehung, Politik 349
Geschichte in Wissenschaft und Unterricht 74
Geschichte lernen: Geschichtsunterricht heute 349
Geschichte Niedersachsens 61
Geschichte Thüringens 61
Geschichtliche Grundbegriffe 48
Geschichtsschreiber der deutschen Vorzeit 89
Geschichtsvereine 37
Gestalten des Mittelalters und der Renaissance 55
Geuenich, Dieter 53, 193
Geuss, Herbert 223
Gibbs, Marion E. 73
Giersiepen, Helga 205
Giese, Wolfgang 53
Giesebrecht, Wilhelm von 58
Gilissen, John 154
Glaser, Rüdiger 363
Gleba, Gudrun 64
Glenisson, Jean 294
Glessgen, Martin-Dietrich 243
Glier, Ingeborg 203
Glorieux, P. 91
Godding, Philipp 162
Goertz, Hans-Jürgen 18, 312
Goetting, Hans 268
Goetz, Hans-Werner 20, 34, 51, 69, 99, 116, 308, 329, 354, 362, 367
Goez, Werner 55, 60
Goffart, Walter A. 115
Goldammer, Kurt 62
Goldberg, P. J. P. 68
Gössmann, Elisabeth 64
Göttingische Gelehrte Anzeigen 73
Götz, Heinrich 245
Goullet, Monique 242
Grabmayer, Johannes 70
Graboïs, Arieh 163
Graesse-Benedict-Plechl 50
Graff, E. G. 244
Gransden, Antonia 251
Gräubig, Kurt 311
Graus, František 18, 31, 127, 338, 358
Greenway, D. E. 282
Gregory, Timothy E. 61
Grierson, Philip 206
Grimm, Jakob 159
Grimm, Reinhold R. 73
Gröbel, Friedrich 244
Gröber, Gustav 251
Grodecki, Louis 70
Groh, Dieter 352
Gross, Charles 251
Gross, L. 135
Grosse, Rolf 52
Grosse, Rudolf 244
Großer Historischer Weltatlas 277
Grotefend, Hermann 281f.
Grubmüller, Klaus 368
Grundfragen der kirchengeschichtlichen Methode 345
Grundmann, Herbert 54, 62, 85, 96, 99, 176
Grundriss der Geschichte 52
Grundriß der romanischen Literaturen 73
Guenée, Bernard 99, 108
Guias de Fuentes para la Historia de España e Italia 226

Guillou, Andre 60
Gumbrecht, Hans Ulrich 73
Günther, Horst 20
Günther, Jörn-Uwe 125
Günther, Rigobert 53
Gurjewitsch, Aaron J. 70
Guyotjeannin, Olivier 134, 137, 295

Haage, Bernhard D. 199
Haarländer, Stephanie 131
Haarmann, Ulrich 61
Habel, Edwin 244
Haberkern, Eugen/ Wallach, Joseph F. 47
Habermas, Jürgen 315, 352
Haendler, Gert 62f.
Haering, H. 223
Haertle, Clemens Maria 207
Hage, Wolfgang 63
Hägermann, Dieter 56, 70, 158, 163, 177, 180
Hagiographica 128
Hahn, Heinrich 57
Haldon, John 61
Halla-Aho, Hilla 239
Hallam, Elizabeth 59, 122
Hallinger, Kassius 92, 174
Halm, Christian 124
Hamburger Beiträge zur Numismatik 77
Hamesse, Jacqueline 34, 189
Hamilton, Bernard 63f.
Hamman, A. 91
Hammer, Michel 330
Handbook of British Chronology 282
Handbuch der baden-württembergischen Geschichte 61
Handbuch der bayerischen Geschichte 61
Handbuch der Bibliothekswissenschaft 231
Handbuch der Deutschen Wirtschafts- und Sozialgeschichte 67
Handbuch der Dogmengeschichte 64
Handbuch der Geschichte Europas 51
Handbuch der Europäischen Wirtschafts- und Sozialgeschichte 67
Handbuch der Geschichte der böhmischen Länder 61
Handbuch der Geschichte Russlands 60
Handbuch der Historischen Stätten Deutschlands 50
Handbuch der Kirchengeschichte 62
Handbuch der Schweizer Geschichte 58
Handwörterbuch der Sozialwissenschaften 51
Handwörterbuch der Wirtschaftswissenschaften 51
Handwörterbuch des deutschen Aberglaubens 51
Handwörterbuch zur Deutschen Rechtsgeschichte 65
Hanisch, Ernst 324
Hansen, Wilhelm 187
Hansische Geschichtsblätter 75
Hardtwig, Wolfgang 307, 369
Hartmann, Josef 183, 278
Hartmann, Martina 45, 55
Hartmann, Wilfried 56, 89, 170
Hartmann, Winfried 55
Hartwig, Wolfgang 308
Harvey, Barbara 59
Harvey, Paul Dean Adshead 211
Hasberg, Wolfgang 349
Hattenhauer, Hans 132
Haubrichs, Wolfgang 72
Hauck, Albert 62
Hauck, Karl 127
Haug, Walter 73
Hauptmeyer, Carl-Hans 348
Hausen, Karin 366
Hausmann, Friedrich 146
Haussmann, Thomas 312
Haverkamp, Alfred 54
Head, Thomas 170
Hechberger, Werner 56
Hedinger, Hans-Walter 315
Hefele, C. J. von 64
Heidrich, Ingrid 46
Heikkilä, Tuomas 264
Heil, Johannes 195
Heim, Manfred 46, 62
Heimann, Heinz-Dieter 47, 153, 244
Heimpel, Hermann 29, 35, 223
Heinemeyer, Walter 235
Heinzelmann, Martin 128f.
Heinzle, Joachim 34, 49, 72
Heit, Alfred 222
Helle, Knut 60
Hellwig, Gerhard 299
Henning, Eckart 231, 283, 300
Henning, Friedrich Wilhelm 67f., 155
Herbers, Klaus 92, 124, 128
Herde, P. 150
Hergemöller, Bernd-Ulrich 92, 366
Hermand, Xavier 189

Herrmann, Bernd 353, 362, 364
Herrmann, Joachim 60
Hessel, Alfred 57
Hessisches Jahrbuch für Landesgeschichte 79
Hetzler, R. 188
Heuclin, Jean 68
Heydemann, Günther 33
Hiestand, Rudolf 95
Hildebrand, Klaus 334
Hilsch, Peter 46
Hilty, Gerold 284
Hinschius, Paul 66
Hirsch, Siegfried 57
Hirschbiegel, Jan 124
Histoire des Sciences et des Techniques 226
Historia d'España 60
Historical Abstracts 226
Historical Dictionary of Late Medieval England 47
Historische Bibliographie 35, 225
Historische Zeitschrift 74
Historisches Jahrbuch 74
Historisches Wörterbuch der Philosophie 51
Historisch-Politische Buch, Das 73
History 75
History and Theory 78
History through Art 226
Hlawitschka, Eduard 52
Hocquet, Jean-Claude 299
Hödl, Ludwig 188, 235
Hoffmann, Hartmut 108
Holdsworth, William S. 67, 251
Holländer, Hans 71
Holtz, Eberhard 335
Holtz, Walter 298
Holtzmann, Robert 67, 250
Holtzmann, Walther 223
Holze, Heinrich 63
Holzfurtner, Ludwig 116
Houben, Hubert 56
Houts, Elisabeth van 116
Houtte, Jan A. van 67
Howell, Martha 45
H-Soz-U-Kult 74
Hubala, Erich 71
Hubert, Jean 70, 303
Hübinger, Paul Egon 29
Huglo, Michel 187
Huizinga, Johan 23, 344
Hüpper, Dagmar 158
Hutter, Irmgard 71
Huyghebaert, N. 193

Iggers, Georg G. 307, 311, 352
Ilgen, Theodor 297
Imhof, Arthur E. 364
Informatique et prosopographie 304
International Bibliography of Historical Sciences 223
International Encyclopedia of the Social Sciences 51
International Handbook of Historical Studies 311
International Medieval Bibliography 223
Internationale Bibliographie der Zeitschriftenliteratur 222
Irsigler, Franz 54, 323
Isenburg, Wilhelm Karl Hermann Prinz von 283
Isenmann, Eberhard 69
Iserloh, Erwin 344
Italia pontificia 95
Ius Commune 78

Jacob, E. F. 59
Jacob, Karl 250
Jacobi, Franz-Josef 193
Jacobs, Hermann 52
Jacquart, Danielle 198
Jaeger, Friedrich/Rüsen, Jörn 308
Jaeger, Stephen 359
Jaffé, Philipp 88, 95
Jäger, Helmut 276
Jahrbuch der Historischen Forschung in der BRD (AHF) 35, 225
Jahrbuch für Fränkische Landesforschung 79
Jahrbuch für Geschichte 74
Jahrbuch für Geschichte des Feudalismus 75
Jahrbuch für Geschichte Mittel- und Ostdeutschlands 79
Jahrbuch für Numismatik und Geldgeschichte 77
Jahrbuch für Westdeutsche Landesgeschichte 79
Jahrbuch für Wirtschaftsgeschichte 77
Jahrbücher des Deutschen Reiches 56
Jahresberichte der Geschichtswissenschaft 223
Jahresberichte für deutsche Geschichte 223
Jahresverzeichnis der deutschen Hochschulschriften 222
Jakobi-Mirwald, Christine 71
James, Edward 59
Jankrift, Kay Peter 69
Jankuhn, Herbert 67, 303
Janssen, Walter 68
Jarausch, Konrad H. 307, 323
Jaritz, Gerhard 153, 362

Jarnut, Jörg 34, 308
Jäschke, Kurt-Ulrich 59
Jasper, Detlev 186
Jaspert, Nikolas 53
Jauss, Hans Robert 73
Jedin, Hubert 62, 344
Jehel, Georges 68
Jenks, Stuart 305
Jéquier, Léon 300
Jochums, Gabriele 300
Jodogne, Omer 202
Johanek, Peter 120f., 137
Johnson, Ian 73
Johnson, L. Peter 72
Johnson, Sidney M. 73
Jones, Michael 51
Jordan, William Chester 53
Journal of Ecclesiastical History, The 78
Journal of Medieval and Early Modern Studies 75
Journal of Medieval and Renaissance Studies 75
Journal of Medieval History 75
Journal of Medieval Latin 77

Kahn, Helmut 299
Kaiser, Reinhold 53, 56, 170, 298
Kaiser-Guyot, Marie-Thérèse 298
Kaltenbrunner, Ferdinand 95
Kämpf, Hellmut 338
Karmasin, Matthias 218
Karpf, E. 268
Kartschoke, Dieter 72
Kasten, Ingrid 359
Kastner, Jörg 116
Kaufhold, Martin 47, 60
Kayser, Chr. G. 222
Keats-Rohan, K. S. B. 48
Keil, Gundolf 199
Keller, Hagen 54f., 183, 207, 368
Kelley, Donald H. 343
Kellner, Beate 119
Kenney, James F. 251
Kern, Fritz 153
Kersken, Norbert 107, 114
Ketsch, Peter 367
Kienzle, Beverly Mayne 188f.
Killy, Walther 71
Kimpel, Dieter 71
Kindermann, Udo 46, 251
Kirche in ihrer Geschichte, Die 62
Kirchengeschichte als Missionsgeschichte 63
Kirchgässner, Bernhard 61
Kirn, Paul 21
Kirschbaum, Engelbert 210
Kittel, Erich 208
Klapisch-Zuber, Christiane 69
Kleefeld, Klaus-Dieter 276
Kloos, Rudolf M. 205, 295
Kloosterhuis, Jürgen 183
Kluge, Bernd 207
Kluxen, Kurt 67
Knaurs Großer Historischer Weltatlas 277
Knefelkamp, Ulrich 46
Knorr, Bernd 299
Köbler, Gerhard 61, 245, 354
Koch, Walter 205, 294f.
Kocher, Gernot 211
Kocka, Jürgen 311, 318, 340
Kohl, Wilhelm 61
Köhler, Erich 73
Köhler, Oskar 20, 330, 353
Kohut, Thomas A. 358
Kölmel, Wilhelm 123, 196
Konziliengeschichte 64
Köpke, Rudolf 57
Körner, Hans 209
Körntgen, Ludger 171
Korsunskij, Alexander R. 53
Korte, Dirk 155
Kortüm, Hans Henning 69, 99, 101
Koselleck, Reinhart 20, 48, 311, 324, 328, 354
Köster, Heinrich 64
Kosthorst, Erich 349
Kottje, Raymund 155, 171f., 205, 345
Kötzschke, Rudolf 68
Kraack, Detlev 124
Kraus, Andreas 61
Krauss, Henning 72
Krieger, Karl-Friedrich 56, 59
Krochmalnik, D. 64
Kroeschell, Karl 66
Krüger, Bruno 53
Krüger, Karl Heinrich 112, 119
Kuchenbuch, Ludolf 179f., 312
Kugler, Hartmut 211
Kuhn, Annette 367
Kühnel, Harry 69
Kühnel, Jürgen 358
Kulischer, Josef 68
Küttler, Wolfgang 312

La Librairie Française 222
La nouvelle histoire 311
La Rocca, Maria Christina 60
Labuda, Gerard 343
Lambdin, Laura C. 71
Lambdin, Robert T. 71
Lamprecht, Karl 342
Landau, Peter 166, 336

Landes, Richard 170
Landesgeschichte und ihre Nachbarwissenschaften, Die 348
Lange, Wolf-Dieter 73
Langosch, Karl 203, 242, 251
Larrington, Carolyne 359
Lasch, Agathe 245
Lasko, Peter 71
Latinitatis Italicae Medii Aevi 243
Laudage, Johannes 55f.
Laurioux, Bruno 199
Lautemann, Wolfgang 89
Le Bras, Gabriel 166
Le Goff, Jacques 52, 69f., 189, 311, 352, 357
Le Jan, Régine 58, 68
Le médiéviste et l'ordinateur 305
Le Roy Ladurie, Emmanuel 176, 363
Lebel, Paul 301
Leclercq, Jean 359
Leclerq, H. 64
Leguay, Jean-Pierre 55, 362
Leiwo, Martti 239
Lejeune, Rita 73
Lemaire, Jacques 294
Lemarignier, Jean-François 67
Leonardi, Claudio 223
Lerner, Robert E. 195
Les classiques de l'histoire de France au moyen âge 90
Les Livres Disponibles 222
Leuschner, Joachim 54
Levison, Wilhelm 249
Lewis, Gertrud Jaron 225
Lexer, Matthias 245
Lexicon latinitatis medii aevi Hungariae 243
Lexicon latinitatis Nederlandicae medii aevi 243
Lexicon mediae et infimae latinitatis Polonorum 243
Lexikon der christlichen Ikonographie 210
Lexikon der deutschen Geschichte bis 1945 48
Lexikon des Mittelalters 47
Lexikon für Theologie und Kirche 62
Lhotsky, Alphons 58, 250
Liber pontificalis 92
Lienert, Elisabeth 202
Lietzmann, Hans 282
Lilie, Ralph-Johannes 61
Linsenmayer, Anton 188
Literaturlexikon 71
Lo spazio letterario del medioevo 201
Löffler, Heinrich 284
Lorenz, Chris 18
Lorenz, Ottokar 250
Lorenz, Maren 353
Lorenz, Rudolf 62
Lot, Ferdinand 67
Lotter, Friedrich 127
Löwe, Heinz 249
Löwenfeld, Samuel 95
Lübbe, Hermann 318
Lübben, August 245
Lübeck, Konrad 264, 268
Lübke, Christian 52
Lück, Heiner 155
Lüdtke, Alf 362
Ludwig, Karl-Heinz 70, 158
Luscombe, David 51
Lütge, Friedrich 68
Lutterbach, Hubertus 174
Lutz, Heinrich 311

Maaz, Wolfgang 359
Mabillon, Jean 92
Mackay, Angus 277
Mączak, Anton 124
Madou, Mireille 209
Maier, Wilhelm 209
Manitius, Max 251
Manselli, Raoul 174
Mansi, J. D. 92
Mantello, F. A. C. 242
Margolis, Nadia 367
Marichal, Robert 235
Marrou, Henri-Irénée 18, 228, 306
Martin, Hervé 59
Martin, Janet 61
Martin, Jochen 52
Matschenz, Andreas 211
Mattejiet, U. 268
Maurer, Michael 98
Mauskopf Deliyannis, Deborah 99
Mayer, Hans Eberhard 52
Mayrhofer, Fritz 348
Mazal, Otto 292, 294
McCormick, Michael 108
McCullagh, C. Behan 312
McKisack, M. 59
McKitterick, Rosamond 51f., 96, 99, 368, 370
McMunn, Meradith T. 199
McTurk, Rory 201
Meckseper, Cord 358
Mediaevalia et Humanistica 75
Mediaevistik 76
Medick, Hans 366
Medieval Archaeology 78
Medieval and Early Modern Data Bank 226
Medieval Mastery 71
Medieval Review 74
Medieval Studies 76
Medieval Texts 90
Médiévales 76
Medioevo Latino 223
Meier, Christel 198, 239

Meier, Christian 20, 311 f.
Meineke, Eckhard 243
Meinhold, Peter 111
Melville, Gert 103, 114, 120, 174
Menant, François 59
Menke, Johannes Bernhard 121
Menzel, Michael 189
Meran, Josef 318
Merdrignac, Bernard 59
Mertens, Dieter 119
Mertens, Volker 189, 201
Metman, Yves 297
Mettmann, Walter 73
Metz, Wolfgang 180, 192
Metzger, Marcel 187
Meurgey de Tupigny, Jacques 283, 299
Meuthen, Erich 52, 152
Meyer von Knonau, Gerold 57
Middell, Matthias 307, 352
Miethke, Jürgen 91
Migne, Jacques Paul 91
Mikoletzky, Hans Leo 82
Milfull, Inge 31
Militzer, Stefan 363
Miller, E. 67
Minerva-Handbuch 231
Minnis, Alastair 73
Mirbt, Carl 92, 197
Misch, Georg 123
Mitteilungen des Instituts für Österreichische Geschichtsforschung 74
Mitteis, Heinrich 66
Mittelalter, Das 76
Mittelalter-Forschung 333
Mittelhochdeutsches Wörterbuch 245
Mittellateinisches Jahrbuch 77
Mittellateinisches Wörterbuch bis zum ausgehenden 13. Jh. 243
Mitterauer, Michael 47, 340 f.
Moeglin, Jean-Marie 89, 120
Moeller, Bernd 62
Mohnhaupt, Bernd 210
Molinier, Auguste 250
Molitor, Stephan 137
Mommsen, Hans 26
Mommsen, Wolfgang J. 311, 316
Möncke, Gisela 92
Monnet, Pierre 69
Monumenta Germaniae Historica 85–88
Monumenta Poloniae historica 91
Moore, Robert I. 52
Moos, Peter von 125
Moraw, Peter 34, 54, 338, 355
Mordek, Hubert 155, 163
Morelle, Laurent 137
Morimoto, Yoshiki 180
Moulin, Leo 361
Moyen Âge, Le 75
Muessig, Carolyn A. 189
Muhlack, Ulrich 308
Mühlbacher, Engelbert 58
Muir, L. R. 204
Müller, Albert 305
Müller, Heribert 59
Müller, Jan-Dirk 72
Müller, Markus 116
Müller, Rainer A. 89
Müller, Ulrich 201
Müller, Wilhelm 245
Müller-Mertens, Eckhard 312
Müller-Wiener, Wolfgang 303
Muratori, L. A. 90
Murdoch, Brian 72
Musset, Lucien 59
Mütherich, Florentine 70
Naab, Erich 65
Nagel, Tilman 52, 61
Nahmer, Dieter von der 127
Namenforschung 284
National Union Catalogue, The 222
Neher, Michael 47
Neiske, Franz 193
Neue Belser Stilgeschichte 70
Neue Deutsche Biographie 48
Neue Deutsche Geschichte 54
Neues Archiv der Gesellschaft für ältere deutsche Geschichtskunde 75
Neues Handbuch der Literaturwissenschaft 72
Neukirch, Dieter 124
Neumann, Michael 31
Neunheuser, Burkhard 65
New Cambridge Medieval History, The 51
Ní Chatháin, Próinséas 59
Nicholas, David 70
Niedersächsisches Jahrbuch für Landesgeschichte 79
Niederstätter, Alois 58
Niemeyer, Hans Georg 303
Niermeyer, Jan Frederik 244
Niethammer, Lutz 309
Nipperdey, Thomas 30, 311, 316, 353
Nitschke, August 46, 313, 359
Nolte, Cordula 366
Nonn, Ulrich 92, 150, 153
Nora, Pierre 311, 369
Nörr, Knut Wolfgang 166, 170

Novum Glossarium Mediae Latinitatis 244
Nusser, Peter 201

Oberste, Jörg 175
Oelmüller, Willi 27
Oelsner, Ludwig 57
Oepen, Joachim 275
Oesterley, Hermann 50
Oestreich, Gerhard 338
Oexle, Otto Gerhard 34, 193, 307, 325, 336, 351, 369
Ohler, Norbert 133, 245, 323
Ohly, Friedrich 195
Olivier-Martin, François Jean-Marie 67
Opitz, Claudia 69, 366f.
Opll, Ferdinand 55
Oppitz, Ulrich-Dieter 155
Ortalli, Gherardo 60
Orth, Elsbet 181
Österreichische Geschichte 58
Österreichische Historische Bibliographie 225
Oswald, Gert 300
Ott, Joachim 208
Ott, Ludwig 65
Ouy, Gilbert 231, 296
Oxford History of England, The 59

Pächt, Otto 71
Padberg, Lutz E. von 189
Palazzo, Eric 65
Pálsson, Hermann 71
Päpste und Papsttum 63
Paquet, Jacques 184
Paquette, Jean-Marcel 203
Paravicini, Werner 36, 56, 124
Parisse, Michel 54, 137, 242
Parker, Harold T. 311
Past and Present 75
Pastoureau, Michel 207f., 300, 361
Patze, Hans 61, 99, 116, 118, 348
Pätzold, Barbara 367
Paviot, Jacques 124
Payen, Jean Charles 203
Payer, Pierre J. 174
Perrat, Charles 285
Perrot, Michelle 69
Pertile, Antonio 67
Petersohn, Jürgen 355
Petri, Franz 61
Pfister, Christian 364
Philippart, Guy 128, 132
Philips, Jonathan 53
Philologus 77
Picone, Michelangelo 198
Piereth, Wolfgang 218
Pinelli, Lucia 234
Pirenne, Henri 68
Pitz, Ernst 69, 89
Planitz, Hans 66
Ploetz 51
Plötz, Robert 124
Pognon, Edmond 361
Pohl, Walter 53, 56, 60
Poirion, Daniel 73
Polenz, Peter von 243
Pontal, Odette 166
Poole, A. L. 59
Porcher, Jean 70
Porter, S. 282
Posse, Otto 208
Postan, M. M. 67
Postel, Verena 53
Potthast, August 93, 249
Poulin, Joseph-Claude 128
Poulle, Emmanuel 198
Powell, James M. 275
Powicke, F. M. 59
Prevenier, Walter 46
Prinz, Friedrich 54, 127
Propyläen Geschichte Deutschlands 54
Propyläen Kunstgeschichte 70
Prosopographie als Sozialgeschichte? 355
Public Record Office 90
Publications de la Commission royale d'histoire 90
Putzger Historischer Weltatlas 277
Pycke, Jacques 134, 295

Quaestiones Medii Aevi Novae 76
Quandt, Siegfried 324
Quellen und Forschungen aus Italienischen Archiven und Bibliotheken 74
Quellen zur Schweizer Geschichte 89
Quellenwerk zur Entstehung der schweizerischen Eidgenossenschaft 90
Quirin, Heinz 46

Racinet, Philippe 68
Ranke, Leopold von 308
Raulff, Ulrich 357
Read, Malcolm 72
Reallexikon der deutschen Literaturwissenschaft 72
Reallexikon der Germanischen Altertumskunde 53
Reallexikon für Antike und Christentum 62
Recherches de Théologie Ancienne et Médiévale 78
Recherches de Théologie et Philosophie Médiévales 78

Recht, Roland 70
Rechtsgeschichte 78
Recueil des Historiens des Croisades 93
Recueils des Historiens des Gaules et de la France 90
Redlich, Oswald 135
Regesta chartarum Italiae 90
Regesta imperii 93
Regesta imperii Online 94
Regesta pontificum Romanorum 95
Reich und die Deutschen, Das 54
Reichmann, Oskar 242
Reiter, Sabine 366
Religion in Geschichte und Gegenwart, Die 62
Rendtel, Constanze 128
Repertorium Fontium Historiae Medii Aevi 84, 248
Repertorium Germanicum 49
Repertorium Poenitentiariae Germanicum 49
Repgen, Konrad 313
Rerum Britannicarum medii aevi scriptores (Rolls series) 90
Res medii aevi 47
Rethinking History 78
Reuter, Timothy 51
Revel, Jacques 311
Revue Belge de Philologie et d'Histoire 74
Revue Bénédictine 78
Revue d'Histoire Ecclésiastique 78, 223
Revue du Moyen Âge Latin 77
Revue Historique 74
Rexroth, Frank 55
Rey, Manfred van 207
Rheinische Geschichte 61
Rheinische Vierteljahresblätter 79
Ribbe, Wolfgang 283
Ribing, Rainer 218
Rich, E. E. 67
Richard, Jean 124
Riché, Pierre 48, 361
Richter, Gregor 180
Richter, Michael 59, 368
Riedlinger, H. 195
Rigg, A. G. 242
Riley-Smith, Jonathan 51 f.
Rill, Bernd 60
Ritter, Gerhard 223
Rivista Storica Italiana 74
Robinson, Fred C. 30
Röckelein, Hedwig 358 f.
Rohr, Christian 363
Romano, Ruggiero 52
Rösch, Gerhard 60
Rösener, Werner 56, 68, 268, 303
Rosenthal, Joel T. 367
Rosenwein, Barbara H. 359
Rossi, Pietro 312
Roy, I. 282
Rück, Peter 135, 286
Rucquoi, Adeline 60
Ruh, Kurt 189
Rupp, Heinz 20
Rüsen, Jörn 18, 41, 308, 311 f., 318

Sabrow, Martin 307
Sachwörterbuch der Mediävistik 48
Saeculum 74
Sage, Walter 303
Samaran, Charles 275
Sammler, Steffen 352
Sandmann, Mechthild 118, 268
Sansterre, Jean-Marie 211
Santifaller, Leo 295
Sarnowsky, Jürgen 59
Sauer, Paul 61
Sauerländer, Willibald 71
Sawyer, Birgit 59
Sawyer, Peter 59
Schaeffler, Richard 310
Schäferdiek, Knut 63
Schaller, H. M. 185
Scharer, Anton 146
Scheffczyk, Leo 64
Scheibelreiter, Georg 47, 119, 300
Schieder, Theodor 25, 311, 321, 328, 339 f.
Schieder, Wolfgang 340
Schieffer, Rudolf 34, 53, 55, 61, 134, 197, 237, 270, 295
Schieffer, Theodor 52
Schiewer, Hans-Jochen 189
Schildhauer, Johannes 153
Schiller, Karl 245
Schimmelpfennig, Bernhard 56, 63
Schindling, Anton 119
Schleidgen, Wolf-Rüdiger 233
Schlenke, Manfred 89
Schlesinger, Walter 61, 303, 338
Schlochtermeyer, Dirk 116
Schlotheuber, Eva 69
Schmale, Franz-Josef 98, 185, 250
Schmale, Wolfgang 28, 218
Schmeidler, Bernhard 185
Schmid, Gerhard 231, 297 f.
Schmid, Irmtraut 185
Schmid, Karl 192 f., 355
Schmid, Wolfgang 209
Schmidt, Heinrich 120
Schmidt, Jörg 26

Schmidt, Martin Anton 62
Schmidt, Rolf 200
Schmidtchen, Volker 70
Schmidt-Wiegand, Ruth 155, 158, 354
Schmieder, Felicitas 69
Schmitt, Christian 243
Schmitt, Jean-Claude 36, 189, 211
Schmitz, Hermann Josef 171
Schmolinsky, Sabine 123
Schmoock, Peter 46
Schneider, Helmuth 70
Schneider, Reinhard 52, 163
Schneidmüller, Bernd 59, 338
Schneyer, Johann Baptist 188
Schnith, Karl Rudolf 335, 367
Schoeps, Hans-Joachim 344
Scholkmann, Barbara 303
Scholtz, Gunter 307
Schörken, Rolf 24
Schott, Clausdieter 155
Schöttler, Peter 324
Schrage, Eltjo J. H. 155
Schramm, Percy Ernst 208
Schraut, Elisabeth 358
Schreiner, Klaus 33, 307
Schreiner, Peter 52
Schrötter, Friedrich Freiherr von 298
Schubert, Ernst 55f., 61, 69
Schuh, Maximilian 69
Schuler, Peter-Johannes 141, 222, 278, 281
Schulin, Ernst 307, 312, 343
Schulte, Johann Friedrich von 167
Schulze, Hagen 357
Schulze, Hans K. 54, 66, 354
Schulze, Reiner 155
Schulze, Winfried 307, 312, 321, 339, 362
Schüppert, Helga 126
Schützeichel, Rudolf 244
Schwaiger, Georg 62
Schwarz, Michael Viktor 209
Schwarzmaier, Hansmartin 61
Schweickard, Wolfgang 243
Schweikle, Günter 202
Schweizerische Zeitschrift für Geschichte 74
Schwennicke, Detlev 283
Schwerhoff, Gerd 341
Schwinges, Rainer Christoph 184
Scriptores rerum Polonicarum 91
Scriptorium 76
See, Klaus von 72
Seeliger, Gerhard 135
Seeliger, Hans Reinhard 345
Seemann, Jürgen 162
Segl, Peter 29, 307
Sehlmeyer, Markus 93
Seibt, Ferdinand 51, 340
Seifert, Arno 20
Selge, Kurt-Viktor 345
Sellin, Volker 45, 340, 357
Sempoux, A. 203
Seppelt, Franz Xaver 63
Series Episcoporum Ecclesiae Catholicae Occidentalis 49
Seybold, Michael 64
Sickel, Theodor 135
Simek, Rudolf 71
Simonsfeld, Henry 57
Simson, Bernhard 57
Simson, Otto von 71
Singer, Bruno 196
Skalweit, Stephan 29
Skinner, Patricia 367
Sleumer, Albert 244
Smalley, Beryl 195
Smeyers, Maurice 210
Solin, Heikki 239
Söll, Georg 65
Sonderegger, Stefan 243
Sot, Michel 116
Sources chrétiennes 91
Sources de l'histoire médiévale 90
Speculum 76
Spiegel, Gabrielle M. 34, 324
Spindler, Max 61
Sprandel, Rolf 66, 92, 99, 358, 364
Spreckelmeyer, Goswin 126, 153
Springer, Matthias 54
Staatslexikon 51
Stafford, Pauline 59
Stahlberg, Ilka 285
Stammler, Wolfgang 251
Staubach, Nikolaus 368
Stedman, Gesa 359
Steffens, Franz 285
Steger, Hugo 284
Steindorff, Ernst 57
Stelzer, Winfried 58
Stempel, Wolf-Dieter 324
Stenton, F. M. 59
Stephan, Inge 366
Stieldorf, Andrea 297
Stiennon, Jacques 332
Stockmeier, Peter 345
Stökl, Günther 62
Storia della Storiografia 349
Storia d'Italia 60
Störmer, Wilhelm 53
Stotz, Peter 239, 242
Stoudt, Debra L. 189

Strayer, Joseph R. 66
Struve, Tilman 270
Studi Medievali 76
Studien und Mitteilungen zur Geschichte des Benediktinerordens und seiner Zweige 78
Studt, Birgit 101, 197
Stumpf-Brentano, Karl Friedrich 94
Stürner, Wolfgang 56, 196
Suard, François 203
Suckale, Robert 71
Suhle, Arthur 206
Süssmuth, Hans 318, 324, 349, 353
Sybel, Heinrich von 135
Szövérffy, Josef 187, 202

Tangl, Michael 285
Taralon, Jean 70
Tauber, Jürg 303
Tavard, Georges 64
Taviani-Carozzi, Huguette 98
Tellenbach, Gerd 62, 193, 357
Tenenti, Alberto 52
Tessier, Georges 135
Teuteberg, Hans Jürgen 124
Textos medievales 91
Thaller, Manfred 305
Thayer, Anne T. 189
Theologische Realenzyklopädie 61
Theorie der Geschichte. Beiträge zur Historik 311
Thesaurus Linguae Latinae 243
Theuerkauf, Gerhard 46, 213
Thomas, Heinz 55
Thorau, Peter 53, 57
Thumser, Matthias 49
Tijdschrift voor Geschiedenis 74
Toch, Michael 56
Tock, Benoît-Michel 134, 295
Toeche, Theodor 57
Tolkemitt, Brigitte 210
Totok, Wilhelm 221
Traditio 76
Treadgold, Warren T. 61
Treharne, Elaine 89
Trepp, Anne-Charlott 366
Trost, Vera 294
Typologie des sources du moyen âge occidental 98
Tyssens, Madeleine 203

Uhlirz, Karl 57f.
Uhlirz, Mathilde 57f.
Uitz, Erika 367
Ukena, Elke 203
Universum der Kunst 70
Urkunden zur Geschichte des Städtewesens in Mittel- und Niederdeutschland bis 1350 92
Uytfanghe, Marc van 130

Vademecum Deutscher Lehr- und Forschungsstätten 35
Vauchez, André 305
Velten, Hans Rudolf 369
Verbum et Signum 195
Verfasserlexikon 251
Verhulst, Adriaan 213, 342
Verzeichnis Lieferbarer Bücher 222
Veyne, Paul 354
Viator 76
Victorio, Juan 203
Vierhaus, Rudolf 18, 22, 35
Vierteljahrschrift für Sozial- und Wirtschaftsgeschichte 77
Violante, Cinzio 305
Vogel, Cyrille 171
Vogtherr, Thomas 63, 278
Volbach, Wolfgang Fritz 70
Volkert, Wilhelm 48
Vollmann, Benedikt K. 73
Vollmann-Profe, Gisela 72
Vollrath, Hanna 54, 368
Voltmer, Ernst 33, 54, 222
Vones, Ludwig 60
Vorgrimler, Herbert 65
Vorwerk, Ursula 366
Vovelle, Michel 357

Wadle, Elmar 153, 155
Waitz, Georg 57, 66, 223
Wallon, Armand 68
Walther, Chistoph 245
Wapnewski, Peter 31
Ward, Jennifer 367
Wasserversorgung im Mittelalter, Die 362
Wattenbach, Wilhelm 249f., 285
Wattenbach, Wilhelm/Holtzmann, Robert/Schmale, Franz-Josef 250
Wattenbach, Wilhelm/Levison, Wilhelm/Löwe, Heinz 249
Weber, Max 321
Weddige, Hilkert 46, 243
Wegener, Wilhelm 283
Wegner, Wolfgang 199
Wehler, Hans-Ulrich 340, 358, 369
Weichselbaumer, Ruth 305
Weidemann, Margarete 153
Weiers, Michael 61
Weimar, Klaus 72

Weimar, Peter 155
Weinfurter, Stefan 55f.
Weinrich, Lorenz 91f., 152
Weitzel, Jürgen 155
Weitzel, Karl-Heinz 221
Weizsäcker, Wilhelm 162
Wende, Frank 48
Wenskus, Reinhard 303
Wenzel, Horst 124
Wenzel, Siegfried 189
Werkmüller, Dieter 162
Werner, Ernst 64
Werner, Karl Ferdinand 58, 101
Westermanns Großer Atlas zur Weltgeschichte 277
Westfälische Geschichte 61
Westfälische Zeitschrift 79
Wettlaufer, Jörg 124
Wex, Peter 28
White, Hayden 325
Wielandt, Friedrich 299
Willoweit, Dietmar 66
Wilson, Katharina M. 367
Wimmer, Franz Martin 312
Winkelmann, Eduard 57
Wippel, John W. 198
Wisniewski, Roswitha 126
Wispelwey, Berend 48
Wissenschaft und Weisheit 78
Wittern, Susanne 132
Witthöft, Harald 299
Wohlfeil, Rainer 210
Wolf, Armin 154
Wolf, Gerhard 119
Wolff, Philippe 342
Wolfram, Herwig 53f., 56, 58, 115, 146
Woll, Ingrid 163
Wollasch, Joachim 174, 192f.
Wolter, Udo 155
Wormald, Francis 70
Wörterbuch der mittelhochdeutschen Urkundensprache 245
Wörterbuch zur Geschichte 48
Wriedt, Klaus 355
Wunder, Heide 366
Wunderli, Peter 124
Wundram, Manfred 71
Wüstemeyer, Manfred 352
Wuttke, Dieter 235

Yorke, Barbara 59

Zahnd, Urs Martin 123, 153
Zajac, William G. 122
Zappe, Alfred 300
Zarncke, Friedrich 245
Zarnecki, George 71
Zeeden, Ernst W. 277
Zeitschrift der Savigny-Stiftung für Rechtsgeschichte 77
Zeitschrift für Agrargeschichte und Agrarsoziologie 77
Zeitschrift für Archäologie des Mittelalters 78
Zeitschrift für Bayerische Landesgeschichte 79
Zeitschrift für die Geschichte des Oberrheins 79
Zeitschrift für Geschichtswissenschaft 74
Zeitschrift für Historische Forschung 76
Zeitschrift für Kirchengeschichte 78
Zeitschrift für Württembergische Landesgeschichte 79
Zender, Matthias 132
Zgusta, Ladislav 284
Ziegler, Walter 119
Zielinski, Herbert 265
Zilch, Reinhold 206, 299
Zimmermann, Gerd 174
Zimmermann, Harald 93, 111
Zimmermann, Margarete 359
Zorn, Wolfgang 67, 338

Sachregister

Das Sachregister ergänzt die Gliederung, die durch ihre feine Struktur bereits die wichtigsten Sachverhalte erschließt. Es beschränkt sich ausschließlich auf solche Begriffe, die zum Proseminarstoff gehören, bietet also einen methodischen, nicht einen inhaltlichen Zugang zur mittelalterlichen Geschichte

Abstrakte Quellen 213
Akten, -kunde 88, 90, 97f., 176–185, 229, 297
Alltagsgeschichte 69, 209, 332, 344, 360–362
Amtsbücher 181
Amtsträgerlisten 118
Analytische Methoden 313, 316–318
Annalen 108–110
Annales (Zeitschrift) 350–352, 356
Antiphonar 187
Apprecatio 143, 147
Archetyp 234
Archive 37, 77, 229–232
Arenga 143, 146, 150
artes dictaminis siehe Briefsteller
artes liberales, Artesliteratur 100, 198–200
Aufsatz siehe Zeitschriftenaufsatz
Autobiographien 123f.
Autograph 102

Bedeutungsforschung 195, 354
Beglaubigungsmittel 140
Begrifflichkeit, Begriffsgeschichte 48, 195, 321, 332, 336f., 340, 353f.
Bergrechte 158
Beschreibstoff 286
Bevölkerungsgeschichte siehe Historische Demographie
Bibelexegese 194f.
Bibelübersetzungen 187
Bibliographie 219–227
Bibliotheken 101, 230
Bibliothekskataloge 106, 200
Bildungsgeschichte 343, 345
Biographien 55f., 122
Bistumschroniken 116–118
Bodenfunde 211–213, 301f.
Bräuche 213
Breven 139
Brevier 187
Brief, -sammlungen, -steller 87, 98, 139, 146, 185f.
Buchmalerei 187, 210f., 293
Buchschrift 286
Bürgerbücher 184
Bullen 139
Bußbücher 171–174

Canones siehe Synodalbeschlüsse
CD-ROM 93, 226, 304
Chartular 137
Chirograph 141
Chrismon 138, 141
Chroniken 106, 108–122
Chronologie 274, 278–283
Cisiojanus 280
Codex siehe Handschriften
Codicologie 76, 229, 274, 293f.
Constitutiones 87, 152f.
Consuetudines 175
Corroboratio 143, 147, 150
Coutumes siehe Gewohnheitsrecht
Covering law-Modell 317

Darstellungen 40–44, 215, 227f., 323f.
Datierung 147, 150, 264, 279–283 siehe Chronologie
Dekretalen 170f.
Dichtung 88, 125–127, 193, 201–204, 301
Dienstrechte 158
Diplomatik 274, 295–297 siehe Urkunden
Diskursanalyse 257, 259, 324–326
Dispositio 143, 147, 150
Dogmatische Schriften 196f.
Dorfgeschichte 348
Dramen 204

Edition, Editionsprinzipien 84, 137, 231–237, 253
EDV siehe Informatik
EDV-Recherche 226
Einführungen 45f.
Emotionsgeschichte 358f.
Enzyklopädien 198
Epigraphik 294f.
Epik 202f.
Ereignisse u. Strukturen 22, 41, 317, 326–328, 339, 368
Erklären 313f., 316–319

Eschatokoll 143, 147, 150
Evangeliar 187
Exempla, -sammlungen 100, 125, 130, 189

Faksimileausgaben 229
Fälschungen 103, 295
Festkalender 280
Florilegien 198
Formulae, Formelsammlungen 87, 150–152
Forschungsansätze siehe Geschichtswissenschaft
Forschungsgegenstände siehe Geschichtswissenschaft
Frauengeschichte 69, 332, 341, 364–367
Fürstenspiegel 196f.

Gedenkbücher siehe Memorialbücher
Geistesgeschichte 331, 342–344
Genealogie 274, 283–285
Genealogien 119f., 284
Generalisierung 313, 320–322, 372
Geographie siehe Historische Geographie
Geschäftsschrift siehe Kursive
Geschichtliche Landeskunde siehe Landesgeschichte
Geschichtsbegriff 18, 20–24
Geschichtsbewusstsein 19f., 23f., 32, 100, 106, 126
Geschichtsbild 19f., 23–26, 28, 32, 106, 310, 315
Geschichtsdichtung 125–127
Geschichtsdidaktik 332, 349
Geschichtsschreibung 98–122
Geschichtsstudium 28, 30f.
Geschichtstheorie 17–34, 78, 306f., 309f., 331, 349
Geschichtswerkstätten 38
Geschichtswissenschaft 21, 25–28, 306–311, 332f., 344, 349–352, 367f., 370
– Forschungsansätze 350–356, 370
– Forschungsgegenstände 356–370
– Methodenprobleme 306, 309, 311–326
– Organisationsformen 35–39
– Teilgebiete 329–349, 371
Geschlechtergeschichte siehe Frauengeschichte
Gesetzgebung 153–163
Gesta 118
Gewohnheitsrecht 154, 156, 159–162, 368
Glossen 187, 195, 198
Gottesfrieden 152, 170
Grundwissenschaften siehe Hilfswissenschaften

Hagiographie 98, 127–133
Handbücher 41f., 51–73, 247f.
Handschriften 76, 103, 106, 187, 229–237, 286, 293f., 343
Hanserezesse 158
Hausbücher 197
Hauschroniken 119f.
Heberollen 177
Heilsgeschichte 100f., 103, 112, 114, 129, 211
Heraldik 274, 299f. siehe Wappen
Hermeneutik 257, 312–316
Herrschaftszeichen siehe Insignien
Heuristik 228f. siehe Materialbeschaffung
Hilfswissenschaften 274–305
Historien 108, 111
Historik siehe Geschichtstheorie
Historiographie siehe Geschichtsschreibung
Historische Anthropologie 332, 344, 352f.
Historische Atlanten 276f.
Historische Demographie 332, 363
Historische Familienforschung 341
Historische Fragestellung 215–217, 228, 255, 257f.
Historische Geographie 274, 276–278, 302, 332, 346
Historische Gesetze 317
Historische Kulturwissenschaft 367–370
Historische Methode 312–326, 350–356
Historische Sozialwissenschaft 339f., 351
Historische Verhaltensforschung 332, 359
Historischer Hintergrund 245
Historisches Arbeiten 217–219 siehe Quellenarbeit
Historismus 308f., 312
Hofkapelle 140
Hofrechte 158
Homiliar 187f.
Horizont 254, 259

Hufenlisten 177
Hymnar 187

Ideengeschichte siehe Geistesgeschichte siehe Vorstellungsgeschichte
Ikonographie 275, 369
Indiktion 109, 280
Informatik 93, 219, 226f., 275, 303–305
Inhaltsangabe 227f., 237, 257, 264
Inkarnationsära 108f., 113, 279
Inquisitionsakten 175f.
Inschriften 204f., 294f.
Inscriptio 146, 150
Insignien, -kunde 208, 275, 300
Interdisziplinarität 35, 37, 76, 303, 353, 362, 370
Interpretation 228, 256–258, 271, 306, 314, 317
Intervenienten und Petenten 140, 147
Intitulatio 143, 146, 150
Inventare 177f.
Invocatio 141, 143, 147, 150

Jahresanfang 280
Jüdisches Recht 163

Kanonisationsakten 175f.
Kanzlei 139f., 186, 287, 292f., 296
Kapitularien 163–166
Karten, Kartographie 211f.
Kirchengeschichte 61–65, 78, 91f., 331, 344f.
Kirchenrecht 166–176
Klimageschichte 363
Klosterchroniken 116–118
Klosterregeln 174f.
Kommentare 246–248
Kompilation 102–104
Kopfregest siehe Regesten
Kopiar, Kopialbuch 137
Korruptelen 233
Kostümkunde 275
Kreuzzugschroniken 121f.
Kriegsberichte 121
Kriminalitätsgeschichte 341
Kritik siehe Quellenkritik
Kritischer Apparat 235
Krönungsordines 188
Kulturgeschichte 70, 77, 330, 342–344
Kunstgegenstände 209–211, 301
Kunstgeschichte 70, 209, 301, 332, 343, 369
Kursive 287, 292

Lamprechtstreit 309, 342
Landeschroniken 120
Landesgeschichte 78f., 346–349
Landfrieden 152
Lebensweltanalyse 333
Legenden, Legendare 127, 132
Leges siehe Volksrechte
Lehnbücher 181
Lektionar 187
Lesarten 232, 235
Lexika siehe Sachwörterbücher
Libelli de lite siehe Streitschriften
linguistic turn 324f.
Literaturgeschichte 71–73, 200, 301, 343
Literaturgeschichten 251
Liturgische Schriften 186–194
Lokalgeschichte 346f.
Lyrik 201f.

Majuskel 287
Martyrologien 192
Materialauswertung 218, 228 siehe Quellenauswertung
Materialbeschaffung 217, 228f., 306 siehe Heuristik
Materialerschließung 217f., 227f., 231–256 siehe Quellenerschließung
Materialverarbeitung 218 siehe Quellenverarbeitung
Max-Planck-Institut für Geschichte 36, 42
Medaillen 207
Mediävistik 29–35 siehe Geschichtswissenschaft
Medizingeschichte 343
Memorialbücher 88, 189–193
Mentalitätsgeschichte 69f., 132, 257, 328f., 332, 337, 344, 356–359, 368
Messebücher 187
Methodenprobleme siehe Geschichtswissenschaft
Metrologie 299
Miniaturen 103
Minuskel 288f., 292
Mirakel siehe Hagiographie
Missale 187
Mittelalter
– Begriff, Epoche, Funktion 30–32
– Einführungen 46, 51f., 58–73 siehe Überblicke
– Mittelalterbild 30–32, 368
– Mittelalterforschung siehe Mediävistik
– Zeitschriften 75f., 85
Mittelalterarchäologie 78, 275, 301–303, 346 siehe Bodenfunde

Mittellatein 77, 238–242
Monogramm 138f., 141, 147
Monumenta Germaniae Historica 35, 42, 85–88, 235
Münzen 205–207, 298f. siehe Numismatik
Musikgeschichte 343, 369

Namenkunde 191, 284, 301, 346
Narratio 146f.
Narrativität 323f.
Nekrologien 192f.
Notariatsinstrumente 140
Numismatik 77, 274, 298f.

Objektivität 315f.
Online-Rezensionen 74
Onomastik siehe Namenkunde
Oralität 368f.
Orationale 187
Ortskommntar 246, 265
Ortsverzeichnisse 49f., 246, 276f.
Ostertafeln 109f., 280

Paläographie 274, 285–293
Palimpsest 286
Personenforschung siehe Prosopographie
Personenkommentar 246f., 265–268
Personenverzeichnisse 48f.
Petenten siehe Intervenienten
Petitio 150
Politische Geschichte 51–61, 101, 331, 333–335, 351
Polyptycha siehe Urbare
Pontifikale 187
Predigten 217f.
Promulgatio 143, 146, 150
Prosopographie 284f., 332, 337, 340, 355
Protokoll 141, 143
Prozesstheorie 320
Psalter 187
Psychohistorie 358

Quaestionen 198
Quantifizierung 303f., 313, 322f.
Quellen 40, 80–214
- Quellenarbeit 228–273
- Quellenauswertung 256–259
- Quellenbegriff 80–84
- Quellenbeschaffung siehe Heuristik
- Quellenerschließung 228, 231–259
- Quellengattungen, -formen 98–214
- Quellenkritik 103, 154, 156f., 171f., 181, 186, 191–193, 204f., 214, 228, 248–256, 295–297, 306
- Quellenverarbeitung 259–263
- Quellenvergleich 258f., 273
- Quellenwert 82, 255f.

Quellenkunde(n), -repertorien 248–251, 270
Quellensammlungen 89–93, 232
Quellensprache 103, 213, 237–245, 255, 321f., 353f.

Ratsbücher siehe Stadtbücher
Realien siehe Sachquellen
Realienkunde 275, 300
Rechnungsbücher 181
Rechtsbücher 158, 160f.
Rechtsprechung 154, 162f.
Rechtsquellen 98, 133–176
Rechts- und Verfassungsgeschichte 65–67, 77, 92, 153–155, 330, 333, 335–338, 346
Recognitionszeichen 140, 147
Referat 218f.
Regesten 93–95, 137, 237
Regierungsjahre 279f.
Regionalgeschichte 348
Register 136
Reichschroniken 114f.
Reichstagsakten 149, 152f.
Reiseberichte 124f.
Religionsgeschichte 331, 344
Rezensionen 44, 73
Rezeption 106
rolls 181
Rota 139

Sachkommentar 247f., 268f.
Sachquellen 205–211, 300
Sachwörterbücher 42, 47–51, 53, 61f., 65, 71f., 247f.
Sagen 127
Sakramentar 187
Salutatio 150
Sanctio 143, 147, 150
Schrift 286–293
Schul- und Lehrbücher 199
Sentenzensammlungen 198
Siegel 141, 207f., 297 siehe Sphragistik

Signumzeile 143, 147
Skriptorium 229, 293
Sozial- und Wirtschaftsgeschichte 67–69, 77, 92, 330, 333, 338–342, 345f., 348
Sphragistik 274, 297 siehe Siegel
Spiegel siehe Rechtsbücher
Sprache siehe Quellensprache
Sprachgeschichte 274, 301, 332, 343, 346, 353f.
Stadtbücher 184f.
Stadtchroniken 120f.
Stadtgeschichte 69f., 92, 346f.
Stadtrechte 158
Stammtafeln siehe Verwandtschaftstafeln
Standortgebundenheit siehe Objektivität
Stemma 232f.
Steuerlisten 181, 183f.
Stilanalyse 255
Streitschriften 196
Strukturen, Strukturgeschichte siehe Ereignisse
Stundenbücher 187
Subscriptiones 150
Summen 198
Symbolkunde 375
Synodalbeschlüsse 166–171

Tageszählung 280–283
Technikgeschichte 70, 342
Teilgebiete siehe Geschichtswissenschaft
Tendenz 100, 106, 254, 259
Testamente 153
Textkritik siehe Edition
Theologische Schriften 194–198
Theorien 318–320, 323–326, 339f.
Tierfabeln 203
Tironische Noten 147
Totenbücher siehe Nekrologien
Tradition und Überrest 82f.
Traditionsbücher 137, 177
Traktate 188, 196–200
Translationsberichte 129
Transsumpt 136
Traumbücher 193f.
Typus, Typenbildung 320f., 323

Überlieferung 102f., 114, 131f., 136f., 155f., 165, 167, 177, 186, 188, 229, 231f., 253 siehe Handschriften
Überrest siehe Tradition
Umweltgeschichte 362f.
Universalgeschichte 329f.
Universitätsmatrikel 184
Urbare 176–180
Urkunden 134–150, 176, 185, 293, 295–297 siehe Diplomatik
– Begriff, Überlieferung, Klassifizierung 135–139
– Entstehungsvorgang 139–141
– Form und Aufbau 141–150

Verbrüderungsbücher siehe Memorialbücher
Verfassungsgeschichte siehe Rechts- und Verfassungsgeschichte
Verstehen siehe Hermeneutik
Verwaltungsschrifttum siehe Akten
Verwandtschaftstafeln 283
Vidimus 136
Visionen 193f.
Visitationsakten 175
Viten siehe Hagiographie
Volkschroniken 115f.
Volkskunde 346
Volksrechte 155–158
Vorstellungsgeschichte 70, 132, 328f., 344, 368

Waffenkunde 275
Wappen 208, 299 siehe Heraldik
Weistümer 159–162
Weltären 279
Weltchronik 112–114
Wirtschaftsgeschichte siehe Sozial- und Wirtschaftsgeschichte
Wissenschaftliche Schriften 194–200
Wissenschaftsgeschichte 343
writs 181, 185

Zeitrechnung siehe Chronologie
Zeitschriften, -aufsatz 43f., 73–80, 349
Zitierweise 221
Zollregister 181
Zunftakten 184